管理世界 论丛

工商管理案例研究

(第三卷)

BUSINESS ADMINISTRATION
CASE STUDIES

李志军　尚增健　主编

中国发展出版社
CHINA DEVELOPMENT PRESS

图书在版编目（CIP）数据

工商管理案例研究 . 第三卷 / 李志军，尚增健主编 . —北京：中国发展出版社，2022.10
ISBN 978-7-5177-1315-9

Ⅰ . ①工… Ⅱ . ①李… ②尚… Ⅲ . ①工商行政管理—案例—文集 Ⅳ . ① F203.9-53

中国版本图书馆 CIP 数据核字（2022）第 154501 号

书　　名：	工商管理案例研究（第三卷）
著作责任者：	李志军　尚增健
责任编辑：	杜　君
出版发行：	中国发展出版社
联系地址：	北京经济技术开发区荣华中路 22 号亦城财富中心 1 号楼 8 层（100176）
标准书号：	ISBN 978-7-5177-1315-9
经 销 者：	各地新华书店
印 刷 者：	北京市密东印刷有限公司
开　　本：	710mm×1000mm　1/16
印　　张：	29
字　　数：	552 千字
版　　次：	2022 年 10 月第 1 版
印　　次：	2022 年 10 月第 1 次印刷
定　　价：	99.00 元

联系电话：	（010）68990642　82097226
购书热线：	（010）68990682　68990686
网络订购：	http://zgfzcbs.tmall.com
网购电话：	（010）88333349　68990639
本社网址：	http://www.develpress.com
电子邮件：	121410231@qq.com

版权所有·翻印必究

本社图书若有缺页、倒页，请向发行部调换

前　言

在我国，案例研究始于20世纪90年代末期，经历了从学术界不认可到逐渐认可、再到普遍认可的艰辛的发展历程。

作为一种研究方法，案例研究具有从实践中发现规律、从现象中归纳理论的特性，尤其适合于观察新现象、洞悉新事物，从复杂或特殊的管理现象中提出新见解、发现新规律、构建新理论。所以，案例研究方法非常适合深度剖析我国复杂而又特殊的管理现象，对构建中国特色哲学社会科学必将起到重要的促进作用。

1999年，我们在国内率先开设"中国工商管理评论"栏目，以专栏的形式倡导和推动案例研究。2005年，我们以深度发掘本土企业管理的优秀实践、构建有中国特色的本土理论为宗旨，创办了"中国企业管理案例论坛"。自2007年起，该论坛与中国人民大学商学院共同主办，后更名为"中国企业管理案例与质性研究论坛"。之后，论坛又改为由中国人民大学商学院主办，《管理世界》提供学术支持。论坛已成功举办了15届，以深度发掘本土企业管理的优秀实践、构建有中国特色的本土理论为使命，对推动案例研究发展起到了重要作用，也得到年轻学者的积极响应和管理学界的高度肯定。

当前，案例研究受到越来越多的关注，氛围日渐浓厚。2021年3月，在教育部支持下，国内26家知名学术期刊成立了"中国案例研究期刊联盟"，联盟致力于开设专栏、组织高端研讨、开展优秀案例评选等工作，目的就是要引导广大教师和科研工作者扎根一线，研究中国问题、讲好中国故事。

为贯彻落实习近平总书记关于哲学社会科学工作、教育工作的系列重要论述和批示指示精神，加强具有高学理价值的案例研究，推进具有中国特色、中国风格、中国气派的案例研究及发表工作，落实"中国案例研究期刊联盟"倡议精神，帮助青年学者更好地开展研究型案例方面的教学科研工作，我们从历年《管理世界》刊发的案例方面文章中，精选了部分优秀论文（按发表时间编排），汇集成册，公开出版。这些论文，无论是研究选题、研究内容，还是案例选取、学术水平、写作风格，都具有比较典型的代表性，也能从中感悟到我国案例研究的发展轨迹，可供青年学者在教学科研中参考借鉴。

《工商管理案例研究》（第三卷）收录了《管理世界》2011—2014年刊发的14篇优秀论文。

目 录
Contents

讲故事 塑品牌：建构和传播故事的品牌叙事理论
——基于达芙妮品牌的案例研究
汪 涛 周 玲 彭传新 朱晓梅 ················ 1

转型经济背景下后发企业的能力追赶：一个共演模型
——以吉利集团为例
江诗松 龚丽敏 魏 江 ···················· 28

基于二次创新动态过程的企业网络与组织学习平衡模式演化
——海天1971—2010年纵向案例研究
彭新敏 吴晓波 吴 东 ···················· 59

金字塔底层市场的商业模式：一个多案例研究
邢小强 仝允桓 陈晓鹏 ···················· 87

"借道"MBO：路径创新还是制度缺失？
——基于双汇MBO的探索性案例研究
王 欢 汤谷良 ·························· 121

母子公司关系网络影响子公司创业的内在机理
——基于海信集团的案例研究
王世权 王 丹 武立东 ···················· 148

专业化企业集团的内部资本市场与价值创造效应
——基于中国三峡集团的案例研究
王化成　曾雪云 ………………………………………………… 178

体制转型背景下的本土组织领导模式变迁
——以某国有改制企业的组织"关系"实践为例
沈　毅 …………………………………………………………… 209

转型经济中企业自主创新能力演化路径及驱动因素分析
——海尔集团1984—2013年的纵向案例研究
许庆瑞　吴志岩　陈力田 ……………………………………… 249

基于资源演化的跨国公司在华合资企业控制权的动态配置
——科隆公司的案例研究
崔　淼　欧阳桃花　徐　志 …………………………………… 277

价值网络视角的复杂产品系统企业竞争优势研究
——一个双案例的探索性研究
陈占夺　齐丽云　牟莉莉 ……………………………………… 309

创业网络混合治理机制选择的案例研究
韩　炜　杨　俊　张玉利 ……………………………………… 337

组织—员工目标融合的策略
——基于海尔自主经营体管理的案例研究
章　凯　李朋波　罗文豪　张庆红　曹仰锋 ………………… 374

企业社区参与过程中的合法性形成与演化：百步亭与万科案例
田志龙　程鹏璠　杨　文　柳　娟 …………………………… 421

讲故事 塑品牌：建构和传播故事的品牌叙事理论*
——基于达芙妮品牌的案例研究

汪 涛 周 玲 彭传新 朱晓梅

（武汉大学经济与管理学院市场营销系）

摘 要：如今，讲故事（storytelling）已经成为营销领域关注的新兴话题之一。叙事被认为是塑造品牌的有效手段，但企业如何通过讲故事来塑造品牌却仍然缺乏系统性研究。本文以叙事理论为基础，以中国女鞋品牌达芙妮作为样本，运用规范的案例研究方法得出了建构和传播故事的品牌叙事理论框架。该框架认为，企业如果想成功地通过叙事塑造品牌，必须从两方面努力：（1）为品牌创造一个具有积极主题，内容包含真实、情感、共识和承诺四大要素的品牌故事；（2）采用合理的叙事结构，围绕"一个核心"的品牌主张，整合多种多样的途径、方式和渠道，对不同消费群体传播不同的品牌故事。

关键词：故事 叙事 品牌塑造 案例研究

一、引言

在当今信息爆炸的时代，媒介资源极其丰富。这一方面拓宽了人们的信息收集渠道并加快了人们获取信息的速度，另一方面又使信息比以往任何时候都更难以实现有效的传播。空洞的、煽情的口号已经很难再引起人们的兴趣和关注。而故事因特有的传奇性、曲折性、冲突性、戏剧性、传播性和传承性，使其成为抢占人心最有效、最持久的工具。所以，讲故事（storytelling）被大量运用在传播和管理的各个方面，成为娱乐、导引、告知和说服的最佳工具之一。任何形态的企业，不管是制造必需品还是奢侈品，或是提供服务，都将面临这

---

* 原载《管理世界》2011年第3期。

项挑战——创造出产品背后的故事（Godin，2005）。

相应的，营销学术界也开始了对"故事"的关注。在消费者研究领域内，早已有学者结合叙事理论的成果，将故事作为分析工具，来了解消费者如何表述、看待他们的消费经验（Stern，1991；Shankar, Elliott and Goulding，2001）；广告学界也结合心理学探讨过广告叙事方式对广告效果的影响（Stern，1991、1994），以及广告的哪种叙事方式倾向于导致消费者的哪些反应（Escalas，2004a；Padgett and Allen，1997）。这些研究大多是将叙事作为理解消费者深层次行为动机和认知体验的阐释工具，较少涉及企业如何通过讲故事来影响消费者认知、态度和行为从而塑造品牌（branding）。塑造品牌指业界如何塑造品牌的过程与策略，主要体现在品牌建立（brand building）、品牌发展（brand development）和品牌管理（brand management）等一系列战略行为，它正是企业利用叙事来促进品牌传播效果时面临的最重要问题。因此，本文基于叙事理论的研究成果，探讨企业如何通过讲故事来塑造品牌。

本文采取案例研究的方法，因为案例研究除了可验证理论、批判理论外，也可以建构理论，具体回答"是什么"和"怎么样"的问题（王凤彬，2009；李飞、陈浩、曹鸿星、马宝龙，2010）。因此，我们从具体深入分析达芙妮的"讲故事塑品牌"案例入手，基于叙事理论在故事管理学派和营销领域内的广泛应用研究成果，尝试构建品牌叙事理论框架。

高质量案例研究具有以下特征（毛基业、李晓燕，2010）：（1）针对现有理论缺口提出研究问题；（2）根据理论构建需要选择案例；（3）基于理论要素进行案例分析，并详细说明研究方法；（4）将研究发现与现有理论对比来突出研究贡献。因此，为提高研究的外在效度，本文会以理论来指导案例研究，按照理论基础、理论建构、研究方法、案例分析、结论与讨论的顺序进行阐释，力求符合规范性案例研究的以上特征。

二、理论基础

（一）故事与叙事

故事（story）是一种使用口语表达或文本语言生产意义的象征体系，它根据角色的设置、情节的主线和转折来铺陈事件发展的时间序列及过渡，在结构上包含开始、中场、结局3个要素（Bruner，1990）。而叙事（narratives）是叙述者带着既有观点讲故事的过程，故事主题就是叙事者所持有的观点（维森特，2004）。故事是主题的载体，主题是叙事的脉络，故事中的人、物、事等围绕主题展开（余来辉，2009）。因此，许多学者持"叙事就是讲故事"的观点（Stern，1994；伯格，2000；Shankar et al.，2001；黄光玉，2006）。本文也采取这种观点，对"叙事"与"讲故事"不做细致区分，等同使用。

叙事正成为与认知相关的众多跨学科研究的中心，与哲学、心理学、神经科学、计算智能、语言学、管理学等互为研究语境。综合了多学科研究成果的新叙事理论认为：叙事是建构和更新大脑中的认知模式的过程（Herman，2003），人们是通过叙事来建构思考和组织资讯的（Arnould and Wallendorf，1994；Holt and Thompson，2004）。生活中的很多信息和知识都是以故事的形式储存、编入和提取的，新的世界或者问题也是通过与先前理解了的存储故事联系来被理解的。故事帮助人们了悟生活经验，人们依赖故事去掌握周边事物与人生各种境遇的意义（Loebbert，2005）。故事不仅包含信息和意义，还带有联结情感。一个故事是一系列或真实或虚构的事件的叙事，它与事实的区别在于人们会在对故事的储存和加工中附加上自己的情感成分。因此，故事不仅可帮助人们理解世界，也可以帮助人们体会、评价与处理情感（Escalas，2004b）。

（二）故事与品牌

故事与品牌究竟有何关联？"你想把品牌做得更好吗？讲一个故事"——纽约广告研究机构和美国广告代理协会通过3年的实地调查，对故事与品牌之间的关系作出了回答。他们研究了消费者对电视广告的情感反应，发现讲述品牌故事的广告效果比强调产品定位的广告效果要好（Facenda，2007）。

品牌之所以重要，不仅在于它是营销提供物或提供者的身份认同表征，更因为它在营销沟通过程中可唤起消费者与该品牌相联结的各种心像与联想。正是这些抽象的意义，而非实体的指涉物，对消费者产生强大的影响力。而叙事理论中与认知科学相结合的研究表明，叙事是能产生意义的工具，可以作为帮助人类在纷繁复杂的现实世界中找到意义的符号和交际资源（Herman，2003）。

营销者根据品牌精神讲一个符合消费者世界观的故事时，能引起消费者产生两种关联性活动：首先，消费者会产生"共鸣加工"（Gerrig and Egidi，2003）的认知过程，设想自己是故事中的主角，经历故事中所描述的体验；其次，消费者从假想的体验中抽身出来后，会将感知到的品牌故事这类"外部故事"与自己的过往经验、回忆等"内部故事"进行联结（Jahn，2003），这种"内化"

过程的结果就是消费者心甘情愿相信品牌故事，转而再召唤出对品牌的消费欲望，说服自身购买（维森特，2004）。

于是，品牌可以通过故事来更好地传达其象征意义，让消费者可以更容易在这些故事中寻找意义（严幸美，2007）。消费者也趋向于通过故事来体验品牌，因为这些故事展现了他们的生活方式，创造了他们购买的附加价值（Fanning，1999），使消费甚至是他们的生活变得有意义（Shankar et al.，2001）。

（三）讲故事与塑品牌

塑造品牌是指企业建立品牌、发展品牌与管理品牌，是营销管理、产品管理很重要的一环，目的是通过品牌与消费者建立关系、维持关系和强化关系（Aaker，1991）。品牌的意义在于其展现了企业对于营销提供物（产品与服务）与消费者之间关系的承诺与实践，而大品牌的品牌故事之核心恰恰就是承诺（Denning，2004）。所以，讲故事与塑品牌有密切的联系，品牌叙事的核心工作就是打造品牌所要宣扬的核心价值（Fog，Budtz and Yakaboylu，2005）。

通过整合故事管理学派和营销领域内有关品牌叙事的研究成果，本文将讲故事给品牌传播带来的好处归纳为以下五大方面：（1）在各种营销信息泛滥的洪流中，讲故事能够帮助品牌抓住人们的注意力（McKee，1997；维森特，2004）；（2）讲故事能让品牌的诉求概念和核心价值由抽象变得具体（傅雅玲，2007）；（3）讲故事具有令消费者产生感同身受的经验，比统计数字更具可信度（Loebbert，2005）；（4）故事可以在消费者的记忆中停留较久（Denning，2001a）；（5）故事在人际传播上能较远也较快（Denning，2001a）。

正因为讲故事能生动地传递品牌识别与传承等核心价值，历史上许多企业都通过叙事策略来打造消费者热衷的传奇品牌（维森特，2004）。众多营销学者和研究机构也从广告效果和感知品牌形象两个维度验证了叙事是塑造品牌的一种有力工具：叙事既能帮助品牌（尤其是感性品牌）提升广告效果（美国广告代理协会，2007），又可以提升消费者对品牌的功能性、象征性及经验性的形象知觉（王家伟，2005；傅雅玲，2007）。

尽管已有研究揭示了讲故事是塑品牌的有力手段，但在"如何通过讲故事来塑品牌"这个问题上却抑或从宏观原则上泛泛而论，抑或仅专注于探讨叙事广告的具体效果，缺乏系统性的框架。这些已有研究的成果为本研究奠定了基础，而其缺口又体现了本研究的必要性。

三、理论框架的建立

遵循经验主义学派"根据已有或是新建立的理论框架，对样本公司进行调查，最终得出相应结论"的逻辑（李飞等，2010），本文拟定遵循以下研究思路：基于对叙事理论成熟研究成果的归纳和提炼，建立"讲故事塑品牌"的理论框架，然后通过案例研究对理论框架进行补充或修正，最终得出相应结论。

虽然讲故事是塑造品牌的有力方式之一，但通过故事来实现说服不是一件容易的事，需要深刻的洞察和叙事的技巧。只有抓住讲好故事需要的规则，才能够得到受众热烈的回应（McKee，2003）。因此，企业还需要思考如何通过讲好获得消费者接受与回应的故事来塑造品牌。认知叙事学认为：将叙事作为一种"认知工具（资源）"来研究其对人们认知和行为的影响时，既要从人们拥有的语言使用能力、思维能力及社会交往能力来观察故事如何建构，同时也应从逻辑、互动和认知的角度来了解故事如何被接受和传播（Herman，2003）。因此，本研究认为，通过故事来塑造品牌包含两个主要问题：（1）如何为品牌创造让消费者认可的好故事？即好的品牌故事包含哪些要素？（2）怎样才能以消费者接受的语言、逻辑和方式来讲好一个故事？即在传播品牌故事的过程中，需要遵循哪些原则，注意哪些问题。前者是对静态的品牌叙事中故事建构的追寻，后者是对动态的品牌叙事中故事传播的探究。

（一）造好故事

通过叙事来塑造品牌，首先要创造一个让消费者难以忘怀的故事本身（McKee，2003）。怎样的故事才算是好的故事？叙事理论领域的研究成果认为：故事必须在主题和内容上符合人们的思维假定，否则人们的理解就根本无法进行（Palmer，2003）。所以，本文主要聚焦于从故事的主题和内容两个角度探讨如何建构好的品牌故事。

1. 故事主题

主题是影视、戏剧、小说等故事形式的灵魂，主宰着叙事（维森特，2004）。对消费者来说，品牌故事本身是现实世界中的缩简情节，为他们提供现实消费的意义框架。所以，从品牌塑造的角度出发，品牌故事作为说服消费者的工具，其主题一方面应该反映品牌的核心理念（黄光玉，2006），另一方面则要透过对消费者的洞察来反映消费者的价值观（袁绍根，2005）。优秀的品牌故事主题往往会兼顾这两方面，如玫琳凯品牌叙事的主题是"你要别人怎样对待你，你也要怎样对待别人"；雅诗兰黛品牌叙事主题是"美丽是一种态度"。正因为这些主题反映了品牌的核心价值理念，又恰到好处地迎合了女性心理，所以俘获了众多爱美女性的心，使品牌历久弥新，成为畅行全球的经典品牌。

此外，故事主题最好与积极的信息联结，引导人们向积极方向行动。包含积极品牌信息的故事，能使听者从消极、疑问、怀疑的思想框架中转变到想去理解信息的积极态度上来（Denning，2001b），从而让消费者与品牌的情感联结达到最大（Facenda，2007）。

2. 故事内容

故事内容反映人过去所经历的事情，投射人的情感、态度、动机、观点等（Jahn，2003）。现有研究中，国外及我国台湾地区的众位故事管理学派和营销领域的学者都分别从各种角度提出了好故事应具备的要素。对这些研究成果进行系统性归纳后，本文提出：一个好的品牌故事在内容上最基本的要求是具备真实、情感、共识和承诺四大要素。

（1）真实（Authenticity）。真实是故事内容的重要要素之一，这在已有研究成果中受到了普遍性的支持。无论是故事管理学派早期人物 Morgan 和 Dennehy（1997）与后期人物 Denning（2001、2004、2005），还是故事营销领域内 Bruce（2001）、Godin（2005）等大学者，都认为好故事要真实。实证研究也证明：故事的真实性对品牌形象有显著影响，高真实性的品牌故事更能产生正向的品牌形象知觉（傅雅玲，2007）；相较于信任型产品，真实性可让消费者对搜寻型与经验型产品产生更好的品牌态度（丘宏昌，2009）。一则具有影响力且能被牢记的好故事，其内容必须具体且真实（Godin，2005），能够使用真实亲近的沟通语言（Bruce，2001）讲述真实的人和真实的事（Polkinghorne，1991），时间、地点、背景与行动也均须交代清楚（Morgan and Dennehy，1997）。故事的真实性会影响消费者认知（Grayson and Martinec，2004；王美欣，2007），只有当消费者对故事信以为真时，品牌故事才会发挥影响力。

（2）情感（Affectivity）。故事比单纯的数据或者演讲优越的意义就在于它不仅只是事实的陈述，还能刺激人们产生强烈情感，从而让消费者体验故事的真谛（Bruce，2001）。一旦消费者的逻辑思维蒙上了感情色彩，就很容易对故事中品牌产生"本能"的"非理性"偏好，成为某品牌的狂热"粉丝"。所以，好的故事不仅包含大量信息，还要包含丰富的情感力量（McKee，2003；Godin，2005）。比如，可以尽量使用幽默（Denning，2005），用有趣的方式讲出故事。

在信息爆炸的社会要抓住消费者的有限注意力,故事就要以趣引人。而事实也证明在广告沟通中使用幽默会获得较好的效果。

(3)共识(Commonality)。一个好的品牌故事要能为消费者接受,除了要具备真实性以方便认知、具备情感性以被接受之外,还需要符合消费者的世界观(Godin, 2005)。这种故事精神与消费者价值观之间的共通性会在消费者搜寻产品信息的过程中形成更好的品牌态度(丘宏昌,2009)。因此,品牌故事应该讲大家都知道的常识或者描述社会规范(Polkinghorne, 1991),以保证所有人都知道、接受并相信这个故事,方便消费者进行沟通和交流。甚至,有效力的品牌故事会形同社会契约,让听故事的人从中学习到品牌目标群体的规范(Morgan and Dennehy, 1997)。

(4)承诺(Commitment)。从本质上说,故事描述生活中发生的改变,阐明如何改变和为什么改变(McKee, 2003)。因此,好的品牌故事要提供一种改变的"承诺"(Godin, 2005),以给消费者提供生活需要的理想,解决他们生活中最烦恼的问题。这种承诺实质上是以内隐方式向消费者保证:一旦购买或使用故事中的品牌,就能像故事中的主角一样获得某种改变。这种隐喻改变的信息(Denning, 2005)附于清楚明白的故事表面之下,如果能被消费者发现并且把它转变为自身信息的话,故事就起到了说服的作用。

(二)讲好故事

每一个品牌都有故事,每一个品牌自己就是故事。不过,讲故事的最终目的是建立与消费者之间的关系,实现更深层次的沟通。所以,如何传播好故事才是品牌叙事成功的关键(黄光玉,2006)。叙事理论中认知叙事学的研究成果认为,无论"外部故事"是如何建构的,它进入人们的"感知"层面后只有经过"内化"(internalization),成为内部故事后才能真正被人们用来作为认知的资源。"内化"过程涉及"设界"(即设定故事的开头和结尾疆界)、"蒸馏"(即选择相关细节)、"编织情节"(即选择情节模式)等步骤(Jahn, 2003)。由此可知,企业在创造了引人入胜的好品牌故事之外,还要遵循这种"内化"规则,以适当的逻辑和方式对消费者讲出这个故事,增加他们的感情和对故事的涉入程度(McKee, 2003),让品牌叙事的效果最大化。于是,本文从叙事逻辑和叙事方式两个方面来探讨如何讲好故事。

1. 讲故事的逻辑

要讲好故事,最好采用经典的叙事形式(Shankar et al., 2001; Simmons,

2001）。对众多叙事理论的相关研究进行系统性整理和归纳后，本文发现：要以适当的逻辑讲好故事，可以从时序和情节两方面着手。

（1）从时序上看。一个完整的故事讲出来，最好能依时间顺序或因果关系进行编排，并体现开头、中间和结尾三部分（Simmons，2001；McKee，2003；周皓涵，2006）。故事的讲述可以从描述角色生活中的平衡开始，然后再遭遇不平衡，经过一番努力之后再重新获得平衡（Fog et al.，2005）。

（2）从情节上看。故事结构往往是由导入情境、错综复杂的困难和解决难题3个情节组成的（维森特，2004），所以讲故事应围绕着问题或困难的出现、过程和解决来展开（Boje，2006），通过紧张的气氛（局势）和煽动事件来凸显紧张的冲突（Simmons，2001；McKee，2003；Fog et al.，2005）。

2. 讲故事的方式

（1）遵循"一个核心"原则。品牌讲故事时要遵循"一个核心"的原则，否则就容易让消费者缺乏信任（Christensen，2002），这与品牌塑造要有明确的定位是一致的。因此，在品牌叙事过程中，最好只围绕一个核心故事原型展开，但是可以用多种不同的方式述说。而这个被反复述说的 故事，应该是品牌的"核心故事"。这个所谓的"核心故事"并不需要真的像故事一样展开，而往往可以是一句话的陈述，如玫琳凯"你要别人怎样对待你，你也要怎样对待别人"等。它们本身并不是真正意义上的故事，因为它们并没有故事的特征，而更像是"一个基本的观点"或"共同的出发点"。与其说是在讲一个故事，更似在表达品牌的主张。

（2）整合多种途径和方式。在讲故事时，应该结合不同的品牌定位和目标群体，以差异化的方式、途径和渠道，为不同的听众讲述版本不同但主张一致的故事（维森特，2004）。文本所指的差异化在此有三层含义：一是指要结合不同目标群体的特征和偏好讲不同版本的故事；二是指讲故事塑品牌，要讲一个不同于竞争对手的故事；三是指可以采用多种方式讲故事，如可以以静态的软文广告、宣传策划等讲述文字故事，也可以通过动态的电视广告、电影广告、录像广告等讲述影音故事等。

（3）简单化但却留有空间。简单化是指品牌故事要简洁、留有余地地讲。Denning（2005）提出发展跳板型故事时，强调故事讲到刚好能让消费者理解的程度就够了，不必太详细。品牌讲故事的目标"不是想让消费者被困于冗长的故事中"，而是在于让消费者"通过与自身背景的联系来发现或一起创造他们自身的心智故事"（Denning，2005）。只有给消费者留下一定的想象空间，他们才能有机会和能力涉入含蓄的故事和其暗含的意义中去。Shankar 等学者（2001）也认为讲故事时要适当留点想象空间给听众去构建自己的故事，这样才能最大化讲故事的力量。

综合上述，本文以叙事理论和营销领域内的众多研究成果为理论基础，进行理论推导并系统归纳后，整合得出了一个包括"造故事"和"讲故事"两个层面的"讲故事塑品牌"理论框架。为了检验此理论框架是否可行，我们需要通过案例研究回答以下两大层面的问题：（1）应该从哪些方面来打造一个好的品牌故事？（2）有了好的品牌故事后，应该怎样来向消费者进行传播？为了更好地回答这两个问题，我们在咨询专家并进行两次课题组内部讨论后，将这 2 大层面发展成了 6 个维度的 15 个具体问题（见表1）。这些具体问题，不仅是讲故事塑品牌已有研究的缺口，也是品牌叙事理论的重要内容。

表1 "讲故事塑品牌"的理论框架

2 大层面	6 个维度	15 个具体问题
造故事	1. 故事主题	（1）故事主题是否反映出品牌的核心利益？
		（2）故事主题是否符合消费者的价值观？
		（3）故事主题是否包含积极信息？
	2. 故事内容	（4）故事内容是否让消费者感知真实可信？
		（5）故事内容是否引发消费者的情感反应？
		（6）故事内容是否包含能为消费者普遍接受的共识？
		（7）故事内容是否包含承诺让消费者获得改变的信息？
讲故事	3. 结构化	（8）讲故事时是否按照开场、中间和结尾的时序展开？
		（9）讲故事时是否突出了紧张的冲突？
	4. 系统性	（10）所有故事版本是否都围绕同一核心故事展开？
	5. 差异性	（11）是否针对不同的目标群体而讲不同版本的故事？
		（12）品牌叙事是否有别于其他竞争品牌？
		（13）是否采用了广告、活动等多种方式来讲故事？
	6. 简洁性	（14）品牌叙事是否表现得让消费者可以理解和接受？
		（15）品牌叙事是否给消费者留下了想象的空间？

四、研究方法

本文选择单案例研究方法,原因包括:(1)目前还没有学者进行过"讲故事塑品牌"方面的系统性研究,而单一案例研究是回答"为什么"和"怎么样"的首选研究策略(殷,2004);(2)单案例研究能够保证案例研究的深度,并能更好地了解案例的背景(Dyer and Wilkins,1991),能更清晰地帮助我们解释并验证"讲故事塑品牌"过程及其背后的规律;(3)单案例研究是多案例研究的基础(李飞等,2010),我们需要基于此来发展品牌叙事理论的初步框架,尔后再通过多案例研究来检验。

(一)案例选择

本文选择鞋类品牌"达芙妮"作为研究企业如何通过叙事塑造品牌的对象。达芙妮从2003年诞生开始,一直都有意地在运用讲故事的方式塑造品牌,并取得了显著成果。目前达芙妮已经有"中国第一女鞋"之美誉,成为最受女性喜爱的女鞋品牌之一,连续12年蝉联同类产品市场销量第一。

我们选择"达芙妮"品牌作为研究对象,首先是考虑到案例的典型性,以保证研究获取丰富、详细和深入的信息(Pettigrew,1990)。典型性是个案所必须具有的属性,即个案是否体现了某一类别的现象(个人、群体、事件、过程、社区等)的共性(Pettigrew,1990)。在进行案例分析之前,我们基于产品类别和品牌故事知名度两大要素,将可口可乐(饮料)、百年润发(洗发水)、哈雷(机车)、玫琳凯(化妆品)、黄鹤楼1916(香烟)和达芙妮(女鞋)等品牌作为备选对象。接下来,我们借鉴了殷(2004)选择典型案例的步骤:课题组成员以表1中所列的15个具体问题作为共同特征收集二手资料,然后召开研讨会,逐一对这些备选对象进行比对和排列。最终发现达芙妮和玫琳凯的品牌叙事实践中均涵盖了15个共性特征。虽然相比玫琳凯而言,达芙妮讲故事还不够成熟老练,但本文认为选择本土品牌作为研究对象对中国企业的品牌叙事实践更有意义。况且,达芙妮的品牌叙事实践在我国已是较好的示范,其市场业绩也已证明该个案的突出性。

达芙妮不仅具有通过故事塑造品牌的典型意义,而且作为知名度和忠诚度较高的品牌,它在一手资料和二手资料的丰富性和收集便捷性等方面都有优势(这一点对于深入的案例研究相当重要),有助于我们深入和多维地了解品牌如何通过讲故事而得以塑造。

（二）数据来源

我们选择了一手资料和二手资料相结合的数据来源。

一手资料包括：（1）我们根据表1中的15个具体问题拟定提纲，到武汉、长沙两地的达芙妮专卖店或专柜进行实地调查，与管理层（包括店长）和店员进行了座谈，并在店面中对消费者进行了现场访谈，对所有谈话进行了记录；（2）深化并拓展上一步中获得的结论，我们与达芙妮的顾客进行了座谈，座谈的主题为"达芙妮的故事是如何打动你的？"并进行了记录。

二手资料包括：（1）达芙妮品牌从诞生到2010年5月，在各种媒体上发表过的有关达芙妮品牌故事的文章或报道；（2）从达芙妮官方网站和公司内部获得的材料（包括文字文档和影音文件）；（3）网络中各论坛或博客中有关达芙妮品牌的消费者评论或感想。

（三）数据分析

真实可信的经验事实是理论建构的基础，而案例研究是通过对经验事实的连接实现可验证的、相关的、有效的理论发展（Eisenhardt，1989）。为最大限度地体现经验事实以达成理论建构，本文采用访谈记录、主题分析、文本编码、消费者故事的解析模型（Thompson，1997）等工具和方法，对来自达芙妮和其消费者的双边数据进行结合分析，力图客观分析达芙妮品牌叙事实践及其效果，以在此基础上发展理论。

1. 主题分析

因为本文为探索性研究，在研究初期对于品牌叙事的关键性要素尚不明确。根据访谈记录和二手资料，研究者与内部团队进行多次交流，并咨询品牌管理和消费者行为研究方面的知名教授，在此过程中形成了一些初步的研究主题，比如"故事对于营销有何意义""品牌如何叙事""如何讲出消费者接受的好故事""怎样通过讲故事来塑造品牌"等。在经过多次团队讨论后，将研究主题确定为"企业如何讲故事塑品牌"，借此建构品牌叙事理论。

2. 故事解释

本文主要借鉴 Craig J. Thompson（1997）提出的"消费者故事的解释学模型"来解析达芙妮顾客的陈述，这些陈述与她们对达芙妮产品和品牌形象、购物经历和体验相关。这种解析方法在本文中主要运用于两个层面的消费者意义解析：（1）辨明该顾客在其消费文本中所表达的关键意思；（2）识别不同顾客在其陈述中所表达的关键词汇和意义。

3. 编码与分类

本文采用对文本进行编码和归类的方法将收集的定性数据分解、比较、归类和分析，致力于在大量定性资料中提炼关键概念，推导因果逻辑，进而论证基于理论推导发展出来的理论框架（Lee，1999；忻榕等，2004；吴晓波、马如飞、毛茜敏，2009；李飞等，2010）。

第一步，按数据来源对资料进行编码分类，得到了含249个条目的条目库（见表2）。

表2　　　　　　　根据数据来源的文本编码及分类

类别		编码	条目数	类别	编码	条目数
二手资料中来自达芙妮官方网站和公司内部的文档（含文案和影音文件）	广告及宣传文案	SA	64	一手资料中来自达芙妮内部员工的访谈数据	FI	6
	歌曲及歌词	SS	13	一手资料中来自实际调查观察到的品牌故事相关文本	FD	12
	品牌宣言相关文本	SD	5	一手资料中来自消费者访谈的相关文本	FC	11
	活动及相关文本	SE	32	二手资料中来自消费者访谈的相关文本	SR	46
	品牌名称相关文本	SN	3	二手资料中来自网络论坛或博客的消费者评论或故事	SC	57

第二步，根据"如何打造一个好的品牌故事"及"如何以恰当的方式向消费者讲好这个故事"两个研究问题，以渐进方式对数据进行分析。我们主要参考表1中所列的15个具体问题把第一步所得的249个条目进行重新编码和归类。为了保证编码的一致性，我们采用了先由2人分别独立编码、再就差异进行讨论求共识、再由另外2人检查并讨论的方法（忻榕等，2004；李飞等，2010）。最终经过三轮编码检查，从249个条目中剔除了42条，保留了207条。表1中的6个维度保留的条目数分别为37、24、32、16、53、45，编码一致率达到了83%、85%、85%、81%、79%、82%和83%。

第三步，为了防止研究者的主观偏差影响到数据的真实性和客观性，我们把编码数据结果和初步结论分别向品牌管理领域内两位教授进行咨询，并向接受访谈的2名达芙妮店长、消费者座谈中的2位达芙妮顾客进行了反馈，得到了她们的认可。

五、案例分析

基于数据的编码框架，我们将达芙妮的品牌叙事策略与消费者感受对接起来进行分析，发现了达芙妮讲故事塑品牌的丰富策略和成功效果。这一方面通过来自企业和消费者的双边数据验证了本文提出的"讲故事塑品牌"理论框架，另一方面也证明了选择达芙妮作为案例样本的适当性。下文将对达芙妮品牌叙事的案例进行分析，并陈述有价值的发现。

（一）如何创造品牌故事

1. 树立为"消费者造梦"的品牌核心主题

达芙妮的品牌宣言为"我不卖鞋，我参与一场华丽的戏"。在官网上，其更是进一步提出其品牌主题为"我希望每一个踏入达芙妮的女人，都像是谈了一场恋爱，体验一场华丽的戏，甚至找到真正的自己，所以无论今日女孩或是明日女人，自信的女人都会在达芙妮的引领下——新生感动"。这段文本，既体现出达芙妮为消费者营造梦想和创造感动的品牌核心信念，也表达了达芙妮进行品牌叙事的决心与力量。因此在网络上，甚至有消费者称达芙妮是"为消费者造梦"的鞋，并获得了众多附议。

达芙妮为消费者造梦的工程始于一则有关河神女儿达芙妮的希腊神话故事（SN1）。这则神话传奇，不仅给达芙妮品牌名称增添了神话色彩，更是通过爱情题材将达芙妮"为消费者造梦"的品牌核心理念表现得淋漓尽致。故事中追求真爱、勇敢执着的河神女儿达芙妮切合了现代年轻女性消费者所希冀的独立、勇敢、有主见的女性形象，反映了这一群体的核心价值观。因此，这则以积极女性精神为主题的故事对消费者起了很好的引导作用，让一些消费者因为喜欢达芙妮的这则神话故事而喜欢此品牌，让另外一些消费者因为意外发现这则故事更加喜欢达芙妮品牌。在此，以一位达芙妮顾客的陈述（SC23）加以说明："真正了解达芙妮这个名字的内涵却是有一天在美术馆里看到名画《阿波罗与达芙妮》的复本。这时才发现，自己钟爱的品牌也是希腊神话中河神的女儿。为阿波罗和达芙妮的爱情而感动，也因有了神话的内涵，让我更爱这个品牌。达芙妮变成树来躲避阿波罗虽然是怯弱，但又勇敢追求真爱——这种矛盾正如我，成长本来就是在这样的矛盾心态中跌跌撞撞走过来。爱上达芙妮，她陪伴我成长。每年奖励自己一双达芙妮，已成为自己努力的动力。"

2. 打造有真实、情感、共识和承诺的故事

在本文所收集的114个消费者数据中，涉及达芙妮广告本文评价的有63个。其中，消费者提及频率最高（37个）的为刘若英代言的达芙妮D28的电视广告（SA52）。为何在达芙妮众多故事中，这则电视广告引发了消费者最好的回应？

"小时候我老爱偷偷穿妈妈的高跟鞋，他们送了一双红色的小公主鞋给我，我爱死它了，每天看着它一直可以发呆好久好久。女人跟鞋子的关系真的很微妙，一双鞋加一双鞋，于是女孩就要变成女人了，我是女人，美丽的女人，昨日女孩，今日女人！"——伴随着广告主角刘若英的画外音，D28的这则广告先是描述了一个小女孩对小公主鞋的喜爱，然后再出现刘若英穿着华丽小礼服踏着高跟鞋在镜子前不停旋转的画面。当镜头转到坐在墙角不断挑选身边一字排开的各色鞋的刘若英时，对她脸上那种如猫咪般满足的神情给予了特写。这将女人和鞋子的微妙关系表现得淋漓尽致。

这则广告讲述了一个真实可信、诱发情感、符合共识和承诺改变的"女孩变成女人"的故事，从而让许多消费者爱上了达芙妮，也让"昨日女孩，今日女人"成了脍炙人口的广告语。就真实而言，广告借由刘若英这一亲切可信的主角（真人）讲出了很多女性小时候都经历过的事（真事）——因为好奇或向往而偷穿妈妈的裙子、鞋子之类；就情感而言，故事中小女孩偷穿妈妈高跟鞋的画面，不仅借展露无遗的童趣使人忍俊不禁，又引发了消费者内心的公主情结；就共识而言，它说出了鞋子对女性的重要性——伴随自己成长，更是说出了每个女性在少女时期心中共同的愿望——成为公主、成为女人；就承诺而言，广告主打词"昨日女孩，今日女人"不仅是一种改变，而且是一种质变，是达芙妮D28给消费者许的一个承诺，让消费者相信D28是使她们成为女人、展现女人魅力的好帮手。

所以，D28这则广告故事的确让消费者感受到了真实、情感、共识和承诺这4个要素，从而易于让消费者接受，引发了消费者的共鸣，并给消费者带来了感动（见表3）。

表3　达芙妮D28品牌故事内容的条目数及消费者文本引用举例

要素	条目数	消费者文本引用举例
真实	8	作为一个刚满20的女孩，不，应该说是女人，不得不爱上奶茶（刘若英的昵称）的一句广告词，"昨日女孩，今日女人"。这是每个女孩的心愿和发展历程，我也不例外，所以就爱上了达芙妮，蜕变女孩的形象，成为真正的女人（SC21）
		刘若英是我欣赏的，纯净淡雅，很亲切，听她娓娓道来，也觉得的确如此（FC4）

续表

要素	条目数	消费者文本引用举例
情感	13	一直都在想是什么吸引自己，让自己如此痴迷一个品牌的鞋子，可惜百思不得其解。直到有一天，看到电视里刘若英如婉转低述般地给这个牌子做的广告，才豁然明白，原来是装在心里，那一直都不曾抹去的渴望——成为公主的渴望（SC14）
		我必须承认我有达芙妮情结，那摆在橱窗里或棉或单，或高或低的达芙妮女鞋从来对我都有着致命的吸引，每每从达芙妮鞋店旁路过，不管自己需要与否，进去逛逛是必备的功课。于是家里的鞋柜里，便有了一双双达芙妮女鞋，仿佛自己四季，也就被这些鞋子包围着（SC8）
共识	5	之所以喜欢达芙妮，是源于刘若英拍的那个广告。从女孩变成女人，是多少人年少青春时的梦想啊（FC4）
承诺	11	达芙妮的鞋，前面不是世俗的尖，却也不是笨重的圆，而是在尖与圆中间找到了一个很好的契合点——椭圆。于是那鞋子便精巧灵动起来，再加上后面高挑的跟，便完成了一个女孩儿关于公主的完美梦想（SC5）
		自己还是放不下公主的梦吧，要不然怎会如此锲而不舍地追寻这个牌子的每一款适合自己的鞋子呢？……矫情也罢，真情也好，反正，我爱达芙妮（FC3）

（二）如何传播品牌故事

1. 遵循结构化原则，按照时间序列凸显冲突地讲

继续以上文中达芙妮 D28 电视广告故事（SA52）为例。从结构上来看，（1）这则广告故事是按照时间顺序描述生活中的因果事件的。开场始于广告中的主角（刘若英）童年，小女孩想要有一双高跟鞋但是没有，于是偷穿妈妈的；中场，再长大些的女孩有了一双红色的小公主鞋，喜欢得不得了；结局是长大后拥有了真正的高跟鞋，终于成了有魅力的女人，小时候的心愿完全得到了满足。（2）故事过程围绕想要高跟鞋而没有高跟鞋的这一冲突而展开。该冲突是愿望与现实之间的矛盾，也是女孩和女人之间的矛盾。而有了达芙妮 D28，这冲突就迎刃而解了——故事中小女孩长大成为女人（刘若英）后挑选高跟鞋时脸上那种如猫咪般满足的神情特写，尤其凸显了矛盾的顺利解决。

2. 遵循系统性原则，围绕"一个核心"主题地讲

达芙妮品牌的核心故事起源于月桂女神达芙妮的爱情故事（SN1），达芙妮品牌也借"梦想、桂冠"串联女性消费者，"我希望每一个踏入达芙妮的女人，都像是谈了一场恋爱，体验一场华丽的戏，甚至找到真正的自己……"（SD2）。尽管随着市场扩张，达芙妮将目标消费者细分为年轻女孩和成熟女人两个群体并相应将品牌分为 D18 和 D28 两个系列。但无论在针对喜欢表现自我和个性化的年轻女孩的 D18 广告中，还是在讲述独立和期望有魅力的成熟女人的 D28 故事中，都体现了女性的梦想和勇敢，秉承了"为消费者造梦"的核心品牌主张。因为不管是年轻女孩还是成熟女人，都是自己生活和梦想中的女主角，最终"都会在达芙妮的引领下——新生感动"（SD2）。

3. 遵循差异化原则，多版本、有别于对手、多途径地讲

（1）对不同目标群体讲不同的故事。为了对合适的对象讲合适的故事，达芙妮为 D18 和 D28 打造了不同的故事。D28 系列（S52-58）是刘若英作为主角讲述关于优雅成熟女性的故事；D18 系列定位于更年轻和个性的女孩，于是达芙妮为其打造了台湾女性偶像团体 S.H.E 代言的系列故事（SA45-51）。虽然剧情有所差异，但两个系列的故事均以梦想和勇敢作为核心精神。这种在同一品牌主张下为不同受众打造不同版本的故事，本质上是对目标消费者进行市场细分基础上进行的差异化。

值得一提的是，达芙妮针对不同群体讲不同故事的品牌叙事实践较为成功，还在于它选对了故事主角——形象代言人。S.H.E 是台湾地区当红偶像组合，影响力不言而喻。该组合中 3 个女孩不仅年龄上与 D18 系列目标消费群的定位非常吻合，还分别代表了 3 种不同的类型：淑女（Selina）、可爱（Hebe）、豪爽（Ella）。用她们为代言可以满足不同人的喜好，不同类型的女孩要寻找模仿对象，都可以找到自己适合的风格。而代言 D28 系列的刘若英温婉知性、成熟典雅的气质则完全吻合该系列女鞋目标消费者的内在特质。

无论是电视广告还是网络文案，达芙妮的故事都选择用适合其听众（即目标群体）的语言娓娓道来。如 D18 少女系列网站上都会出现一些若隐若现字体多变的小文字，如"主宰流行气息，发射百分之百魔力，掩不住被宠爱的娇气，在我的小宇宙里，实行狂想主义"（SA59）、"花样十八，青春无敌是个把戏，骗倒、迷恋我的你，任性的美丽，实验性的乐观主义，时尚，也不过是个诡计，最适合搭配鞋子的是，爱情"（SA60）。文字的跳跃正如少女思想的跳跃，符合她们的风格，讲述了她们的心声。不囿于以静态的文字引发想象，达芙妮更是以动态的方式每一个细节都能极致地体现出童话般的氛围。鞋子、小花、女主角是网站的主要元素，网站每一个页面都是以粉色、淡绿、淡紫作为基调。这些都细致入微地着迎合少女们渴望成为舞台主角、掌握自我的心理。

（2）有别于竞争对手地讲。达芙妮讲故事的差异化还体现在与竞争对手的差异化。在达芙妮之前，中国女鞋市场上很少企业有做广告、讲故事的意识。

达芙妮可以说是同类市场上"第一个讲故事"的（在 FD、FI、FR 中皆有提到，在此不详细列举），这也是其差异化成功的关键之一。

（3）整合多途径多方式地讲。虽然广告是最常见、最广为接受的品牌叙事手段，也为达芙妮带来了显著效应，但并不是其所依仗的讲故事的唯一渠道。达芙妮不仅通过广告、网络等常规媒体讲品牌故事，也利用歌曲、品牌名称等传播核心品牌故事，还组织一系列大型活动来进行品牌叙事（见表4）。

表4　　达芙妮传播品牌故事的各种途径及具体举例

途径	具体做法
网络	在其官网上展示有关月桂女神达芙妮的希腊神话故事（SN1）
	委托上海 IDES 互动公司制作了以"爱上达芙妮"为主题的互动网站，上面有各种版本的达芙妮广告视频和故事文案
电视广告	D18、D28 等系列广告（SA37-SA58）
软文	宣传册（SA1-SA12）、宣传单（SA13-SA31）、产品名录（S32-S36）
品牌歌曲	根据达芙妮希腊神话故事创作《月桂女神》之歌，由李天龙作曲、方文山填词，S.H.E 演唱（SS1），让达芙妮的爱情神话故事随着歌手的演唱传遍大江南北
	由歌手陶喆创作广告歌曲 Just Be Yourself，并借由编曲上的巧妙运用，创作出快慢两种版本作为广告背景曲，分别由达芙妮 D18 和 D28 的代言人——S.H.E（SS2）和刘若英（SS3）来演绎
大型活动	策划"月桂女神"选拔大会，让其成为达芙妮女鞋的模特（SE2）
	租下上海体育馆举办"达芙妮之夜"大型活动（SE6）
演唱会	2008 年刘若英"达芙妮梦游全国"巡回演唱会（SE21）
	2008 年陶喆"达芙妮王者归来"演唱会（SE22）

4. 遵循简洁性原则，给消费者留有想象余地地讲

在达芙妮的宣传文案中，不仅充斥着以"月桂女神"的梦幻和勇敢为核心的众多版本不同的故事，而且每款鞋子都是一个美丽的故事，都被赋予了摄人心魂的内涵。如一双黑色布鞋会配上"黑天鹅的迷人之处在于她们的魔性气质中还保存着执着与浪漫，这使她们往往更容易俘获一位王子的心"（SA33）的浪漫神话；一款淑女皮鞋配上"乖巧的淑女还在迷恋童真的乐园，即使选择了矜持的举止，还是让脚的造型暴露了内心随时想飞的幻想"（SA34）的可爱故事等。这些有关黑天鹅、淑女的故事，既简短有力又便于理解。它们不仅体现了不同鞋子的风格，更是将消费者带入了一个无限梦想空间：似乎自己是童话故事中的灰姑娘，选一双玻璃鞋就会瞬间光芒四射。而通过这些故事，达芙妮真的上演了一场"华丽的戏"，大大提高了品牌想象空间。它与消费者间的关系不再仅是售与买的关系，更是一种心灵的互通、精神的依托。因此，达芙妮在消费者心中的美誉度和忠诚度得到很大程度的提高。

（三）案例分析结果

通过以上对达芙妮品牌叙事的案例分析，我们发现表1中2大层面、6个维度的15个具体问题都在达芙妮的品牌叙事实践和消费者反应中得到了一定程度的回答，因此得到了部分关于达芙妮如何进行品牌叙事的结论（见表5）。

表5　达芙妮"讲故事塑品牌"的分析结果

2大层面	6个维度	15个具体问题
造故事	1. 故事主题	（1）故事主题反映了品牌"为消费者造梦"的核心主张，体现了品牌的宣言和信念
		（2）故事主题体现了勇敢、独立和追求梦想的女性精神，符合目标消费者追求的生活理想和认同的价值观
		（3）故事主题体现了积极向上的女性精神，能引导消费者发展积极的品牌态度
	2. 故事内容	（4）故事内容包含真实性因素，采用可信的主角、亲切的语言来讲述真人真事，让消费者感知可信并接受
		（5）故事中用童趣来激发消费者情感反应，触动消费者的内心情结
		（6）故事内容是目标消费群体曾有的共同经验或现有的共同愿望，是消费者普遍接受的共识
		（7）故事包含让消费者获得改变的承诺，让消费者感觉通过品牌可以实现自己的愿望
讲故事	3. 结构化	（8）故事的讲述按照童年、少年和成人的时序展开，包括开场、过程和结局三大要素
		（9）讲故事时突出了想要高跟鞋却没有的冲突，这是源自消费者生活中愿望和现实之间的矛盾，且最终随着品牌的出现而得以解决
	4. 系统性	（10）所有故事版本都围绕着月桂女神这一核心故事展开，均体现出梦想和勇敢的精神
		（11）根据目标受众（消费群体）的特征和偏好讲不同版本的故事，并相应地采用适当的故事角色和语言风格
	5. 差异性	（12）讲故事的方式、时间、场合均有别于其他竞争品
		（13）整合采用广告、歌曲、主题活动等多途径和方式来传播品牌故事
	6. 简洁性	（14）采用消费者可以理解和接受的语言和形式讲故事
		（15）故事讲完后给消费者留下想象和回味的空间，引导消费者产生与品牌相关的联想

六、结论与讨论

（一）主要结论

通过达芙妮品牌叙事实践的案例研究，我们系统地分析和研究了企业如何"讲故事塑品牌"的问题，对基于理论推导出来的"讲故事塑品牌"理论框架进行了验证、丰富和修订。最终，本文得出了"品牌叙事理论框架"，它包括2大层面、6个维度的19项内容（见图1）。该理论框架表明，企业要通过品牌叙事来塑造品牌，既需要为品牌建构好的品牌故事，又需要以适当的方式传播好品牌故事。其具体工作包括以下内容。

一是建立积极的品牌故事主题：品牌故事必须有一个积极的、能同时反映品牌核心利益和消费者价值观的主题，这个主题在品牌实践中可以表现为品牌宣言、主张或口号。

二是创造动人的品牌故事内容：一个好的品牌故事在内容上应该真实可信、能激发消费者情感、反映消费者共识和承诺让消费者获得改变。

三是按照叙事结构讲述故事：为了保证传播品牌故事的效果，企业在进行品牌叙事时，要按照时序或因果顺序来讲述开场、过程和结局3个阶段，并突出紧张的冲突情节。

四是以差异化的方式传播故事：企业不仅要针对不同目标群体以差异化的具体方式讲版本不同的故事，还要在品牌故事传播的方式、时间和场合上都有别于竞争品牌，还可以整合广告、歌曲、主题活动等多种途径来进行品牌故事的深入和广泛传播。

五是遵循品牌故事叙事的系统性：品牌叙事在讲述方式、目标群体和传播手段上的差异化都必须遵循围绕"一个核心故事"展开的原则，体现同一品牌主张。

六是保持品牌故事叙事的简洁性：无论采用哪一种叙事结构或传播途径，品牌故事的讲述最好使用让消费者可以理解和接受的语言，并给消费者留下想象和回味的空间。

（二）理论创新

1. 品牌叙事理论框架

现有营销研究虽不乏叙事视角的相关成果，但就塑造品牌这一领域而言，目前仍然缺少对应的文献深入探讨讲故事与塑品牌的关系，及讲故事在品牌发展和品牌营销上的应用。

本文首先基于叙事理论研究成果建构了"讲故事塑品牌"的理论框架（见表1），然后通过达芙妮品牌叙事案例研究对这个理论框架进行了验证、丰富和修订，最终得出了"品牌叙事理论框架"（见图1）。该框架表明企业可以通过品牌叙事来塑造品牌，而这一工作包括创造品牌故事和传播品牌故事两大维度。"品牌叙事理论框架"是本文最为重要的理论贡献，也是系统性构建企业品牌叙事理论的尝试，对于以后此领域理论的发展有一定的借鉴意义。

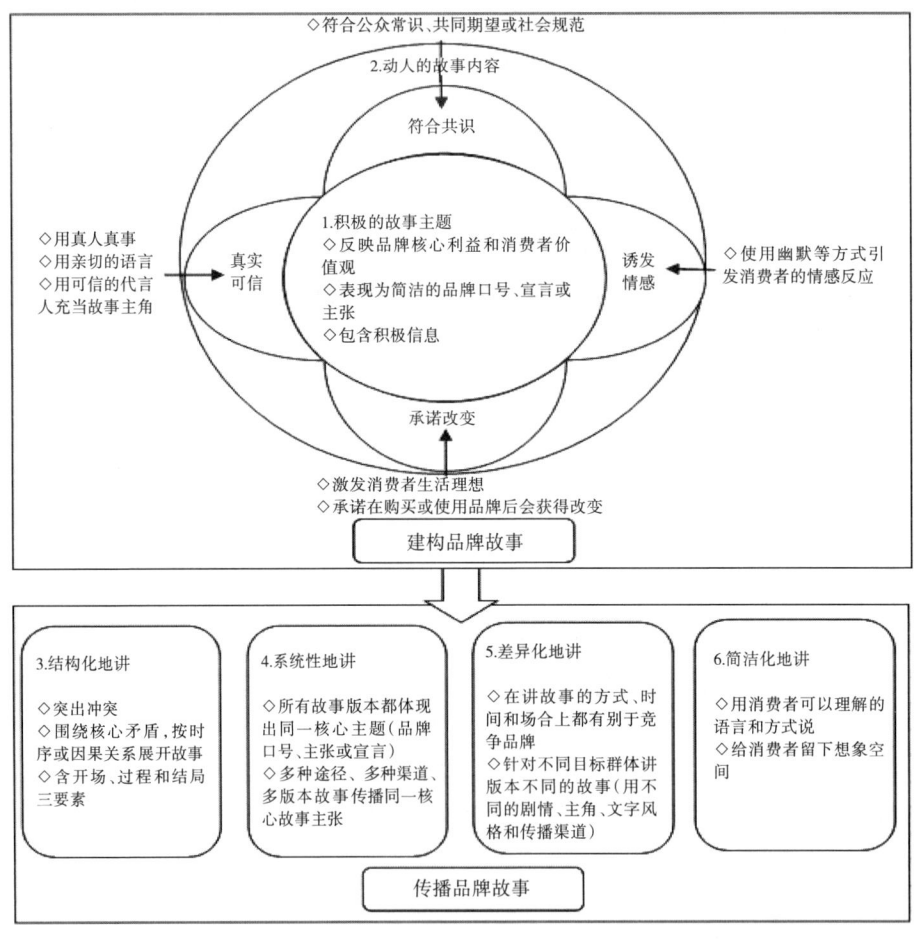

图1 品牌叙事理论框架

2. 品牌故事的构建

现有研究大多从理论角度给出了构成好故事的重要因素，但抑或泛泛而谈，抑或关注组织管理，抑或零散涉及，并没有在品牌实践领域内指出究竟哪些因素起主导作用。同时，也缺乏系统性的整理和融合，更缺乏实证研究。而本文基于理论的系统归纳和案例的分析验证，整合得出：一个好的品牌故事需要包括一个能同时反映品牌核心理念和消费者价值观的积极主题，同时在内容上应具备真实、情感、共识和承诺四大要素。

3. 品牌故事的传播

企业要通过故事塑造品牌，除了需要构建好的品牌故事之外，还需要以适当的结构和方式来讲好这些故事。故事管理学派仅从故事结构方面来对如何讲故事展开了探索，营销领域内 Escalas（2004a）的研究也只限于探索如何进行广告叙事来影响消费者的品牌形象感知，他们均只是从单个方面来探讨如何提升故事传播的效果。而本文通过对文献的整理归纳和对达芙妮案例的实证分析，整合提出了品牌叙事传播时应遵循结构化、系统性、差异化和简洁化四大原则。这为有关品牌叙事传播的研究开拓了新的领域，也是一种有力的补充。

（三）实践意义

1. 品牌叙事是塑造成功品牌的有效途径

如今，品牌已成为企业最为重要的无形资产，市场的竞争业已成为品牌的竞争。中国企业要在激烈的国际竞争中站稳脚跟，就必须学会以品牌为武器参与市场角逐，实现品牌价值的提升，创造出成功的中国名牌。在产品制造质量已获得普遍认可的情况下，中国企业在品牌工程上最为关键的工作就是不断地寻求和构筑与消费者交流沟通的平台，开拓和发展新的品牌塑造和传播方式。

本文经过理论分析和案例验证后，提出"讲故事"就是一种有效塑造和传播品牌的新兴方式。品牌叙事巧妙地将品牌所要表达的品牌背景、品牌核心价值理念和品牌情感串联起来，用讲故事这种最古老和最有力的沟通形式传递给消费者。它既能完美地体现品牌的核心价值理念，又能增进与消费者的情感交流和心灵共鸣，还能形象巧妙地传递品牌信息，对于深化消费者对品牌的理解与认知起着至关重要的作用。

品牌叙事对中国企业塑造高端品牌尤其重要。纵观国内外传奇品牌发展的历史进程，都能发现其中包含叙事策略的轨迹，如轩尼诗、香奈儿、苹果和茅台等。一个高端品牌的成功塑造，最重要的是通过大量不间断的、富有创造力的努力，来形成其独特的、不可复制的传播体系及品牌识别。而采用品牌叙事策略，企业可以通过品牌故事的传播来树立自己独特的品牌形象及品牌主张，通过故事渲染来为消费者的理性思考增加一点感性内容，使品牌更人性化，让人们能够通过品牌故事了解和记忆品牌，提升品牌价值。

2. 品牌叙事策略的成功要素

我国品牌发展可以说是改革开放的衍生物，许多行业进入品牌发展阶段则更是近几年的事情。所以，中国企业在品牌的塑造和传播方面仍然很薄弱。尤其是在品牌叙事的铺陈构筑上还存在诸多的不足与缺憾，存在着品牌叙事要素的严重缺失和品牌价值理念与品牌叙事脱节等问题（袁绍根，2005）。

本文经过理论推导和实证分析后得出"品牌叙事"理论框架，对于中国企业如何通过讲故事来塑造品牌的实践有着一定的指导意义。根据本文研究结论，企业要成功地进行品牌叙事，既需要构建一个引人入胜的品牌故事，又需要以适当方式将这个品牌故事传播好。

成功的品牌叙事实践，具体而言需要做到以下几点：第一，根据目标消费者的价值主张和品牌的核心利益，选择一个好的故事主题，具体表现为朗朗上口、激奋人心的品牌宣言、主张或口号；第二，通过使用真人真事或采用可信度高的代言人等方式创造一个真实可信的故事，其中必须蕴含能激发消费者情感的因子（比如幽默），而且故事所讲的事实或道理应该是消费者普遍认同的；第三，品牌故事中最好包括一种承诺，可以通过神话、偶像事迹等形式让消费者相信，在购买或使用故事中的品牌后能够实现某种生活理想；第四，广告并不是品牌叙事的唯一方式，企业可以通过整合广告、大型活动、互动网站、品牌歌曲、终端软文等多种途径来进行品牌故事的深入和广泛传播，但是这些差异化的讲故事手段都必须遵循"一个核心"原则，即围绕核心的故事主题展开；第五，品牌故事要讲好，最好使用让消费者可以理解和接受的语言，并给消费者留下想象和回味的空间。

（四）局限及未来方向

首先，在研究方法上，本文采用的是先基于理论拟定框架再进行资料收集和分析的方式，这虽然符合规范性案例研究的要求且便于编码及分析，但可能会流失一些比较重要的信息。此外，虽然我们在进行案例分析前对备选对象进行了筛选，选定了具备典型性的达芙妮作为研究对象，但囿于单案例研究的局限性，我们还需经过后期的多案例研究补充来得出普适性高的具体理论命题。且达芙妮为女鞋品牌，与男性消费品牌或其他类别产品仍存在差异，研究结论是否能沿用到其他行业还需后续多案例研究。这也是我们将来研究的一个方向。

其次，在研究结论方面，本文得出"一个好的品牌故事必须具备真实、情感、共识和承诺四大要素"的结论，但或许事实中的成功要素会更多。而且随着有关品牌叙事的研究不断发展，也许会有更丰富的要素补充进来。本文提出的"最好能围绕某一困难或问题按照时序或因果顺序来讲述品牌故事"的观点，也许会受到现实中"无厘头"风格的挑战。这些问题还需要更进一步的研究来进行发展和检验。

在未来的研究中，发展具体的品牌叙事策略和探测消费者具体反应是两个比较重要的方面。虽然基于目前理论和达芙妮的品牌实践，我们整理并建构了品牌叙事理论框架，但只是较为系统地提出了以故事主题、内容、叙事结构、传播方式等中观方面的思路，尚缺乏具体细致的可供企业品牌实践操作的微观策略或技巧。未来研究可以更进一步地基于多案例研究得出更为丰富和具体的结论。有关品牌故事怎样讲这个问题，在本文中已经有意识地采用来自消费者的文本进行分析，因为不同的讲故事策略可能会引发消费者的不同反应。那么，到底什么样的情境下企业可以利用怎样的品牌叙事引发消费者的特定反应，这也将是未来研究的重要方向。

参考文献

[1] Aaker, David A., 1991, *Managing Brand Equity*, New York: Free Press.

[2] Arnould E. J. and M. Wallendorf, 1994, "Market-oriented Ethnography: Interpretation Building and Marketing Strategy Formulation", *Journal of Marketing Research*, 31, pp.484~504.

[3] Boje D. M., 2006, "Book Review Essay: Pitfalls in Storytelling Advice and Praxis", *Academy of Management Review*, 31, pp.33~43.

[4] Bruce, D., 2001, "Storytelling Wins Hearts: Ten Tips for Creating Captivating Brand Stories", *Marketing Magazine*, 106, pp.6.

[5] Bruner, J., 1990, "Life as narrative", *Social Research*, 54, pp.11~32.

[6] Christensen, G. H., 2002, "Company Branding and Company Storytelling", *Senders and*

Receivers, 8, pp.25~58.

[7] Denning, S., 2001a, *The Springboard: How Storytelling Ignites Action in Knowledge-era Organizations*, Boston: Butterworth Heinemann.

[8] Denning, S., 2001b, "Narrative Understanding", *Reflections*, 3, pp.46~54.

[9] Denning, S., 2004, "Telling Tales", *Harvard Business Review*, 6, pp.1~7.

[10] Denning, S., 2005, *The Leader'S Guide to Storytelling: Mastering the Art And Discipline of Business Narrative*, San Francisco: Jossey-Bass.

[11] Dyer, W. Gibb and Alan Wilkins, 1991, "Better Stories, Not Better Constructs, to Generate Better Theory: A Rejoinder to Eisenhardt", *Academy of Management Review*, 16 (3), pp.613~619.

[12] Eisenhardt, K. M., 1989, "Building Theories from Case Study Research", *Academy of Management Review*, 14(4), pp.532~550.

[13] Escalas, J. E., 2004a, "Imagine Yourself in the Product: Mental Simulation, Narrative Transportation, And Persuasion", *Journal of Advertising*, 33, pp. 37~49.

[14] Escalas, J. E., 2004b, "Narrative Processing: Building Consumer Connections to BrandS", *Journal of Consumer Psychology*, 14, pp.168~180.

[15] Facenda, V. L., 2007, "Stories Not Facts Engage Consumers", *Vmatketing*, 12, pp.68.

[16] Fanning, J., 1999, "Tell Me a Sstory: The Future of Branding", *Irish Marketing Review*, 12(2), pp.3~15.

[17] Fog, K., Budtz, C. and Yakaboylu, B., 2005, *Storytelling: Branding in Ppractice*, Berlin: Springer.

[18] Gerrig, Richard J. and Giovanna Egidi, 2003, "Cognitive Psychological Foundations of Narrative Experiences", In David Herman, *Narrative Theory and the Cognitive Sciences*, Stanford: CSLI Press.

[19] Godin, Seth, 2005, "All Marketers Are Liars", *Bussiness Summaries*.

[20] Grayson, K. and Martinec, R., 2004, "Consumer Perceptions of Iconicity and Indexicality and Their Influence on Assessments of Authentic Market Offerings", *Journal of Consumer Research*, 31(2), pp.296~312.

[21] Herman, David, 2003, *Narrative Theory and the Cognitive Sciences*, Stanford: CSLI Press.

[22] Holt, D. B. and C. J. Thompson, 2004, "Man-of-Action Heroes: The Pursuit of Heroic Masculinity in Everyday Consumption", *Journal of Consumer Research*, 31, pp. 425~440.

[23] Jahn, M., 2003, "Awake ! Open your eyes ! The Cognitive Logic of External and Internal Stories", *In David Herman*, *Narrative Theory and the Cognitive Sciences*, Stanford : CSLI Press.

[24] Lee, T. L., 1999, *Using Qualitative Methods in Organizational Research*, Beverly Hills, CA: Sage.

[25] McKee, R., 1997, *Story*: *Substance, Structure, Style and the Principles of Screenwriting*, New York: Regan Books.

[26] McKee, R., 2003, "Storytelling That Moves People", *Harvard Business Review*, 81(6), pp.51~55.

[27] Morgan, S. and Robert F. Dennehy, 1997, "The Power of Organizational Storytelling: A Management Development Perspective", *Journal of Management Development*, 16, pp. 494~501.

[28] Loebbert, M., 2005, "Story Management: Der Narrative Ansatz FuR Management Und Beratung"(H. J. Wu, Trans.), *Taipei*: *Business Weekly Publications*, Inc. (Original work published 2003).

[29] Padgett, D. and Allen, D., 1997, "Communicating Experiences: A Narrative Approach to Creating Service Brand image", *Journal of Advertising*, 26, pp. 49~62.

[30] Palmer, A., 2003, "The Mind Beyond the Skin", In David Herman, *Narrative Theory and the Cognitive Sciences*. Stanford : CSLI Press.

[31] Pettigrew, A. M., 1990, "Longitudinal fField Research on Change: Theory and Practice", *Organization Science*, 1(3), pp.267~292.

[32] Polkinghorne, D. E., 1991, "Narrative and Self-concept", *Journal of Narrative and Life History*, 1, pp.363~367.

[33] Shankar, A., Elliott, R. and Goulding, C., 2001, "Understanding Consumption: Contributions from A Narrative Perspective", *Journal of Marketing Management*, 17, pp. 429~453.

[34] Simmons, A., 2001, *The Story Factor*: *Inspiration, Influence and Persuasion Through the Art of Storytelling.* Cambridge, MA: Perseus Publishing.

[35] Stern, B. B., 1991, "Who Talks Advertising? Literary Theory and Narrative Point of View", *Journal of Advertising*, 20, pp. 9~22.

[36] Stern, B. B., 1994, "Classical and Vignette Television Advertising Dramas: Structural Models, Formal Analysis and Consumer Effects", *Journal of Consumer Research*, 20, pp.601~615.

[37] Thompson, Craig. J., 1997, "Interpreting Consumers: A Hermeneutical Framework for Deriving Marketing Insights From the Texts Of Consumers' Consumption Stories", *Journal of Marketing Research*, 34, pp. 438~455.

[38] 伯格. 通俗文化、媒介和日常生活中的叙事 [M]. 姚媛, 译. 南京: 南京大学出版社, 2000.

[39] 傅雅玲. 品牌故事及其结构与内容在不同商品类型下对广告效果的影响 [D]. 元智大学硕士论文, 2007.

[40] 黄光玉. 讲故事打造品牌：一个分析的架构 [J]. 广告学研究, 2006(26).

[41] 罗伯特·K. 殷. 案例研究: 设计与方法 [M]. 周海涛, 李永贤, 张蘅, 译. 重庆: 重庆大学出版社, 2004.

[42] 李飞, 陈浩, 曹鸿星, 马宝龙. 中国百货商店如何进行服务创新 [J]. 管理世界, 2010(2).

[43] 毛基业, 李晓燕. 理论在案例研究中的作用 [J]. 管理世界, 2010(2).

[44] 丘宏昌. 产品如何讲故事？以资讯不对称之产品分类为例 [D]. 台湾硕博论文数据库, 2009.

[45] 维森特. 传奇品牌：诠释叙事魅力, 打造致胜市场战略 [M]. 钱勇, 张超群, 译. 杭州: 浙江人民出版社, 2004.

[46] 王凤彬. 科层组织中的异层级化趋向——基于宝钢集团公司管理体制的案例研究 [J]. 管理世界, 2009(2).

[47] 王家伟. 品牌故事组成元素对品牌形象知觉之影响：产品类别、信息诉求、自我一致性及品牌强调度和效果之探讨 [D]. 元智大学硕士论文, 2005.

[48] 王美欣. 故事型广告对消费者态度影响之探究 [D]. 台湾东吴大学硕士论文, 2007.

[49] 吴晓波, 马如飞, 毛茜敏. 基于二次创新动态过程的组织学习模式演进：杭氧1996—2008 纵向案例研究 [J]. 管理世界, 2009(2).

[50] 忻榕, 徐淑英, 王辉, 张志学, 陈维正. 国有企业的企业文化：对其维度和影响的归纳

性分析 [A]. 中国企业管理的前沿研究 [C]. 北京：北京大学出版社, 2004.
[51] 严幸美. 品牌故事的魔力与消费意义 [D]. 世新大学硕士论文, 2007.
[52] 余来辉. 品牌叙事主题建构及传播研究 [D]. 苏州大学硕士论文, 2009.
[53] 袁绍根. 品牌叙事：提升品牌价值的有效途径 [J]. 日用化学品科学, 2005(7).
[54] 周皓涵. 体验营销中的业者与消费者叙事：以小熊维尼80周年庆为例 [D]. 世新大学, 2006.

转型经济背景下后发企业的能力追赶：一个共演模型*
——以吉利集团为例

江诗松　龚丽敏　魏　江
（浙江大学管理学院）

摘　要：中国企业战略管理的实践正在挑战传统智慧。作为后发企业，中国企业在短短30年里即实现了技术和市场能力的有效追赶。然而，中国企业是在一个极其复杂且相互冲突的制度环境下取得如此显著成就的。那么，中国后发企业是如何在如此复杂而冲突的制度环境下实现能力追赶的？本文采用共演模型，通过一家中国民营汽车企业（浙江吉利控股集团，以下简称"吉利集团"）的纵向案例研究，展现了转型经济制度环境和后发企业能力追赶的共演过程。该共演框架一方面解释了转型经济背景下后发企业如何通过各种方式管理复杂的制度环境；另一方面揭示了后发企业如何实现技术和市场能力的追赶。更重要的是，共演框架将这两方面联系起来，从而对制度理论、资源和动态能力观以及后发企业追赶方面的文献具有显著的理论意义。

关键词：转型经济　后发企业　能力追赶　共演　吉利集团

一、引言

中国企业战略管理的实践正在挑战传统智慧。作为后发企业，中国企业在短短30年里即实现了技术和市场能力的有效追赶。以技术而言，2004—2007年，中国企业被USPTO（美国专利商标局）授权的专利年均增长27%，而同期全球授权专利几乎零增长。如果这一趋势持续的话，到2020年，USPTO授

---

* 原载《管理世界》2011年第4期。

权中国企业专利的数量将超过德国、英国和意大利的总和（Business Week，2009）。以市场而言，2009年，中国企业出口量超过德国，从1999年的3%增加到10%，成为世界第一大出口国（Economist，2010）。

然而，中国企业是在一个极其复杂且相互冲突的制度环境下取得如此显著成就的。一方面，中国企业家和管理者面临高度约束的转型经济制度环境，其战略选择（Child，1997）空间有限。在转型经济背景下，政府控制了大量的稀缺资源，通过审批机制影响企业的决策和运营（Tian, Hafsi & Wu，2007），且规制政策具有不确定性（Peng & Zhou，2005）。转型经济的这些制度特征一般被视为企业竞争能力发展的障碍因素（Nee, Sonja & Sonia，2007；Peng，2003）。另一方面，作为一个转型经济，中国自改革开放以来一直在发生大规模的制度变革（Hafsi & Tian，2005），这似乎对中国后发企业的企业家和管理者提供了多种潜在机会。那么，中国后发企业到底是如何在如此复杂而冲突的制度环境下实现能力追赶的呢？

现有理论很难解释这一问题。制度理论（DiMaggio & Powell，1983；Meyer & Rowan，1977；Scott，1995）被视为转型经济背景下企业战略研究的最重要理论（Hoskisson, Eden, Lau & Wright，2000；Lu, Tsang & Peng，2008）。尽管制度理论的新近发展承认制度变革和组织代理的角色，但是对制度变革过程中组织活动的真正角色还缺少详细的考察（Lamberg & Pajunen，2010）。另一重要视角资源观建立了组织能力和竞争优势的联系（Barney，1991），却对组织能力如何形成和发展理解甚少（Helfat，2000；Helfat & Peteraf，2003；Levinthal & Myatt，1994）。其演化经济学版本动态能力观虽然提供了组织能力发展的逻辑（Teece, Pisano & Shuen，1997），但在概念基础和经验研究上都招致诸多批评（Barreto，2010；Wang & Ahmed，2007）。较之前面两种理论，更具体的后发企业技术学习和追赶的文献（Hobday，1995；Hobday，2005；Kim，1980；Mathews，2002；Mathews & Cho，1999）有助于我们理解后发企业是如何通过技术学习进行追赶的，但仍然存在两个局限。一是这些文献的研究情境是新工业化国家（Newly Industrialized Countries，NICs），其制度情境不同于转型经济。二是这些文献缺乏理论基础（Hobday，2005），且很少和战略管理方面的文献建立对话（Mathews，2002），因而限制了其理论意义。

回答中国后发企业是如何在如此复杂而冲突的制度环境下实现能力追赶的问题，更好的方法是整合这些理论视角。这正好是共演模型的优势所在。正如Lewin和Volberda（1999）指出的："共演模型具有在一个统一框架下整合微观和宏观演化的潜力，包含多个分析层次和情境效应，并带来新的洞察力、新的理论、新的经验方法以及新的理解。"进一步,除了少数例外,关注共演的学者聚焦于发达经济而非新兴或转型经济的组织动态性(Dieleman & Sachs, 2008; Rodrigues & Child, 2003)。考虑到转型经济为共演模型提供了得天独厚的研究情境(Suhomlinova, 2006),发展转型经济的共演模型是关注该情境企业战略管理理论的学者为全球贡献管理知识的巨大机会(Tsui, 2004)。

本文采用共演模型,通过对一个中国民营汽车企业的案例研究,展现了转型经济制度环境和后发企业能力追赶的共演过程。该共演框架一方面解释了转型经济背景下后发企业如何通过各种方式管理复杂的制度环境;另一方面揭示了后发企业如何实现技术和市场能力追赶。更重要的是,共演框架将这两方面联系起来,对制度理论、资源观以及后发企业能力追赶的理论有显著的理论意义。

二、理论背景

(一)制度理论

制度理论在发展过程中经历了两个阶段。早期制度理论强调制度变革的外生性及其对组织的决定性效应。该阵营认为制度变革"仅仅是一个'自然'过程,而非一个有待解释的社会构念"(Castel & Friedberg, 2010)。并且,制度对组织的效应是自上而下和决定性的。组织如果希望生存下去,则必须通过遵从制度环境的规定而获得合法性。制度理论的开创者 Meyer 和 Rowan 于 1977 年提出了这些理论逻辑。他们对现代社会组织结构的研究表明,当正式结构反映了理性制度规则,进而发展为某种"理性神话"时,组织必须采纳这些"理性神话",以获取合法性、资源、稳定性,并提高生存机会,即使这样会与技术生产和交易的需求相冲突。如果说 Meyer 和 Rowan(1977)的观点隐含了"同构"(isomorphism)概念,DiMaggio 和 Powell(1983)则明确提出了这一重要概念。他们提出了制度理论的一个核心问题:"什么使组织变得如此相似?"进而指出,同构结果来源于3个过程:强制过程、模仿过程和规范过程。

早期制度理论由于无法解释制度变革并且忽视组织的利益追求而备受批评。和早期相反,后期制度理论强调制度变革的内生性以及组织在制度变革过程中的代理(agency)角色(Dacin, Goodstein & Scott, 2002)。制度变革的内生来源包括宏观体系和微观活动之间的不匹配,以及制度要素或竞争框架之间的不一致(Scott, 2008)。承认制度的多样性、复杂性、冲突性和模糊性为分析个体和组织代理（agency）的选择和应用创造了空间（Scott，2008）。组织代理意味着，组织受利益驱动并将在制度变革过程中扮演更加积极的角色。考虑到中国作为一个转型经济正在发生的大规模制度变革，后期制度理论似乎更加合适。

尽管制度理论已经成为组织理论的主导理论之一，其最新发展也为解释制度和组织的关系提供了更多空间，但仍有两方面不太明确。一方面，为了加强理论自洽性，早期和后期阶段的制度理论有必要进行更深层的比较和调解，也即"需要更多的经验研究来理解代理和制度完整之间的张力"（Castel & Friedberg，2010）。另一方面，很多学者呼吁关注制度理论和其他视角的整合价值（Scott et al.，2008），尽管Oliver（1997）在整合早期制度理论和资源观上做了有益的尝试，但后期阶段的制度理论还没有树立整合资源观。这是在一个大规模制度变革背景下解释组织发展能力的关键。

（二）后发企业的技术学习和追赶

Hobday（1995）将后发企业（Latecomer Firms，LCFs）界定为面临两种竞争劣势的发展中国家国内企业。第一种竞争劣势与技术有关（技术劣势）。发展中国家的后发企业与主要发达国家的技术和研发来源相隔离，与世界科学和创新中心相隔离，在工程、技术技能和研发上落后，并且其周围的产业和技术基础设施远未发展到位。第二种劣势与领先市场及挑剔用户有关：后发企业与主要发达地区市场相隔离。Hobday（1995）进一步指出，后发企业不仅和技术领导者企业不同，还有别于技术追随者企业。技术追随者企业和领导者企业一样，直接与先进市场联结。事实上，在某些场合下，追随者还具有高于领导者的竞争优势。和Hobday（1995）的界定相一致，Mathews及其同事再次强调了后发企业不是后入企业（Late Entrant），同时也不是新创企业（Start-up）（Mathews & Cho，1999；Mathews，2002）。

由于早期的后发企业学习和追赶发生在韩国、新加坡等新工业化国家和地区，因而重要文献也主要集中于这些市场情境（Hobday，1995；Hobday，2005；Kim，1980；Mathews，2002；Mathews & Cho，1999）。比如，Hobday（1995）基于"亚洲四小龙"电子产业的历史研究，提出了后发企业从OEM开始过渡到ODM并最终实现OBM的学习路径。Mathews（2002）使用亚太地区半导体产业的例子，提出了"3L"分析框架，即后发企业可以通过反复应用联结、杠杆和学习来克服竞争劣势。

虽然现有的后发企业学习和追赶类的文献有助于我们理解后发企业是如何

通过技术学习进行追赶的，但由于这些文献的研究情境是新工业化国家，其制度情境不同于中国这样的转型经济情境，因而指导意义有限。当然，国内也积累了一些后发企业相关的文献，但或者是国外理论框架的应用（如江积海，2010），或者侧重后发企业技术追赶过程的描述（吕一博、苏敬勤，2007；Xie & Wu，2003），都未触及其追赶过程所嵌入的制度层面。此外，该领域学者指出，这些文献缺乏理论基础（Hobday，2005），且很少和主流战略管理理论对话（Mathews，2002）。

（三）资源观和动态能力观

资源观是战略管理理论一个重要的流派。基于早期的工作（Penrose，1959），Wernerfelt（1984）提出了企业的资源观。资源观认为，具有优良体系和结构的企业之所以利润丰厚，不是因为可能限制竞争者进入并使价格高于长期成本的战略投资，而是因为具有明显更低的成本，或提供更高质量的产品性能。资源观聚焦企业特定资源所有者的租金，而非产品市场定位的经济利润。竞争优势在"产品市场"的上游，取决于企业异质并难以模仿的资源。资源观建立了组织能力和竞争优势的联系（Barney，1991），却对组织能力如何形成和发展理解甚少（Helfat，2000；Helfat & Peteraf，2003；Levinthal & Myatt，1994）。

动态能力观是资源观的延伸。动态能力是企业为应对迅速变化的环境而整合、建设和重构内外部能力的才干（Teece，Pisano & Shuen，1997）。因此，动态能力反映了组织在给定路径依赖和市场定位条件下实现竞争优势创新形式的能力（Dorothy，1992）。和传统资源观不同，动态能力观的基本分析单元是过程、定位和路径（Teece et al.，1997），而非资源。能力的本质在于嵌入某种组织过程。而这些过程的内容及其在任何时间点提供发展竞争优势的机会取决于企业拥有的资产（包括内部的和市场的）以及遵循的演化路径。因而，企业资产定位及其演化和共演路径塑造了组织过程，进而解释了企业动态能力及其竞争优势的本质。

动态能力观虽然提供了组织能力发展的逻辑（Teece et al.，1997），但在概念基础和经验研究上都招致诸多批评（Barreto，2010；Wang & Ahmed，2007）。比如，Barreto（2010）认为动态能力的概念模糊，使人困惑并且在某种程度上属于套套逻辑（tautology）。由于动态能力的操作化问题，动态能力的经验研究还较缺乏。并且，有限的经验研究在研究设计上主要是截面设计（Danneels，2008；McEvily & Marcus，2005），而非纵向设计，因而很难真正识别出动态能力构念的因果逻辑。

(四)共演研究

共演模型有助于整合不同的理论和视角(Lewin & Volberda,1999)。组织理论和战略管理的一个核心争论是"选择—适应"争论。通过回顾不同的理论(社会学:种群生态理论和制度理论;经济学:产业组织理论、交易成本经济学、企业行为理论、演化经济学、资源观、动态能力视角;战略和组织设计:情境理论、战略选择、生命周期和间断均衡理论),Lewin 和 Volberda(1999)认为,虽然这些单独的理论对战略和组织领域做出了深远的贡献,但是"选择—适应"争论的解决仍未取得多少进展。他们呼吁通过共演模型的研究来解决这一理论争论。

Lewin 和 Volberda(1999)进一步指出,"共演模型具有在一个统一框架下整合微观和宏观演化的潜力,包含多个分析层次和情境效应,并带来新的洞察力、新的理论、新的经验方法以及新的理解"。共演模型的属性包括多层次性、嵌入性、多向因果性、非线性、正反馈、路径和历史依赖性,这使其能够刻画非常复杂的过程(Lewin & Volberda,1999)。基于这些属性,他们还识别了开展共演研究应该满足的 7 个要求。

从研究情景而言,研究共演的学者通常关注发达经济而非新兴或转型经济的组织动态性(Dieleman & Sachs,2008;Rodrigues & Child,2003)。事实上,转型经济为共演模型提供了得天独厚的研究机会(Suhomlinova,2006)。原因有三。首先,转型经济明确展现了大量的跨层联系。这种跨层联系来源于具有垂直关系的中央计划的遗产以及改革的系统性质。其次,转型经济还显示了界定组织及其集合体边界的高度不确定性(Meyer & Lu,2005)。最后,从纵向看,产业层次的转型研究表明,转型经济不仅正在发生大规模的宏观制度变革(Hafsi & Tian,2005),而且在制度变革过程中,并非只有制度变革自上而下的效应,还同时存在自下而上的效应,也即转型经济背景下制度变革和企业行为演化之间存在大量互动(Hafsi & Tian,2005)。基于以上论证,本研究采用共演模型来揭示转型经济背景下后发企业的能力追赶过程。

三、研究方法

(一)方法选择

由于本研究要回答的是"如何"的问题,采用案例研究方法是合适的(Glaser & Strauss,1967;Eisenhardt,1989;Yin,2003)。需要指出的是,案例研究的目的包括理论检验和理论构建两种（Yin，2003）。由于现有文献还不能详细解释我们提出的研究问题，本研究采用案例研究的目的是理论构建而不是理论检验。首先，我们明确了研究问题"中国后发企业是如何在如此复杂而冲突的制度环境下实现能力追赶的？"从而避免了海量数据的"淹没"（Eisenhardt，1989）。其次，除了可以从研究问题直接推断出的制度和能力变量，我们并没有事前指定其他变量。最后，作为理论构建导向的案例研究，虽然我们会借鉴一些现有文献的逻辑，但尽量避免特定概念之间的关系或命题，并保持开放的心态，以免限制研究发现和产生偏差（Eisenhardt，1989）。

（二）案例选择

研究的案例是中国汽车产业的吉利集团（包括集团母公司吉利控股集团有限公司及其香港上市子公司吉利汽车控股有限公司，以下简称"吉利"）。选择汽车产业是因为该产业一直受到较高程度的政府规制（Yeo & Pearson，2008），能体现转型经济的特征。选择吉利是因为在如此严厉的规制环境下，吉利不仅是中国首家获得轿车生产资格的民营企业，还取得了巨大的成功。图1显示，吉利汽车销量从1998年的200辆飙升至2009年的326710辆，年均增长率达96%，连续5年跻身中国汽车行业十强企业，被评为首批国家"创新型企业"和首批"国家汽车整车出口基地企业"，是"中国汽车工业50年发展速度最快、成长最好"的企业。揭示吉利的成功，正好回答了我们提出的研究问题。

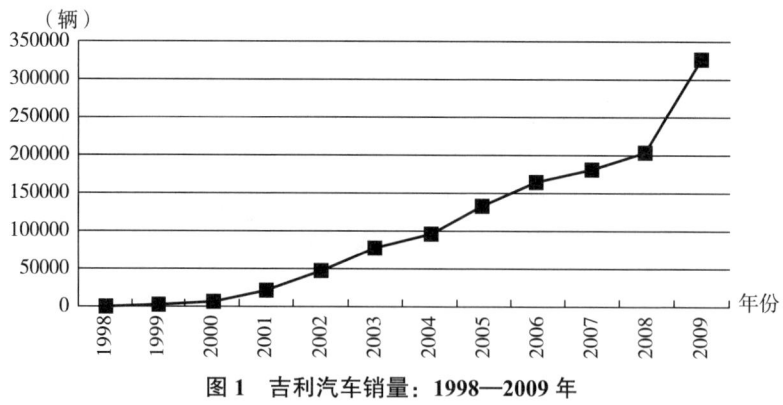

图1 吉利汽车销量：1998—2009年

资料来源：吉利汽车控股有限公司2009年年报。

表1总结了吉利发展过程的里程碑事件。在进入汽车产业之前，吉利曾经营过冰箱配件、装潢材料和摩托车业务，并且都取得了很大的成功。1984年，

吉利创始人李书福以冰箱配件为起点开始创业历程。5年后，正处于发展巅峰的冰箱厂因为未列入轻工业部定点厂目录而受到禁止，被迫关闭。同年，李书福转产高档装潢材料，研制出第一张中国造镁铝曲板。1994年，李书福进入摩托车行业。和冰箱厂一样，当时生产摩托车需要机械工业部摩托车处的许可证，否则不能生产。但也许是从冰箱厂的关闭中反思到的政策应对经验，李书福通过收购杭州一家濒临破产的摩托车厂避开了许可证障碍。相同手法3年后又帮助李书福顺利进入汽车产业。不仅如此，摩托车业务带来的利润以及初步技术为李书福进入汽车业务提供了资金和技术的基础。1996年5月，吉利集团有限公司正式成立，走上了规模化发展的道路。

表1 吉利发展的里程碑事件

年份	事件
1984	创立冰箱厂，开始创业历程
1994	进入摩托车行业
1996	成立吉利集团有限公司，走上了规模化发展的道路
1997	进入汽车产业
1998	第一辆吉利汽车"豪情"在浙江临海下线
2001	成为中国首家获得轿车生产资格的民营企业
2002	改名吉利控股集团有限公司
2003	首批吉利轿车出口海外，实现吉利轿车出口"零的突破"
2005	在香港成功上市
2007	宣布战略转型
2009	收购澳大利亚DSI自动变速器公司
2010	收购沃尔沃轿车公司，获得沃尔沃100%的股权及相关资产（包括知识产权）

（三）数据收集

Glaser和Strauss（1967）建议使用多种来源数据，以获得对研究现象多视角的描述。此外，使用多种来源数据还使研究者能"三角验证"不同证据，从而提高研究信度和效度（Eisenhardt, 1989; Yin, 2003）。本研究主要收集多种来源的公共数据，包括产业和企业两个层面的数据，并辅之以吉利两个副总裁的短暂访谈。一方面，由于访谈涉及一些企业敏感的议题（比如合法性战略），为了避免访谈因印象管理（Impression Management）和回溯性释义（Retrospective Sensemaking）带来的误差（Eisenhardt & Graebner, 2007; 谢伟, 2006），本研究仅仅将访谈作为辅助的获取数据方式。访谈主要是实现启发研究者以及核实关键数据和信息的功能。另一方面是因为汽车产业和吉利的公共数据非常充裕。产业层次的数据包括聚焦汽车产业史的专家回忆录（陈祖涛，2005）、汽车产业统计年鉴、汽车产业的调查报告及大量的新闻报道。企业层面的数据包括上市公司历年年报、公司网站信息、企业史著作（郑作时，2007）、专利数据及大量的新闻报道。除另有说明外，本书图表资料均来源于上述资料，不再一一说明。

（四）数据分析

为了更好地理解吉利运营的环境，我们首先阅读并理解汽车产业层面的事实，不仅包括吉利进入汽车产业后的产业特征，还包括进入之前的产业特征。然后，我们从公司网站提供的企业大事年表开始创建公司历史，尤其关注企业关键事件。由于公司网站提供的大事年表相对而言缺乏企业内部的战略和运作情况，我们又通过阅读其他来源的企业层次信息，并将一些关键的战略和运作事件补充进去，从而建立了比较完善的公司历史。遵循共演研究文献（Rodrigues & Child，2003）的方式，根据一些显著的转折点和关键事件，我们将吉利的发展划分成3个阶段。接着，我们试图从公司历史中找出"吉利如何一步步进行技术和市场追赶"这个问题的答案。在这个过程中，本文第一作者和第二作者就一些关键议题的理解进行了交叉检验（Eisenhardt，1989）。除此以外，我们还不断利用图表来促进分析（Glaser & Strauss，1967）。我们从关注吉利的能力发展和面临的制度环境开始，通过数据收集、数据分析和概念化之间的不断交叠（Glaser & Strauss，1967），其他的关键概念及其相互关系逐渐浮现出来，直到理论达到一个满意的饱和程度。最后浮现的概念包括制度环境、合法性战略、竞争战略、学习过程以及能力追赶。我们遵循Dieleman和Sachs（2008）的方法，首先叙述故事，然后再回到概念和理论。

（五）变量衡量

在变量衡量上，我们遵守两个原则，即保持相对松散的概念类别（Laamanen & Wallin，2009）及有利于知识积累。前者允许最后的概念从数据中涌现，而后者要求研究者尽量应用现有文献中的衡量方法。调和这两个原则的关键在于从现有文献中的衡量方法中选择与数据最匹配的一种。在数据和文献不断比较的基础上强化了变量的界定和衡量（Ozcan & Eisenhardt，2009），最后确定了变量的衡量方式。衡量制度环境的3个指标分别是规制合法性、领导考察的频率和级别及政府采购。合法性战略包括财务刺激、信息提供、政治关联以及政治参与等（Hillman & Hitt，1999；田志龙、高勇强、卫武，2003；张志学、张建君，2010）。竞争战略包括前瞻导向和防卫导向。前者的特点是企业强调风险承担和搜索新产品、新品牌、新市场趋势。后者的特点是企业为实现效率而使用成本控制系统并持续调整制造技术（Lukas, Tan & Hult，2001）。学习过程包括组织对外部的学习和组织内部学习。能力追赶包括技术能力和市场能力的追赶。技术能力包括架构能力和部件能力（Henderson & Cockburn，1994；Henderson & Clark，1990）。具体而言，架构能力表现为企业开发新产品及产品性能的能力。部件能力表现为开发产品核心部件和性能的能力。根据相关调查和统计，发动机和变速箱是中国汽车产业的核心部件①。此外，我们还用量化的专利数据来补充衡量技术能力。市场能力的指标包括市场份额、细分市场及出口等。

四、主要发现

遵循共演研究文献的建议（Rodrigues & Child，2003），根据导致研究构念发生剧变的关键事件和转折点，我们将吉利的发展分成3个阶段，关键事件如下：1997年，吉利进入汽车产业；2001年，吉利成为中国首家获得轿车生产资格的民营企业；2007年，吉利宣布战略转型。基于此，我们将1997—2001年视为吉利的"起步阶段"，2001—2007年视为"扩张阶段"，2007—2010年视为"转型阶段"。通过吉利进入汽车产业至今13年3个不同阶段的深度纵向研究，本研究总结出了转型经济背景下后发企业能力追赶的共演模型（见图2），并根据这3个阶段，分别阐述吉利面临的环境、战略、学习和能力之间的共演过程。

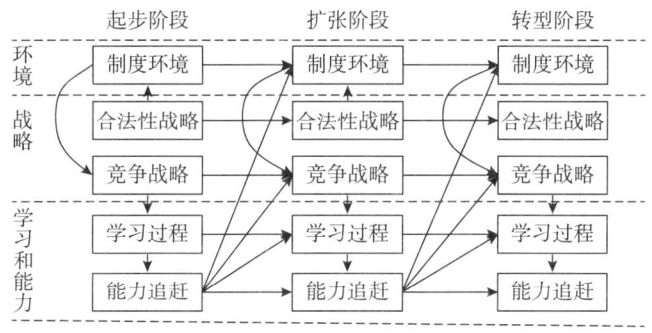

图2　环境、战略、学习和能力的共演模型

---

① 在不同总成中，中国汽车企业发动机总成的开发能力最低［国务院发展研究中心产业经济研究部、中国汽车工程学会、大众汽车集团（中国），2008］。变速器总成已经成为我国进口值最高的部件（汽车网，2010）。

（一）起步阶段（1997—2001年）

制度环境。从20世纪50年代建立汽车产业至今，中国政府对汽车产业一直保持严厉的规制（Yeo & Pearson，2008）。1987年，国务院北戴河会议确立了汽车产业"三大三小"的生产格局。"三大"即一汽、二汽、上汽3个轿车生产点；"三小"即北京吉普、天津小客车和广州标致。由于担心全国各地的轿车项目一哄而上，同时贯彻"高起点、大批量、专业化"的原则，1988年，国务院发出通知，对轿车生产实施了严格的控制，除"三大三小"外，不再安排新的轿车生产点（陈祖涛，2005）。1994年，国务院颁布《汽车工业产业政策》，指出"将促进汽车工业投资的集中和产业的重组"，也基本重申了"三大三小"的布局。尽管各地都在争取进入汽车行业，但由于整车项目和产品目录的严格控制，大部分被挡在了轿车市场以外。

然而，由于汽车产业在中国的高增长与高利润，人为的政策垄断并不能彻底遏制民间资本和地方政府的造车冲动。1997年，汽车产业"三大三小"一统天下的局面被打破，出现了包括吉利在内的若干新进入者。同年吉利通过收购一家四川汽车工厂进入汽车行业。不过这家工厂仅有生产轻型客车的牌照，还不能生产李书福想造的三厢轿车。不仅如此，尽管对外宣称是生产摩托车，吉利实际上在浙江临海生产汽车，这种异地造车的违规做法还是加重了政策风险。他为自己的汽车梦多次跑到北京各大部委，想领汽车许可证，但未能如愿（路风，2006）。总之，从当时的制度环境看，吉利面临"不合法"的问题。

合法性战略。在起步阶段，为了获得制度合法性，吉利采用的合法性战略主要是财务刺激和政治关联。

吉利还通过撬动地方政府的行政资源来获得合法性。Ngo（2008）记录了台州市政府对吉利的支持："当地政府对吉利最重要的帮助是克服进入壁垒。为了帮助吉利列入乘用车目录，台州市政府派出官员，到北京为吉利游说。市政府还邀请研究机构和中央政府智囊团考察吉利，并请这些机构对相关中央部门提供正面建议。"同时，浙江省政府"还专门给国务院打了报告"。另外，李书福还把吉利包装为一个无须借助政府财力支持、愿意独力承担产业探索失败代价的民族工业捍卫者（吴阿仑等，2010），以此来获得政府的青睐。正如李书福所言："请允许民营企业大胆尝试，允许民营企业做轿车梦。几十亿的投资我们不要国家一分钱，不向银行贷一分钱，一切代价民营企业自负，不要国家承担风险。请给我们一次失败的机会吧！让吉利的车走遍世界，而不是让外国车走遍全中国。"

竞争战略。吉利起步阶段的竞争战略表现为防御导向。吉利最开始试图造豪华车，失败后决定从经济型轿车切入，因而吉利将使命定为"造中国最便宜的轿车"。李书福本人也放言："汽车不就是四个轮子加两张沙发吗？"吉利开始的建厂方式反映了防御导向。相比1996年国家投资十几亿投产的桑塔纳，李书福只用了5亿元（实际是1亿元）。吉利的策略是在投资建厂中不搞"一口吃成大胖子"，刚开始的生产能力是一年2.5万辆，这就避免了一次投入几十亿或上百亿元。吉利下属的宁波美日公司年产15万辆的规模也仅投资10亿元，只是某些同规模企业投资的十几分之一。

防御导向的竞争战略还表现在产品的低成本上。吉利最先引入市场的两个车型豪情和美日，"5万元以下的定价，几乎使这两款车独占了中国汽车的最低价市场"，因为在当时的市场上，10万元以下的产品几乎没有像样的对手。1998年，连夏利车定价也高达13万元。为了支持低成本战略，吉利建立了自己的配套体系。这种配套体系被称为"父子配套"。区别于纯市场交易（Arm's Length），"父子配套"体系的特征是，交易双方具有血缘、同乡、朋友或同学等关系。在"父子配套"体系下，供应商对吉利极其忠诚，往往以远低于行价的价格为吉利供货。比如为吉利提供汽车空调的上海威乐，可以为吉利每台空调至少节省1000元成本。上海威乐的老板与李书福为台州同乡。"没有李书福，就没有威乐。"这家公司的老板为了表示跟吉利的紧密关系，特地把李书福尊称为自己公司的董事长，自己退为副董事长，尽管在这家公司李书福一分钱也没有投入。

学习过程。起步阶段，外部学习方式表现为从雇用中学习（Learning by hiring）（Song, Almeida & Wu, 2003）。一开始，吉利造车的基干力量是从吉利摩托厂里挑出的3个在汽车厂干过的工程师。而后发企业的优势在于，在企业创立阶段，产业中已经存在丰富的人力资源。吉利利用了这一点。1998年，天津汽车工业集团（以下简称"天汽"）的一个技术部部长首先被李书福拉下了海，接着是一大批各种各样的技术工人加盟吉利。到2001年，天汽的技术部门先后有近百人被李书福挖到了吉利。除天汽外，引进的技术人才还包括一汽解放汽车有限公司（以下简称"一汽"）工人。1999年，吉利引入了一汽设计九院设计部部长靖绍烈。靖绍烈还帮忙请来一批九院的退休工程师。据靖介绍，当时一汽也认为"吉利还构不成威胁"，因而默认了这批老专家的"再就业"。

逆向工程是主要的内部学习方式。吉利造车的第一次工程尝试并没有样车。李书福最初的理想是要做"中国的奔驰"。当时李书福有一辆奔驰车，另一个副总顾伟明则有一辆红旗车。两位老板把这两辆座驾拿了出来，供工程师们学习汽车构造,并且通过借用车上的一些零件来拼装一辆新车。"第一款车"采用红旗车上的悬架和轮胎,又购买一些红旗底盘的散件,另外一些底盘件则是自己手工敲出来的。在车身上,工程师们装上了李书福奔驰车的4个车门,其他部分则依靠手工用尺子来测绘,用图板大致画图,然后依靠钣金工手工敲出来。由于"红旗"轴距太长,技术上的难度太大,后来吉利决定改做小车。但这种战略上的转变,则是在"奔驰+红旗"之后几款车的学习中逐步摸索和体验出来的。恰好当时经济型轿车夏利推出了一款新车型。吉利买了几辆样车,在夏利的基础上改造出一辆新车。尽管这辆车基本上沿袭了夏利原有的内饰和底盘,但吉利在车身上进行了一系列改动,其中车的前脸以及背面、左右后车围、左右后车门都进行了较大改动,车高也有了变化(梅永红、封凯栋,2005)。

能力追赶。在起步阶段,1998年,吉利第一辆汽车豪情的下线表明其已经具备初步的整车开发能力。但是,这种开发能力极其有限,主要是基于逆向工程的模仿能力。因而,尽管随后吉利又开发了第二款车型美日,其技术储备其实并不足以再推出一款车型。美日只是把豪情车型的两厢车改成了两厢半车,仍属于微型车(郑作时,2007)。在部件能力上,吉利核心部件是通过外购获取。比如吉利的发动机采用的是丰田8A发动机。在该阶段,吉利获得授权的专利包括4项发明专利、6项外观设计专利以及8项实用新型专利。就市场能力而言,吉利占全国市场的份额还微不足道,且全部定位于低端市场,更不用说海外市场了。

共演关系。在起步阶段,一方面,由于不合法制度环境的风险,吉利一直努力为自身创建合法化的制度环境;另一方面,为避免政策风险,同时也受能力限制,吉利采用了防御性的竞争战略。具体而言,在不合法的制度环境下,吉利不可能进行巨大的投资,因为一旦产业政策真正限制其生产,所有投资都将血本无归,造成的打击将是灾难性的。同时,吉利的能力也将吉利限制于防御性的低成本战略上。吉利起步阶段的基干力量是从吉利摩托厂里挑出的3个在汽车厂干过的工程师,一开始就切入高端市场被证明完全行不通。吉利开始尝试造奔驰这样的高端车的失败就是一个证据。与此相适应,在学习过程中,吉利也采用了"从雇用中学+逆向工程"的短平快方式。尽管在短期培养了一定的架构能力,但开发能力还极其有限,且缺乏部件能力。因而企业主要依赖低端市场维持生存,难以支持长期发展。

(二)扩张阶段(2001—2007年)

制度环境。2001年11月10日,中国通过了加入WTO的申请。2001年11

月 9 日和 12 月 26 日，吉利豪情和美日系列的 4 款车登上了国家经济贸易委员会①发布的中国汽车生产企业产品公告，使吉利成为中国首家获得轿车生产资格的民营企业。这一事件标志着吉利开始在合法的制度环境下运行。

衡量制度环境的另一个指标是党和各级政府领导人考察企业的频繁程度以及考察者的行政级别。从 2004 年开始，来自中央和地方的党和政府领导人开始不断考察吉利。这些证据表明，较之起步阶段的不合法环境，吉利在该阶段已经运行在合法的制度环境下，并且制度环境似乎日益变好。

合法性战略。在扩张阶段，吉利主要采用政治参与和信息提供的方式使自身合法化。2003 年，李书福当选为第十届全国政协委员。此后，他出席了 2005 年、2007 年全国政协会议，并在全国政协会议上作为汽车产业代表向大会提交了一系列提案。比如，2005 年，李书福提交了《加大保护和扶持中国本土汽车品牌的力度》和《简化程序，增强实用性，取消或规范"道路货物的运单"的使用，促进物流业的发展》两个重要提案。

吉利还时常在政府召开的会议上汇报企业情况。比如，2005 年 3 月，商务部在北京召开了"促进汽车出口、完善进口管理，提高国际竞争力"的座谈会，李书福出席会议并向商务部领导人汇报了集团的生产经营情况和国际市场开拓情况。此外，李书福还不失时机地向政府领导人汇报企业情况。比如，在全国政协十届三次会议举行界别联席讨论会上，李书福就《自主创新是中国汽车工业的根本出路》专题向国家领导人进行了汇报。

竞争战略。扩张阶段，吉利的竞争战略从起步阶段的防御导向转为前瞻导向和防御导向并重。前瞻导向的证据包括以下两点。（1）生产基地的扩张。2003 年，规划年产 30 万台轿车的台州吉利轿车工业城总装厂竣工。2006 年，吉利又拿下湖南湘潭和甘肃兰州两个城市的大片土地，作为新的生产基地。（2）新产品引入频繁。2002 年 3 月，优利欧上市；2003 年 1 月美人豹上市；2005 年 4 月，自由舰上市；2006 年 8、9 月，金刚、远景上市。为了支持前瞻导向的竞争战略，2002 年，吉利总部（管理总部、营销总部和研发总部）搬到了杭州，并开始重视服务。2004 年，吉利开始建立带品保体系的 4S 店体系。

另外，防御导向的竞争战略仍然体现在产品的低价上。根据郑作时（2007）的观察，优利欧的价格是 7.69 万元/辆，比其竞争车型夏利 2000 和赛欧低 1.6 万~2 万元/辆。作为跑车，美人豹的定价在 10 万元/辆左右。

---

① 简称"经贸委"，2003 年撤销。为保留原文原汁原味，仍沿用旧称。其他部门名称使用同此处理，不再赘述。

2006年，国际汽车业巨头开始发起价格战，如韩国现代旗下的伊兰特甚至跌破了10万元/辆的心理价位，但自由舰的定价是6.98万/辆，上市一年后又降价至5万元/辆左右。而研发费用高达数亿元的远景车定价也在9万元/辆左右。总之，从产品定价看，吉利呈现明显的防御导向。这同样归功于吉利独特的配套体系。

学习过程。经过起步阶段的能力积累以及竞争战略的转变，吉利在扩张阶段的学习过程与前一阶段有所不同。尽管在外部学习上沿袭了前一阶段的从雇用中学习方式，但增加了从外部技术引进的学习方式。此外，吉利开始注重从内部研发中学习的方式。

外部从雇用中学习。2002年，拥有党政背景和财会专业背景的徐刚出任集团首席执行官。此后，在李书福、徐刚的主导之下，吉利集团引进了1000多名中层人员，其中包括很多得力的技术人才。比如，曾经担任过天津齿轮厂总工，后来担任国家变速器课题组电子电工组组长、国家特殊专家津贴获得者徐滨宽，到吉利后担任变速器项目的负责人；一汽总工杨健中加盟吉利后，担任总工程师。表2列出了部分加盟吉利的外部人才。与此同时，吉利更换了2/3的高层，且多达90%的老员工和几乎全部李氏血亲被请出了吉利（吴阿仑等，2010）。

表2　　　　　　　　扩张阶段部分加盟吉利的人才名单

人才	加盟时间	职位	专长领域	原工作单位及职位
徐刚	2002	首席执行官	公司治理、财务管理	浙江省地税局总会计师
徐滨宽	2002	变速器公司总经理	变速箱研发	天津齿轮厂总工程师
杨健中	2002	总工程师	发动机	一汽研究所副总工
潘燕龙	2002	总工、研究院院长	研发体系建设	南京汽车集团有限公司（简称"南汽"）菲亚特总工和工程中心主任
蒋书彬	2002	吉利宁波公司总经理	生产管理	一汽大宇公司和一汽技术中心副主任
智百年	2002	汽车研究院副院长	汽车电子	一汽
赵铁良	2003	发动机研究所总工程师	发动机	沈阳华晨金杯汽车工业有限公司（简称"沈阳华晨金杯"）
华福林	2004	总工程师	底盘研发	一汽研究所副总工
沈奉燮	2004	研发副总裁、研究院院长	整车开发	韩国大宇公司总裁

续表

人才	加盟时间	职位	专长领域	原工作单位及职位
尹大庆	2004	副总裁、财务总监	集团管理	杜邦中山纺织有限公司、华晨中国汽车控股有限公司（简称"华晨中国汽车"）、沈阳金杯担任财务高管职务
赵福全	2006	副总裁、汽车研究院院长	汽车研发的领军人物	戴姆勒—克莱斯勒公司技术研究总监、沈阳华晨金杯副总裁

资料来源：部分来自王文正、俞越（2010）。

外部技术引进。除了外部从雇用中学，吉利还采用了外部技术引进的学习方式。比如，为了保证自由舰的品质，吉利通过技术引进改进了产品生产线。改进后的生产线是吉利第一条柔性生产线，引进了全套自动化流水生产线。其中包括以2000T冲压机为首的大型冲压线，新开发的专用模具500余套，检具103套；焊装线使用点焊机器人4台、焊机188台、自动焊枪22副、200T包边机3台、夹具185套，全部从韩国和德国进口。

内部从研发中学习。吉利于2001年在宁波成立了技术中心，又于2004年6月在浙江临海投资3.5亿元建设了全新的吉利汽车研究院。吉利的关键部件技术主要是通过独立研发实现突破的。以变速箱为例，吉利研发变速箱尤其是自动变速箱的困难在于国外对中国的技术封锁。无论是整体设计、关键参数、相关生产设备和零部件，外方都控制得非常严格，甚至对液压油、摩擦纸片这样的配件也一样严格控制。在这种情况下，虽然吉利的自动变速箱以国外相关产品为原型，但是没有任何数据可供参考。所有涉及自动变速箱油路系统的参数，都由吉利的工程师通过大量的实验获得；甚至连所有的检测装置也都由徐滨宽带领工程师自己研发（梅永红、封凯栋，2005）。

能力追赶。在扩张阶段，吉利的架构能力发生了质的变化，同时在部件能力上取得了成功的突破。同时，吉利不仅在市场份额上占据了国内前十，还开始出口。在架构能力上，吉利整车开发能力的第一个转折点是自由舰的开发。对吉利而言，自由舰不仅是一款新车，还实现了开发能力上的质变，并且是吉利第一个完全按照国际通行的开发流程和开发模式运行的项目，具有完整的数模图纸。从此，吉利彻底告别了"图纸+铅笔"的开发模式，进入了计算机虚拟化设计和并行开发模式。李书福的评价是："自由舰代表着吉利进入了高水平、规模化、现代化的造车时代。"

在部件能力上，吉利在发动机和变速箱技术上取得了成功的突破。2002

年,吉利首款自主研发的 MR479Q 发动机下线并很快量产。2006 年,吉利自主研发的国内首款 CVVT 发动机投产。该款发动机是我国首台国产全铝缸体发动机,并首次采用了专业工程塑料进气管,最大功率 103 千瓦,比三菱在国内生产的 2.4 升主流发动机马力还要大,升功率达到了 57.2 千瓦,这一数据与本田当时对外宣布的最高水平相一致。另外,2005 年,吉利在国内唯一享有自主知识产权的自动变速箱正式应用于投放市场的自由舰、美人豹等车型上。2006 年,吉利自主研发的 Z 系列自动变速器及产业化项目顺利通过汽车工业科技进步成果鉴定。此外,从专利数量上看,2001—2007 年,吉利共获得 7 项发明专利、167 项外观设计专利以及 190 项实用新型专利。其中绝大部分在 2006 年和 2007 年获得。

市场能力方面,根据中国汽车工业协会统计,2005 年,吉利首次跻身国内汽车企业前十名,排名第十。尽管此后一直保持前十的地位,但几乎都定位于低端即 A 级车市场①。2003 年,吉利首批轿车出口海外,实现轿车出口"零的突破"。2005 年,吉利和马来西亚 IGC 集团就整车项目及 CKD 项目正式签约。2006 年,吉利获得"国家汽车整车出口基地企业"授牌。2007 年,吉利 CK-1 CKD 组装项目正式落户印度尼西亚。

共演关系。 由于前一阶段的合法化战略,吉利在 2001 年成为中国首家获得轿车生产资格的民营企业,终于摆脱了规制上"不合法"的标签。获得合法性之后,由于降低了外部制度环境的动荡性,加之通过前一阶段的模仿,吉利的架构能力有了一定程度的积累,其战略选择空间产生了质的提高,因而在竞争战略增加了前瞻导向的成分。具体而言,吉利不但在规模上快速扩张,并且频繁引入新产品。这种竞争战略的结果是,源源不断的人才(以技术人才为主)开始加盟吉利。一个典型的例子是,2002 年,李书福提出要在 2015 年完成 200 万辆的销售目标。现任吉利研究院院长赵福全来吉利的第一件事就是问李书福:"2015 年 200 万辆是真的还是吹牛?"李书福说:"当然是真的。"赵福全才决定加盟(张敏,2010)。有了这些人才的加盟,吉利开始了正式的产品研发。为了进一步提高产品性能,吉利还从德国、韩国引进生产和制造技术。由于这些努力,吉利在架构能力上实现了质的提升,并在核心部件开发能力上实现了突破。在市场能力上,吉利在市场份额上进入了国内车企前十,并开始向海外出口。此外,有两点值得强调。第一,吉利在核心部件上的技术能力突破,使政

---

① 一般根据轴距和排量来划分汽车级别,轴距和排量越长、越大,汽车越高端。A 级车是最低级别的汽车。在国内汽车市场上,通常也根据价格来分级。一般 10 万元以下的汽车为 A 级车,10 万~15 万元的汽车为 B 级车,以此类推。

府领导开始对吉利怀有好感，纷纷造访吉利，进一步为企业创造了更好的制度环境。第二，区别于起步阶段，本阶段吉利的合法化战略转向政治参与和信息提供方面。

（三）转型阶段（2007—2010年）

制度环境。如果说扩张阶段的吉利处于合法的制度环境下，那么转型阶段的吉利面临的是支持性的制度环境。这一点可以从领导考察和政府采购反映出来。2008年开始，中央和地方的政府官员及领导频频考察吉利。2009年，工业和信息化部还在北京召开"吉利汽车发展经验座谈会"，中共中央宣传部、国家发展和改革委员会、科技部、商务部等国家部委和中国汽车工程学会、中国汽车工业协会等重要机构列席参加。此外，在政府采购方面，2007年，吉利被列入"中共中央直属机关2007—2008年公务车辆协议供货项目"名单。2010年，吉利的帝豪EC7系和自由舰被纳入政府（国有）采购名录。

合法性战略。由于制度环境的改善，吉利转型阶段的合法化战略已经没有前面两个阶段那么迫切。该阶段的合法化战略表现为政治参与。比如，作为全国政协委员，李书福分别于2008年、2009年赴京出席中国人民政治协商会议第十一届全国委员会第一、第二次会议，并递交有关完善反不正当竞争法的提案。2008年，李书福当选中国民办教育协会副会长。

竞争战略。较之扩张阶段的前瞻性和防御性并重，转型阶段的竞争战略转向前瞻导向。2007年5月18日，吉利正式对外宣布战略转型，准备用3~5年时间完成从单纯的低成本战略向高技术、高质量、高效率、国际化战略的转型。企业使命也从"造中国最便宜的轿车"变成"造最安全、最节能、最环保的好车"。吉利的战略转型分三步走：第一步，到2009年年初步完成转型，品牌、技术、质量提升到有美誉度、知名度的水平；第二步，到2012年形成吉利品牌强大的竞争力；第三步，到2015年，全面完成战略转型，实现脱胎换骨（俞越，2010）。

战略转型开始后，吉利所有生产线和厂房全部淘汰重建，包括豪情、美日以及优利欧在内的9款车型也全部停产（吴阿仑等，2010）。全体员工在停产期间参加培训，到2008年下半年才开始生产熊猫车，并于同年上市。2009年，帝豪、英伦上市。吉利拉开了分品牌营销策略的序幕，除吉利母品牌外，所有产品都将分为帝豪、全球鹰以及上海英伦3个品牌来销售。帝豪的推出标志着吉利首次进入B级车市场。吉利汽车的平均售价从2007年的4万元升到2009

年的 6 万多元。李书福已经不止一次对外宣称过:"4 万元以下的车子坚决不做了"(俞越,2010)。以生产基地而言,在此期间,除了台州和路桥、宁波北仑、上海华普、湖南湘潭、甘肃兰州六大基地,吉利又迅速拿下了浙江慈溪、四川成都、山东济南、广西桂林四大基地。至此,吉利完成了全国十大生产基地的布局。

学习过程。转型阶段,在内部学习方面,吉利除继续保持从研发中学习的方式外,开始注重知识的社会化和编码化;在外部学习方面,努力抓住全球性金融危机的机会,适时并购国外核心零部件和整车企业。首先,内部从研发中学习。研究院从 2006 年年底的 300 余人发展到 2010 年的 1700 多人,其中海归 28 名,博士硕士 200 多人,分布在 25 个部、85 个科室。在研发团队不断壮大的同时,吉利还加强了研发基础设施建设,例如转鼓试验台和环境舱、发动机试验台架、各种零部件及总成的性能试验室,以及自行加工样车能力的两条柔性焊装线。此外,还建成了自己的造型中心和工程分析中心。研究院正在开发的项目有 130 多个。仅 2009 年就先后承担了 95 个项目的开发任务,包括 26 个整车开发及预研项目、13 个动力总成开发项目,以及混合动力、电动车、轻量化、863 项目等 56 个专项项目。

其次,内部知识社会化和知识编码化。吉利汽车研究院院长赵福全在加盟吉利的 3 年里,组织编印了 21 册 24 本 174 万字的《吉利汽车技术手册》、17 卷 27 册 340 万字的《吉利汽车设计和试验标准汇编》以及 6 卷 52 册近 7 万页的《吉利产品开发流程》。此外,赵福全还开办了以"人人是老师,人人是学生"为宗旨的"知识分享"系列讲座。讲座定期举行,至今已坚持了 120 多期,成为研究院品牌栏目。讲座的内容也都汇总编印成册,供员工学习。这些书面化、制度化的"知识积累",成为指导日常开发工作的准则,并使吉利的造车经验得以积淀和升华。

最后,外部从收购中学习。2009 年,吉利收购澳大利亚 DSI 自动变速器公司。DSI 是一家集研发、制造和销售为一体的自动变速器专业公司,也是世界上两家独立于汽车整车企业的自动变速器公司之一,具有年产 18 万台的能力,所生产的 4 速和 6 速前后驱动及全驱动大扭矩自动变速器曾供货给福特、克莱斯勒等世界著名汽车公司。吉利此次的并购强化了自动变速器的研发与生产能力。DSI 的大扭矩自动变速箱技术正好与吉利当时掌握的 4 速自动变速箱技术形成互补,对未来吉利全面掌握中高档车核心技术和竞争力大有裨益。2010 年,吉利收购沃尔沃轿车公司 100% 的股权并获得相关资产(包括知识产权)。李书福出任沃尔沃轿车公司董事长。

能力追赶。架构能力上，经过起步和扩张阶段的技术努力，吉利已形成独立的造型设计、工程设计、工程分析、试制试装和同步工程等全方位的开发能力。转型阶段在架构能力的提升表现为平台化开发带来的快速开发能力。在2009年上海车展上，吉利一口气展出了22款全新车型、9款发动机和3款变速器，还对外发布了吉利未来到2015年的产品规划。吉利完成了整车5大技术平台、15个产品平台、40多款车型产品和相应动力总成的清晰规划，不但理顺了吉利全部产品序列和相互关系，更明确了各产品预期的投产次序和时间①。产品性能上，汽车评级权威机构J.D. Power亚太公司发布的中国汽车性能、运行和设计调研报告显示，2008年，中国汽车业平均得分比2007年提高了3分，而吉利则上升了20分（王晓玲、吴丽，2010）。2009年，吉利汽车综合得分较2008年提高20分，排名前进8位。

转型阶段，吉利在部件能力上的提升包括对发动机技术的进一步提升和安全技术的显著进展。相较2006年投产达到欧Ⅲ排放标准的JL4G18发动机，吉利于2008年开发的JL4G24、JL4G18N、JL4G15N等3款发动机相继点火成功，均达到了欧Ⅳ排放标准。在安全技术上，2008年，吉利在底特律车展上发布了自主研发的"爆胎监测与安全控制系统"（BMBS）。众多业内人士认为该技术已经超越了美国TPMS标准。同年，吉利远景在C-NCAP碰撞中以总分42.2分的成绩，成为自主品牌轿车中第一款四星级轿车。而2006年自由舰仅得两星。2009年，吉利熊猫在碰撞中更是以45.3分的优异成绩成为首款五星级的自主品牌小型车。吉利申报的"轿车被动安全技术研究及应用"项目荣获2009年度中国机械工业科学技术二等奖。值得指出的是，吉利在转型阶段获得的专利也呈井喷状态（如表3所示）。

表3 吉利授权和申请的专利　　　　　　　　　　单位：项

年份	授权专利			申请专利		
	发明专利	外观设计	实用新型	发明专利	外观设计	实用新型
1997	0	0	0	0	0	0
1998	2	1	0	2	5	6
1999	0	4	6	2	1	1
2000	2	1	2	0	0	0
2001	0	0	0	0	0	0

---

① 源自腾讯汽车对赵福全的访谈，见《赵福全解析吉利技术体系与产品战略平台》，网址：http://auto.qq.com/a/20100420/000010_3.htm。

续表

年份	授权专利			申请专利		
	发明专利	外观设计	实用新型	发明专利	外观设计	实用新型
2002	0	0	0	0	0	0
2003	0	0	0	0	1	0
2004	0	1	0	0	0	0
2005	0	0	0	5	91	67
2006	0	88	46	8	89	133
2007	7	78	144	6	51	124
2008	12	52	143	13	32	161
2009	9	44	156	55	69	281

注：2002年以前用"吉利集团有限公司"作为申请人检索，2002年开始用"吉利控股集团有限公司"作为申请人检索。由于吉利控股不再包含摩托车业务，为了便于比较，删去了吉利集团有限公司的摩托车相关专利。

资料来源：CNIPR的检索结果。

市场能力上，吉利在转型期继续保持国内前十的市场份额。2009年帝豪的推出标志着吉利首次进入中档B级车市场。在海外出口方面，2009年吉利开始在叙利亚专营4S店，同时在印度尼西亚进行MK车型CKD组装生产。2010年，吉利在俄罗斯进行CKD组装生产，并整车出口中东地区。

共演关系。由于前一阶段在一些核心部件技术领域取得的突破性进展，加上积极进行政治参与和信息提供，吉利顺利取得了政府的支持，进一步将合法的制度环境转化为支持性的制度环境。在支持性的制度环境下，吉利的制度环境动荡性进一步降低，同时经过前两个阶段的能力积累，战略选择空间也进一步提高，因而吉利在该阶段以前瞻性的竞争战略为导向，宣布开始战略转型，努力从单纯的低成本战略向高技术、高质量、高效率、国际化的战略转型。随着战略转型的推进，在前一阶段数字化开发能力的基础上，吉利开始实施平台化开发战略，大大提高了产品开发速度。此外，吉利抓住全球金融危机中的机会，果断收购了DSI变速器公司和沃尔沃轿车公司。前者的大扭矩技术正好是吉利4速技术的延伸，而后者则可以在各个方面帮助提升吉利。由于这些努力，吉利掌握了平台化产品开发能力，在安全技术上也取得了很大进展，并在发动机技术能力上得到了进一步的提升。值得一提的是，吉利在本阶段获得了大量的专利授权，其数量远远超过了之前的总和。同时在市场能力上首次进入中档市场B级车市场。

五、讨论和结论

通过对一个中国民营汽车企业的案例研究，本研究展现了转型经济制度环境和后发企业能力追赶的共演过程（如图2所示）。表4总结了本研究的结果。在起步阶段，吉利运行在不合法的制度环境下，选择防卫导向的竞争战略，采取从雇用中学习的方式，通过逆向工程模仿目标车型，外购核心部件，从而进入低端市场。在扩张阶段，由于起步阶段的合法化战略，吉利为自己创造了合法的制度环境。在这种环境下，吉利在竞争战略中增加了前瞻导向的成分，在学习过程中除了从雇用中学习，还采取了从研发中学习以及技术引进的方式。在这些努力下，吉利在核心部件能力上取得了突破，架构能力上也发生了质的转变。尽管仍然定位于低端市场，但市场份额已进入国内前十名，并且开始出口海外市场。最后，在转型阶段，由于扩张阶段合法化战略以及能力追赶的成功，吉利得以创造支持性的制度环境。在这种环境下，吉利宣布战略转型，竞

表4　吉利3个阶段的环境、战略、学习和能力

		起步阶段	扩张阶段	转型阶段
制度环境		不合法	合法	支持
合法化战略		财务刺激 政治关联	政治参与 信息提供	政治参与
竞争战略		防卫导向	防卫导向 前瞻导向	前瞻导向
学习过程	外部学习	从雇用中学习	从雇用中学习、技术引进	从并购中学习
	内部学习	逆向工程	从研发中学习	从研发中学习 知识表达和编码
能力追赶	技术能力 架构能力	基于逆向工程的模仿	数字化开发能力	平台化开发能力
	技术能力 部件能力	外购	发动机、变速器开发能力实现突破	安全技术、发动机技术进一步提升
	技术能力 专利	4项发明专利 6项外观设计专利 8项实用新型专利	7项发明专利 167项外观设计专利 190项实用新型专利	81项发明专利 166项外观设计专利 576项实用新型专利
	市场能力	低端市场	低端市场 进入前十 首批出口	保持前十 中档市场 出口

争战略变成以前瞻为导向,并在学习过程中除了从研发中学习以外,还抓住全球金融危机的机会,采取从并购中学习的方式;此外,吉利还强调内部知识表达和编码的学习方式。结果,吉利掌握了平台化的开发能力,并在部件能力上进一步提升。同时在市场能力上首次进入中档市场 B 级车市场。

正如图 2 所示,转型经济背景下后发企业的能力追赶是一个和制度环境共演的过程。在该过程中,既存在从制度到企业自上而下的效应,也存在从企业到制度自下而上的影响。具体而言,在共演模型中,有 4 点值得进一步讨论。第一,转型经济情境下的企业战略选择机制是通过合法化战略发生作用的,而竞争战略仍然符合制度理论的"遵循"逻辑。这是转型经济情境下企业战略选择的"双元"式独特机制。第二,竞争战略、学习过程以及能力追赶之间存在的关系类似 Miles 和 Snow(1978)的适应性周期机制,或者 Porter(1996)的活动体系一阶配适机制。不仅如此,学习过程中的内部学习和外部学习相互整合也是关键的一环,这和 Porter(1996)活动体系的二阶配适机制一致。关于这点,尽管采用的视角不同,近期一项中国汽车产业的多案例研究(田志龙等,2010)也得出了类似强调整合的结论[①]。第三,能力追赶的反馈机制值得注意。如果说能力追赶对竞争战略的反馈反映了企业在战略制定过程中审视自身能力优势的重要性,那么能力追赶对学习过程的反馈机制表明,能力追赶水平的高低对应相互整合的内外部学习强度的高低。更为重要的是,我们的研究结果显示,能力追赶水平会影响制度环境。但是,该议题尚未引起战略管理方面学者足够的关注,而社会学家已经间接触及这一议题。比如,在转型经济下,地方政府被视为产业公司(Walder,1995);政府和企业是合作的关系(Tjosvold,Peng,Chen & Su,2008)。这些文献暗示,后发企业的能力追赶契合政府目标从而能改善自身所处的制度环境。这启示我们在战略研究中整合社会学理论的重要性。第四,我们的研究结果还表明,能力追赶对企业合法化战略类型没有明显反馈机制。回顾企业合法化战略文献也可知,影响企业合法化战略的企业层次因素并不包括企业能力(Hillman,Keim & Schuler,2004)。尽管如此,二者分别从竞争性能力和政治决策领域两个方面共同塑造企业面临的制度环境。

本研究还包括三方面的理论贡献。第一是对制度理论的贡献。本研究在承认制度变革的基础上整合并调和了制度理论中早期结构观和后期代理观之间的争论(structure versus agency debate)(Heugens & Lander,2009)。本研究

[①] 田志龙等(2010)采用的是后入者(Late Entrant)视角,和本研究采用的后发者(Latecomer)视角有区别。具体区别见Mathews和Cho(1999)、Mathews(2002)。

提出的共演模型表明，一方面，后发企业的竞争战略受同期制度环境的影响（结构观）；另一方面，后发企业通过同期合法化战略和能力追赶影响下期制度环境（代理观）。由于引入了多层次性、多向因果性、正反馈和路径依赖（Lewin & Volberda, 1999），后发企业和制度环境的共演模型有助于在一个统一理论框架下整合和调和制度理论的结构观和代理观。本研究整合了内生制度变革理论和组织动态能力观。具体而言，在承认制度变革内生性以及组织能力动态性的基础上，本研究所提共演模型展示了竞争战略在制度和能力间的连接机制，以及能力追赶对制度环境的反馈机制，从而将内生制度变革理论和组织动态能力有机地结合起来。鉴于制度理论和其他理论视角之间的整合价值（Scott, 2008），相对于 Oliver（1997）静态地整合传统制度理论和资源观，本研究对二者的整合是一个从静态到动态的理论发展。

第二是对后发企业技术学习和追赶文献的贡献。尽管现有的新工业化国家和地区的文献（Hobday, 1995; Hobday, 2005; Kim, 1980; Mathews, 2002; Mathews & Cho, 1999）也强调了政府在促进企业和产业追赶中的重要作用，但很少提到政府对企业追赶的约束效应。事实上，本案例研究结果表明，转型经济的制度环境和新工业化国家刚好相反，这种约束效应在吉利的起步阶段非常明显。因而，转型经济的后发企业不仅面临追赶的任务，为了实现追赶，还需要管理制度环境。这是后发企业实现追赶的关键策略。考虑到技术学习和追赶文献与战略管理文献缺乏对话的缺陷（Mathews, 2002），本研究在分析后发企业能力追赶时借鉴了战略管理文献（主要是 RBV 和动态能力文献），试图架起二者联结的桥梁。

第三是对共演研究的贡献。正如 Dieleman 和 Sachs（2008）指出："共演研究一个很有潜力的新研究方向是，考察个体企业是如何与国家制度一前一后共演的。"作为对该提议的响应，本研究通过吉利在起步、扩张和转型 3 个阶段的分析，创建了一个制度环境和组织能力追赶的共演模型。虽然共演框架包含制度因素的影响，但相对而言很少有研究注意到高制度化环境中的企业（Rodrigues & Child, 2003），绝大多数共演研究关注具有高度选择空间的自由市场环境。考虑到转型经济为共演研究提供了更加合适的环境（Suhomlinova, 2006），关注转型经济背景下的共演研究已经十分迫切，本研究是一个初步的尝试。

本研究还具有管理意义。第一，在转型经济背景下，企业管理者在面对规制的约束时应该采取迂回绕行的策略而不应该一味刻板遵从。吉利在没有汽车生产许可证的前提下通过收购一家拥有客车牌照的企业来间接实现生产轿车的目的。并且在仍然没有资格生产轿车的条件下,吉利对外宣称自己生产的是客车。该准则也许同样适用于本土企业和在中国经营的跨国公司。第二,在转型经济背景下,为了创造更有利的经营环境,企业管理者可以前瞻性地影响制度环境。除了使用合法化战略外,企业的能力建设也是影响制度环境的重要因素。吉利的案例显示了这一点。如果吉利没有在技术特别是核心部件能力上实现质的突破,将很难获得政府的垂青,也很难影响制度环境的变化。第三,企业在能力追赶过程中有两点值得注意。管理者在制度环境改变后需要适时调整自己的竞争战略。比如,随着制度环境的改善,吉利适时增加了战略的前瞻性成分,并最终过渡到以前瞻为主导的竞争战略。后发企业的管理者要注重通过组织内外部多个途径、多种来源进行学习和整合,同时选择合适的主导学习方式。比如,在企业创立初期,从雇用中学习是合适的学习方式;企业发展到一定程度时,从研发中学习就变得非常重要;企业进一步发展可能需要国际化的视野,因为收购外国公司已经成为一种可行的学习方式。

本研究通过一个单案例研究发展了一个制度环境、组织战略、学习过程以及能力追赶的共演模型。单案例研究的优势在于追踪企业的发展过程来构建理论。但其难以概化的局限同样存在。进一步的经验研究有必要考察在不同产业和区域中,企业和制度的共演模式是否相似。此外,本研究展示的是一个民营企业的案例。而转型经济中的国有企业天然地和政府有着千丝万缕的关系,较之自由市场中的企业,国有企业可能更加独特。因此,未来一个很有潜力的方向是探索国有企业和制度环境的共演。综合这两方面的研究,将为转型经济的能力追赶提供更加完整的图景。

参考文献

[1] Barney, Jay, 1991, "Firm Resources and Sustained Competitive Advantage", *Journal of Management*, 17, pp.99~120.

[2] Barreto, I., 2010, "Dynamic Capabilities: A Review of Past Research and an Agenda for the Future", *Journal of Management*, 36, pp.256~280.

[3] BusinessWeek, 2009, *China as an Innovator, Not Just an Imitator*, March 9.

[4] Castel, P. and E. Friedberg, 2010, "Institutional Change as an Interactive Process: The Case of the Modernization of the French Cancer Centers", *Organization Science*, 21, pp.311~330.

[5] Child, John, 1997, "Strategic Choice in the Analysis of Action, Structure, Organizations and Environment: Retrospect and Prospect", *Organization Studies*, 18, pp.43~76.

[6] Dacin, M. T., J. Goodstein and W. R. Scott, 2002, "Institutional Theory and Institutional Change: Introduction to the Special Research Forum", *Academy of Management Journal*, 45, pp.45~56.

[7] Danneels, E., 2008, "Organizational Antecedents of Second-order Competences", *Strategic Management Journal*, 29, pp.519~543.

[8] Dieleman, M. and W. M. Sachs, 2008, "Coevolution of Institutions and Corporations in Emerging Economies: How the Salim Group Morphed into an Institution of Suharto'S Crony Regime", *Journal of Management Studies*, 45, pp.1274~1300.

[9] DiMaggio, Paul J. and Walter W. Powell, 1983, "The Iron Cage Revisited: Institutional Isomorphism and Collective Rationality in Organizational Fields", *American Sociological Review*, 48, pp.147~160.

[10] Dorothy, Leonard-Barton, 1992, "Core Capabilities and Core Rigidities: a Paradox in Managing New Product Development", *Strategic Management Journal*, 13, pp.111~125.

[11] Economist, 2010, "Fear of the Dragon", 7 January.

[12] Eisenhardt, Kathleen M., 1989, "Building Theories from Case Study Research", *Academy of Management Review*, 14, pp.532~550.

[13] Eisenhardt, KM and ME Graebner, 2007, "Theory Building From Cases: Opportunities and Challenges", *Academy of Management Journal*, 50, pp.25.

[14] Glaser, B. G. and AL Strauss, 1967, *The Discovery of Grounded Theory: Strategies For Qualitative Research*, Aldine.

[15] Hafsi, T. and Z. L. Tian, 2005, "Towards a Theory of Large Scale Institutional Change - The Transformation of the Chinese Electricity Industry", *Long Range Planning*, 38, pp.555~577.

[16] Helfat, C. E. and M. A. Peteraf, 2003, "The Dynamic Resource-based View: Capability Lifecycles", *Strategic Management Journal*, 24, pp.997~1010.

[17] Helfat, E., 2000, "Guest Editor'S Introduction to the Special Issue: The Evolution of Firm Capabilities", *Strategic Management Journal*, 21, pp.955~959.

[18] Henderson, Rebecca and Iain Cockburn, 1994, "Measuring Competence? Exploring Firm

Effects in Pharmaceutical Research", *Strategic Management Journal*, 15, pp.63~84.

[19] Henderson, Rebecca M. and Kim B. Clark, 1990, "Architectural Innovation: The Reconfiguration of Existing Product Technologies and the Failure of Established Firms", *Administrative Science Quarterly*, 35, pp.9~30.

[20] Heugens, Ppmar and M. W. Lander, 2009, "Structure! Agency! (and Other Quarrels): A Meta-Analysis of Institutional Theories of Organization", *Academy of Management Journal*, 52, pp.61~85.

[21] Hillman, A. J. and M. A. Hitt, 1999, "Corporate Political Strategy Formulation: A Model of Approach, Participation and Strategy Decisions", *Academy of Management Review*, 24, pp.825~842.

[22] Hillman, A. J., Keim, G. D. & Schuler, D., 2004, "Corporate Political Activity: A Review and Research Agenda", *Journal of Management*, 30, pp. 837~857.

[23] Hobday, Michael, 2005, "Firm-level Innovation Models: Perspectives on Research in Developed and Developing Countries", *Technology Analysis & Strategic Management*, 17, pp.121~146.

[24] Hobday, Mike, 1995, "East Asian Latecomer Firms: Learning the Technology of Electronics", *World Development*, 23, pp.1171~1193.

[25] Hoskisson, R. E., L. Eden, C. M. Lau and M. Wright, 2000, "Strategy in Emerging Economies", *Academy of Management Journal*, 43, pp.249~267.

[26] Kim, Linsu, 1980, "Stages of Development of Industrial Technology in A Developing Country: A Model", *Research Policy*, 9, pp.254~277.

[27] Laamanen, T. and Wallin, J., 2009, "Cognitive Dynamics of Capability Development Paths", *Journal of Management Studies*, 46, pp.950~981.

[28] Lamberg, J. A. and K. Pajunen, 2010, "Agency, Institutional Changeand Continuity: The Case of the Finnish Civil War", *Journal of Management Studies*, 47, pp.814~836.

[29] Levinthal, Daniel and Jennifer Myatt, 1994, "Co-Evolution of Capabilities and Industry: The Evolution of Mutual Fund Processing", *Strategic Management Journal*, 15, pp.45~62.

[30] Lewin, A. Y. and H. W. Volberda, 1999, "Prolegomena on Coevolution: A Framework For Research on Strategy and New Organizational Forms", *Organization Science*, 10,

pp.519~534.

[31] Lu, Yuan, Eric Tsang and Mike Peng, 2008, "Knowledge Management and Innovation Strategy in the Asia Pacific: Toward an Institution-based View", *Asia Pacific Journal of Management*, 25, pp.361~374.

[32] Lukas, B. A., J. J. Tan and G. T. M. Hult, 2001, "Strategic Fit in Transitional Economies: The Case of China's Electronics Industry", *Journal of Management*, 27, pp.409~429.

[33] Mathews, John A., 2002, "Competitive Advantages of the Latecomer Firm: A Resource-Based Account of Industrial Catch-Up Strategies", *Asia Pacific Journal of Management*, 19, pp.467~488.

[34] Mathews, John A. and Dong-Sung Cho, 1999, "Combinative Capabilities and Organizational Learning in Latecomer Firms: The Case of The Korean Semiconductor Industry", *Journal of World Business*, 34, pp.139~156.

[35] McEvily, B. and A. Marcus, 2005, "Embedded Ties and The Acquisition of Competitive Capabilities", *Strategic Management Journal*, 26, pp.1033~1055.

[36] Meyer, John W. and Brian Rowan, 1977, "Institutionalized Organizations: Formal Structure as Myth and Ceremony", *American Journal of Sociology*, 83, pp.340.

[37] Meyer, M. W. and X. Lu, 2005, "Managing Indefinite Boundaries: The Strategy and Structure of a Chinese Business Firm", *Management and Organization Review*, 1, pp.57~86.

[38] Miles, R. and Snow, C., 1978, *Organizational Structure, Strategy and Process*, New York: McGraw-Hill.

[39] Nee, Victor, Opper Sonja and Wong Sonia, 2007, "Developmental State and Corporate Governance in China", *Management and Organization Review*, 3, pp.19~53.

[40] Ngo, Tak-Wing, 2008, "Rent-seeking and Economic Governance in the Structural Nexus of Corruption in China", *Crime, Law and Social Change*, 49, pp.27~44.

[41] Oliver, Christine, 1997, "Sustainable Competitive Advantage: Combining Institutional and Resource-based Views", *Strategic Management Journal*, 18, pp.697~713.

[42] Ozcan, P. and Eisenhardt, K. M., 2009, "Origin of Alliance Portfolios: Entrepreneurs, Network Strategies and firm Performance", T*he Academy of Management Journal*, 52, pp.246~279.

[43] Peng, M. W., 2003, "Institutional Transitions and Strategic Choices", *Academy of Management Review*, 28, pp.275~296.

[44] Peng, Mike and Jessie Zhou, 2005, "How Network Strategies and Institutional Transitions Evolve in Asia", *Asia Pacific Journal of Management*, 22, pp.321~336.

[45] Penrose, E. T., 1959, *The Theory Of The Growth of the Firm*, London: Basil Blackwell.

[46] Porter, M. E., 1996, "What is Strategy?", *Harvard Business Review*, 74, pp.61~78.

[47] Rodrigues, S. and J. Child, 2003, "Co-evolution in an Institutionalized Environment", *Journal of Management Studies*, 40, pp.2137~2162.

[48] Scott D. Julian, Joseph C. Ofori-Dankwa Robert T. Justis, 2008, "Understanding Strategic Responses to Interest Group Pressures", *Strategic Management Journal*, 29, pp.963~984.

[49] Scott, W., 2008, "Approaching Adulthood: The Maturing of Institutional Theory", *Theory and Society*, 37, pp.427~442.

[50] Scott, W. R., 1995, *Institutions and Organizations. Foundations For Organizational Science*, Thousand Oaks, CA: Sage.

[51] Song, J., P. Almeida and G. Wu, 2003, "Learning-by-hiring: When is Mobility More Likely to Facilitate Interfirm Knowledge Transfer?", *Management Science*, 49, pp.351~365.

[52] Suhomlinova, O., 2006, "Toward a Model of Organizational Co-evolution In Transition Economies", *Journal of Management Studies*, 43, pp.1537~1558.

[53] Teece, David J., Gary Pisano and Amy Shuen, 1997, "Dynamic Capabilities and Strategic Management", *Strategic Management Journal*, 18, pp.509~533.

[54] Tian, Zhilong, Taieb Hafsi and Wei Wu, 2007, "Institutional Determinism and Political Strategies: An Empirical Investigation", *Business Society*, 43, pp.284~325.

[55] Tjosvold, D., Peng, A., Chen, Y. and Su, F., 2008, "Business and Government Interdependence in China: Cooperative Goals to Develop Industries and the Marketplace", *Asia Pacific Journal of Management*, 25, pp.225~249.

[56] Tsui, Anne S., 2004, "Contributing to Global Management Knowledge: A Case for High Quality Indigenous Research", *Asia Pacific Journal of Management*, 21, pp.491~513.

[57] Walder, A. G., 1995, "Local Governments as Industrial Firms: An Organizational Analysis of China's Transitional Economy", *American Journal of Sociology*, 101, pp. 263~301.

[58] Wang, C. L. and P. K. Ahmed, 2007, "Dynamic Capabilities: A Review and Research Agenda", *International Journal of Management Reviews*, 9, pp.31.

[59] Wernerfelt, B., 1984, "A Resource-based View of the Firm", *Strategic Management Journal*, 5, pp.171~180.

[60] Xie, W. and G. S. Wu, 2003, "Differences between Learning Processes in Small Tigers and Large Dragons - Learning Processes of Two Color Tv (Ctv)Firms within China", *Research Policy*, 32, pp.1463~1479.

[61] Yeo, Y. Y. and M. Pearson, 2008, "Regulating Decentralized State Industries: China's Auto Industry", *China Review*, 8, pp.231~259.

[62] Yin, R., 2003, *Case Study Research: Design and Methods*, Thousands Oaks: Sage Publications.

[63] 陈祖涛. 我的汽车生涯 [M]. 北京：人民出版社, 2005.

[64] 国务院发展研究中心产业经济研究部, 中国汽车工程学会, 大众汽车集团(中国). 中国汽车产业发展报告(2008)[M]. 北京：社会科学文献出版社, 2008.

[65] 江积海. 后发企业知识传导与新产品开发的路径及其机制——比亚迪汽车公司的案例研究 [J]. 科学学研究, 2010(4).

[66] 梅永红, 封凯栋. 吉利造车现象：关于吉利自主创新的调研报告 [J]. 中国软科学. 2005(1).

[67] 路风. 走向自主创新：寻求中国力量的源泉 [M]. 南宁：广西师范大学出版社, 2006.

[68] 吕一博, 苏敬勤. 后发国家汽车制造企业技术能力成长路径研究 [J]. 科学学研究, 2007(5).

[69] 汽车网. 我国自动变速器进口值年增长 28.9%[EB/OL]. http：//www.cnelc.com/news/ShowArticle.asp?key=100095307&Page=1.

[70] 田志龙, 高勇强, 卫武. 中国企业政治策略与行为研究 [J]. 管理世界, 2003(9).

[71] 田志龙, 李春荣, 蒋倩, 王浩, 刘林, 朱力, 朱守拓. 中国汽车市场弱势后入者的经营战略——基于对吉利、奇瑞、华晨、比亚迪和哈飞等华系汽车的案例分析 [J]. 管理世界, 2010(8).

[72] 王文正, 俞越. 吉利凭什么 [J]. 浙商, 2010(3).

[73] 王晓玲, 吴丽. 流水线研发：吉利的新引擎 [J]. 商务周刊, 2010(2).

[74] 吴阿仑, 曹圣明, 辰时. 吉利的野蛮生长 [J]. 财经, 2010(1).

[75] 谢伟. 中国企业技术创新的分布和竞争策略 [J]. 管理世界, 2006(2).

[76] 俞越. 吉利转型成功了吗 [J]. 浙商, 2010(3).

[77] 张志学, 张建君. 中国企业的多元解读 [M]. 北京: 北京大学出版社, 2010.

[78] 张敏. 赵福全：技成吉利 [EB/OL]. http: //www.cb-h.com/news/qcr/2010/520/1052053B391J34CH29439_2.html.

[79] 郑作时. 汽车疯子李书福 [M]. 北京: 中信出版社, 2007.

基于二次创新动态过程的企业网络与组织学习平衡模式演化*
——海天1971—2010年纵向案例研究

彭新敏[1] 吴晓波[2] 吴 东[2]

（1 浙江万里学院、中国社科院财贸所；2 浙江大学管理学院）

摘 要：通过对国内大型民营企业海天集团1971—2010年的纵向案例研究，本文考察了二次创新动态过程中的企业网络与组织学习平衡模式的演化规律。研究发现，基于二次创新动态过程，后发企业的企业网络由小规模、低成员异质性、弱强交替的网络向大规模、高成员异质性、二重网络演化，组织学习平衡模式也由间断型向双元型演化。研究从企业网络层面拓展了二次创新动态过程模型，增强了二次创新理论的普适性，并深化了对后发企业技术能力追赶机制的理解。

关键词：二次创新 技术引进 企业网络 组织学习 技术能力

一、引言

后发国家的技术学习与追赶一直是我国创新领域的研究热点。从我国及一般后发国家技术体系发展的历史经验看，"引进、消化、吸收、再创新"是后发国家提升技术能力、追赶发达国家的基本途径（Ernst & Kim，2002；路风、慕玲，2003；汪建成、毛蕴诗，2007；吴晓波，1995a）。例如日本、韩国等后发国家由于本地市场狭小，采取的是出口导向的"引进、消化、吸收、再创新"，引进欧美技术，并根据欧美市场的需求进行研究开发和改进创新，最终成功占领欧美市场（Kim，1997；Kim et al.，2004）。而中国等发展中国家拥有巨大的本地市场，采取的则是本地市场导向的"引进、消化、吸收、再创新"，引进发达国家技术，并根据本地需求进行"二次创新"，最终在本地市场上赢得领先（Wu et

---

* 原载《管理世界》2011年第4期。

al., 2009; Wu et al., 2010）。但中国企业又容易陷入"引进—落后—再引进—再落后"的怪圈，究其原因是忽视了二次创新的动态性，即二次创新不能总是依赖成熟技术的引进，更应该适时动态升级到对新兴技术甚至实验室技术的引进（吴晓波，1995b）。以往对二次创新的研究主要关注企业层面（吴晓波，1995a；吴晓波等，2009），而在当前全球经济日益网络化的条件下，后发企业获取资源的渠道更加丰富，因此有必要从企业网络层面来考察二次创新动态过程。

企业网络的研究表明，嵌入网络对企业技术创新绩效有显著促进作用（Ahuja，2000；Gulati et al.，2000；Powell et al.，1996；Uzzi，1997）。Ernst和Kim（2002）分析了后发企业通过嵌入领先企业主导的全球生产网络来提高自身技术能力的知识转移机制，不过他们并没有进一步指出在与领先企业建立连接的同时，后发企业应该怎样构建与之相适应、相匹配的企业网络来消化吸收它们所引进的技术。此外，组织学习的研究表明，组织学习平衡是企业赢得高绩效的关键（Gupta et al.，2006；Lavie & Rosenkopf，2006）。传统研究普遍认为由于组织资源稀缺，探索和利用是一个连续谱的两端，两者不可兼得（March，1991）。也有少数研究指出探索和利用可能是正交的，可以同时实现（Zollo & Winter，2002）。基于这两种不同假定，目前关于探索和利用实现平衡的机制主要存在两种争论性的观点：一种是探索与利用交替进行的间断型平衡模式（Levinthal & March，1993）；另一种是探索与利用同时实现的双元型平衡模式（O'Reilly III & Tushman，2004）。后发企业的资源往往稀缺，适合采用间断型的组织学习平衡模式。但在蕴藏了丰富资源的企业网络中，企业所需资源相对并不稀缺（Lavie & Rosenkopf，2006），后发企业也可以实现双元型的组织学习平衡模式。因此，网络条件下，后发企业在二次创新的动态过程中建立起的究竟是怎样的组织学习平衡模式还有待进一步探讨。

总体来看，将"引进、消化、吸收、再创新"置于网络条件下，探索后发企业基于二次创新动态过程的企业网络与组织学习平衡模式演化的国内外研究仍非常缺乏。因此，本研究将采用单案例纵向研究方法，探讨以下两个问题：（1）后发企业二次创新动态过程中的企业网络怎样演化？（2）该过程中的组织学习平衡模式又怎样演化？

二、文献回顾

本部分首先通过文献回顾对企业网络和组织学习平衡模式这两个核心概念

进行界定，随后对二次创新动态过程与技术能力追赶进行了回顾。

（一）企业网络

企业网络是企业与供应商、客户、竞争者以及其他组织之间的长期合作关系，这种关系使得他们能够控制自己的资源并共同决定资源的用途（Brass et al.，2004）。Galaskiewicz 和 Zaheer（1999）认为企业网络包含 3 个不同的层面，首先是网络结构层面，指企业所嵌入的整体关系模式；其次是连接模式层面，指用来治理网络中独占行为的制度化规则及规范的集合；最后是网络成员层面，指构成网络主体的类型。结合 Galaskiewicz 和 Zaheer（1999）的维度划分，考虑到本文研究的是焦点企业在二次创新动态过程中所构建的自我中心网络，同时考虑网络测度的实际可操作性，本文网络节点选择与焦点企业二次创新有直接连接关系的网络伙伴，并选择网络结构层面中的网络规模、连接模式层面中的网络强度、网络成员层面的成员异质性 3 个维度来构建企业网络。网络规模，指焦点企业已经建立的所有正式合作伙伴的数量（Marsden，1990），其大小意味着焦点企业可以获取创新资源的丰裕程度（Allen，2000）。网络强度，指网络中强连接和弱连接两种连接模式的组合状态（Capaldo，2007），其强弱程度意味着焦点企业获取异质信息或知识的难易程度。成员异质性，指网络伙伴类型的差异程度（Beckman & Haunschild，2002），多样化的网络伙伴能够为焦点企业提供全方位或互补性的支持（McEvily & Zaheer，1999）。

（二）组织学习平衡模式

March（1991）第一次提出了利用性学习与探索性学习两种截然不同的组织学习范式。企业在二次创新动态过程中，既要通过利用性学习深化和升级现有技术和业务以确保今天的利润，又要通过探索性学习探索新兴技术和业务领域以保证未来的收益。但利用是减少变异、稳定和效率导向，探索是寻求变异、冒险和实验导向，这两种概念要求不同的组织结构、流程、战略、能力和文化（He & Wong，2004），因此两类学习一直被认为是对立的、不兼容的。在两类学习的基础上，现有研究提出了间断型平衡和双元型平衡这两种不同组织学习平衡模式。间断型平衡模式认为，利用性学习和探索性学习无法同时进行，两者存在时间差异，应该按顺序进行并实现平衡（Siggelkow & Levinthal，2003；Vermeulen & Barkema，2001）。双元型平衡来源于双元型组织理论，双元组织是指由高度差异化却又松散耦合在一起的了部门或单元构成的组织机构，它通过不同的子部门或单元分别开展利用和探索这两类学习活动（Benner & Tushman, 2003）。利用型单元关注成本、效率和渐进创新，探索型单元关注试验、速度、灵活和突变性。因此双元型组织既有在成熟市场竞争的能力，又有在新兴市场开发新产品和服务的能力，能够同时实施渐进性变革和根本性变革（O'Reilly III & Tushman, 2004; He & Wong, 2004）。尽管学者们的研究都一致认同组织学习平衡的必要性（Benner & Tushman, 2003; Levinthal & March, 1993; Li et al., 2008），但组织学习平衡究竟是采取间断型平衡还是双元型平衡还有所争论。考虑到网络条件下资源不再稀缺，间断型和双元型两种平衡模式有可能都能实现（Gupta et al., 2006）。综上所述，本研究的组织学习平衡模式包含间断型平衡和双元型平衡两类，并通过探索性学习和利用性学习两种学习类型来构建。

（三）二次创新动态过程与技术能力追赶

基于 Dosi（1982）提出的"技术范式"与"技术轨迹"的概念，相对于发达国家"一次创新"的概念，吴晓波（1995b）提出了"二次创新"的概念，即"在技术引进的基础上进行的，囿于已有技术范式，并沿既定技术轨迹而发展的技术创新"。基于 Utterback 和 Abernathy（1975）的技术生命周期模型，按技术在引进时所处的生命周期阶段，吴晓波（1995b）提出了技术引进的动态性，并基于此提出了二次创新的动态过程模型，如图 1 所示。

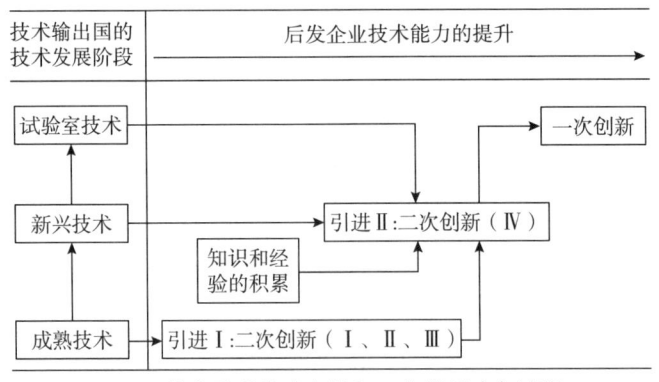

图 1　技术引进的动态性和二次创新动态过程

注：（1）二次创新动态过程是指从基于第 I 类技术引进（成熟技术）向基于第 II 类技术引进（新兴技术）的动态升级过程。基于第 I 类技术引进，简称"引进 I"，引进的是成熟技术，该技术在引进时已经处于技术生命周期模型中的特性阶段，工艺创新与产品创新的频率都在降低，主导设计已经趋于成熟，技术竞争的焦点已经转向产品与工艺上的渐进改进；基于第 II 类技术引进，简称"引进 II"，引进的是新兴技术或实验室技术，该技术在引进时处于技术生命周期模型中的转换阶段末期，主导设计正在形成，技术改进的空间相对较大，对研发能力和生产能力要求高。（2）二次创新（I、II、III）是指模仿创新、创造性模仿和改进型创新三个阶段，二次创新（IV）是指后二次创新阶段。

图 1 中的二次创新动态过程表明，在后发企业发展初期，由于自身技术能力薄弱，适合第 I 类技术引进，并通过二次创新（I、II、III），来推动技术能力的提升。当经过多轮二次创新（I、II、III）周期，企业积累足够的知识和经验后，可以升级到第 II 类技术引进，通过二次创新（IV），最终在技术能力上赶超领先企业。因此在后发企业技术能力追赶的情境下，二次创新遵循这样一个动态升级过程：引进 I→二次创新（I、II、III）→技术能力提升→引进 II→二次创新（IV）→技术能力赶超。因此，本文的二次创新动态过程包含了基于引进 I 的模仿创新、创造性模仿和改进型创新 3 个阶段，以及基于引进 II 的后二次创新阶段。

本研究建立在后发企业技术能力追赶情境下，技术能力可用专利申请数、典型新产品数和产品新颖性 3 个指标来构建（Hagedoorn & Cloodt, 2003; Tasi, 2001）。采用这 3 个指标基于以下考虑。首先，专利反映了技术新颖性，是衡量技术能力非常重要的指标，但是在 2000 年以前，中国企业普遍缺乏专利意识，有很好的技术也不一定会去申请专利，单凭专利无法有效衡量企业的技术能力。其次，许多企业开发的新产品虽然很多，但是新颖性不足，单凭典型新产品数也无法有效衡量企业的技术能力。最后，专利和新产品一起能反映技术能力的提升，但难以反映技术能力的追赶，故本研究又引入产品新颖性指标，它反映了二次创新后的新产品在同业内的创新程度。因此，这 3 个指标的聚合能比较简单有效地反映后发企业的技术能力。

三、研究设计与方法

本文使用单案例纵向研究方法，该方法可更好地了解案例的背景，并能保证案例研究的深度（Dyer & Wilkins, 1991）。单案例研究可以用于研究有代表性的典型案例，从这一案例中得出的结论将有助于加深对于同类事件的理解（Yin, 2003）。且单案例研究的方法有助于捕捉和追踪管理实践中涌现出来的新现象和新问题，如果设定理想的时间间隔对案例进行深入剖析，将有助于反映该研究案例在不同时期的变化情况，能够更好地检视研究框架中所提出的问题（Pettigrew, 1990）。因此本文采用纵向单案例研究方法进行理论模型构建和相关命题提出。

（一）案例企业选择

本文在兼顾案例的数据可获取性、典型性和研究便利性这 3 个因素的基础上，最终选择海天集团作为案例研究样本。

一是纵向数据可获取性（Yan & Gray, 1994）。本文所选择的海天集团最早于1966年在宁波北仑创立，40年来公司领导层稳定，因此可以保证度量企业网络、组织学习以及技术能力等变量数据的可获得性。

二是案例典型性（Eisenhardt, 1989）。主要体现在以下两个方面。（1）产业代表性。海天所在行业是塑料机械装备制造业，属于技术密集型制造业，其发展状况在一定程度上反映出一个国家或地区国民经济及技术发展水平。我国是世界塑机制造第一产量大国，但大部分产品的技术性能仅达到发达国家20世纪末期的第二代技术水平，离新兴第三代技术水平还有差距，且长期依赖国外/境外技术引进，因此仍称不上是塑料机械制造强国。然而，随着塑机产业技术进步与纵向专业化分工的深化，企业网络已成为弥补单个企业内部能力不足、促进产业技术创新和技术扩散的必由之路（彭新敏、郑长娟，2008）。因此，这类行业如何做大做强代表着中国制造业未来的发展方向。（2）企业代表性。海天是众多通过引进消化吸收再创新获得成功的制造企业之一，其40年来的技术发展历程已经历了比较完整的二次创新动态过程，在国内市场上已经成功地实现了对领先企业的追赶。目前海天以其产量世界第一、技术国内领先位居我国注塑机行业之首，是该行业中已获得相当认可并最具希望成为国际品牌的企业。海天还是国家高新技术企业，首批90家中国创新型企业之一，已具备很强的自主创新能力。同时海天作为一家民营企业，相对于国有企业或者其他类型企业，产权相对清晰，受体制等相关情境变量的影响较少，技术引进行为具有较大的自主性和灵活性，对企业绩效的影响也更加突出，非常适合网络条件下的研究。

三是案例研究开展便利性（Yan & Gray, 1994）。主要基于以下3个方面。（1）调研活动便利性。研究组成员与海天集团同在一个地理地区，且双方关系良好，有利于经常性地开展实地调研。（2）行业资料获取便利性。宁波北仑注塑机产业群是国家注塑机产业基地，同时也是世界公认的注塑机研发、生产、营销基地，集聚着大量注塑整机生产及零部件配套企业，因此非常便于对海天的供应商、客户、竞争者以及整个行业资料的获取。（3）公开资料获取便利性。海天于2006年在香港上市，可便利地从网站获得公司年报，另外作为国内注塑机业的领军企业，海天也经常受到新闻媒体的关注报道，便于本研究多样化资料的获取和相互印证比较。

（二）构念测度

一是企业网络测度。本文考察的是焦点企业在二次创新动态过程中构建的自我中心网络。(1) 对于网络规模测度,本文只统计焦点企业直接建立的正式合作伙伴数量 (Baum et al., 2000; Burt, 1992)。(2) 对于网络强度测度则采取两个步骤,首先测度焦点企业与每个网络伙伴的连接强度,该变量描述了行为主体联系频率的高低和组织资源对联系的承诺程度 (Granovetter, 1985)。本文从治理结构角度测量企业间合作关系的强弱,广泛深入合作(如联合研发、联合产品开发、长期供货安排、联合制造、共同标准研究、参股、合资等)为强连接;简单项目合作(如联合营销、共享分销渠道、特许经营、交互许可、技术及专利许可协议等)为弱连接 (Rowley et al., 2000)。其次,从整个网络中强连接与弱连接的比例来判断网络的整体强度。如果弱连接所占比例小于 1/3,则视为强网络;如果弱连接所占比例大于 2/3,则视为弱网络;如果弱连接比例在 1/3 和 2/3 之间,则视为二重网络 (Capaldo, 2007)。(3) 对于成员异质性,本文用网络伙伴的类型数量来测度。比较正式的网络伙伴类型一般包括技术提供商、零部件供应商、客户、科研机构、行业协会、金融机构等 (Ritter & Gemünden, 2004)。由于本研究基于企业二次创新动态过程,考虑到技术引进的动态性和技术追赶的情景,需对技术提供商以及其他相关伙伴根据技术引进的类型及国别地区作进一步划分。

二是组织学习平衡模式测度。首先,对应焦点企业二次创新动态过程中与每一个网络伙伴建立的学习关系,本文从知识距离域角度来度量组织学习类型。知识距离域是从认知维、时间维和空间维3个独立的维度对组织学习类型进行分别或同时测度。如果企业所获得的知识是陌生的、未来的、外来的知识,则为探索性学习,如果是已经了解的、现有的、本地的知识,则为利用性学习 (Lavie & Rosenkopf, 2006; Li et al., 2008)。其次,在确定焦点企业与每一个网络伙伴的组织学习类型后,就可以确定焦点企业的二次创新各个时期探索性学习与利用性学习的数量,而这可以进一步帮助确定该时期组织学习的平衡模式。一段时期内,如果探索性学习与利用性学习交替出现,则为间断型平衡,如果探索性学习与利用性学习同时共存,则为双元型平衡。

三是技术能力测度。(1) 专利申请数,即焦点企业申请的国内外专利数量。(2) 典型新产品数,即焦点企业开发的具有代表性的新产品数量,这些代表性新产品是文献资料、企业档案和访谈中都被重点提到的。(3) 产品新颖性。本文从锁模力、注射量以及精密性等技术指标来度量注塑机产品的新颖程度,并分为"企业新""国内新"和"国际新"3个等级。最终综合上述3个指标,根据与技术输出国的差距,本文将焦点企业技术能力分为"国内一般""国内领先"以及"国际先进"3个层级。

（三）数据收集

本研究主要采用了文献资料、档案记录、人员访谈、实物证据这4种不同的数据收集方法，确保通过多样化的研究信息和资料来源对研究数据进行相互补充和交叉验证（Yin，2003）。不同的证据来源构成了"资料三角形"（Patton，1987），避免了共同方法偏差，有利于验证同一个事实，提高了案例本身的建构效度。

一是深度访谈。从2005年开始，笔者共进行了30次的面对面企业人员访谈。（1）企业内部人员访谈。针对海天人员访谈19次，主要包括中高层管理者、高级技术人员和技术工人。（2）企业外部人员访谈。主要对海天竞争对手、合作伙伴、客户共进行了7次访谈。（3）行业专家访谈。为了解我国注塑机行业发展现状及行业内对海天的看法，本研究还对中国注塑机行业协会、宁波注塑机行业协会的负责人进行了4次访谈。每次访谈、讨论的平均持续时间约为2小时，并在访谈结束12小时内，对访谈记录进行整理。

二是文献资料。（1）通过中国期刊全文数据库、重要报纸全文数据库、行业统计报告、行业协会刊物等检索与海天相关的文献。（2）通过Google等搜索引擎搜索有关海天的信息。（3）通过海天集团网站、政府主管部门网站以及宁波塑机网等行业协会网站了解海天的相关信息。（4）通过国家知识产权局网站CNIPR中外专利数据库服务平台检索海天的专利申请情况。

三是档案记录。（1）宣传资料。通过查阅海天各时期的内部刊物、合作协议、产品介绍和高层讲话资料等了解海天相关信息。（2）公司年报。查阅海天自2006年香港上市以来的公司年报和中期报告。

四是实物证据。为进一步佐证海天的技术发展历程和相应的新产品开发情况，笔者通过赴海天产品展示中心以及宁波二手注塑机交易中心来确认海天当前和历史上的产品实物。

（四）时期划分

在纵向案例研究中，首先要进行时期的划分。我们首先询问了该公司管理者的意见。一位高层管理人员向我们提供了公司董事长的讲话资料，该资料显示海天的发展历史被划分为4个时期：第一时期（1966—1970年）海天初创时期；第二时期（1971—1990年）海天探索时期；第三时期（1991—2000年）海天规范发展时期；第四时期（2001年至今）高速发展时期，划分主要根据海天的业务发展历程。本研究首先剔除 1966—1970 年时期，该时期海天主要从事螺丝、螺母等小五金件加工业务。从 1971 年开始，海天才正式介入注塑机业务。此后的 3 个时期就本质而言也可看作注塑机技术的发展历程，本文主要通过传动系统、控制器、产品特性及技术性能来评估海天所掌握的注塑机技术。在征询海天高层领导及行业专家意见的基础上，充分考虑海天不同年代掌握的注塑机技术的变化，本文最终把海天 40 多年的发展历史分为 3 个时期（见表1）。

表1　　　　海天基于二次创新动态过程的时期划分

	第一时期（1971—1990 年）	第二时期（1991—2000 年）	第三时期（2001—2010 年）
技术发展历程	第一代技术	第二代技术	第三代技术
传动系统	连杆式或液压肘杆式	全液压式	全电动式
控制器	继电器和可接触器控制	可编程控制器（PLC）	专用可编程电脑控制（PCC）
产品特性	小型注塑机，主要用于日常民用产品制品，如玩具等生产	中大型注塑机，主要用于洗衣机、空调、音响等家电产品生产	高速、精密、环保、节能、专用注塑机，主要用于电子、医疗器械以及汽车配件精密产品的生产
技术性能	20 世纪 80 年代初期国际水平	20 世纪 90 年代中期国际水平	同期国际先进水平

（五）数据编码

本文对访谈和文本资料主要采用内容分析法（Strauss & Corbin，1998）。首先对调研内容进行文本描述，形成与研究问题相关的记录性文字材料（Lee et al.，2009）；其次，使用数据编码和归类表格对文字材料进行小结（Yan & Gray，1994），其目的在于从大量的定性资料中提炼主题，进而探讨本文一开始所提出的研究问题（毛基业、李晓燕，2010）。在资料分析和编码过程中，本文严格按照内容分析法并借鉴李飞等（2010）的做法，首先由研究小组中的 2 名成员全面整理、通读案例资料，然后分别独立进行渐进式编码，在编码时，主要以本文所涉及的主题和构念为参考依据，最后归类表格以企业网络、组织学习、技术能力作为划分依据。

具体编码和归类过程为，首先，按照来源渠道对资料数据进行一级编码。对于访谈调研得到的第一手资料，通过海天中高层管理者获得的编为 M1，通过海天高级技术人员和技术工人获得的编为 M2，通过海天竞争对手获得的编为 M3，通过海天合作伙伴获得的编为 M4，通过海天客户获得的编为 M5，通过注塑机行业协会获得的编为 M6。而且对于同一人相同或相似的意思表达只计为 1 代条目。对于二手资料，通过文献资料获得的编为 S1，通过档案记录获得的编为 S2。对于通过实物证据获得的资料编为 W。对于同一来源中相同或相似的意思表达只计为 1 代条目。通过对第一、二手资料的初始编码，本文得到了包含 627 个条目的一级条目库。其次，按时期对一级条目库分类。将这 627 个条目按照上述 3 个时期进行划分，形成 3 个时期的二级条目库。再次，按网络伙伴对二级条目库分类。从各时期二级条目库中直接识别海天的网络合作伙伴，并归类与该网络伙伴相关的所有条目，相应归类到三级条目库中。接着，按构念进行二级编码。对三级条目库中的条目根据企业网络、组织学习和技术能力进行二级编码，并将二级编码后的条目分配到 3 个构念条目库中。其中 2 人同时编码一致的条目才进入构念条目库中，对于意见不一致的条目，由研究小组全体成员讨论确定进入构念条目库或删除。经过该环节，剔除了 56 个条目，最终确定 571 个构念条目。最后，按测度变量进行三级编码。企业网络构念条目库中的条目根据连接强度和成员类型进行编码，组织学习构念条目库中条目根据学习类型进行编码，技术能力构念条目库中条目根据产品新颖性进行编码。三级编码过程为，由 2 人各自将各构念条目转化为与测度变量相关的关键词，再将关键词与预设的关键词表进行比对，根据语义的相同或相近确定对应的编码结果。如果 2 人编码结果一致，则肯定该编码结果，否则由研究小组全体成员共同讨论确定。本研究用于三级编码的构念条目数及测度关键词如表 2 所示。

表2　　　　　相关构念的编码条目数及测度关键词表　　　　　　　　单位：条

构念	测度变量	关键词表	时期 一	时期 二	时期 三	小计
企业网络	连接强度	购买图纸、参观学习、技术顾问、技术咨询、技术许可、合作开发、部件开发、产品设计及制造、合作生产、合资企业、合资研发、合作研发等	33	52	118	203
	成员类型	国有企业、跨国公司、研究院、大学、客户、供应商、证券交易所等	14	23	35	72
组织学习	学习类型	本地的、国外的、境外的、首次采用、与过去完全不同、未来一代、原有基础上改进等	34	43	115	192
技术能力	产品新颖性	企业首次、国内首次、国内最好、国内最大、亚洲最大、国际先进等	16	26	62	104

四、案例发现

（一）海天二次创新第一时期（1971—1990年）

20世纪70年代海天初次进入塑机领域，没有任何技术基础，只能进行模仿创新。它以向国有塑料机械厂购买图纸、参观学习等方式，获得了最初的第一代连杆式注塑机技术，正如一位被访的海天经理所提到的，"20世纪70年代时，全国没有多少企业生产注塑机，我们也就和周边的几家国有企业有联系，其中最早的就是上海塑料机械厂"（该时期典型引用语见表3）。到了20世纪80年代中期，随着市场需求日益旺盛，海天迫切需要改进原有生产工艺以应付产能不足，而国有塑料机械厂有一大批工程师，因计划体制收入较低，很乐意周末到海天搞"创收"。这样，国有塑料机械厂通过与海天合作生产的形式，有效地帮助海天对原先掌握的第一代注塑机产品进行产能扩充，这一时期以改进型创新为主。因此从整体上来看，该时期先后经历了二次创新的两个阶段：模仿创新阶段和改进型创新阶段，即仿国有企业的二次创新（Ⅰ、Ⅲ）。该时期总的编码结果如表4所示。

表3　海天二次创新第一时期典型引用语举例及其编码

构念	测度变量	典型引用语举例	关键词	编码结果
企业网络	连接强度	我们一开始对技术不了解，就向上海塑料机械厂购买图纸（M1） 20世纪70年代初，海天曾经到上海塑料机械厂买了一批图纸来学技术（M6）	购买图纸	弱连接
		20世纪80年代中期市场非常好，我们迫切需要扩大产能，找了很多上海塑料机械厂的工程师来帮忙指导生产（M1） 当初生产水平不高，上海塑料机械厂来人给我们很多指导（M2）	合作生产	强连接
	成员类型	20世纪70年代时，全国没有多少企业生产注塑机，我们也就和周边的几家国有企业有联系，其中最早的就是上海塑料机械厂（M1） 上海塑料机械厂是中国第一台塑料注射成型机的诞生地，工厂于1958年开始专业生产塑料注射成型机，20世纪70年代中期曾造出国内最大的注塑成型机（32000克）（S1）	成熟、国有企业	成熟技术提供商（国内）

续表

构念	测度变量	典型引用语举例	关键词	编码结果
组织学习	学习类型	虽然当时向上海塑料机械厂学来的生产技术现在看来很落后，但当时海天刚刚进入注塑机行业，对我们来说还是全新的技术领域（M1）	首次采用	探索性学习
		后来，尽管我们已经基本掌握了技术，但是实际生产的时候还是有很多问题，我们也想了很多改进办法（M2）	原有基础上改进	利用性学习
技术能力	产品新颖性	海天30克注塑机是海天第一台产品，虽然当时来看很一般，但是毕竟是一个成功的开始（M6） 根据上海塑料机械厂的图纸，我们刻苦钻研，终于开发出了第一台30克的注塑机（M1） 1972年，海天第一台注塑机问世（注射量30克）（S2） 海天30克注塑机（W）	企业首次	企业新

注：该例中网络伙伴为上海塑料机械厂。

表4　　海天二次创新第一时期的编码结果（1971—1990年）

网络节点	主要合作形式	连接强度	新产品或成果	组织学习	产品新颖性
仿国有企业的二次创新（Ⅰ、Ⅲ）					
成熟技术提供商（国内）					
上海塑料机械厂	购买图纸→合作生产	弱→强	30克注塑机	探→利	企业新
宁波东风机械厂	参观学习→合作生产	弱→强	400克注塑机	探→利	企业新
科研机构					
北京化工大学	技术顾问→合作开发	弱→强	500克注塑机	探→利	企业新
上海轻工研究所	技术咨询→合作开发	弱→强	750克注塑机	探→利	企业新
金融机构					
香港宁兴公司	→合资企业	→强	6300克注塑机	→利	企业新

注："A→B"表示前期特征是A，后期特征是B。"→B"表示后期才建立连接关系，相应特征为B。表6、表8相同。

（二）海天二次创新第二时期（1991—2000年）

20世纪90年代，随着中国经济全球化程度的日益深入和行业环境的变化，跨国公司纷纷进入。但由于注塑机生产的特点是要对当地使用客户有足够的了解，否则即使拥有技术上的优势也很难在短时间内打开市场。于是，如被访的一位海天经理所说，"进入20世纪90年代以后，一些跨国公司都到中国来寻找合作伙伴，例如德马格，他们的液压注塑机技术非常成熟"（该时期典型引用语见表5）。外资（台资）企业更多地通过技术许可让海天生产。正是在这样的行业背景下，海天有机会接触到中国台湾琼伟、德国德马格的第二代液压注塑机技术，并进行模仿创新。20世纪90年代中期，鉴于国内市场的快速增长，海天抓住机会与中国台湾琼伟、德国德马格建立合资企业生产产品，这在一定程度上也促进了海天对外资（台资）技术国产化的水平，从原来的技术依赖进口到部分部件能够自主生产，这已经是一种创造性的模仿。因此从整体上来看，该时期先后经历了二次创新的两个阶段：模仿创新阶段和创造性模仿阶段，即仿中国台湾、德国技术的二次创新（Ⅰ、Ⅱ）。该时期总的编码结果如表6所示。

表5　　海天二次创新第二时期典型引用语举例及其编码

构念	测度变量	典型引用语举例	关键词	编码结果
企业网络	连接强度	我们一开始和德马格公司的合作是采取技术许可的方式（M1） 自得到世界同行中技术最先进的德国德马格公司的技术许可，海天在经营、管理、技术能力等各方面均得到了提高（S1）	技术许可	弱连接
		1998年，德马格集团与宁波海天公司成立合资工厂，从而成为第一个将注塑机产品引入中国生产的欧洲注塑机厂商（S2） 后来双方觉得彼此都不错，几年后就开始建立合资企业（M2）	合资企业	强连接
	成员类型	德马格塑料集团是全球著名的德国注塑机制造商（S2） 进入20世纪90年代以后，一些跨国公司都到中国来寻找合作伙伴，例如德马格，他们的液压注塑机技术非常成熟（M1）	成熟、跨国公司	成熟技术提供商（外商）
组织学习	学习类型	和德马格合作的时候，我们学到的是液压注塑机技术，而以前我们搞的是连杆式技术，这对我们来讲是全新的知识（M2）	全新的	探索性学习
		后来我们就在所掌握的液压注塑机技术基础上不断提高国产化水平，提高生产能力（M2）	原有基础上改进	利用性学习
技术能力	产品新颖性	那个时候海天所生产的产品在我们国内企业中是最好的（M3） 我们生产的德马格海天"Dragon"系列产品在国内领先（M1） 德马格海天 Ergotech 50-200 Dragon 液压式注塑机（W）	国内最好	国内新

表6　海天二次创新第二时期的编码结果（1991—2000年）

网络节点	主要合作形式	连接强度	新产品或成果	组织学习	产品新颖性
仿中国台湾、德国技术的二次创新（Ⅰ、Ⅱ） 成熟技术提供商（外商/台商）					
中国台湾琼伟公司	技术许可→合资企业	弱→强	HTF2500	探→利	国内新
德国德马格集团	技术许可→合资企业	弱→强	全液压式注塑机	探→利	国内新
科研机构					
北京化工大学	技术顾问→合作开发	弱→强	前沿技术攻关	探→利	—
浙江大学	技术咨询→合作开发	弱→强	解决技术难题	探→利	—
零部件供应商					
中国台湾弘讯	→部件开发	→强	电脑控制器	→利	—
斯达弗	→部件开发	→强	液压马达	→利	—
行业协会（国内）					
中国塑料机械工业协会	理事长	弱	获取行业新信息	探索性	—

（三）海天二次创新第三时期（2001—2010年）

　　进入21世纪，海天加强了对第二代注塑机技术的改进创新。例如为了满足中国本地市场低成本、低能耗、高精度的需要，海天与北京化工大学共同投资建成海天北化研究院，加强二板机、伺服节能机的开发，并针对品牌企业需要开发专用注塑机。同时海天注意到第三代全电动注塑机正在兴起，主导设计正在形成，又从德国长飞亚研发公司引进实验室技术进行第三代全电动注塑机的研发，正如一位被访的海天高级技术人员所提到的，"与德国长飞亚的合作主要是为了获得德国的最前沿技术，毕竟在这个行业，德国技术代表着未来的发展方向"（该时期典型引用语见表7）。因此从整体上来看，该时期同时存在二次创新的两个阶段：改进型创新阶段和引进新兴技术阶段，即兼有仿中国台湾、德国技术的二次创新（Ⅲ）和引进德新兴技术的二次创新（Ⅳ）。该时期总的编码结果如表8所示。

表7　海天二次创新第三时期典型引用语举例及其编码

构念	测度变量	典型引用语举例	关键词	编码结果
企业网络	连接强度	我们和德国长飞亚的合作主要是进行高端塑机的产品研发（M1） 海天集团的高管持有德国长飞亚相当的股份（M6）	合资研发	强连接
企业网络	成员类型	长飞亚集团总部位于德国巴伐利亚州纽伦堡市。该团队由一批高素质研发工程师组成，全面地覆盖了各个研发领域。致力于研发及制造高精密全电动注塑机，定位于高技术含量塑料制品生产客户群（S2）	新兴、跨国公司	新兴技术提供商（外商）
组织学习	学习类型	与德国长飞亚的合作主要是为了获得德国的最前沿技术，毕竟在这个行业，德国技术代表着未来的发展方向（M2） 全电动注塑机技术在国内还是空白，所以我们和长飞亚合作，主要是借助对方力量开发新一代高端全电动注塑机（M1）	未来一代	探索性学习
技术能力	产品新颖性	2009年年底，一家全球领先的电子制造供应商签约购买了20台天锐VE系列设备，锁模力为4100kN；随后他们进行了集中测试，并与同行的设备进行了仔细比较；最终，专家对天锐VE系列深信不疑，并有了长期合作的意向；目前，这些设备已经交货并完成了安装（S2） 我们公司一直用海天的产品，他们生产的天锐全电动注塑机在国际上也很先进，一点也不比日本、欧洲的差，现在市场上供不应求（M5） 天锐VE2300/p包装机（W）	国际先进	国际新

注：该例中网络伙伴为德国长飞亚研发公司。

表8　海天二次创新第三时期的编码结果（2001—2010年）

网络节点	主要合作形式	连接强度	新产品或成果	组织学习	产品新颖性
仿中国台湾、德国技术的二次创新（Ⅲ）					
科研机构					
北京化工大学	合资研发	强	二板/伺服节能机	利用性	国内新
浙江大学	合作开发	强	解决技术难题	利用性	—
品牌企业					
海尔、海信、美的、格兰仕、格力、夏普、TCL	产品设计及制造	弱	家电类注塑机	利用性	国内新
五粮液	产品设计及制造	弱	酒类包装注塑机	利用性	国内新
正泰集团	产品设计及制造	弱	电器设备注塑机	利用性	国内新

续表

网络节点	主要合作形式	连接强度	新产品或成果	组织学习	产品新颖性
广州本田、比亚迪、神龙汽车、上海大众	产品设计及制造	弱	汽车类注塑机	利用性	国内新
哈药集团	产品设计及制造	弱	医药类包装注塑机	利用性	国内新
零部件供应商					
赫格隆	合作生产	强	低速大扭矩液压件	利用性	—
斯达弗	部件开发	强	精密液压马达	利用性	—
日本富士、中国台湾弘讯	部件开发	强	液晶电脑控制系统	利用性	—
奥地利KEBA	部件开发	强	高端电脑控制系统	利用性	—
日本伺服	部件开发	强	伺服电机	利用性	—
日本新潟	合作生产	强	加工中心	利用性	—
大日金属	合作生产	强	数控机床	利用性	—
行业协会（国内）					
中国塑料机械工业协会	理事长	弱	获取行业最新信息	探索性	—
宁波塑料机械工业协会	协会会长	弱	获取行业最新信息	探索性	—
引进德国新兴技术的二次创新（Ⅳ）					
新兴技术提供商（外商）					
德国长飞亚	合资研发	强	天锐、天润全电机	探索性	国际新
科研机构					
北京化工大学	合资研发	强	HTD全电动注塑机	探索性	国内新
零部件供应商					
美国菲利普集团	合资开发	强	高端数控机床	探索性	—
日本STAR	合资开发	强	全电机伺服机械手	探索性	—
奥地利SIGMATEC	部件开发	强	全电机控制系统	探索性	—
奥地利MATTECH	部件开发	强	全电机控制系统	探索性	—
行业协会（国外）					
德国机械设备制造协会	会员	弱	获取新兴技术动态	探索性	—
北美塑机协会	会员	弱	获取新兴技术动态	探索性	—
日本塑机理事会	会员	弱	获取新兴技术动态	探索性	—
金融机构					
香港证券交易所	合作	强	上市	探索性	—

五、案例讨论

（一）二次创新动态过程的阶段分析

从前述表4、表6、表8对海天3个时期的案例发现结果可以清晰地看到，海天技术能力提升过程经历了二次创新（Ⅰ、Ⅱ、Ⅲ、Ⅳ）4个阶段，基于对各阶段的实证观察，本文提出了二次创新动态过程四阶段的企业网络与组织学习模型，如图2所示，其中Ⅰ表示了模仿创新阶段，Ⅱ表示了创造性模仿阶段，Ⅲ表示了改进型创新阶段，Ⅳ表示了后二次创新阶段。

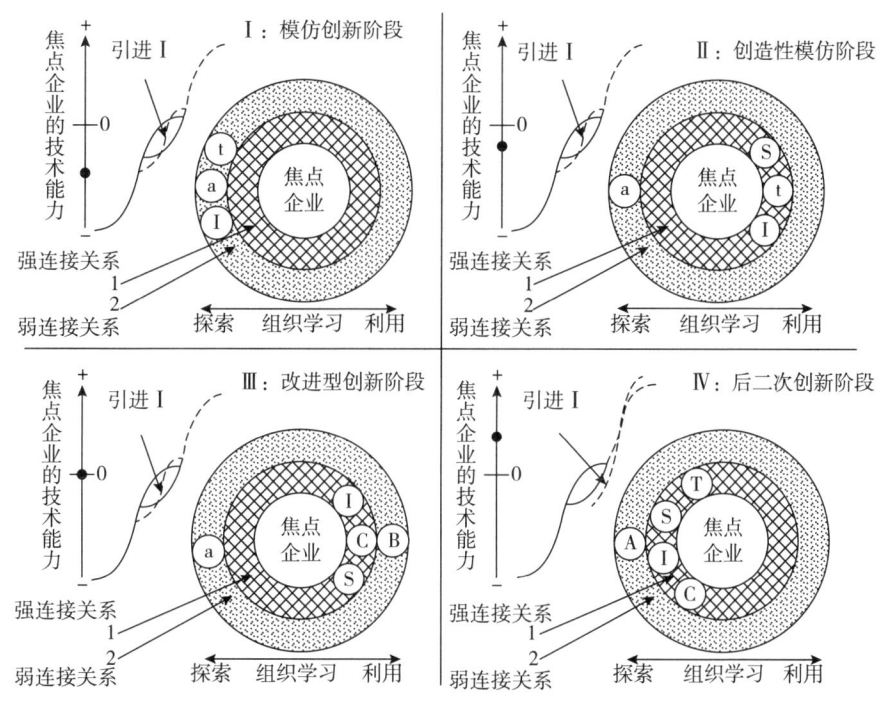

图2　二次创新动态过程四阶段的企业网络与组织学习

注：（1）企业网络方面。圆形图代表了焦点企业产品创新的自我中心网络（内圆圈代表焦点企业）；标有字母的小圆圈代表企业网络中的结点类型（t=成熟技术提供企业，T=新兴技术提供企业，a=国内行业协会，A=国外行业协会，I=科研机构，B=品牌企业，S=零部件供应商，C=金融机构）；标记为"1"的圈层中的结点与焦点企业具有强连接关系，标记为"2"的圈层中的结点与焦点企业具有弱连接关系。（2）组织学习方面。横向箭头代表焦点企业与网络节点间的组织学习类型，网络结点分布在左侧表明与这些结点间的学习是探索性学习，反之是利用性学习。（3）技术能力方面。S形曲线代表技术能力成长曲线，实线代表"一次创新"，虚线代表"二次创新"；竖向箭头代表焦点企业引进技术二次创新后所掌握的技术能力，"+"代表国际先进，"0"代表国内领先，"-"代表国内一般。

引进Ⅰ：模仿创新阶段。模仿创新阶段的主要任务是引进成熟技术，并根据技术要求对引进设备和原有设备按工艺进行重组。企业之所以要引进某项技术，是因为企业没有该技术的先验知识和经验积累，吸收能力很差（Cohen & Levinthal，1990）。这意味着企业需要寻找外部技术提供企业，并寻找科研机构的帮助，也需要通过行业协会了解行业最新动态。该阶段企业所构建起的网络规模小，连接强度弱，成员异质性低。该阶段企业完全参照技术输出方的标准生产，旨在生产与技术输出方同样水平的产品。从知识距离域来看，企业学习的是陌生的、未来的、外来的知识，因此以探索性学习为主。模仿创新阶段的基本模型如图2中Ⅰ所示。

引进Ⅰ：创造性模仿阶段。创造性模仿阶段的主要任务是国产化，积累生产能力、实现自主生产。在国产化过程中，已有技术结构与引进技术结构的相互适应和融合是关键（Sahal，1981）。这一过程以工艺创新为主，以尽可能多地在不失产品性能的前提下采用国内已有的原材料、部件等。因此该阶段企业在原先合作的基础上，新增与大量零部件供应商合作来帮助实现对原材料和零部件的国产化。该阶段企业新增了许多与生产相关的强连接，网络规模因生产网络的扩大而扩大，成员异质性也开始提高。该阶段的生产能力相对模仿创新阶段有了很大的改进，以掌握先进的生产能力，形成成熟的生产工艺体系为目标。从知识距离域来看，企业学习的是已经了解的、现有的、本地的知识，因此以利用性学习为主。创造性模仿阶段的基本模型如图2中Ⅱ所示。

引进Ⅰ：改进型创新阶段。改进型创新阶段的主要任务是针对本地市场进行改进创新，积累研发能力，实现自主研发。通过前面两个阶段，技术引进企业掌握了一定的生产能力，已经可以摆脱技术提供企业进行相对独立的创新活动。该阶段需要根据市场（主要是国内市场）的需要，扩大引进技术的应用领域，并充分利用其"技术机会"进行引进产品新功能的开发，这就需要在原先合作的基础上，积极与客户（如品牌企业）展开合作，共同开发能够满足品牌企业特定需要的新产品（von Hippel，1988）。还需要金融机构提供大量的资金做杠杆以扩大研发生产能力来满足急剧增长的市场需求。该阶段企业新增许多与市场相关的弱连接，网络规模因市场网络的扩大而扩大，成员异质性进一步提高。该阶段企业的学习更加侧重对市场的把握，根据市场的不同需要进行研发或产品、工艺改进。从知识距离域来看，企业学习的是已经了解的、现有的、本地的知识，因此以利用性学习为主。改进型创新阶段的基本模型如图2中Ⅲ所示。

引进Ⅱ：后二次创新阶段。后二次创新阶段的主要任务是引进新兴技术，形成主导设计能力。要想实现后二次创新的前提是具备高水平的研发能力和先进的生产能力，这通过第Ⅰ类技术引进的二次创新的3个过程得以积累。它通过引进国外新兴技术并尽早介入自主研发，为以后的自主创新奠定基础。在这种创新方式下，及时获取最新技术信息至为关键。因此该阶段企业需要建立起与新兴技术范式相匹配的全新的网络合作，包含国外新兴技术提供商、零部件供应商、科研机构、国外行业协会、金融机构等。所建立的网络规模较高，且由于企业原有的网络资源形成了资产积累（Dierickx & Cool, 1989），可维持与新伙伴的强连接，成员异质性也较高。该阶段企业以掌握新兴技术为主要目标，因此企业的学习活动主要靠近对新兴技术的掌握。从知识距离域来看，企业学习的是陌生的、未来的、外来的知识，因此以探索性学习为主。后二次创新阶段的基本模型如图2中Ⅳ所示。

（二）二次创新动态过程的纵向分析

综合表4、表6、表8的结果，结合上述二次创新4个阶段的企业网络和组织学习模型，本文从纵向对整个案例再做进一步分析，结果如表9所示。

表9　海天基于二次创新动态过程的企业网络与组织学习平衡模式演化

	第一时期（1971—1990年）	第二时期（1991—2000年）	第三时期（2001—2010年）
引进Ⅰ	仿国企的二次创新（Ⅰ、Ⅲ）	仿中国台湾、德国技术的二次创新（Ⅰ、Ⅱ）	仿中国台湾、德国技术的二次创新（Ⅲ）
引进Ⅱ			引进德新兴技术二次创新（Ⅳ）
二次创新阶段	Ⅰ→Ⅲ	Ⅰ→Ⅱ	Ⅲ+Ⅳ
企业网络			
网络规模	4→5	5→7	36
网络强度	弱网络→强网络	弱网络→强网络	二重网络
弱连接数	4（100%）→0	5（100%）→1（14.3%）	19（52.8%）
强连接数	0→5（100%）	0→6（85.7%）	17（47.2%）
成员异质性	2→3	3→4	7
组织学习平衡模式	间断型平衡	间断型平衡	双元型平衡
探索性学习	4→0	5→1	12
利用性学习	0→5	0→6	24
技术能力	国内一般	国内领先	国际先进
专利申请数	0	0	119
典型新产品	5	8	31
产品新颖性	企业新	国内新	国际新

在海天二次创新的第一时期，典型新产品数 5 个，没有专利申请，且产品主导技术主要是第一代注塑机技术，这对海天来说属于新产品，因此总体技术能力属于国内一般。该时期包含仿国有企业的二次创新（Ⅰ、Ⅲ）两个阶段。在仿国有企业的二次创新（Ⅰ）时，合作伙伴有 4 个，故网络规模为 4。合作伙伴类型只有国内成熟技术提供商和科研机构两类，故成员异质性为 2。4 种合作方式全部为弱连接，故为弱网络，且组织学习类型全部为探索性学习，数量为 4。在仿国有企业的二次创新（Ⅲ）时，合作伙伴增加到 5 个，故网络规模为 5。合作伙伴增加了金融机构，因此成员异质性增加为 3。5 种合作方式全部为强连接，故为强网络，且组织学习类型全部为利用性学习，数量为 5。因此，第一时期海天的企业网络是由弱网络向强网络转化，同时组织学习也由探索性学习向利用性学习转化，形成了间断型的组织学习平衡模式。

在海天二次创新的第二时期，典型新产品数 8 个，也没有专利申请，产品主导技术进至第二代全液压注塑机技术，很多新开发的产品在国内尚属首次，因此总体技术能力达到国内领先水平。该时期包含了仿中国台湾、德国技术的二次创新（Ⅰ、Ⅱ）两个阶段。在仿中国台湾、德国技术的二次创新（Ⅰ）时，合作伙伴有 5 个，故网络规模为 5。合作伙伴类型包括外国成熟技术提供商、科研机构和国内行业协会三类，故成员异质性为 3。5 种合作方式全部为弱连接，故为弱网络，且全部进行的是探索性学习，数量为 5。在仿中国台湾、德国技术的二次创新（Ⅱ）时，合作伙伴增加到 7 个，故网络规模为 7。合作伙伴类型增加了零部件供应商，故成员异质性增加为 4。6 种合作方式为强连接，只有 1 种合作方式为弱连接，所以按照前述网络强度的定义，此阶段网络为强网络，其探索性学习数为 1，利用性学习数为 6，故此阶段利用性学习为主导性学习方式。因此，第二时期海天的企业网络是由弱网络向强网络转化，同时组织学习也由探索性学习向利用性学习转化，形成了间断型的组织学习平衡模式。

在海天二次创新的第三时期，典型新产品数 31 个，申请了 119 项专利，产品主导技术进入第三代全电动注塑机技术阶段，所开发的新产品很多处于国际前列，因此总体技术能力达到国际先进水平。该时期同时包含了仿中国台湾、德国技术的二次创新（Ⅲ）和引进德国新兴技术的二次创新（Ⅳ）两个阶段，总共有 36 个主要合作伙伴，故网络规模为 36。该时期合作伙伴包括科研机构、品牌企业、零部件供应商、国内行业协会、国外新兴技术提供商、国外行业协会、金融机构等 7 类，故成员异质性为 7。在 36 种合作方式中，弱连接为 19，所占比例为 52.8%，强连接为 17，所占比例为 47.2%，按照前述网络强度的定义，该网络为二重网络。且利用性学习数为 24，探索性学习数为 12，说明企业在积极开展大量利用性学习的同时也进行了大量探索性学习，形成了双元型的组织学习平衡模式。

纵向来看，在海天二次创新的三个时期，企业网络规模由5增长到7再增长到36，网络成员异质性由3增加到4再增加到7，网络强度由第一、第二时期的弱强交替网络演化为复杂二重网络。因此，随着海天基于不同技术引进的二次创新动态过程，网络规模逐渐增大、网络强度从弱强交替到二重网络、成员异质性逐渐增加，组织学习平衡模式也由间断型平衡向双元型平衡演化，最终体现为后发企业技术能力从国内一般到国内领先再到国际先进的持续快速提升。

由此，本研究提出基于二次创新动态过程的企业网络和组织学习平衡模式演化规律的研究命题：基于二次创新动态过程，后发企业的企业网络由小规模、低成员异质性、弱强交替的网络向大规模、高成员异质性、二重网络演化，组织学习平衡模式也由间断型向双元型演化。

六、结论与展望

（一）研究结论

本文借助对1971—2010年的海天集团进行的纵向案例研究，从企业网络层面对基于两类技术引进的二次创新动态过程模型进行了拓展，展示了其4个阶段的企业网络与组织学习特征，并揭示了基于二次创新动态过程的企业网络和组织学习平衡模式演化规律，最终得出了以下结论：基于二次创新动态过程，后发企业的企业网络由小规模、低成员异质性、弱强交替的网络向大规模、高成员异质性、二重网络演化，组织学习平衡模式也由间断型向双元型演化。

（二）理论贡献

一是丰富了二次创新理论。（1）从企业网络层面拓展了二次创新理论。以往对二次创新进行的案例研究，主要是基于两类不同的技术引进分别展开研究与比较。而本文用一个更加完整的视野来审视二次创新，将基于第Ⅰ类技术引进和第Ⅱ类技术引进的二次企业创新动态过程全盘考虑进来，系统地验证了二次创新理论。这也更有效地解释了企业网络对后发企业技术能力的影响机制，将二次创新理论从企业层面拓展到企业网络层面（如表10所示）。（2）增强了二次创新理论的普适性。相对于以往二次创新研究以国有企业杭氧为案例研究对象，本文选择的案例海天是一家典型民营制造企业。相对于国有企业或者其他类型企业，民营企业受体制等相关情境变量的影响较少，技术引进行为具有较大的自主性和灵活性，因而二次创新对企业技术能力提升的影响也更加显著。此案例研究表明，二次创新是后发企业实现技术能力追赶的重要方式，不仅对国有企业适用，对民营企业也同样适用。这进一步提高了二次创新理论的外部效度，使得二次创新理论更具有普适性。

表10　　　　　　　　　二次创新案例研究比较

二次创新	引进技术（在引进时）所处生命周期阶段	研究层次	
		企业层	企业网络层
		以往研究案例（国企）	本研究案例（民企）
基于第Ⅰ类引进	成熟技术	杭氧（1978—1995年）组织学习模式演化①	海天（1971—2010年）企业网络与组织学习平衡模式演化
基于第Ⅱ类引进	新兴技术	杭氧（1996—2008年）组织学习模式演化②	

注：①见吴晓波《管理世界》1995年第3期文章，②见吴晓波《管理世界》2009年第2期文章。

二是深化了对后发企业技术能力追赶机制的理解。（1）尽管企业网络对技术能力提升的重要性已经得到了广大学者的认同，但是在追赶情境下，后发企业如何构建网络来消化吸收再创新它们所引进的技术却尚未有明确的结论。本文案例研究表明，构建企业网络对于后发企业而言，是一个知识和经验积累并随二次创新动态过程演化的过程，在引进成熟技术时构建的是弱弱交替的企业网络，有助于技术能力提升，在引进新兴技术时构建的是二重网络，有助于技术能力赶超。（2）根据引进消化吸收再创新的阶段特点，后发企业总是采取先探索后利用的间断型的组织学习平衡模式以利于技术能力提升。但本文案例研究表明，后发企业的组织学习平衡模式并不是一成不变的。当后发企业引进新兴技术并构建起二重网络后，后发企业将获得丰富的网络资源，并可突破企业资源稀缺的限制，使得双元型平衡成为可能，也更有利于技术能力的赶超。因此，伴随着后发企业的二次创新动态过程和企业网络的演化，组织学习平衡模式也会由间断型平衡向双元型平衡演化。

（三）实践启示

后发企业应根据自身能力，以及在二次创新动态过程中所处的阶段与特点，战略性地构建企业网络。在后发企业技术发展初期，进行第Ⅰ类技术引进（成熟技术）时：模仿创新阶段，积极与技术提供商等网络伙伴建立弱连接，构建起弱网络；创造性模仿阶段，加强与原有网络伙伴的连接关系，并新增与零部件供应商的强连接，积极构建强网络；改进型创新阶段，加强与原有网络伙伴的连接关系，并新增与大量领先客户的弱连接。通过多轮"引进、消化、吸收、再创新"的周期，企业逐步扩大了自己的网络规模，提高了成员异质性，并通过弱强交替的网络逐步积累了足够的知识和经验，企业的技术能力也逐步提升。这时应及早升级到第Ⅱ类技术引进（新兴技术），并同时开展改进型创新与后二次创新，积极构建起拥有大规模、高成员异质性的二重网络，形成有利于企业技术能力赶超的网络条件。

在网络条件下，后发企业还应该根据二次创新动态过程各个阶段的特点，战略性地建立相适应的组织学习平衡模式。在进行第Ⅰ类技术引进（成熟技术）时应建立起间断型平衡的组织学习平衡模式：模仿创新阶段注重对引进技术的探索性学习；创造性模仿和改进型创新阶段则注重对引进技术的利用性学习。经过多轮"引进、消化、吸收、再创新"的周期，探索和利用交替进行，建立起间断型平衡的学习模式，这有利于后发企业在能力较低的情况下实现对成熟技术的掌握。当企业从改进型创新阶段开始升级到第Ⅱ类技术引进（新兴技术）时，应建立起双元型平衡的组织学习平衡模式。改进型创新与后二次创新同时进行，通过建立双元型组织或技术创新体系，在二重网络中同时开展对成熟技术的利用性学习和对新兴技术的探索性学习，最终促进整个技术学习体系的双元型平衡，实现企业技术能力赶超。

总之，"二次创新"乃是现阶段我国企业技术学习和追赶的重要方式之一。在网络条件下，企业根据二次创新动态过程的阶段与特点，适时地构建企业网络，调整组织学习平衡模式，将有助于技术能力持续提升直至赶超。

（四）研究局限

本文选择从自我中心网络来考察基于二次创新动态过程的企业网络的演化规律，并选取了相应的特征维度，而企业网络还有许多其他的特征维度，如网络密度、位置中心度、结构对等性等，未来可以选择从整体网络来考察企业网络其他特征维度的演化规律。另外，本文采用单案例研究，虽然我们尽量选择最具代表性的企业案例，但是仍然缺少多案例的复制和比较。因此，本文构建的理论框架还有待在未来展开更为充分的实证研究，以证实本文结论的一般性意义，特别是对二次创新不同阶段企业网络和组织学习平衡模式演化规律的大样本实证研究，将有助于检验和完善本文所提出的理论观点。

参考文献

[1] Ahuja, G., 2000, "Collaboration Networks, Structural Holes and Innovation: A Longitudinal Study", *Administrative Science Quarterly*, 45(3), pp. 425~455.

[2] Allen, W. D., 2000, "Social Networks and Self-employment", *Journal of Socio-Economics*, 29(5), pp. 487~501.

[3] Baum, J. A. C., Calabrese, T. & Silverman, B. S., 2000, "Don't Go it Alone: Alliance Network Composition and Startups' Performance in Canadian Biotechnology", *Strategic Management Journal*, 21(3), pp. 267~294.

[4] Beckman, C. M. & Haunschild, P. R., 2002, "Network Learning: The Effects of Partners' Heterogeneity of Experience on Corporate Acquisitions", *Administrative Science Quarterly*, 47(1), pp. 92~124.

[5] Benner, M. J. & Tushman, M. L., 2003, "Exploitation, Exploration and Process Management: The Productivity Dilemma Revisited", *Academy of Management Review*, 28(2), pp. 238~256.

[6] Brass, D. J., Galaskiewicz, J., Greve&H.R. et al., 2004, "Taking Stock of Networks and Organizations: A Multilevel Perspective", *Academy of Management Journal*, 47(6), pp. 795~817.

[7] Burt, R. S., 1992, *Structural Holes*: *The Social Structure of Competition*, Boston, MA: Harvard Universtiy Press, pp.65~103.

[8] Capaldo, A., 2007, "Network Structure and Innovation: The Leveraging of A Dual Network as A Distinctive Relational Capability", *Strategic Management Journal*, 28(6), pp. 585~608.

[9] Cohen, W. M. & Levinthal, D. A., 1990, "Absorptive Capacity: A New Perspective on Learning and Innovation", *Administrative Science Quarterly*, 35(1), pp. 128~152.

[10] Dierickx, I. & Cool, K., 1989, "Asset Stock Accumulation and Sustainability of Competitive Advantage", *Management Science*, 35(12), pp. 1504~1511.

[11] Dosi, G., 1982, "Technological Paradigms And Technological Trajectories: A Suggested Interpretation of the Determinants and Directions of Technical Change", *Research Policy*, 11(3), pp. 147~162.

[12] Dyer, W. G., Jr. & Wilkins, A. L., 1991, "Better Stories, Not Better Constructs, to Generate Better Theory: A Rejoinder to Eisenhardt", *Academy of Management Review*, 16(3), pp. 613~619.

[13] Eisenhardt, K. M., 1989, "Building Theories from Case Study Research", *Academy of Management Review*, 14(4), pp. 532~550.

[14] Ernst, D. & Kim, L., 2002, "Global Production Networks, Knowledge Diffusion and Local Capability Formation", *Research Policy*, 31(8-9), pp. 1417~1429.

[15] Galaskiewicz, J. & Zaheer, A., 1999, "Networks of Competitve Advantage", In Andrews, S. & Knoke, D. (Eds.), *Research in the sociology of organizations*, Greenwich, CT: JAI Press, pp. 237~261.

[16] Granovetter, M. S., 1985, "Economic Action and Social Structure: The Problem of Embeddedness", *American Journal of Sociology*, 91(3), pp. 481~510.

[17] Gulati, R., Nohria, N. & Zaheer, A., 2000, "Strategic Networks", *Strategic Management Journal*, 21(3), pp. 203~215.

[18] Gupta, A. K., Smith, K. G. & Shalley, C.E., 2006, "The Interplay between Exploration and Exploitation", *Academy of Management Journal*, 49(4), pp. 693~706.

[19] Hagedoorn, J. & Cloodt, M., 2003, "Measuring Innovative Performance: is There an Advantage in Using Multiple Indicators?", *Research Policy*, 32(8), pp. 1365~1379.

[20] He, Z. L. & Wong, P. K., 2004, "Exploration vs. Exploitation: An Empirical Test of the Ambidexterity Hypothesis", *Organization Science*, 15(4), pp. 481~494.

[21] Kim, L., 1997, *Imitation to Innovation: The Dynamics of Korea'S Technological Learning*, Harvard Business Press.

[22] Kim, W., Shi, Y. & Gregory, M., 2004, "Transition from Imitation to Innovation: Lessons from a Korean Multinational Corporation", *International Journal of Business*, 9(4), pp. 329~346.

[23] Lavie, D. & Rosenkopf, L., 2006, "Balancing Exploration and Exploitation in Alliance

Formation", *Academy of Management Journal*, 49(4), pp. 797~818.

[24] Lee, T. L., 1999, *Using Qualitative Methods in OrganizationalResearch*, Beverly Hills, CA: Sage.

[25] Levinthal, D. A. & March, J. G., 1993, "The Myopia of Learning", *Strategic Management Journal*, 14(S2), pp. 95~112.

[26] Li, Y., Vanhaverbeke, W. & Schoenmakers, W., 2008, "Exploration and Exploitation in Innovation: Reframing the Interpretation", *Creativity and Innovation Management*, 17(2), pp. 107~126.

[27] March, J. G., 1991, "Exploration and Exploitation in Organizational Learning", *Organization Science*, 2(1), pp. 71~87.

[28] Marsden, P. V., 1990, "Network Data and Measurement", *Annual Review of Sociology*, 16(1), pp. 435~463.

[29] McEvily, B. & Zaheer, A., 1999, "Bridging Ties: a Source of Firm Heterogeneity in Competitive Capabilities", *Strategic Management Journal*, 20(12), pp. 1133~1156.

[30] O'Reilly III, C. A. & Tushman, M. L., 2004, "The Ambidextrous Organization", *Harvard Business Review*, 82(4), pp. 74~83.

[31] Patton, M. Q., 1987, *How to Use Qualitative Methods in Evaluation*, Newbury Park, CA: Sage.

[32] Pettigrew, A. M., 1990, "Longitudinal Field Research on Change: Theory and Practice", *Organization Science*, 1(3), pp. 267~292.

[33] Powell, W. W., Koput, K. W. & Smith-Doerr, L., 1996, "Interorganizational Collaboration and the Locus of Innovation: Networks of Learning in Biotechnology", *Administrative Science Quarterly*, 41(1), pp. 116~145.

[34] Ritter, T.&Gemünden H. G., 2004, "The Impact of a Company's Business Strategy on its Technological Competence, Network Competence aAnd Innovation Success", *Journal of Business Research*, 57(5), pp. 548~556.

[35] Rowley, T., Behrens, D. & Krackhardt, D., 2000, "Redundant Governance Structures: an Analysis of Structural And Relational Embeddedness in the Steel and Semiconductor Industries", *Strategic Management Journal*, 21(3), pp. 369~386.

[36] Sahal, D., 1981, *Patterns of Technological Innovation*, Reading, MA: Addison-Wesley.

[37] Siggelkow, N. & Levinthal, D. A., 2003, "Temporarily Divide to Conquer: Centralized, Decentralized and Reintegrated Organizational Approaches to Exploration and Adaptation", *Organization Science*, 14(6), pp. 650~669.

[38] Strauss, A. & Corbin, J., 1998, *Basics Of Qualitative Research*(2nd ed.), Thousand Oaks, CA: Sage.

[39] Tsai, W., 2001, "Knowledge Transfer in Intraorganizational Networks: Effects of Network Position and Absorptive Capacity on Business Unit Innovation and Performance", *Academy of Management Journal*, 44(5), pp. 996~1004.

[40] Utterback, J. & Abernathy, W., 1975, "A Dynamic Model of Product and Process Innovation", *Omega*, 3(6), pp. 639~656.

[41] Uzzi, B., 1997, "Social Structure and Competition in Interfirm Networks: The Paradox of Embeddedness", *Administrative Science Quarterly*, 42(1), pp. 35~67.

[42] Vermeulen, F. & Barkema, H., 2001, "Learning Through Acquisitions", *Academy of Management Journal*, 44(3), pp. 457~476.

[43] von Hippel, E., 1988, *The Sources Of Innovation*, New York: Oxford University Press.

[44] Wu, X. B., Ma, R. F. & Xu, G. N., 2009, "Accelerating Secondary Innovation through Organizational Learning: A Case Study and Theoretical Analysis", *Industry and Innovation*, 16(4-5), pp. 389~409.

[45] Wu, X. B., Ma, R. F. & Shi, Y. J., 2010, "How do Latecomer Firms Capture Value From Disruptive Technologies? A Secondary Business-Model Innovation Perspective", *IEEE Transactions on Engineering Management*, 57(1), pp. 51~62.

[46] Yan, A. & Gray, B., 1994, "Bargaining Power, Management Control and Performance in United States-China Joint Ventures: A Comparative Case Study", *Academy of Management Journal*, 37(6), pp. 1478~1517.

[47] Yin, R. K., 2003, *Case Study Research: Design And Methods* (3rd ed.), Thousand Oaks, CA: Sage.

[48] Zollo, M. & Winter, S. G., 2002, "Deliberate Learning and The Evolution of Dynamic Capabilities", *Organization Science*, 13(3), pp. 339~351.

[49] 李飞, 陈浩, 曹鸿星等. 中国百货商店如何进行服务创新——基于北京当代商城的案例研究 [J]. 管理世界, 2010(2).

[50] 路风, 慕玲. 本土创新、能力发展和竞争优势——中国激光视盘播放机工业的发展及其对政府作用的政策含义 [J]. 管理世界, 2003(12).

[51] 毛基业, 李晓燕. 理论在案例研究中的作用——中国企业管理案例论坛 (2009) 综述与范文分析 [J]. 管理世界, 2010(2).

[52] 彭新敏, 郑长娟. 全球价值链视角下我国注塑机产业升级研究 [J]. 中国科技论坛, 2008(7).

[53] 汪建成, 毛蕴诗. 技术引进、消化吸收与自主创新机制 [J]. 经济管理, 2007(3).

[54] 吴晓波. 二次创新的周期与企业组织学习模式 [J]. 管理世界, 1995a(3).

[55] 吴晓波. 二次创新的进化过程 [J]. 科研管理, 1995b(2).

[56] 吴晓波, 马如飞, 毛茜敏. 基于二次创新动态过程的组织学习模式演进——杭氧1996—2008纵向案例研究 [J]. 管理世界, 2009(2).

金字塔底层市场的商业模式：一个多案例研究*

邢小强[1] 仝允桓[2] 陈晓鹏[2]

（1 对外经济贸易大学国际商学院；2 清华大学经济管理学院）

摘　要：金字塔底层战略要求企业把穷人视为真正的消费者与生产者并通过提供平等参与市场的机会来创造出多元价值。但由于低收入市场的特殊性，企业需要构建全新的商业模式才能撬动金字塔底层的财富。本文对6家在中国本土农村地区进行商业运营的企业进行探索性案例研究，得出金字塔底层市场企业商业模式的关键构成维度与主要特征:(1) 商业模式要建立在低收入群体自有资源能力基础之上；(2) 价值主张包含经济、能力与关系价值三类，但经济价值占主导地位；(3) 由于价值链缺失与制度空洞，企业需要建立跨部门的价值网络，其中与当地政府的关系是成败关键；(4) 企业主要进行连接、学习与利用三类关键活动；(5) 收益依赖于传统的线性盈利模式，而商业模式的可拓展性具有未来的增长期权价值。

关键词：金字塔底层市场　商业模式　价值网络　多案例研究

一、问题提出

亚洲开发银行于2007年提出包容性增长（inclusive growth）概念，强调经济增长在创造就业与社会财富的同时要降低或减少由于个人背景与环境差异而导致的机会不平等，反映出消除权力贫困的内在发展理念（Ali & Zhuang, 2007；蔡荣鑫，2010）。在微观层面，管理学家Prahalad（2005）提出的金字塔

---

* 原载《管理世界》2011年第10期。

底层（Base of the Pyramid，以下简称 BOP）①战略则为企业等私营部门促进包容性增长提供了方向与途径。

长期以来，企业关注的市场主要由位于社会经济金字塔中高层（Top of the Pyramid，以下简称 TOP）的富裕群体构成，而全球范围内日益加剧的竞争态势使传统企业每获得一个百分点的市场份额增加都会付出巨大和艰辛的努力（Martinez & Carbonell，2007）。与此同时，占世界人口 2/3 的贫困人群却很少进入企业的运营视野，其内在需求与能力也从未得到真正理解与重视（Hammond et al.，2007）。Prahalad 与 Hart（2002）及 Prahalad（2005）极富洞察性地指出，这些位于金字塔底层的低收入群体内事实上蕴含着巨大的商业潜能，如果企业可以创造性地满足这部分人群的内在需求或有效利用其拥有的各类资源与能力，则不仅可以获得足够的经济回报，同时还能通过提高穷人生活质量与生产能力等方式创造出经济与社会的双重价值。这种把贫困阶层作为新兴市场进行探索的 BOP 战略本质上是为低收入群体提供了公平参与市场并做出贡献和分享成果的机会，隐含着对贫困人口追求幸福生活意愿与能力的信任与尊重。

BOP 战略通过把商业与贫困联系在一起而改变了现有商业系统背后的支撑逻辑，对企业与穷人都既代表着机会又充满了不确定性，理论研究必须提供关于商业组织如何在 BOP 市场运作更深层次的理解。由于 BOP 市场具有迥异于 TOP 市场的环境特质，单一理论很难解释 BOP 市场内的行为与决策，需要结合多种理论视角才能深入洞悉与把握企业在 BOP 市场内的商业运营（Wright et al.，2005；邢小强等，2010）。而商业模式概念恰恰从整体和多理论视角意义上揭示出企业在特定市场内从事的所有价值活动及其内在作用关系（Zott & Amit，2010），从而为理解企业在 BOP 市场内进行的各种创新提供了良好的分析单位，也有助于深化我们对于企业在 BOP 商业环境中获取竞争优势的认知。正如 Hart（2005）指出，BOP 市场创造了连续（效率、过程、控制、资源配置与集合性思维）与不连续（想象力、创新、创造性破坏、资源吸引与发散性思维）之间的严重张力，必须采取不同于在 TOP 市场内的全新商业模式才能获得成功。

但在文献回顾中发现，商业模式近年来作为一个热点概念得到广泛的研究与分析（Baden-Fulle & Morgan，2010；张敬伟、王迎军，2010），但这些研究

---

① 金子塔底层目前有两种说法，一种是Bottom of Pyramid，另一种是Base of Pyramid，英文缩写均为BOP。Landrum（2007）则认为，Bottom仅仅标识穷人在经济金字塔中的位置并隐含指出其弱势地位，而Base一词则更强调低收入群体代表整个社会的基石，是金字塔中上层的基础与支撑，语言差异反映出学者的不同认知。现有文献中，把BOP群体视为消费者或生产者的研究常使用Bottom，而把穷人看作合作伙伴的则更多采用Base，但也有很多文献对两者并不区分。

都隐含假定企业所面对的是基础设施健全与制度环境相对成熟的 TOP 市场。而在 BOP 战略研究领域，商业模式基本是作为一种自明（self-evident）的概念在使用（Anderson & Markides，2007；Brugmann & Prahalad，2007），缺乏一般理论意义上的分析与说明，这也与该领域仍处在理论建构初期有关。因此，本文拟通过对 6 家在中国本土 BOP 市场从事商业活动的企业进行探索性研究，分析归纳出针对我国 BOP 市场商业模式构成的关键因素与主要特征，为企业进入 BOP 市场进行商业模式设计提供依据与参考。

二、文献回顾

（一）BOP战略研究

20 世纪 90 年代以来，全球化过程中的产业分工与资源重新配置推动了各个国家与地区不同程度的经济增长，但很多贫困人群却几乎被排斥在正规市场经济之外，从未享受到全球化带来的好处，却要承受其种种不良后果（Hart，2005）。基于对世界范围贫困地区内商业活动的观察与反思，Prahalad 和 Hart（2002）提出 BOP 战略，指出企业可以通过满足贫困人群未被满足的需求而在全球范围内找到一种革命性的商业模式，同时实现经济、生态和社会的多重价值。BOP 战略提出后在国际学术界及实践领域引起巨大反响（Rangan et al.，2007），但迄今对 BOP 战略的理解与阐释也存在多种不同观点。

首先，最初的 BOP 战略研究主要是把穷人视为消费者，强调运用新的营销策略组合来为低收入人群提供买得起与买得到的商品。Prahalad 与 Hammond（2002）指出，尽管 BOP 个体每日收入不足 2 美元，但 BOP 总体却蕴含着巨大财富。传统企业，尤其是跨国公司与大型当地企业由于拘泥于占优逻辑（dominant logic）而限制了开发 BOP 市场机会的能力。这些占优逻辑包括：穷人无力支付产品或服务创新成本；穷人没有品牌意识；穷人不需要先进的技术解决方案；BOP 市场只是一种次级市场而且进入困难等（Prahalad，2005；Martinez & Carbonell，2007）。但这些占优逻辑很多情况下并不符合 BOP 市场实际，更多时候代表一种先入为主的成见。例如研究发现穷人具有很强的品牌意识，更乐意接受新技术（原因是替代成本极低），且对更高质量的生活有着美好的向往（Letelier et al.，2003）。如果企业正视 BOP 现状，真正去倾听穷人的声音并辨识其真实需求，进而通过技术与市场创新提供符合 BOP 消费者特质和当地环境的产品与服务，就能够撬动金字塔底层的财富（Pitta et al.，2008）。这不仅可以使穷人的各类需求得到更好的满足从而提高生活质量（Hammond & Prahalad，2004），同时也为企业提供了未来增长的机会。

其次，随着研究的深入，有学者认为以消费主义为中心的 BOP 战略并不具有可持续性（Karnani，2007a，2007b），在很多情况下还会加重 BOP 人群的负担。很多穷人由于缺乏教育与有效的信息获取，并不总能做出理性选择。尽管 Prahalad 认为穷人有权利自己决定选择什么产品来最大化效用，但这种推至极致的西方式自由市场逻辑对于 BOP 的战略主张是有害的。Karnani（2009）认为，对于 BOP 人群而言，缺乏收入所受的限制远高于缺乏市场提供的种种产品与服务。因此，BOP 战略不应把穷人看作消费者而应视为生产者，前者为被动和等待满足的需求者，后者是资源与能力的提供者。把穷人视为生产者的 BOP 战略强调企业要构建全新价值链以有效利用与整合穷人的资源能力（London & Hart，2004；Budinich et al.，2007），要仔细辨识那些对束缚或限制穷人资源与能力的障碍，在适当环节释放其价值创造的潜力（London et al.，2010）。

最后，Simanis 与 Hart（2008）等学者认为，消费者导向的 BOP 战略把缓解贫困转化为"顾客需求"与"新产品开发"等企业所熟悉的商业概念过于强调了贫困的经济维度，而忽略了贫困的社会、情感与文化内涵。同样，把穷人视为生产者仍是用经济收入来定义贫困，缓解贫困就是把穷人从本地的资源匮乏状态中释放出来，提高其谋生的能力与效率。但这依然把穷人摒弃于对所珍视生活的定义之外，即企业仍旧是把自己有关"发达"或"效用"的认知加诸于穷人，而收入的增加很多情况下只是另一种形式的扩大消费。此外，无论把穷人视为消费者还是生产者，都隐含假定存在一个可以随时进入的 BOP 市场，但大多数贫困地区并不存在现代意义上的产品、服务或劳动力交易市场（De Soto，2000；Banerjee & Duflo，2007）。因此，BOP 市场依赖于企业与穷人及其他社会组织与机构去共同构建，需要企业与穷人在持续合作中不断创造并分享价值，并在此过程中形成一种强烈的共同承诺和相互依赖感（Simanis & Hart，2008）。通过双方贡献与整合各自的资源能力并把商业创新嵌入本地社会文化制度内，穷人因而成为企业的商业合作伙伴。

Simanis 与 Hart（2008）把消费者与生产者导向的 BOP 战略统称为 BOP 1.0 版本，注重 BOP 市场的需求、供给与资源特性，而把穷人作为商业伙伴的下一代 BOP 战略称为 BOP 2.0 版本，强调企业与穷人需要的是深度对话而不是简单的市场交易，双方通过互相学习来共同创造全新的商业生态系统。3 种 BOP 战略的比较如表 1 所示。

表1　　　　　　　　　　　3种BOP战略的比较

	BOP 1.0		BOP 2.0
角色定位	穷人作为消费者	穷人作为生产者	穷人作为商业伙伴
运营理念	深度倾听	深度倾听	深度对话
关注焦点	降低价格	提高生产能力和效率	建立共同承诺与愿景
工具手段	运用新的营销策略	重构价值链	构建商业生态系统
市场关系	公平交易（穷人购买）关系	公平交易（穷人出售）或雇佣关系	基于个人层面的信任关系
商业逻辑	卖给穷人	从穷人那里购买	价值共创

资料来源：根据Simanis和Hart（2008）、Hart（2005）、Prahalad（2005）综合。

（二）商业模式研究

商业模式概念是随着信息技术与电子商务的创新与发展而被广泛使用，并逐渐作为一个一般意义上的管理学概念被用于分析几乎所有行业内的商业活动。但迄今为止，学术界对这一概念的内涵及其构成要素仍然缺乏共识（Chesbrough，2010）。不同学者由于研究对象与视角的差异对商业模式概念给出了不同的理解与界定，可从经济、运营、战略及其综合等方面进行分析（Morris et al.，2005；原磊，2007）。

首先，商业模式最初被认为是企业获取并使用资源以赚取经济利润的核心逻辑（Afuah，2003；Rappa，2004），主要关注企业的成本结构、定价机制与超额利润来源等方面。

其次，也有很多学者把商业模式等同于企业进行价值创造与传递的运营系统，重点说明系统的构成及其相互关系。Amit与Zott（2001）结合价值链、价值网络、创新与交易成本经济学等理论视角，把商业模式描述为一种旨在通过开发商业机会来创造价值的交易内容、结构和治理架构。在此基础上，Zott与Amit（2010）从系统设计角度进一步把商业模式定义为一组跨越企业边界的相互联系的活动系统（activity system），其中活动可被视为动员人财物等资源以服务于企业特定目标且这些资源并不局限于企业内部。在这个意义上，选择活动的内容及其连接方式以及由谁来执行这些活动（外包、合作还是内部化）就决定了企业的商业模式架构，也决定了企业嵌入商业生态系统的方式。两位学者强调企业对不同活动的选择与系统构建直接影响其创造与获取价值的能力，但也同时认为商业模式与收益模式（revenue model）是两个完全不同的概念（Zott & Amit，2010）。但从管理角度，Santos（2009）认为上述两位学者对商业模式的界定缺少两个关键方面,一是过于强调企业的外部连接而忽略了内部连接,二是只强调连接的经济维度而忽略了蕴含其中的关系维度。对于第一方面,由于 Amit 与 Zott 关注的主要是创业企业,这种忽略可以理解。但针对第二方面,Santos 指出,企业的任何活动都是通过特定的人或人与人之间的互动与合作完成的,因此,活动之间的连接除了经济因素,还包含社会、政治和情感等内容的关系因素。很多情况下,对社会维度的忽略会造成商业模式创新的障碍。

再次,战略学派主要把商业模式理解为企业通过市场定位、价值主张、获取和构建核心资源能力等创造差异化与可持续竞争优势的方式与手段,代表性学者如 Porter(1996),Hamel(2000)与 Morris 等(2005)。但很多研究认为尽管战略与商业模式两个概念联系密切,战略本身不应成为商业模式的直接构成要素(Chesbrough & Rosenbloom,2002)。王伟毅与李乾文(2005)指出,商业模式重视价值创造和获取,而战略通过价值主张向顾客提供独特价值,两者对价值创造主题的关注导致商业模式的许多要素与战略要素相同。Casadesus-Masanell 与 Ricart(2010)就专门对战略、商业模式与战术(tactics)之间的区别与联系进行了探究。其中,商业模式被定义为企业的运营逻辑,反映了企业是如何为利益相关者创造价值的,而战略是企业通过选择商业模式可以在市场上竞争的方案,战术则是特定商业模式确定后可供企业使用的具体策略。两位学者形象地用汽车做类比,认为设计与建造何种汽车是战略,汽车本身是商业模式,而具体驾驶这辆汽车则是战术层面考虑的因素。

最后,尽管理论视角不同,以上 3 种商业模式在构成要素与分析的内在逻辑上颇多互补之处,可从盈利模式、经营系统与价值主张的角度进行整合。如 Teece(2010)描述从产品特征与顾客价值到目标市场再到价值获取机制设计的商业模式线性模型。而张敬伟与王迎军(2010)从价值定义、价值创造与传递和价值获取角度提出了有助于透视商业模式内涵的价值三角形框架,进而构建了包含市场定位、经营系统与盈利模式三维度的商业模式概念模型。

(三)BOP 战略与商业模式的结合

尽管 BOP 战略引起的研究关注很多,但直接分析针对金字塔底层市场商业模式的文献还较少。Chesbrough 等(2006)认为在 BOP 市场企业应集中于设计与执行把新技术商业化的商业模式,然后才是产品设计。由于有效的商业模式比技术开发需要更长的时间,与 NGO(非政府组织)合作是解决时间期限的有效方式,因为 NGO 可以承担商业模式初始创造的大量工作(Seelos & Mair,

2007；Perez-Aleman & Sandilands，2008）。同样，Dahan（2010）指出跨国公司进入发展中国家 BOP 市场后为适应当地的文化、制度、经济与地理特征，与 NGO 的跨领域联盟成为新商业模式中创造与传递多元价值的重要部分，并提出了整合资源、建立信任、目标匹配与理解当地商业设施四项合作成功要素。Thompson 与 Macmillan（2010）则认为企业可以通过商业模式创新在 BOP 地区同时创造出新的市场与社会财富，但由于 BOP 市场是一种近于奈特式的不确定环境，企业必须遵循特定的商业模式设计原则，包括界定运营边界、确定利益相关者的资源与角色、辨识合适的商业单位、预期到意外情形的发生并预先计划好退出方案等。而且，文章指出，BOP 商业模式的设计需要遵循发现驱动原则（discovery-driven）的方式进行，这与 McGrath（2010）强调商业模式设计应通过试验与学习而不是分析方法（analytical approach）的思想相一致。Yunus 等（2010）提出以缓解贫困为目的的社会商业模式概念，指出社会商业模式需要不同的价值主张、系统与盈利模式，进而结合格莱珉银行的实践经验总结出新的商业模式需纳入社会导向的利益相关者并界定清楚要达到的社会利益目标。我国学者赵晶等（2007）从战略目标的视角将企业 BOP 战略划分为市场开发型、资源开发型和资源—市场开发型 3 种基本类型，指出每种战略都对应着相应类型的商业模式创新。但这种分类的标准仅是基于穷人拥有的收入与人力资源的差异，和前述不同文献对穷人在 BOP 市场中的角色认知差异相一致，并没有对商业模式本身的构成与特征做进一步的分析，仍停留于基本概念描述层面。但从上述文献分析可以看出，针对 BOP 市场的商业模式设计应纳入更多的社会要素，这与 BOP 环境高度的社会化导向有关。前述 Santos 等（2009）认为经济交易与关系虽然不同但并不完全可分的观点尽管并不特别针对 BOP 市场所言，但在很多非正式制度占主导的 BOP 市场，对社会机制的引入与利用也许是 BOP 与 TOP 商业模式间的显著差异。

三、研究设计

（一）研究方法

案例研究方法作为管理学研究的基本方法之一（李怀祖，2004），包含了一整套完整而特有的设计逻辑、资料搜集步骤与分析策略，特别适合于对现象的理解和研究"如何"与"为什么"性质的问题（Yin，2002b）。相对于其他研究方法，案例研究能够对案例进行厚实的描述与系统的理解，而且对动态的互动历程与所处的情景脉络也会加以掌握，可以获得一个较全面与整体的观点（Gummesson，1991；郑伯埙、黄敏萍，2008）。本研究主要目的在于探究低收入市场的商业模式构成要素与主要特征，而BOP商业模式与中高端市场的商业模式在理念、对象与所处环境等各方面都迥然不同，企业在BOP市场中的商业行为都基本处于自发的摸索阶段，无法依赖于先前的文献与实证结果来给出充分的解释与说明。总体而言，该领域的研究仍处于早期阶段，需要提供新鲜的观点来建构与发展理论。可以看出，我们的研究问题与案例研究方法的优势有着良好的契合度，符合Eisenhardt（1989）所提出的适合案例研究的相关条件。特别是中西方在贫困治理思路与政策、地理与文化环境等方面存在着较大差异，现有BOP文献研究的相关理论并不能完全照搬过来用于指导中国企业在BOP市场的商业实践，因此，使用案例研究方法对中国本土BOP市场中的商业模式进行理论建构更具重要意义。

具体而言，本研究运用多个案例进行分析比较。相对于单案例研究而言，跨案例研究能够使分析具有更好的普遍性，更适于建构理论（Yin，2002a，2002b）。不同案例之间的比较与辩驳更有利于对结论形成有力支撑，对不同企业在BOP市场的行为对比有助于辨识出BOP商业模式的共同维度与特征，提高了研究的效度。

（二）样本选择

样本选择需要决定选择标准与筛选过程，主要依据理论抽样（theoretical sampling）而不是统计概念来选择样本（Glaser & Strauss，1967）。这是由于案例研究既涉及案例本身又关注现象所处情景，会产生大量变量，若采用统计抽样，涉及的变量越多则需要考察的案例就越多，导致研究过于复杂。因此，在案例研究中，选择样本的标准是根据案例的特殊性而非一般性，即所谓"探索性逻辑"（Yin，2002b）。

具体而言，本研究的分析单位是把BOP群体纳入业务活动范围的单个企业而不是非营利性结构、慈善组织、企业联盟或企业网络等，因此，根据研究目标，研究团队首先对大量二手数据进行收集和整理，选取了22个案例作为备选案例集。选择标准为：（1）所选案例必须以商业企业为主导，并以经济上可持续的方式针对低收入群体开展自己的业务；（2）所选案例中企业必须是通过市场化的手段或途径与BOP群体有不同性质或形式的交易活动发生，可以是产品、服务的直接买卖关系或者是更为复杂的雇佣关系等；（3）所选案例中企业从事的商业活动在获取经济利润的同时要产生一定的社会效益，如提高当地

BOP 群体的生活质量和实际收入或改善了当地社区的设施环境等；(4) 所选案例必须具有代表性，能够涵盖不同的地区与行业。

从案例数量来说，Eisenhardt（1989）认为多案例研究中的案例数量以 4~8 个最为合适，Yin（2002a）则认为案例数量以 6~10 个为宜。因此，在上述案例集内，本研究进一步选取了 6 个案例作为最终研究样本，主要依据有 4 个。(1) 不同 BOP 业务模式之间的兼顾。样本中有 3 家企业将 BOP 人群作为消费者，3 家企业将 BOP 人群作为生产者。(2) 企业类型的兼顾。性质上涵盖了跨国公司、本地国有企业、本地民营企业和国有与民营企业合资等类型，并包含了大、中、小等不同规模。(3) 新技术应用案例与非技术案例的兼顾。2 家企业是信息技术与通信（ICT）行业企业，2 家企业属于生物技术行业，其余 2 家企业是传统的农业养殖。(4) 可进行专题性对比。主要遵循 Yin（2002b）建议的逐项复制（literal replication）原则，在每项 BOP 业务中选择具有尽可能相似的代表性案例。除此之外，样本选择过程中还考虑到了行业和地区的平衡。最终选取样本的描述性信息如表 2 所示。

表2　　　　　　　　　　　　案例企业简介

企业名称	所处行业	核心 BOP 业务	组织形式	农户角色	地理位置
湖南临武舜华鸭业公司（以下简称"舜华鸭业"）	农业	临武鸭的养殖与加工	中型国有民营合资企业	生产者	湖南郴州
南京九康生物科技发展公司（以下简称"九康生物"）	农业化工	利用楝树果实加工生物农药	小型国有民营合资企业	生产者	江苏南京
广西智联可再生能源公司（以下简称"智联能源"）	能源	利用小桐树籽炼制生物柴油	小型民营企业	生产者	广西南宁
中国移动江门分公司（以下简称"江门移动"）	通信	为农民提供专业信息服务	大型国有企业	消费者	广东江门
海尔集团	制造	电脑销售	大型民营企业	消费者	山东青岛
诺基亚通信投资（中国）有限公司〔以下简称"诺基亚（中国）"〕	通信	手机销售	跨国公司	消费者	北京

（三）数据来源

为提高案例研究的信度和效度，本研究根据 Miles 和 Huberman（1994）所描述的三角测量法，从多个信息来源分析案例，而能够利用多种数据来源和数据收集技术也是案例研究的一个主要优势。

具体而言，对本研究样本中的每一个企业，主要以实地观察和半结构化访谈的方式收集一手资料，访谈对象包括企业高层管理者、BOP业务部门负责人、技术人员和尽可能多的外部利益相关者。对每个企业的实地观察和访谈由3位课题组成员共同进行，具体资料收集路径如表3所示。调研从2009年6月开始，至2010年5月完成。除一手资料外，对二手资料的收集包括：（1）在企业历史上发表过的相关文章以及从行业或专题材料中选取的文章；（2）直接从企业获得的材料，如企业领导人发表的演说、内部刊物、年度报告和企业其他文件（如智联能源小桐树种植林油一体化项目可行性报告）；（3）企业或外界观察家出版的有关该行业、该企业和/或企业领导人的书籍；（4）商学院案例和行业分析（如九康生物是清华大学MBA案例大赛的决赛案例）；（5）行业参考资料。在数据收集过程中，课题组成员对样本企业资料进行反复审查，以确保所有案例分析具有一致的结构和质量。

表3　　　　　　　　　　一手资料收集路径

样本企业	调查内容与时间
舜华鸭业	赴临武鸭业公司实地调研2天，访谈常务副总经理周细圣2次3小时，考察公司养鸭场并访谈农户6人次
九康生物	赴九康生物实地调研2天，访谈公司创始人、总经理周卫兵1次2小时，访谈副总经理梁和平2次3小时，实地考察公司育苗基地并访谈基地管理人员与技术指导4人次
智联能源	赴广西智联能源调研2天，与生产与营销部门经理进行了3次4.5小时的面谈，赴公司那马县育苗基地进行实地考察
江门移动	赴江门移动实地调研1天，访谈总经理林涌双1次1.5小时，访谈农信通项目负责人吴宏1次1小时
海尔集团	在海尔集团计算机本部访谈PC事业部总经理周兆林1次3小时，访谈"日日顺团队"成员6人次
诺基亚（中国）	访谈诺基亚（中国）市场区服务部经理1次3小时

（四）数据分析

本研究主要采用了开放性与轴心两类编码对资料进行分析和整理，目的在于从大量的定性资料中提炼出企业在BOP市场进行商业运作的相关主题，最终归纳出BOP商业模式的关键构成维度。

开放性编码要求贴近数据，从资料中产生概念，主要是将资料分解、提炼和范畴化的过程。在此过程中，要求以一种开放的心态，尽量"悬置"个人"倾见"和研究界的"定见"，将所有资料按其本身所呈现的状态进行编码（陈向明，2000）。开放性编码的过程类似一个漏斗，刚开始时范围较宽，需要对资料内容进行逐行检视，随后不断缩小范围。

在具体操作中，课题组3名成员首先对一家公司的资料进行编码，然后就编码结果的异同与内涵进行详细讨论，以确定在本课题研究情境下编码的基本规则。接着两位成员继续对剩下的5个案例分别独立进行编码，一名成员负责检核。经过以上过程，最终从资料中抽象出公司与农户的强连接、集约化经营、本地化营销、知识获取、市场定位、生产者能力提升、异质性价值链等268个概念。表4是本研究中开放性编码的几个示例。

由于本文主要研究企业在BOP市场的商业模式，聚焦于该市场内的价值创造、价值传递与价值分享活动及其相关因素。因而通过对所归纳概念的详细检查，并经3名课题组成员一致同意，我们从268个概念中剔除掉42个无关概念，保留226个相关概念。

经过开放性编码后，原始资料被分裂为具有不同等级与类型的代码，需要进一步进行轴心编码（又称二级编码）。在轴心编码中，研究者每一次只对一个类属进行深度分析，围绕着这一个类属寻找相关关系，因此称之为"轴心"（陈向明，2000）。具体而言，二级编码的主要任务是发现和建立概念类属之间的各种联系，在开放编码之后以新的方式重新排列它们（Creswell，1998）。比如，开放性编码形成的"正式制度缺失""公司与农户的强连接""公司与农户的信任""降低不确定性"等初始范畴可整合为一条"轴线"：由于在农村地区正式的法律法规执行较为困难，公司需要与农户建立强连接关系才能产生信任，从而可以降低BOP市场中的不确定性。因此，这几个范畴被重新整合纳入一个新的范畴——"关系治理"。因此，通过对已有概念的分析并辅以更多的原始资料挖掘和对比研究，课题组成员对初始编码阶段的不同概念范畴进行了详细的关联性分析，直至初始范畴全部饱和，最终得到26个副范畴并归纳到5个主范畴当中，如表5所示。

表4 开放性编码示例

初始范畴	典型引用
公司与农户的强连接	农民发展带有盲目性，公司要有引导作用，这样发展前景比较好……，紧密型还好，松散型就有问题，要与农民结成利益联合体，公司文化要影响农民（九康生物，副总经理）
利用本地资源提高农户收入	（我们家的地）是2006年2月份租出去的，有两三亩地租给九康生物，自己有六亩地左右种水稻，在租之前，那几亩地就是种种玉米和山芋等，作为养猪的饲料，基本不能带来什么收入。租出去后不仅可以从九康得到租金，而且老人还可以帮助翻地、锄草等，没有那么大的负担……（桥李村村民）
……	……

续表

初始范畴	典型引用
商业与社会的双重效益	通信作为国家的基础设施，应当承担起社会责任，促进"三农"问题的解决，让农民在其中受益……，农村市场大有可为，既可以扩大移动的市场占有率，增加移动的用户群，又可以为农民创造效益（江门移动，总经理）
政府支持	在我们项目的实际推广过程中，当地的农业局、信息产业局、科技局、气象局、团市委、海洋渔业局、宣传部等都给了帮助（江门移动，农信通项目负责人）
……	……
多环节异质性价值链	企业本身保持一个很小的规模，边界收得很紧，在推广中主要采用代理商形式，和村支书打交道，给代理商补助，以县为单位进行"突破"（智联能源，经理）
集约化经营	山塘水库大多青山绿水，生态环境保持较好。一个农场可养数万只至几十万只鸭子，防疫起来也容易。一旦发现鸭子异常，在几个小时之内便可全部进行一次针剂防疫，迅速控制……（舜华鸭业，副总经理）
……	……
电脑消除信息鸿沟	电脑下乡是"多赢"的事情，老百姓虽然提前消费了，但是打通了与外界的联系，通过信息化改变了他们的观念和生活……，越是偏远的地方，越有这种需求（海尔集团，PC事业部经理）
本地化营销方式	农民的品牌意识确实不是很强，对于国际公司做广告的方式不认可，农民认可电视购物广告，还有周围社会网络（朋友亲戚）。所以以前公司觉得不能做的，现在觉得可以尝试：比如糊墙，因为农民认这个东西（诺基亚，市场服务部经理）
……	……

表5　　　　　　　　　　轴心编码结果

主范畴	副范畴
本地能力	自然资源禀赋；人力资本；基础设施；农村人际网络；当地政策环境
价值主张	促进当地就业；提高农民收入；提升农民能力；拓展外界联系；降低社会排斥
价值网络	异质性主体；能力互补；本地嵌入；社会资本；关系治理；制度空洞
关键活动	主动连接；本地知识获取；互动；协调；杠杆利用本地资源
盈利模式	产品销售；成本分担；可拓展性；可复制性；渐进式增长

需要说明的是，在满足契合（fit）与相关（relevance）条件下，我们在归纳主范畴时尽量使用了商业模式研究中的已有术语，如价值主张、价值网络、关键活动与盈利模式等，而不是去构建全新的理论概念。只有本地能力与BOP市场特质相关，在TOP市场商业模式研究中比较少强调。这样做使得BOP商

业模式关键构成要素既保持了理论研究的延续性，又有利于后续研究与 TOP 商业模式进行比较分析。

（五）分析研究

根据数据分析得到的 BOP 商业模式的 5 个关键维度，我们首先对各单个案例的商业模式进行了详细的分析描述并形成文字资料，从而得到有关每家样本企业商业模式的分析报告。在此基础上，课题组成员对所有案例的商业模式进行了讨论，探讨它们的共同特征，归纳出相应的研究结论，下面分别对其进行详述。

1. 本地能力（local capability）

本地能力是 BOP 区域或市场内已经存在的有利于企业进行价值创造的资源与能力，是企业进行商业活动的基础与支撑。通过对案例企业所在地的资源环境分析可以把 BOP 本地能力分为 BOP 人群自身拥有的资源能力和外部促成环境两部分，前者包括 BOP 人群长期积累的物质、人力与社会资本，后者则是 BOP 市场的基础设施与制度环境，具体如表 6 所示。

表6　　　　　　　　　　BOP商业模式的本地能力

样本企业＼本地能力	BOP 人群的资源与能力	外部促成环境
舜华鸭业	临武县具有非常独特的自然山水条件和麻鸭品种，养鸭业是当地传统家庭副业，绝大多数农户都基本掌握了临武麻鸭养殖及加工技能	临武县政府把临武鸭产业作为重点发展方向
九康生物	高淳县桥李村有着大量贫瘠的闲置丘陵山地，不适于种植粮食和其他经济作物，但可用于种植楝树。且该村已有多年种植有机茶叶的经验，了解生态农业的特点和要求	生物农药因食品安全问题等具有良好发展前景；当地政府有意识地扶持发展生物农药产业链；"户户通"工程解决了桥李村交通问题，为产品收购与营销等提供便利
智联能源	广西壮族自治区有大量的贫困人口生活在山区，这些地区不宜种植一般作物却适合小桐树生长	《可再生能源中长期发展规划》与《广西工业重点产业发展"十一五"规划》对发展生物能源的支持
江门移动	收入水平较高，农村居民和城市居民的界限比较模糊，务农人口对移动通信终端和服务价格接受能力较好	符合农村信息化的政策导向；基础设施较好，"村村通工程"达到 99% 的自然村网络覆盖率
海尔集团	群体购买力与社会资本	家电下乡政策
诺基亚（中国）	群体购买力与社会资本	家电下乡政策

首先，作为消费者，BOP个体尽管收入微薄，但凭借其庞大的规模与增长速度，其总体代表着巨大的、迟早要释放出来的潜在购买力，海尔、诺基亚（中国）与江门移动都是基于这种洞见而把中国农村市场作为发展重点从而进行战略开拓。在此过程中，BOP人群在本地社区构筑的社会网络与社会资本是企业可资利用的重要资源，那些以亲缘、半亲缘及地理临近构成的各类关系对穷人的日常生活影响巨大。这几家公司在农村市场营销中都发现，村民的社会网络是其获取产品质量与声誉信息的重要渠道，对其最终购买决策影响很大，导致品牌效应的区域特征很明显："某一个村子偏好某一品牌，邻近的另一个村子可能就偏好另一个品牌。"这种个体层面上的实际接触和在此基础通过"口口相传"形式的信息交换是促进产品扩散和建立品牌声誉的重要机制。正如海尔日日顺团队负责人所言："在农村市场，如果邻居家买了海尔，那自己家一定要买。如果一个村的人都说海尔非常好，那大家都说好。竞争的输赢有时在起点上已经决定了。"

其次，相对消费者角色，作为生产者的BOP人群更能直接体现其价值创造潜力。当BOP区域具有特定的自然资源禀赋时，BOP人群也往往在长期劳作中积累起管理和使用这些资源的技能与知识。舜华鸭业、九康生物与智联能源就是基于当地自然地理环境适合养殖或种植特定动植物品种的条件并利用了当地农户相应的知识技能开发出各自的商业模式。在商业介入之前，BOP本地的资源能力往往被闲置或者低效地发挥作用，但在资源流动良好的市场经济体中总能够找到有效利用这些资源的价值创造活动，而企业关注的正是将这些资源链接到外部经济的"最后一公里"。

最后，BOP市场的基础设施条件与制度环境状况衡量了企业可以多大程度上利用已有的资源与能力基础。与TOP人群相比，大部分BOP群体无法获得充足的基础设施和有效的社会服务，包括交通、能源、通信、教育与卫生等，大多数样本企业最初也都选择那些基础设施相对较好的BOP市场进入。如广东移动的"村村通工程"与南京市高淳县桥李村的"户户通"公路工程都提高了当地的基础设施条件，为企业的商业开拓提供了便利。而制度环境是指促成企业在BOP市场开展业务的政策导向与法律状况等，直接影响到企业的市场进入与运营绩效。从调查研究的结果看，当企业的战略目标与政府政策具有某种一致性时，企业往往能够通过有效利用当地的政策资源来降低成本与提高效率，本研究中的几乎所有企业都直接或间接受益于不同层次的政策机会。

2. 价值主张（value proposition）

价值主张是企业在商业运营中为其利益相关者所能带来的直接或间接效益，由于本研究重点关注 BOP 群体被纳入商业模式的角色与活动，因此主要考察企业为 BOP 人群（作为消费者与生产者）所能提供和实现的价值主张，而对其他利益相关者产生的价值则在经营系统中论及。实际上，在发达市场中常见的生产与消费的区分在 BOP 市场并不明显（Wood et al., 2008），穷人的消费与生产活动往往紧密交织在一起，反映了其在不同角色中的学习与经历且两者相互影响、相互强化（Sridharan & Ivey, 2008）。

对案例的资料分析表明，BOP 商业模式提供的价值主张可分为经济价值、能力价值与关系价值三类（表7）。其中经济价值主张的影响最为直接，当 BOP 人群可以明确预期在与企业发生商业交换时可以获取到满意的经济收益时，会较快地表现出对企业的接纳与认可。而能力价值需要在生产过程中逐渐积累与体现，事前很难像经济价值那样对其进行准确判断，BOP 人群有时对能力提升带来价值的评价与认知并不一致。只有那些本身具备相关互补资源的 BOP 人群可以明确预见到能力提升对自身贡献要大于投入的经济或非经济成本时才会持积极态度。而关系价值的体现最为隐含与间接，以至于大部分 BOP 人群开始很难意识到与企业的商业与社会互动会影响到其自我认知与社会网络位置的变化。这也使得企业很少直接把关系价值作为明确的价值主张提出，往往是作为伴随结果发生。如在九康生物案例中，由于当地大多数男性劳动力外出打工，参与楝树种植工作的本地妇女比例很高，妇女收入提高改变了家庭收入构成，也减少了当地的性别歧视现象。而且妇女在工作中不仅提高了劳动技能，也在工作中建立起新的社会网络，扩大了信息交流的范围并建立了自信。而江门移动是唯一仅提供能力价值和关系价值而没有直接提供经济价值的案例，其在全国首创的"农信通"业务主要为解决农村信息化落后和信息渠道匮乏问题，具有明显的能力价值和潜在的关系价值主张，但在开始时却并没有被农户接受而只能以免费的形式进行市场推广，这与其他提供了明确经济价值主张的案例形成鲜明对比。

表7　　　　　　　　　BOP商业模式的价值主张

价值主张＼样本企业	经济价值	能力价值	关系价值
舜华鸭业	当地鸭农通过饲养临武鸭并提供给企业作为原料可获得经济回报	在与公司合作中鸭农提高了养殖水平与技术	促进了农户之间、农户与外部市场的联系，增加了本地的纽带型社会资本

续表

价值主张 \ 样本企业	经济价值	能力价值	关系价值
九康生物	当地劳动力主要为妇女与老人，通过在荒地、林地种植楝树并提供给企业生产生物农药可获得经济回报	本地农户有多年种植有机茶叶的经验，通过与公司合作进一步积累了生态农业与绿色农业知识	本地妇女的参与改变了家庭收入构成，减少了性别歧视，妇女社会地位提高
智联能源	当地农户通过种植小桐树并提供给企业炼制生物柴油而获得经济收益	当地农户获得小桐树的种植技术	增加农户之间及农户与厂商间的联系
江门移动	没有直接经济效益，但可通过能力提升获得间接经济收益	即时获取各类专业信息提高和优化了农民的生产效率与市场决策	促进了本地农户与外部市场（如外地农产品收购者）的贸易来往，扩大社会网络
海尔集团	农场消费者以低价在本地就能购买适用于自身条件与基础设施环境的电脑而提高了生活质量	电脑预装了学习、信息与医疗平台，用户可以通过电脑进行知识学习并获取相关知识信息	通过电脑联网增加了农民与外部市场及地域的联系，拓展了视野与眼界
诺基亚（中国）	农场消费者在本地就能以低价购买符合自身条件的手机而提高了生活质量	提高了信息获取能力	手机通信增加了农民之间以及农民与外界的交流与联系

3. 价值网络（value network）

价值网络是企业为有效实现其价值创造与传递而与其他组织机构建立的合作或联盟系统。表8归纳了本研究中不同案例企业的价值网络构成、职能及与企业的关系性质。

首先，企业在BOP市场中的价值网络并不像在TOP市场那样主要由商业组织依据交易顺序而构建的线性系统，而是包含了本地的中小型商业企业和其他非传统市场参与者，如当地政府机构、社区组织和有影响力的个体等。这些组织与个体拥有大量有关BOP群体与市场的隐性知识与资源，能够弥补企业相关能力的缺失或不足，帮助企业快速高效地开展业务。如舜华鸭业的价值网络主要由企业、政府、养殖协会与养殖农场等主体构成，各主体根据自身的资源与能力特质执行相关职能，既解决了产业链之间的利益分配、风险化解、农业信贷等诸多难题，又通过养殖协会将农户拧成一股绳，减少了利益主体，大大提高了管理效率。

表8　　　　　　　　　　BOP商业模式的价值网络分析

价值网络＼样本企业	主要网络成员	角色与职能	关系性质
舜华鸭业	公司	生产经营和市场销售	—
	当地政府	提供资金扶持与补贴并帮助养殖户建立风险保障机制	战略合作，契约与信任的交织关系
	养殖公司（全资子公司）	专门负责孵化、养殖、收购、技术培训等与农户打交道等活动	直接控制
	临武鸭养殖协会（单位与个人自愿参加的行业非营利组织）	与公司通过合同约定年度生产数量并把生产任务分解到各个农场，为农户提供信息、调剂资金、协调生产、帮助交易谈判等服务	契约与信任的交织关系
	农场信用社	在公司担保下为养殖户提供贷款，解决了养殖临武鸭资金短缺问题	商业合作，主要是契约关系
	农场（一家或几家农户共同出资建成）	临武鸭的养殖，由分散的小规模经营转向规模化养殖	契约与信任（承诺）的交织关系
九康生物	公司	种子收购、研发、生产和营销	—
	当地政府	提供科研资金补贴、协助建立生产基地、帮助拓展省外与海外市场	战略合作，契约与信任的交织关系
	农科院	协助公司进行产品研发，提供技术支持	契约与信任关系
	育苗基地	招聘部分当地人员进行培训以担任基地管理工作，并通过这些人员进一步招聘本地农户来负责楝树苗的培育与种植	直接控制
	农户	出租土地和被招募进入基地从事各种工作	契约与信任关系
智联能源	公司	研发、生产和销售	—
	代理商	负责替公司为农户提供种苗和收购种籽	契约关系
	能源林基地	公司自营并招募当地农户种植小桐树	直接管理
	农户	购买种苗种植小桐树	主要是契约关系
	炼油厂	联盟或并购后用以生物柴油炼制	契约关系
江门移动	公司	团队建设、硬件（如基站）支持与市场推广	—
	农业科学院	提供专业数据库定期发送给农户	契约关系
	市政府部门（科技、海洋与气象局等）	利用移动公司平台即时提供专业与应急信息发送给农户	契约（合作）关系
	村镇行政机构	帮助推广农信通，促进农民接收	信任关系
	信息员（每村一个）	收集用户需求并进行反馈	契约（雇佣）关系

续表

样本企业 价值网络	主要网络成员	角色与职能	关系性质
海尔集团	公司	生产制造、渠道建设与市场营销	—
	县级海尔专卖店	专门直销海尔电脑	直接控制与管理
	村级零售点	销售海尔电脑（也销售其他品牌）	契约与信任关系
	村级服务站	提供海尔电脑的售后服务	直接控制与管理
	农博网等	为海尔电脑提供信息增值服务	契约（合作）关系
	当地政府	提供电脑下乡补贴	松散的合作关系
诺基亚（中国）	公司	生产制造、渠道建设与市场营销	—
	省级分销商	在本区域分销诺基亚手机	主要是契约关系
	本地代理商	在本地销售诺基亚手机（也代理其他品牌）	主要是契约关系
	当地政府	提供家电下乡补贴	松散的合作关系
	运营商（如中国移动）	定制诺基亚手机免费提供给其用户	主要是契约关系

其次，国外研究认为发展中国家的地方政府往往存在着不同程度的官僚与腐败，政府参与会降低企业的资源配置效率，要求企业最好选择在"雷达下飞行"以避开政府干扰才能获得成功。但案例分析结果表明，在中国BOP市场中，政府机构而非NGO是企业价值网络的关键构成部分，发挥着重要作用。被调研的多数企业都表示当地政府部门的支持与帮助对于企业在BOP市场的商业运营非常重要，而缺乏与政府合作或政府支持力度不够的企业发展会受到制约。如江门移动的农信通项目需要提供专业性信息，农业局和农科院给予了大力支持。而在市场推广时，江门移动面临的最大困难是农民抱有怀疑心理而不愿接受，后来通过市农业局、市团委从协会和村级行政机构入手才打开局面。九康生物则是由南京市政府下辖的市高新技术风险投资股份有限公司直接参股，也从省市农业和科技基金中拿到很多资金。舜华鸭业在建立伊始就得到了当地政府的大力支持，很多与农户的纠纷都是政府出面帮助协商解决的。而在智联能源案例中，政府对利用林业剩余物发展生物能源的扶持力度则比较小。特别是由于非粮作物不能与粮争地的政策，小桐树很少能被种植在稍微肥沃的土地上，即使在贫瘠山地，政府重视的也不是小桐树而是更加速生的桉树和山茶树。由于没有从本地政府得到预想的支持，资金压力一直困扰着企业的发展。在消费者导向案例中，海尔集团受惠于政府补贴与民族企业性质，在乡镇一级政府得到很多支持，而诺基亚（中国）则主要把开拓农村市场当作纯粹的商业活动，几乎没有涉及与政府部门的深入联系。需要说明的是，在所调研案例中，当地

政府直接介入企业经营业务中的情况并不多见。在临武鸭案例中，舜华鸭业曾经一度根据行政村的区域划分来建设养殖基地，村级行政机构在企业进行业务决策时（如在不同基地间分配生产额度）进行过一定程度的干预。但这种基地区划建设仅考虑行政便利而非经济性的方式不久就显示出运行效率的低下，最终被舍弃。在其他案例中，政府部门也主要起经济杠杆作用，为企业特定业务活动提供经济补贴或税费减免，很少运用非经济性手段直接进行行政干预。

最后，BOP价值网络中各主体之间的连接更多表现为一种基于契约与信任交织的混合关系。在所有案例中，企业并不具有对价值网络的绝对控制力，更多的是通过提供和完善合作框架、沟通机制和知识指导以及运行流程等方式促进网络的构建与良好运行。如舜华鸭业经历了从"企业+农户"到"企业+基地+农户"再到"企业+协会+农场"3种模式的转变，最终才构建了产业集中、标准统一、利益均享的价值网络，主要由企业以协商与引导的方式来推动，其内在机制正是基于参与方之间逐渐形成的信任关系。由于信任只有通过企业与其他网络主体间的实际接触才能建立，因此和企业的本地嵌入程度紧密相关。在本研究中，舜华鸭业与九康生物都根植于当地，与农户间存在大量的联系与互动，能够嵌入农户的社会网络中。九康生物通过在育苗基地所在地招募本地村民作为管理人员而利用了农户的社会资本，同时针对军人、妇女与老人有特殊的雇用政策，在带动就业的同时也建立了社会声誉，有助于企业与其他组织或个体形成新的信任关系。而舜华鸭业作为当地龙头企业，对于附近农村打井与修公路等都提供一定资助。可以看出，由于企业要把商业开发活动嵌入其原有的社会规范之内，这使得企业在BOP市场内很难专注于单纯的核心商业活动，而是夹杂着其他的社会活动，这些社会活动会加深企业与BOP群体的信任从而促成或提高商业活动的效率，两者很难剥离开来。与此相比，智联能源想通过"公司+基地+合作商+农户+工厂"的产业化经营模式，主要采用区域代理而不是企业本身与农户打交道，导致价值链环节过多，企业与农户是纯粹的经济契约关系，但层层代理又减少了农户收益，降低了种植热情。而诺基亚（中国）统一的全球化战略使其很难通过认知和文化等方式嵌入BOP市场，这不仅影响了公司产品同竞争对手（如山寨手机）在农村市场中的竞争，也影响了销售渠道的稳定性。

4. 关键活动（key activities）

经过对案例的比较分析，可以发现从进入BOP市场后，几乎所有企业都在不断进行连接（linking）、学习（learning）与利用（leveraging）三类活动。由于这些活动主要伴随价值网络的构建与演化而展开，可视为表8的动态化呈现，下面主要从活动本身进行分析。

首先，连接是企业与其他组织与个体合作进行价值创造与传递的前提。从具体连接对象来看，可以分为纵向连接、横向连接与结构连接三类。纵向连接指按照价值链的上下游关系进行连接，如诺基亚（中国）与BOP市场当地的经销商与零售商的连接以及其他企业与作为消费者或者生产者的BOP人群直接发生的连接；横向连接是与商业组织的合作，如舜华鸭业与农村信用社合作提供贷款来解决农户资金缺乏问题；机构连接则是与政府机构、NGO和大学等非商业组织的连接。而企业能否建立有效的连接很大程度上取决于与连接对象在战略目标上的一致性，当企业在BOP市场的行为符合或有助于实现连接对象的价值理念或目标时，双方就具备建立合作关系的基础。如在江门移动案例中，推动农村信息化工作本身就是政府解决"三农"问题的工作方向，移动的农信通业务有助于实现政府的政策目标，因此从筹建工作开始就得到江门市委领导的充分肯定。而舜华鸭业与九康生物的农业产业化项目都能促进当地的经济发展并帮助农民脱贫致富，也和政府发展区域经济和减少贫困的工作目标相一致。海尔的家电下乡活动则更是直接受益于政府的补贴政策，这都为企业与政府建立连接奠定了良好基础。

其次，由于BOP市场在设施基础、制度环境和参与主体等方面都与TOP市场有很大差异，企业原有的知识积累与储备并不足以支撑其在该市场的商业运作，因此必须通过大量的学习活动来获取新知识，这既包括利用性学习（exploitative learning）活动也包括探索性学习（explorative learning）活动。利用性学习指通过学习能够把企业原有的资源能力有效拓展到BOP市场进行使用，如海尔集团通过对农村市场的学习而把在TOP市场建立的产品创新与售后服务等能力调整后更好地应用于该市场。探索性学习更强调通过对BOP市场运行规律深入的学习而进行针对性的专有创新，如舜华鸭业的组织模式创新。两类学习既可以由企业通过"干中学""观察中学"等方式独立进行，也可以在与利益相关者的合作中共同进行。特别是当企业的合作伙伴是长期扎根于本地的组织机构或个体时就能够帮助企业获得大量有关BOP市场及其价值与规范等方面的隐性知识，极大提高企业二元学习的效率。共同学习本身也是合作各方理解彼此价值理念和评价各自资源能力的有效过程，既有助于建立长期信任关系并促进资源能力的深度整合，也利于合作出现矛盾时的协调解决。分析结果表明，在所有案例中，与BOP群体的交互性学习是企业学习活动的核心，一方面企业要在BOP地区具体的市场、制度与自然环境中理解穷人的生产与生活方式,并把这种理解纳入商业模式的设计与调整中去;另一方面企业也要努力把自身的价值主张传递给 BOP 人群与其他利益相关者,使其对企业的行为形成正面的价值判断以建立合法性并获得信任。从动态视角看,企业的二元学习是不断持续的,企业在价值网络内不断获取新的知识并把新知识与原有知识整合以产生新的知识,通过这些知识产生新的商业想法和可行战略。

最后,利用是指从 BOP 市场内存在的资源能力中挖掘附加价值,这些资源能力之前并没有被得到商业意义上的充分使用。相对于 TOP 市场,BOP 市场中的基础设施与正式制度资源都比较稀缺,企业必须创造性地利用存在于价值网络内的现有资源来创造价值,但利用活动的效率与企业建立的网络关系质量和学习效果紧密相关。在本研究案例中,利用当地政府的权威性与动员能力都能够降低企业的进入成本并快速促进业务的开展,而利用 BOP 人群自身的资源能力则是企业价值创造的核心。在分析 BOP 市场的本地能力时,我们详细列举了不同案例中的本地能力状况,包括生产者与消费者拥有的自然资源与消费技能、社区网络与社会资本、基础设施与制度条件等,而企业也正是通过对这些资源能力的有效利用构建了各自的商业模式,并通过实际行动实现了这些资源的商业价值。

5. 盈利模式(profit model)

盈利模式是企业在 BOP 市场内价值网络的角色与结构确定条件下,企业与各利益相关者在价值分享时的利益体现。在本研究中,各企业盈利模式如表 9 所示,除江门移动的农信通业务外,其他案例企业均为生产制造类企业,盈利模式比较相似,都是传统的线性支付与销售模式,即主要依靠主营业务的直接销售来获得收入并由自身承担成本和费用。其中在 BOP 消费者导向的诺基亚(中国)与海尔集团案例中,两家企业都是把电脑与手机产品卖给 BOP 消费者[①],但其价值网络构成与治理的不同导致成本结构有很大差异。具体而言,除了原材料等生产费用外,农村市场的运营成本很大程度体现在渠道建设与维持上,海尔依靠日日顺团队在全国 2 万个乡镇里面建立了专卖店从而可以做到直接配送,诺基亚则主要依靠代理商与当地的零售商来销售手机,而当地的零售商往往还会同时销售其他品牌手机。当对农村市场的开拓达到一定程度后,海尔自营的销售网络体系会依靠规模经济而逐步降低成本,而诺基亚(中国)与

---

① 诺基亚(中国)在农村市场的收入还有部分来自同中国移动等手机运营商的合作,即为运营商定制手机后再通过该运营商进入BOP市场,基本上是作为供应商角色而成为运营商价值网络的组成部分。

代理商和零售商的利润分成模式则存在多种不确定性。与此对照,江门移动提供的并非实体产品而是信息服务,早期是以免费形式进行推广,后来则以包月形式收取费用。业务成本主要是建立移动通信基站等基础设施投入,而与政府相关部门的合作使得提供信息服务的边际成本很小。但单纯通过农信通业务实现盈利最大化并非首要任务,公司更多考虑的是通过农信通业务来扩大农村市场占有率并建立品牌声誉以服务于企业的整体盈利目标。

表9 　　　　　　　　BOP商业模式的盈利模式分析

样本企业\盈利模式	成本结构	成本分担	收益来源	复制性与成长性
舜华鸭业	饲料赊销 原鸭收购 生产加工 市场营销	公司支出、政府补贴、信用社贷款、农户预付	各类鸭肉食品的销售	已形成孵化、养殖、收购、技术培训等标准程序,具备深加工能力和市场扩展能力,形成了一条具有高附加价值的产业链,成长性良好
九康生物	研发费用 租金支付 用工支出 市场拓展	公司支出、政府补贴、农户参股	楝树苗与生物农药的销售	通过控制原料供应和中间产品采购已经推广到南京周边多个县市的农村地区,也在海外如马来西亚建立生产基地
智联能源	土地租赁 种籽收购 代理费用 市场营销	公司支出、农户预付育苗费	商业模式设计是桐树苗与生物柴油的销售,但现在还没有实现盈利	广西贫困地区"三荒"土地资源较多且没有分配到户,利于降低公司谈判成本及成片种植,潜在复制与扩张性良好。但目前还没有形成可成功复制的整体商业模式
江门移动	基站维护 信息购买 市场推广	公司支出	直接收益很少,但农村市场占有率扩大导致其他业务收益增长迅速	"农信通"已被广大农户接受,且配套开发出"村村通"和"农企通"等收费业务。目前重心是3G业务推广,让"农信通"逐步往手机网络方向发展
海尔集团	渠道建设 人力成本 市场宣传	公司支出、政府补贴	电脑销售收入	已形成规模优势和品牌效应,商业模式具有良好拓展性
诺基亚(中国)	分销费用 人力成本 市场宣传	公司支出、政府补贴	手机销售收入	分销代理模式虽然具有在不同区域的复制性,但对终端渠道的控制较弱

在 BOP 生产者导向的舜华鸭业、九康生物与智联能源案例中,企业主要把 BOP 生产者拥有的自然与人力资源作为投入,其收入来源于最终产品(鸭肉、

生物农药与生物柴油）的市场销售，而成本除日常管理开支外，主要为土地租金、农户工资与收购费用。其中终端产品的销售取决于市场需求（如国际油价波动对生物柴油需求会产生较大影响）而与 BOP 人群没有太大关系，但在具体运营中对 BOP 人群与资源的不同组织模式会导致成本结构的差异。本研究中，舜华鸭业是通过联合农村信用社来推动农户自身联合来建立养殖基地，农信社承担了部分成本，而农民提供的高质量鸭苗有利于提高各方收益；九康生物则是自己租赁土地并雇用当地农户进行经营，通过把经营活动内部化而加强了对成本的控制力度；智联能源主要依靠区域代理商形式，增加了价值链环节，在降低管理与渠道成本的同时也导致更多的投入不确定性。

当企业的商业模式可以低成本地复制或拓展到其他区域或市场时，就可以获得实物期权理论中所说的增长期权价值，带来长期收益。从调查结果可以发现，BOP 商业模式的可拓展性取决于支撑该商业模式的资源属性与嵌入程度。首先，当企业商业模式所需的核心资源（包括原材料、技术、工具等）可以在其他 BOP 地区比较容易获取时则有利于商业模式的拓展，这种拓展有时会受到自然环境的限制，如九康生物培育的楝树树种还不能在黄河以北种植，而舜华鸭业也要在本地才能养殖，因此在拓展地域上受到一定限制。相比较而言，江门移动、诺基亚（中国）与海尔的商业模式则相对容易复制与扩张。其次，如果企业在 BOP 市场需要深刻嵌入当地社区从而利用社会资本并积累隐性知识才能成功运营，则其商业模式的拓展性也会受到本地化的制约。由于把穷人视为生产者的商业模式往往与 BOP 人群发生大量个体层面的交流与互动从而对企业产生本地锁定效应，消费者导向的 BOP 商业模式要更具扩张性。但如果企业已经在 BOP 市场上建立起品牌与信誉，则依赖于声誉机制可以极大降低进入新区域和新市场的过程成本，部分缓解社会嵌入的不利影响。

四、讨论与结论

（一）讨论

1. 本地能力

本地能力是 BOP 区域内存在的各类资源禀赋（包括 BOP 人群自身拥有的人力资本与关系资本等），这是企业进入 BOP 市场后面临的基础条件，也是企业设计与发展商业模式的前提。这些资源与能力长期被排斥在正规市场体系之外，以一种低效和离散的状态存在，不能创造或只能创造出很低的价值。但当企业能够洞察BOP资源与其产品/服务的关系并通过适当方式促使两者之间的结合时，就能够释放出这些资源创造新价值的能力。另外，许多支持TOP市场体系运转所需要的设施条件在BOP市场中并不存在或者比较薄弱，这使得企业必须从本地出发进行思考与设计，而不能把在TOP市场获得成功的商业模式进行简单的调整或修改后直接拿来应用。在这个意义上，BOP商业模式首先提供的是一个本地化解决方案，在这个方案中，BOP人群及所在地的资源能力扮演着重要角色，成为商业模式不可或缺的一部分，这在所有案例中都有体现。通过运用一种有效辨识与开发现有本地化能力的方法，企业可以弥补商业运营的成本，创造出依赖于本地资源的独特价值。

2. 价值主张

在BOP市场，价值主张反映了企业通过商业创新为BOP人群及其所在社区与环境所能带来的提升与改变，体现在企业的所有活动与经历中。本研究根据BOP商业模式所提供价值的特征与内涵区分了经济、能力与关系三类价值主张。其中经济价值主张指企业的商业行为能够提高BOP群体的收入水平和收入稳定性或者降低其消费成本；能力价值体现为BOP群体获得了劳动或消费技能的提升，包括观念更新、知识水平提高、新资源的获取和讨价还价能力增强等；关系价值则表现在BOP群体社会网络的拓展、社会地位提升与社会排斥感的降低等方面。这3种价值对BOP群体的吸引力也不尽相同：经济价值的吸引力最为直接与显现，但其时效也最不确定，企业失败或经营不利都会马上导致BOP人群经济收益的损失；能力价值作为附着在BOP生产者和消费者身上的知识技能，具备在新的条件下创造更高价值的潜能，对BOP生产者更有吸引力；而关系价值影响最为深远，拓展了BOP人群的眼界与视野，激发其对更美好和更有价值生活的向往与追求，在群体层次上会影响到该区域的社会风气，甚至对当地传统价值体系产生消融与解构。事实上，长期的贫困会导致穷人被排斥在许多TOP人群所参与的正常消费活动与生产关系之外，而当企业通过创新的商业模式把BOP群体与更加广泛的市场经济体系连接起来时，就使得穷人参与到不同程度的以平等、相互尊重与公平为基础的商业活动中，从而促使其对自己的市场角色形成新的认知并在心理与行为等方面做出调整或转换，这种潜移默化的影响会伴随着收入与能力的提高而得到进一步强化。

3. 价值网络

BOP价值网络的成员往往具有与商业企业不同的职能和性质，这种网络构成的多元性与异质性特征主要由 BOP 市场普遍存在着价值链空缺与制度空洞所决定。与 TOP 市场成熟的基础设施与制度支撑条件相比，价值链空缺指 BOP 市场缺乏有资质的中介机构等专业市场参与者来完成价值创造所需的相应环节，制度空洞则指法律规章等正式制度的执行力比较薄弱，当地社会习俗与传统等非正式制度对 BOP 市场中的行为与决策影响很大。因此，在这样专业化程度不强和非正式制度占主导的市场环境下，企业必须要完成很多在 TOP 市场属于其他专业机构的工作，如帮助穷人去融资或提供担保等，从而需要与以往可能并不熟悉的组织机构建立联系。同时，在 BOP 市场的非正式制度环境中，企业面临着建立合法性和获取 BOP 人群信任等诸多困难，克服这些困难或障碍所需的资源与能力在企业内部很难产生，而一些非传统合作伙伴反而更能发挥作用。特别是在中国 BOP 市场内，是地方政府而不是国外文献中强调的非营利/非政府组织是企业的关键合作伙伴，这和我国地方政府在资源支持与赋予企业合法性方面的直接权威与能力有关。

从治理角度看，BOP 价值网络功能的执行依赖一种混合治理关系，使得企业与网络内其他参与者的连接同时具有契约性和信任性双重性质。契约性体现为对双方必须承担的责任与义务的硬性规定（如公司与农户签订的生产与收购合同），信任则是双方在面临契约规定之外的不确定性或者未预料性事件时会以合作与互惠的方式来共同解决，是一种心理的认可与行为的配合。正式制度环境越弱，企业就越有更强的动机来通过混合治理网络来从事各项活动，降低交易成本，提高商业运营的效率。

4. 关键活动

Zott 与 Amit（2010）认为，企业的商业模式就是由超越企业边界的相互联系的一系列价值活动构成。据此我们把 BOP 商业模式内的关键活动定义为企业进入 BOP 市场后为支持商业模式的运行与可持续而进行的相对重要和独特的价值活动，主要包括连接、学习与利用三类，围绕内外部利益相关者的有形与无形资源展开。首先，由于企业在 BOP 市场需要与外部组织机构与个体进行合作，连接是合作的前提与基础，然后才是通过持续性的互动来实现资源的传递和互换。其次，由于 BOP 市场生产、消费与交易行为的特殊性，企业必须通过不同类型的学习活动来获取有关 BOP 环境、人群与非传统合作伙伴的新知识，从而形成对本地社会经济力量和为不同利益相关者创造价值的概念与机会的深入理解。最后，基于学习获得的新知识与建立的网络连接，企业才能够通过多种形式的创新来提升利用内外部的资源能力，实现价值共创。这三类关键活动并非相互独立，而是在运营过程中交互影响并在不同层面上同时发生。连接的数量与质量依赖于学习获得的洞察性认知，而利用的效率则取决于连接的方式与效果，利用本身也是"干中学"的具体方式。

5. 盈利模式

盈利模式确定了企业在 BOP 市场的利润来源与方式，包括收入与分配、成本支付与分担等，涉及与处于价值创造不同环节的利益相关者的关系。从案例分析看，从事 BOP 业务的企业更多依赖于传统的线性盈利模式，但不同商业模式中价值网络的构成与治理关系会导致成本结构与利润分享的差异。当企业可以有效利用本地能力和合作伙伴资源时就能够降低生产与服务成本，例如确保需要的投入可在本地获得、授权当地企业进行产品销售与顾客服务并更新相应的质量标准、利用 BOP 人群在社区层面的自组织来减少不确定性等。此外，能够接触并利用的 BOP 群体规模对于企业盈利至关重要，这是由 BOP 市场个体资源稀缺的特征所决定。当企业的商业模式可以在特定地理区域内或不同地理区域间低成本的扩张与复制，就可获得规模经济与范围经济从而能以更低的成本服务于市场，因此 BOP 盈利模式不仅要关注即期的收益与成本，更依赖于未来的增长速度与潜力。当企业刚进入 BOP 市场时，有必要通过嵌入本地的社会经济制度来获得有关这个新兴市场的隐性知识，但过度嵌入会形成社会负债而阻碍企业的扩张。企业必须要把在特定 BOP 市场区域获得的知识转化为管理能力，从而可以快速应用于新的 BOP 市场而不必重复整个嵌入过程。

6. 相互关系

通过对 BOP 商业模式构成特征与内涵的分析可知，5 个部分之间并非相互独立，而是相互依存相互影响，整体表现为一个价值创造、传递与分享系统。其中本地能力是商业模式的基础，它决定了价值创造的来源并支撑了企业的价值主张；而价值主张定义了企业的价值创造形式，依赖参与企业 BOP 业务活动的全体价值伙伴来实现；价值网络是 BOP 商业模式的运营系统，集聚了不同参与者的资源能力，企业主要根据价值创造与传递的需要来寻找与分配相应的角色与职能；关键活动则主要伴随价值网络的构建与演化而展开，在此过程实现对资源的整合与利用；盈利模式的成本结构很大程度依赖于价值网络的关系性质与治理模式，其可拓展性也取决于本地资源能力性质与嵌入程度。因此，通过本文的案例研究与分析讨论，我们最终形成了 BOP 商业模式的理论分析框架，如图 1 所示。

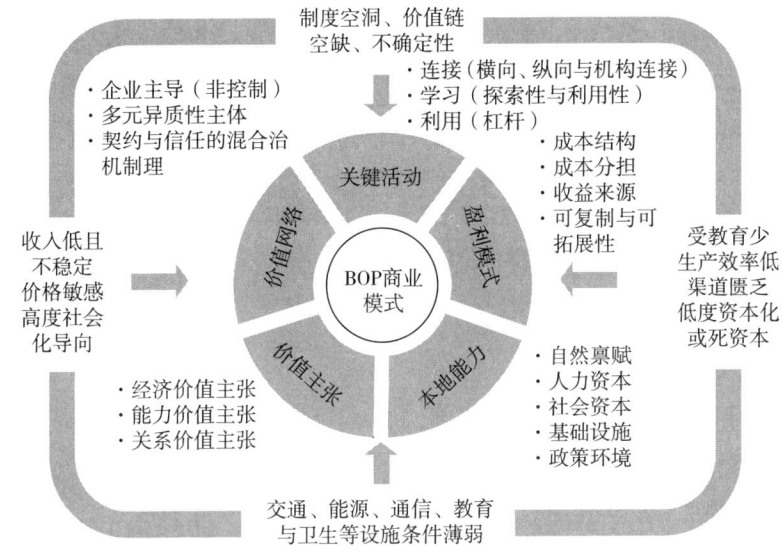

图 1　金字塔底层市场的商业模式分析框架

（二）结论

本文选择了 6 家在中国本土 BOP 市场从事商业运营的企业，通过规范的多案例研究方法归纳出 BOP 商业模式的不同维度与构成并对其特征进行了详细分析，主要研究发现如下。

（1）金字塔底层市场的商业模式主要由本地能力、价值主张、价值网络、关键活动与盈利模式 5 个部分构成。

（2）BOP 地区和人群的自有资源能力包括自然禀赋、人力资本、社会资本等，是价值创造的重要来源，也是支撑商业模式的先决要素。

（3）BOP 商业模式的价值主张包括经济、能力与关系三类，其中经济价值占主导地位，尽管能力价值与关系价值在长期内对 BOP 人群更有助益，但主要伴随着经济价值主张的实现而发生。

（4）由于 BOP 市场内广泛存在着制度空洞与价值链缺失，企业需要建立跨部门的价值网络并充分整合各利益相关者的资源能力才能克服种种障碍。企业并不具有对其他网络成员很强的控制力，更多是通过战略目标的相容性和协商互信来构建与推动网络的运作，而得到政府部门的支持是在我国 BOP 市场获得成功的重要因素。

（5）在 BOP 商业模式中，企业主要从事连接、学习与利用三类关键活动，循环往复且相互深化：连接是为促进价值的交换与传递，而学习则是获得对 BOP 市场及市场关系的规律性认识，利用是基于 BOP 市场的既有条件来最大化实现各种资源在 BOP 市场内的潜在价值。

（6）从事 BOP 业务的企业更多依赖于传统的线性盈利模式，但通过利用不同利益相关者的资源能力能有效降低运营成本，而商业模式的可拓展性是支撑企业长期盈利的关键。

（三）理论贡献

本研究的理论价值主要体现在以下四个方面。

第一，本文把商业模式概念引入 BOP 市场内进行深入分析与探究，是对商业模式研究领域的拓展。商业模式的概念最早随电子商务的兴起而成为研究热点（Amit & Zott，2001），后来向一般性管理研究扩散时，也主要是以具有一定知识、制度与基础设施基础的 TOP 市场为隐含的分析背景，很少有把低收入群体纳入商业模式进行专门考察的研究。事实上，很多 BOP 地区并不存在真正意义上的市场机制或体系，很多经济活动都是以非正式或地下经济的方式存在（De Solo，2000），在此环境下分析企业通过商业模式创新在 BOP 市场创造与分享价值的机制与过程，是对商业模式概念外延的拓展与内涵的深化。

第二，本文通过多案例研究方法进行了 BOP 商业模式的理论建构，建立起包含 5 个构成要素的 BOP 商业模式的理论框架，既可容纳以往从单个角度对 BOP 市场与商业行为的不同研究，也贡献了新的内容，同时为后续相关理论与实证分析提供了基础与指导。具体而言，本研究价值主张里的关系价值与 Letelier 等（2003）有关穷人内在价值需求的阐述相一致，而对本地能力的重视与利用一直是 Hart（2005）强调的重点。关键活动体现在 Simanis 与 Hart（2008）指导企业进行的 BOP 实践中，价值网络部分则可以涵盖现有 BOP 研究中有关跨部门联盟与合作的相关分析（London & Rondinelli，2003；Brugmann & Prahalad，2007；Reficco & Márquez，2009），但在中国 BOP 市场情境下，政府部门而非 NGO 是企业合作的重点，这是对 BOP 研究内容的丰富。最后，尽管 BOP 战略强调盈利是企业进入 BOP 市场的驱动力（Prahalad，2005），但现有研究都有意无意地忽略了对企业盈利的具体分析，而本文明确把盈利模式作为 BOP 商业模式的重要组成部分，分析了其成本、收益与成长性特征。总之，本研究构建的 BOP 商业模式系统展示了 BOP 市场内的价值创造、传递与分享活动，提供了对

BOP 市场内如何进行商业运作更加全面与深入的认知。

第三，本文运用中国本土案例进行理论归纳，是对现有 BOP 研究的有效补充。尽管 BOP 战略提出后涌现大量针对不同国家与地区 BOP 市场的创新研究，但目前国际上援引中国案例的研究成果还寥寥无几，同印度等其他发展中国家 BOP 商业实践的理论研究相比远为匮乏。而且现有文献大多是从跨国公司的立场进行分析，主要是因为很多学者认为跨国公司的全球化经营活动及其在资源聚合与知识传播等方面的优势使其有责任也有能力成为 BOP 事业的主要承担者（Hart，2005）。本文选择的研究对象大部分为本土企业，研究结论可与跨国公司在 BOP 市场内的商业行为进行比照（如与地方政府的关系处理上），是对 BOP 理论研究范围的补充和研究内容的完善。

第四，本研究运用结构化视角结合 BOP 市场特质来研究面向我国 BOP 市场的商业模式，归纳其构成要素与特征等问题，有助于未来进入我国 BOP 市场的本土企业与跨国公司进行商业模式设计并提高其运营绩效。随着 BOP 战略与包容性增长理念影响的日益广泛，越来越多的企业会把目光投注到广袤的金字塔底层，它代表着一种新的商业范式。作为最大的发展中国家，我国的 BOP 市场为世界范围内的企业提供了良好的试验场地与发展空间，本研究结论为那些拟进入和正在我国 BOP 市场开拓的企业提供了商业模式设计与改进的方向与途径。

（四）研究局限与未来研究建议

首先，本文采用多案例研究设计为分析 BOP 市场的商业模式特质提供了新的认知与启示，但是对于产生统计意义的结论还不够，未来研究应搜集更多企业样本对本研究的框架与结论进行验证与补充。其次，由于本文主要研究目的是要构建分析 BOP 商业模式特质的一般性理论框架，并没有特别区分低收入人群作为消费者与作为生产者的商业模式在构成与特征上呈现的差异，未来研究应进一步对两类商业模式的异同进行深入分析，提供更具结构化与洞察性的结论。再次，本文选取的样本都是在 BOP 市场运作相对比较成功的企业，未来研究应选择一些失败的企业进行对比，从而找出更多针对 BOP 市场进行商业模式设计的关键因素。最后，好的商业模式应该为企业带来良好的绩效，本文只是构建出了 BOP 商业模式的理论框架，后续研究可以通过对不同维度的操作化测量来搜集数据对商业模式与企业绩效之间的关系进行分析，辨识出 BOP 商业模式不同维度对绩效的影响机制与作用程度。

参考文献

[1] Afuah A., 2003, *Business Models: a Strategic Management Approach*, Boston, Massachusetts: McGraw-Hill Press.

[2] Ali I. and J. Zhuang, 2007, "Inclusive Growth Toward a Prosperous Asia: Policy Implications", ERD Working Paper No. 97. Economic and Research Department, Asian Development Bank, Manila.

[3] Amit R. and Zott C., 2001, "Value creation in e-business", *Strategic Management Journal*, 22(6-7), pp.493~520.

[4] Anderson J. and Markides C., 2007, "Strategic Innovation at the Base of the Pyramid", *MIT Sloan Management Review*, 49(1), pp. 83~88.

[5] Austin, J., Márquez, P., Reficco, E., Berger, G., Fedato, C., Fischer, R. M., 2007, "Building New Business Value Chains With Low-income Sectors in Latin America", in: Rangan A., eds, *Business Solutions for the Global Poor: Creating Social and Economic Value*, San Francisco: Jossey-Bass, pp.193~206.

[6] Baden-Fuller C and Morgan M. S., 2010, "Business Models as Models", *Long Range Planning*, 43(2-3), pp.156~171.

[7] Banerjee, A. and Duflo, E. T., 2007, "The Economic Lives of the Poor", *Journal of Economic Perspectives*, 21(1), pp.141~167.

[8] Brugmann, J. and Prahalad, C. K., 2007, "Co-creating Business's New Social Compact", *Harvard Business Review*, February, pp.80~90.

[9] Budinich V., Reott K. M., Schmidt S., 2007, "Hybrid Value Chains: Social Innovations and Development of the Small Farmer Irrigation Market in Mexico", in: Rangan A., eds. *Business Solutions for the Global Poor: Creating Social and Economic Value*, San Francisco: Jossey-Bass, pp.279~288.

[10] Casadesus-Masanell and Ricart, J. E., 2010, "From Strategy to Business Models and onto Tactics", *Long Range Planning*, 43(2-3), pp.216~226.

[11] Chesbrough, H., 2010, "Business Model Innovation: Opportunities and Barriers", Long Range Planning, 43(2-3), pp.354~363.

[12] Chesbrough, H. and Rosenbloom, R. S., 2002, "The Role of the Business Model in

Capturing Value from Innovation: Evidence from Xerox Corporation's Technology Spin-off Companies", *Industrial and Corporate Change*, 11 (3), pp.529~555.

[13] Chesbrough, H., Ahern S., Finn, M. and Guerraz S., 2006, "Business Models for Technology in the Developing World: The Role of Non-governmental Organizations", *California Management Review*, 48(3), pp. 48~61.

[14] Creswell, 1998, *Qualitative Inquiry and Research Design: Choosing among Five Traditions*, Thousand Oaks, CA: Sage.

[15] Dahan, Jonathan P., Jennifer and Yaziji, 2010, "Corporate-NGO Collaboration: Co-creating New Business Models for Developing Markets", *Long Range Planning*, 43(2-3), pp.326~342.

[16] De Soto, 2000, *The Mystery of Capital: Why Capitalism Triumphs in the West and Fails Everywhere Else*, New York: Basic Books.

[17] Eisenhardt, K. M., 1989, "Building Theories from Case Study Research", *The Academy of Management Review*, 14(4), pp.532~550.

[18] Glaser B. G., Strauss A., 1967, *The Discovery of Grounded Theory: Strategies for Qualitative Research*, Aldine.

[19] Gummesson, V., 1999, *Qualitative Methods in Management Research*, 2nd edition, Sage Publications, Inc.

[20] Hamel, G., 2000, *Leading the Revolution*, Boston: Harvard Business School Press.

[21] Hammond A. L., Kramer W. J. and Katz R. S., 2007, *The Next 4 Billion: Market Size and Business Strategy at the Base of the Pyramid*, World Resources Institute.

[22] Hammond A. and Prahalad C. K., 2004, "Selling to the Poor", *Foreign Policy*, May-June, pp.30~37.

[23] Hart S. L., 2005, *Capitalism at the Crossroads*, 2nd edition, New Jersey: Wharton School Publishing.

[24] Karnani A. G., 2007a, "Misfortune at the Bottom of the Pyramid", *Greener Management International*, 51, pp.99~110.

[25] Karnani A. G., 2007b, "The Mirage of Marketing to the Bottom of the Pyramid: How the Private Sector Can Help Alleviate Poverty", *California Management Review*, 49(Summer), pp.90-111.

[26] Karnani A., 2009, "Romanticizing the Poor Harms the Poor", *Journal of International Development*, 21, pp.76~86.

[27] Landrum N. E., 2007, "Advancing the 'Base of the Pyramid' Debate", *Strategic Management Review*, 1, pp.1~12.

[28] Letelier M. F., Flores F. and Spinosa C., 2003, "Developing Productive Customers in Emerging Markets", *California Management Review*, 45(4), pp.77~103.

[29] London T., Anupindi R. and Sateen S., 2010, "Creating Mutual Value: Lessons Learned from Ventures Serving Base of the Pyramid Producers", *Journal of Business Research*, 63(6), pp.582~594.

[30] London, T. and Hart, S. L., 2004, "Reinventing Strategies for Emerging Markets: Beyond the Transnational Model", *Journal of International Business Studies*, 35(5), pp.350~370.

[31] London, T. and Rondinelli, D. A., 2003, "Partnerships for Learning: Managing Tensions in Nonprofit Organizations' Alliances with Corporations", *Stanford Social Innovation Review*, 1(3), pp.28~35.

[32] Martinez, J. L. and Carbonell M., 2007, "Value at the Bottom of the Pyramid", *Business Strategy Review*, 18(3), pp.50~55.

[33] McGrath R. G., 2010, "Business Models: A Discovery Driven Approach", *Long Range Planning*, 43(2-3), pp.247~261.

[34] Mendoza RU, Thelen N., 2008, "Innovations to Make Markets More Inclusive for the Poor", *Development Policy Review*, 26(4), pp.427~458.

[35] Miles M. B. and Huberman M., 1994, *Qualitative Data Analysis: An Expanded Sourcebook*, 2nd edition, Sage Publications, Inc.

[36] Morris M., Schindehutte M. and Allen J., 2005, "The Entrepreneur's Business Model: Toward a Unified Perspective", *Journal of Business Research*, 58, pp.726~735.

[37] Perez-Aleman P. And Sandilands M., 2008, "Building value at the Top and the Bottom of the Global Supply Chain: MNC-NGO Partnerships", *California Management Review*, 51(1), pp.4~49.

[38] Pitta Dennis A., Guesalaga R. and Marshall P., 2008, "The Quest for the Fortune at the Bottom of the Pyramid: Potential and Challenges", *Journal of Consumer Marketing*, 25(7),

pp.393~401.

[39] Porter, M. E., 1996, "What is Strategy?", *Harvard Business Review*, 74(6), pp.61~78.

[40] Prahalad C. K. and Hart S. L., 2002, "The Fortune at the Bottom of the Pyramid", *Strategy + Business*, 26, pp. 1~14.

[41] Prahalad, C. K., 2005, *The Fortune at the Bottom of the Pyramid: Eradicating Poverty Through Profits*, New Jersey: Wharton School Publishing.

[42] Prahalad C. K. and Hammond A., 2002, "Serving the World's Poor, Profitably", *Harvard Business Review*, 80(9), pp.48~57.

[43] Rangan V. K., Quelch J. A., Gustavo H. and Brook B., 2007, *Business Solutions for the Global poor: Creating Social and Economic Value*, San Francisco: Jossey-Bass.

[44] Rappa M., 2004, "The Utility Business Model and the Future of Computing Services", *IBM Systems Journal*, 43, pp.32~43.

[45] Reficco E., Márquez P., 2009, *Inclusive Networks for Building BoP Markets*, Business & Society, 3, pp.1~42.

[46] Santos J., Spector B., vander L., 2009, "Toward a Theory of Business Model Innovation within Incumbent Firms", IN2SEAD Working Paper.

[47] Seelos C. and Mair J., 2007, "Profitable Business Models and Market Creation in the Context of Deep Poverty: A Strategic View", *Academy of Management Perspectives*, 21(4), pp. 49~63.

[48] Simanis E. and Hart S., 2008, "The Base of the Pyramid Protocol: Beyond 'Basic Needs'", *Business Strategies*, 3(1), pp.57~84.

[49] Sridharan S. and Ivey R., 2008, "Marketing in Subsistence Marketplaces: Consumption and Entrepreneurship in a South Indian Context", *Journal of Consumer Marketing*, 25(7), pp. 455~462.

[50] Teece D., 2010, "Business Models, Business Strategy and Innovation", *Long Range Planning*, 43(2-3), pp.172~194.

[51] Thompson J. D. and MacMillan I. C., 2010, "Business Models: Creating New Markets and Societal Wealth", *Long Range Planning*, 43(2-3), pp.291~307.

[52] Wood V. R., Pitta D. A. and Franzak F. J., 2008, "Successful Marketing by Multinational

Firms to the Bottom of the Pyramid: Connecting Share of Heart, Global 'Umbrella Brands' and Responsible Marketing", *Journal of Consumer Marketing*, 25(7), pp. 419~429.

[53] Wright M., Filatotchev I., Hoskisson R. E. and Peng M. W., 2005, "Strategy Research in Emerging Economies: Challenging the Conventional Wisdom", *Journal of Management Studies*, 42(1), pp. 1~33.

[54] Yin R. K., 2002a, *Applications of Case Study Research*, 2nd edition, Sage Publications, Inc.

[55] Yin R. K., 2002b, *Case Study Research: Design and Methods*, 3rd edition, Sage Publications, Inc.

[56] Yunus M., Moingeon and Laurence, 2010, "Building Social Business Models: Lessons from the Grameen Experience", *Long Range Plannin*, 43(2-3), pp.308~325.

[57] Zott C. and Raphael A., 2007, "Business Model Design and the Performance of Entrepreneurial Firms", *Organization Science*, 18, pp.181~199.

[58] Zott C. and Amit R., 2010, "Business models, Business Model Design: an Activity System Perspective", *Long Range Planning*, 43(2-3), pp.216~226.

[59] 蔡荣鑫. "益贫式增长"模式研究 [M]. 北京：科学出版社, 2010.

[60] 陈向明. 质的研究方法与社会科学研究 [M]. 北京：教育科学出版社, 2000.

[61] 李怀祖. 管理研究方法论 [M]. 西安：西安交通大学出版社, 2004.

[62] 王伟毅, 李乾文. 创业视角下的商业模式研究 [J]. 外国经济与管理, 2005(11).

[63] 邢小强, 周江华, 仝允桓. 面向低收入市场的创新研究 [J]. 科学学研究, 2010(10).

[64] 原磊. 国外商业模式理论研究评介 [J]. 外国经济与管理, 2007(10).

[65] 张敬伟, 王迎军. 基于价值三角形逻辑的商业模式概念模型研究 [J]. 外国经济与管理, 2010(6).

[66] 赵晶, 关鑫, 仝允桓. 面向低收入群体的商业模式创新 [J]. 中国工业经济, 2007(11).

[67] 郑伯埙, 黄敏萍. 实地研究中的案例研究 [A]. 陈晓萍, 徐淑英, 樊景立. 组织与管理研究的实证方法 [C]. 北京：北京大学出版社, 2008.

"借道"MBO：路径创新还是制度缺失？*
——基于双汇 MBO 的探索性案例研究

王 欢　汤谷良

（对外经济贸易大学国际商学院）

摘　要：自 2005 年起我国政府叫停了大型国企的 MBO（管理层收购），但近些年各种"曲线"或"隐性"MBO 先后走到台前，双汇 MBO 是其中既典型又新颖的一例。本文在文献回顾的基础上提炼了 MBO 理论分析框架，通过双汇案例探索性研究验证了总结的理论框架和 MBO 主要理论主张。文章的重点是通过探索双汇"借道"外资财务投资者完成 MBO 及境内机构投资者与管理层的博弈等过程，丰富了现有 MBO 的理论内涵。从实践操作的角度，本文发掘了双汇成功实施 MBO 的关键因素，即与外资各取所需的合作、地方政府的配合以及管理层对境内机构投资者权益诉求的妥协。透过财务数据对比分析，发现存在高分红、关联交易利益输送等 MBO 典型行为。"借道"MBO 体现了国有股权改制中监管制度的缺失，只有通过创新性的制度改进予以屏蔽。

关键词：MBO　借道外资　利益输送　制度缺失　单案例研究

一、引言

自 1997 年 5 月浦东大众（SH600635，现已更名为大众公用）首开上市公司 MBO 先例（益智，2003），众多公司先后启动与实施 MBO，此项改革承载国有企业改制、国退民进战略、管理人员激励等制度使命。但是实操过程不规范、信息不透明、财富转移、国有资产流失等问题日益凸显，就此 2003 年财政部等下达《国有企业改革有关问题的复函》表明，"在相关法规制度未完善之前，对采取 MBO（包括上市公司和非上市公司）的行为予以暂停受理和审批"；2005

---

* 原载《管理世界》2012 年第 4 期。

年《企业国有产权向管理层转让暂行规定》则直接叫停大型国有及国有控股企业的国有股份向管理层转让[①]。尽管受到政策限制，管理层的 MBO 冲动仍无法抑止，各种"曲线""隐性"MBO 被创造性地运用于绕开政策瓶颈。双汇 MBO 就是新近发生且较有影响力的"路径创新"案例：2010 年 11 月 29 日，停牌达 8 个月之久的双汇发展（sz000895）宣布资产重组预案出台，公司股票复牌并连续 6 个交易日涨停，最高时股价达到 96.44 元。在重组安排中，备受关注的议题就是"长期潜伏"的 MBO 走向台前。双汇 MBO 借道外资及独特的曲线持股安排[②]凸显现行制度哪些弊端？又如何通过制度的进一步完善予以规范呢？这是写作本案例的动机之一。

理论上 MBO 包括了收购主体、融资来源与支付方式、估值与定价、信息披露等一系列议题。西方文献表明 MBO 具有优化公司股权结构、通过所有权与经营权的融合激励管理层、降低代理成本、提高公司运营绩效等效果（Jensen, 1986; Kaplan, 1989b），这是西方文献的主流。当然也有学者认为 MBO 对企业绩效改善并不十分有用，绩效改善可能是由减税和财富转移效应等因素引起（Lowenstein, 1985; Kaplan, 1989a）。国内文献这种"财富转移观"占主导，更有甚者认为 MBO 在中国只是吞噬国有资产、转移财富的工具（郎咸平, 2006）。我们关注的是：在限制或"叫停"的制度背景下，MBO 案例是否依然存在财富转移问题？如果存在，又是如何转移的呢？结合双汇 MBO 的"路径创新"是否能给现行研究文献和 MBO 理论以新的贡献与启示？双汇 MBO 的独特之处在于其"借道"外资成为管理层突破国有股权直接转让限制的关键，以及基金等境内机构投资者通过集体行使投票权阻碍管理层的利益输送与财富转移行为。以往的 MBO 理论并未涉及 MBO 活动中外资扮演的角色，对社会公众股东的角色定位也一直只是简单的利益被侵占的"受害者"。双汇案例给 MBO 进程中不同股东之间的制衡和公司治理纷争这一理论问题提供了新的内涵。这种股东间的治理纷争是否可通过一些外部监督手段来加以制衡？这是探索研究本案例另一动机。

[①] 根据2005年4月颁布《企业国有产权向管理层转让暂行规定》第三条："国有资产监督管理机构已经建立或政府已经明确国有资产保值增值行为主体和责任主体的地区或部门，可以探索中小型国有及国有控股企业国有产权向管理层转让（法律、法规和部门规章另有规定的除外）。大型国有及国有控股企业及所属从事该大型企业主营业务的重要全资或控股企业的国有产权和上市公司的国有股权不向管理层转让。"

[②] 所谓"曲线"有两层含义：一是双汇管理层并未直接收购上市公司，其MBO的对象为母公司双汇集团的控股公司；二是未选择直接向漯河市国资委收购所持双汇集团股份，而是先由外资收购，再由双汇管理层与外资方协议换股实现。

本文通过对双汇 MBO 案例的剖析验证并补充以往的 MBO 理论框架，同时寻找双汇 MBO 得以规避管制成功实施的原因，来探究这其中反映的是"路径创新"的进步还是监管缺失的遗憾，以期为 MBO 监管制度的创新和完善提供启示。案例研究发现，双汇 MBO 过程中"挤牙膏式"的信息披露方式饱受争议；为了配合 MBO，高派现和关联交易等转移利益、加速回收投资的行为的确存在，但资本市场对 MBO 消息给予了积极的回应。双汇 MBO 是一个具有分析意义的普遍性[①]典型案例，案例研究结果基本可以验证以往的理论体系，即 MBO 市场依然如理论所言存在诸多问题；同时其"路径创新"和实施过程中涌现出的新问题又能充实现有理论，具体体现在外资的"桥梁"作用和境内机构投资者的"反抗"力量。本文的研究结果表明，MBO 市场饱受诟病的种种问题依然存在：信息披露不规范、收购过程近似暗箱操作、法律监管不力、内部人控制与财富转移等代理问题进一步凸显。双汇 MBO 的"成功"实施充分体现了监管制度的失灵，MBO（尤其是曲线、隐性 MBO）市场亟须通过制度的到位与创新予以规范。

本文其余部分的篇章安排如下：第二部分是文献回顾与理论框架；第三部分说明研究方法和数据来源；第四部分为案例概况，介绍双汇"创新式 MBO"是怎样"炼成"的；第五部分通过案例进行理论的验证和实践的分析；第六部分透过财务数据获得相关证据；第七部分则试图通过资本市场股价信息探究此次 MBO 的市场反应；第八部分是研究结论和政策建议。

二、文献回顾与理论框架

（一）MBO 概念的界定

案例研究首先要对构念进行清晰的界定（毛基业、李晓燕，2010）。MBO（Management Buyouts，管理层收购）是从西方引进的概念，指公司管理层利用借贷融资或股权交易收购本公司发行在外的全部股本，并终止公司上市地位（going private）的行为。在西方的概念中，强调 MBO 本身就是排斥股权多元化的，并辅以公司下市安排。但"中国特色"的 MBO 并非如此，中国情景下的 MBO 并不以公司下市为目的，而是管理层（包括一些员工）会成为公司的第一

---

① "分析意义的普遍性"（analytical generalization）适合案例研究，指的是应用先前已有理论作为模板与案例研究的结果进行比较（毛基业、李晓燕，2010）。

大股东，并同时实际控制着公司的经营（益智，2003）。因此本文对"中国特色的 MBO"稍作修正：收购者为公司的管理层、内部员工或由其组建的法人实体，收购较大比例的公司股权或其控股公司的股权，意在获取公司控制权或成为公司的实际控制人①。换言之，小比例的股权激励措施或非取得控制权意图的其他安排不在本文界定的 MBO 之内。

（二）MBO 理论研究的主要议题

从现有文献看，中西方学者对 MBO 的研究角度存在较大差异。西方的 MBO 理论着重于 MBO 的动因、目标公司的条件或特征、给股东带来的财富效应（DeAngelo, DeAngelo & Rice, 1984）和 MBO 完成后会计业绩和公司价值的变化（Kaplan, 1989b）等方面。由于法律制度、所有权结构、股票发审制度、融资、税收等环境差异，我国的 MBO 与国外存在重大差异。中国和美国的 MBO 只是名词相同、形式相似，本质却基本没有相同之处（郎咸平，2006）。这些差异主要体现在以下几个方面。第一，国内 MBO 收购对象主要为政府持有的国有股份。国有控股上市公司实施 MBO 本质上是公司的非国有化过程。一般而言，上市公司的其他股东难以通过将所持股份出售给管理层获取额外收益。第二，西方公司 MBO 意味着下市，国内公司 MBO 后，依然保持上市身份，管理层可能只是相对控股，成为上市公司或者上市公司母公司的实际控制人。这就使得公司 MBO 过程中和 MBO 以后，管理层与公司其他股东的利益纷争、关联方交易、财富转移、信息不透明等成为"特色"。第三，西方 MBO 让代理人（管理者）直接参与经营决策与经营管理全过程，分享全部收益和所有风险，极利于减少代理成本和提升企业价值；但在中国特色的 MBO 中，管理层只是控股股东，依然无法按照全体股东尤其是中小股东的利益行事，代理成本不一定降低，却可能反而凸显内部人"一人独大"的问题，在内部人控制下出现管理层寻求控制权回报的机会主义行为。鉴于中西方的 MBO 制度和实践情景的巨大差别，国内的 MBO 研究视角亦有所不同——主要关注 MBO 实施条件、实施过程本身（重点）及其经济后果。

---

① 不少学术文章中将 MBO 定义为：目标公司管理者利用杠杆融资的方式来购买公司的股份，从而改变公司所有权结构、控制权结构和资产结构，进而达到重组公司的目的。实际上这近似于 LBO（杠杆收购，Leveraged buying-out）的定义，是 MBO 的一种特例。本文认为，虽然管理层常常需要利用杠杆以支付巨额的收购资金，但杠杆融资并不构成 MBO 的要件，取得控制权的目标表述更为直接；并且，国内法律禁止 MBO 过程中运用银行借贷融资。

1. MBO 的实施条件

根据之前的文献，公认的 MBO 实施条件或 MBO 公司的特征有：传统行业领头企业，隐性资产价值较大，较大的管理效率提升潜力，高层领导人任职时间长、贡献大、威望高，受到政府的认可和支持等（毛道维、蔡雷、任佩瑜，2003）。

2. MBO 的实施过程

（1）MBO 的运作模式。在国内已有的 MBO 案例中，管理层的收购对象基本都是非公众流通股，尤其是国有股，采用协议收购的方式，避免从二级市场购买。尤其是股权分置改革前，上市公司流通股与非流通股之间的巨大价差成为 MBO 的主要推动力量，甚至成为最终决定力量；并且非流通股的价格更依赖于账面净资产计量的"情结"，MBO 中交易价格基本上是采用政府和管理层协议转让的方式，以每股净资产作为基准参考价，在此基础上给予调整比例，操纵空间很大（刘燕，2008；朱红军、陈继云、喻立勇，2006）。另外，收购过程中一般都没有引入有管理层以外的收购主体公开参与的竞价与拍卖机制。所以"中国上市公司 MBO 并非管理层看好整个公司未来前景而采取的承担风险的经营性收购行为，而是针对上市公司部分存量资产的一种寻租性收购行为"（益智，2003）。

MBO 的运作模式大致可以分为直接收购和间接收购（隐性 MBO、曲线 MBO）。顾名思义，直接收购指通过对上市公司股权的收购完成 MBO。这种直接收购会引发"做亏模式"，典型案例是"中关村"，为了到达将企业做亏后再卖之的目的，经营者处心积虑，采取各种措施逼大股东就范（杨咸月、何光辉，2006）。"做亏模式"不仅包括将企业真的做亏，还包括在行业平均向好的情况下公司资产却多年不增的情况。背后的原因很可能是管理层将收购前的利润转移隐藏，使资源积累、盈利能力积聚于较低水平，以压低收购价格，达到财富转移的目的，这已经得到实证结果的验证（刘燕，2008）。

因直接收购上市公司非常敏感，尤其是涉及国有股权转让而变更实际控制人时须报审，审批程序复杂严格且通过率低，间接收购应运而生，并在政府管制逐渐收紧至明令禁止的背景下，其比重逐渐增加。何光辉、杨咸月（2004）总结了上市公司隐性 MBO 的四大类型：收购母公司间接控制型，收购子公司迂回实现型，拍卖、托管等快捷变通型和地下隐蔽型。这些间接收购可以简化流程，规避有关法律监管和信息披露义务，易获通过。例如宇通客车 MBO 的案例就采取了拍卖的间接方式，巧妙避开了财政部和证监会有关国有股权的审批

（朱红军等，2006）。

（2）收购资金来源。MBO涉及标的金额往往远大于管理层个人和收购平台的资金能力，现有的可供管理层收购使用的合法融资渠道太少，收购资金来源就成了管理层讳莫如深的话题，很少有公司在公告中披露MBO的资金来源。学者推测资金的可能来源有管理层自筹、股权质押贷款、现金分红、关联交易等，其公正性和合规性一直受到质疑（益智，2003；毛道维等，2003；刘燕，2008；何光辉等，2003）。

（3）收购价格。收购标的资产的定价是MBO各种问题的焦点。实证结果表明上市公司管理层获得的事前控制权越大，操纵上市公司资源的余地也越大，其能获得的价格折扣比例也更大（刘燕，2008）。管理层同时作为买卖双方的代理人，会导致对少数股东的不公正待遇（DeAngelo，DeAngelo & Rice，1984）。在我国，以净资产作为定价基础使得这种"不公正"愈加严重，因为上市公司管理层除了可以通过盈余管理产生有利于自己的成交价格外[①]，还能绕开市场竞争、形成"合谋"，透明度低，再考虑到每股净资产本来就不能代表国有股和法人股的真实价值（刘燕，2008；朱红军等，2006；益智，2003；高伟凯、王荣，2005），所以有学者提出MBO的障碍不是质疑其经济上的合理性，而是质疑其程序上的公正性，其中"收购价过低"和"收购资金来源"问题其实是质疑国有存量资产改革中"分配的公正性"（毛道维等，2003）。

（4）信息披露。MBO最大的制度风险是内部人交易问题，解决该问题首先要规范信息披露（高伟凯等，2005）。MBO涉及上市公司实际控制权的变化，属于重大事项，应对其各个环节予以及时、完整的披露。我国上市公司对MBO一般程序的披露尚可，但对资金来源、定价标准等问题基本不予解释，关键环节带有暗箱操作的色彩（益智，2003），甚至有的公司以变相的方式完成了MBO，而并没有将事件的详情做充分披露（刘燕，2008）。

（5）地方政府的角色。地方政府在一批国有上市公司中兼任着"政府管理者"和"国有股东"的双重角色，但其往往表现出更"股东"（经济求利）而非更"政府"（偏重社会公平、追求制度完善）的特征。王红领、李稻葵和雷鼎鸣（2001）建立模型验证了很多时候政府放弃国有企业并不是为了提升企业的效率，而是为了增加政府的财政收入，或者说是为了减轻因补贴亏损国有企业而造成的财政负担。这在一定程度上解释了"做亏模式"MBO实施者和地方政

---

① 例如"粤美的"案例中，管理层在MBO前有意通过增加固定资产折旧和减值准备、增发应付工资和股利及增大期间费用来降低收购价格（李智娟、干胜道，2006）。

府的"心思与底线"。朱红军等（2006）专门从中央政府、地方政府和国有企业利益分歧和管制失效的角度研究了宇通客车管理层收购的案例，该案中地方政府迫于管理层转移利益甚至搬离其辖区的要挟，不得已与管理层合作避开审批，成功实现MBO。在洞庭水殖捆绑上市和MBO的案例中，研究者认为作为大股东的地方政府听任第二大股东通过占用资金和关联交易侵害上市公司特别是外部其他股东利益，而自身目标函数则通过股权转让（即MBO）得到满足（曾庆生，2004）。

根据现行国有资产处置收益权划分制度，地方国有企业的处置收益划归地方政府；中央政府（如国家国资委、财政部）负责监管、审批中央企业的国有资产处置。分析现有MBO案例，我们没有发现中央企业或央企控股上市公司的MBO案例，或者说国有企业MBO均属于地方国有企业[①]。地方政府则从增加即期地方财政收入等自身利益出发，多表现出支持或放松性管制策略（朱红军等，2006；刘燕，2008）。我们相信国有公司MBO中"做亏模式""财富转移""资产定价不公允""信息不对称"等一定与地方政府的"默许"或失职相关。在国企MBO进程中，如何使地方政府（国有股权代表）在国有企业治理中"政府"角色和"股东"角色之间找到应有的平衡尚属理论盲点。

3.MBO的经济后果

MBO经济后果研究的切入点主要有3个角度：公司绩效或会计业绩的变化、流通股东的财富效应和上市公司的行为变化（现金分红、关联交易等）。在西方MBO中，由于管理层需要向社会公众股东溢价收购本公司发行在外的股票，资本市场公众股东财富得以增加（DeAngelo等，1984）；同时，在实现经营者与所有者统一之后，长期激励机制得以建立，代理成本大大降低，企业价值增加（Kaplan，1989b）。但中国情景下MBO不满足这两个条件，研究发现其经济后果也有所不同：益智（2003）采用每股收益、净资产收益率和总资产收益率作为衡量指标，发现MBO发生当年及前一年，公司绩效的各项指标均有可观升幅，但MBO后一年却大幅下挫；对于流通股东，MBO并没有给其带来财富效应。刘燕（2008）发现，MBO首次公告前一个月有显著正的财富效应，而临近MBO首次宣告日和日后市场却没有正的财富效应[②]；管理层收购对上市公

[①] 另一个典型的案例是2004年"豫光金铅"MBO案例，地方政府对改制和MBO非常支持，省级国资委也予以了批复，但遭国务院国资委否决。地方政府称还是会支持豫光金铅的MBO，"如果51%的控股不行，就收购49%好了"。参见2004年11月23日《中国证券报》上发表的文章《上市公司MBO：围剿抑或拯救》。

[②] 作者认为这是信息披露制度缺陷，由不成熟的管理层收购市场和残缺的管理层收购融资体系所致。

司的财务绩效也没有提升。黄荣东（2007）在对MBO前后公司经营效绩差异的实证分析结果发现，MBO后资产运用效率未有显著改善，盈利能力显著下降，研发和创新能力也没有明显改善。相似的研究发现也存在于其他研究之中（杨咸月等，2006；李智娟等，2006）。

MBO实施前后上市公司行为的变化，尤其是高额现金分红和关联交易等行为引人注目。高分红普遍存在于众多MBO案例中①，MBO所需巨额资金给管理层带来巨大的还本付息压力，使其产生从高现金分红中获取资金、回收投资的动机。而通过关联交易等手段进一步攫取包括地方政府在内的全体股东的利益也是管理层实施财富转移，寻求控制权回报的典型行为（朱红军等，2006；毛道维等，2003；曾庆生，2004）。

（三）MBO研究的理论框架及本文的理论创新

如前文文献回顾所述，国内现有的MBO研究主要从MBO的实施条件、MBO实施过程本身和MBO的经济后果3个角度进行MBO的理论探索。其中，由于中国特色MBO的特殊性，MBO的实施过程是研究者们最多着墨的关注点。我们归纳文献后的理论分析框架如图1所示。

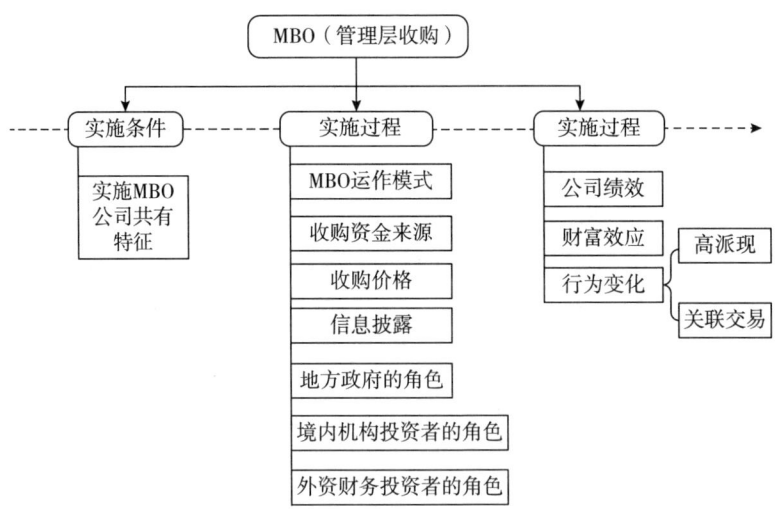

图1 国内MBO研究理论框架

注：图1中虚线部分为本文补充的理论贡献。

---

① 典型案例如"水井坊"，MBO前仅有两次微薄分红，2003年MBO实现后现金分红力度不断增强，连续5年总分红达到6.33亿元，总资产增长却不到1亿元。参见2009年5月11日《中国经营报》上发表的文章《MBO成高分红话柄揭秘水井坊营收之谜》。

图 1 下方的两个框值得重点说明，这是本文讨论的重点和创新性的理论要点：MBO 中境内机构投资者和外资财务投资者的角色。本文所指境内机构投资者是以基金为代表的"外部"公众投资者（流通股东），并非为战略重组和技术引进等目的而引入的"内部"投资者。社会公众投资者常常"处于大股东和内部控制人肆意剥削的境地之中"（朱红军等，2006），对信息的获取和公司决策的影响都明显处于弱势地位。囿于案例实践限制，以往文献中未能关注 MBO 过程中境内外机构投资者所能发挥的作用及其相应的制度安排。

双汇 MBO 外资嵌入案例（这是国内企业借助境外财务投资者顺利完成 MBO 的首例）需要有新的理论进行分析，而已有文献大多从外资的角度研究其通过并购进入中国市场的动因，却鲜有文献站在企业（尤其是非银行类企业）的角度讨论引入外资投行或财务投资者的动因。陈文瀚（2007）认为上市公司引入外资的动机有以下几种：（1）继续完善公司治理结构；（2）增加融资渠道，促进产业升级；（3）促进公司市场化、国际化发展。但这些结论无法与双汇引资完成 MBO 相匹配。通过 MBO 案例分析外资投行在国企重组中扮演的新角色及其经济后果是本文理论探究的新要点。

国内的 MBO 实践多集中于 1999—2003 年，MBO 研究文献也多集中于 2006 年之前的 MBO 案例。这些年 MBO 实践中出现的新情形应当并且可以充实现有的理论体系。本文的理论创新之处在于整理了一个 MBO 理论框架，并利用双汇案例的分析结果验证和补充现有理论框架。具体来说，社会公众投资者包括境内机构投资者在以往的 MBO 案例中对抵抗管理层的信息不透明和财富转移等行为往往力不从心，他们的作用也基本没有出现在 MBO 研究的视野之内。但此次双汇 MBO，以基金为主的境内机构投资者通过联合起来表达反对意见而迫使管理层做出让步，最终选择了相对而言有利于公众投资者的资产重组方案，这种股东之间的博弈与制衡丰富了 MBO 研究的治理内涵，为今后深化 MBO 的监督提供了新的启发和思路。同时，外资财务投资者在双汇 MBO 中扮演了"桥梁"的角色，既为管理层规避政策限制助了一臂之力，又从中获取了巨额的财务收益，反映出在日益开放的资本市场中外资对 MBO 市场参与度的提高。但如何看待境外财务投资者的作用？这种外资嵌入是否需要特殊的监管制度？本文将会关注双汇 MBO 新的实践启示，以从双汇的"路径创新"中折射出制度缺失和理论缺陷。由此归纳的双汇 MBO 的"创新路径"与理论特征，如图 2 所示。

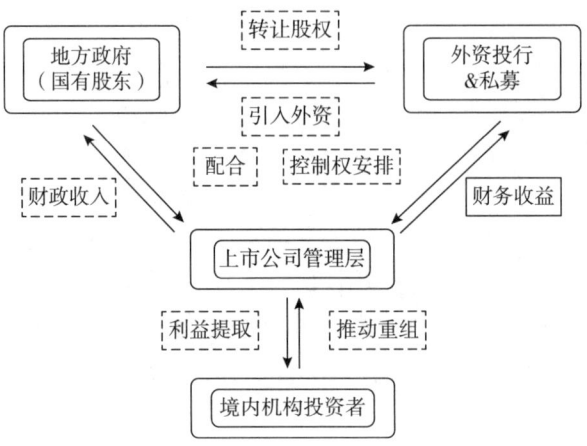

图 2　双汇 MBO 的"路径创新"

三、研究方法和数据来源

考虑到本案例的"创新性"和"独特性",本文只能采用单案例研究方法。本文的研究目的是从双汇 MBO 的"路径创新"中验证既有 MBO 理论的适用性,发掘此案例"分析意义的普遍性",并从新经验中探索丰富、提升现有理论体系。关于资料获取:(1)案例资料数据来源主要依赖于过去五六年对双汇发展年报和公告的长期跟踪、收集与整理;(2)由于资料的长期性与案例故事的隐蔽性,我们经多方途径与多次联系还是无法获取对双汇管理层进行实地访谈的机会,但联系到某证券公司双汇项目知情人士,通过面对面和电话沟通,本文的关键数据资料和内容经其确认;(3)我们长期收集了关于本案例的媒体报道,尤其是 2007 年 2 月 13 日《上海证券报》刊登的《外资收购双汇后有打算》、2010 年 3 月 19 日《21 世纪经济报道》刊登的《一场远未落幕的改制双汇》、2010 年 7 月 10 日《经济观察报》刊登的《双汇发展重组搁浅,公司管理层漫天要价激怒基金》、2010 年 11 月 11 日《中国经营报》刊登的《双汇 MBO 七年成正果》、2011 年 12 月 26 日《中国经营报》刊登的《揭幕双汇控制权变更迷局》等。本文采用多渠道收集资料,构造了完整、可靠的资料证据链,并符合案例研究的证据能够相互印证的要求,故能够确保研究的信度,增强研究结论的说服力。

四、案例概况

（一）双汇集团与双汇发展的基本情况

河南省漯河市双汇实业集团有限公司（以下简称"双汇集团"）曾是中国最大的国有肉类加工企业，总部位于河南省漯河市，漯河市国资委持有其100%股权。双汇集团董事长为万隆，其同时担任上市公司双汇发展及集团旗下20多家子公司和关联公司的董事职位。2006年3月3日，漯河市国资委将持有的双汇集团全部股权在北京产权交易所挂牌转让。高盛策略投资（Goldman Sachs Strategic Investment，以下简称"高盛"）和鼎晖国际投资（CDH Shine Limited，以下简称"鼎晖"）组建的财团罗特克斯有限公司（Rotary Vortex Limited，以下简称"罗特克斯"）以20.1亿元中标，成为双汇集团的100%控股股东。

1998年10月，双汇集团发起成立河南双汇股份公司，并于同年12月在深圳证券交易所上市交易。后更名双汇发展，交易代码sz000895。根据双汇发展2008年年报，双汇集团持有双汇发展30.27%的股权，罗特克斯持有21.18%，其余48.55%则由社会公众股东持有（如图3所示）。在前十大股东中，以基金为主的机构投资者占据八席（如表1所示）。

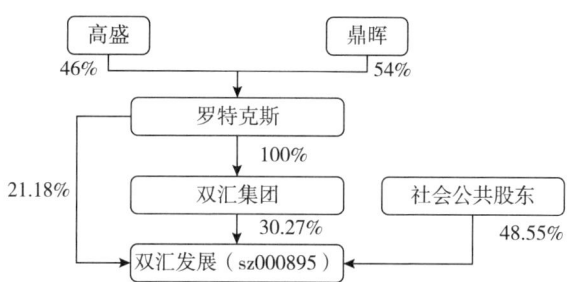

图3 双汇发展股权结构示意图——根据2008年年报

表1　　　双汇发展前10名股东持股情况——根据2010年年报

股东名称	股东性质	持股总数	持股比例（%）
双汇集团	境内法人	183416250	30.27
罗特克斯	境外法人	128393708	21.19
兴业趋势投资混合型证券投资基金	其他	14468175	2.39
诺安股票证券投资基金	其他	9957038	1.64
兴业全球视野股票型证券投资基金	其他	7268305	1.20
易方达价值成长混合型证券投资基金	其他	7100000	1.17

续表

股东名称	股东性质	持股总数	持股比例（%）
博时主题行业股票证券投资基金	其他	6801100	1.12
上投摩根中国优势证券投资基金	其他	6800000	1.12
信达投资有限公司	其他	6675510	1.10
全国社保基金一零二组合	其他	6200000	1.02
合计		377080086	62.22

（二）双汇发展管理层8年MBO终成正果

随着高盛减持双汇股权等消息从2009年年底开始见诸报端，双汇管理层通过接手高盛所持有的双汇集团股权进行曲线MBO的做法才初见端倪。双汇发展在澄清公告中宣称公司没有施行"管理层股权激励"计划，但回顾2002年以来双汇管理层所做的种种努力，曲线MBO的猜测并非无中生有。2009年年底，迫于舆论压力，双汇发布公告承认其管理层已通过在英属维京群岛（BVI）设立的Rice Grand（以下简称"兴泰集团"）的全资子公司Heroic Zone（以下简称"雄域公司"）间接持股双汇集团。直到2010年11月29日，在停牌8个月之久后，随着重组预案[①]的公布，双汇MBO终于明朗化，管理层不再遮遮掩掩，兴泰集团即将成为上市公司实际控制人。双江发展管理层的8年MBO之路见表2。

此次双汇MBO的平台为管理层设立于BVI的兴泰集团。兴泰集团由双汇集团及其关联企业（包括上市公司）的员工263人（其中上市公司101人）设立，通过全资子公司雄域持有双汇国际从而持有双汇集团31.82%[②]的股份。

实际上从2002年起，双汇管理层就未停止过实施管理层激励计划的步伐。漯河海汇有限责任公司（以下简称"海汇投资"）通过关联交易的方法从上市公司掘金，漯河海宇投资有限公司（以下简称"海宇投资"）则直接采用资本途径——低价受让上市公司股权。遭遇政策红线而失败后，管理层并没有就此放弃，而是采用"借道"的曲线战略：第一步，引入外资高盛和鼎晖收购双汇集团全部股权并接手海汇投资所持双汇发展股权；第二步，管理层通过在BVI设

---

① 2010年11月29日，双汇发布《发行股份购买资产及换股吸收合并暨关联交易预案》，主要内容包括：（1）重组按照"主辅分离"原则，双汇集团和罗特克斯将肉类主业相关公司股权注入上市公司，解决关联交易问题；（2）上市公司将双汇物流85%股权置出给双汇集团，差额部分向集团非公开发行A股股票为对价；（3）向罗特克斯非公开发行A股股票作为其认购资产的对价；（4）以换股方式吸收合并广东双汇等5家公司；（5）按停牌前20日均价考虑分红除权后价格50.94元/股作为发行价格，合计向双汇集团发行6132723321股，向罗特克斯发行19218997股。

② 指此次境外股权变动之前，雄域持有双汇国际股权31.82%的股权，变动之后为30.23%。

立的兴泰集团的全资子公司雄域公司从高盛一方接手双汇国际股权，从而控制双汇集团 31.82% 的股权；第三步，借助资产重组的一揽子预案，通过投票权安排①，成为双汇集团及双汇发展的实际控制人，将 MBO 明朗化，预案在 2010 年第三次临时股东大会上通过②。表3汇总了双汇发展高管通过兴泰集团在双汇集团拥有的权益。图4为根据2010年11月29日发布的《董事会关于本公司实际控制人变动事宜致全体股东的报告书》和12月28日发布的《2010年第三次临时股东大会决议公告》整理的股权结构示意图。

表2	双汇发展管理层的8年MBO之路
时间	事件
1998 年 10 月	双汇发展于深圳证券交易所上市
2002 年 6 月	万隆等 12 名双汇管理层及其他自然人出资设立海汇投资。海汇投资先后参控股 18 家企业，围绕肉制品加工行业生产流通、渠道流通的多个环节，与双汇集团和双汇发展发生关联交易
2003 年 6 月 11 日	双汇发展时任董事长贺圣华等 5 名高管和其他 11 名自然人发起成立海宇投资
2003 年 6 月 13 日	海宇投资与双汇集团签订《股权转让协议》，以每股 4.14 元的价格受让双汇发展 25% 的股份。当日双汇发展收盘价每股 13.48 元、净资产 4.49 元。因国资部门提出国有股权转让底线不应低于净资产，经过商量将价格提到 4.7 元/股
2005 年年初	因未及时披露关联交易，河南证监局责令整改，海汇投资旗下多家企业股权被迫转让
2005 年 12 月 31 日	证监会正式发布《上市公司股权激励管理办法（试行）》，其中规定股权激励计划所涉及的标的股票总数不得超过公司股本总额的 10%。而贺圣华等高管实际持有海宇投资 55.6% 股权，间接持有双汇发展 13.9% 股权，碰到政策红线，MBO 努力失败
2006 年 7 月	高盛和鼎晖以 20.1 亿元收购双汇集团，同时以 5.62 亿元收购海宇投资所持 25% 股权
2007 年 6 月 13 日	罗特克斯收购双汇集团和双汇股权的转让手续办理完毕
2007 年 10 月（2009 年 12 月才公告披露）	高盛和鼎晖进行了内部重组，通过 Shine B、Shine C（即双汇国际）间接持有罗特克斯股权；以万隆为首的双汇管理层在 BVI 设立兴泰集团，并通过其全资子公司雄域公司持有 Shine C 股权

---

① 双汇国际的股东以投票方式表决普通决议时，雄域公司及运昌公司就所持每股股份投2票，其他股东就其所持每股股份投1票。同时规定运昌公司根据雄域公司的指示投票，因此雄域公司拥有双汇国际股东会表决权比例的53.19%，成为其实际控制人，进而成为罗特克斯、双汇集团、双汇发展的实际控制人。其中运昌公司股权（持有双汇国际6%的股权）为双汇管理团队一项为期3年的员工激励计划的标的股份。

② 根据《2010年第三次临时股东大会决议公告》内容，经中联资产评估有限公司的评估，置入和置出资产的评估价值与重组预案中初步评估价值相比均有所降低，增发价格不变，实际应向双汇集团发行574447121股，向罗特克斯发行18323813股，合计约5.93亿股。

续表

时间	事件
2009年上半年	双汇发展在公众股东并不知情的情况下,放弃了10家公司少数股权的优先认购权,并将之转让罗特克斯
2009年12月14日	双汇发展发布澄清公告,披露高盛、鼎晖在境外进行内部重组情况
2009年12月31日	双汇发展再次发布澄清公告,就管理层间接持股双汇集团情况予以披露
2010年3月3日	2010年第一次临时股东大会上,公众股东以高票否决上述少数股权转让议案
2010年3月23日	深交所下发关注函,要求公司尽快拟定整改方案,公司股票停牌
2010年6月29日	双汇发展2009年度股东大会上,《关于日常关联交易的议案》再次被公众股东悉数否决
2010年11月29日	双汇发展历经8个月连续发布32个《重大事项进展暨停牌公告》后,重组方案终于在2010年11月29日凌晨公告,双汇集团和罗特克斯将主业相关资产注入上市公司实现肉制品业务整体上市并解决关联交易问题,双汇将以50.94元/股价格向二者定向增发6.32亿股作为对价;通过投票权安排,兴泰集团成为双汇的实际控制人,已触发全面收购要约义务(实际控股超过75%);公司股票当日复牌

表3　双汇发展高管通过兴泰集团在双汇集团拥有权益[①]

姓名	在双汇发展担任职务[②]	在兴泰集团持股比例	换算为在双汇集团权益比例
张俊杰	董事长	6.18%	1.868%
龚红培	董事、总经理	0.02%	0.006%
万　隆	董事	14.41%	4.356%
游　牧	董事	0.20%	0.060%
王玉芬	董事	2.79%	0.843%
祁勇耀	董事、董秘	0.67%	0.203%
李　俊	副总经理	0.28%	0.085%
朱龙虎	副总经理	0.80%	0.242%
贺圣华	副总经理	0.51%	0.154%
胡兆振	财务总监	1.42%	0.429%
楚玉华	监事会主席	1.46%	0.441%
乔海莉	监事	3.30%	0.998%
合　计		32.04%	9.685%

注：①根据《董事会关于本公司实际控制人变动事宜致全体股东的报告书》整理计算。②其中龚红培、王玉芬、祁勇耀于重组预案发布之前几日(2010年11月25日)辞职。

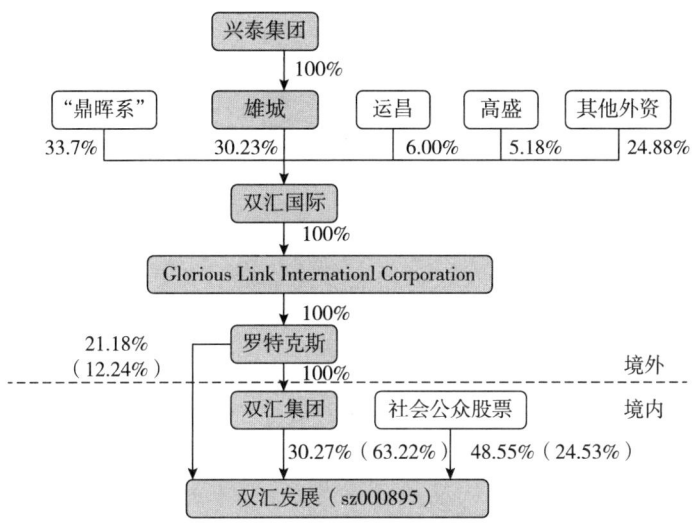

图 4　双汇发展股权结构示意图——根据 2010 年相关公告整理

注："鼎晖系"由4家公司构成，共计持有双汇国际33.7%股权，虽占投票权大多数，但由于前文投票权安排并非实际控制人；灰色标出公司均为双汇管理层实际控制；括号内数字为按《2010年第三次临时股东大会决议公告》计算增发后股权比例。

五、双汇MBO的理论验证和实践启示

（一）双汇案例对MBO理论的验证和补充

1. MBO 的实施条件

根据公司及其产业背景，双汇处于肉食品加工行业领先地位，市场份额大，品牌认可度高；以万隆为首的管理层在公司任职时间长，贡献显著，经历了公司的发展壮大历程，在公司内部和当地都很有影响力[①]；MBO 也就很容易获得地方政府的支持和配合。双汇的条件符合文献中发生 MBO 公司的典型特征。

2. MBO 的实施过程

之前采用设立关联公司和低价收购股权的方法均因触碰政策红线而失败后，双汇管理层采取了迂回换股方式控股母公司，属于曲线或隐性 MBO。再次验证在国内的政策环境下，间接 MBO 依然是管理层收购的首选之道。收购主体为管

---

① 在《中国经营报》的采访中，一位政府人士提到，"不管是在企业还是在政府中，万隆的地位都是非常高的。不论采用什么样的激励方式，都无可厚非"。

理层于 BVI 成立的收购公司，免受国内《公司法》《证券法》限制，收购资金来源只有含混的一句"境外银行融资"。据双汇公告披露，管理层筹资收购了境外一些公司的股权与外资交换双汇国际的股份从而实现控股，但交易价格未有披露，因此收购价格无从得知。在信息披露上，如前所述，双汇 MBO 没有披露收购资金来源和收购价格，透明度较低；不仅如此，从 2007 年开始境外股权就已发生变动，管理层也已经收购了双汇国际的股份，但年报中未有丝毫显示，2008 年的年报中依然是图 3 列示公司的股权结构，直至被媒体揭露才勉强给予解释，这种遮遮掩掩一段一段"挤牙膏"式的信息披露违反了《上市公司收购管理办法》和相关信息披露准则的要求。

地方政府在双汇 MBO 案例中扮演了重要的角色。根据河南省漯河市税务局资料，2006 年双汇集团上缴税金 11.59 亿元，占该年漯河市税收收入的 30%[①]。地方政府不太在乎企业的控制权在谁手里，往往更加看重企业对地方经济、市政建设、就业和税收的贡献（朱红军等，2006）。引入国际知名外资，对于当地政府来说亦是一项顺水推舟的政绩。阻碍管理层前两次 MBO 努力的，是中央对国有股权 MBO 政策的收紧，地方国资部门不仅将双汇集团全部国有股权转让给罗特克斯为管理层持股铺平道路，对于海汇投资的成立、海宇投资低价受让股权，政府都采取支持的态度。作为国有资产的经营者，地方政府确是"很愿意让上市公司国有股权并让外商控股，以使归属权本不明晰的国有产权变为事实上的地方政府收益的产权"（陈文瀚，2007）。本案例进一步证明了朱红军等（2006）及曾庆生（2004）的研究结论，反映出了中央和地方政府利益目标不一致引起的一定程度的监管失效。

双汇发展停牌之前，基金、保险、社保等 117 个机构投资者共计持有双汇发展 67.33% 的流通股。对于双汇管理层来说，同样一笔收益，若是放在上市公司，由于公众股东的稀释，兴泰集团可以分享到 16.37%[②]；若是放在双汇集团，则可以分享到 31.82%。因此，管理层有动机并有能力利用对公司经营的实际控制权，通过大规模关联交易、将优质资产的优先认购权让与罗特克斯等方式转移上市公司收益，增厚集团利润。但是随着管理层持股的曝光和整体上市预期的渐渐明朗，以基金为主的机构投资者决定不再忍受"掏空"行为，上演了两次集体投出反对票的"投票门"事件，引发了深交所的关注，也在客观上推动了资产重组的进程。对于管理层和外资来说，让罗特克斯或双汇集团在 H

---

① 参见《中国经营报》2010 年 11 月 11 日报道《双汇 MBO 七年成正果》。

② （21.18%+30.27%）× 31.82%=16.37%。

股上市是更好的选择（第一，在 H 股上市较少受到禁售限制，有利于外资和管理层的退出和套现；第二，如前文所述，双汇集团或罗特克斯的收益直接归属于外资和管理层，而上市公司收益则须与公众股东分享）①，但机构投资者们的抗争迫使他们选择了将集团资产注入上市公司，从而实现整体上市切断关联交易通道，这在一定程度上维护了投资者的利益。同时，在为进行资产重组而停牌的长达 8 个月的时间中，机构投资者们得以就重组方案、资产定价和增发价格等关键问题表达反对意见，起到了制约管理层肆意侵占利益的作用②。可见，国内机构投资者可以在 MBO 收购过程和利益转移中扮演监督和制衡的角色（如图 5 所示），这为 MBO 的外围监管提供了启示。

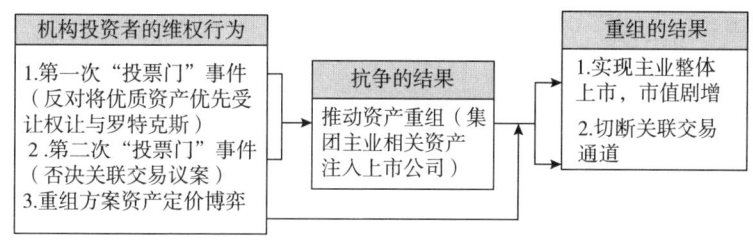

图 5　国内机构投资者的制衡角色

"外资过桥"是此次双汇 MBO 的"路径创新"。双汇引入高盛、鼎晖等外资并非为了筹资，也未在改善公司治理和促进公司市场化、国际化等方面有所动作，排除了这些常见动因后，其真正的目的在于"借道"。毛道维等（2003）研究发现，国有股权越少，MBO 成功实施的可能性就越大。既然从政府手中直接获得国有股权受到制度限制，那就只能借外资这道桥梁曲线获得。高盛和鼎晖与双汇管理层的此项合作可谓各取所需的"典范"。一个值得注意的细节是，在早期的公告中，双汇从未称高盛和鼎晖为"财务投资者"，以防止引发"贱卖国有资产"的责问；但在 2010 年 11 月 29 日《实际控制人变更公告》中反复称二者为"财务投资者"，以强调管理层持股对维持公司股权稳定的合理性和必要性。对于财务投资者来说，低买高卖是永恒的法则。2007 年 6 月收购双汇集团和双汇发展股权的转让手续刚刚办理完毕，9 月就开始"重组计划"（此举即可排除其战略持股的可能性），从公开资料看高盛一直在

---

① 笔者在一次鼎晖内部人士的讲座中得知管理层和外资的原本设计确实是偏好 H 股上市的。

② 参见 2010 年 7 月 10 日《经济观察报》报道《双汇发展重组搁浅，公司管理层漫天要价激怒基金》："接近重组的人士向本报透露，重组方案难产的主要原因是在资产估价上，双汇发展的利益相关方——管理层与以基金为代表的流通股股东之间未能达成一致。国金证券分析师陈钢也透露，分歧主要在双汇发展的增发价格上。"

减持。虽然无从得知几番交易的成交价格,但依照高盛对资本市场规则的熟稔和交易能力,同时还有助力 MBO 的功劳,其所得必然极其丰厚。鼎晖在高盛减持时充当了接盘者,按照重组预案,增发完成后鼎晖共间接持有双汇发展 25.43% 的份额,虽然存在 36 个月禁售期的限制,但可以预期到重组完成后上市公司市值将大幅增加,鼎晖通过持有最大比例的股份充分享有资本收益,而双汇管理层则通过投票权掌握对经营的剩余控制权,此种收益权与控制权分开的安排堪称各取所需的经典设计。

(二) 双汇MBO的实践启示

从实践的角度说,平衡各方利益是双汇 MBO 得以成功实施的基础。(1) 选择正确的合作伙伴很重要。引入国际知名的外资投行高盛和鼎晖,让管理层和当地政府可以理直气壮地宣布引入外资和先进管理经验,既能在资本市场换取"声誉溢价",又为股权的置换和管理层的接手扫清障碍,再通过投票权安排与外资达成收益权与控制权分开的协议,实现双赢目的。(2) 地方政府的配合是基础。双汇作为当地最大的企业,是政府财政收入的重要源头,凭借对地方就业、税收等的影响力,地方政府很容易选择放弃所持股份的分红权,而愿意配合管理层的激励措施。(3) 双汇集团通过放弃关联公司的优先受让权以及关联交易等手段侵占上市公司利益,利益输送愈演愈烈,最终导致境内机构投资者的集体反抗,在股东大会上两次否决议案引发关注,迫使管理层最终选择将关联资产注入上市公司以切断利益输送的渠道。这在一定程度上维护了上市公司股东的利益,资产重组和 MBO 最终得以实现。

双汇 MBO 的成功实施从另一个角度折射出监管制度的缺失。(1) 虽然明令禁止大型国企的 MBO,却没能防范住曲线和隐形 MBO 的实施。各类隐形 MBO 的公开化本身就意味着现有简单直接"叫停""堵截"的 MBO 制度亟须在"道高一尺魔高一丈"的博弈中修订完善。(2) 中国社会和政策层面长期持有的有"外来和尚好念经"、喜欢大举引进外资尤其是财务投资的心态必须调整。缺乏对外资在 MBO 等类似国有股权流动和改制中的角色监管和风险防控,是制度建设的又一缺失。(3) 中央政府和地方政府在对待国有资产、股权运作的态度差异和利益分歧有待新的制度来协调。低价出售国有资产和"协同"地方国企曲线 MBO 的地方政府是否应被监管、如何被监管亦是制度难题。(4) 如何提高国有股权流动的透明度、提高国企产权交易的公信力、防范新的内部人控制、对公司信息披露违规行为惩戒力度都是本案例引发的制度建设要点。

六、MBO中的利益输送——财务数据的证据

由于 MBO 涉及标的金额巨大，往往超过管理层的资金能力，故使他们产生利用经营控制权转移利润、加速回收投资的动机。在以往的案例中，高分红和关联交易是屡见不鲜的利益输送手段。在此次双汇 MBO 中，管理层选择的持股对象为母公司双汇集团，这就引发了利用控制权向母公司转移利润的担忧。以境内基金为主的社会公众股东要求将集团关联资产注入上市公司以切断关联交易通道，也说明了双汇的关联交易是管理层"财富转移""利益输送"的主要通道。下文的分析通过比较双汇发展与雨润食品的财务数据说明这一点。

中国雨润食品集团有限公司（以下简称"雨润食品"）是中国最大的肉制品生产企业之一，总部位于江苏省南京市，其产品包括冷鲜肉、冷冻肉以及以猪肉为主要原材料的低温和高温肉制品。雨润食品于 2005 年 10 月在香港联交所上市，交易代码 1068。雨润食品与双汇发展主业相同，互为主要竞争对手，本文将二者的财务数据[①]进行比较。

（一）高额现金分红

单看每股分红的数据，双汇发展就比雨润食品"慷慨"得多，2009 年甚至达到 1 元/股，而雨润食品在 2010 年最高，也不过才 0.4 港元/股。再从现金分红占归属于上市公司股东的净利润的比例来看，双汇 2004 年甚至达到 103%，其分红比例波动较为剧烈且绝对值较大，从 2002 年之后维持在相对稳定的高位。这与双汇管理层开始 MBO 之路的时间恰好契合。2010 年双汇 MBO 公之于世并选择了资产重组的方案，若想在禁售期结束时获得较高的资本利得，将股价维持在高位是必然的选择，可以预期今后几年双汇发展的分红将不会像以前那么慷慨。相比较而言，雨润食品的分红比例十分稳定，平均在 26.6% 左右，显示出公司股利分配政策的稳定和合理性（如表 4 和图 6 所示）。双汇发展的股利政策也许有公司自身的合理考虑，但联想到管理层对其母公司的持股以及外资的入股和退出，很容易得出其是通过高分红作为收购资金来源和加快投资回收的结论。尽管巨额分红本身并不能作为侵害投资者利益的证据，但其再次验证 MBO 前后典型的公司财务行为变化。

---

① 虽然两家公司所采用的会计准则和货币单位都不相同，但本文主要进行比率的对比，不影响可比性。

表4　　　　　　　双汇发展与雨润食品现金分红情况对比

年份	双汇发展（人民币万元）			雨润食品（港币万元）		
	每股分红	派现额度	占净利润比重	每股分红	派现额度	占净利润比重
1998	0	0	0	—	—	—
1999	0	0	0	—	—	—
2000	0.5	146189	97.03%	—	—	—
2001	0.13	4382	25.70%	—	—	—
2002	0.5	17118	85.33%	—	—	—
2003	0.7	23966	90.89%	—	—	—
2004	0.6	30813	103.25%	—	—	—
2005	0.5	25678	69.19%	0.065	9438	27.34%
2006	0.8	41084	87.88%	0.084	12303	25.15%
2007	0.8	48480	86.28%	0.15	22904	26.65%
2008	0.6	36360	52.02%	0.19	29090	25.57%
2009	1	60599	66.54%	0.3	50185	28.75%
2010	0.5	30300	27.82%	0.4	71506	26.21%

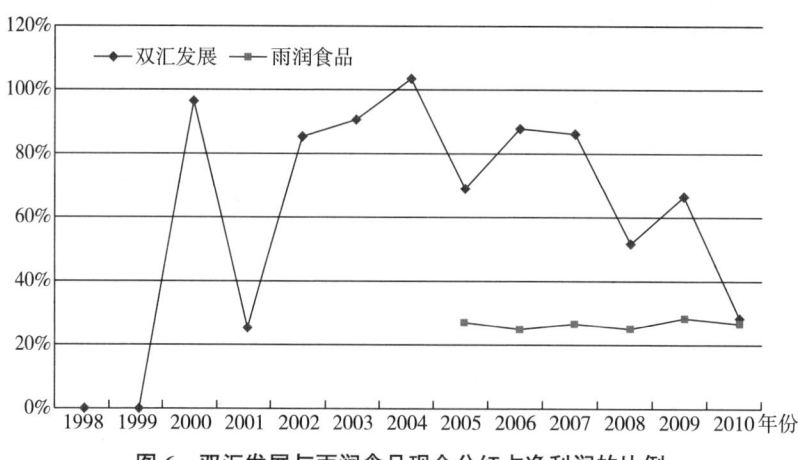

图6　双汇发展与雨润食品现金分红占净利润的比例

（二）盈利能力受损与财富转移——关联交易

雨润食品的销售净利率远高于双汇发展（见表5）。双汇发展4%不到的销售净利率与其开展的"买断式委托销售"有关。根据其公告，上市公司与集团和罗特克斯关联方签订《委托销售协议》，上市公司向关联方采购委托销售的产品，由上市公司确认受托销售产品的收入和成本。关联采购和受托销售带来的后果就是较大的销售额和较低的毛利率，实际上上市公司的利润被此种协议安排转移到了集团和罗特克斯，无疑这是典型"财富转移"与"利益输送"行为。

表5　　　　　　　　双汇发展和雨润食品的销售净利率对比

销售净利率	2005年	2006年	2007年	2008年	2009年	2010年
双汇发展	3.33%	3.61%	3.02%	3.14%	3.90%	3.61%
雨润食品	8.06%	10.34%	9.97%	8.73%	12.61%	12.75%

七、MBO市场反应——资本市场的证据

双汇管理层的曲线MBO路径本身并未与现行的法律法规明显冲突，但其瞒而不报直到在舆论压力下才一段一段"挤牙膏"式披露的行为违反了信息披露制度。同时，关联交易、放弃优先受让权都可能被投资者理解为转移收益、掏空上市公司的行为。管理层的这一系列行为是否影响到投资者信心和公司股票的资本市场表现呢？本文采用事件研究法，通过计算管理层第二次澄清公告，2010年第一次临时股东大会决议结果公告两个时间窗口前后双汇发展的异常累计收益率（CAR）来进行分析（见表6）。

表6　　　　　　　　两个事件不同时间窗口的CAR和ACAR值

澄清公告发布			临时股东大会决议公告发布		
[-45, -1]	[0, 20]	[-45, 20]	[-10, -1]	[0, 10]	[-10, 10]
CAR	CAR	CAR	CAR	CAR	CAR
0.1384	0.1157	0.2542	−0.0939	−0.0393	−0.1332
ACAR	ACAR	ACAR	ACAR	ACAR	ACAR
0.31%	0.55%	0.39%	−0.94%	−0.36%	−0.64%

注：ACAR=CAR/N，其中N为对应时间窗口内包含天数。

（一）事件日和事件窗口

（1）2009年11月5日，媒体称高盛已签订协议转让双汇一半股权并计划进一步减持，将其在双汇集团的持股比例降到5%以下。对此，双汇发展于2009年12月14日发布第一次澄清公告，将2007年10月高盛与鼎晖进行的"内部重组"予以披露，并采用文字形式解释了境外部分的股权结构；同时发布关于2007和2008年报的更正公告，对"公司实际控制人情况"部分进行补充更正，但并未提及管理层持股双汇国际的事实。翌日又有媒体称随着高盛减持行为得到证

实，双汇欲施行管理层激励和双汇集团整体上市的猜测亦浮出水面。迫于舆论压力，2009年12月31日，双汇发展发布第二次澄清公告披露了管理层于境外成立兴泰集团（当时称Rice Grand）收购双汇国际股权的事实并最终公告了完整的股权结构示意图。由于两次公告时间十分接近，从内容上看可以当作是对同一性质事件的连续披露，12月31日的公告是对12月14日公告的进一步解释，并揭露了管理层持股信息，更为关键，本文以12月31日作为零时刻，充分考虑资本市场吸收消息的预先性和滞后性，同时为了剔除较长时间其他事件的干扰，选取公告发布前45日至发布后20日（[-45, 20]）作为事件公告的时间窗口[①]。

（2）2010年3月4日，双汇发展发布《2010年第一次临时股东大会决议公告》，公告揭示《关于香港华懋集团有限公司等少数股东转让股权的议案》被否决。由于3月22日双汇股票即告停牌，最后一个交易日为3月19日，本文以2010年3月4日为零时刻，选取公告发布前10日至发布后10日（[-10, 10]）作为时间窗口。

（二）CAR的确定

本文运用市场模型法来计算CAR值。股票j在第t日的实际收益率表示为：$R_{jt}=\alpha_j+\beta_j R_{mt}+\varepsilon_{jt}$。

其中R_{jt}为样本公司j在第t日的收益率，$R_{jt}=(P_{jt}-P_{jt-1})/P_{jt-1}$，其中$P_{jt}$为股票$j$在$t$日的收盘价；$R_{mt}$为第$t$日市场收益率，$R_{mt}=(I_t-I_{t-1})/I_{t-1}$，其中$I_t$是$t$日的股票指数（深圳成指）；$\beta_j$为股票的系统性风险系数，通过选取事件窗口前[-200, -40]的161个日收益率进行市场模型回归求得。

异常收益率$AR_{jt}=R_{jt}-(j+jR_{mt})$等于股票$j$第$t$日的实际收益率减去预期正常收益率。异常累计收益率$CAR=\sum AR_{jt}$。

（三）结果分析

图7展示了2009年12月31日澄清公告发布前后双汇发展在股票市场上AR和CAR的表现。大约从媒体报道开始直至公告发布后的20天，虽然AR在正负区间内波动，但CAR一直维持正值，资本市场对双汇MBO"隐现"的消息给予了积极的回应。在零时刻，AR为3.69%，翌日甚至达到4.79%。澄清公

[①] 零时刻之前选到"-45"是考虑为了将11月5日的报道、第一次澄清公告的影响都包括在内，因为三者实质上是对同一性质事件的逐步披露；零时刻之后选到"20"是为了排除后一事件（临时股东大会决议公告）影响。

告实质上是对管理层持股的披露,虽然不满于管理层遮遮掩掩"挤牙膏"式的披露方式,投资者还是从正面解读了这一信息。本文认为可能的原因是双汇管理层锲而不舍的 MBO 努力向投资者传达了其对公司未来业绩的信心。

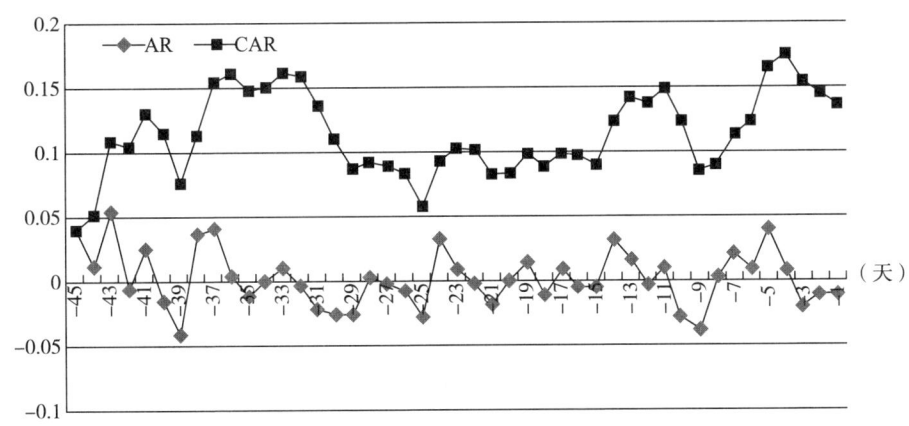

图 7　澄清公告发布 [-45, 20] 时间窗口内双汇发展 AR 与 CAR 表现

图 8 显示在 2010 年双汇发展临时股东大会决议公告前 10 天投资者持有双汇发展股票异常累计报酬为 -9.39%。尤其是在零时刻,也就是少数股权转让议案被流通股东否决的公告发布出来当天,AR 值达到 -3.77%,成为整个时间窗口内的最低值,资本市场的反应是灵敏的。管理层不仅将本具有优先受让权的优质资产拱手让与罗特克斯,还"先斩后奏"将前一年即已完成的此次事项拿出来表决,这是对社会公众股东决策权和知情权的公然轻视,以基金为主的机构投资者给予了有力的回击。一方面,该少数股权转让议案被高票否决,另一方面,股价放量下跌反映出投资者"用脚投票"的基本取向。境内机构投资者"手脚并用",对管理层的利益转移行为予以抵制。

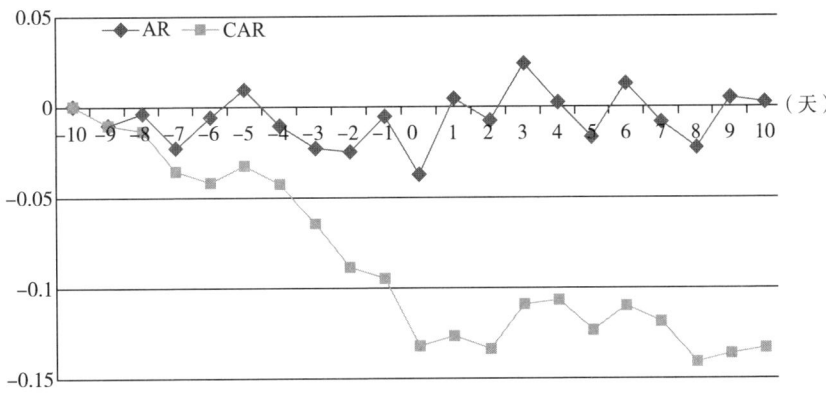

图 8　临时股东大会决议公告发布 [-10, 10] 时间窗口内双汇发展 AR 与 CAR 表现

总之，管理层发布澄清公告这一事件时间窗口内 CAR 为正，且事件发生后比发生前的日均异常收益更大，反映出管理层曲线 MBO 的消息给市场带来了积极的效应，并且消息发布后的一段时间内仍可以持续获得超常回报，市场需要一段时间解读和消化管理层持股信息；而临时股东大会决议公布这一事件时间窗口 CAR 为负值，且事件发生前比发生后的日均异常收益的绝对值更大。临时股东大会上少数股权转让议案被否决标志着基金们的"揭竿而起"，而决议公布前几个交易日股价就开始下跌，不排除基金们在正式大会之前就根据内幕消息互相沟通达成共识的可能性。无论背后具体原因如何，股价下跌是公众投资者对抗管理层的利益转移行为的直接反应。

八、研究结论及政策建议

通过借道外资绕开管制限制再从外资手中换得母公司股份实现曲线 MBO，双汇 MBO 的"路径创新"代表了双汇管理层在监管机构政策收紧的背景下寻求实现控股的努力。本文的理论贡献在于首先基于文献尝试提出一个 MBO 理论框架，然后通过对双汇案例的研究对理论框架进行验证，扩充了 MBO 研究相关文献的视角、内容与结论，并由此得到了一系列的操作、制度改进的启发。

第一，双汇 MBO 案例是一个具有分析意义普遍性的典型案例。案例的研究结果可以有效验证 MBO 理论框架，证明其外部有效性并丰富现有的理论体系。在对以往理论的验证尤其是 MBO 的实施过程方面，成立壳公司作为收购平台实现曲线 MBO、收购资金来源和收购价格不予说明、"挤牙膏式"的信息披露、获得地方政府的支持和配合、高分红与关联交易等现象和行为确实存在。在新的环境下 MBO 的各种问题依然未有改变，现有的理论研究结论得到进一步论证。当然本文新的理论启示集中在机构投资者与 MBO 的复杂关系。境外财务投资者作为桥梁参与到国企 MBO 中，这对现有资本监管理念提出挑战：依靠引入境外财务投资者改善国有股权结构、完善国企治理的理论依据与制度企图是苍白无力的。低风险与谋求短期丰厚的财务收益始终是这些境外机构投资者的不变取向。相反，境内以基金为主的机构投资者联合起来能够成为完善国有股权流动、防范管理层利益输送、抑制地方政府"失范"行为的强大群体。可以肯定境内机构投资者在我国上市公司治理中应该也必须发挥更大作用。

第二，从实践操作的角度，双汇发展成功实施MBO的经验是各方利益的平衡：选择正确的"合作伙伴"，地方政府（国有股东）的配合，各取所需的投票权安排，皆为MBO的顺利实施奠定了基础，而满足境内机构投资者的权益诉求则为管理层扫清了最后的阻力使MBO走向台前。虽然事件研究表明资本市场是给了MBO信息积极的回应，可能是MBO向投资者传达了管理层对公司未来的信心，但是在关联交易、增发定价等关键问题的博弈中，境内机构投资者通过"手脚并用"抵制管理层利益输送行为，这是一支无论是外部社会还是公司内部都不应小觑的制衡力量。

第三，双汇MBO的成功实施与其说是一种"路径创新"，倒不如说反映出了监管制度的缺失。虽然政策的愿望是禁止大型国有企业MBO的实施，但曲线和隐性MBO的存在让政策可能成为一纸空文。制度上必须再度思考、设计。（1）有学者认为"寄希望于MBO解决中国上市公司的代理问题，是不现实的。中国上市公司关键的代理问题在于大股东与外部中小股东之间，而非管理层与股东之间"（曾庆生，2004），本文的研究结论再次证明了这一点。换言之，制度上可以继续实施特别从紧甚至全部叫停国企MBO。（2）鉴于地方政府的各MBO案例中的"拙劣"表现或者"合谋"行为，强化对地方政府在国有股权转让、国企改制中的行为监管成为制度建设中的重点。严格透明程序，强制导入公开竞标、挂牌交易已经成为这一制度建设的基本选择。（3）我国先后出台的一系列鼓励境外机构投资者参与国企上市、国企改制、股权转让的优惠条件和特殊待遇的政策制度设计必须改变。相反，提高境外财务投资者参与国企股权的政策门槛、合理定价和严格禁售条件等制度建设是必须的和迫切的。（4）多方着手，公司内外结合，加大境内机构投资者参与上市企业的公司治理的力度是今后一段时间制度建设的方向之一。（5）不断改进上市公司的信息披露，防范内部人控制，严查关联交易，提高资产定价的公正性，引导符合全体股东长期价值的财务行为始终是我国企业治理与市场监管制度的长期任务，依然任重道远，只是在MBO方案中尤为重要。

由于双汇重组尚未正式完成，加上"瘦肉精"事件其对业绩的干扰，本文未对MBO后公司业绩水平和管理效率的变化进行研究，双汇MBO的经济后果还需进一步经验数据的证实；此外，还需要更多案例夯实本文提出的扩充的理论框架、研究结论和由此提出的政策建议，这也就成为本文或本议题未来继续研究的方向。

参考文献

[1] DeAngelo, H., DeAngelo, L. and Rice, E. M., 1984, "Going Private: Minority Freezeouts and Stockholder Wealth", *Journal of Law and Economics*, 27, pp.367~401.

[2] Jensen, M. C., 1986, "Agency Costs of Free Cash Flow, Corporate Finance and Takeovers", *American Economic Review*, 76, pp.323~329.

[3] Kaplan, S., 1989a, "Management Buyouts: Evidence on Taxes as a Source of Value", *The Journal of Finance*, 44, pp.611~632.

[4] Kaplan, S., 1989b, "The Effects of Management Buyout on Operating Performance and Value", *Journal of Financial Economics*, 24, pp.217~254.

[5] Lowenstein, L., 1985, "Management Buyouts", *Columbia Law Review*, 85, pp.730~784.

[6] 陈文瀚. 外资战略持股能否创造价值——中国上市公司的实证 [D]. 上海交通大学, 2007.

[7] 高伟凯, 王荣. 浅析我国证券法对管理层收购规制 [J]. 管理世界, 2005(10).

[8] 何光辉, 杨咸月. 管理层收购的四大问题 [J]. 经济理论与经济管理, 2003(4).

[9] 何光辉, 杨咸月. 上市公司隐性 MBO 的四大类型 [J]. 当代经济科学, 2004(6).

[10] 黄荣冬. 实施 MBO 的中国上市公司行为变化与公司绩效研究 [D]. 四川大学, 2007.

[11] 郎咸平. 中国式 MBO：布满鲜花的陷阱 [M]. 北京：东方出版社, 2006.

[12] 李智娟, 干胜道. "粤美的" MBO 前后管理层对财务指标的调控 [J]. 审计与经济研究, 2006(5).

[13] 刘燕. 中国上市公司的管理层收购：理论和实证研究 [D]. 西南财经大学, 2008.

[14] 毛道维, 蔡雷, 任佩瑜. 1999—2002 年中国上市公司 MBO 实证研究——兼论 EMBO 对国有企业改革的意义 [J]. 中国工业经济, 2003(10).

[15] 毛基业, 李晓燕. 理论在案例研究中的作用——中国企业管理案例论坛 (2009) 综述与范文分析 [J]. 管理世界, 2010(5).

[16] 双汇发展 (sz000895) 公告、年报, 雨润食品 (1068) 年报.

[17] 王红领, 李稻葵, 雷鼎鸣. 政府为什么会放弃国有企业的产权 [J]. 经济研究, 2001(8).

[18] 杨咸月, 何光辉. 从"中关村"论我国管理层收购"做亏模式"的控制 [J]. 中国工业经济, 2006(7).

[19] 益智. 中国上市公司 MBO 的实证研究 [J]. 财经研究, 2003(5).

[20] 曾庆生. 政府治理与公司治理：基于洞庭水殖捆绑上市与 MBO 的案例研究 [J]. 管理世界, 2004(3).

[21] 朱红军, 陈继云, 喻立勇. 中央政府、地方政府和国有企业利益分歧下的多重博弈与管制失效——宇通客车管理层收购案例研究 [J]. 管理世界, 2006(4).

母子公司关系网络影响子公司创业的内在机理*
——基于海信集团的案例研究

王世权[1]　王　丹[1]　武立东[2]

（1 东北大学工商管理学院；2 南开大学公司治理研究中心）

摘　要：针对理论上关于母子公司关系网络作用于子公司创业的内在机理尚缺乏更细致的解释的现实，基于海信集团的访谈、问卷及公开数据，本文对此进行了案例剖析。研究认为，在母子公司关系网络内，子公司的网络嵌入性对子公司创业有重要的影响；联合价值创造和价值攫取在网络嵌入性对子公司创业影响中具有中介效应；子公司自主权在子公司网络嵌入性对子公司创业的影响中具有调节效应。在此之上，构建了母子公司关系网络影响子公司创业内在机理的理论模型，并指出未来理论研究应重点关注"母子公司关系网络内外部环境作用于子公司创业的内在机理""母子公司关系网络规模对子公司创业的影响"与"基于双层治理理念的母子公司关系网络治理机制设计"三方面内容。

关键词：集团公司　公司创业　创业网络　案例研究　关系强度

一、引言

近年来，随着企业国际化步伐的加快，加之在创业型中小企业快速发展的影响下，即便那些拥有雄厚资源和享有颇高名望的大型企业集团（例如，微软、中国移动等），也必须不断地进行着技术、组织与制度上的革新等公司创业活动，来缓解其所面临的适应性和效率性的双重压力[①]。因此，如何保证现有大

---

* 原载《管理世界》2012年第6期。

① 整体而言，与国外相比，某些诞生于"计划经济"与"垄断环境"条件下的中国大型集团公司，在公司创业的步伐与频率上常常略逊一筹。

型集团公司创业活动的顺利且有效展开，引导其进一步发展，成为理论和实践关注的重点问题。

在破解大型集团公司创业难题方面，理论界进行着不懈的努力。已有研究主要从两大理论角度提出策略思路。一是站在母公司整体层面，直接以"公司创业"为主题，不考虑子公司的存在及其影响，内容涉及"公司创业的测量"（Miller，1983；Covin & Slevin，1989；Morris & Sexton，1996；Lumpkin & Dess，1996）、"公司创业的影响因素"（Doorn & Volberda，2009；De Clercq et al.，2010；Romero-Martínez et al.，2010）、"公司创业效果"（Morris & Sexton，1996；Zahra et al.，2006）以及"公司创业网络"（Hoang & Antoncic，2003；Klyver & Terjesen，2007）等方面的研究，是当前公司创业问题研究的主流。二是基于子公司视角，主要是围绕着"子公司网络及效应"（Birkinshaw & Hood，1998；Schmid & Schurig，2003）以及"子公司主导行为（Subsidiary Initiative）"（Roth & Morrison，1992；Birkinshaw et al.，1998；武立东、黄海昕，2010）等展开研究。

上述研究从不同层面揭示了集团公司和子公司创业的行为、效果及影响因素，为理论的进一步深化做了有益的积淀。然而，概观已有文献，与实践中迫切需求不相匹配的是，已有研究大都从母公司整体层面对公司创业问题进行探讨，母公司被视为单一制的组织形式，是控制子公司行为的轴心，子公司只是资源的被动接受者和职能的执行者（Bartlett & Ghoshal，1989；Birkinshaw & Hood，1998）。不难看出，这无疑是忽略了母子公司之间客观存在的相互依存关系。事实上，随着母子公司内部结构的复杂化以及各子公司差异化程度的不断提高，母子公司呈现出越来越多的组织间网络特征，子公司不再是单纯依附母公司的从属角色，而是在特定区域环境条件下母公司策略制定执行的积极参与者与相对独立的自主行为者（Bartlett & Ghoshal，1989；Rugman & Verbeke，2001；Manev，2003）。然而，虽然基于子公司视角对子公司创业方面的研究注意到了此点，但更多的是探讨跨国子公司的本地网络或社会网络问题，很少有文献关注母子公司关系网络对子公司创业影响的内在机理。如此一来，必然导致缺乏对子公司创业关键制约因素的提炼与整合，难以解释母子公司关系网络推进子公司创业的深层动因与机理。因此，有必要将复杂的母子公司及各子公司之间的关系看作是一种特殊的组织间网络，并基于此来审视母子公司网络关系是如何作用于子公司创业的。

本文以海信集团母子公司关系网络与子公司创业实践为案例着眼点，试图回答"母子公司关系网络影响子公司创业的内在机理"这一关键性问题，以期对母子公司情境下子公司创业行为进行解释。研究中，涉及两个关键概念：一个是母子公司关系网络，指的是母公司与子公司之间以及各子公司之间的网络关系；另一个是子公司创业网络，是以某一焦点子公司为轴心，该子公司在创业过程中，与母公司及其他子公司（不包括集团公司以外的成员）所形成的联系网络。在具体章节安排上，将在第二部分对相关文献进行梳理；第三部分对研究方法、案例选择标准、资料收集方式予以介绍；第四部分对案例资料进行深入剖析，并构建相关理论模型；第五部分是讨论、局限及启示。

二、文献述评

自 Miller（1983）的开拓性研究之后，理论上对公司创业内涵的理解，在经过最初的分歧与争论后，20 世纪 90 年代中期以来虽然仍未形成统一概念，但总体上可以认为，公司创业是指已建公司通过资源重新整合，实施产品技术创新、组织创新、战略更新、创造新事业等创新活动的一种内部组织过程（Zahra，1995；Sharma & Chrisman，1999）。就研究脉络而言，除却对公司创业进行测量（Miller，1983；Covin & Slevin，1989；Morris & Sexton，1996；Lumpkin & Dess，1996）和验证公司创业的现实影响（Zahra & Covin，1995；Lumpkin & Dess，2001；Zahra et al.，2006；张玉利、李乾文，2009）的研究外，理论上更多的是探讨公司创业的影响因素。

从相关研究来看，影响公司创业的因素是复杂多样的，既有股权结构、外部董事比例、高管股票期权、总经理与董事长两职状态、高管团队等内部战略因素的影响（Zahra，1996；Lumpkin & Dess，1996；Doorn & Volberda，2009；Romero-Martínez et al.，2010），也有组织规模、生命周期、组织文化、组织资源、组织边界、组织学习、管理支持、探索能力与开发能力、组织的程序公正、人力资源管理能力、对风险的信念、知识创造行为等内部组织因素的影响（Simsek et al.，2008；张玉利、李乾文，2009；De Clercq et al.，2010），还有技术环境、社会环境、文化环境、产业生命周期（Guth & Ginsberg，1990；Lumpkin & Dess，1996；Kuratko & Montagno，1999）以及战略联盟状况、集群内的网络资源（Teng，2007；Antoncic & Prodan，2008）等外部环境因素的影响。

尽管已有研究在上述因素对公司创业具有重要影响的层面上达成了共识，但由于立论基点的差异，相关研究结论在影响方式方面仍存在分歧。例如，在内部组织因素方面，学者们论证了作为中介变量或调节变量的组织特征与组织行为对公司创业的直接或间接作用，但对于作用的机理与方式在部分要素上分歧仍较大。外部环境因素对公司创业的影响，通常是作为调节变量出现在相关理论模型中（Simsek et al.，2008；Romero-Martínez et al.，2010），但已有研究中环境对公司创业影响的结论经常出现不一致现象。

就在公司创业理论日益丰富的同时，创业理论的另一个理论分支——创业网络（Entrepreneurial Network）理论也逐渐引起了学界的重视。从某种意义来说，创业网络理论是将新经济社会学的相关理念移植到公司创业领域之后的一个理论深化，也是组织间关系理论的进一步发展。较早运用创业网络这一概念的学者当属 Birley（1985）。Birley 认为创业网络是新建企业创业时创业者与外部环境之间的联系。现在看来，这一界定单纯地将创业网络理解为创业者个体的社会网络，虽然具有一定的局限性，但无疑开拓了创业研究的新领域。相较 Birley 而言，Hansen（1995）关于创业网络内涵的认知较为广泛，认为创业网络是创业者和其网络成员以及各网络成员之间的关系。与此相近，Gilmore 和 Carson（1999）认为创业网络是由一群彼此相识或不相识的个体或组织的一个集合。Bruyat 和 Julien（2000）则进一步拓展了创业网络的范畴，认为创业网络系资源、联系、契约、结构、组织、策略等观念、思想、方法和行动在内的综合体，创业企业的联合投资、战略联盟、网络组织等都可视为创业网络。此后，Hoang 和 Antoncic（2003）、Klyver 和 Terjesen（2007）等关于创业网络的认知大都没有超出上述范畴。理论上虽然对创业网络有着不同的界定，但对于创业网络的核心理念却有着共同的认知：对于嵌入于各种关系网络中的公司来说，公司创业不仅仅是依赖于"自生能力"，更应通过一定的顺序去接近各资源提供者并保持良好的关系，在资源获取后将其进行绑聚和利用（Brush et al.，2001；Sirmo et al.，2007）。公司创业只有嵌入于组织间以及隐匿于其后的关系网才能实现（Hoang & Antoncic，2003；Smith & Lohrke，2008）。

诚然，公司创业在本源上是依赖于所获取的内外部资源予以维系的，丰富的资源会增加公司发现与执行创新的机会，增强承担创业风险与成本的能力，拓展公司的能力范围，有利于公司创业活动的具体开展（Covin & Slevin，1989；Lumpkin & Dess，1996；Hoang & Antoncic，2003；Smith & Lohrke，2008）。一个公司对新技术带来的新机会的了解程度取决于它参与组织间合作的程度（Levinthal & March，1993；Powell et al.，1996）。长期的组织间合作，会使公司间的经济交换嵌入一个由经济投资、友谊和利他情感组成的多元关系网络中。此时，合作双方关系契合度越高，越会促使每一方的承诺自动超越契约规定，对关系做出超出所注明事项的贡献（Uzzi，1997），有利于各公司的创业。特别是，创业网络各成员将自身视为网络的一部分，更有利于网络层次目标的实现（Human & Provan，2000；Kilduff & Tsai，2003）。

然而，当前理论虽然认识到了创业网络对公司创业成功的重要作用（Bouwen & Steyaert，1990；Hoang & Antoncic，2003；Watson，2007），也探究了公司创业网络的影响因素（Elfring & Hulsink，2003；Hoang & Antoncic，2003；Smith & Lohrke，2008），但至今创业网络理论研究大都集中于新创业企业，而对于成熟企业的公司创业网络问题关注较少，特别是对企业集团内子公司创业网络关注的更少。相关研究主要是围绕集团公司内子公司网络问题，集中于子公司的网络化能力、子公司自主权、跨国（或海外）子公司的社会网络以及网络嵌入对子公司资源获取和组织学习的影响（Ghoshal & Bartlett，1990；Birkinshaw & Hood，1998；Andersson & Forsgren，2000；Schmid & Schurig，2003）几个方面，母子公司关系网络对子公司创业的作用机理方面却鲜有论及。已有研究已然直接或间接表明，母子公司关系网络是现实存在的（Ghoshal & Bartlett，1990；Andersson & Forsgren，2000），对子公司创业也必然产生影响，但是，在目前的创业领域研究中对母子公司关系网络如何作用于子公司创业缺乏细致的解释。由于存在上述未解答的问题，所以有必要对此类问题进行探索性研究。

三、研究设计

（一）研究方法

案例研究有助于捕捉和追踪管理实践中涌现出来的新现象，是构建和验证理论的有效方法（Eisenhardt，1989；Yin，2009），与本文所关注问题的特性有着良好的契合度。作为探索性研究，本文采用了有助于提炼规律的对单案例进行深度分析的研究方法。该方法不依赖于原有的文献或以往的经验证据，特别适合于母子公司关系网络对子公司创业影响这样的已有研究对其发挥作用的过程和机理等问题不十分清楚，可供借鉴的其他组织间关系研究中现有观点难以直接运用的情况（Eisenhardt & Graebner，2007）。在研究中，本文将着眼于打开母子公司关系网络这个"黑箱"，在依据海信集团运行的实践对其解构的基础上，遵循 Eisenhardt（1989）和 Yin（2009）等学者所描述的案例研究方法与程序来归纳并形成理论命题。与此同时，为了尽可能使数据真实、可靠，辅以深度访谈与问卷调研等方法，以强化不同来源数据之间的相互印证与补充。

（二）案例选择及背景介绍

针对研究内容，本文依照下列标准来选择案例。第一，数据的可得性与长期性。案例公司成立已有一段时间，以便取得较为全面与长期的资料，使研究能够顺利进行。特别是要有良好的信息提供人，以获得案例分析所必需的素材。第二，案例公司必须具有多家子公司，以便获得所需数据。第三，案例的典型性。选择的案例必须在公司创业中具有典型特征，唯有如此才能有利于规律的总结。当然，在3个标准中，数据可得性是本文考虑的重点。

基于上述标准，本文最终选择了海信集团作为案例。海信集团的前身是"青岛无线电二厂"，成立于1969年9月。最初员工仅有10余人，固定资产10.7万元，生产半导体收音机。1994年，海信集团成立。创业至今，海信集团拥有包括海信电器（600060）和海信科龙电器（000921）两家在沪、深、港三地的上市公司在内的22家子公司。其中，海信电器和海信科龙电器各有9家子公司，青岛海信国际营销有限公司有3家子公司。

海信集团是国家首批创新型企业，国家创新体系企业研发中心试点单位，中宣部、国资委推举的全国十大国企典型，拥有国家级企业技术中心、国家863成果产业化基地、国家火炬计划软件产业基地、数字多媒体技术国家重点实验室等。海信在青岛、美国、比利时等地建有研发中心，已然确立起了全球研发体系。率先在国内构架起以家电、通信、信息为主导的3C产业结构，主导产品为电视、空调、冰箱、冷柜、洗衣机、商用空调系统、移动电话、软件开发、网络设备等，在中国电子信息百强企业中名列前茅。成立以来，海信集团公司创业的标志性事件如表1所示。

表1　　　　　　　　海信集团公司创业的标志性事件

时间	创业内容	创业层面
1969年9月	"青岛无线电二厂"成立	新企业创设
1970年8月	第一台14英寸黑白电视机下线	技术创新
1976年9月	研制成功9英寸全塑机壳晶体管黑白电视机	技术创新
1979年2月	青岛电视机总厂成立	组织创新
1984年12月	第一台14英寸彩电下线	技术创新
1994年8月	海信集团正式组建	组织创新
1997年4月	青岛海信电器股份有限公司上市	组织创新
2000年3月	海信集团有限责任公司正式组建	组织创新

续表

时间	创业内容	创业层面
2003年8月	图像液晶显示处理电路的FPGA实现和EST-100家庭集中控制器两个项目达到国际领先水平	技术创新
2004年6月	海信在匈牙利建立工厂	创造新事业
2005年9月	180度矢量变频冰箱海信银贵人BCD-282VBP/262VBP系列强势推出	技术创新
2006年11月	"信芯"获得"国家信息产业重大技术发明"奖	技术创新
2006年12月	海信成功收购科龙电器	创造新事业
2007年3月	海信欧洲研发中心荷兰有限公司成立	创造新事业
2007年7月	海信正式推出"DNet-home"数字家庭系统	技术创新
2008年10月	"蓝光"电视在海信研发成功	技术创新
2009年3月	海信集团与中国电信签署战略合作协议	战略更新
2010年1月	海信与埃及Helwan Company合作HELAN空调生产基地开业	创造新事业
2010年9月	率先推出了全球首批真正意义上的智能3DLED电视	技术创新

注：判断是否标志性创业事件是由3名专家共同来完成的，其标准是看该创业行为在公司发展中的重要作用。具体过程是：首先，3人各自通过公司的官方网站或相关网页，总结出自己认为符合要求的创业事件，然后，一起讨论，对于共同认可的创业事件直接算作标志性创业事件，出现分歧的则在研讨后通过投票决定，两票以上的则作为标志性创业事件。

资料来源：海信集团及各子公司网站。

（三）资料收集

对母子公司关系网络影响子公司创业内在机理问题进行探讨，属于探索性研究。为了避免研究的片面性，提高理论效度，确保所构建理论模型的科学性，本文使用Miles和Huberman（1994）所描述的三角验证法（Triangulation），采取多种方式搜集所需资料，最终收集到了以海信集团为对象的"面板数据"。

其一是公开渠道，主要包括网络新闻报道（权威及主流媒体）、相关出版物（公司年报、内部期刊、内部相关规章制度等）及其官方网站等。资料搜集中，为了使资料符合研究主题，对包含海信集团及其相关子公司名称的相关信息进行了全面检索，最终由3位专家精选了有关海信集团及各子公司创业的78篇媒体报道、1999—2010年的海信电器和海信科龙两家上市公司年报及半年报作为案例分析的素材。并且，当公开资料中一些数据信息相互间出现矛盾时，将通过电话咨询案例公司内相关人员来对信息予以求证。

其二是深度访谈和观察。在2008—2010年近3年中，采取半结构化访谈方式对海信集团有关领导、职能部门负责人和子公司负责人以及行业内专家进行了多次正式或非正式的访谈。其中,对海信集团内部人士的访谈主要是了解公开数据中难以获得的资料和一些能反映社会网络关系的问题以及对出现矛盾的资料予以确认,以保证案例信息的充裕性及准确性。研究中,在问卷设计前后,共访谈了16人次,每次90分钟左右(指的是正式访谈)。对行业内专家的访谈主要是对家电领域的创新状况进行整体了解以及对海信集团的评判,共访谈3次,每次2小时左右。在具体实施中,保证在访谈后的12小时内对访谈记录进行整理和分析,以确保对资料理解的深度。

其三是问卷调研。在访谈的基础上,进一步设计了包括子公司创业、网络嵌入及网络效应的调查问卷,并从海信集团总部向其子公司发放了问卷。由于对22家子公司全部进行调研存在一定的困难,为此,借鉴Kilduff和Tsai(2003)的思想,从可以接近的子公司收集以其为中心的关系数据。调研选取包括海信电器、海信日立、海信通信、移动技术、海信模具在内的海信集团的15个主要子公司(其中一家子公司正在筹建)。问卷发放对象为各子公司的董事长、总经理、党委书记、副总经理或总审计师,共发放40份(每家案例子公司发放2~3份[①]),回收率为100%。其中,党委书记2人(1人兼任副总经理),董事长1人,总经理12人,副总经理(不包括兼任党委书记的副总经理)24人,总审计师1人。

四、案例剖析与理论模型构建

(一)海信集团的母子公司关系网络解构

在母子公司关系网络内,某一子公司以外的其他子公司及母公司构成该子公司的创业网络,成为其现实行动的约束条件,与此同时,该子公司自身又成为其他子公司的创业网络成员之一。海信集团依赖于22家子公司的支撑,始终走在竞争者的前列。从母子公司关系来看,22家子公司或为控股子公司或为全资子公司,就此而言,海信集团的母子公司关系网络主要是基于所有权产生的。具体来说,海信集团与各子公司的关系及相关信息如表2所示。

海信集团的各子公司之间并不是孤立存在的。而是通过母公司、股权、原

---

① 一方面用来验证问卷填答的有效性;另一方面为了防止负责填答的副总经理基于自己工作视角来看待公司所产生的片面性。在数据具体处理过程中,本文将依据相关问项最终将问卷整合(取平均值或者最大值)为15份。

材料采购、生产制造、产品销售、研发、财务等经营活动建立了密切的联系，在发展中互为创业网络的成员。例如，以青岛海信电器股份有限公司为例，2009年与其具有交易关系的集团内子公司达9家，涉及产供销及财务等多方面，如表3所示。

表2　　　　　　　　海信集团与各子公司的关系及相关信息

成立时间	公司名称	公司简称	控制方式
1994年10月	青岛海信智能商用设备有限公司	海信智能	控股
1994年12月	海信电子产业控股股份有限公司	海信产业	控股
1995年7月	青岛海信房地产股份有限公司	海信地产	控股
1995年11月	海信（山东）空调有限公司	海信山东	控股
1996年9月	青岛海信模具有限公司	海信模具	控股
1997年4月	青岛海信电器股份有限公司	海信电器	控股[2]
1998年10月	青岛海信网络科技股份有限公司	海信网络	控股
1998年12月	青岛海信物业经营有限公司	海信物业	控股
2001年5月	青岛海信通信有限公司	海信通信	控股
2002年6月	海信（北京）电器有限公司	海信北京	控股
2002年7月	海信（美国）光通信有限公司	海信美国	控股
2002年9月	青岛赛维电子信息服务股份有限公司	赛维电子	参股
2003年1月	海信日立空调系统有限公司	海信日立	控股
2003年4月	青岛海信宽带多媒体技术股份有限公司	海信宽带	控股
2003年7月	海信营销有限公司	海信营销	全资
2005年1月	海信（南京）电器有限公司	海信南京	控股
2005年4月	海信（浙江）空调有限公司	海信浙江	控股
2005年8月	青岛海信移动通信技术股份有限公司	海信移动	控股
2006年12月	海信科龙电器股份有限公司[1]	海信科龙	控股
2008年1月	青岛海信国际营销有限公司	海信国际	控股
2008年4月	青岛海信传媒网络技术有限公司	海信传媒	全资
2008年11月	海信集团财务有限公司	海信财务	全资

注：[1]科龙成立于1984年，但正式被海信收购是在2006年12月，2007年6月正式更名为海信科龙电器股份有限公司。[2]具体说应该是相对控股，但考虑海信电器前10大股东的持股比例，本文亦将其表述为"控股"。

资料来源：海信集团及各子公司网站。

表3　青岛海信电器股份有限公司与集团内其他子公司交易关系

交易方	交易类型	交易内容	交易金额（万元）
海信香港	购买商品	采购集成电路、屏等进口件	102370.97
海信进出口	购买商品	采购屏等进口件	194456.93
海信模具	购买商品	采购机壳、模具、加工等	5997.76
赛维电子	接受劳务	委托电视、机顶盒等维修	5388.68
海信宽带	购买商品	采购机顶盒用原材料等	1951.79
海信通信	购买商品	委托电视电路板加工	3319.67
海信财务	贷款	办理贴现业务	56711.97
海信宽带	销售商品	销售光纤到户接入设备	8101.27
海信进出口	销售商品	电视出口	255564.02
赛维电子	销售商品	销售电视维修用料	3530.87
海信财务	存款	办理存款等业务	87258.50

资料来源：青岛海信电器股份有限公司2009年年度报告。

为了厘清各子公司之间的关系，根据海信电器和海信科龙电器两家上市公司年报数据以及海信集团内 15 家子公司对问卷中的问项"与贵公司发生合作业务的集团内公司有哪些"的回答，本文勾勒出了如图 1 所示的海信集团主要的 13 家子公司之间的网络关系①。

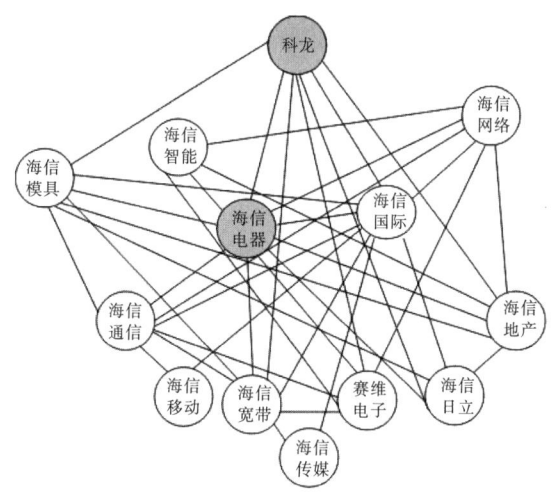

图 1　海信集团主要子公司之间的网络连接关系

---

① 考虑海信财务有限公司和海信物业的创业行为不明显，并且两家公司与集团内其他子公司业务往来频繁，故没有体现在网络图中。与此同时，需要指出的是，图中各子公司尚有其他具有业务往来的公司，但那些公司不在本文的考察范围之内，故也未描绘到海信集团母子公司关系网络之中。例如，与海信科龙具有业务关系的尚有海信山东、海信北京等子公司。

（二）母子公司关系网络对子公司创业的影响

母子公司关系网络作为子公司创业活动重要信息和资源的沟通渠道，各子公司网络嵌入程度的差异决定了其会采取不同的关系价值机制（Relational Value Mechanism），由此亦会对子公司创业产生重要影响。由于本文旨在探求母子公司关系网络影响子公司创业的内在机理，所以案例剖析的重点在于子公司的自我中心网络。综合已有研究对子公司创业可能影响因素的认知，其间必然涉及子公司个体网络、组织间网络（母子公司以及子公司之间）以及母公司对子公司控制3个关键层面的问题。对此，借鉴Uzzi（1997）、Tsai（2000）、姜翰、金占明（2008）、Gulati和Sytch（2008）等已有研究，同时考虑集团公司的特性，加之对访谈和案例资料的深入分析，在子公司个体网络层面，选取了"网络嵌入性"这一新经济社会学中经常用到的指标作为分析要素；在组织间网络层面，选取了能够反映子公司之间以及母子公司之间合作行为的联合创造价值（Joint Value Creation）和价值攫取（Value Appropriation）这一组织间关系价值机制作为分析要素；在母公司对子公司控制层面，选取了能够反映母公司对子公司控制程度的子公司自主权作为分析要素。

1. 子公司个体网络层面：网络嵌入性对子公司创业的影响

"嵌入性"（Embeddedness）一词通常被用以描述社会关系对经济行为和经济制度的影响，理论上有多种方式对其予以衡量（Granovetter，1985；Hagedoorn，2006）。较为常用的就是结构嵌入性（Structural Embeddedness）和关系嵌入性（Relational Embeddedness）。结构嵌入性将关注点由直接关联扩展到个体在网络中所占据的位置，最直接的衡量方式就是网络中心度；关系嵌入性关注的则是网络内各行为者间联系的强度，强调了个体间的直接关系对获取信息的作用。关系越直接、越紧密，个体越能分享到信息和知识，通常用网络关系强度来衡量。组织可以依赖自身的网络中心度和网络关系强度从其所嵌入的网络获得信息优势和控制优势（Burt，1992；Hoang & Antoncic，2003）。

网络中心度是指每个网络成员和其他结点所发生的直接联系的数量，在本文中反映了焦点子公司与其他子公司的网络连接情况，用来衡量焦点子公司的地位和重要性。为了深入挖掘母子公司关系网络内网络中心度对子公司创业的影响，本文按照网络中心度由高到低将所统计的海信集团13家子公司的网络中心度划分为高、较高、中和低，如表4所示。

表4　　　　　　　海信集团子公司网络中心度与创业强度

网络中心度	子公司	网络中心度（值）	创业强度	统计时段
高	海信电器	10	3.88	2001年9月—2010年9月
较高	海信科龙	7	3.80	2007年9月—2010年9月
	海信宽带	7	2.14	2003年9月—2010年9月
	海信通信	7	2.44	2001年9月—2010年9月
	海信国际	7	2.50	2008年9月—2010年9月
	海信模具	7	2.20	2000年9月—2010年9月
中	海信网络	6	2.10	2000年9月—2010年9月
	海信地产	6	2.18	2000年9月—2010年9月
	塞维电子	6	1.13	2002年9月—2010年9月
低	海信日立	5	1.71	2003年9月—2010年9月
	海信智能	4	1.56	2001年9月—2010年9月
	海信传媒	2	2.00	2008年9月—2010年9月
	海信移动	2	1.40	2005年9月—2010年9月

资料来源：各公司网站及相关网页。

整体来看，在海信集团各主要子公司所构成的母子公司关系网络内，呈现出了子公司的网络中心度越高、创业强度也越大的趋势①。例如，与海信电器有关系的子公司达10家，正是在这些子公司的支持下海信电器的创业强度也较强，达到3.88；海信移动网络中心度仅为2，与其相对应的创业强度也仅为1.4。为何会如此？一家子公司的副总经理所言道出了其中的原委："我们公司所获得的有关采购、销售、创新等信息与机会70%以上来自于集团公司或集团内其他有业务关联的子公司。可以说，这些子公司对我们公司的创新及竞争优势的获取，起到了重要的支撑作用，光靠与集团外部的公司间关系很难有我们今天的业绩。"这一现象与理论认知基本相符。研究表明，子公司的网络中心度越高，意味着该子公司拥有越多的渠道接近信息与资源，越容易寻找机会和得到所需的资源，更有利于子公司创业（Tsai & Ghoshal, 1998; Tsai, 2000）。

网络关系强度描述的是网络中各公司之间关系的紧密程度，通常指联结的时间、互动的频率、互惠性服务内容以及亲密程度（Granovetter, 1973）。从访

---

① 本文创业强度计算方法为：首先根据公司创立的时间计算出某一时段（以年为单位）的创业标志性事件，然后用标志性事件的个数除以年数。另外，各子公司统计时段出现差异的原因在于，子公司设立的时间不同。

谈得到的证据来看，子公司的网络关系强度在形式上表现为交易频度、交易持续的时间以及子公司间的互惠程度，但隐匿于其后的更是各子公司经理或其他人员的私人友好关系①。诚如海信集团母公司的一位领导所言："每个组织都会有一些关系特别要好的小团体，海信集团各子公司的经理之间也是，有的（子公司经理）私交非常好，平时交流就多些，反之就少些甚至只是例行公事的交往。此点在每次集团聚会时表现得较为明显，尽管各子公司总经理都互相敬酒，但酒过三巡之后，就会发现各子公司总经理们三三两两地坐在一起'互诉衷肠'，这说明这些总经理之间的私人关系更加要好。"当然，上述子公司经理之间的私人关系的差异，加之受合作过程中合作剩余分配等因素的影响，同一母子公司关系网络内的每一个子公司的创业网络关系强度也会存在差异，对子公司创业的影响也是不同的。海信集团内，海信模具自1996年成立至今，一直为海信电器、海信科龙等集团内子公司提供采购机壳、模具、加工等业务。在长期的合作中，海信模具与其他子公司之间逐渐建立了互信互惠的互动模式，长期的合作使得彼此行为都是可以预期的。

然而，从理论来看，虽然网络关系强度作为解释公司创业成功不可或缺的一部分，其价值已然得到了广泛认可，但却存在着强关系和弱关系对于绩效都有正相关作用的矛盾结论（Uzzi，1997；Rowley et al.，2000），并且在一些案例中强关系被认为是一个劣势而非优势（Elfring & Hulsink，2003）。毋庸置疑，上述观点不一定是相矛盾的，仅是由于所分析的情景差异所致。在母子公司关系网络内，由于母子公司关系网络特殊的联结方式以及子公司之间沟通渠道天然的畅通性，加之很多子公司设立的初衷就是为集团内其他子公司进行服务，为此，子公司与母公司以及子公司之间的关系相较其他网络型组织（如产业集群）具有更强的关系强度。并且这种较高的网络关系强度可以促进个体之间信任的产生，使网络内其他成员公司更认同本公司的行为，降低机会主义（Barnett，2007；De Canniere et al.，2009），有利于简化子公司搜寻程序与降低交易成本和风险，促进完整信息和隐性知识的传递，使公司获得用于价值创造的必要资源和相关知识以及共同寻找解决问题的方法（Granovetter，1973；Powell et al.，1996；Uzzi，1997；Rowley et al.，2000）。特别是，当关系中具有高度的协同性与专用性资产投入等有利因素时，增强了关系成员致力于取得共同成功并长期维持这种高度交互价值的移入性关系，提升公司自身获取识别所

---

① 当然，私人友好关系可能是在日常的交易过程中逐渐形成的，也可能是先有私人关系而后才开始交易的，在母子公司中前者较为常见。

需信息的能力，促进公司的持续价值创造（Tsai & Ghoshal，1998；Das，2006；姜翰、金占明，2008；Gulati & Sytch，2008）。事实上，从实践来看，海信模具相较那些成立时间较晚，与集团内各子公司网络关系强度较弱的子公司（如海信传媒）拥有更强的创业能力和创业水平。现实表现为，海信模具不但支持了海信电器与海信科龙的不断创新，而且自身所设计制造的多套模具也多次被评为具有国际、国内先进水平的模具。据此可知，子公司的网络关系强度越高越有利于子公司创业。

基于上述分析，可提出命题1。

命题1：当外部环境一定时，在母子公司关系网络内，子公司的网络嵌入性对子公司创业有着重要影响，其直接表现就是网络中心度和网络关系强度越高越有利于子公司创业。

2. 组织间网络层面：联合价值创造与价值攫取对子公司创业的影响

由于个体理性所致，在任何一个网络组织内都存在联合价值创造和价值攫取两种关系价值机制（Bae & Gargiulo，2004；Lavie，2007）。就公司创业网络而言，联合价值创造是创业网络内各公司间通过互利性行为创造新价值。对母子公司关系网络来说，其反映了网络内各子公司间的内聚力（Gulati & Sytch，2008；姜翰、金占明，2008）。长期的联合价值创造行为意味各子公司更有意愿联合起来，联合创造水平越强各子公司嵌入在母子公司关系网络中的水平也越高，协调问题的帕累托改进解决方案就越容易出现（Uzzi，1997）。价值攫取则是创业网络内各公司出于自利性行为而攫取既存价值（姜翰、金占明，2008）。母子公司网络内的价值攫取行为既有母公司对子公司的价值攫取（如上市公司的掏空现象），也有优势子公司对劣势子公司的价值攫取[①]。

众所周知，无论通过何种方式设立一家子公司，大多是源于母公司的战略意图（Strategic Intent）。子公司一旦设立，母公司为提高资源的获取效率，通常都会为子公司输入包括有形的物质资源和无形的知识、信息等在内的各类资源（Gulati，1999），为子公司的发展构建"战略基础设施"。当子公司获得来源于母子公司的各类资源之后，也会将其内化到自身的创业过程中，并会将一部分新创资源转化为母公司发展所需的战略资源，如此一来母公司和子公司之间的联合价值创造不但会对子公司有所助益，也会直接影响到母公司的资源配置，甚至会间接促进其他子公司创业水平的提升。

从调研结果来看，对于海信集团而言，母公司的整体竞争优势源于各子公

---

① 本文不考虑母公司对子公司的价值攫取行为。

司的创业行为，但同时母公司对各子公司的创业也在原材料采购、生产技术等方面予以了支持，促进了子公司创业。海信集团内各子公司普遍认为，集团背景对其给予了重要的支持，如表5所示。海信集团近年来的创业表现，很大程度上得益于母子公司及各子公司间基于正式或非正式制度的联合价值创造。一家子公司的总经理对此作了清晰的描述："我们公司是以新设的方式设立，初衷是缘于集团公司的战略布局，公司成立后，集团公司及部分子公司对我们的支持较大。当然，公司步入正轨后至今也为集团整体做了很多贡献。"可见，海信集团内，母子公司之间的联合价值创造对子公司创业行为起到了一定的促进作用。

联合价值创造不仅反映在母子公司关系中，在各子公司间也有所体现。集团内各子公司通过在物流运输、资金调度、产品开发、材料采购、人力培训、生产活动等制度连带（System Ties）或情感连带（Friendship Ties）等多方面的联合，不但会降低各子公司间的交易成本，还会为各子公司提供一个联合解决问题的机制，这一机制在一定程度上促进了各子公司的学习和创新（Uzzi，1997）。调研数据也证明了此点，包括海信电器和海信科龙在内的大多数子公司认为，通过合作"双方都学到了相关的技能和专长""增强了公司的核心能力和竞争优势""与集团内子公司合作比与集团外公司合作要好"，表6列示了海信集团子公司间联合价值创造状况。

表5　海信集团各子公司对"具有集团成员背景而拥有比同业更大优势"的认知

	海信电器	海信通信	海信移动	海信宽带	海信网络	海信智能	海信国际	海信地产	海信日立	海信模具	赛维电子	海信传媒
材料采购	6	5.5	3	5.5	6	6	—	6.5	6	3	—	—
生产技术	4	5	2	3	6	6	—	6	4.8	4.67	—	—
产品销售	4	3.5	2.5	4.5	5.25	5	3	4	5	3.3	—	—
产品开发	5	4	3	5	5.25	3	4.5	4	3.5	4.3	—	—
产品定价	5	5	2.5	3	5.75	5	5	5	3.3	3	—	—
市场开发	6	5	3	4.5	5	7	6	—	3.3	2	—	6
服务质量	5	5	6.5	4.5	5	3	4	6.5	3.8	2.5	5.5	6
人员素质	6	5.5	7	4.5	5.75	5	4.5	5.5	3.8	5.25	5.5	—
运营成本	4.5	4	3	5.5	6	2	5	5.5	4.8	3.67	4	—
创新绩效	5	4	5.5	5.5	6	3	4	4	4.3	5.5	—	—
信息搜集	6	4	6.5	3.5	5.75	2	5	5.5	4.5	4.67	6	—
经营能力	6	4.5	5	6.5	5.75	6	5	7	4	4	6	—

注：数字1~7系填答者对问卷中从"完全不同意"到"完全同意"的判断。由于每家公司调研2~3人，表中数据为加权平均数，"—"表示未填答。

表6　　　　　　　　海信集团子公司间联合价值创造状况

子公司	合作强度高的领域	合作强度低的领域
海信电器	战略规划、产品服务、运营计划、物流运输、资金调度、产品开发、材料采购	资源分配、人力培训、市场开发、产品定价、信息收集、生产技术、产品销售、生产活动
海信通信	产品服务、市场开发、产品定价、生产技术、产品开发、资金调度、产品销售、生产活动	战略规划、资源分配、人力培训、物流运输、信息收集、材料采购
海信移动	战略规划、产品服务、运营计划、市场开发、产品定价、信息收集、生产技术、产品销售、生产活动、材料采购	物流运输、产品开发、资金调度、资源分配、人力培训
海信宽带	战略规划、产品服务、运营计划、资源分配、物流运输、生产技术、资金调度、产品开发、生产活动、材料采购	人力培训、市场开发、产品定价、信息收集、产品销售
海信网络	人力培训、产品开发、资金调度、生产活动、材料采购	战略规划、产品服务、运营计划、资源分配、市场开发、物流运输、产品定价、信息收集、生产技术、产品销售
海信智能	产品服务、市场开发、生产技术、产品销售、生产活动、材料采购	战略规划、运营计划、资源分配、人力培训、物流运输、产品定价、信息收集、资金调度、产品开发
海信国际	战略规划、产品服务、运营计划、物流运输、资金调度、产品开发、材料采购、资源分配、人力培训、市场开发、产品定价、信息收集、生产活动	生产技术、产品销售
海信日立	资源分配、生产技术、产品开发、材料采购	战略规划、产品服务、运营计划、物流运输、资金调度、产品销售、人力培训、市场开发、产品定价、信息收集、生产活动
海信模具	战略规划、产品服务、运营计划、资金调度、产品销售、人力培训、市场开发、产品定价、信息收集、生产活动、资源分配、生产技术、产品开发	物流运输、材料采购
塞维电子	战略规划、产品服务、产品定价、信息收集、资金调度	运营计划、产品销售、人力培训、市场开发、生产活动、资源分配、生产技术、产品开发、物流运输、材料采购
海信传媒	市场开发、信息收集、生产技术、资金调度、产品销售、产品开发、生产活动、材料采购	战略规划、产品服务、运营计划、资源分配、人力培训、物流运输、产品定价

调研数据显示，鉴于海信电器在海信集团内的地位，海信模具等诸多子公司在成立之初就是围绕着海信电器所设立，在长期的合作中，这些子公司与海信电器的联合价值创造的方式不断创新，联合价值创造水平也不断增强。以海信模具为例，最初是以向海信电器销售模具等产品为主，后来海信电器又开始向海信模具销售商品。这种双向交易关系在海信电器与海信传媒、海信宽带等子公司的交易中也都存在，并且交易额呈现逐年增大的趋势。甚至，为了强化彼此间的联合价值创造水平，海信电器还直接参股其他子公司（2010年，持有海信国际19%的股份）。海信电器技术上的不断创新必然对模具等产品提出要求，促使海信模具不断地创新以满足海信电器的需求，同时，海信模具在与其他电器企业进行交易时，也会获得关于相关产品的最新信息，又会促进海信电器积极开展创业活动。不难看出，海信集团内子公司间的联合价值创造在一定程度上促进了合作各方创业强度的提升。

基于上述分析，可提出命题2。

命题2：当外部环境一定时，在母子公司关系网络内，母子公司之间及子公司之间较高的联合价值创造水平将会促进子公司创业活动的展开与创业能力的提升。

但是，在母子公司关系网络内，不都是令人向往的"合作之美"。子公司之间虽然存在着共同的所有权纽带作为连接，但各子公司也是拥有独立资源和能力、存在异质性利益冲突的不同实体。在成长过程中，不同子公司由于成立时间长短、设立方式以及集团内分工等方面的差异，导致其相对能力有强有弱。一般而言，相对能力高低直接决定了子公司的谈判能力差异，进而决定了其在母子公司关系网络内的话语权。具有较高谈判力的子公司可能会基于自身利益的考虑而损害那些谈判力低的子公司，导致合作双方不和谐。在海信集团内，各子公司的相对能力也参差不齐，海信传媒、海信国际、海信电器等子公司相对于海信地产整体实力要强，如表7所示。

表7　海信集团内各子公司的相对能力

	海信电器	海信通信	海信移动	海信宽带	海信网络	海信智能	海信国际	海信地产	海信日立	海信模具
产品研发能力	4.5	1	6	5	5	2.5	—	2	4.75	4.67
工艺研发能力	4.5	4.5	6	3	3.33	2	—	3	4.5	4.5
产能利用率	4.5	4	—	4.5	4.5	1	4	—	5.25	4.67
行销能力	4.5	2.5	2.25	4.25	5.67	3.5	5.5	3	5.5	4.67
管理能力	4.5	2.5	4	3.5	4.83	2	4.67	3.5	3.5	4.17

续表

	海信电器	海信通信	海信移动	海信宽带	海信网络	海信智能	海信国际	海信地产	海信日立	海信模具
创新能力	4.5	2.5	6	4.5	5.33	2.5	5	3.5	4.5	4.5
国际化能力	4	3	3.5	4.75	1.83	1.5	6.33	1	3.75	4.5
整体资源优势	4.5	3.5	3.5	4.25	4.67	2.5	4	3	5	4.5
平均能力	4.44	2.94	4.46	4.22	4.40	2.19	4.92	2.71	4.59	4.52

注：数字1~7系填答者对问卷中从"远低于集团全体公司的平均水平"到"远高于集团全体公司的平均水平"的判断。由于每家公司调研2~3人，表中数据为加权平均数，"–"表示未填答。

随着各子公司优势的累积和战略意图的变化，彼此间也会进行内部资源配置的竞争，由此引致在合作过程中可能会出现一定的价值攫取行为。一家子公司的总经理在访谈中曾这样说："与集团内公司进行合作，由于各公司有自身的利润指标，因此在合作中出现合作中一方利益受损是在所难免的。一旦发生，我们首先想到看看是否违背合约，然后与之进行协商解决，最后实在不行去找集团公司。如果此类行为多次发生，我们将会减少与其合作的机会，甚至会在知会集团总部后寻求外部合作。"另外，调研数据显示，在海信集团的母子公司关系网络内，诸如海信通信等部分子公司在网络内的价值攫取行为，集中表现为合作过程中"出尔反尔，违背其诺言""企图回避责任""内部交易价格不合理，合作态度不好"以及"一旦有机会，会侵害其他公司利益"。对此，47.5%的子公司对其他子公司表示出了不满。如此一来，必然会降低该子公司在母子公司关系网络内的信任度，对自身及其他相关子公司创业都会产生负面影响。尽管其中95%的子公司尝试采用友好协商的方式解决矛盾，可是效果却不理想。并且，对合作对象表现出不满的大都是那些相对能力较弱的公司，而这些公司的创业强度也较弱，例如，海信智能的平均相对能力仅为2.19，与之相应的是其较低的创业强度（1.56）。

基于上述分析，可提出命题3。

命题3：当外部环境一定时，在母子公司关系网络内，较高的价值攫取水平，不但不利于子公司自身的创业，甚至还会对其所依存的子公司创业网络产生不良影响。

与此同时，由于较高的网络嵌入所形成的整体上的"捆绑效应"能够在一定程度上提升网络内各公司间的联合规划与联合求解以及交互投入程度，因此将促进各公司进行联合价值创造，抑制个别公司的价值攫取行为（Gulati & Sytch, 2008；姜翰、金占明, 2008）。并且一旦一家公司开始合作，随着时间的推进，就会积累合作经验,提高自己作为合作伙伴的声誉以及与其他公司的交流能力,遵循一些正式的或非正式的诸如互惠(Reciprocity)和回报(Repayment)等交易规则,进而促进公司间的联合价值创造(Powell et al.,1996)。一家子公司的总经理曾如此表述对此的认知:"当市场上出现机会或竞争对手研发出新的产品,在我们一家公司无法应对的情况下,首先想到的是同母公司对该问题进行商讨,然后再和关系紧密的集团内兄弟公司进行沟通,看是否能够合作,从结果来看,增加了把握机会的能力,加快了产品研发的速度。"

调研数据还显示,海信集团的母子公司关系网络内,在诸如海信电器和海信科龙等具有较高的网络中心度和网络关系强度的子公司中,在创业过程中注重与其他子公司的嵌入性关系维系的同时,还进一步提升其在关系网络中的投入水平。例如,为了运用海信国际提升其海外的竞争力,海信电器和海信科龙除了与海信国际存在交易关系外,两家公司均持有海信国际的股份,高度的关系嵌入性必然有利于增强各公司间的共识,推广合作原则,从而促进公司间的沟通。长期的合作及对彼此行为的认知可以提高各子公司之间的联合价值创造水平,大大削弱个别子公司的价值攫取倾向(Powell et al.,1996;姜翰、金占明,2008;Gulati & Sytch,2008)。另外,从海信集团母公司及各子公司之间的关系来看,各子公司或为全资子公司或为控股子公司,与母公司具有天然的较高的网络嵌入性,也正是缘于此,各子公司更希望从集团获得协助。在对"希望集团总部给予支持的程度"问题进行回答时,各子公司在不同方面和程度上表明了希望集团总部给予支持的期待(如表8所示)。这在一定程度上例证了子公司网络嵌入性的提升有利于联合价值创造水平的提高这一现象。

基于此,可提出命题4。

命题4:当外部环境一定时,在母子公司关系网络内,子公司较高的网络嵌入程度有利于母子公司及子公司间联合价值创造水平的提升,并能够在一定程度上抑制优势子公司的价值攫取水平。

深入分析命题1、2、3、4可知,联合价值创造与价值攫取所描述的是子公司间合作过程中的价值创造状况,两者在某种意义上是子公司网络嵌入性的最为直接的结果之一。并且相较子公司的网络嵌入性对子公司创业的作用而言,联合价值创造与价值攫取对子公司创业的影响可能更为直接。据此,可得到推论1。

推论1:当外部环境一定时,在母子公司关系网络内,联合价值创造与价值攫取在子公司网络嵌入性对子公司创业影响中具有中介效应。

表8　各子公司对"希望集团总部给予支持的程度"的认知

	海信电器	海信通信	海信移动	海信宽带	海信网络	海信智能	海信国际	海信地产	海信日立	海信模具	赛维电子
产品设计	5.5	6.5	4	4.25	5	4	5	5	4.5	6.5	5
工艺设计	5	6.5	4	3.75	5	4	4	5	4.5	6.5	5
生产技术	5	5	4	3	6	6	4	5	5	6.33	3
行销策略	6.5	5	6.5	3.5	5	4	5	5.5	4	6.17	4
市场开发	6.5	4.5	6.5	4.6	6	4	5.25	5	4	6.17	4
管理能力	5.5	5.5	6	6.7	6.25	5.5	5	7	4.75	6.17	5.25
组织设计	6.5	5	5	5.5	5.25	4	5	6.5	4.25	6	4.5
人事安排	6	5	5	6	5	3	5	5.5	4.75	5.5	4.25
员工培训	5.5	5	7	7	6.5	5	7	5	6.5	6.67	4.75
战略规划	6.5	6.5	7	6	6.833	6	6.5	5	5.75	6.33	6

注：1 完全不同意；2 不同意；3 不太同意；4 一般；5 有点同意；6 同意；7 完全同意。另外，表中数字为求平均数后得到。

3. 母公司对子公司控制层面：子公司自主权对子公司创业的影响

集团公司作为一种由母子公司形成的各结构单元之间相互联结进行信息交流以及行为互动构成的网络，不同于传统的强调"总部控制与子公司服从"的层级关系，作为"有组织的市场"和"有市场的组织"的结合，它所强调的是"子公司自主、公司间互动、整体目标实现与提升环境适应性"的网络关系（武立东、黄海昕，2010），秉承的是"看不见的手"和"看得见的手"的"握手"（Larsson，1992）。子公司在新成立时，由于本身缺乏资源与能力，对母公司依赖性较大，使母公司得以拥有较大幅度的实质控制。但在子公司逐渐成熟，资源累积也日渐丰富时，此种控制受内外部环境的综合影响将在一定程度上减弱（Prahalad，1981），甚至在某些情况下要根据不同子公司的关系性质制订计划，并且在决策时可能需要子公司的参与。海信电器的成长与发展就经历了这样一个过程。最初，海信电器是完全受控于母公司的，但在上市之后，随着公司的发展壮大，加之股权多元化程度的提高，此种控制在一定程度上开始逐渐减弱，至今海信集团很多战略都是围绕着海信电器来制定的。

换言之，子公司作为企业集团面向外部环境获取知识与信息的前沿，它的运行需要更多的现场决策，总部已不再适宜绝对代替子公司做出决策和命令（武立东、黄海昕，2010），要赋予子公司必要的自主权。在较低的自主权情况下，子公司的营运策略在集团总部的监督之下，可能必须配合集团整体战略布局，因而会在一定程度上限制子公司可能的策略选择与营运弹性。此时，尽管一些子公司在网络中居于中心地位，也具有较强的网络关系，能够促使子公司不断地进行创业，但由于子公司的自主权较低，可能会导致其不作为或者采取非合作行为，有时即便是想作为，也可能无法根据自身的需求去与其他子公司构建一些建设性的关系，客观上会削弱子公司网络嵌入性对关系价值机制以及子公司创业强度的影响。相反，子公司如果拥有较高的自主权，既有的网络嵌入性更多的是其自主选择的结果，而这些网络关系又是围绕自身创业活动的有效开展而构建的，所以能够强化公司网络嵌入性对关系价值机制以及子公司创业强度的影响。访谈中海信集团公司总部的一位经理的观点是对此较好的例证："对于授予子公司多大的权力，一直以来就是我们的困惑，权力放大了母公司无法控制，权力放小了，子公司的积极性明显降低，基本上处于不求有功，只求无过的状态。"实际上，从海信集团运营的实践来看，海信电器和海信科龙两家上市公司网络嵌入性较高，创业强度也较大，其间一个可能的原因就是自主权相较其他子公司高的缘故。基于此，本文得到推论2。

推论2：当外部环境一定时，在母子公司关系网络内，网络嵌入性对子公司创业强度以及联合价值创造和价值攫取两个关系价值的影响，能够在多大程度上发挥作用取决于子公司有多大的自主权，即子公司自主权对上述关系具有调节作用。

（三）理论模型

如前所述，母子公司型企业集团将科层内的权威关系、市场关系和社会网络关系整合在一起，形成了基于"市场—科层—网络"的包含子公司个体网络和组织间网络（母子公司以及子公司之间）在内的复杂的母子公司关系网络。同时，这一网络也会反过来作用于集团内的母公司及各个子公司。这种作用不但会影响到子公司创业活动的开展，还会直接影响到集团整体竞争力的提升。

通过对本文所选案例海信集团母子公司关系网络的剖析可知，在外部环境一定的条件下，母子公司关系网络内子公司的网络嵌入性对子公司创业强度会产生重要影响，且联合价值创造与价值攫取两个关系价值机制在其间可能具有中介效应，而子公司自主权在网络嵌入性对子公司创业强度以及联合价值创造和价值攫取的影响中可能具有调节作用（具体影响及作用方式反映在本文所提出的4个命题和两个推论当中）。依据对海信集团母子公司关系网络解构所提出的命题和推论，可构建如图2所示的母子公司关系网络影响子公司创业内在机理的理论模型。

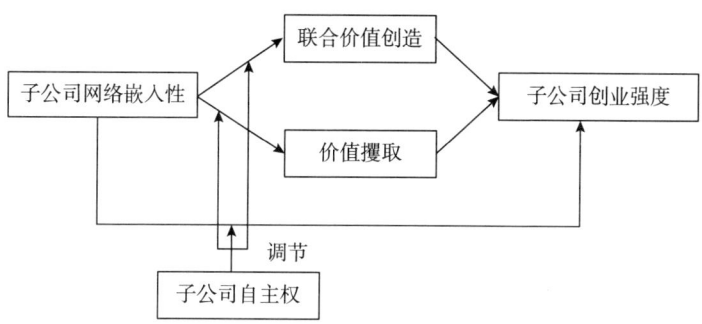

图 2　母子公司关系网络影响子公司创业内在机理的理论模型

上述模型由子公司网络嵌入性、子公司创业强度、关系价值机制（联合价值创造与价值攫取）以及子公司自主权等要素和相应的路径关系组成，反映了各个要素作用于子公司创业的方式，是一个概念模型。子公司的创业强度在很大程度上是模型中各要素综合作用的结果。该模型虽然仅是通过海信集团案例予以构建，但可以在一定程度上反映并解释母子公司关系网络推进子公司创业的动因与机理。

五、讨论、启示及局限

母子公司关系网络问题因可以加深人们对社会结构与关系如何影响组织行为的理解，已成为经济学和社会学中令人振奋的领域。将子公司创业问题进一步置于母子公司关系框架下进行研究，探讨其前因及作用机理，更有助于拓展公司创业理论的研究视角，弥补交易成本理论、委托代理理论以及博弈论等对此类问题研究的局限，丰富经济社会学理论的研究内容。例如，交易成本理论以有限理性和机会主义等核心概念对公司间的纵向一体化行为做出了有益的解释，但由于仅关注了交易双方的经济关系，没有考虑买方与卖方的社会关系（Williamson，1985；Ghoshal & Moran，1996），使得理论难以对买方与卖方公司的行为做出更深层次的诠释。代理理论基于经济人假设来审视母子公司关系，由此直接引致的逻辑命题就是母公司对子公司正式控制的使用，而很少（或者不）考究网络关系的现实影响。博弈论的核心论点是：自私的参与者在最后阶段来临时，即使有正在进行中的社会关系，并且相互很欣赏对方，他们仍然会采取背叛行为（Jacksona & Wolinsky，1996），这与实际网络的规则很不相符（Uzzi，1997）。特别是，其严格的假设早已将母子公司内客观存在的人际连带关系排除在外。

可以说，制度经济学将传统的经济学观念应用于组织行为，为解析母子公司关系问题提供了一个很好的分析范式，但在不经意间却忽略了社会关系及社会结构可能产生的重要作用。正如 Granovetter（1985）所言，公司间的社会关系对秩序的贡献比原本"市场或科层"思考方式想象的要重要些。与此同时，以 Granovetter（1973，1985）等为代表的"新经济社会学"，运用网络分析方法解析诸如经济活动中的社会嵌入及行为主体间的链接问题，为经济理论研究开辟了新的研究视角。然而，相关论点却缺乏对社会关系是如何影响经济交换的具体解释（Uzzi，1997），对母子公司情景下的子公司创业问题更是没有予以关注。

本文是基于母子公司关系网络同时具备的"市场—科层—网络"特性对子公司创业问题的解释，不是对"制度经济学"或"经济社会学"的否定，而是主张将两者联合起来解析子公司创业的内在机理。研究中得到的主要结论与其他作者的观点也相关。例如，本文的主要结论与 Uzzi（1997）对公司间网络的社会结构的研究以及姜翰、金占明（2008）对关系价值机制和相互依赖性对关系价值影响的研究较为近似。未来的研究可以探究这些观点是否适用于更广泛的公司创业网络问题。

本文的研究还可以进一步在以下 3 个方面进行拓展。

首先，母子公司关系网络的内外部环境作用于子公司创业的内在机理。任何一个子公司都是嵌入于由母公司及其他子公司构成的母子公司关系网络中，而整个母子公司关系网络又在更大的层面上嵌入一定的社会结构当中。为此，子公司的决策与行为会受到来自组织间的行为惯例、合作方式以及社会的法律法规、文化期待、观念制度、市场竞争程度等母子公司内外部环境双重影响。然而，理论上虽然注意到了环境因素在公司创业（或创业导向）到组织绩效转换中的调解作用（Simsek et al.，2008；Romero-Martínez et al.，2010），但关于母子公司网络内外部环境如何作用于子公司创业却鲜有关注。即便是本文，受资料所限也并未对此进行探讨。基于此，理论上有必要对此展开研究，以明晰母子公司关系网络内外部环境作用于子公司创业的机理。

其次，创业网络规模对子公司创业的影响。母子公司关系网络规模会影响到公司创业过程中的机会识别、知识供给等。较大规模的公司创业网络使创业主体与创业网络中利益相关者的连接数量也会随之增加，由于任何一条联系都有可能给创业主体带来独特的信息，从而有利于拓宽创业主体的眼界，激发创业主体产生新的观点，促进创业主体的价值创造。但是，创业网络规模的不断增加也会带来一定的关系协调成本，增强网络成员的机会主义，使创业网络变得不稳定，所以网络规模对公司创业的影响是一把双刃剑。问题的关键是，母子公司关系网络的特殊性，是否会最大限度地降低其间的不确定性，从而对子公司创业具有良性的促进作用此方面有待进一步深入研究。

最后，基于双层治理理念的母子公司关系网络治理机制设计。母子公司关系网络的价值在于网络整体的连通性，它不是谋求以较低的成本反复应用自身的生产要素，而是旨在凭借相关子公司之间的联合，发挥异质技术、信息、管理经验的互补和相乘的效果，由此决定了其核心问题不仅在于各子公司自身内部合理科层结构的选择和内部生产与外部购买最佳组合的匹配，而更在于能诱发子公司内外各种交互作用的网络关系及其构造，这就涉及母子公司关系网络治理机制的问题。对此，要求理论上在对母子公司关系网络进行解构的基础上，基于母子公司关系网络的治理要义，从子公司自身和母子公司关系网络两个层面对相关治理机制进行探讨，以利于子公司创业活动顺利开展。

当然，本文只是一个探索性研究，在研究中受资料来源等的限制，对 Granovetter（1973）所提及的"强连带"和"弱连带"以及 Burt（1992）所言及的"结构洞"（Structural Hole）问题考虑较少，也没有关注 Kilduff 和 Tsai（2003）所论述的网络动态演进是偶得还是目标引导的问题，对各变量影响要素间是否具有内生性也未进行探讨。当然，还可能存在 Uzzi（1997）的嵌入性悖论（The Paradox of Embeddedness）问题。所构建的模型也仅是大致勾勒出了母子公司关系网络内子公司网络嵌入性、联合价值创造、价值攫取与子公司创业强度的关系，如何对上述要素进行操作化测量并赋予权重以及具体关系的验证则有待进一步的实证研究。

参考文献

[1] Andersson, Ulf and Forsgren Mats, 2000, "In Search of Centre of Excellence: Network Embeddedness and Subsidiary Roles in Multinational Corporations", *Management International Review*, 40(4), pp.329~350.

[2] Antoncic, Bostjan and Prodan Igor, 2008, "Alliances, Corporate Technological Entrepreneurship and Firm Performance: Testing a Model on Manufacturing Firms", *Technovation*, 28(5), pp.257~265.

[3] Bae, Jonghoon and Gargiulo Martin, 2004, "Partner Substitutability, Alliance Network Structure, and Firm Profitability in the Telecommunications Industry", *Academy of Management Journal*, 47(6), pp.843~859.

[4] Bartlett, Christopher A. and Ghoshal Sumantra, 1989, *Managing across Borders: The Transnational Solution*, Harvard Business School Press, Boston, Mass.

[5] Barnett, Michael L., 2007, "Stakeholder Influence Capacity and the Variability of Financial Returns to Corporate Social Responsibility", *Academy of Management Review*, 32(3), pp.794~816.

[6] Birkinshaw, Julian and Hood Neil, 1998, "Multinational Subsidiary Evolution: Capability and Charter Change in Foreign-owned Subsidiary Companies", *The Academy of Management Review*, 23(4), pp.773~795.

[7] Birkinshaw, Julian, Hood, Neil and Jonsson Stefan, 1998, "Building Firm-specific Advantages in Multinational Corporations: The Role of Subsidiary Initiative", *Strategic Management Journal*, 19(3), pp.221~241.

[8] Birley, S., 1985, "The role of Networks in the Entrepreneurial Process", *Journal of Business Venturing*, 1(1), pp.107~117.

[9] Bouwen, Rene and Steyaert Chris, 1990, "Construing Organizational Texture in Young Entrepreneurial Firms", *Journal of Management Studies*, 27(6), pp.637~649.

[10] Brush, Candida G., Patricia G. Greene and Myra M. Hart, 2001, "From Initial Idea to Unique Advantage: The Entrepreneurial Challenge of Constructing a Resource Base", *Academy of Management Executive*, 15(1), pp.64~78.

[11] Bruyat, Chirstian and Pierre-Andre Julien, 2000, "Defining the Field of Research in Entrepreneurship", *Journal of Business Venturing*, 16(2), pp.165~180.

[12] Burt, Ronald S., 1992, *Structural Holes: The Social Structure of Competition*, Cambridge, Harvard University Press, Massachusetts and London.

[13] Covin, Jeffrey G. and Dennis P. Slevin, 1989, "Strategic Management of Small Firms in Hostile and Benign Environments", *Strategic Management Journal*, 10(1), pp.75~87.

[14] Das, T. K., 2006, "Strategic Alliance Temporalities and Partner Opportunism", *British Journal of Management*, 17(1), pp.1~21.

[15] De Canniere Marie Hélcne, De Pelsmacker Patrick and Geuens Maggie, 2009, "Relationship Quality and the Theory of Planned Behavior Models of Behavioral Intentions and Purchase Behavior", *Journal of Business Research*, 62(1), pp.82~92.

[16] De Clercq, Dirk, Dimov, Dimo and Thongpapanl, Narongsak(Tek), 2010, "The Moderating Impact of Internal Social Exchange Processes on the Entrepreneurial Orientation-performance Relationship", *Journal of Business Venturing*, 25(1), pp.87~103.

[17] Doorn, Sebastiaan Van and Henk W. Volberda, 2009, "Entrepreneurial Orientation and Firm Performance: The Role of the Senior Team", *Academy of Management Proceedings*, pp.1~6.

[18] Eisenhardt, Kathleen M., 1989, "Building Theories from Case Study Research", *The Academy of Management Review*, 14(4), pp.532~550.

[19] Eisenhardt, K. M. and M. E. Graebner, 2007, "Theory Building from Cases: Opportunities and Challenges", *Academy of Management Journal*, 50(1), pp.25~32.

[20] Elfring, Tom and Hulsink Willem, 2003, "Networks in Entrepreneurship: The Case of High-technology Firms", *Small Business Economics*, 21(4), pp.409~422.

[21] Ghoshal, Sumantra and C. Bartlett, 1990, "The Multinational Corporation as an Interorganizational Network", *Academy of Management Review*, 15(4), pp.603~625.

[22] Gilmore A. and D. Carson, 1999, "Entrepreneurial Marketing by Networking", *New England Journal of Entrepreneurship*, 12(2), pp.31~38.

[23] Ghoshal, Sumantra and Moran Peter, 1996, "Bad for Practice: A Critique of the Transaction Cost Theory", *Academy of Management Review*, 21(1), pp.13~47.

[24] Granovetter, Mark, 1973, "The Strength of Weak Tie", *American Journal of Sociology*, 78(6), pp.1360~1380.

[25] Granovetter, Mark, 1985, "Economic Action and Social Structure: The Problem of Embeddedness", *American Journal of Sociology*, 91(3), pp.481~510.

[26] Gulati, Ranjay and Martin Gargiulo, 1999, "Where Do Interorganizational Networks Come From?", *American Journal of Sociology*, 104 (5), pp.1439~1493.

[27] Gulati, Ranjay and Maxim Sytch, 2008, "Does Familiarity Breed Trust? Revisiting the Antecedents of Trust", *Managerial and Decision Economics*, 29(2/3), pp.165~190.

[28] Guth, William D. and Ari Ginsberg, 1990, "Guest Editors' Introduction: Corporate Entrepreneurship", *Strategic Management Journal*, 11(4), pp.5~15.

[29] Hagedoorn, J., 2006, "Understanding the Cross-level Embeddedness of Inter-firm Partnership Formation", *Academy of Management Review*, 31(3), pp.670~680.

[30] Hansen Eric L., 1995, "Entrepreneurial Network and New Organization Growth", *Entrepreneurship Theory and Practice*, 19(4), pp.7~19.

[31] Hoang, Ha and Bostjan Antoncic, 2003, "Network-based Research in Entrepreneurship: A Critical Review", *Journal of Business Venturing*, 18(2), pp.165~188.

[32] Human, Sherrie E. and Keith G Provan, 2000, "Legitimacy Building in the Evolution of Small-firm Networks: A Comparative Study of Success and Demise", *Administrative Science Quarterly*, 45(2), pp.327~365.

[33] Jacksona, Matthew O. and Asher Wolinsky, 1996, "A Strategic Model of Social and Economic Networks", *Journal of Economic Theory*, 71(1), pp.44~74.

[34] Kilduff, Martin and Wenpin Tsai, 2003, *Social Networks and Organizations*, SAGE, London.

[35] Klyver, Kim and Siri A. Terjesen, 2007, "Entrepreneurial Network Composition: An Analysis across Venture Development Stage and Gender", *Women in Management Review*, 22(8), pp.682~688.

[36] Kreiser, Patrick M., Louis D. Marino and K. Mark Weaver, 2002, "Reassessing the Environment-EO Link: The Impact of Environmental Hostility on the Dimensions of Entrepreneurial Orientation", *Academy of Management Proceedings & Membership Directory*, G1~G6.

[37] Kuratko, Donald F. and Ray V. Montagno, 1999, "Perception of Internal Eactors for Corporate Entrepreneurship: A Comparison of Canadian and U.S. Managers", *Entrepreneurship: Theory & Practice*, 24(2), pp.11~26.

[38] Larson, A., 1992, "Network Dyads in Entrepreneurial Settings: A Study of The Governance of Exchange Relationships", *Administrative Science Quarterly*, 37(1), pp.76~104.

[39] Lavie, Dovev, 2007, "Alliance Portfolios and Firm Performance: A Study of Value Creation and Appropriation in the U.S. Software Industry", *Strategic Management Journal*, 28(3),

pp.1187~1212.

[40] Levinthal, Daniel A. and James G. March, 1993, "The Myopia of Learning", *Strategic Management Journal*, 14, pp.95~112.

[41] Lumpkin, G. T. and Gregory G. Dess, 1996, "Clarifying the Entrepreneurial Orientation Construct and Linking It to Performance", *Academy of Management Review*, 21(1), pp.135~172.

[42] Lumpkin, G. T. and Gregory G. Dess, 2001, "Linking Two Dimensions of Entrepreneurial Orientation to Firm Performance: The Moderating Role of Environment and Industry Life Cycle", *Journal of Business Venturing*, 16(5), pp.429~451.

[43] Manev, Ivan M., 2003, "The Managerial Network in a Multinational Enterprise and the Resource Profiles of Subsidiaries", *Journal of International Management*, 9(2), pp.133~151.

[44] Miles, Matthew B. and Michael A. Huberman, 1994, *Qualitative Data Analysis: An Expanded Sourcebook*, SAGE, Thousand Oaks, CA.

[45] Miller, Danny, 1983, "The Correlates of Entrepreneurship in Three Types of Firms", *Management Science*, 29(7), pp.770~791.

[46] Morris, Michael H. and Donald L. Sexton, 1996, "The Concept of Entrepreneurial Intensity: Implications for Company Performance", *Journal of Business Research*, 36(1), pp.5~13.

[47] Powell W., Koput K. and Doerr L. Smith, 1996, "Interorganizational Collaboration and the Local of Innovation Networks of Learning in Biotechnology", *Administrative Science Quarterly*, 41(1), pp.116~145.

[48] Prahalad, C. K., 1981, "An Approach to Strategic Control in MNCs", *Sloan Management Review*, 22(4), pp.5~13.

[49] Romero-Martínez, Ana M., Fernández-Rodríguez, Zulima and Vázquez-Inchausti, Elena, 2010, "Exploring Corporate Entrepreneurship in Privatized Firms", *Journal of World Business*, 45(1), pp.2~8.

[50] Roth, Kendall and Allen J. Morrison, 1992, "Implementing Global Strategy: Characteristics of Global Subsidiary Mandates", *Journal of International Business Studies*, 23(4), pp.715~735.

[51] Rowley, T., D. Behrens and D. Krackhardt, 2000, "Redundant Governance Structures:

An Analysis of Structural and Relational Embeddedness in the Steel and Semiconductor Industries", *Strategic Management Journal*, 21, pp.369~386.

[52] Rugman, Alan M. and Alain Verbeke, 2001, "Subsidiary-specific Advantages in Multinational Enterprises", *Strategic Management Journal*, 22(3), pp.237~250.

[53] Schmid, Stefan and Andreas Schurig, 2003, "The Development of Critical Capabilities in Foreign Subsidiaries: Disentangling the Role of the Subsidiary's Business Network", *International Business Review*, 12(6), pp.755~782.

[54] Sharma, Pramodita and James J. Chrisman, 1999, "Toward a Reconciliation of the Definitional Issues in the Field of Corporate Entrepreneurship", *Entrepreneurship: Theory & Practice*, 23(3), pp.11~27.

[55] Simsek, Zeki, Michael H. Lubatkin, John F. Veiga and R N. Dino, 2008, "The Role of an Entrepreneurially Alert Information System in Promoting Corporate Entrepreneurship", *Journal of Business Research*, 3(2), pp.205~214.

[56] Sirmon, David G., Michael A. Hitt and R. Duane Ireland, 2007, "Managing Firm Resources in Dynamic Environments to Create Value: Looking inside the Black Box", *Academy of Management Review*, 32(1), pp.273~292.

[57] Smith, Delmonize A. and Franz T. Lohrke, 2008, "Entrepreneurial Network Development: Trusting in the Process", *Journal of Business Research*, 61(4), pp.315~322.

[58] Teng, Bingsheng, 2007, "Corporate Entrepreneurship Activities through Strategic Alliances: A Resource-based Approach toward Competitive Advantage", *Journal of Management Studies*, 44(1), pp.119~142.

[59] Tsai, Wenpin and S. Ghoshal, 1998, "Social Capital and Value Creation: The Role of Intrafirm Networks", *Academy of Management Journal*, 41(4), pp.464~477.

[60] Tsai, Wenpin, 2000, "Social Capital, Strategic Relatedness and the Formation of Intraorganizational Linkages", *Strategic Management Journal*, 21(9), pp.925~939.

[61] Uzzi B., 1997, "Social Structure and Competition in Interfirm Networks: the Paradox of Embeddedness", *Administrative Science Quarterly*, 42(1), pp.35~67.

[62] Watson, J., 2007, "Modeling the Relationship between Networking and Firm Performance", *Journal of Business Venturing*, 22(6), pp.852~874.

[63] Williamson, Oliver E., 1985, The Economic Institutions of Capitalism: Firms, Markets, Relational Contracting, Free Press, New York.

[64] Yin, Robert K., 2009, *Case Study Research*: *Design and Methods*, Sage, Los Angeles.

[65] Zahra, Shaker A. and Jeffrey G. Covin, 1995, "Contextual Influences on the Corporate Entrepreneurship-performance Pelationship: A Longitudinal Analysis", *Journal of Business Venturing*, 10(1), pp.43~58.

[66] Zahra, Shaker A., 1996, "Governance, Ownership, and Corporate Entrepreneurship: The Moderating Impact of Industry Technological Opportunities", *Academy of Management Journal*, 39(6), pp.1713~1735.

[67] Zahra, Shaker A., Harry J. Sapienza and Per. Davidsson, 2006, "Entrepreneurship and Dynamic Capabilities: A Review, Model and Research Agenda", *Journal of Management Studies*, 43 (4), pp.917~955.

[68] 姜翰, 金占明. 企业间关系强度对关系价值机制影响的实证研究：基于企业间相互依赖性视角 [J]. 管理世界, 2008(12).

[69] 武立东, 黄海昕. 企业集团子公司主导行为及其网络嵌入研究：以海信集团为例 [J]. 南开管理评论, 2010(6).

[70] 张玉利, 李乾文. 创业导向、公司创业与价值创造 [M]. 天津：南开大学出版社, 2009.

专业化企业集团的内部资本市场与价值创造效应[*]
——基于中国三峡集团的案例研究

王化成[1] 曾雪云[2]

（1 中国人民大学商学院；2 北京大学光华管理学院）

摘　要：本文考察了三峡集团的内部资本市场及其价值创造效应。研究发现，在专业化产业战略下，三峡集团的内部资本市场是以战略意义和行业惯例为优先级的项目资金支持性活动，与多元化企业的资金竞争机制存在显著差异。进一步研究显示，项目资金支持性活动提供了低成本的资金来源，降低了融资成本和财务风险，价值创造效应显著。在此基础上，我们以三峡集团为例对专业化经营下集团内部资本市场的价值创造机理进行了解释。本文的研究揭示了专业化战略对企业价值的重要性，以及内部资金支持机制的有用性与效用边界，对于深入理解企业的价值创造机理，改善和提升我国企业的资本配置效率具有重要参考价值。

关键词：专业化战略　集团内部资本市场　资金支持机制　价值创造　三峡集团

一、引言

在激烈的市场竞争环境下，大型企业集团通常以调整经营战略、更新组织结构、重置内部资本等方式改善未来价值。其中一个重要转变就是，通过聚焦战略和专业化产业模式来解决跨行业经营所导致的折价问题。就国内而言，早有研究提出多元化战略没有带来预期的规模效应和资本优势（朱武祥，2001）。

---

[*] 原载《管理世界》2012年第12期。

而现阶段的国有企业,特别是国资委所属的中央企业,不仅普遍存在专业化经营特征,近来还按照行业归属进行了新一轮的资产重组。民营企业以联想集团为代表,也有不少知名企业采用了专业化经营模式。反观美国,虽然多元化企业在跨国公司中仍然占有重要地位,但更多企业早在20世纪80年代中后期就开始了大规模的资本拆分和重返聚焦战略现象(Peyer & Shivdasani, 2001; Gertner et al., 2002; Ahn & Denis, 2004)。这种以专业化经营为特征的集团产业战略是否揭示了企业资本配置的运行规律?与多元化企业是否存在价值差异?这个问题对于深入理解企业的价值创造机理,改善和提升我国大型企业集团的资本配置效率具有重要意义。

但以往对内部资本市场存在性与有效性的衡量主要是与多元化相结合,极少重视专业化经营下内部资本市场的运行机理与价值创造。曾经一度将内部资本市场定义为资金在多元化企业内部不同产业部门之间的流转,以为专业化企业只相当于单体结构和不存在内部资本市场(Weston, 1970),设想内部资本市场随着多元化企业资本配置效率的下降而消亡(Guill, 2000; Khanna & Palepu, 2000)。这些文献主要解释了20世纪60年代中后期以来美国多元化浪潮兴起的原因。尽管当时专业化企业的规模还很小,但近年来通过专业化产业战略进行资金调配和资本重置的大型企业日渐增加。因此,我们对内部资本市场运作规律的认识也需要改进。

况且现有以多元化为主体的内部资本市场研究一直以来都存在"理论困惑"(Stein, 2003;周业安、韩梅,2003),没有很好解释企业内部资本的运行规律与价值机理。一方面,极少证据支持Stein等的项目资金竞争假说,并且大量证据显示多元化企业内部普遍存在对劣势项目的低效补贴(Lamont, 1997; Scharfstein, 1998; Wulf, 1999; Rajan et al., 2000)。另一方面,资金互补行为除了受代理问题的影响,也有研究表明是Stein等以项目经济价值来解释内部资金配置机理时存在一定的局限性。周业安和韩梅(2003)在对华联商厦的研究中发现,集团总部向非优选项目的资金转移反而有效地缓解了融资约束,进而提出"Stein等的分析模型仅仅把投资机会的正确判断作为市场有效性的标准,没有正确把握企业的真实行为"。Brown和McNeil(2008)也认为以项目经济价值来判断投资机会存在较大的内生性。总之,目前对企业内部资金互补活动的解释还很不足。

鉴于此,我们考察了中国长江三峡集团公司(以下简称"三峡集团")在专业化产业战略下的内部资本市场及其价值创造效应。三峡集团是我国国有企业市场化改革的一个典型代表,2002年改制重组之后的战略目标是"构建以大型水电开发与运营为主的一流清洁能源集团",在 2002—2009 年间的资本配置完整地反映了专业化经营下的内部资本市场运作过程,加之政府和公众对三峡集团的监管比较完备,可以有效控制代理问题的影响,因此有利于提炼集团内部资本配置的价值创造机理。

本文研究发现,三峡集团的内部资本市场是以战略意义和行业惯例为优先级的项目资金支持性活动,与多元化经营下的项目资金竞争机制存在显著差异。进一步研究显示,在专业化产业战略下,三峡集团的项目资金支持性活动提供了低成本的资金来源,显著降低了融资成本和财务风险,价值创造效应显著。本文的研究说明集团产业战略对内部资金运行规律具有重要影响,也说明项目经济价值不是总部资金配置时的唯一解释因素。在此基础上,我们结合三峡集团对专业化企业集团的价值创造机理进行了解释:在专业化战略下,由于不同投资项目的投资收益率大致相当,所以项目资金支持性活动既能构建低成本、灵活且有弹性的内部资本市场,也易于做出价值判断、项目筛选和有效监管,比多元化战略更有利于减轻内部信息不对称和两层级代理问题,有助于形成高度集成的内部分工与协作市场,有利于获得组织协同效应,进而有望改善和提升所在产业的资源使用效率,因此价值创造效应显著。

本文的研究对深入理解企业的价值创造机理,改善和提升我国企业的价值创造性具有重要提示意义。主要贡献和学术价值表现为以下 3 点。

(1)揭示了内部资金支持机制的有用性与效用边界。业内已经质疑项目经济价值的解释力(周业安、韩梅,2003;Brown & McNeil,2008)。在此基础上,本文结合专业化战略对内部资金支持机制的有用性做出了解释,揭示了战略意义和行业惯例对专业化企业集团总部投融资决策的重要性,说明专业化经营下的项目资金支持性活动有助于价值创造。这个含义为解开内部资本市场的理论困惑提供了分析基础,深化了对内部资本运行规律的认识。

(2)揭示了专业化战略对企业价值的重要性。以往对内部资本市场的研究以多元化为主体,限制了对内部资金流转规律与价值创造机理的探究。本文对集团产业战略与内部资本市场进行了结合研究,对专业化经营比多元化具有更优价值的机理进行了解释,研究显示专业化产业战略是改善企业资本配置效率的重要依存条件,这些内容深化了集团内部资本配置机理方面的研究。

(3)本文的研究说明专业化经营与多元化企业的内部资本市场应当存在显著差异,更可能是以资金支持机制为主,而不是以资金竞争机制为主。这个含义为实证研究提供了话题。

在本文安排上,第二部分是文献述评,第三部分是研究设计,第四部分从资金筹集和资金再分配两个方面对三峡集团的内部资本市场运作过程进行分析，第五部分对价值创造效应做分析，第六部分对价值创造机理做解释，第七部分是研究结论。

二、文献述评

（一）企业应当如何组织和抉择才更有效率

企业应当如何组织和抉择才更有效率？科斯、阿尔奇和威廉姆森等经济学家对这个问题进行了阐述。科斯在对企业性质的解释中指出，企业内部的抉择主要是一种依托于科层组织的权威机制（Coarse，1937）。阿尔奇在对通用公司进行考察后提出企业内部也存在类似于市场的竞争机制，总部资金是在充分竞争的基础上加以分配的（Alchian，1969）。威廉姆森在解释厂商理论时提出，企业内部有市场和权威两种抉择机制，U型组织主要依靠总部权威机制，H型组织主要依靠内部竞争机制，M型组织可以对权威机制与市场机制进行结合利用（Williamson，1975）。

威廉姆森认为：U型结构是围绕企业职能分化而构建的职能型组织，投资决策主要依赖总部权威机制，总部管理者能够获取各单位的完整信息，具有从全公司范围观察问题的能力。但是随着公司规模的扩大与业务复杂性的增长，U型组织的管理效率和决策能力会因为过于依靠行政协调而下降。H型组织具有经营业务充分多样化的特征，类似于投资控股公司，投资决策主要依靠内部市场竞争机制，但经营业务的高度多样化使得总部管理者不可能对公司业务有真正的理解，所以也很难比外部市场更有优势。M型结构由一组有选择的多样化事业部门构成，各事业部既相互竞争又相互依赖，可以有一定的组织协同，总公司最重要的任务是利用这种竞争性协同作用展开内部资金分配和提供共享资源。由于可以对市场和权威机制加以整合，因此M型组织比外部市场的资本配置更有效率（Williamson，1975）。

（二）内部资金支持性活动对企业价值的影响

到20世纪90年代中期，金融学家基于信息不对称和代理理论对内部资本市场进行了更加规范的分析研究。Gertner等（1994）的分析模型显示，企业总部具有银行等外部资金提供者难以具备的监管优势和信息优势，因此由企业总部进行集中融资和资产重置有助于减轻银企摩擦，且比银行更有效率。Stein（1997）的分析模型显示，多元化企业的内部资本市场具有更多资金效应（more money effect）和更优资金效应（smarter money effect）。企业总部既可以通过集中融资优势获得更多的外部资金来源，又可以通过"挑选优胜者"活动（winner-picking）将资金从低收益项目转移到高收益项目以改善资本配置效率（Stein，1997）。但随着企业规模的增加和多元化程度的增加，内部资本市场的价值创造性将会减弱（Stein，1997）。

但实证研究却普遍发现企业内部存在大量的"交叉补贴"和"社会主义"行为，不符合"挑选优胜者"假说。Berger 和 Ofek（1995）发现，美国多元化公司在20世纪80年代中后期的价值显著低于相同投资组合专业化企业价值的13%~15%。Lamont（1997）、Shin 和 Stulz（1998）率先发现，多元化公司存在活跃的内部资金活动，但却是由高效率分部对低效率分部的补贴行为。交叉补贴的原因在于：Scharfstein（1998）、Wulf（1999）和 Rajan 等（2000）认为 CEO 的私利动机是导致低效配置的原因，Scharfstein 和 Stein（2000）认为，主要在于部门经理的权力"寻租"，Matsusaka 和 Nanda（2002）的分析模型提出多元化经营下总部 CEO 难以准确判断不同项目的真实投资前景和实际资金需求，也能导致内部资本市场低效率。

与发达国家相比，市场经济转型期的外部市场还不够完善，因此内部金融活动十分活跃。然而，内部资本市场的融资优势使经理层有更多的可支配现金，产生了经理层过度投资问题（曾亚敏、张俊生，2005；姜付秀等，2009）和低效率问题（邹薇、钱雪松，2005）。并且，企业的融资能力被放大之后，带来了财务杠杆上升和经营能力的下降（李焰等，2007）。同时，我国民营"系族"企业存在显著的隐蔽性资金转移和内部资本市场融资功能"异化"。这些"异化"现象显示，内部资金活动是大股东侵害中小股东利益和转移上市公司财富的工具（杨棉之，2006；万良勇、魏明海，2006；邵军、刘志远，2007；许艳芳等，2009）。

叶康涛和曾雪云（2011）提出，在专业化战略下，大股东的掏空动机将极大减弱。原因在于：专业化产业战略的业务结构相对简单，外部机构和投资者较为容易判断其经营情况和增长前景，有助于降低企业与外部投资者之间的信息不对称和交易摩擦，随着信息不对称程度的下降，进而能够抑制大股东的财富转移行为。并且在投资回报率较高的情况下，大股东的最优策略不是掏空上市公司，而是继续扶持它发展（叶康涛、曾雪云，2011）。

（三）简评

综上所述，现有研究主要解释了多元化经营下的内部资本配置以及配置效率。虽然，以多元化为主体讨论内部资本市场是为了从理论上更好地说明企业内部资本的运行规律，但也在一定程度上制约了对其他经营战略和组织形式中资本配置机理与价值创造效应的理解。一方面，长期以多元化为边界来定义内部资本市场，在一定程度上忽略了组织结构、经营战略对内部资本配置的影响。另一方面，多元化程度越高的企业越接近于投资控股公司，所有者、经营层和投资者很可能更为重视短期利益和项目投资收益，偏向于以不同投资分部的利益来衡量资金使用效率，致使预算目标设定和业绩评价体系不利于企业的长期发展。所以，这些典型多元化战略下类似于外部市场的资金竞争机制可能没有很好地揭示出企业内部资金再分配的原理和价值创造机理。进一步来说，对于多元化程度较低的企业，项目经济价值可能只是基本的投融资判断条件，而那些与集团战略、整体利益和长期价值等密切相关的其他因素在内部资金配置和投融资决策中很可能扮演了更重要的角色。

三、研究设计

（一）研究方法

本文之所以选用单案例研究，主要有以下3个考虑。（1）目前缺乏对专业化企业集团内部资本市场的理论分析，因此需要通过典型案例进行情境展示和细致分析。（2）案例研究有助于从一个新的角度切入和进行探索性分析（Eisenhardt，1989；毛基业、张霞，2008）。对案例企业做独立、完整、深入的剖析，有助于加深对现实经济的理解（Bartunek et al.，2006）。（3）企业的内部资金活动具有隐蔽性，难以获得公开数据，案例研究是常用的分析方法。例如，Khanna 和 Tice（2001），Guedj 和 Scharfstein（2004），周业安、韩梅（2003），邵军、刘志远（2007），李焰等（2007）等文献都是案例研究。

本文的分析框架如图1所示。借鉴 Williamson（1975）和 Stein（1997），在既定的经营模式下讨论内部资本市场的运行方式及其价值创造性。其中，对内部资本市场的考察包括资金筹集和资金分配两个方面。

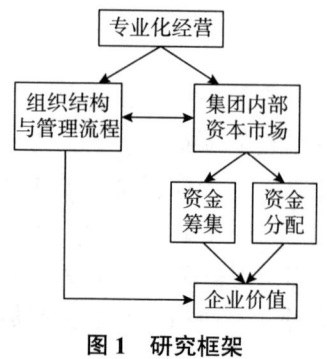

图 1　研究框架

（二）案例选择

选取三峡集团作为考察对象，主要是基于3个方面的考虑。（1）在2002年电力市场改革之后，三峡集团从原来的项目法人正式转变为企业法人，因此是我国国有企业市场化进程的一个代表；（2）三峡集团在2002—2009年开展了一系列的内部资本配置活动，比较清晰、完整地反映了专业化经营下的内部资本市场运作方式；（3）政府和公众对三峡集团的监管体制比较完备，三峡集团的内部金融活动在三峡财务公司的参与下比较规范，因而可以控制代理问题的影响，得到较干净的分析情境，有利于提炼内部资金流转的规律与价值机理。

（三）案例概况

三峡集团总部成立于1993年9月27日，隶属于国资委。在2002年电力市场改革时，三峡集团总部被授予"国家授权投资机构"，正式成为企业法人。其控股子公司长江电力（股票代码600900）于2003年首发上市，是上证50指数指标股。经过近20年的发展，三峡集团目前已经成为国内最大规模并且也是世界最大规模的水力发电企业，年水力发电量居于国内电力企业首位，已投产和在建机组装机容量为4500万千瓦。

三峡集团的专业化产业战略体现在两个方面。一是三峡集团的战略定位是"构建以大型水电开发与运营为主的一流清洁能源集团"，经营目标是"以长江流域为主线，以水为基本资源，以电为主导产品，以大型水电开发与运营为主，积极发展清洁能源"。二是从资产结构和利润结构来说，三峡集团仅有"水电生产"这一个核心业务，属于高度专业化经营模式。截至2009年年末，三峡集团资产总额为2809.4亿元，所有者权益为1909.3亿元，国有权益为1698.5亿元，资产负债率为32.24%，利润总额为94.6亿元。其中，2009年年末的水电资产为1971.4亿元，占有形资产的79.4%（见图2）；2009年的售电收入为256.2亿元，占集团合并营业收入（277.6亿元）的92.3%；2009年的辅助业务收入为1.37亿元，占0.5%。

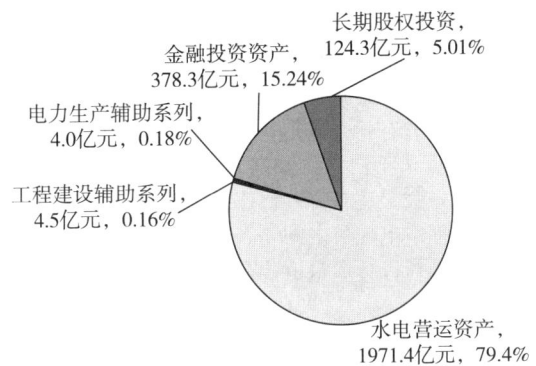

图2　三峡集团2009年年末的有形资产

注：有形资产=资产总额–递延所得税–无形资产–商誉–非指定用途的其他资产。

（四）实地研究过程

对三峡集团展开实地研究，是中国式企业管理科学研究2009年调研项目的重要内容。2009年8月22—27日，调研组前往三峡集团总部所在地湖北省宜昌市，进行了为期一周的现场调研，收集了现场资料。2010年5—6月，进行了回访和补充资料收集。主要数据和资料来源见表1。

表1　资料采集路径和主要数据来源

资料来源	主要内容
三峡集团内部资料	《中国三峡建设》（期刊），《三峡工程建设年鉴》（合订本），《三峡工程可行性分析报告》，《大型水电项目融资与资本运作》，《论三峡工程筹资的总体策略》，《三峡财务公司金融服务特色》，《三峡总公司财务信息化建设与应用》，《三峡总公司发展战略研究报告》
三峡集团官方网站	历年年度工作报告，组织机构设置，集团成员企业概况，三峡工程概况，三峡工程大事记
资本市场公开信息	长江电力2003年IPO公告，2007年机组收购公告，2009年重大资产重组公告
巨潮咨询网 中国期刊世纪网	《三峡总公司可持续发展战略的总体思路》《基于三峡工程的我国大型水电项目融资问题研究》《三峡总公司和三峡工程的经济效益》

我们在三峡集团宜昌总部的访谈对象，主要是三峡集团总部高级管理层、资产财务部、战略发展部以及长江电力等二级单位的高管层，也走访了中层职员和骨干员工。对实地访谈所采集资料的引用，在后文用引号标注。实地访谈的主要内容见表2。

表2　　　　　　　　　　　访谈提纲列表

访谈对象	主要访谈问题
集团总会计师、集团副总经济师	三峡集团的资本配置是怎样一个发展过程，内部资本市场运作有哪些内容？对金沙江上游4个水电项目如何开展项目评估？风电项目与水电项目的投资价值有什么区别？为什么优先安排风电项目？为什么溪洛渡与向家坝工程早于白鹤滩和乌东德开工？三峡集团是否存在融资约束问题？主要融资渠道有哪些？连续多次机组收购对长江电力的业绩有什么影响？内部水电项目之间是否存在同业竞争？如何避免同业竞争问题？对专业化公司进行产权清理有什么意图？为什么要清算三级及三级以下子公司？
长江电力：副总经理、计划生产部经理与职员	长江电力的战略目标是什么？2002年，葛洲坝电厂改制上市方案是如何确定的？2009年，重大资产重组方案是如何确定，长江电力和集团总部是否存在利益冲突，机组收购对公司业绩有什么影响？2009年资产重组之后，预期的公司业绩和股票市场价格将如何？

四、三峡集团内部资本市场的运作过程

（一）通过内部资本运作筹集资金

在2002年改制重组之后，三峡集团制定了以"构建以大型水电开发与运营为主的一流清洁能源集团"的战略目标，自2003年开始对金沙江流域水电项目进行前期勘探，自2005年开始进入"多项目同步开发"格局。"多项目同步开发"格局使三峡集团的资金需求在短时期内急剧增加，在建项目的总投资额达到1993.43亿元。其中，三峡三期工程的资金需求为750亿元、溪洛渡工程的资金需求为675亿元，向家坝工程的资金需求为541亿元、风电的资金需求为27.43亿元。那么，三峡集团总部如何解决巨额资金需求的难题？

表3和表4显示，作为政策性资金来源的三峡基金、开行贷款和三峡债券很难满足三峡集团2003—2009年的资金需求。同时，内部资金市场提供的1232.19亿元占到了两类资金来源总额（2848.1亿元）的43.26%，占所有在建项目资金总需求（1993.43亿元）的61.81%，是溪洛渡和向家坝工程资金总需

求（1216亿元）的101.3%。因此，内部资金市场是三峡集团最重要的资金来源。以下结合组织结构阐述三峡集团的内部资本市场运作过程。

表3　三峡集团1992—2009年的政策性资金来源（亿元，%）

年度	三峡基金		开行贷款		三峡债券		合计	
1992—2002年	391.2	38.00	270	90.00	160	65.30	821.2	50.82
2003—2009年	679.7	62.00	30	10.00	85	34.70	794.7	49.18
合计	1070.9	100.00	300	100.00	245	100.00	1615.9	100.00

资料来源：《三峡水利枢纽阶段性竣工财务决算报告》（2004）；《中国三峡集团调研报告——投资与财务管理》（2009），表4同此。

表4　三峡集团1992—2009年的两类资金来源（亿元，%）

年度	政策性资金来源		内部资本运作来源		合计	
1992—2002年	821.2	88.38	108.0	11.62	929.2	100.00
2003—2009年	794.7	39.21	1232.2	60.79	2026.9	100.00
合计	1615.9	56.74	1232.2	43.26	2848.1	100.00

1. 2002—2003年的内部资本运作

第一阶段内部资本运作包括葛洲坝电厂改制上市和三峡机组收购两项内容。三峡集团改制前后的组织结构见图3和图4，主要的业务单位有三峡工程、葛洲坝电厂、三峡财务公司和专业化子公司。2002年，三峡集团总部经发改委等6部委核准对原葛洲坝电厂进行清算改组，与华能集团等5家单位共同发起设立了长江电力，发起时持有长江电力89.5%的股份。葛洲坝电厂（年平均发电量157亿千瓦时）的上网电价为0.152元/千瓦时。

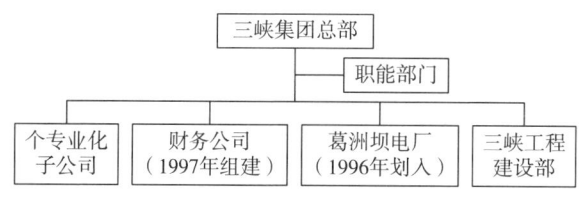

图3　三峡集团改制前的组织结构与资本配置

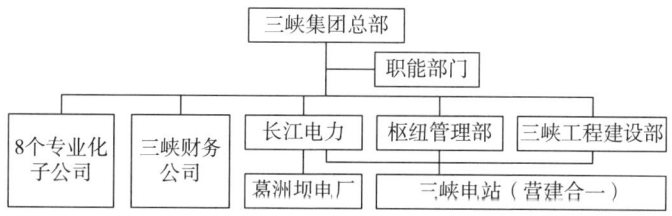

图4　三峡集团改制后的组织结构与资本配置

长江电力于 2003 年 11 月 18 日上市,发行价为 4.3 元/股,首日收盘价为 6.18 元/股。依据招股说明书将在三峡电站首批机组发电之后实施逐步收购方案。2003 年 5 月,三峡电站的首批机组投产,上网电价为 0.25 元/千瓦时。2003 年 11 月 5 日,长江电力向社会公开发行 23.26 亿股,募集资金 100 亿元,用于收购三峡电站首批投产的 2#、3#、5#、6# 机组,以及对应的大坝、厂房和共用发电设施等"主体发电资产",总价值为 187.53 亿元(见表 5)。

表5　长江电力2003年首批三峡机组收购方案(亿元)

资产类别	竣工决算项目	账面价	购否	交易价格	费用分摊
主体发电资产	大坝、厂房、机组	184.33	购	187.53	按持有机组数
公共配套设施	路、桥、房屋等	16.34	否	—	
航运配套资产	双线五级船闸等	330.61	否	—	不分摊

注:2005年、2007年的机组售让方案也与首批机组一致,都只收购"主体发电资产";船闸配套资产不列入长江电力的收购范围,相应的运行维护费用由国家以所得税返还的方式补偿给三峡集团总部。在三峡机组的收购定价中,已经分摊三峡移民费用和工程利息费用。

资料来源:《三峡水利枢纽阶段性竣工财务决算文件汇编(五)》(2004)。

专业化子公司作为辅助产业,分别提供厂坝区的供水供电、物业仓储等配套服务,基本不产生外部利润。根据三峡集团总部向三建委稽查组所做《2004 年财务工作汇报》,各专业化子公司之间不存在交叉持股,也不存在多级控股结构和职能交叉。截至 2003 年年底,专业化子公司的资本投入为 3.5 亿元,占三峡工程概算总投资 1800 亿元的 0.2%;2003 年总收入为 4 亿元,利润总额为 0.3 亿元,占集团利润 23.34 亿元的 1.3%,净资产收益率均值为 8.7%。截至 2009 年,专业化子公司的资产占用是 8.5 亿元,占三峡集团有形资产的 0.34%。此外,三峡财务公司注册资本为 24 亿元,资产规模、利润规模在全国 70 余家财务公司中排名前十。截至 2009 年 6 月末,三峡财务公司的自营资产总额为 114.1 亿元,没有呆坏账,2009 年的中期收入是 2.0 亿元,中期利润是 1.4 亿元,年均现金分红率大于 7%。

2. 2004—2007 年的内部资本运作

第二阶段内部资本运作的主要内容是三峡机组收购(如图 5 所示)。一方面(见图 6),长江电力依据三峡机组收购方案,在 2005 年通过银行借款收购三峡电站 1#、4# 机组(价值 98.37 亿元),在 2007 年对"长电 CWB1"认股权证行权获得资金 65.55 亿元,用于收购三峡电站的 7#、8# 机组(价值 104.42 亿元)。另一方面,三峡集团总部从 1#、4#、7#、8# 机组出售中获得现金 390.29 亿元。这部分资金主要用于"三峡三期和金沙江流域的梯级项目"和新能源开发。在金沙江流域，溪洛渡和向家坝水电站分别于2005年、2006年正式开工。在新能源方面，慈溪风电工程的总投资是6.43亿元，响水风电工程投资额是21亿元。

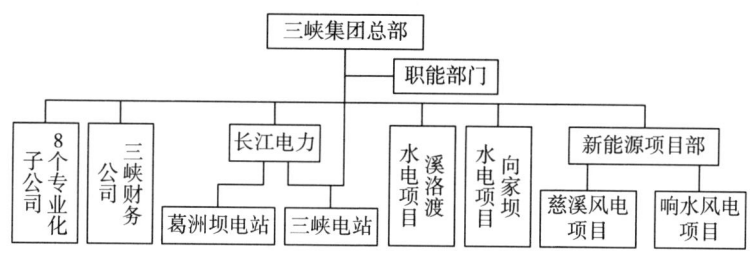

图5　三峡集团整体上市前的组织结构与资本配置

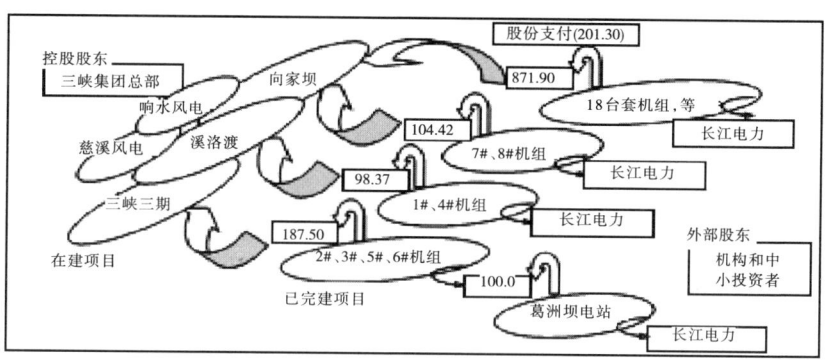

图6　三峡集团的项目资金支持性活动

3. 2008—2009年的内部资本运作

第三阶段内部资本运作的主要内容是整体上市。2009年，三峡集团总部与长江电力之间进行了重大资产交易。如表6所示，交易资产的评估总值为1073.2亿元，包括以下3类：（1）"主体发电资产"，即三峡电站9#~26#共18台发电机组；（2）"公共配套设施"，即与发电业务直接相关的办公大楼、道路、桥梁和供水系统等；（3）"专业化子公司"，即"设备公司""招标公司""实业公司""水电公司"和"三峡高科"。三峡集团整体上市的重要日程有：2008年5月8日，长江电力停牌，实施重大资产重组；2009年5月15日，董事会审议通过重组方案，5月18日复牌交易，8月31日股东大会审议通过，9月28日完成资产交割手续，交易总额为1043.1亿元。通过2009年整体上市，三峡集团总部从对价中获得现金348.6亿元，向长江电力转移三峡债券等债务493.2亿元。这说明内部资本运作是三峡集团总部进行资金筹集的主要方式，同时也解决了母子公司间电力生产同业竞争的问题。

表6　　　　　　　　　三峡集团2009年整体上市方案

交易对象	资产评估情况	对价
(1)主体发电资产，即18台套三峡机组；(2)坝区公共配套设施；(3)专业化子公司股权	(1)评估基准日：2008年9月30日 (2)资产评估价：1073.2亿元；发电资产价值1068.4亿元，占99.5%；专业化子公司股权价值4.8亿元，占0.5% (3)评估基准价（即账面价）：发电资产为831.7亿元，评估增值236.6亿元，增值率为28.4%；专业化公司为3.9亿元，评估增值0.9亿元，增值率为22.7%	(1)承接债务493.2亿元，占47.3%；(2)支付现金348.6亿元，占33.4%；(3)向母公司发行股份201.3亿元，占19.3%，发行价12.68元/股，共发行15.8亿股

注：重大资产重组后，三峡集团总部持有长江电力67.63%的股份，比重组前增加5.46%。
资料来源：巨潮咨询网。

总结以上，我们通过图6绘制了三峡集团内部资本市场的运作过程。从中可见，葛洲坝电厂改制上市的资金并非用于葛洲坝电厂的运营与建设，而是用于三峡电站的二期和三期建设；三峡电站的机组出让收益也没有用于三峡电站的三期建设，而是用于金沙江流域水电项目的梯级开发，这就形成了项目与项目之间的资金支持性活动。三峡集团称之为"多项目滚动投融资模式"。也就是，由已完建项目为资金需求量大的新建项目提供资金来源，并且每一个新投产项目的现金流向都与它自身无关，而是与集团总部对下一个建设项目的资金需求有关。

（二）按战略意义和行业惯例进行资金再分配

那么，三峡集团总部的资金再分配决策是如何确定的？就项目经济价值的测算来说，依据电力行业规程以及《长江三峡水利枢纽可行性研究专题报告》，电力建设项目价值评估的经济参数比较复杂，目前主要是依"静态概算"和"动态概算"两套价格体系测算工程造价。通过对三峡集团总会计师杨亚先生和副总经济师李惠敏女士等业内专家进行访谈，我们了解到，大型水电项目的投资期非常长，项目建设期一般都在10年以上，电站经营期一般按50年，由于很难估计建设期内和投产运行后的物价指数、利率参数、上网电价和折现率。并且，"建立静态概算和动态概算的两套价格体系是三峡工程的一项管理创新[①]，可以对工程量、价格风险、利息费用进行分项管理和控制"，"在国内已经

---

① "静态概算"（F）和"动态概算"（G）是两个尺度，可以将工程量与物价因素分离开来。以三峡工程为例，先按照1993年5月末价格水平乘以初步设计工作量计算得出"三峡工程静态概算"（F=900.90亿元），然后综合考虑1994—2009年工程建设期间的物价变动、政策变化、资金使用成本，计算"价差预备费"（U）和"利息预备费"（V）和"三峡工程动态概算"（G= F+U+V）。三峡工程1993年估计的动态概算为2039亿元。

推广开来，包括南水北调等其他大型建造工程也都采用这套方法"，所以惯常选取年发电量（按装机容量测算）、单位装机成本、建设工期等指标对水电项目的投资价值做综合评议。

就三峡集团的投资项目来说，水电和风电都是对可再生能源的利用，因此生产运行成本主要是资产折旧等固定费用，人工及材料费用等变动成本投入少，营业杠杆作用相当显著。这也是说，当单位装机成本和建设工期接近时，"年发电量"对未来现金流有决定性影响，项目的"年发电量"越大，未来净现金流也越大。所以，"年发电量"是判断项目投资价值最重要的指标。"单位装机成本"反映了单位资本投入和投资控制成效。当"年发电量"既定时，"单位装机成本"越少，项目的投资净现值（NPV）越大。由于"单位装机成本"对项目价值的影响系数在"年发电量"达到一定规模时会很小，所以"单位装机成本"作为第二测评指标。随着"建设工期"的延长，项目产生经济效益的时间推迟，受物价变动、政策变动的影响也越大，所以是"建设工期"越短，发挥经济效益的时间就更早，项目建设难度以及信贷风险也都相对较小。但考虑到金沙江上游4个项目的建设工期比较接近，风电的建设工期虽然很短但是"年发电量"还不到金沙江水电项目的1%，因此"建设工期"这个指标对投资价值的意义不如前两项指标重要。基于以上分析，我们以"年发电量"作为首要评价指标，以"单位装机成本"和"建设工期"作为辅助评价指标。

表7报告了按项目投资价值大小排序的结果，依次是：白鹤滩工程、溪洛渡工程、乌东德工程、向家坝工程、响水风电工程、慈溪风电工程。其中，白鹤滩工程的年发电量最大，为698亿千瓦时，表明未来现金流最大；白鹤滩工程的单位装机成本最低，为3769.3元/千瓦时，所以项目投资价值排在第一。溪洛渡工程的投资价值位于第二，因为年发电量仅次于白鹤滩工程（674亿千瓦时），单位装机成本也仅次于前者（5357.1元/千瓦时）。乌东德工程的项目投资价值排在第三，因为年发电量（387亿千瓦时）大于向家坝工程，单位装机成本（6531.0元/千瓦时）也低于向家坝工程。向家坝工程的项目投资价值排第四，年发电量相对较小（307亿千瓦时），单位装机成本相对较高（8453.1元/千瓦时）。响水风电工程的设计年发电量为4.5亿千瓦时，只有向家坝工程的1.5%，但单位装机成本（1.04万元/千瓦时）是向家坝工程的1.54倍。这说明响水风电项目的未来现金净流入和单位投资收益都不如向家坝工程，所以项目投资价值排在第五。最后，慈溪风电项目的年发电量（1.08亿千瓦时）和单位装机成本（1.29万元/千瓦时）两个指标都次于响水项目，所以排在末位。

表7　　　　　　　　　　按项目经济价值排序的测评结果

投资项目①	总装机容量（万千瓦时）	工程总造价②（亿元）	单位装机成本（元/千瓦时）	实际开工年度（年）	建设工期	设计年发电量（亿千瓦时）	经济价值排序	实际投资排序
葛洲坝工程③	271	48.5	1789.7	1970	12年	157	—	1
三峡工程	1820	1800	9890.1	1994	17年	847	—	2
溪洛渡工程④	1386	675	5357.1	2005	11年	674	2	3
向家坝工程	640	541	8453.1	2006	10年	307	4	4
白鹤滩工程⑤	1400	527.7	3769.3		12年	698	1	—
乌东德工程	870	568.2	6531	—	10年	387	3	—
慈溪风电工程	4.95	6.43	12989.9	2006	2年	1.08	6	5
响水风电工程	20.1	21	10447.8	2007	5年	4.5	5	6

注：①水电项目在建成之前通常称为"工程"，投产运行后称为"电站"或"电厂"。广义的"电站"或"电厂"包括机组、厂房、大坝、船闸、输变电系统和公共配套设施。②葛洲坝工程总造价取自设计概算，其他7个项目的"工程总造价"等于动态投资概算。③葛洲坝工程的造价是比较高的，因为我国20世纪70-80年代各省分散电站的单位造价一般为800元/千瓦时，工期为4~5年。取自清华大学黄万里教授1986年撰文。④溪洛渡工程的原设计方案是装机1260万千瓦时，在设计变更后拟定扩机到1386万千瓦时。⑤白鹤滩工程的扩机方案是全部采用100万千瓦时的巨型机组，扩机后的装机容量是1600万千瓦时。

资料来源：溪洛渡工程、向家坝工程、白鹤滩工程、乌东德工程的数据来自三峡集团内部资料，慈溪项目摘自新华网，响水项目摘自三峡集团官方网站。

但从项目开工时间来看实际的投资排序依次是：溪洛渡工程、向家坝工程、慈溪风电工程、响水风电工程。投资经济价值靠前的白鹤滩工程和乌东德工程是在2011—2012年正式开工的。虽然能源开发需要进行专项审批，但三峡集团总部可以就项目设计、项目申请进行顺序调整，所以实际上能够把握以上6个项目的投资顺序。为什么排在后位的工程项目被优先安排投资，三峡集团总部的资金再分配决策考虑了哪些重要因素？我们就此查询了有关资料，与管理层进行了访谈，得到了以下解释因素。

一是相对白鹤滩工程和乌东德工程来说，溪洛渡工程和向家坝工程更远离长江源头（见图7），对自然环境的影响更小，施工条件更好，所以优先进入项目设计和审批程序。按照电力工程的行业特性，"水电项目通常是从中下游往上进行梯级开发，先开发中下游项目，然后考虑上游项目"。因为"越靠近上游,就更靠近长江源头;而且中下游项目对江河治理的意义相对更大";"越靠近上游,建造条件越艰苦,施工难度也越大,交通运输条件差,对施工单位的合同补偿更高";"虽然巨型发电机组能产生巨大的发电效益,但是就社会资源的综合利用来说,贡献相对较小"。因此,"对水能资源的利用不能只把项目经济价值作为唯一判断标准,还要考虑到自然禀赋和环境影响"。

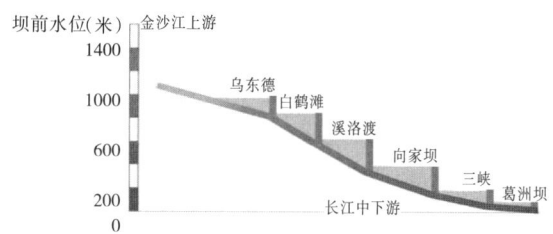

图7 三峡集团(超)大型水电工程的地理分布

资料来源:三峡集团官方网站。

二是虽然慈溪和响水项目的投资价值不如金沙江水电项目高,但却有更重要的战略意义,所以优先获得资金注入。按照三峡集团"积极发展清洁能源"的实施计划,需要发展"以新型清洁能源为导向的东部优化战略"。三峡集团杨亚总会计师认为,水力发电虽然是目前的核心业务,但一个核心品牌不足以代表清洁能源,风电、核电、抽水蓄能电站等新型清洁能源也很重要。况且,对水能资源的开发是有限度的,而风能、太阳能、生物能等新能源项目将有很大投资前景,做投资决策不能只看当前项目的价值大小,还需要看到产业发展前景和可拓展价值。三峡集团管理层认为,"海上风电建设是未来新能源发展的方向","通过在华东近海区域开发海上风电示范项目,使三峡集团的清洁能源开发获得了新的突破"。所以,慈溪和响水项目对于企业未来价值增长具有重要的战略意义,应当优先获得资金注入。

综上所述,大量实证资料显示,三峡集团的资金分配是以战略意义和行业惯例为优先级的内部资金支持机制。内部资金支持机制也就是项目资金支持性活动,即由已产生收益的高现金流项目为新建项目提供资金来源。这说明,三峡集团在专业化经营下的内部资金流转是以总部权威机制为基础的,适合于Coarse(1937)对企业性质的解释,不适合用多元化内部资本市场理论来解释。进一步来说,专业化经营下的内部资金配置机理与多元化企业应当存在显著差异。在多元化企业集团内部,总部的稀缺资金是在充分竞争的基础上进行再分配的；但在专业化企业集团内部，总部稀缺资金更可能是按照整体利益和战略目标进行再分配的。

五、三峡集团内部资本市场的价值创造效应

（一）降低了融资成本和财务风险

通过对比国内外大型水电项目的资金成本，我们发现，对利息费用的控制也是三峡集团选择内部金融方式的原因。从三峡集团前任总经理李永安先生的撰文可知，大型水电项目建设是资金密集型产业，建设资金需求量巨大，资金不足的问题通常比较突出，发展中国家往往受经济基础的制约，很难有自建大型水电工程的资本实力，所以一般会寻求与国际风险资本的合作，或者申请国际组织贷款（李永安，2003）。然而，BOT、BOO、BOOT[①]等国际通行的风险资本融资方式对资金回报率要求通常在20%左右，比如巴西伊泰普水电站总投资211亿美元，50%以上是利息成本，导致建成后严重亏损，每年利息支出约合11亿美元（李永安，2003）。而且，引入国际风险资本很可能产生跨国纠纷，比如印度大博电厂由于BOT跨国融资纠纷导致从2001年开始停止发电（肖付伟，2007）。此外，世界银行等国际性金融组织的贷款条件非常苛刻，贷款成本也不低。比如，四川二滩水电站是获得世界银行贷款的国内最大水电项目，贷款额9.13亿美元，贷款期20年，贷款利率为浮动单利7.75%，承诺费0.75%，分年到位资金总额约占工程投资额的20%~30%（孙中弼，1997），但对世界银行的债务负担使得二滩水电站从1998年投产开始就面临长期大额亏损（肖付伟，2007）。所以，贷款利息对大型水电项目的成本和盈利有重要影响。因此，为了减少利息成本，在外部金融环境宽松的情况下，三峡集团选择了以内部金融活动作为主要融资渠道。融资环境宽松是因为三峡集团的信用等级较高，国有商业银行通常希望多提供信贷资金。比如，三峡集团在1998年"与建设银行、工商银行等签订总额110亿元的授信协议，每单笔贷款期限3年，可以滚动使用将中短期贷款变为长期资金"。但事实上，2004—2009年，三峡集团的债务融资规模从503.8亿元增加

---

① BOT（Build-Operate-Transfer）指政府特许权项目融资，由政府许可私营部门的发起人（通常是国外承包商）成立项目公司和参与公共项目的建设管理。BOO（Build-Own-Operate）、BOOT（Build-Own-Operate-Transfer）是BOT的新形式，都是当今国际流行的大型基础设施项目融资方式。

到553.7亿元，增幅只有10%；而同期新建项目资金需求从1204.6亿元增加到了1979.9亿元，增幅为64%（见图8）。

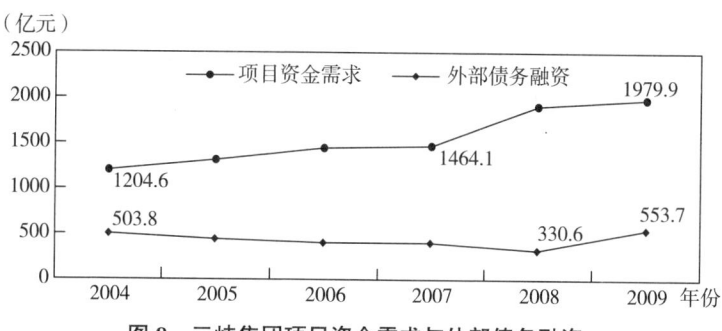

图8 三峡集团项目资金需求与外部债务融资

分析结果显示，项目资金支持性活动提供了低成本的资金来源，降低了集团公司特别是集团总部的融资成本和财务风险。（1）三峡电站截至2008年末资本化利息费用是151.4亿元，比利息费用概算390亿元节约238.6亿元；利息成本仅占工程总造价1800亿元的8.41%，显著低于巴西伊泰普（占到50%）、四川二滩（占到20%~30%）等国内外同类大型水电站的利息成本。（2）三峡集团的各项债务融资加权成本仅为5.42%，显著低于BOT、BOOT风险资本回报率（按20%）14.58个百分点，低于二滩水电站（按7.75%）2.33个百分点。（3）三峡集团的合并资产负债率多年以来维持在30%~43%之间（见图9），在2007年降到最低点30.08%；母公司资产负债率在2008年降到29.2%，2009年降到最低点14.3%。总而言之，这些实证数据显示三峡集团的内部资本市场提供了低成本的、灵活的资金来源，解决了水电项目投资回收期超长的难题，筹集了后续大型水电项目的资金来源，显著降低了融资成本和财务风险。

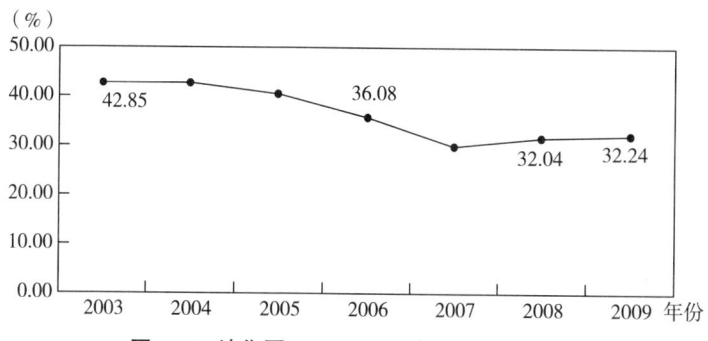

图9 三峡集团2003—2009年的资产负债率

（二）有利于集团层面的价值提升

就资产价值来说（见图10），2003—2009年三峡集团资产总额从1298亿元增至2809亿元，增长幅度为116%；净资产总额从674亿元增至1909亿元，增长率是183%，在集团层面显示了价值成长性。

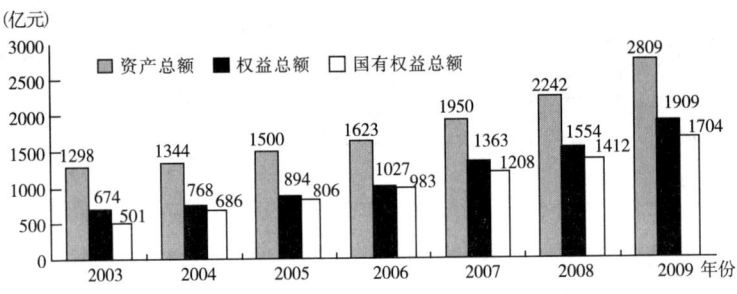

图10　三峡集团2003—2009年资产与权益指标

就盈利能力来说，三峡集团总资产利润率（ROA）在1.86%~4.39%之间平稳增长，净资产利润率（ROE）一直在3.65%~6%之间平稳增长，而且盈利增长趋势、售电量增长趋势显著，显示了企业的发展能力（见图11）。

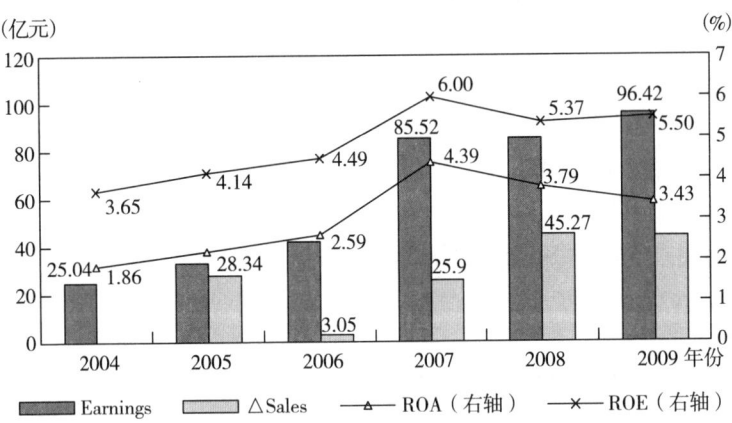

图11　三峡集团2004—2009年盈利能力增长趋势

就股东权益来说（见图12），2004年的国有权益增长率为37.0%，2005—2009年介于17.5%和22%之间；2004—2007年留存收益增长率是60.7%~70.0%，2008—2009年为29.1%~33.9%，说明三峡集团的权益增长具有可持续性。

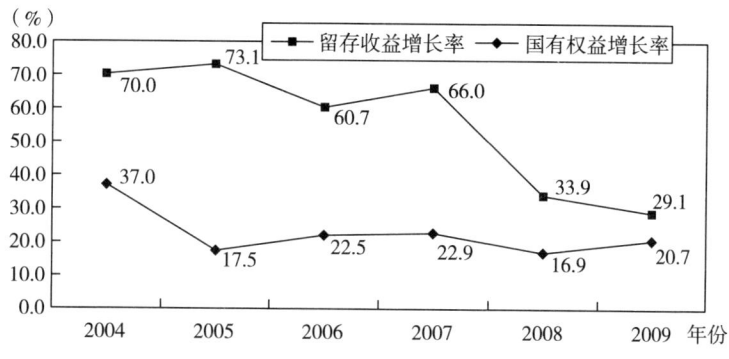

图12 三峡集团2004—2009年股东权益增长趋势

就股东回报来说（如表8所示），作为现金产出单元的长江电力，连续7年的股利—分红均值为每10股派2.47元，年度分红增长率为36.5%（取各年红利增长率的算术平均值），显示了持续稳健的股东回报和投资者关系管理。

表8　　　　　　　　长江电力2003—2009年度分红方案

2003年	2004年	2005年（中期）	2005年	2006年	2007年	2008年	2009年
10派0.9元	10派2.1元	10转增0.42派1.74元	10派1.89元	10派2.35元	10派2.96元	10派2.15元	10转增5派3.21元

资料来源：巨潮资讯网。

综合以上，三峡集团总部的内部资本配置在集团层面带来了价值增长和股东回报，存在显著的价值创造效应。

（三）在上市公司层面获得了超额价值

1. 是否获得了超额价值

我们借鉴Berger和Ofek（1995）的方法测算长江电力是否获得了超额价值（EV）。与Scharfstein（1998）和Rajan等（2000）的模型相比，Berger和Ofek（1995）模型的优势在于它是对企业价值的直接测评。Scharfstein（1998）以及Rajan等（2000）的分析模型，旨在用分部经济价值测评投资机会的大小，有两个局限性：一是对投资机会的评价忽略了项目经济价值以外的其他重要因素，二是交叉补贴可以解释内部资金的流向，但不能直接解释企业价值。Berger和Ofek（1995）的测算公式如下：EV_{it}表示第i家公司第t年的超额价值，V_{it}表示市场价值，IV_{it}是按行业中位数调整的既定收入规模下的参考价值，$V_{it}/Sales_{it}$

表示市价乘数。EV_{it}大于 0，表示获得了超额价值；反之，表示没有获得超额价值。

$$EV_{lt} = Ln\ (V_{it}/IV_{it}) \qquad (1)$$

$$IV_{it} = Sales_{it} \times Med\ (V_{it}/Sales_{it}) \qquad (2)$$

表 9 报告了长江电力在电力行业中的超额价值。在 2003—2009 年，长江电力的 EV 值始终保持在 1.56—2.49，超额价值的发生率是 100%。长江电力 EV 值的平均水平是 1.86，相当于按中间水平测算的参照值的 6.78 倍，说明长江电力的市场价值显著高于行业中间水平。为使测评结果更加稳健，我们以国有电力上市公司为样本，长江电力的 EV 值仍然显著为正，说明长江电力的价值创造显著高于国有电力企业。

表9　　　　　　　　长江电力的超额价值

年份	EV	V/I (V)	V	I (V)	Sales	M (V/Sales)	Obs.
2003	1.76	5.81	682.00	117.41	29.86	3.93	48
2004	1.60	4.97	691.00	138.92	61.74	2.25	53
2005	1.80	6.04	567.00	93.86	72.59	1.29	55
2006	2.09	8.08	800.00	98.95	69.18	1.43	56
2007	1.56	4.74	1834.40	386.79	87.35	4.43	56
2008	2.49	12.03	1378.80	114.58	88.07	1.30	56
2009	1.76	5.80	1469.60	253.46	110.20	2.30	56
均值	1.86	6.78	1060.40	171.99	74.14	2.42	—

资料来源：国泰君安金融分析数据库。

2. 与多元化经营做比较

为了检验专业化企业内部资本市场的价值创造效应，我们进一步考察了长江电力与五大发电集团控股上市公司的价值差异。五大发电集团所控股的上市公司也是在 2002 年市场化改革的基础上组建的，与长江电力的法人治理结构基本一致。区别在于，三峡集团实施的是以水电为核心的清洁能源战略，五大发电集团实施的是以电为核心向上下游延展的多元化战略，拥有多个电源品种以及附属产业，因此正好展开两种产业战略下的自然实验研究。

表 10 报告了业务单元数、分部收入与多元化程度。我们用 4 种方法测算多元化程度：（1）"业务单元数"指除"其他行业"以外的分部数目；（2）"电源品种数"指涉入火电、水电、风电、核电、太阳能这 5 个主要电源品种的数目；

(3)"Herfindahl 指数",= 1−∑(P_i)²,P_i 等于第 i 项业务占营业收入的比率;(4)"收入熵指数"(DT),= ∑P_i×ln(1/P_i),P_i 等于第 i 个业务单元占营业收入的比率。其中,"业务单元数"越多,"电源品种数"越多,"Herfindahl 指数"越大,"收入熵指数"(DT)越大,表示多元化程度越高。面板 A 显示,以 2009 年为例,长江电力的"业务单元数"只有电力销售,其他 5 家公司分别涉入了热力、燃料、化工、运输和港口行业。面板 B 显示,从"电源品种数"来看,长江电力只有水电这个单一电源品种(风电的开发成本在三峡集团总部,不在长江电力),其他 5 家上市公司的电源品种是 3~5 个;从"Herfindahl 指数"来看,长江电力的多元化程度最低(=0.040),国电电力(=0.264)和上海电力(=0.391)的多元化程度最高;从"收入熵指数"来看,长江电力的 DT 指数是 0.099,国电电力的 DT 指数是 0.498,上海电力的指数是 0.734,与"Herfindahl 指数"的衡量结果一致,显示出长江电力的多元化程度最低,上海电力的多元化程度最高。

表10 对多元化程度做分析

面板 A:业务单元与分部收入(以 2009 年为例) 单位:亿元

业务单元	长江电力 600900	华能国际 600011	华电国际 600027	大唐发电 601991	国电电力 600795	上海电力 600021
电力销售	108.32	784.21	351.97	424.26	163.22	75.57
热力销售		7.95	12.53	3.83	3.46	10.65
燃料销售		2.67		51.44		20.64
化工行业				1.99	18.29	
港口行业			1.78			
其他行业	1.82	1.81	2.12	1.74	9.55	2.60
合计	110.14	798.42	366.62	483.26	194.52	109.46

面板 B:多元化程度(2007—2010 年的平均水平)

多元化程度	长江电力	华能国际	华电国际	大唐发电	国电电力	上海电力
业务单元数	1.000	3.333	2.000	4.000	2.333	2.667
电源品种数	1	4	4	5	4	3
Herfindahl 指数	0.040	0.041	0.063	0.100	0.264	0.391
收入熵 DT 指数	0.099	0.119	0.157	0.229	0.498	0.734

资料来源:业务单元与分部数据摘自上市公司年报。在原《企业会计制度》下没有要求报告分部收入,因此从 2007 年开始做分析。鉴于上市公司数据可以公开获得,所以与多元化的比较拓展到 2010 年。

表11报告了6家公司的净资产收益率。面板A显示:(1)长江电力的ROE每年在10%以上,保持了领先优势;(2)多元化经营下的电力上市公司的净资产收益率有较大的波动性和不确定性。如,大唐发电2007年的ROE是12.84%,而2008年ROE只有2.96%;华能国际2008年的ROE是-8.99%,2009年的ROE则是12.86%。面板B显示,长江电力2007—2010年的ROE均值是12.07%,在10%水平下显著大于其他5家公司;长江电力的ROE中值是11.41%,在5%水平下显著大于多电源品种和跨行业经营的其他5家。面板C显示,长江电力的盈利能力的均值与中值水平都显著大于多元化程度最高的上海电力。

表11 对盈利能力做分析

面板A:描述性分析

年度	长江电力	其他5家的最优水平		其他5家的中间水平		其他5家的最低水平	
(1)	(2)	(3)	(4)=(2)-(3)	(5)	(6)=(2)-(5)	(7)	(8)=(2)-(7)
2007	15.16%	14.16% 国电电力	0.010	12.84% 大唐发电	0.023	6.40% 上海电力	0.088
2008	10.11%	2.96% 大唐发电	0.072	-8.99% 华能国际	0.191	-24.92% 上海电力	0.350
2009	10.18%	12.86% 华能国际	-0.027	8.71% 华电国际	0.015	5.67% 大唐发电	0.045
2010	12.85%	11.87% 国电电力	0.010	7.55% 华能国际	0.053	1.32% 华电国际	0.115

面板B:单变量检验一

	长江电力	其他5家	差异值		长江电力	其他5家	差异值
均值	12.07%	4.21%	0.079*	中值	11.41%	7.20%	0.042**

面板C:单变量检验二

	长江电力	上海电力	差异值		长江电力	上海电力	差异值
均值	12.07%	-0.36%	0.124**	中值	11.41%	4.16%	0.073**

注:*表示在10%水平下显著,**表示在5%水平下显著,***表示在1%水平下显著。

表12报告了6家公司的超额价值。面板A显示,长江电力在2007—2010年连续获得了超额价值,EV值依次是1.56、2.49、1.76和1.01,而其他5家

公司的 20 个取值中仅有 3 次获得了小于 1 的超额价值，在 87.5% 的情况下都是负超额价值。面板 B 显示，长江电力 2007—2010 年 EV 均值和中值分别是 1.70 和 1.66，其他 5 家的 EV 均值和中值分别是 −0.64 和 −0.71，差异都在 1% 水平下显著。面板 C 显示，多元化程度最高的上海电力的 EV 均值和中值分别是 −0.89 和 −0.75，与长江电力的差异在 1% 水平下显著。这些结果说明长江电力创造了超额价值，而采取多电源品种和跨行业经营的公司却没有超额价值。

表12　对超额价值做分析

面板 A：描述性分析

年份	长江电力	华能国际	华电国际	大唐发电	国电电力	上海电力
2007	1.56	−0.51	−0.74	0.18	−0.51	−0.72
2008	2.49	−0.41	−0.86	0.12	0.35	−0.79
2009	1.76	−0.94	−1.08	−0.37	−0.11	−0.71
2010	1.01	−1.28	−1.70	−0.84	−0.59	−1.35

面板 B：单变量检验一

	长江电力	其他 5 家	差异值		长江电力	其他 5 家	差异值
均值	1.70	−0.64	2.34***	中值	1.66	−0.71	2.38***

面板 C：单变量检验二

	长江电力	上海电力	差异值		长江电力	上海电力	差异值
均值	1.70	−0.89	2.59***	中值	1.66	−0.75	2.41***

注：*表示在10%水平下显著，**表示在5%水平下显著，***表示在1%水平下显著。
资料来源：国泰君安金融分析数据库。

表 13 报告了实证检验的结果。考虑到企业价值与不同电源品种的营运成本有关，因此我们用固定效应模型进行实证检验，以控制公司个体效应，减轻电源品种内生性的影响。回归方程见模型（3）。EV 是被解释变量，代表企业的超额价值。多元化程度（$Diver$）是解释变量，分别有业务单元 $Unit$、$Herfindahl$ 指数、收入熵 DT 指数 3 个估计参数。在控制变量中：$SIZE$ 表示资产规模，LEV 表示财务风险，$Growth$ 表示营业增长率。我们预期 $Unit$、$Herfindahl$、DT 的系数符号为负，也就是多元化程度越高，超额价值越低。回归 1 显示，业务单元 $Unit$ 的系数为负但不显著。回归 2 显示，$Herfindahl$ 的系数是 −3.236，在 5% 水平下显著（$t=-2.44$）。回归 3 显示，收入熵 DT 的系数是 −3.073，也在 5% 水平下显著（$t=-2.45$）。综合来说，六大发电集团控股上市公司的企业价值随多元化程度的增强呈现了显著的减弱趋势。

$$EV_{it}=\alpha_1 \times Diver_{it}+\beta_j Controls_{it}+\varepsilon_{it} \tag{3}$$

表13　实证检验结果

变量	回归1		回归2		回归3	
Unit	−0.186	(−1.49)				
Herfindahl			−3.236**	(−2.44)		
DT					−3.073**	(−2.45)
SIZE	−1.526**	(−2.34)	−1.573***	(−3.87)	−1.503***	(−3.74)
LEV	4.178***	(4.68)	3.471**	(2.05)	3.218*	(1.92)
Growth	1.376*	(1.87)	1.439**	(2.17)	1.426*	(1.97)
R-sq (within)	0.614		0.648		0.649	
R-sq (overall)	0.116		0.180		0.149	
F值	13.29		14.37		14.31	
观测值	24		24		24	
组别	6		6		6	

注：*表示10%水平下显著，**表示5%水平下显著，***表示1%水平下显著。

六、三峡集团内部资本市场的价值创造机理

本文的研究显示三峡集团的内部资金互补机制与通用公司内部资金竞争机制（见Alchain和Williamson的一些研究）是两种截然不同的资金运作模式，但却依然具有显著的价值创造效应。那么，三峡集团的内部资金活动是如何获得企业价值的？进一步分析显示，专业化产业战略是提升企业资本配置效率的重要依存条件。

第一，无论专业化还是多元化，通过项目资金支持性活动构建内部资金市场，都有利于获得低成本的资金来源，有助于降低融资成本和财务风险。从水电项目的融资困难来看，巴西伊泰普水电站引入的是国际风险资本（资金成本为20%）、四川二滩水电站利用了世界银行贷款（资金成本为7.75%），但建成后都有连续多年的巨额亏损。而三峡集团在2002年市场化改革之后通过内部资本运作获得1232.19亿元的内源性资金，占截至2008年末所有在建项目资金总需求（1993.43亿元）的61.8%。这使得三峡电站截至2008年末资本化利息费用只有151.4亿元，比利息费用概算390亿元节约238.6亿元；并且，三峡工程的利息成本仅占工程总造价1800亿元的8.4%，显著低于巴西伊泰普（占到50%）、四川二滩（占到20%~30%）等国内外同类大型水电站的利息成本。从

财务风险来看，三峡集团通过内部资金来源减少了银行债务，2003 年以来的资产负债率一直保持在 43%~30%。所以，内部资金来源是三峡集团用于筹集大型水电项目的巨额建设资金和控制融资成本与财务风险的关键因素。

第二，专业化经营不同于多元化企业的重要特征在于，能通过集团内部资本配置形成高度集成的内部分工与协作市场，进而更容易获得组织协同效应。在三峡集团的内部资本配置和组织结构安排中，长江电力主要负责电力资产运营和经营性资产管理，不需要承担巨型电站在建期的工程成本，向母公司收购已完建的发电资产就可以增强资本实力和市场业绩；集团总部主要负责投资抉择和战略决策，不直接经营电力生产和承担巨额融资成本，通过向上市公司出售新投产项目就可以提前收回投资和获得新建项目的资金来源。通过这种新型的内部资金运作方式，三峡集团形成了高度集成的内部市场分工，建立了由已完建项目为后续项目提供资金支持和技术支持的协作机制，能将项目融资成本和电力生产成本都降到更低，进而使资本配置效率显著提升。

第三，由于专业化经营下不同投资项目的收益率大致相当，所以集团总部更易于做出价值判断和项目筛选，而且资金互补活动不至于像多元化企业那样低效率。就金沙江上游 4 个梯级电站来说，虽然三峡集团将资金优先注入溪洛渡工程和向家坝工程，但也正因为白鹤滩和乌东德项目这两个更优项目的开发时间更晚，才可能使三峡集团的企业价值具有持续稳健的增长趋势，否则很可能出现价值增长率递减的情况。这说明三峡集团按照行业惯例优先配置资金给溪洛渡和向家坝工程是正确的投资抉择和项目排序，一是这两个项目有着与白鹤滩这个最优工程大致相当的资本配置效率，二是能维持长期稳定的价值增长趋势。就风电的投资来说，虽然三峡集团总部对慈溪和响水这两个风电项目的资金注入实际上是用水电的利润补贴风电，但是风电总投资的比例相当低，加之对实施清洁能源具有战略意义，所以有利于远期价值的增长，而且也不至于导致短期利润的显著下降。由此可见，集团总部管理者的投资决策是对远期价值最大化与近期价值最大化的动态权衡。但以往研究用项目经济价值来测评当期的资本配置效率时，往往没有揭示出投资项目的战略意义和企业的价值成长。

第四，专业化经营比多元化更有利于减轻内部信息不对称和两层级代理问题。首先，三峡集团的控股结构扁平、管理层级较少。在 2008 年合并中水集团之前，三峡集团的内部经营实体只有 14 个。因而，信息传递快、信息可比性高、信息来源比较可靠，信息不对称程度较轻，能够及时获取各个生产经营与内部管理环节的完整信息，所以比多元化经营更有信息优势和监管优势。其次，能在总部管理者和子公司经理层之间建立有效的监督机制，有利于减轻多元化经营下总部CEO私利动机以及子公司经理层的寻租机会。最后，三峡集团各成员单位在生产技术与设计标准、人力资源管理、资产与财务管理等方面的可共享资源与信息比较丰富，集团总部管理者、上市公司经理层以及专业化子公司的经理层都是相同或相近领域的专业和技术人员，因此有助于目标设定、预算管理，有助于总部管理者对子公司经理层的努力程度和经营业绩做出合理评价。这些因素说明，专业化产业战略比多元化战略更有利于减轻内部信息不对称和两层级代理问题。与专业化相比，多元化企业尽管在名义上可以实施产权控制，但是集团总部管理者对经济业务缺少真实了解，加之管理层级过多，产权结构复杂等原因，所以存在较严重的内部信息不对称和代理问题。

第五，专业化企业集团通过内外部资本运作可以将更多外部资源转换为内部资源，进而有利于改善和提升所在产业的资源使用效率。鉴于三峡集团在水电开发与生产运营方面的高度专业化，因此能够以行业领导者的优势把三峡工程的专业技术、建设体制和运营模式复制到国内外其他大型水能资源的项目开发之中。这就有益于提升溪洛渡、向家坝、白鹤滩等大型水电工程的资金利用效率。随着可共享资源的增加，建设成本和营业成本下降，进而能够强化企业在产品市场上的竞争优势，有助于三峡集团成为所在产业领域的最优盈利企业。

而一旦三峡集团放弃目前以大型水电项目开发为核心的清洁能源集团战略，广泛参与风电、火电、煤化工、核电等其他电源品种或者热力资源的开发，也会难以保持目前的价值领先优势。从访谈来看，三峡集团在风电开发中遇到了实际困难。比如，虽然储备了大量精通水电开发的管理人员，但却紧缺熟知新能源开发与技术的人才等。这些拓展新市场的风险与成本也表明，多元化程度越高，导致企业价值折损的概率将越大。

七、研究结论

（一）研究结论与启示

本文考察了三峡集团在专业化战略下的内部资本配置及其企业价值，得到了以下主要研究发现：（1）在专业化产业战略下，三峡集团的内部资本市场是以战略意义和行业惯例为优先级的内部资金互补机制；（2）项目资金支持性活动提供了低成本的资金来源，降低了融资成本和财务风险，价值创造效应显著。在此基础上，我们以三峡集团为例对专业化企业集团内部资金支持性活动的价值创造机理进行了解释：在专业化战略下，不同投资项目的投资收益率大致相当，易于做出价值判断和项目筛选，有利于减轻内部信息不对称和两层级代理问题，有利于通过集团资本配置形成高度集成的内部分工与协作市场，有助于获得组织协同效应，进而有利于改善和提升所在行业的资源使用效率。所以，专业化企业集团的项目资金支持机制既能构建低成本、灵活、有弹性的内部资金市场，同时也有利于发挥价值创造效应。

本文的研究对于改善和提升我国企业的资本配置效率具有以下提示意义：（1）项目资金支持性活动是低成本的资金来源，因此将现金收益高的项目与资金需求大的项目配置在同一经营期间，可以更好地发挥项目资金互补机制的效用；（2）专业化产业战略有利于企业的价值成长，因此采用聚焦战略将稀缺资源配置给协同效应大的投资项目有助于获得超额价值；（3）战略意义和行业惯例等非经济参数有助于企业的健康发展和长期价值增长，因此过于强调项目经济价值和内部资金竞争反而可能导致经理层的短期行为且不利于企业发展。

（二）进一步讨论与局限性

本文的研究说明专业化经营与多元化企业的价值创造机理应当存在显著差异。多元化企业的效率来自内部资金竞争性活动（Stein，1997），交叉补贴往往是低效率的（Lamont，1997；Scharfstein，1998；Wulf，1999；Rajan et al.，2000；Kolasinski，2009）。但三峡集团的超额价值却主要来自内部资金互补机制，项目资金支持性活动既提供了低成本的资金来源，而且有助于获得组织协同效应，进而提升了企业价值。进一步来说，从对三峡集团的分析来看，内部资金支持性活动究竟是低效补贴还是提升价值，取决于融资优势、协同效应、信息与监管优势、补贴率、产业资本整合率等综合因素。但鉴于本文只是考察了典型案例，因此对上述问题的解释和阐发还需要验证，希望能为未来研究提供分析基础。

最后，三峡工程是一项民族工程，政治地位比较特殊。但我们以三峡集团2002年企业改制后的市场化运作作为分析对象，不涉及三峡集团的政治使命。虽然对国有企业改革的讨论更倾向于关注低效率问题，但从另一个角度来看，国有大中型企业集团对国民经济的稳定与增长具有相当重要的支撑作用，其中不乏优秀企业和成功模式，因此对国有企业集团特别是骨干企业的积极一面展开分析研究也颇有理论和现实意义。

参考文献

[1] Ahn, S., D. J. Denis, 2004, "Internal Capital Markets and Investment Policy: Evidence from Corporate Spin-offs", *Journal of Financial Economics*, 71(3), pp. 489~516.

[2] Alchian, A., 1969. "Corporate Management and Property Rights", in: H. Manne, ed., *Economic Policy and the Regulat ion of Corporate Securities* (American Enterprise Institute, Washington, DC), pp.337~360.

[3] Bartunek, J. M., Rynes, S. L. and Ireland, R. D., 2006, "What Makes Management Research Interesting and Why Does It Matter?", *Academy of Management Journal*, 49(1), pp.9~15.

[4] Berger, P. G. and E. Ofek, 1995, "Diversification's Effect on Firm Value", *Journal of Financial Economics*, 37, pp.39~65.

[5] Brown, C. A. and C. R. McNeil, 2008, "Internal Capital Market Subsidies and Industry Downturns", *Accounting and Finance*, 48, pp.337~361.

[6] Coarse, R., 1937, "The Nature of Firm", *Economica*, 4, pp.386~405.

[7] Eisenhardt, K. M., 1989, "Building Theories from Case Study Research", *Academy of Management Review*, 14(4), pp.532~550.

[8] Gertner, R., D. S. Scharfstein and J. C. Stein. 1994, "Internal versus External Capital Markets", *Quarterly Journal of Economics*, 109(1), pp.1211~1230.

[9] Gertner, R., E. Powers and D. Scharfstein, 2002, "Learning about Internal Capital Markets from Corporate Spinoffs", *Journal of Finance*, 57(6), pp.2479~2506.

[10] Guedj, I. and D. Scharfstein, 2004, "Organizational Scope and Investment: Evidence from the Drug Development Strategies and Performance of Biopharmaceutical Firms", NBER Working Paper.

[11] Khanna, N. and S. Tice, 2001, "The Bright Side of Internal Capital Markets", Journal of Finance, 56(4), pp.1489~1528.

[12] Khanna, T. and Palepu, K. G., 2000, "Is Group Affiliation Profitable in Emerging Markets? An Analysis of Diversified Indian Business Groups", Journal of Finance, 55(2), pp.867~891.

[13] Kolasinski, A., 2009, "Subsidiary Debt, Capital Structure and Internal Capital Markets", Journal of Financial Economics, 94 (1), pp. 327~343.

[14] Lamont, O., 1997, "Cash Flow and Investment: Evidence from Internal Capital Markets", Journal of Finance, 52(5), pp.83~109.

[15] Peyer, U. and A. Shivdasani, 2001, "Leverage and Internal Capital Markets: Evidence from Leveraged Recapitalizations", Journal of Financial Economics, 59(3), pp.477~515.

[16] Rajan, R., H. Servaes and L. Zingales, 2000, "The Cost of Diversity: the Diversification Discount and Inefficient Investment", Journal of Finance, 55(1), pp.35~80.

[17] Scharfstein, D. S., 1998, "The Dark Side of Internal Capital Markets II: Evidence from Diversified Conglomerates", Working Paper, NO.6352.

[18] Scharfstein, D. S. and J. C. Stein, 2000, "The Dark Side of Internal Capital Markets: Divisional Rent-seeking and Inefficient Investment", Journal of Finance, 55(6), pp.2537~2564.

[19] Shin, H. and R. Stulz, 1998, "Are Internal Capital Markets Efficient?", Quarterly Journal of Economics, 113, pp.531~552.

[20] Stein, J. C., 1997, "Internal Capital Markets and the Competition for Corporate Resources", Journal of Finance, 52, pp.111~133.

[21] Stein, J., 2003, "Agency, Information and Corporate Investment". In: Constantinides, G., Harris, M., Stulz, R. (Eds.), Handbook of the Economics of Finance, Elsevier, North Holland, Amsterdam, pp.110~163.

[22] Weston, C. R. A., 1970, "Diffusion Index for Australian Business Cycles", Economic Record, 46.pp. 384~392.

[23] Wulf, J., 1999, "Influence and Inefficiency in the Internal Capital Market: Theory and Evidence", Working Paper (University of Pennsylvania).

[24] Williamson, O., 1975, Markets and Hierarchies: Analysis and Antitrust Implications, New York: Collier Macmillan Publishers, Inc.

[25] 黄万里. 论长江三峡大坝修建的前提 [J]. 华东交通大学学报, 1983(1).

[26] 李焰, 陈才东, 黄磊. 集团化运作、融资约束与财务风险——基于上海复星集团的案例研究 [J]. 管理世界, 2007(12).

[27] 李永安. 大型水电项目融资与资本运作——三峡工程 10 年来的融资策略及实践 [J]. 中国工程科学, 2003(10).

[28] 姜付秀, 张敏, 陆正飞, 陈才东. 管理者过度自信、企业扩张与财务困境 [J]. 经济研究, 2009(1).

[29] 毛基业, 张霞. 案例研究方法的规范性及现状评估——中国企业管理案例论坛 (2007) 综述 [J]. 管理世界, 2008(4).

[30] 邵军, 刘志远. "系族企业"内部资本市场有效率吗？——基于鸿仪系的案例研究 [J]. 管理世界, 2007(6).

[31] 孙中弼. 二滩水电项目利用世界银行贷款的分析与探讨 [J]. 水力发电, 1997(8).

[32] 万良勇, 魏明海. 我国企业集团内部资本市场的困境与功能实现问题——以三九集团和三九医药为例 [J]. 当代财经, 2006(2).

[33] 肖付伟. 基于三峡工程的我国大型水电建设融资战略研究 [D]. 华北电力大学, 2007.

[34] 许艳芳, 张伟华, 文旷宇. 系族企业内部资本市场功能异化及其经济后果——基于明天科技的案例研究 [J]. 管理世界, 2009.

[35] 杨棉之. 内部资本市场公司绩效与控制权私有收益 [J]. 会计研究, 2006(12).

[36] 叶康涛, 曾雪云. 内部资本市场的经济后果：基于集团产业战略的视角 [J]. 会计研究, 2011(6).

[37] 曾亚敏, 张俊生. 中国上市公司股权收购动因研究：构建内部资本市场抑或滥用自由现金流 [J]. 世界经济, 2005(2).

[38] 周业安, 韩梅. 上市公司内部资本市场研究——以华联超市借壳上市为例分析 [J]. 管理世界, 2003(11).

[39] 朱武祥. 金融系统资源配置功能的有效性与企业多元化——兼论企业集团多元化策略 [J]. 管理世界, 2001(4).

[40] 邹薇, 钱雪松. 融资成本、寻租行为和企业内部资本配置 [J]. 经济研究, 2005(4).

体制转型背景下的本土组织领导模式变迁*
——以某国有改制企业的组织"关系"实践为例

沈 毅

(中国社会科学院社会发展研究所博士后流动站、江苏省社会科学院社会学所)

摘 要：在华人组织研究中，文化取向的"关系"及"差序格局"日益成为重要的分析性概念，但已有的跨文化视角与本土化视角均相对忽略了华人组织中"关系"运行的体制性背景，拟亲缘的"差序格局"在不同体制背景下的组织领导实践中有可能发展出不同性质的私人"关系"及其结构形态。本研究通过某国有改制企业30年发展历程的拓展个案分析，在把握其从"派系结构"到"关系共同体"的组织结构转型的基础上，揭示出组织领导与骨干下属间的"关系"形态呈现为"主从关系"→"人缘关系"→"朋友关系"的渐次转型，在组织领导模式方面则相应呈现出"集权式领导"→"人缘式领导"→"人心式领导"的类型转换，其中分别暗含了不同体制背景之下法、道、儒等文化传统实践的选择适应性。无论如何，组织领导的私人"关系"实践始终构成了对规范组织制度的某种实质性替代，即使是积极性的"关系共同体"中所潜藏的个人"关系"领导也难以转向长远发展的企业科层制度，这可能正是本土组织"关系"理论区别于组织社会资本理论而得以拓展的重要依据。

关键词：体制转型 派系结构 关系共同体 关系 差序格局

一、引论：本土组织领导与"关系"研究的困境与契机

在海外及港台的华人组织研究中，文化传统的重要性日益得到关注，可

---
* 原载《管理世界》2012年第12期。

以说呈现出了文化主义的研究立场，其中又可以区分为跨文化比较与本土化取向两种研究视角，尤其是本土化视角着重将"关系"与"差序格局"（费孝通，1948，1985）等本土概念深化到本土组织领导研究中来。与之对照，对中华人民共和国成立后"单位"体制中组织领导与权威运作的一些社会学研究，则从制度主义立场出发突出了"单位"组织运行的体制性特征，对组织领导中的非正式"关系"运作虽然有所触及，但相对弃置了文化传统的作用面相。笔者以为，文化传统立场与体制结构立场都关注到了中国本土组织中的"关系"现象，但彼此似乎缺少沟通与对话，这可能是当前本土组织领导与"关系"研究的困境之所在，而当下中国社会的体制转型变迁恰恰为本土"关系"理论在组织研究中的深化探讨与阐释创新提供了重要契机。

（一）文化主义立场下本土组织领导研究的脉络与困境

随着30余年来中国经济的快速发展，开展中国本土组织管理研究已经引起海内外学界的高度关注，且其未来发展不仅在研究对象层面要考虑到中国的具体情况，而且应当不断拓展既有理论乃至建立新的理论（徐淑英、张志学，2005）。但从总体来看，目前国内多数组织管理研究的基本定位仍较多属于移植型研究，即从既有的成熟理论框架出发对中国管理经验加以考察乃至理论修正，而并非建构针对中国本土的组织管理理论。与之相对照，一些管理哲学研究尽管从文化传统出发力图建构中国本土的组织理论，但往往又趋于脱离社会科学的经验范畴。针对上述问题，有管理学者倡导要积极关注人类学与社会学文化脉络意义上的"中国人的生活践行"，即通过扎实的案例研究厘清中国企业组织的价值理念、关键因素及基本结构，进而考察其利弊得失以至加以创造性的转化（韩巍，2005）。应该说，这样的论述虽已揭示了本土组织管理理论建构的基本方向，但似乎还没有明确指出具体的研究问题与切入点。笔者以为，组织领导与权威问题是关系到组织绩效的灵魂，理应成为当下本土组织管理研究的重点，而其中本土"关系"研究在组织研究中的渗透使其已然成为一个重要的学术生长点，因此极有可能成为建构与深化本土组织管理理论的重要切入点。

事实上，在海外及港台的华人本土组织领导研究中，一直就集中关注于文化传统的重要性，进而呈现出了文化主义的研究立场，其中又可以区分为跨文化比较与本土化取向两种研究视角。在具体内容方面，以霍夫斯塔德等人为代表的跨文化比较更多集中于关注各个文化之间的组织领导权威差距问题

（Hofstede，1980，1991；Trompenaars & Hampden-Turner，1997），而本土化取向则在"权力"运作之外关注到了亚洲及华人组织领导中"人情""关系"的重要性（Pye，1985；Redding，1990；Westwood，1997），特别是自 20 世纪八九十年代开始一些华人学者力图将"关系"与"差序格局"等本土概念深化到组织领导研究中来（陈其南，1986；郑伯壎，1995；Tsui & Farh，1997；杨国枢，1998）。其后，郑伯壎（2005）在后续的理论建构中，针对华人组织领导明确提出了以威权领导为核心的"家长式领导"与以仁慈领导为核心的"差序式领导"，从而在本土文化立场上系统论述了儒法相融的组织领导文化，这应当是极具启发意义的。笔者以为，所谓"家长式领导"其实突出了"权力—人情"的纵向维度面相，而"差序式领导"则突出了"自己人—外人"的横向维度面相，此两者可能正是未来本土组织领导研究需要充分借鉴并加以深化的两个核心维度（沈毅，2012）。可以说，在与霍夫斯塔德为代表的跨文化比较研究的对话过程中，郑伯壎及其团队近年来集中于民营企业的系列研究也就成为华人组织领导本土化取向的杰出代表，两者的共同点是均可归之为以心理学为主导的文化主义研究立场。

与此同时，针对中国经济社会转型过程中各类民营企业的长足发展，经济学、社会学与管理学 3 个核心学科都开始从不同方面加以探析（徐淑英等，2008）。如从本土组织领导的角度加以解释，显然就不能再局限于特殊主义文化意义上"中国人为什么组织不起来"（肖知兴，2006）的韦伯式命题，而似乎更需要回答的命题恰恰是"中国人是何以组织起来的"，这一对命题的前提是要首先回答"中国人能否组织起来"的问题。只有较好地分析解决了这一问题，才能真正厘清本土组织领导的利弊得失，进而才有对其加以创造性转化的可能。循着这一思路，自 20 世纪 80 年代开始一些港台学者对东亚社会经济发展较早做出了儒家伦理的文化阐释，在此基础之上以郑伯壎等人为代表的本土化取向的组织领导研究才得以不断深入拓展。事实上，这种文化取向的研究立场对内地学界逐渐兴起的家族企业及民营企业研究也产生了重要影响，如有学者开始对中国内地当下民营企业的领导风格加以研究，以凸显本土家长式领导与西方变革型领导之间的文化差别与转化可能，进而展现了从人格化领导到规则化制度发展之"管理革命"的可能性（鞠芳辉等，2008；陈戈等，2008；吴春波等，2009）。但以上侧重于民营企业特别是家族企业的组织领导研究，总体上比较局限于文化主义的研究立场，始终相对忽略了宏观制度要素对组织领导的重要作用。可以说，当下中国的社会转型与体制变革，为考察不同性质组织的运行方式提供了新的契机，"差序格局"与"关系"在不同体制背景下的组织领导实践中也可能会呈现出不同的基本形态与结构特征。循着文化传统与体制结构相关联的思路，我们既可以考察在不同体制背景之下，本土文化中的不同脉络是何以在组织管理中承继实践的，同时应该也能更好地理解当下经济改革的成功缘由与未来潜在的深层问题。

（二）体制转型背景下组织领导及"关系"研究的新契机

在制度主义研究立场下，华尔德较早揭示了改革前中国工厂"单位制"之中个体对单位及领导"制度性依附"的组织权力关系。以组织领导与积极分子之间的"主从关系"（patron-client relation）为基础，华尔德主要建构了"领导—积极分子—普通群众"三级庇护网络的理论框架（Walder，1986）。随后，李猛等（1996）批判继承了华尔德的"领导—积极分子"的"主从关系"范式，提出需要关注单位中不同领导与各自相近的积极分子所形成的不同派系，但这种"派系结构"的基础无疑仍旧是领导与积极分子之间的"主从关系"。笔者则以为，对"单位"组织领导及"主从关系"形态的结构性考察应该有着两个方面的拓展可能：一是"单位制"中的"主从关系"在本质上仍可归之为带有某种文化传统特征的私人关系，而且这种权威差距相当明显的私人关系同样可以纳入"差序格局"的理论框架中加以分析（阎云翔，2006）；二是在从计划经济向市场经济转型的过程中，随着"单位制"的日渐松动，其依附性的"主从关系"形态是否发生了相应的变化。当然，就转型社会中的"关系"变迁问题，一些海外学者展开了系列研究，对市场化过程中企业间、企业与政府的"关系"变动展开了相关争论，其根本的焦点往往关注于中国社会中行政主导的"庇护关系"究竟有没有衰退，以此考察中国市场化的发育程度与法制化进程，但始终相对忽略了组织内部的领导关系形态可能发生的变迁（Wank，1996；Guthrie，1998；Mayfair，2002）。这种忽略恰恰可能成为当前组织领导与"关系"研究创新的契机之所在。

从30余年改革开放的基本脉络来看，通俗意义上亦即计划经济向市场经济的过渡转型，相当部分国有企业、乡镇企业、事业单位从20世纪90年代中期开始的产权改制可以说构成了最为重要的体制变革之一，尤其是从20世纪80年代的国有企业改革至90年代中后期开始的国有企业改制显然构成了城市体制改革的中心环节。就国有企业的总体改革路径而言，学界一般的看法是将其分为两个阶段：第一阶段从1978到1992年，主要是放权让利，探索"两权分离"；第二阶段则从1993年至今，明确以建立现代企业制度为方向，不断深化改革，完善新体制（张卓元，2008）。事实上，至 2004 年末，全国 2903 家国有及国有控股大型骨干企业中的 1464 家已经改制为股权多元化的公司制企业，而全国中小型国有企业有 80% 以上实行了改制[①]。由此，国有企业产权变革及经济绩效问题已经是国内经济学研究关注的重要问题之一，其研究重点是就改制企业的绩效后果从小样本到全面性的量化分析，但对改制企业特别是产权完全变更的中小改制企业的组织管理与领导实践转型的内在过程往往缺乏深入的探讨（宋立刚、姚洋，2005；刘小玄、李利英，2005；白重恩等，2006）。从国内组织社会学的研究现状来看，其研究对象多集中于传统国有企业特别是大中型国有企业的个案研究，对大中型国有企业的利益表达机制、内部家族化特征及当下的体制内分化给予了较多关注，但对中小国有企业从体制内向体制外的民营化发展历程却少有触及（张静，2001；张翼，2002；刘平等，2008）。事实上，这种中小国有改制企业所呈现出的不同体制背景的转换可能是更为明显的，体制转型与所有权变革的内在动因恰恰需要深度的案例研究来予以揭示。

与国有企业相比较，多数乡镇企业本身是在体制外生存发展起来的，所以乡镇企业的改制尽管也是重要的制度变革，但更多还是在体制之外运行完成的。而国有企业的改革进程则无疑是从体制内部展开的，特别是国有中小企业的经营改革与产权转制更是集中展现出体制转型的显著特征。当然，国有中小企业 20 世纪 80 年代的基本改革脉络与整个国有企业的进程是一致的，其组织领导根本上指向于中小企业与地方政府特别是其主管部门的政企关联，20 世纪 90 年代改制前后的组织领导模式的结构转型则无疑蕴含着根本性的权力基础转移及政企关系变革。由此，国有中小企业的发展与改制历程更能反映出计划经济的国营"单位"向市场经济的民营"企业"的过渡，因而也更能充分展现出从计划经济向市场经济的体制结构转型。进一步就理论层面而言，如果以本土组织领导的上下"关系"形态作为研究的切入点，我们需要回答的重要问题即为：在不同的体制背景下，"关系"与"差序格局"在组织领导实践中的基本形态究竟有着哪些根本性的差异，对组织领导与组织绩效都会构成什么样的实质性后果，其合适的分析维度又如何加以选择定位。针对这些重要问题，如何在文化传统与体制结构两种立场之间加以取舍，或许正是未来本土组织领导与"关系"

---

① 李荣融：《积极推进国有资产管理体制和国有企业改革》，全国国有资产监督管理工作会议上的工作报告，2005 年 1 月，转引自张文魁：《中国国有企业产权改革与公司治理转型》，中国发展出版社，2007 年，第 9 页。

研究的困境与契机之所在。

二、研究方法与案例选择："拓展个案法"的深化应用

在传统的实证研究思维中，个案研究的代表性是被质疑的关键，然则深度的个案研究始终是理论创新的重要源泉（Eisenhardt，1989）。以质性研究为基本取向的深度个案研究可以更好地勾勒出"人物"与"事件"基础之上的"关系"形态，以及更广泛的体制结构背景与内在的文化传统特征。已有的"差序格局"及"关系"研究大多与个案研究及质性研究方法有着相当的契合性，但将其引入组织研究中并探讨不同组织领导模式中的"关系"内涵与基本形态差异则是本文的重要探索。在体制转型背景下，对"关系"形态及其组织领导模式变迁的探讨，也比较适合采取质性研究的叙事方法，根据某典型个案而采取的拓展个案方法应该是衔接微观"关系"实践与宏观制度变革之间的重要方法，从而成为本文所采取的最重要的研究方法尝试。

（一）"拓展个案法"的方法选择

在既有的"关系"研究中，海外人类学的田野调查研究成果是相当突出的，其研究方法当然也大都采取了偏向人类学的个案与质性叙事研究方法，从而也力图凸显"关系"现象的某种文化独特性（Kipnis，1991；Mayfair，1994；Yan，1996）。之所以个案研究及质性研究方法在"关系"研究中更受青睐，可能是由于在比较社会学及人类学的传统中，阐释性的质性方法比较易于说明"关系"内容的实质性差异，而科学性的量化方法则常常趋向于"关系"形式上的一致性。然则，以上人类学取向的"关系"研究基本没有触及体制转型的宏观背景，微观"关系"的聚焦对宏观社会结构的关照明显不足。或许布洛维所提倡"拓展个案法"（extended case method）的研究思路，恰恰有助于解决这一问题。进言之，传统的以人类学为代表的个案研究往往局限于日常生活世界之中，外部的宏观结构性背景常常被搁置而未予关注，而"拓展个案法"则是真正要关注外部宏观场景，并通过具体个案反观宏观场景，对宏观与微观的双向关注有助于达成理论重构（Burawoy，1998；卢晖临、李雪，2007）。事实上，中国社会30年来的改革转型为这种拓展个案研究方法的广泛应用提供了契机，就当下的"差序格局"与"关系"研究而言，体制转型的宏观背景应该也提出了新的问题

动向，亦即不仅要从传统的乡村研究与人际关系研究中进一步拓展至组织研究中来，而且选择合适个案素材基础上的"拓展个案法"应该是深化"关系"研究的重要方法路径。

（二）具体案例状况与调查对象说明

笔者所选个案 ZY 有限责任公司是苏南 Z 市某机械工业公司，其前身 Z 市原 ZY 总厂初建于 1976 年，正式成立于 1981 年，一度是比较典型的中小型国营企业，隶属于 Z 市机械局管理（2000 年"二次改制"时的人数规模也仅在 500 人左右，2010 年含分公司员工超过 1300 人）。相对于苏南一些地级市与县级市而言，Z 市曾是传统国有企业相对集中的地区，其中又主要是以国有中小企业为主。在 20 世纪 90 年代后期开始的国企改制过程中，Z 市机械局下属的地方企业大都先后走向了改制的道路，机械局最终也在 2008 年被撤销了，其原先下属的改制企业中，大约有一半存活了下来，ZY 公司成为其中发展得最好的企业。2009 年 ZY 公司转向器产品产销量居中国第一、世界第三，国内市场占有率 60% 以上，公司跻身世界同行业综合实力前四强。总体而言，ZY 公司虽然在机械行业中仍属于中小企业的规模状况（2009 年总产值为 3.08 亿元），但是其产品竞争力无疑已居国内同行业之首。从企业的成立时间来看，这个企业的发展本身并没有过多的历史包袱，其时段恰好与改革开放的基本历程相吻合，某种程度上甚至可以作为改革以后中小国有企业的典型缩影，其转型发展应该能较好地反映中小国有企业体制转型的结构性特征。

笔者的个案调查从 2008 年 11 月开始，间断至 2009 年 9 月接近尾声，直至 2010 年年初还做了些补充访谈。在研究问题方面，笔者原先只准备就其 2000 年改制以后的基本状况进行调查，其重点意在考察一个"民营企业"乃至"家族企业"内部的"关系"运作状况，这样的研究立场无疑也是偏重于文化取向的，并且基本上忽略了时间维度的纵向考察。然则，随着调查的深入，笔者发现该企业作为一个改制企业曾经是相当典型的中小国有企业，并不同于纯粹家族打拼而创立天下的"家族企业"，其中所蕴含的某种结构转型促使笔者的研究视角与问题指向也发生了重要变化。因此，本文的问题意识更多是来自个案调查的过程之中。在具体资料采集方法上，主要采取了文献法、座谈法与深度访谈法。文献法有助于了解企业发展的组织变迁与体制转型的基本状况，即一方面是用于了解企业内部规章制度的一些演变，主要是对企业规章与职代会记录、改制大会记录及改制合同的考察，另一方面则是对国有企业体制改革的基本过程加以了解，从而把握其组织结构转型的宏观体制背景。当然，重点是要通过座谈交流及深度访谈逐步还原出较为真实的重要"人物"与"事件"，同时要就彼此有矛盾的访谈材料做出一些比较甄别工作，以期把握更为真实的组织结构与组织领导"关系"形态。由此，通过半结构式访谈所获得的一些零碎故事，笔者希望能够以某种叙事的方式粗略勾勒出该企业30年的发展历程，并尝试进行某种阶段性的划分与理论提炼。

三、拓展个案分析：体制转型背景下的组织领导"关系"实践谱系

如上所述，在研究方法方面，本文采取了拓展个案法以及质性研究的资料收集方法。在就所收集资料对"关系"概念的分析过程中，笔者在明确中国社会中的"关系"提法偏向于"个人关系"或"私人关系"的基础上，运用布鲁默（Herbert Blumer）所谓"触发式概念"（sensitizing concept）来对"关系"内涵不断地深入诠释，从而考察组织领导"关系"实践的内在逻辑与结构性背景。在深度访谈的基础之上，笔者发现从20世纪80年代国营企业的党委领导体制到20世纪90年代"一次改制"之后的股份合作制，再到2000年"二次改制"之后的民营企业经理负责制，构成了该企业制度变迁的主要脉络。以"触发式概念"为导向，笔者发现在该企业的组织结构转型中依稀存在着20世纪80年代的"主从关系"依附学→20世纪90年代的"人缘关系"笼络学→2000年以后的"朋友关系"动力学的实践逻辑，在整体的组织架构层面则呈现出从"派系结构"到"关系共同体"（胡必亮，2005）的结构转型。

（一）20世纪80年代的"主从关系"依附学："派系结构"的斗争激化

通过个案调查获得的经验材料，可以认为在20世纪80年代，私人"关系"在整体上渗透于下对上权力依附意义上的"主从关系"之中，上层"关系"始终是影响该企业从厂级干部任命到一般职工流入的重要因素，可将之归为某种"主从关系"依附学的基本模态。特别是20世纪80年代中期在厂长负责制实施

之后，Z 厂长与 Q 书记的矛盾逐渐凸现，两派的"派系"斗争不断升级进而导致了经营恶化，最终不得不以厂长、书记的双双下台而终结。可以说，这一阶段所呈现出的"主从关系"依附学，总体上是以下属对领导的依附性为根本特征，其后果则表现为厂长与书记两大实力派领导的权力"斗争"。在这种以争夺权力为主要目标指向的"派系结构"中，上下"主从关系"所突出的是"忠"的价值观与行为实践，这固然有着封闭单位制的作用，但更主要的还是显现了某种行政体制中由下而上权力追逐的基本特征。

1. "关系"依附的普遍盛行

1981 年元月 1 日，ZY 厂与母厂 BZ 厂分离正式成立。在 20 世纪 80 年代发展初期，ZY 厂曾经出现过一段发展的黄金时段，最初的厂长一度是能力相当强的 K，但在 1984 年年初 K 由于历史原因被迫从厂长职位上退下来了。多位被访谈者都表示，如果由 K 一直担任厂长的话，ZY 厂的发展应该不会陷入后来的困顿。K 不仅能力较强，而且对下属也都不错，他在厂长位置上时就形成了一批"自己人"，之后和他保持了较长期的私人关系，一直到 20 世纪 90 年代中期退休前，K 都是厂内的实力派人物。与 K 厂长相比，ZY 厂的建厂元老 Q 书记则有着政治身份上的优势，他在 1949 年前就参加了解放军，因此得以享有革命"老干部"的身份（现属于离休干部）。在众人的描述中，Q 书记应该是一个比较精明、圆滑世故的领导，年龄上的局限与厂内根基的牢固使他准备长期立足于该工厂，他个人及其追随者在工厂中无疑有着一定的私利，但在 20 世纪 80 年代各种权限仍然集中在上级局级机关的情况下，当时从厂里所能摄取的私利也是相当有限的。但 Q 很善于运用所控制的 ZY 厂重要优质岗位的人事权与厂外的各类"要人""做人情"，且重要干部职位的向上推荐权与实际控制权也是厂内多名骨干愿意追随他的重要动力。

与 K 及 Q 相比，1984 年到任的 Z 厂长，各方面能力都相当欠缺。他能够从 TL 厂的中层一跃而为 ZY 厂的厂长，是由于他有着比较强硬的"关系"背景。可以说，当时一批新任命的正职厂级干部与副职厂级干部都是"上面有人"的，与局级乃至市级领导的各种私人"关系"在厂级领导的任命中是至关重要的因素。20 世纪 80 年代中期新进的技术副厂长 XT 与生产副厂长 LWJ 的任命都有着上层"关系"背景或者是"安置需要"。后来的事实证明，这两个副厂长的任命对 ZY 厂的消极作用非常明显，特别是专事斗争的 LWJ 对 ZY 厂的危害格外突出。

此外，ZY 厂在 20 世纪 80 年代初期曾经是效益相当突出的单位，对于这样效益比较好的企业，上级机械局管理部门的干预就更为明显，不仅在于正常的干部人事任命控制，往往还有比较明显的吃喝摊派现象，以及上面领导安排子女、亲属"优质岗位"的"关系"腐败现象。总体而言，"关系"背景对于进入当时这样效益较好的工厂工作是至关重要的，这些附着于上层权力的私人"关系"无疑有着相当的负面作用，其主要造成的虽然还仅是养闲人与养懒人的问题，尚未直接形成结构性的矛盾冲突，但已经为后来的"派系"矛盾提供了组织环境基础。从1985年年初开始，ZY厂逐步实施厂长负责制，随着厂长生产事务权限的上升，1984年到任的Z厂长与原来的Q书记之间的矛盾日趋公开化，并分别形成了以各自为中心的两个主要派别，两派之间呈现出不断升级的"派系"斗争，这样的"派系"斗争直接导致了ZY厂由盛而衰①。

2. "派系结构"的逐步形成、斗争激化及其后果

从两派领导核心来看，Q书记与Z厂长在权力"斗争"背后无疑都有一定的私心：Q书记觉得ZY厂是自己一手创办的，一心要将ZY厂经营为自己的天下；Z厂长则满心希望自己能再升一步，由此他既需要有更高的利润上缴凸显自己的政绩，又准备从ZY厂带批"自己人"出去。双方斗争局面的形成无疑有着两个人的人格特征与处境动机的作用，但根本上可能还是缘于厂长负责制实施以后某种双重领导体制的结构性动因。可以说，Z厂长与Q书记矛盾的公开化，引发了相当一批中层干部与积极分子的分化。在访谈中不少人都指出，当时Z厂长与Q书记家里面晚上都是门庭若市，两派人马经常各自到Z与Q领导家中交流信息，形成了比较明确的派系队伍。此外，前述重要科室生产计划科K科长是从厂长位置上退下来的，有几位车间主任及副主任跟随K而构成了另外一个相对较小的派别。为了进一步说明具体情况，我们首先需要对ZY厂党委领导下的厂长负责制的组织结构加以分析，ZY厂1987年所编的厂志中编

---

① 从宏观背景来看，20世纪80年代中期开始实施的厂长负责制是促成工厂内部党政分权的重要体制背景。事实上，厂长负责制的试点工作是由中共中央和国务院1984年年初决定进行的。1984年5月，在北京、天津、上海、沈阳、大连和常州6个城市选择了191个企业作为首批试点单位。1984年10月20日，中共十二届三中全会通过的《中共中央关于经济体制改革的决定》明确指出："现代企业分工细密，生产具有高度的连续性，技术要求严格，协作关系复杂，必须建立统一的、强有力的、高效率的生产指挥和经营管理系统，只有实行厂长（经理）负责制，才能适应这种要求。"在此基础之上，1986年9月15日中共中央和国务院颁发了由原国家经济委员会制定并负责接收的《全民所有制工业企业厂长工作条例》，定于当年10月1日起在全国施行。尽管厂长负责制开始实施，但书记的权力特别是人事权并没有弱化，从而造成了当时的国有企业厂长行政中心、书记政治核心的"两心"矛盾。"两心"之间的权力矛盾常常会衍发出比较激烈的派系斗争。

录了该厂从 1984 年到 1987 年的基本组织架构图（见图 1），对理解党政二元的"单位"组织结构有一定的揭示作用。

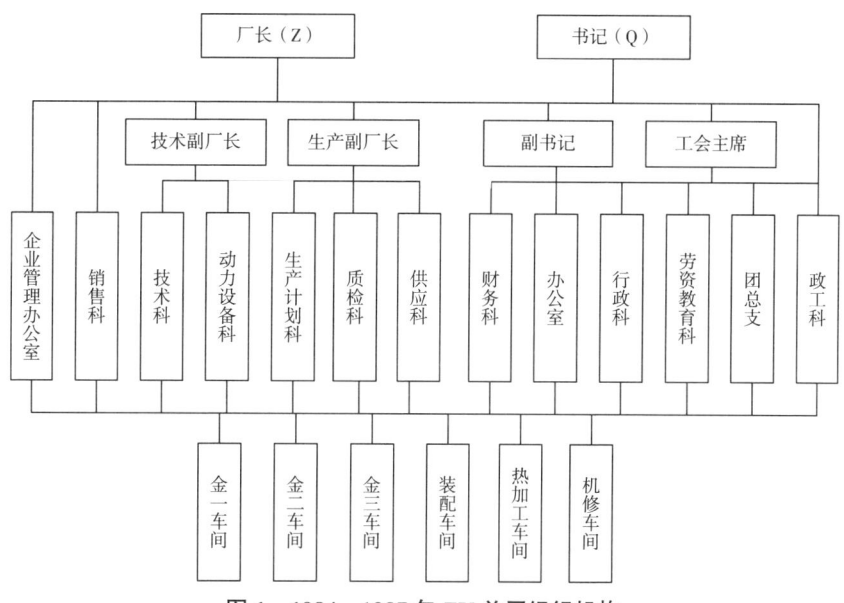

图 1　1984—1987 年 ZY 总厂组织机构

图 1 虽然没有清晰地划分出厂长与书记各自的权限，包括分管的技术副厂长、生产副厂长、副书记与工会主席的职权界限，但大致看来，生产经营与党政宣传两大块的"单位"职能分工还是依稀可见的。结合访谈资料来看，厂长直接分管企业日常管理与产品销售，技术副厂长负责分管技术科与动力设备科，生产副厂长则负责分管生产计划科、质检科和供应科。书记直接分管政工科（1987 年更名为组织科），同时还实际控制着行政科与劳资教育科，而副书记与工会主席则并不参与实质性的分管工作。另外，财务科与办公室虽然需要为生产与技术条线服务，但更多的仍是向书记负责。从与中层的关系状况来看，以厂长为首的"生产口"与以书记为首的"党宣口"存在着相当的势力划分，构成了两个主要的派别，企管办（全称企业管理办公室）主任 HXL 与政工科科长 LHR 分别是 Z 厂长与 Q 书记两派的重要参谋，虽然生产系统中多数车间主任或副主任跟随 Z 厂长，但在生产与技术条线上像供应科长 YXM、技术科长 WJF、质检科长 SSX 等重要岗位的中层干部都是 Q 书记一派的重要成员。在党总支委员中，两个外面调入的生产副厂长 LWJ、技术副厂长 XT 与 Z 厂长形成了同盟，而副书记 JRA、政工科科长 LHR 则是 Q 书记的重要人马，工会主席 YB 也紧随 Q 书记，K 科长则如上所述是白成一派的重要人物。总体来看，Q 书记始终

占据着主动权与相对的斗争优势，这一方面是由于 Q 长期势力经营的结果，另一方面则是由于最终的人事推荐权与否决权主要掌握在书记手中，书记始终牢固地控制着核心性的党总支委员会①。当然，从 ZY 厂外部来看，机械局党委在人事、财务、重大生产决策方面才是最终的拍板者，且机械局书记与局长之间也存在着类似的权力矛盾，由此 Q 书记、Z 厂长分别对上依附于局书记与局长，进而也部分卷入了机械局高层两派间的派系斗争。

1986 年关于住房的系列事件，说明 ZY 厂两派的斗争开始趋于激化。所谓住房的斗争都是在私下进行的，公开分房里面的"猫腻"还是难于操作的。Q 书记与 Z 厂长本人都有机械局分房各一套。"Q 书记大概在 1986 年年初，悄悄地占了厂里面的一套房子，是想给儿子结婚用的。厂里开始没人知道，Z 厂长从财务那边知道了，他就把这个事情告诉陈某某，陈是无房户，Z 就让他直接找书记去要。那时候工人反正铁饭碗，陈是天不怕地不怕的那种人，也什么都不管，就和 Q 书记闹，跑到他家里去闹，弄得厂里面也都知道了。书记开始当然不想给，后来觉得这样下去不行，而且厂里头也风言风语了，万一闹到上面去更不好弄，最后只好把这套房子给陈了。"其后在 1986 年夏天，Z 厂长周围的一批亲信动用公款私下买房，其中负责某营销部的 WB 用营销部公款一次性买了 5 套公寓房，想自己几个人私下分掉，可能也给 Z 厂长本人备了一套，Z 厂长之前应该对此并不知情。但是房子买了还没来得及分掉消息就泄露出来了，Q 书记乘机对其加以攻击，并将已买的五套住房变成了一次公开分房。这次"买房事件"已成为双方矛盾公开化的标志性事件，并成为后来 Q 书记一派向上"告状"以力图扳倒 Z 厂长的重要"罪状"。

就"主从关系"的根本内涵而言，下属对于上级的"效忠"无疑是第一位的。但在"忠"的价值观背后，让下属更为坚定的无疑仍然是个人利益与职位机会的给予。虽然这种利益给予常常难以公开表现为增加工资或住房分配，但却集中体现在重要机会或职位的分配方面，特别是在下属出了种种"问题"之时而给予的及时庇护。当然，尽管"忠"的价值观在"派系结构"的"主从关系"中是最为重要的，"不忠""反水"在这样缺乏流动的单位空间中将面临相当严厉的价值谴责，但改换门庭的现象从来并不少见。特别是 Z 在年龄上具有

---

① ZY厂从建厂后到2000年"二次改制"前，党员人数都维持在50人以上而不足100人，其基层党组织是党的总支部委员会，党的总支部委员会一直到1996年"一次改制"之前都是ZY厂的核心权力组织。以Z市机械局为例，在20世纪八九十年代，除了个别较大规模工厂人数达到两三千人以上，党员人数超过100人而设立了基层党委外，多数中小企业都只设有党的总支部委员会，有四五家规模更小的工厂因党员人数不足50人则只设有党的支部委员会。

相当的优势,他的年龄优势似乎让人感觉其权力空间处于上升时期,因此一些精明人认为Q书记过两年退休以后还是要由Z掌权,所以开始倒戈,或者是出现了"脚踩两只船"的现象,这样的骑墙分子为众人所鄙弃,特别为核心领导所疏远,但这种现象其实并不少见:

"20世纪80年代中期任办公室主任的W某某,是Q书记一手提起来的,原来对Q书记巴结得很。办公室是厂长书记都要伺候的,W看着Z厂长年轻得多,估摸未来资本大吧,就和Z慢慢走得近了,Z看到他原来那么巴结Q书记,又有点不信他,他就有点脚踩两只船的意思。做办公室主任本来也不用多少本事,无非最重要的是拍好马屁。他以前最会拍Q书记马屁了,哄得Q非常高兴,所以他和Z走得一近,Q对他最光火了。他有些采购事情要批条子Q书记不给他签字,经常不同意购买,搞得他很难过,他后来后悔了又想回头,但Q书记一直对他不冷不热的。中层干部不是能上不能下嘛,Q书记有办法治他,后来有一段就把他派出去学习,他很担心自己位置被人家顶替了,虽然最终没把他位置拿掉,但他乖多了,基本都听Q书记话了。所以说,跟到哪边就得忠心,不然很可能两边不讨好……"(访谈HLP)

以上的事例也从一个侧面说明了Q的权力技巧,从Q书记与Z厂长的斗争形势来看,Q书记的派系势力的确占到了优势。Q书记逐步运用与上层领导的"关系"扳倒了Z厂长的两个重要同盟——技术副厂长XT和生产副厂长LWJ。XT对产品技术一窍不通,经常能够几个月在外面以出差开会为由,公款个人旅游,Q书记添油加醋地向上"告状",终于在1987年年底把他拉下马来。随后,1988年上半年Q书记一派利用所谓的"生活作风问题",集中精力打击整倒了生产副厂长LWJ,从而成功削弱了Z厂长一派的势力。对LWJ的打击遭到了LWJ本人的强力反击,Z厂长也曾试图对LWJ加以救援,但LWJ"个人作风败坏"的道德问题在当时并不是Z所能庇护的,这个阶段可以说双方的矛盾已经全面爆发。XT与LWJ下台以后,继任的技术副厂长WJF与生产副厂长CZA均由Q书记向机械局举荐,可以说都是Q书记的重要心腹,此后则均成为20世纪90年代ZY厂的重要人物。

尽管Z厂长主要负责经营生产,但他并不能完全掌握生产方面的决策权,在关于企业发展决策的重大问题上,书记始终保留着否决权,两者的矛盾逐渐影响到了生产经营的重要决策。正如多位被访谈者所述,Z厂长在1987年下半年准备发展强力磨的新产品,但由于Q书记的否决而最终告吹,后来20世纪90年代的事实证明工厂正是发展了这一产品才摆脱困境的。可见,虽然生产系统属于Z厂长的势力范围,但关于生产与技术发展的重要决策上依然不能一锤定音，Q书记对强力磨产品发展的否决，使得ZY厂失去了一次重要的发展机会，这或许可以称之为一次比较重要的"强力磨产品事件"。同样，在关于工厂发展的重大决策方面，Q书记也没有最终的决定权，与"强力磨产品事件"相对应的是更为突出的"买地事件"，Z厂长对于1988年年初买地计划的否决，使ZY厂在未来的发展中遭到了更大的损失。多位被访谈者都提及，当时工厂车间面积已经不够使用，总厂现址周围的一片地完全有条件买下来，当时这块荒地共有25亩只需20万元左右，厂里当时完全有这个资金，Q书记提出来其中一半可以砌车间厂房，另一半用来建职工宿舍。但由于是Q书记的提议，且土地购买与厂房建设将直接影响企业当年上缴利润，进而可能影响到Z厂长的短期"政绩"，于是Z就坚决加以否决，最终也导致了买地计划的"泡汤"。此后，工厂车间面积不足的问题，一直到20世纪90年代在郊区乡镇建立了MD分厂才加以缓解。总之，20世纪80年代后期派系斗争的激化，使得ZY厂丧失了较多的发展机会，直至最终陷入了经营困境。经营最终恶化的重要导火索则是1988年下半年的"产品涨价事件"，这次事件的始末充分体现了两派斗争的严重后果。

"大概88年夏天的时候，Z厂长带着紧贴他的一个销售科副科长到武汉去开了一次产品洽谈会，回来就商量着产品要涨价50%，也可能是那个副科长出的主意。Z这人一直就这样，其实他不懂，以为简单涨价利润就会升上去了。当时已经市场化了，产品随便涨价肯定市场要给人家抢走。开会的时候另一个跟Q书记靠得近的销售副科长就直接表示反对，但Q书记本人并没有吱声。后来涨价以后，客户一下子少了有一半以上，Q书记马上就出来说话了，说早就知道不能涨价，你们要涨价也不通过我，厂长气得要命。像这样的事情也不是一次两次了，但这次结果太严重了，两个人斗得不管后果了，厂里蛮好的市场丢掉了，原来我们在全国都要占到一半以上市场，涨价以后就掉到只有20%多一点，大好江山就直接让人了……"（访谈SSX）

事实上，与其他多人的访谈大都佐证了非常重要的一点：以Q书记的见识，应该非常清楚产品涨价的后果，但他在关键时刻却保持沉默，实质上正是希望产品涨价造成相当的后果，以此来追究相关人员直至Z厂长的责任，从而使其也成为Z应该下台的"罪状"之一，因此适时的沉默与严厉的追究其实正是Q书记的权谋。但产品的大幅度涨价导致了ZY厂的大部分销售市场被山东J市的竞争厂家所替代，直接造成了ZY厂在20世纪80年代末较长期的经营危机。从宏观层面而言，自1987年始，国企引入和推广了承包责任制，承包制的全面实施意味着政府全面负责工资配给的时代已经终结，国有企业的工资、奖金也就与其效益直接挂钩了。正是在这样的背景下，随着市场化进程与企业逐步走向自负盈亏，ZY 工厂内部的内耗斗争使得企业在 20 世纪 80 年代后期陷入了经营困境，全厂在 20 世纪 80 年代末 90 年代初的 5 年多中工资奖金都没能增加，还时常出现了工资奖金拖欠的情形。这样，ZY 厂派系斗争的激化造成的严重后果，最终使得上层领导不得不高度关注。至 1990 年，Z 市机械局的内部权力也已经统一，由外面新调来的 X 局长兼任书记职务，他了解到 ZY 厂的斗争情况，在 1990 年将 Z 厂长和 Q 书记先后就地免职（Q 名义上是到龄退休），从而终结了 ZY 厂一段激烈的派系斗争史。

（二）20世纪90年代的"人缘关系"笼络学："德治领导"背后的"派系"暗流

M 厂长在 1990 年 10 月正式接任 ZY 厂厂长兼书记，揭开了 ZY 厂发展历史的"新篇章"。在上层授权方面，M 虽然取得了党政合一的"一把手"地位，但在国有企业其权力集中依然是有限的，M 有效地通过"德治领导"赢得人心，进而巧妙地与一些关键人物发展了私人"关系"，对骨干下属"关系"笼络的成功运作基本稳定了 20 世纪 90 年代初期的厂内局面，但对 M 暗中抵制的"派系"暗流始终存在。20 世纪 90 年代中期之后，ZY 厂的经营形势相对好转但尚处于勉强支撑的局面，并成为 Z 市 1996 年首批改制的 18 家企业之一，"一次改制"的选举过程也显示了厂内延续存在的"派系"力量。"一次改制"之后趋于产权均等化的股份合作制构成了形式上"民主"选举的权力结构，进一步加剧了厂级领导讨好骨干下属乃至普通职工的某种"人缘关系"的选票政治。总体来看，这一阶段上对下笼络式的"关系"运作是以稳定压倒一切作为指向的，充分体现了某种以"和谐"价值为要旨的"人缘关系"笼络学特色。

1."派系"暗流下的表面和谐："德治领导"与"关系"笼络的成功运作

M 厂长也是 Z 市本地人，1968 年本科毕业于合肥工业大学机械设计专业，1987 年被选调提拔为 Z 市电磁设备厂厂长（该厂规模较小，仅有 300 余人）。他在担任电磁设备厂厂长的 3 年间，该厂经营效益在 Z 市机械局一枝独秀，这样他在来 ZY 厂之前就积累了比较丰富的管理经验。他的 ZY 厂厂长选任还不是简单的个人任命，而是代表着 Z 市机械局用人方式的某种革新。在 20 世纪 80 年代末，在 Z 市机械局所属的 20 家左右企业中，多数企业出现了经营困难，不少企业领导层中普遍出现了以厂长与书记为首的两派之间的派系斗争，对下属企业的厂长、书记重要领导的调整已经不可避免。1990年的这次调整共有6个厂的厂长替换，在形式上采取了公开招聘的方式。各个报名人在局领导会议上进行施政演讲，然后评委打分评定，M厂长的任命至少在形式上是公平的。与此同时，从宏观环境来看，20世纪90年代国有企业除了自身权限不断增加之外，更为重要的是在企业内部逐步实施了厂长、书记一肩挑的模式，即由厂长来兼任书记，从而实现了"两心"变"一心"，通过权力集中基本解决了派系斗争的结构性问题。诸如ZY厂这样的中小企业，书记最终都由厂长兼任了，但同时也明确规定，每年年终由局级机关考核各厂效益，不见起色的应聘厂长将重新调离，这种强化厂长权限的厂长负责制开始体现出责、权、利的统一。

但对ZY厂这样的国有企业而言，先前积累下来的问题并不会随之立刻得到克服。M厂长作为一个"外来的和尚"（这点与Z厂长有点类似），刚到ZY厂的时候可以说是举步维艰（这点与Z厂长截然不同）。按照一般的说法，除了资金与市场方面的困顿，人事方面的矛盾是M厂长亟须解决的核心问题。M在尚不清楚人事矛盾的情况下，首先采取的是稳定人心的做法，且始终是以维护ZY厂的整体利益为重。在20世纪80年代初期经济效益良好的形势下，不少人"托关系""走后门"进厂，在20世纪90年代初效益糟糕的情况下又开始纷纷动用"关系"要离开ZY厂，使得ZY厂出现了一些岗位空缺，整个工厂的生产经营形势相当严峻。M首先对上需要顶住压力，而不是只顾巴结上方领导，这种"以厂为重"的做法逐步赢得了多数干部职工的信任。与对上峰的适度抵制相比，M对内则注意通过个人"德治"来凝聚人心，M自己所住平房一直比较困难，1991年年初下大雨，不少住房都出现积水，他带头到厂里职工宿舍帮忙挖水，可是自己家里面却给淹了，自己的母亲给困在了床上，家里人打电话到厂里找M不见人，厂里工会有人赶到后为之动容。"淹房事件"为M赢得了很高的声誉与威望，后来他一直没有占用厂里的分房指标，直至1994年才由机械局为他解决了公寓房，因此厂里的干部职工对他都开始认可。在此基础之上，M亲自带队跑市场，在外出差过程中"艰苦奋斗""干实事"的精神更让大家敬服，并重新开始赢得市场，其领导能力逐步展现出来，个人权威也就逐步建立起来。

从结构层面来看，M形式上似乎在厂内拥有绝对的权威，但实质上党总支委员仍然是由机械局党委任命的，20世纪90年代初的党总支委员中除了组织科科长LHR、生产科K科长（即原K厂长）、党总支副书记JRA、工会主席YB之外，还有新提拔的生产副厂长CZA、技术副厂长WJF。其中，副书记 JRA 与工会主席 YB 能力偏弱，始终没有成为非常重要的人物，其余 4 人则构成了对 M 厂长的挑战。由此，尽管 M 身兼厂长与书记于一身，但在国有企业的背景下，作为一个外来者始终存在着被"架空"的危机，亟须达成与既有"实力派"的合作与妥协。在"德治领导"的背后，M 厂长充分展示了与下属接触的"关系"技艺。总体来看，M 当时在财务权与中层干部的人事权方面都取得了较大的权限。M 对厂内原有骨干，特别是 Q 书记一派的多数重要成员采取了积极安抚的策略，他敏锐地认识到原先 Q 书记所倚重的组织科科长 LHR 已经成为 Q 下台后 Q 派中层骨干的实际掌门人，于是利用居住邻近的便利条件在休息日找 LHR 一起去洗澡，并对 LHR 尽量满足其经济利益需求，在奖金福利方面使其享受副厂级待遇，从而使 LHR 对他"心悦诚服"。与 LHR 科长相比较，K 科长则不是能简单收买的能人，M 对于 K 科长主要采取的是"礼遇"兼"分权"的办法。由于 80 年代末期"买地事件"的影响，ZY 厂丧失了就近扩厂的条件，但新型产品的发展需要生产车间的扩张，1992 年最终还是确定了在 XL 乡营建 MD 分厂。M 厂长在此显示了非常巧妙的策略，借异地筹建分厂的机会将 K 科长从总厂调任 MD 分厂厂长，并享受副厂级的级别及待遇。M 向 K 承诺不干涉 MD 分厂内部的人事与具体生产事务，一方面是基于对 K 基本道德与个人能力的信任，另一方面也显示了其高度放权的笼络手段。

比较来看，生产副厂长 CZA 与技术副厂长 WJF 则有着自身的派性力量，很大程度上构成了对 M 厂长的潜在威胁。CZA 是西安交通大学的本科生，20 世纪 90 年代初还取得了总工程师职称，在 20 世纪 80 年代末开始强调学历的背景下，名牌大学毕业生在 Z 市相当稀缺，所以他在 Q 的庇护下理所当然地成为 ZY 厂的生产副厂长。在众人的描述中，CZA 是典型的"老好人"，工作能力则明显不足，在由 K 担任生产科科长时期，所有的生产任务几乎都由 K 来组织完成，CZA 不需要也不能够完成什么生产方面的任务。在厂内，CZA 对任何人都始终是客客气气，一到车间就给所有工人散烟，几乎所有工人都对这位"平易敬人"的领导爱戴有加，这在后来的第一次"改制"选举中展现无遗。与之相比较，技术副厂长 WJF 是一位"女强人"，且其丈夫是 Z 市规划局局长，叔叔是省机械厅的一位处长，外面的"关系"背景自然大不一样。她虽然学历只有中专水平，但的确是 ZY 厂早期的技术骨干，对建厂初期的产品发展起到了很大的作用，也算得上 ZY 厂建厂的元老之一，因此她自认为对 ZY 厂的发展居功至伟，自己完全能胜任厂长之职，对 M 的到来一直就有抵触情绪。比较来看，尽管 CZA 的领导排名在 WJF 之前，但 CZA 这样只会做"老好人"而缺乏工作能力的领导，实际上主要还是受到普通工人的欢迎，而 WJF 这样的建厂元老，则有着一批生产骨干相随，从而构成了对 M 的实质性威胁。

对此，M 在没有带来外人的情况下，理所当然需要在 ZY 厂内部积极发展"自己人"。M 积极扶植了能人 DY 担任技术科长。DY 原来是 Z 市火柴厂的工人，后考入江苏理工大学机械制造专业学习，于 1989 年毕业来厂，他对各类产品的创新能力相当强，而 WJF 毕竟只有中专水平，虽然人也很聪明勤奋，但水平和 DY 相比始终有明显的差距。此外，在众人的描述中，DY 在技改工作中能够担负责任，对其他技术人员比较宽厚，因此素有人望；而 WJF 的"私心"比较重，遇到技改怕真正负责，常常避重就轻加以拖延，对其他年轻技术成员的成果常会据为己有，甚至将年轻人成果变成自己署名去评职称的事情也发生过，其在技术系统中的"人缘"状况日益糟糕。但 W 作为建厂元老在生产系统中始终有一定的实力，在工人群体中也有较大的影响力。总体而言，诸如 CZA、WJF 这样潜存的实力派人物并没有直接对 M 厂长公开对抗，但潜在的"派系"暗流使得 M 的组织领导实践也不能按照事本主义的原则行事，而需要集中考虑与各方"关系"的和谐与平衡。对于难以笼络的反对派，M 没有采取直接打压的策略，主要还是利用其自身队伍的分化来加以削弱从而壮大自身的力量，但 M 还难以在短期内取得绝对优势，这在 1996 年的第一次改制过程中得到了充分的体现。

2."一次改制"的基本过程及其"民主"选举后果："人缘关系"笼络学的巅峰

自 20 世纪 90 年代中后期起，面对整体国有企业经营的严峻形势，开始了全国范围的国有中小企业产权变革。1996 年下半年，Z 市启动了 18 家国有企业"改制"，这次"改制"根本上是要改变原有国企单独投资的局面，而融入干部、职工股份，通过员工持股来增加工作积极性，以此希望缓解国企经营的困难局面。Z 市机械局选择了两家企业进行改制，其中之一即为 ZY 厂。据 1996 年的《ZY 总厂实行"先售后股"股份合作制实施方案》，在改制形式方面，"实行'先售后股、内部职工持股'的股份合作制。即将改制前的我厂国有资产经过评估、界定和剥离后所余净资产一次性地全部出售给内部职工，职工出资入股。股权仅为职工个人股，不设置国家股和集体股"。在具体实践中，由于实际银行负债总额超过了资产总额，评估剥离后净资产为 –120 万元，股本总额为 260 万元，拟定每 1000 元为 1 股，共为 2600 股。职工认购采取分配认股的形式，分配认股标准为每人 5000 元，即每个职工 5 股（实际分二期认购，1996 年 7 月 10 日前认购了 3000 元，1997 年 3 月底二期认购了 2000 元）；董事会成员的认股配额为职工认股配额的 5 倍，即 25 股；董事长的认股配额为职工认股配额的 6 倍，即 30 股；受聘的经营班子其他成员为职工认股配额的 4 倍，即 20 股；监事会成员也是职工认股配额的 4 倍，即 20 股。被聘任的中层管理干部为职工认股配额的 2 倍，即 10 股。董事会及监事会核心组织成员均由选举产生，提名候选人与实际入选者按照 1.5 : 1 的比例进行。以上的持股比例，实质上是有利于普通职工的，且由于产权分散，在董事会、监事会选举中实行的是一人一票原则，企业内部管理形成了某种"民主"选举式的权力结构。

"一次改制"打破了面似平静的厂内领导格局，尤其是围绕董事会成员的选举展开了一场斗争。当时，技术副厂长 WJF 于 1995 年年底退休，生产副厂长 CZA 于是成为与 M 厂长竞争的急先锋，同时 WJF 也暗中联络了一帮人反对 M 而支持 CZA。其结果是"人缘"最好的生产副厂长 CZA 得票最高，在全厂实际投票的 486 张选票中（按一人一票的原则投票），达到了 340 张，远远超过半数；而 M 厂长仅仅取得了 269 张选票，超过半数仅 20 余票。因此，多位被访谈者都特别强调这次改制的董事会选举体现了 20 世纪 90 年代初期"派系"力量的残存。尽管如此，M 厂长毕竟取得了超过半数的选票，得以入选董事会成员。且当时机械局党委还保留了对总经理的最终任命权，入选董事会是能够担任总经理的必要条件，而并非得票数量第一就直接担任总经理。尽管 CZA 的得票排名第一，但以 X 局长为首的机械局党委领导看到了 M 负责 ZY 厂经营的成效，并且清楚 CZA 的能力水平，知道 ZY 厂如果让 CZA 做一把手的后果，最终还是让 M 继续担任董事长兼总经理，CZA 担任常务副总经理。可以说，实施股份合作制之后，组织领导的权力架构产生了重要变化，亦即组织上层的领导权力授权基础出现了根本性的转变，笔者自制了示意图（见图 2）来加以说明。

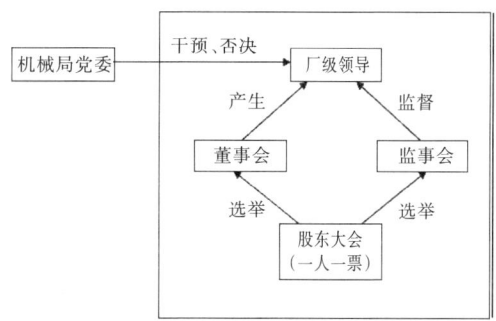

图 2　ZY 厂 1996—2000 年股份合作制期间组织领导机制

由图2可见,"一次改制"使得权力来源开始由上层机关转向于基层职工了,虽然在最终的人事任免上,机械局党委还保留了一定的权限,对董事会成员出任一些领导职务进行干预甚至否决,并保留了对于总经理职务的最终任命权。1996年新选任的董事会成员也没有完全替换未入选董事会成员的副厂级领导,但日常权力中心已经开始转向董事会,1996年之后的董事会开始取代党总支成为组织领导的核心,重要的经营决策与人事任命都是经由董事会作出的。更为根本的组织权力机构开始转向股东大会,股东大会采取的是"一人一票"的投票原则,尽管需要3年才举行一次董事会、监事会的换届选举,但是这种普选使得权力的授权来源发生了自上而下的根本变化。按照逐步过渡的导向,未来所有的厂级领导都必须从董事会成员中产生,而董事会成员、监事会成员均由全体职工"一人一票"进行"普选",这就使得普通职工"选票"的含金量大大增加了。

进言之,在"一次改制"之后,主要权力基础从上层"领导"转向了基层"群众"。由此,M厂长及其他厂级领导都更加需要良好的群众基础,即不仅要争取骨干积极分子,更重要的是要取得广泛的普通职工支持。在这样的情形下,"老好人"常务副总CZA最具有竞争优势。与之相比较,M虽然注重实干,但同样也出现了某种"讨好"普通职工的倾向。1996—1999年,在M开拓市场的努力下,ZY厂的经济效益进一步好转,在此基础之上,M的巧妙之处是通过股权分红来实现福利的均等化分配,在"一次改制"人均集资约5000元的背景下,每年配以1000元的收益分红,这样的分红在当时的中小国企已是不小的力度,这对当时的普通职工无疑是有吸引力的。也正是通过减少扩大再生产的工具性的平均分配,M才真正取得了竞争的优势。在1999年7月举行的第二次董事会、监事会选举中,M的选票达到了489票之多(总票数为512票),以绝对优势排名第一,远远超过了其他众人。

与此同时,"一次改制"之后形成的ZY厂组织结构同样存在着深层次的"接班"问题。M出生于1943年,按照这种股份合作制的制度安排,仍然将在2003年左右退休。所以,从20世纪90年代后期开始,厂内围绕他退休以后的厂长接班问题又产生了新的"派系"分化,其核心人物正是技术副总DY(即前述90年代初期的技术科长)与生产副总BZ,他们也分别各自在技术条线与生产条线上培植自己的势力。按照一位退休中层干部的说法,"DY的能力比较强些,但BZ和不少车间主任之间的'关系'很铁,而且车间主任大都文化水平不高,担心D要做厂长会把他们都换掉,所以和B都贴得很紧。另外呢,就是金一车间主任TYG……TYG第一次选举以车间主任的身份进入了董事会,而BZ这次反而落选了,T就想取代B做生产副厂长。局里面当时还有最终决定权，BZ 外面有背景，最后没有被拿掉副厂长的位置，所以 TYG 和 BZ 之间矛盾也不小。而且 TYG 管的是最重要的一个车间，他就自己要求决定车间里面的人事安排，M 也就着他。反正 M 是要积极安抚好 D、B、T，在 3 个人中间常常'打太极'，这 3 人都有些自己的铁杆，M 在当时的情况下没法建立起自己的绝对权威，反而要通过他们来拉选票吧"。可见，M 在这里所展开的是典型的"关系"平衡术，在骨干下属之间保持某种中立是赢得各方支持的重要策略，即 M 在当时的体制下主要是本着"少得罪人"的态度结交于"各路诸侯"实力派，维持相对"和谐"以保证自身可以连续入选董事会才是最为重要的。

其后，中小国有企业产权的"二次改制"逐步纳入轨道，"经营层控股、经营者控大股"成为"二次改制"的基本方向。2000 年年初 Z 市确定 ZY 厂为"二次改制"的试点，但开始并没有明确其产权变更的最终受益人。通过 90 年代后期的发展，ZY 厂无论是产品还是市场可以说都已经是个"香饽饽"了。据多位被访谈者反映，当时机械局有几个副局长或是本人，或是家人，都有意要购买 ZY 厂，但是省政府 2000 年 1 号文件中的"经营者持大股"的明确提法成为 M 厂长手中的"尚方宝剑"。当然，也有其他副总及董事会成员产生了购买 ZY 厂的想法，特别是常务副总 CZA 表现得相当明显，但由副总购买难以在政策上找到依据。在这种形势下，由相关局领导鼓动而组织了局调查组进驻 ZY 厂，重点开展了干部职工"民意调查会"，其采取的策略是规定只要有一半以上被调查者不同意由 M 购买，ZY 厂就须由其他人购买。可惜，让某些局领导遗憾的是，M 厂长得到了广泛的支持，在所调查的 50 名中层干部和职工代表中，除了 5 人表示反对之外，其他人都赞同由 M 厂长购买 ZY 厂。有着这样的"干部和群众基础"，以省政府（2000）1 号文为依据，M 厂长最终得以顺利购厂①。在最终的全厂无记名投票中，M 的实际得票率超过了 90%，说明多数干部职工包括一般工人对 M 也是支持的。由此，M 成功地通过了"二次改制"并成为事实上的控股老板，这或许才是"人缘关系"笼络学巧妙运用的最终目标与实质成果，

---

① ZY 厂 2000 年银行负债 2000 余万元，基本接近实际资产规模，当时出让的资产总额仅评估为 336.39 万元。由于政策的漏洞，M 厂长连续享受了省文件 40% 的优惠与市文件 40% 的优惠，按照国土部门、国资部门确定并经市改指办（全称"改制指挥办公室"）批准，实际享受折扣优惠达 80%，只需上交转让金 67.2788 万元。其结果是 M 的个人股份占到了 ZY 厂股份的 51%，成为事实上的控股"老板"。一些核心参与人员指出，M 厂长是向亲戚朋友借款若干才凑齐转让金的，并有借条作证。当然，ZY 厂的"二次改制"可能的确存在着"国有资产流失"的问题，但这不是本文关注的焦点。本文这里所要强调的是在"二次改制"过程中，全厂主要骨干与 M 厂长的"抱团"现象是他能够顺利购厂的重要因素，也是 ZY 厂 2000 年之后得以持续发展的关键一步。

产权的完全控制也就预示着上对下"人缘关系"笼络学的基本终结。

（三）2000年以后的"朋友关系"动力学："关系共同体"的发展与危机

2000年"二次改制"以后，由于企业产权的集中，M个人领导的绝对性地位得以确立。随着人才市场的逐步成熟，M引进与重用了一批重要骨干，这些人紧密围绕在M的周围，某种较为开放而又相对牢固的"关系共同体"开始形成。在这样的"关系共同体"中，M显示了其相当"仁义"的面相，他的重信用、讲感情、舍得工具性的给予为他赢得了相当一批"朋友关系"式的得力骨干。与此同时，各类人才的内外流动也越来越正常，呈现出某种以"义"为先、双向选择的"朋友关系"动力学特征。值得关注的是，ZY公司基本完成了向个人领导的民营企业的成功过渡，但职业经理人的接班取向并未显现，其骨干群体的"关系共同体"可能由于M个人的退出而终结。进言之，以个人"关系"领导为中心的"关系共同体"作为现代企业管理制度的替代物，尽管在中小民营企业发展过程中起到了非常积极的功效，却始终存在着人治领导的实质性危机。

1. "朋友关系"动力学的成功运作：以M为核心的"关系共同体"的逐步确立

"二次改制"之后，M已成为事实上的控股老板，但"稳定"依旧是M加强领导的前提条件。M在"二次改制"之初即提出了"分流不下岗、增效不减员"的口号，在ZY厂改制合同中也对工人权益维护有相关条款，M对个人承诺及合同条款的履行兑现在普通职工中还是颇得"人心"的。一些普通工人都反映，M对待工人总体上比较宽厚：一般工人基本工资都是透明的，节日加班费是平时工资的3倍，周末加班费是平时工资的2倍。除了工资以外，2005年以后普通工人的公积金、养老金缴纳逐年递增，普通工人的月均收入到2009年接近3000元，这在Z市的生产型企业中已经是不小的数目了。此外，M对家庭困难或大病职工表现得比较有人情味，在保留其工作的同时额外地一次性私人给予5000元的生活补贴，对于个别有偷盗产品行为的工人的处理也比较仁慈，最多是离职而不会追究法律责任。与普通职工相比，M在2000年以后的工作重点无疑逐步转向了骨干人才方面，M首先要解决的就是"位置"问题。当时，与M年龄相近的一批中层干部，大约有8~10名，都大致要在2002—2005年间退休，M一方面要把他们的位置腾出来，但又要照顾好他们，其中多数人还是M在"二次改制"中的鼎力支持者。于是，M在2001到2002年将他们分批升格为"厂长助理",享受副厂级待遇,也就是让他们把原来中层干部的职位空出来,在收入上提高一截"养老待退",然后把一批年轻人提到中层干部的重要岗位上来。对这批老干部,M自己还将其类比为中央20世纪80年代所设的"中顾委",从而非常策略性地通过"老干部养起来"的巧妙办法解决了"位置"问题。以稳为主、安定人心的做法赢得了老、中、青各级骨干的支持。

可以说,M在妥善处理好了普通职工与退休老干部这两头的基础上,即开始积极地发展与一些重要骨干人才的"关系"了。在具体个别性的"关系"运作中,M显现了相当高明的区别针对性策略,这种"关系"差别首先当然是体现在奖金分配方面。按照已退休的原财务科长的说法,即使在20世纪90年代,M也开始具备了一定的经济分配权,每个中层干部的年底奖金都是由M本人掌握,M一般都是根据各人的工作量和贡献来决定具体数额,这也是M在20世纪90年代能够与一些中层干部迅速发展"关系"的重要依据,但当时奖金份额总体仍旧按照副厂级、中层干部、车间主任的等级位置来加以分配,同一等级身份内部的分化差距仍相当小。2000年以后这种分化被充分地拉大了,同一级别内的差距可能要翻倍,一些重要技术及销售中层干部的年底奖金可以超过个别次要的副厂级领导。此外,M的"人情"策略相当多元化,他针对不同人群与个体常常有着不同的处理方法。对于一些即将退休的生产技术骨干,M采取的是积极留用的策略,这些骨干所能创造的经济效益是明显的,由于多数退休留用骨干有一定的退休金,M对他们常常并不需要支付较高的薪金,而关键是运用长期交往性的稳定"关系"来加以维系。如金二车间主任WSD就表示自己之所以愿意退休留用,主要是感念M平时待自己不错,在退休金外每年能在厂里工作拿3万元也知足了,虽然到宁波打工应该能拿到五六万元,但对那边情况也不熟,要离家在外就算了。

不同于WSD这样的生产车间主任,M对非常重要的技术骨干YXJ的重视程度更为突出,YXJ在ZY公司的重要性可以说目前还是难以替代的。2004年以后,随着企业规模的不断扩大,M逐年引进德国生产设备进而取代了2000年之前的设备。然而,这些设备修理所要求的技术含量也相应提高,从德国请技师来厂修理的费用非常高(除了按照德国薪金水平支付工资外,还要承担路费、住宿费),公司在设备维护与修理方面虽然也在着力培养年轻人,但其技术水平一直不能和YXJ相比。由于这样的原因,M对YXJ这样的重要人物的退休留用则超过中层干部的基本待遇,2008年的留用年金即达到了10万元以上。且M对YXJ在工具性给予之外,也特别加以尊重,甚至每年春节主动给Y打电话拜年。再如,M对高级技师RY则通过解决其女儿工作的办法,使其对自己感恩戴德。RY 对此是这样陈述的："M 这个人讲义气，把你当朋友，和我们老员工私人关系都不错，我女儿上的机械技校，毕业了工作难找，M 主动过来说让小孩到厂里来吧，我当然感激他了。我本来在质检科待得蛮舒服的，有什么问题临时到车间看一下就行了。为什么一把年纪了还到 MD 分厂车间做主任，每天在车间里面忙个不停，还不是感觉和 M 处得不错，愿意给他出力啊。撇开工作的话，他和我们绝对是朋友，人心换人心嘛，他对我们不错，我们只好加倍工作了，想办法把工作做好。"

M 在安定团结好既有人才骨干队伍的基础之上，迅速展开了针对外部"人才"引进的"关系"互动。M 在完全掌握用人权之后，引进了一批高层管理人员，现有的管理副总 XTS、生产副总 WXT、销售副总 LF 都是外部引进的。从 20 世纪 90 年代到 2000 年以后的人才引进也伴随着体制方面的阵痛，这在生产副总 WXT 长达 10 年的引进过程中体现得非常明显。早在 20 世纪 90 年代初期，M 与 W 在一些行业协会的会议上就有接触，并有意向请 W 过来工作。到 1995 年，W 原先所在的山东 J 市同类竞争厂家和美国 WT 公司合资了，M 又让人再请 W 过来，但是 W 所在企业已经是外资待遇了，Z 市 ZY 厂当时连加工资还要由机械局审批，M 由于权力有限而不得不作罢。直至 2000 年"二次改制"以后，在体制待遇解决的基础上，W 在 2002 年最终才过来。在对 WXT 的个人访谈中，他详细描述了 2002 年过来之前的境遇以及后来的感受："M 总对人是非常讲信用，就我来讲，我 2002 年自己过来的，当时承诺的房子、老婆工作、小孩上学、收入待遇后来都一一兑现。这几年来，我们一直处得很舒服。我以前是在山东 J 市 Y 件厂，收入也不错，国内原来两家企业规模差不多，我原来一直在那边负责生产，后来美国人来合资了，他们的股份占到了 51%，过了两年干脆成了他们独资了。美国人原来定了两个人选做一把手，我也是候选人，合资谈判的时候最后就确定了那个人，那人后来就一直要排挤我，有几次到美国参加培训的机会都有意地不让我去。我后来就很恼火，和上海那边的总部也说了：两个人只能留一个，如果他一直在我是肯定要走的。美国人的那种企业文化，表面上看的话也是以人为本的，说什么员工是企业的财富，但实际上还是实用主义，不会容忍这种领导不和的。用那个赶我走的一把手的话来说就是，企业离了谁都照转，我就这样被牺牲掉了。于是就决定过来了，M 总给我的条件也很优厚了。后来我的收入基本每年都有上调吧，现在我对厂里的贡献也没有之前大了，M 还是一如既往吧，这个人讲义气，不会过河拆桥，的确是个能得人心的好老板。"

与之相似，管理副总 XTS 原来在某国有大中型企业 HC 公司担任副厂级领导，2001 年左右和 M 总也是在某机械行业的会议上相识。当时 M 就想让 X 到

ZY 厂来，但 X 当时还比较顺利不愿意过来。直至 2005 年 HC 公司及其上级主管部门的人事斗争日趋复杂，据称也是受到"派系"斗争的波及，XTS 的地位岌岌可危，在这种情况下他才到 ZY 厂担任管理副总。此外，2005 年同年引进的销售副总 LF 则原来是 Z 市 RZ 区外贸局副局长，在机关因为"生活作风问题"而升迁无望，这才到 ZY 公司担任销售副总。可见，M 引进的一些有特长才干的副总，往往都是在他们个人相当困难的时候过来的，毕竟 Z 市的城市规模与 ZY 公司的发展平台并不占有优势。但也正是这些危难时机使得这些副总来到 ZY 公司后对 M 相当感激，此后与 M 的各种互动更强化了 M 的这种个人威望。

随着企业规模的扩大与整体质量的提升，ZY 公司的吸引力也在不断上升。在 20 世纪 90 年代中期，随着外企与民企的日渐增多，ZY 厂一些有学历、有能力的技术人员外流现象一度曾比较突出。但 M 是有心人，M 与这些能人直接或间接地保持着联系，在他们离开之际就表示了欢迎他们回来的态度。2000 年"二次改制"之后，M 也的确没有拘泥于"面子"上的障碍，对外流人才的回流非常大度。与此同时，收入水平的逐年提高则为人才的回流提供了必要条件，技术科长 LJL、质检科长 GLH、金一车间主任 LW 都是 20 世纪 90 年代流动出去 2000 年之后又回来的重要技术骨干，被誉为 ZY 公司支撑技术工作的"三大金刚"①。按照 M 本人的说法："这些回流人才的技术条件好，也熟悉厂里面的管理模式，比一般刚来的大学生有很多优势，很多大学生要三四年才能上手熟悉工作，只有有经验的人才才是我最需要的技术骨干。"而这几个人也表示之所以愿意回来，主要是感到 M 厂长对人很重"感情"，气度很大，感觉自己回来跟个好老板还是对自己很重要的。特别是按照技术科长 LJL 的说法，M 厂长几次请自己回去，最后还带着儿子 m 亲自来相请，颇有点"三顾茅庐"的礼遇了。

当然，M 与骨干下属间也不可能没有矛盾而达成所有"关系"的和谐发展，如技术副总 DY 原本是 M 在 20 世纪 90 年代的"亲密战友"，"二次改制"之初与 M 合作得仍然挺好，但 DY 较强的成就动机还是促成其最终离开 ZY 公司自己"单干"做老板了。尽管市场条件下不可避免地存在着部分"关系"的衰退，但是 M 以诚待人的做法总体上取得了相当大的成功，原企质办主任将他待人的

---

① 人才流动本质上说明了人才市场的激烈竞争，特别是2004年欧洲ED公司Z市分公司的成立，是对ZY公司人才资源最大的冲击。正是由于这种市场竞争的压力，M从2004年年底起大幅度调整了工资水平，一般技术工人工资水平2006年即已经超过年收入3万元，一般中层骨干工资收入达到6万元以上，副厂级待遇普遍在10万元以上，重要的副厂级领导收入则要在20万元以上，以后逐年再有所提高。在此基础上，M对一些重要人才有针对性地展开了"一人一策"的人才争夺战，根据个人贡献而确定具体的收入待遇始终是基本的利益杠杆。对于地处Z市的ZY公司这样的中小企业而言，M对各类骨干人才的个人吸引力无疑是至关重要的。

策略归结为"一人一策",他对待不同的下属有不同的交往方法,但总体上都是本着"需求满足"的原则,逐步形成了一个以自身为中心由多种"差序"关系构成的"关系共同体"。毋庸置疑,这种针对骨干下属的紧密"关系"互动随着市场竞争的引入而具有崭新的结构性意义,其更多地是由市场竞争与人才稀缺的形势来决定"关系"互动的"差序"态势,这样的上下属关系更接近于某种既注重绩效又富有人情味的"朋友关系"。这种"朋友关系"是市场条件下契约关系在企业组织内部向深度合作私人关系的发展,因此也就带有非常明显的个人交往属性,其朋友之"义"也体现出了交往"长期性"与双向"可选择性"的综合,总体上可将其归之为某种去权威化的"朋友关系"动力学特征。

2. 成果的分享与潜在的危机:个人领导及个人"关系"的难以替代性

在 M 的成功领导之下,ZY 公司 2000 年以后迅速发展,不仅成为 Z 市改制企业中的翘楚,在全国同行业中奠定了"龙头老大"的地位,在国际竞争中也颇有竞争力。需要说明的是,M 不仅是对当下有用之人施以恩惠,对曾于己有恩之人同样是大力回报,其知恩必报的个性让他有口皆碑,成为拓展其个人声名、进一步赢得"人心"的重要动因。M 至今对于当年全力支持他"二次改制"的一批"老干部"仍有特别回报,现已退休的 8 名中层干部与 2 名副厂级干部自 2005 年起每个月均聚餐一次,地点即在某退休中层干部经营的茶舍,每月费用几百元均由 M 来承担,M 本人有时还会亲自赶来参加。除此而外,每年年底 M 还会请这 10 位"功臣"吃饭并给每人 2000 元的红包,对其中 4 个更为核心的成员则要再请一顿饭并且再多给 2000 元的红包。这 4 位核心成员及其家属还参加了 2006 年厂内核心骨干的"香港游"。在一些退休的"老干部"看来,M 的这种恩惠其实也是对他们的一种回报,他们现在对 M 来说虽然没有利用价值了,但 M "是有良心的人","虽然这些钱现在也不很多,但说明 M 是记得我们的,而且工厂的退休金很低,这样的年底红包对改善我们生活也很不错了"。

除了对这些退休"老干部"的恩惠之外,对于普通职工这样的"差序"外围人群,M 也非常善于通过各种企业文化活动加以团结,尤其是通过组织全厂旅游活动来凝聚"人心"。ZY 厂的旅游文化在 Z 市是很有名的,在股份合作制期间 1997 年组织了全厂外出旅游,"二次改制"后自 2000 年起,每 3 年组织全厂职工旅游 1 次,共计 3 次专列、1 次专船。3 次专列分别到福建武夷山、广西桂林、山东青岛,1 次专船到江西庐山,并通过电视宣传,在 Z 市形成了较大的影响。由此,M 在 Z 市的口碑很好,不仅被官方评为全国"五一"劳动模范,在民间也声名甚好。以上种种人情化的作为固然有着 M 鲜明的个性特征,且市场竞争条件下的"能人"始终还是 M 发展私人"关系"的重点,但诸多举措也说明 M 的个人领导占据了支配性地位。为了进一步理解市场环境下组织领导上下属"关系"的组织结构背景,我们也把 ZY 公司"二次改制"后逐步成熟的组织结构图(由 ZY 公司企质办提供,见图 3)列出来以便于理解。

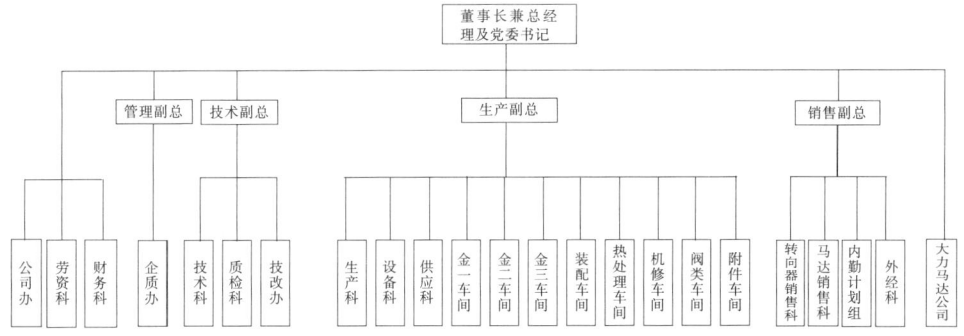

图3　ZY 有限责任公司 2005 年起的组织机构图

从图 3 来看,"二次改制"之后,M 在 ZY 公司兼任了董事长、总经理与党委书记,其权威毋庸置疑。与此同时,2000 年后尽管 ZY 公司的党员人数迅速超过 100 人,党总支委员会升级为基层党委会,但该党委会在各方面均已边缘化。M 的个人领导显然占据了绝对优势,这种趋于民营企业"个人领导"的组织架构也就与 20 世纪 80 年代党政二元的组织结构形成了鲜明的对照。吊诡的是,在计划经济体制下工厂内部权力分散制衡的"单位"组织中,反而出现的是趋于集权化的"主从关系"依附式的上下骨干"关系"形态,而在市场经济体制下权力一元集中的"企业"组织中,反而显现出趋于人情化的"朋友关系"交往式的上下骨干"关系"形态,其结果是在组织结构层面形成了"派系结构"与"关系共同体"的鲜明对照,不同的组织绩效后果也就显而易见了。

绝大多数被访谈者都认为企业目前的发展成功,首功无疑是 M 的个人领导及包括以其个人为中心形成的领导团队,但这样的个人领导及其个人"关系"团队也为企业的未来发展埋下了潜在的危机。这主要是由于 M 的儿子 m 似乎越来越明确地成为企业的"接班人",而多数骨干似乎并不认同由 m 接班经营。M 原先有两个儿子,后来二儿子在 20 世纪 90 年代中期由于工伤而去世,因此 m 就成为事实上的独子。m 中专学历,原来在其他工厂从事一般行政工作,后其所在工厂倒闭后 2003 年即来到 ZY 厂,先后在 MD 分厂、企质办、技术科等多个部门锻炼,自 2009 年 1 月 1 日起,m 就任总经理助理,开始全面介入管理事务,厂里的企业协调会、生产发展会都参加,对厂里的方方面面也比较熟悉。因此,不少人都断定 m 将是企业接班人。尽管在对 M 本人的访谈中,M 表示自己以后退下来,经营权是否交给 m 还没有最终确定。然而,综合各方面的情况来看，多数被访谈者都认为，m 接班的趋势已经越来越明显，但 m 甚至还没有独当一面地负责过一个部门的工作，因此众人对他的工作能力深表怀疑。

总体而言，权力集中与"一人一策"的人情动员本质上是一致的，"权力集中＋恩情广施"的领导方式也与领导者的个人能力特征密切相关。在 M "人情化"策略的背后，其实是组织内部个人权力的高度集中，特别是体现在决策权、人事权与财务权 3 个方面，当然"人事"与"财务"本身即是 M 展开"人情化"策略的重要工具。但一些副总从自身工作与长远发展的角度来看，则开始积极关注于决策权的分享。诸如管理副总 XTS 与销售副总 LF 也开始对于 M 在决策权力方面的集中有所不满，对未来发展存在着不同程度的担忧。生产副总 WXT 则表示，将来 m 可能并不足以担任企业老总的职务，如果由管理副总 XTS 来担任老总则是较好的选择，M 虽然对自己有恩，但是像这样的企业发展大事，还是不能简单地感情用事。可见，在现有的组织领导关系中，社会关系中的"恩情"或者"人情"可能并不会简单地实现代际传承，一批紧跟 M 的副总及各类骨干并不能轻易接受 m 的领导。因此，个人领导及其个人"关系"的难以替代性始终潜藏着极大的风险，决策权高度集中及其潜在的"接班"问题已经成为 ZY 公司未来发展的深层危机。

四、本土"关系"理论的拓展与组织领导模式的再定位

无论如何，从本个案的组织变迁来看，组织领导"关系"形态的变化或许是其中最为重要的特征，20 世纪 80 年代的"主从关系"依附学→20 世纪 90 年代的"人缘关系"笼络学→2000 年以后的"朋友关系"动力学的渐次转型暗含了从计划经济体制向市场经济体制过渡的结构性背景。就组织结构层面而言，20 世纪 80 年代直至 90 年代单位内部以不同领导为中心的"关系"联结形成的是内耗性的"派系结构"，而 2000 年"二次改制"之后以企业家为中心的"关系"联结所形成的是内聚性的"关系共同体"，从而实现了从"派系结构"到"关系共同体"的组织结构转型。尽管这种组织结构转型与"关系"形态变迁，并不能代表社会结构与社会关系的整体发展方向，但至少应能说明不同体制背景下组织领导的"关系"形态有着显著的差别："忠"字打头之"主从关系"依附学正说明了官僚化组织中权力本位、特殊主义的"集权式领导"特征，以"和"为贵之"人缘关系"笼络学暗含着群众化组织中人情取向、特殊主义的"人缘式领导"特征，而以"义"为先之"朋友关系"动力学则显现出市场化组

织中人情取向、事本主义之"人心式领导"特征,其各自蕴含的文化传统与场域背景则需要从理论层面进一步加以拓展。

(一)"主从关系""人缘关系""朋友关系"渐次转型的本土意涵及理论拓展

事实上,国有企业的改革过程似乎较少受到社会学界的关注,而它无疑是与政策实践密切相关的重要问题,产权多元改革、改善经营管理乃至于职业经理人市场的构建始终是争论的焦点(张维迎,1995;林毅夫等,1997;李新春,2001)。本文并没有讨论是选择产权变革抑或改善管理的宏观政策问题,只是想通过微观个案呈现出其产权变革过程中组织领导模式及其上下"关系"形态的脉络演变,进而从这种典型个案演变中来理解中小国有企业产权变革的内在依据。尤其在时隔10余年之后,国有企业的改革针对大型国企与中小型国企的发展路径已然明朗,更深入的实践回顾与理论阐释可能有着更为重要的意义。由此,该个案在某种意义上正说明对充分发挥中小企业领导团队的积极性而言,产权有效变革与外部市场机制都是必不可少的,但此种产权变革的内在问题在于所选择的产权受益者能否带动企业有效发展,并且其产权继承与控制权交替中的危机始终存在。总之,本文并非从宏观政策层面上探讨国有企业改革的应然性问题,而是要从微观与宏观的衔接中考察宏观体制变迁所引发的微观组织案例的具体转型过程,同时这种对组织结构转型的深度案例分析应该有助于理解宏观体制变迁特别是中小国有企业产权制度变革的微观动因。

具体而言,该个案企业自20世纪80年代初开始的经营管理体制变迁,主要经历了20世纪80年代(书记负责制→党委领导下的厂长负责制)→20世纪90年代(兼任书记的厂长负责制→"一次改制"之后的股份合作制)→2000年之后("二次改制"之后民营企业的经理负责制),组织领导层的上下关系恰恰反映了某种接近于"主从关系"→"人缘关系"→"朋友关系"的渐次转型。尽管人物个性及具体际遇有较大的差别,但其组织领导"关系"实践始终带有明显时代背景的结构性要素,总体可以就这3个阶段做出组织领导"关系"形态的基本判断:(1)在改革之初至20世纪80年代末,尽管企业经营权不断下放,但单位制主要的行政职能没有发生根本变化,尤其是党委领导下的厂长负责制造成了党政二元的行政结构,以"主从关系"为主要关系形态、在Z厂长与Q书记之间形成的对立性"派系结构"成为组织内部权力斗争的常态,其基本的内耗式组织结构是企业成本过高而不得不进行改革的重要动因之一。

（2）20世纪90年代初，面对企业经营困局，新上任的M厂长在兼任书记的厂长负责制背景下，表面上拥有了优先的权力地位，但实质上却亟须笼络原有的派系骨干成员以发展"人缘关系"。特别是在产权趋于平均化持有的"一次改制"以后，企业转为所有职工相对平均持股的股份合作制，其"一人一票"的选举机制使得组织领导更加趋于中庸、平衡、少得罪人的"人缘取向"，某种以争夺选票为指向的"派系"暗流依然存在，这种微观层面的消极后果可能正是产权民营化的"二次改制"的内在依据。（3）2000年"二次改制"之后企业事实上转为民营企业，M作为控股经理实现了对内部的完全控制，但在外部市场竞争的作用下，M对其所依赖的各类人才更为倚重，其"人情""面子"的策略选择充分显现出对重要骨干下属的"朋友关系"式的动力机制，总体呈现出按照贡献而确定职位及待遇的"关系"绩效主义，同时对各层员工及普通工人都加以保障的人情化策略。这种基于企业家个人领导的内聚式组织架构，应当是部分中小国有改制企业得以成功的重要动因。

进言之，笔者以为该个案分析有助于在以下三个方面深化认识：一是从其原有计划经济背景下的组织领导"关系"实践来解释传统中小国企发展困顿的部分组织结构原因；二是从当前市场经济背景下的组织领导"关系"实践来解释某些国企改制成民企以后得以成功的组织结构动因；三是考察这种社会结构转型过程中组织领导"关系"实践的基本形态转变所反映的不同文化传统的选择适应性。这样的问题指向即是要在体制变革创新与文化传统承继两者之间打通桥梁。事实上，文化与制度相关联的问题聚焦可能就涉及对"关系"与"差序格局"概念的深入探讨，"差序格局"所指称的"个人关系"或"私人关系"尽管不能包容中国社会中所有的关系形态，但在政治、经济、社会等不同组织场域应当均有所渗透，其基本表现方式可能也有着相应的差别。换言之，所谓"差序格局"中的"个人关系"原本起自血缘或姻缘等家族亲缘关系，而在家族之外更多是一种较为类似的拟亲缘关系，但这样的拟亲缘关系在不同的组织场域背景下理应有着不同的表现形态及其组织结构后果，不同"关系"形态的本土意涵与实践逻辑则可能需要从传统社会结构及其文化脉络之中加以理解。

事实上，就传统中国而言，"家"与"国"始终是最为根本性的社会与政治单元（沈毅，2008）。这种拟亲缘"差序"关系在以"国"为中心的官僚场域中，特别容易形成以"忠"为要旨的"主从关系"，只要出现不同的权力中心，极易构成传统政治"官场"中比较常见的权力激烈斗争的"派系结构"。我们可以认为，华尔德所关注的"主从关系"并非"单位制"独有的新生关系形态，而更多可以视作中国"官场"中上下关系的基本常态，"主从关系"中核心性的伦理价值是为官僚场域中的"忠",并且常常不是指向于共同体整体的"公忠",而是上下级官僚之间的"私忠"(刘纪曜,1982)。在这样"你死我活"的官僚"派系"斗争之中,同一"派系"内部盛行的是由下而上附着于权力的"主从关系"依附学,其组织领导模式可以归之为某种法家"权谋"传统的"集权式领导"模式。在"集权式领导"模式之中,"主从关系"构成的是特殊主义性质、上下权威差距相当明显的"关系"形态,只有在权力集中一元化的典型"君臣关系"之下,才能形成比较稳固的行政组织体系,一旦出现组织内部的权力分散制衡则极易造成公开激烈斗争的"派系结构"。

与以"国"为中心的上层官僚场域的"主从关系"不同,在以"家"为中心的基层民间场域比较盛行的应当是"人缘关系",这种"人缘关系"在乡土社会可能更直接地表现为"差序"式的血缘与地缘关系。即如本文个案的"股份合作制"这种实行小范围的直选民主体制的情况下,乡土性"人缘政治"的重要性就充分显现出来,此种体制中上对下的"关系"笼络学特征非常突出,少得罪人、中庸平衡等"以和为贵"的人际交往方式就会凸显出来。尤其作为组织领导,更需要积极培植群众基础,同时在不同"派系"之中采取平衡策略,才有可能得到最大程度的支持,这种至少要维持住表面"和谐"的组织领导模式,可以归之为某种道家"隐忍"传统的"人缘式领导"模式。在"人缘式领导"模式之中,"人缘关系"构成的是特殊主义性质、上下权威差距明显弱化的"关系"形态,在不同领导竞争的态势下也能形成某种趋于隐蔽的"派系结构"。在传统中国的政治社会中,如果说"主从关系"依附学的实践逻辑主要作用于"国"之官僚政治之中,那么"人缘关系"笼络学的实践逻辑则更多作用于"家"之乡土社会之中,当然下对上的"关系"依附与上对下的"关系"笼络常常是共同存在的,只是在不同场域背景下常常更加凸显出其中的某个面相,两者的共性则在于其特殊主义性质的"差序"关系都有着因"人"废"事"的倾向,且均具有相当封闭的无选择性交往特征,常常由于公开的内耗斗争或者维系表面的和谐而偏离组织发展的正式目标。

在"家"与"国"之外的中国传统社会常常又被称作为"江湖",真正突破乡土场域与官僚场域而在中国社会中起联结作用的正是紧密性的"朋友关系",其核心性的伦理价值是为民间日常生活中的"义气",这种民间日常生活中的"义气"与儒家传统所肯定颂扬之"义"有着一定的相通性。就其积极意义而言,这种"江湖"之"义"或"朋友"之"义"在中国传统"商场"中发挥了至关重要的作用,在众多商业组织建构中往往是非常核心性的规范要素(当然,"江湖"之"义"在消极意义上也容易形成诸如"水泊梁山"之类的民间帮派组织）。在市场环境下，中国式以"义"为先的商业关系或雇佣关系虽然有着其市场契约基础，但彼此的交往深度却又超越了契约性关系，而形成"你中有我，我中有你"，彼此利益逐步融合的"朋友关系"。在某组织内部，则常常趋于构成以某个领导为中心的某种内聚性的"关系共同体"①。就其基本意涵而言，"关系共同体"中双向选择的"朋友关系"具有相当的对等性，进而显现出比较开放的可选择性交往特征，这种"人心"换"人心"的组织领导模式可以归之为某种儒家传统的"人心式领导"模式。"人心式领导"模式趋于按照事本主义的原则来确立"差序"关系的亲疏层次，同时兼顾对弱者的人情化处理，采取传统儒家兼顾情、理、法的"仁义"传统。

由此，本文力图要挑战霍夫斯塔德、郑伯壎等心理学者在组织领导研究中的文化主义立场，强调不同文化传统的"关系"实践有着各自组织"场域"的体制背景，同时本土"关系"文化传统的丰富性显然也不能简单地等同于社会学与政治学较多关注的"主从关系"，而需要动态地考察不同体制背景与不同"关系"形态之间的选择亲和性。以"主从关系"为主要关系形态之"庙堂"可能正构成了与以"朋友关系"为主要关系形态之"江湖"的对立面，"忠"与"义"之间常常并不一致而存在着相当程度的矛盾冲突，两者在意识形态上的法儒对立应当构成了本土组织领导中的主要张力。此外，"人缘关系"则可能主要作用于传统的"乡土"场域之中，以"和"为贵的价值形态与行为实践以某种"外儒内道"的方式作用其间。由此，我们大致可以发现，本文对组织领导考察所得出的不同"关系"形态在传统社会中可能也有着不同的作用场域，从而承载着不同的结构要素与文化意涵。进一步根据既有的文献梳理及个案调查的材料整理，笔者发现"特殊主义—事本主义"②"权力优先—人情取向"是理解组

---

① 胡必亮（2005）在人口流动、乡镇企业等经验研究的基础上提出了"关系共同体"的概念，这一概念将"关系"概念与"共同体"概念连接起来，从而将分析重点放在了社会结构的中观层面上，且这种"共同体"不是封闭性的而是开放性的社会网络。笔者以为，"关系共同体"可以视作是对"差序格局"概念与理论的重要拓展，如果将"关系共同体"这样的本土概念也引入组织研究中来，其与"差序格局"概念一样并不很适合于对每个个体行动者的分析，而是需要集中关注以组织领导为中心的结构层面，以企业家或组织领导为中心的"关系共同体"在市场条件下常常是趋于开放性与弹性化的。当然，组织内部"差序格局"的消极面向是形成不同权力中心的"差序"网络相互对抗的"派系结构"，"关系共同体"的提法显然更适合于形容某种积极面向之"差序"关联的组织结构。此外，必须指出的是，以组织领导为中心的"关系共同体"依然是人治式的，组织绩效与领导团队的有效运作常常取决于组织领导人的决策与去留。

② 所谓"事本主义"式的"关系"即组织内部的这种上下属关系发展是以下属能力作为基础而发展的，而不是纯粹亲缘、忠效等特殊主义的纯粹关系导向。采用"事本主义"而非"普遍主义"的提法是由于，"普遍主义"概念的一般意涵可能忽略了私人"关系"发展的面相，而仅仅停留在工作层面的角色关系或科层关系之上。"事本主义—特殊主义"的组织领导维度也可视作是对"自己人/外人"社会关系维度的重要修正，即绩效压力下的组织领导关系显然与纯粹的社会关系有所不同。

织领导上下"关系"中的两个核心维度，其两两交叉共构成了4种"关系"形态（如表1所示）。

表1　　　　　组织场域与"关系"形态的双维度特征分析

	权力优先	人情取向
特殊主义	主从关系（"官场"场域）	人缘关系（"乡土"场域）
事本主义	科层关系（西方科层组织）	朋友关系（"商场"场域）

具体而言，"官场"场域中的"主从关系"形态体现的是某种权力优先的特殊主义关系，"乡土"场域中的"人缘关系"形态体现的是某种人情取向的特殊主义关系，而带有"江湖"色彩的"商场"场域中的"朋友关系"则显现出某种人情取向的事本主义关系。与这3种个人关系形成鲜明对照的是，西方科层组织中的"科层关系"则主要是为某种权力优先的事本主义关系。"主从关系""人缘关系"与"朋友关系"在西方社会文化的组织领导实践中可能也常常出现，但其内含的中华文化传统则是独具本土意义的，"科层关系"在中国一些逐渐现代化的组织形态中虽然逐步建构起来，但似乎还不能迅速地成为主流。以这样的分析框架来看，特殊主义—事本主义的维度区分恰好说明了3种本土"关系"形态的不同组织结构后果，"主从关系"与"人缘关系"都指向于特殊主义指向的"派系结构"，而"朋友关系"则趋于事本主义取向的"关系共同体"。当然，由"主从关系"与"人缘关系"所分别形成"派系结构"的显著程度、斗争烈度与联结方式可能都有着显著的差别。从权力优先—人情取向的另一个维度出发，依稀可见不同场域中的"关系"形态也伴随着不同的权力运作机制，"人缘关系"与"朋友关系"两者似乎都倾向于某种人情取向的"软权力"运作，虽然其各自作用的组织场域背景与文化传统内涵有着质的区别。

进一步来看，本文以上所尝试的本土"关系"形态的分析，在理论层面即面临着"差序格局"及"关系"理论能否用"社会资本"理论所解释的问题（翟学伟，2009）。笔者以为，中国社会的"关系"现象之所以不能轻易为"社会资本"理论加以涵盖，根本上是要认识到"关系"理论与"社会资本"理论各自的指向性与局限性，特别是"关系"现象的矛盾性与丰富性需要从自身的社会结构与文化传统的勾连处加以解释。当然，长期性交往之个人"关系"的基本运作逻辑在西方社会的政治、社会与经济领域中可能同样存在，但"主从关系"之"忠"，"人缘关系"之"和"及"朋友关系"之"义"始终带有更为明显的中国义化传统与组织场域特征。比较来看，在3种不同"关系"形态的价值导向与行为实践中，官僚场域之"主从关系"所突出的"忠"之价值导向始终是最为脆弱的，"反水""改投门庭"等现象是极为常见的，此中的上下"关系"尽管也是长期性的紧密互动，但其暗含的纯粹功利性特征往往是"人一走，茶就凉"，这在传统中国的政治场域中应当屡见不鲜，其"主从关系"的广度与深度可能也是其他社会文化中少有的。当然，"朋友关系"之"义"也存在着低于预期乃至出现背叛的可能性，特别是市场条件下朋友之间由于利益矛盾同样可能反目成仇，但真正够"铁"的"朋友关系"则往往是长期稳定的，甚而中国社会中"过命"相交的"朋友关系"是西方社会的个人主义个体所难于理解的。在此之外，某些基层社会组织乃至群众团体中的"人缘关系"所突出的"和"之特征，其所隐藏真实情感的中庸、平衡的种种"关系"技艺则更加具有相当明显的中国文化传统特征。

　　可见，对不同"关系"形态所可能承载之组织场域背景与文化传统内涵的忽略，是"社会资本"理论在解释多重"关系"现象的瓶颈所在。如果从更深层次来看，以上"主从关系""人缘关系"及"朋友关系"在组织层面的共性在于，均可归之为对组织科层制形成实质性替代的个人关系，亦即中国文化传统下多重"关系"形态的最主要共性是构成了对实质性"制度"的替代。比较而言，科层制组织中的"社会资本"主要用以指对组织正式制度起辅助作用的人际信任、非正式组织等面相，即组织社会资本所起到的积极作用只是对科层制的辅助性补充而非替代。而在"人治"型的组织结构中，组织领导的成败常常是"成也'关系'，败也'关系'"，不同的"关系"形态已然成为组织能否良性运行的关键，"关系"并非对组织科层制的补充而构成了实质性的替代。"关系"对科层制的替代有可能造成组织领导失范，亦即造成一系列徇私舞弊、公开激烈斗争的"集权式领导"，抑或中庸保守、为和谐而和谐的"人缘式领导"，但也可能最终形成精诚合作、凝聚力极强的"人心式领导"。不同的本土组织领导模式尽管有着不尽相同的宏观体制背景与文化传统作用，但均难以构成组织内部严格规章行事的科层制领导模式。要言之，不同的组织场域中常常孕育出以不同文化传统为指向的"关系"形态，不同"关系"形态的行动路径反过来又进一步强化了不同组织场域的结构特征，亦即不同的组织场域及其所暗含的文化传统在其特定的"关系"实践中是相互强化而不断再生产的，这应当正是深化本土"关系"理论的必要性之所在，同时也为本土组织领导模式分类框架的初步建构提供了可能。

（二）本土组织领导模式、文化传统实践与多重"关系"形态的类型比较分析

如前所述，在本土化取向的华人组织领导研究中，樊景立、郑伯壎（2000）提炼出了"家长式领导"的本土概念，并倾向于将其"差序式领导"纳入"家长式领导"的范畴之中，进而认为华人组织领导主要包括了3个组成元素：威权领导、仁慈领导及德行领导，其中威权领导应当有着法家思想的指引，而仁慈领导与德行领导均可视为是以儒家意识形态为基础。笔者则以为，不同组织领导元素本身即可能成为某种组织领导模式的内在依据，更需要突出的是其内在差异而非简单化地加以糅合。如果从本文个案拓展至组织场域层面而言，在官僚化组织中常常形成以权力控制为主的"集权式领导"，在市场化组织中往往形成以恩义情理为主的"人心式领导"，在群众化组织中趋于形成以中庸、平衡为主的"人缘式领导"，这种为和谐而和谐的"人缘式领导"更多体现的并不是儒家的"仁义"传统而是道家的"隐忍"传统①。进言之，官僚化组织之"集权式领导"代表的是一种上位优势的组织领导模式，可以反映出某种"威权领导"的权力场域背景；群众化组织之"人缘式领导"形成的是一种下位优势的组织领导模式，恰恰揭示出部分"德行领导"的群众民意压力；市场化组织之"人心式领导"则构成双向较为对等的组织领导模式，也足以展现出所谓"仁慈领导"的市场外部条件。由此可见，以民营企业特别是家族企业为主要研究对象的"家长式领导"理论架构，基本忽略了组织外部的体制结构及场域背景，"家长式领导"的不同组成元素在不同体制结构及场域背景中完全可能构成不同性质的组织领导模式，其中不同私人"关系"形态及其暗含的不同文化传统内涵则为不同组织领导模式的比较分析提供了实质基础②。

进言之，以法家"权谋"传统为核心的"集权式领导"、以道家"隐忍"传统为核心的"人缘式领导"与以儒家"仁义"传统为核心的"人心式领导"，

---

① 需要强调的是，"人缘式领导"与"人心式领导"的权威基础恰恰又是比较接近的，均可归之为以私人关系联结为基础的"人情取向"，其间的根本差别在于"人缘式领导"之"人情取向"常常着重于巩固领导者私人在组织群体中的"人缘"基础，而"人心式领导"之"人情取向"才真正以组织发展为出发点，是在情理基础之上以公平为准绳来处理与下属关系从而建构起来的。

② 需要进一步说明的是，"集权式领导""人缘式领导"及"人心式领导"仍然与"家长式领导"的3种组成元素密切相连，从而根本上不同于西方制度化基础之上凸显个人魅力的"变革型领导"。即使是事本主义而又人情取向的"人心式领导"，其上下属间以"义"为先之私人"朋友关系"发展的面相，应该也不同于西方社会交换意义之契约基础上的"交易型领导"。

在不同体制背景及其组织场域的组织领导实践中常常是此消彼长的,即在由计划经济向市场经济的宏观体制转型过程中,不同性质的组织领导模式及其上下"关系"形态也暗含着与之相适应的文化传统选择①。这样的组织领导模式比较分析,即是要从组织场域及组织性质的视角加以切入,以此来达成本土组织领导及"关系"研究中文化传统立场与体制结构立场之间的沟通与对话。亦即从组织场域的视角来看,不同组织场域的体制结构背景所孕育的不同"关系"形态及其文化传统内涵有着较为显著的区别,这也就构成了上述"集权式领导""人缘式领导"及"人心式领导"等不同组织领导模式的基本依据。当然,组织场域视角的根本出发点,还是倾向于将宏观层面的体制结构背景作为首要动因,进而考察微观层面不同"关系"形态及其文化传统内涵的基本差别,最终分析中观层面的不同组织结构后果。与此同时,如果要真正厘清本土组织领导模式的利弊得失,也必须要充分重视不同"关系"形态及其文化传统内涵的比较,并从"关系"实践的微观层面寻求本土组织领导研究的理论资源。而就实践意义而言,不同组织场域及其文化传统指引下的不同"关系"形态及其组织结构后果,恰恰可能正是宏观体制政策调整的微观依据,这通过本文的拓展个案应当能得到较好的说明。

当然,本文的拓展个案并不能代表中国社会"单位制"结构的整体转型,但其理论指向却着重于这种宏观体制转型下"关系"形态变化的积极意义,及其与之相随的组织领导模式转型的客观条件与内在逻辑。如前所述,在再分配经济形态下,上下属之间基本是自上而下行政主导的组织关系,其关系形态常常发展为下对上依附秉之以"忠"的"主从关系",其主要的领导模式即为以"权谋"传统为本质特征的"集权式领导";在市场经济形态下,上下属关系理应是双方对等交换的市场交换关系,其关系形态则往往进一步发展为双方交之以"义"的"朋友关系",其核心是为上对下在兼顾公平与情理基础的"仁义"传统,由此而形成众人心悦诚服的"人心式领导"。在转型过程中出现的股份合作制的组织形态中,由于一人一票的选举机制作用,更为普遍盛行的则是上对下讨好性的以"和"为主的"人缘关系",其间掩盖矛盾的"隐忍"传统很大程度上是以纯粹的选票政治为依据的,由此而形成的是表面德治实则乡愿的"人缘式领导"。从结构形态来看,以"主从关系"为基础的"集权式领导"固

---

① 这里对不同文化传统的理解更多是从行为实践的层面展开的,而不是局限于经典的"大传统"文本之中,亦即法家"权谋"传统、道家"隐忍"传统与儒家"仁义"传统也是着重从行为实践的层面来加以理解的。只有在把握"关系"实践特征差别的基础之上,不同文化传统的区分才有可能及必要。

然可能形成"一言堂"的"一把手"权威,但一旦权力分散则较易形成激烈斗争的"派系结构",以"人缘关系"为基础的"人缘式领导"也常常在德治、和谐的表象之下暗藏着潜在矛盾的"派系结构"。应该说,只有在市场机制作用下,以"朋友关系"为基础的"人心式领导"才更有可能形成积极凝聚式的"关系共同体"。由此,本文的拓展个案研究,一方面显示了从特殊主义之"派系结构"到事本主义之"关系共同体"演变的可能性,另一方面则反映了不同场域背景下从"权谋"到"仁义"的文化传统实践的重要差别。对不同场域的组织领导模式、文化传统实践、主要"关系"形态、上下运作机制与组织结构形态的差别,可以用表2来大致概括。

表2 本土组织领导模式、文化传统实践及其主要"关系"形态的类型比较

本土组织领导模式	文化传统实践	主要"关系"形态	上下运作机制	组织结构形态
集权式领导(官僚化组织)	权谋(法家传统)	主从关系	忠(下对上依附)	派系结构(公开)
人缘式领导(群众化组织)	隐忍(道家传统)	人缘关系	和(上对下笼络)	派系结构(潜藏)
人心式领导(市场化组织)	仁义(儒家传统)	朋友关系	义(双向可选择)	关系共同体(开放)

总之,本研究正是希望深化对"关系"与"差序格局"在宏观体制转型背景下的理解,通过展现改革开放以来某中小国有企业两次改制的发展历程,揭示出其从"派系结构"到"关系共同体"的内在机制与外部条件,从而在根本上将"中国人能否组织起来"的问题归结为体制结构性问题,而不是仅仅局限于文化国民性问题之中。再言之,在行政主导的官僚化组织中,主从关系的"集权式领导"常常由于不同权力中心的分离催生出以法家"权谋"传统为核心、公开对抗的"派系结构";在选举条件下以民意为主导的群众化组织中,人缘关系的"人缘式领导"则出于选票政治的必要性,常常催生出以道家"隐忍"传统为核心、矛盾潜藏的"派系结构";而在商品经济的市场化组织中,朋友关系的"人心式领导"则能说明以儒家"仁义"传统为核心、以个人信任为基础的组织"关系共同体"完全有可能取得相当的成功。由此,本研究力图将"人心式领导""人缘式领导""集权式领导"之间的区别与选择归之为体制性的结构背景而不是领导者的个人特征,市场化的进程不可避免地削弱了行政性"主从关系"为基础之"集权式领导"或群众性"人缘关系"为基础之"人缘式领导",而走向彼此相知相交"朋友关系"之"人心式

领导"。当然，这种积极的个人关系及其组织领导并不能真正形成促进组织长远发展的正式科层制，中小企业产权与经营控制权的继承与转移可能是更深层次的问题，无疑也在未来的发展中存在着潜在的危机。通过这样的分析探讨，才能真正深入理解组织和制度变迁的社会实践过程，从而在未来中国的社会建设过程中，着力构建真正意义上适合中国本土的组织方式和生活方式（李汉林等，2005）。

参考文献

[1] Burawoy, M., 1998, "The Extended Case Method", *Sociological Theory*, 16(1), pp.4~33.

[2] Eisenhardt, K. M., 1989, "Building Theories from Case Study Research", *The Academy of Management Review*, 14(4), pp. 532~550.

[3] Guthrie, D., 1998, "The Declining Significance of Guanxi in China's Economic Transition", *The China Quarterly*, No.154, pp. 254~282.

[4] Hofstede, G. H., 1980, *Culture's Consequences: International Differences in Work-related Values*, Newbury Park, CA: Sage.

[5] Hofstede, G. H., 1991, *Cultures and Organizations: Software of the Mind*, London: McGraw-Hill UK.

[6] Kipnis, A. B., 1991, *Producing Guanxi: Sentiment, Self and Subculture in a North China Village*, Durham: Duke University Press.

[7] Mayfair Mei-Hui Yang, 1994, Gifts, *Favors and Banquets: The Art of Social Relationships in China*, Ithaca: Cornell University Press.

[8] Mayfair Mei-Hui Yang, 2002, "The Resilience of Guanxi and its New Deployments: A Critique of Some New Guanxi Scholarship", *The China Quarterly*, No.170, pp.459~476.

[9] Pye, L. W., 1985, *Asian Power and Politics: The Cultural Dimensions of Authority*, Cambridge, MA: Harvard University Press.

[10] Redding, S. G., 1990, *The Spirit of Chinese Capitalism*, New York: Walter de Gruyter.

[11] Trompenaars, F. and Hampden-Turner, C., 1997, *Riding the Waves of Culture: Understanding Cultural Diversity in Business*(2nd edition), London: Nicholas Brealey.

[12] Tsui, A. S. and Farh, J.L., 1997, "Where Guanxi Matters: Relational Demography and Guanxi in the Chinese Context", *Work and Occupations*, 24(1), pp.56~79.

[13] Walder, A. G., 1986, *Communist Neo-traditionalism*: *Work and Authority in Chinese Industry*, Berkeley: University of California Press.

[14] Wank, D. L., 1996, "The Institutional Process of Market Clientelism: Guanxi and Private Business in a South China city", *The China Quarterly*, No.147, pp. 820~838.

[15] Westwood, R. I., 1997, "Harmony and Patriarchy: The Cultural Basis for 'Paternalistic Headship' Among the Overseas Chinese", *Organization Studies*, 18(3), pp.445~480.

[16] Yan, Yunxiang, 1996, *The Flow of Gifts*, Stanford: Stanford University Press.

[17] 白重恩, 路江涌, 陶志刚. 国有企业改制效果的实证研究[J]. 经济研究, 2006(8).

[18] 陈戈, 储小平. 差序制度结构与中国管理革命——以李宁公司的发展变革为例[A]. 北京天则经济研究所. 中国制度变迁的案例研究(第六集)[C]. 北京：中国财政经济出版社, 2008.

[19] 陈其南. 传统家族制度与企业组织——中国、日本和西方社会的比较婚姻、家族与社会：文化的轨迹(下册)[M]. 台北：允晨文化公司, 1986.

[20] 樊景立, 郑伯壎. 华人组织的家长式领导：一项文化观点的分析[J]. 本土心理学研究(台北), 2000(13).

[21] 费孝通. 乡土中国[M]. 北京：三联书店, 1985.

[22] 韩巍. 学术探讨中的措辞及表达——谈《创建中国特色管理学的基本问题之管见》[J]. 管理学报, 2005(4).

[23] 胡必亮. 关系共同体[M]. 北京：人民出版社, 2005.

[24] 鞠芳辉, 谢子远, 宝贡敏. 西方与本土：变革型、家长型领导行为对民营企业绩效影响的比较研究[J]. 管理世界, 2008(5).

[25] 李汉林, 渠敬东, 夏传玲, 陈华珊. 组织和制度变迁的社会过程——一种拟议的综合分析[J]. 中国社会科学, 2005(1).

[26] 李猛, 周飞舟, 李康. 单位：制度化组织的内部机制[J]. 中国社会科学季刊(香港), 1996(秋).

[27] 李新春. 中国国有企业重组的企业家机制[J]. 中国社会科学, 2001(4).

[28] 林毅夫, 蔡昉, 李周 充分信息与国有企业改革[M]. 上海：上海三联书店, 1997.

[29] 刘纪曜. 公与私——忠的伦理内涵 [A]. 黄俊杰主编. 中国文化新论——思想篇二：天道与人道 [C]. 台北：联经出版公司, 1982.

[30] 刘平, 王汉生, 张笑会. 变动的单位制与体制内的分化——以限制介入性大型国有企业为例 [J]. 社会学研究, 2008(3).

[31] 刘小玄, 李利英. 企业产权变革的效率分析 [J]. 中国社会科学, 2005(2).

[32] 卢晖临, 李雪. 如何走出个案——从个案研究到扩展个案研究 [J]. 中国社会科学, 2007(1).

[33] 沈毅. "家""国"关联的历史社会学分析——兼论"差序格局"的宏观建构 [J]. 社会学研究, 2008(6).

[34] 沈毅. 华人本土组织领导研究的基本脉络与再定位 [J]. 管理学报, 2012(5).

[35] 宋立刚, 姚洋. 改制对企业绩效的影响 [J]. 中国社会科学, 2005(2).

[36] 吴春波, 曹仰锋, 周长辉. 企业发展过程中的领导风格演变：案例研究 [J]. 管理世界, 2009(2).

[37] 肖知兴. 中国人为什么组织不起来 [M]. 北京：机械工业出版社, 2006.

[38] 徐淑英, 边燕杰, 郑国汉. 解释中国民营部门的成长与发展 [M]. 徐淑英, 边燕杰, 郑国汉主编. 中国民营企业的管理和绩效：多学科视角 [M]. 北京大学出版社, 2008.

[39] 徐淑英, 张志学. 管理问题与理论建立——开展中国本土管理研究的策略 [J]. 南大商学评论, 2005(7).

[40] 阎云翔. 差序格局与中国文化的等级观 [J]. 社会学研究, 2006(4).

[41] 杨国枢. 家族化历程、泛家族主义及组织管理 [A]. 郑伯壎, 黄国隆, 郭建志主编. 海峡两岸之组织与管理 [C]. 台北, 远流出版公司, 1998.

[42] 翟学伟. 是"关系"，还是社会资本？[J]. 社会, 2009(1).

[43] 张静. 利益组织化单 [M]. 北京：中国社会科学出版社, 2001.

[44] 张维迎. 企业的企业家——契约理论 [M]. 上海：上海三联书店, 上海人民出版社, 1995.

[45] 张翼. 国有企业的家族化 [M]. 北京：社会科学文献出版社, 2002.

[46] 张卓元. 中国国有企业改革三十年：重大进展、基本经验和攻坚展望 [J]. 经济与管理研究, 2008(10).

[47] 郑伯壎. 差序格局与华人组织行为 [J]. 本土心理学研究（台北）, 1995(3).

[48] 郑伯壎. 华人领导：理论与实际 [M]. 台北：桂冠图书公司, 2005.

转型经济中企业自主创新能力演化路径及驱动因素分析*
——海尔集团1984—2013年的纵向案例研究

许庆瑞[1] 吴志岩[1] 陈力田[2]

（1 浙江大学管理学院；2 浙江工商大学工商管理学院）

摘　要： 本研究首先针对现有研究存在企业自主创新概念界定与划分模糊的问题，基于"能力的本质是知识"的基础观点，从核心技术知识所处边界的角度出发，辨析了二次创新能力、集成创新能力和原始创新能力的关系。之后，针对目前学界缺乏严谨的转型经济中企业自主创新能力演进路径的研究，本文通过对海尔集团的纵向案例研究，分析和归纳了转型背景下的企业自主创新能力演化的路径特征。研究表明：海尔集团作为以技术引进为起点的企业，其自主创新能力演化是以二次创新能力为起点，向集成创新能力过渡，最终走向原始创新能力的动态累积过程。最后，本研究弥补了自主创新能力演进的驱动因素研究不足的问题，提出吸收能力的构建是这种演化模式下的内在基础，历史压力和随机事件在这一过程中起着外部推力的作用。本研究打开了企业自主创新能力及其演进过程的"黑箱"，联结并深化了动态能力观、演化理论和技术追赶理论，并对转型背景下企业创新与发展具有一定的实践启示。

关键词： 自主创新能力　能力演化　驱动因素　案例研究

一、引言

改革开放30余年来，中国GDP高速发展，年均增长率达9.9%。在这一过程中，制造业贡献巨大（江诗松等，2011）。目前，中国制造占全球制造业

---

* 原载《管理世界》2013年第4期。

市场份额的 1/5（Economist，2012），竞争力水平居全球首位（Deloitte Touche Tohmatsu Limited's & U.S. Council on Competitiveness，2012），并且中国已超越日本成为第二大经济体（BBC News，2012）。然而，从我国高技术产业新产品产值占工业总产值的比率来看（如图 1 所示），我国经济增长方式远非创新驱动，更多的还是依赖于低成本、大市场容量和政府推动（Wu et al.，2009；Kim，1997；Wu et al.，2010）。为了实现转变经济发展方式，亟须企业转型升级、提升创新能力。在改革开放初期，由于技术基础和资金积累的限制，中国企业的技术追赶多依托于技术引进，并在此基础上进行二次创新（吴晓波等，2009）。然而，随着我国企业在全球竞争中的迅速崛起，很多国外技术转让方开始对技术授权采取保守态度，技术引进的"天花板"效应逐步显现，竞争优势难以持续（张米尔、田丹，2008）。因此，从国家综合竞争力、富民强国和国家安全的角度出发，研究转型经济中企业自主创新能力的演化路径及驱动因素具有重大意义（韵江、刘立，2006）。

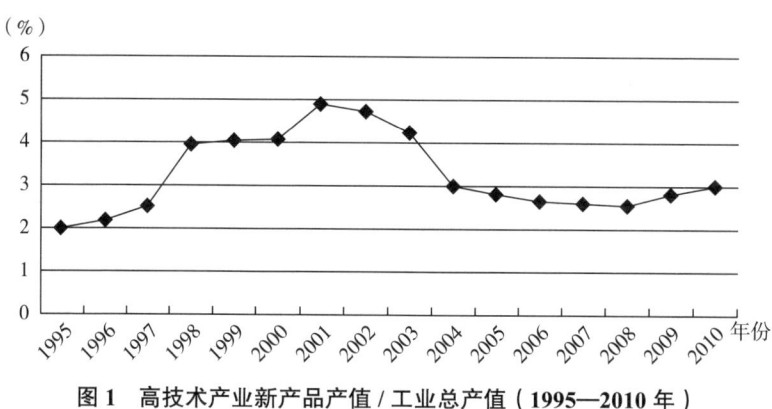

图 1　高技术产业新产品产值 / 工业总产值（1995—2010 年）

数据来源：《中国统计年鉴》（2000—2011 年）、《中国高技术产业统计年鉴》（2000—2011 年）。

然而，现有理论在解释自主创新能力演化及其驱动因素上存在以下问题。首先，现有文献存在自主创新概念界定和划分模糊的问题，阻碍了自主创新能力演进路径和驱动因素的研究。从我国科技发展史的角度出发，3 种自主创新行为是并存的（杨帆、石金涛，2007），但这 3 种自主创新行为的界定和划分问题一直没有得到很好的解决（高旭东，2007）。这也使得现有研究大多将自主创新能力作为一个"黑箱"进行研究。其次，现有文献缺乏对严谨的转型经济背景下自主创新能力演进路径的研究。现有研究多关注能力的量变，很少关注能力的质变（Lavie，2006；Kor & Mesko，2013）。Lavie（2006）提出了能力重构的 3 种方式，但是缺乏从技术创新角度针对能力演进路径的研究，且缺乏对情境性的考虑。最后，现有文献关于推进自主创新能力演进的驱动因素研究不足。基于演化理论提出的"个体随环境适应"的能力演进逻辑，其本质是指能力演进来源于企业的主动选择，还是被动适应？这一问题一直是创新管理领域的一个盲点。我国企业是在极其复杂的转型经济中完成技术追赶和自主创新实践的，却鲜有文献探讨转型经济制度特征在企业创新能力发展过程中扮演的角色和影响机理，因而限制了这些文献对转型经济情境的指导作用（江诗松等，2011）。

因此，探究转型经济中我国企业创新能力培育和演化问题，不仅有助于理解转变经济发展方式的微观机制（江诗松等，2011），丰富相关理论，还有助于领先企业经验的复用，为后发企业提供借鉴。

基于上述研究问题，本研究拟采用纵向案例研究方法，选取自主创新实践的标杆企业海尔集团为研究对象，分析和归纳其自主创新能力演化的路径特征及其驱动因素，为我国企业实现转型升级提供一定的借鉴和参考。

本文结构如下：第二部分，对相关理论进行回顾，梳理理论缺口；第三部分，介绍本文的研究设计与方法；第四和第五部分，对案例企业的自主创新能力演化路径进行纵向分析和引申讨论；第六部分，在结论与展望部分提出一个整合的研究框架，阐述本研究的理论贡献与实践启示。

二、文献回顾

（一）能力与自主创新能力：知识基础观

"自主创新"概念是我国学者陈劲于 1994 年提出，他认为自主创新是企业在技术引进消化吸收再创新之后的一种特定的技术创新范式（陈劲，1994），即企业依靠自主研发力量完成技术突破，并取得原创性的科技成果。后来，"自主创新"的概念被拓展成为二次创新、集成创新和原始创新 3 个类别（吴晓波等，2009）。然而，现有文献存在自主创新概念界定和划分模糊的问题（高旭东，2007）。这主要是由于大多数关于自主创新的研究，都是从模式角度出发，而模式具有排他性和互斥性，这不符合自主创新行为可多种并存的客观现象。为此，更好的方法是寻找更具包容性的视角为突破口。这正是能力视角的优势所在。能力的本质是一种高级知识，嵌入在行为过程中，表现为行为惯例，可用行为的效率进行测度（Dutta et al., 2005; Nelson & Winter, 1982）。因此，可以从知识本质的角度去探索和辨析自主创新能力的概念和分类。但现有研究很少对这个层面进行分析和讨论。

（二）自主创新能力演进路径：动态能力观和能力重构过程

演化经济学和能力理论提出了路径依赖和能力刚性的观点，它们都强调能力具有一定的稳定性和惰性，并倾向于随着时间的推移"传输"其特性（Nelson & Winter, 1982; Leonard-Barton & Leonard, 1998）。

为了动态适应环境，需要动态能力的观点来克服能力刚性（Teece et al., 1997）。能力演化是从量变到质变的演进过程，本质上是能力的复制和重构过程。但现有研究多关注能力的量变，很少关注能力的质变（Lavie, 2006; Kor & Mesko, 2013）。动态能力观虽提供了能力发展的逻辑，但在概念基础和经验研究上都受到质疑（Barreto, 2010）。更重要的是：动态能力观解释的是企业是否适应变化的环境，但其仍不能反映出能力的动态演化过程，对于能力如何形成和发展理解甚少（Barreto, 2010; Helfat & Peteraf, 2003; Wang & Ahmed, 2007）。

相比而言，能力重构领域的研究更进一步，其强调企业如何适应变化的环境，这弥补了现有动态能力研究的缺憾。按照演化理论的观点，企业能力重构是"变异→选择→保留与传衍"的过程。Lavie（2006）提出了3种能力重构方式：能力替代、能力转换和能力进化。对于转型经济情境下，这3种方式分别对应于中国学界强调的"二次创新""集成创新"和"原始创新"。二次创新过程本质上是能力替代过程。这一观点在能力提高、能力破坏理论框架中已被提到，延续了熊彼特的"技术发展可为不连续变化过程"的思路。在快速变化的环境下，贬值的能力会造成核心刚性，阻碍企业适应新的竞争形势。从企业外部引进、获取特定的知识和能力，并替换已有能力是一种能力更新以适应环境的重要选择。集成创新过程本质上是能力转变过程。这一过程涉及目标驱动的惯例集成和修改。这涉及企业的内部知识和外部知识之间的整合。能力变化后的结构是导向性的，而不是反复试错得来的。原始创新过程本质上是能力进化过程。在此过程中，企业修改已有能力的惯例。这一过程是反复试错的过程，因此成本和不确定性也最高。

然而，国外文献只从相对静态的视角切入识别了3种能力重构方式，缺乏从创新角度切入、针对能力重构方式之间演化关系的研究。中国学界同样缺乏严谨的适应转型经济情境的自主创新能力演进路径研究。创新绩效是衡量自主创新能力和环境对齐与否的重要指标。因此，通过比较3种自主创新能力（二次创新能力、集成创新能力、原始创新能力）对创新绩效的影响，可以揭示出自主创新能力随环境变化演进的路径。但现有研究虽然识别了3种能力的提升对于创新绩效的重要作用，但缺乏三者效用的对比（杨燕、高山行，2011），且缺乏对情境性的考虑。

（三）转型经济与自主创新能力演进的驱动因素：制度观和演化理论

动态能力观和能力重构领域的研究虽然为企业自主创新能力演化路径提供了基础，但路径的驱动机理尚不清晰。明晰驱动因素是明确驱动机理的前提。

首先，以外部权变视角来研究企业自主创新能力演化过程中外部推动因素的代表理论为早期制度理论和定位观。转型经济的一大特征就是快速变化的环境、随机事件和制度压力。沿袭早期制度理论，制度变革具有外生性，且对组织行为具有决定性。该理论认为制度对组织的效应是自上而下和决定性的。组织若希望生存，就必须遵循制度环境的规定并获得合法性（Castel & Friedberg, 2010），这和Porter（1996）的定位观逻辑一致。管理认知（Dijksterhuis et al., 1999）和知识基础观（Van den Bosch et al., 1999）都认为知识环境的特性会影响到吸收能力的性质。当知识环境越动荡，企业越倾向培育探索性的能力，更少地聚焦效率，更具有柔性；当知识环境稳定时，企业更加注重效率和改进能力，比较不重视柔性和知识创造能力（Van den Bosch et al., 1999; Zahra & George, 2002）。这些观点虽然有趣，但都是案例研究或理论述评，还没有实证大样本来验证。

但这些理论视角过于重视外部环境因素，忽视了技术创新能力的内在路径依赖性及阶段性差异，从而不能解释同一情境下企业能力的异质性（Zahra & George, 2002; Crossan & Apaydin, 2009）。内外权变视角的整合有助于更加全面和深入地理解企业创新能力演化路径实现的机理。转型经济情境的一大特征是广泛的跨层联系，外部环境的随机性、偶然性以及企业自身的资源和能力基础可能会同时对知识积累的方向产生质的影响（Castel & Friedberg, 2010; Lu et al., 2008）。然而，阻碍内、外权变视角整合的关键是两种理论基础假设的矛盾，即战略管理领域的"选择—适应"基础争论（Hannan & Freeman, 1984）：演化理论提出的"个体随环境适应"的能力演进逻辑，其本质是指能力演进来源于企业的主动选择还是被动适应？这一问题一直是创新管理领域的一个盲点。对于样本企业的客观观察，有助于填补这一缺口。

(四)研究述评与缺口

尽管自主创新方面的研究有助于理解创新能力提升的路径和机理,但仍存在一些研究缺口。首先,自主创新概念界定与分类模糊(高旭东,2007),因此,大多数研究将自主创新(能力)作为"黑箱"处理,回避二次创新能力、集成创新能力、原始创新能力之间的辨析问题。其次,中国企业面临的制度和学习环境具有特殊性,使得创新能力演化路径与其他国家后发企业的技术追赶路径不完全相同,从而限制了这些理论在中国情境的普适性和指导意义(江诗松等,2011)。最后,"选择—适应"核心争论阻碍了转型经济中企业自主创新能力演化驱动要素领域内不同视角的整合。在有限的基于转型经济中企业自主创新能力驱动因素研究中,韵江和刘立(2006)的研究是探索性的,有待于基于不同的企业样本做理论对话。综上,我们希望回答如下问题:(1)自主创新能力究竟该如何清晰地界定和划分?(2)转型经济中,我国企业自主创新能力的演进路径是什么?(3)驱动能力演进的因素又是什么?

三、研究设计与方法

针对现有理论缺口,本文旨在研究企业自主创新能力动态演化过程的路径和驱动因素。选择合适的研究方法是本文首先要考虑的问题。案例研究是基于丰富的定性数据,对某一特定现象问题进行深入描述和剖析的方法(Yin,1994),并且,这种方法有助于理解某一特定现象背后的动态复杂机制(Eisenhardt,1989),尤其适合用于观察和总结企业内部的纵向演变机制(Pettigrew,1990),所以本研究采用案例研究的方式探讨我国典型企业的自主创新能力演化路径。此外,和多案例研究相比,单案例研究更适合提炼出解释复杂现象的理论或规律(Eisenhardt & Graebner,2007),且单案例研究更适合纵向过程的研究与分析(Eisenhardt,1989),有利于捕捉管理实践中涌现出来的新现象(Pettigrew,1990)。因此,本研究采用单案例研究方法来展开。

(一)案例企业选择

通过研究小组的讨论,本研究最终选择白色家电制造业作为我们的研究母本。改革开放初期,和发达国家相比,我国白色家电产业仍属于技术追赶型产业;改革开放至今,我国白色家电产业科技创新投入不断增加、产业升级步伐全面提速，目前已经拥有一批具有自主知识产权的核心技术，且跃升为全球白色家电生产第一大国。换言之，白色家电产业是从技术追赶到技术领先的典范行业，为本研究提供了一个很好的研究背景。

在白色家电制造业中，我国的领先企业也有很多，如海尔、海信、格力、美的等。但是，案例企业的选择必须满足案例研究的典型性和代表性（Eisenhardt，1989），并且，要根据其是否非常适合发现和扩展构念之间的关系和逻辑来决定的（毛基业、李晓燕，2010）。为此，本研究确定了如下案例企业选择的标准：第一，企业专注于自主创新实践已有较长时间，有较为丰富的经验积累，这有利于本研究发现和挖掘不同层次的自主创新能力间的关系；第二，企业在同行业中处于领先地位，并且是从后发企业逐渐成长起来的，这样的企业在转型经济中才具有代表性和典型性，其成长历程也对其他企业具有参考和借鉴性；第三，考虑到本研究拟采用长期的纵向案例研究方法，前期的相关研究越丰富、资料掌握越翔实，越有利于本研究的顺利展开。基于上述标准，本研究确定以海尔集团为本案例研究的样本企业。一方面，就企业本身而言，海尔集团从最初引进德国设备和技术的小厂，发展成为全球十大创新企业之一，并连续4年蝉联全球白色家电第一品牌。在自主创新探索的实践过程中，海尔集团成功开发了中国第一颗拥有自主产权的数字电视解码芯片，连续10年获得国家级技术中心评价第1（2001—2010年）的殊荣，累计获得国家科技进步奖11项，是目前唯一进入IEC—PACT国际标准组织未来高技术委员会的发展中国家企业。可以说，海尔集团为我们提供了一个极佳的研究样本。另一方面，自20世纪90年代以来，浙江大学创新管理研究团队始终坚持跟踪和总结海尔集团的自主创新实践，积累了大量的研究素材和纵向数据。2006年，双方联合成立了"浙江大学—海尔集团创新管理与持续竞争力联合研究中心"，实现了研究资源共享。本文第二作者也到海尔集团进行长期蹲点调研，积累了大量的一手资料和数据，保证了本研究纵向数据的可获得性。

（二）构念测度

案例分析首先要对构念进行清晰地界定和测度，否则，将会导致对组织现象不正确的认识（毛基业、李晓燕，2010）。为此，本节将对本研究中使用到的构念的定义和测量方法予以详细介绍。

1. 自主创新能力的测度

本研究考察的重点是企业发展不同阶段选择的自主创新能力。基于能力的本质，自主创新能力的内涵可表达为"嵌入在自主创新行为过程中的高级知识"。自主创新能力依赖于嵌入在自主创新过程中的核心技术知识，是企业研发（独立研发或合作研发）或/和使用核心技术的能力。根据行为的不同，自主创新能力又可分为二次创新能力、集成创新能力和原始创新能力（吴晓波等，2009）。

目前，关于原始创新能力、集成创新能力和二次创新能力之间的关系仍存在很大争论，对三者之间关系界定很难达成共识（高旭东，2007）。比较得到共识的定义是，原始创新能力是指企业实现突破性的技术发明或颠覆性的科学发现的能力；集成创新能力是指企业整合各创新元素、利用创新要素间协同作用加速创新效率的能力（Tidd et al.，2005）；二次创新能力是指"在技术引进的基础上进行的，囿于已有技术范式，并沿既定技术轨迹而发展的技术创新（能力）"（吴晓波，1995）。但本研究从"能力的本质是知识"的角度出发，认为二次创新能力、集成创新能力、原始创新能力的本质差异在于核心技术知识的来源，如图2所示。一方面，原始创新能力的核心技术知识是被企业所完全掌握的，企业凭借这种技术优势开发新产品完成原始创新过程，表现为突破性的技术发明、颠覆性的技术创新、技术标准制定、自主产权开发、自主设计、自主品牌构建、自主研发等。另一方面，集成创新能力的核心技术知识不完全分布在组织边界之外，是企业整合内外核心技术知识完成自主创新的过程，所依赖的能力就是集成创新能力，表现为联合研发、联合制造、共建专利池、合作申报标准、合资设厂等。而二次创新能力的核心技术知识来源于组织边界之外，是企业借助外力实现创新的过程，表现为设备引进、技术引进、消化吸收、技术改造、模仿创新等。

2. 驱动因素的测度

对于企业自主创新能力演化的动态过程，本研究从内外权变观的角度来度量企业自主创新能力演化过程中的驱动因素类型。内外权变观是从空间维、行为维对影响企业动态演进的驱动因素进行测度的。如果企业的动态演化来源于企业内部的主动选择，则为内部驱动因素的作用结果；如果企业的动态演化来源于企业对外部环境的被动适应，则为外部驱动因素的作用结果。

关于企业的内部驱动因素，吸收能力是重要的变量（韵江、刘立，2006）。吸收能力是指企业识别、消化以及利用外部知识，并使之商业化的能力（Cohen & Levinthal，1990）。本文遵照上述定义，认为企业识别、消化并利用外部知识的过程是企业吸收能力的行为表征，如参观学习、实验室建设、技术咨询、合作生产、合资设厂、海外设厂等。

企业的外部驱动因素有很多，如环境的复杂性和动荡性所带来的机会和威胁（Teece et al.，1997；Eisenhardt，1989；Castel & Friedberg，2010；Zahra &

George, 2002）。其中，历史压力和随机事件是最活跃的外部影响因子（韵江、刘立，2006）。历史压力是一个情境化的概念，主要有两类：一是环境对企业发展的约束，如政治体制和经济制度，二是企业内部可感知的发展瓶颈，如文化差异、观念束缚（韵江、刘立，2006）。随机事件主要是指在企业发展过程中，在偶然意义上，对企业发展方向产生扰动作用的重要事件等影响因子。因此，本文从偶发性的视角，分别从历史压力和随机事件对企业的外部驱动因素进行度量。所谓偶发性，是指环境中对企业行为有影响的、不可预见的扰动性。如果企业所面临的是非偶发的环境因素，则为历史压力，如后发劣势、政府政策支持、经济体制束缚、文化差异、观念束缚等；如果企业所面临的是偶发性的环境因素，则为随机事件，如经济泡沫、"零"的突破、市场拐点等。

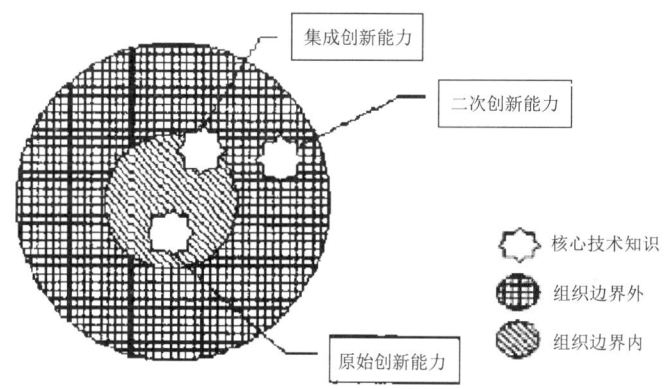

图 2 自主创新能力的辨识示意图

3. 创新绩效的测度

创新绩效是企业创新目标的达成情况（Coombs & Bierly，2006）。创新绩效的测度指标分为两类：主观指标（相比于竞争对手的产品创新绩效）和客观指标（财务绩效的相关指标）。由于主观指标更有利于反映出企业相对于竞争对手的竞争优势，本文采用主观指标对创新绩效进行测度。并遵照 Zhang 和 Li（2010）的建议，从产品创新（相对于竞争对手的产品竞争力）的角度对企业的创新绩效进行测度，并将产品竞争力的层次划分为企业首次、国内最早、国内最好、国内最大、国内领先、亚洲最大、国际领先等。

（三）数据收集

案例研究的数据应当有不同的来源，以保证研究的信度和效度（Yin,

1994）。本研究采用半结构化访谈、非正式访谈、现场观察和二手资料收集等多种不同的数据收集方法，通过多样化的信息和资料收集渠道，形成对研究数据的三角测量（毛基业、张霞，2008），交叉验证研究数据和信息，尽可能获得翔实的信息（Eisenhardt，1989），避免了共同方法偏差（彭新敏等，2011），提高了研究的信度和效度。

1. 半结构化访谈

半结构化访谈是一种有效搜集数据和信息的方式，尤其是被研究对象具有明显的、随时间演变的特征（Eisenhardt & Graebner，2007）。本研究小组采访了6位来自不同职能部门的中高层管理者，并采用半结构化访谈的方式开展深入访谈。参与半结构化访谈的中高层管理者包括集团总裁、副总裁、中央研究院技术研发中心主任、中央研究院全球研发资源整合部总经理、中央研究院科技政策部部长以及美国运营中心用户需求经理等。6名访谈对象的确定是从提高研究信度和效度的角度考虑进行选择的。他们都具有以下特点：（1）在海尔工作相当长的时间，信息全面准确；（2）工作职能与研究内容契合度高；（3）在各部门的行政管理职务高，或者是在相关部门的工作资历较深。这些特征使得他们提供的信息能够紧密围绕访谈目的，且内容充实准确。因此，在经费、时间等条件限制下，本研究精选了这6位访谈对象，从而尽可能地深入交流，提高了研究的信度和效度。具体的访谈焦点和访谈对象信息如表1所示。在访谈过程中，研究小组主要是对已收集到的材料进行确认，并询问在公开材料中难以确认的问题和研究小组比较关心的问题。每次访谈的平均时间为1~2小时。

表1　　　　半结构化访谈的焦点与被访谈者信息

访谈对象		访谈焦点		自主创新能力演化	自主创新能力演化的驱动因素	
职务	职能	工作年限			内部	外部
总裁	内外部环境监测和战略制定	***		√	√	√
副总裁	黑色家电的战略制定与执行	***		√	√	√
技术研发中心主任	技术研发与管理	***		√	√	
全球研发资源整合部总经理	创新源的选择和推介	**		√		√
科技政策部部长	科技政策的搜寻与推介	***		√		√
美国运营中心用户需求经理	美国市场需求的搜寻与推介	*		√		√

注：* 代表0~5年；** 代表6~10年；*** 代表10年及以上；√ 表示不同被访谈者半结构化访谈的焦点。

本研究小组对半结构化访谈的过程进行了录音，并尽量详细地记录访谈笔记，对没有记录完全的访谈内容，在访谈结束后通过访谈录音进行补充和整理，并梳理访谈中提到的信息和数据。其中，整理访谈笔记遵循着两个原则（Eisenhardt，1989）：第一，研究小组在访谈结束24小时内对访谈笔记进行整理；第二，最终的访谈笔记应当包含访谈中涉及的全部资料、信息和数据，无论这些材料对研究问题是否有直接价值和意义。

2. 非正式访谈

同时，根据Hargadon和Sutton（1997）的方法，本文第二作者在海尔长期蹲点调研中，也通过非正式访谈了解到了很多海尔内部广为流传的历史和故事，为本研究提供了很多素材，并对中高层管理者的半结构化访谈的相关内容进行交叉验证。作者与中央研究院全球研发资源整合部的每一位员工，以及海尔美国运营中心的部分员工都进行过非正式的交流，包括简短的办公交流和长时间的午餐交流。另外，作者还参加了海尔及其技术合作方合办的技术研讨会，作者与来访交流的外部技术专家也进行过简短交流，从他们的角度了解海尔创新的情况。

3. 现场观察

本文第二作者还实地参观了海尔创新生活馆，以了解海尔创新的发展史。海尔创新生活馆主要展示了海尔历年来的创新产品，并通过产品的展览向参观者传达了海尔创新理念的变革。海尔创新生活馆中既有海尔生产的第一台冰箱，又有最新的、通过破坏式创新研发取得的无尾系列产品。这为本研究小组了解和梳理海尔自主创新实践提供了翔实的文字和图片资料。另外，作者还参观了海尔技术研发中心、开放式创新中心、创牌中心等部门。在参观中，与技术人员和管理人员进行了交流，了解在海尔创新生活馆中看到的产品背后的故事，为本研究积累大量的原始素材。

4. 二手资料

本研究二手资料主要包括文献资料和档案记录。

文献资料的收集主要包括4个环节。第一，通过海尔集团的官方网站了解海尔集团的发展历程和基本情况；第二，在中国知网学术文献总库检索与海尔集团相关的学术文献，包括1篇博士论文、37篇硕士论文、108篇期刊论文；第三，在中外专利数据库服务平台检索海尔集团的专利申请情况；第四，通过Google等搜索引擎检索海尔集团的相关信息。

档案记录的收集主要包括3个环节。第一，查阅海尔集团的产品开发情况介绍和企业内部的高层讲话资料;第二,查阅有关海尔集团自主创新方面的新闻报道,包括《人民日报》《经济日报》《中国企业报》《华尔街日报》等;第三,查阅浙江大学创新管理研究团队连续20余年的调查、访谈和记录而整理下来的海尔自主创新实践的内部资料。

(四)阶段划分

在纵向案例研究中,阶段划分是要优先进行的(彭新敏等,2011)。本研究小组根据海尔集团成长过程中的重要事件,将其发展阶段划分为3个时期,总结为表2。

表2　　　　　　　海尔自主创新发展过程的阶段划分

阶段	第一阶段	第二阶段	第三阶段
时间范围	1984—1991年	1992—1997年	1998年至今
阶段特征	技术引进	联合研发/制造	自主研发
重要事件	引进当时亚洲第一条四星级电冰箱生产线	合资设厂	成立中央研究院
产品竞争力	同期国内领先	同期国际先进	同期国际领先

(五)数据编码与信度检验

1. 编码原则

本研究采用内容分析法。首先,1名研究小组成员将完整的一手调研札记、访谈记录和二手资料进行汇总。其次,本文的两位作者在通读汇总的案例材料后,参照了彭新敏等(2011)的数据编码方法,采用双盲方式,对收集到的素材进行多级编码。在编码过程中,以主要构念及其测度方式为依据,以表格形式进行总结,进而完成整个编码过程。最后,在编码完成后,两位编码者分别记录自己的编码情况,并采用评分者间信度(Inter-rater Reliability)检验,以保证编码结果的客观性与准确性。换言之,两位编码者在背对背编码(双盲方式的编码)后,比较彼此的编码结果,如果二者的编码结果一致性高,则本研究的评分者间信度较高(Tashakkori & Teddlie, 1998)。

2. 多级编码与信度检验

首先,按照资料来源对案例汇总资料进行一级编码,编码原则如表3所示。其中,对同一来源中同意思和相似意思的表述只记录为1条条目。通过对汇总材料的一级编码,共得到含199条一级条目的一级条目库。

其次,对已经得到的一级条目按前文所述的3个时期进行二级编码,得到各个时期的二级条目库。其中,第一时期有59条二级条目,第二时期有63条二级条目,第三时期有77条二级条目。

再次,对二级条目库中的二级条目按照自主创新能力、内部驱动因素、外部驱动因素、创新绩效进行三级编码,并将三级编码后的条目分配到4个构念条目库(三级条目库)中。其中,整个三级编码过程为两位编码者的背对背编码,旨在通过双盲方式,保证编码结果的信度(Marques & McCall,2005)。本研究采用了Marques和McCall(2005)建议的混淆矩阵(confusion matrix)以完成评分者间信度检验(如表4所示)。其中,i表示行,j表示列,X_{ij}则表示编码者A对某一条目编码为第j列所代表的变量,而编码者B对同一条目的编码结果为第i列所代表的变量的条目数。例如,表4中的$X_{21}=5$,表示编码者A将5个条目编码为"自主创新能力"变量下,而编码者B将同样的5个条目编入"内部驱动因素"变量下,显然,二者编码结果不一致。换言之,只有当i=j时,即混淆矩阵对角线上的数量为两位编码者背对背编码结果一致的数量。三级编码的有效条目数为59+26+44+23=152。本次编码的评分者间信度为152÷199=76.4%。

表3　　　　　　　　　　　　一级编码原则

数据来源	数据分类	编码
访谈素材	通过半结构化访谈获得的资料	I1
	通过非正式访谈获得的资料	I2
	通过现场观察获得的资料	I3
二手资料	通过企业网站获得的资料	S1
	通过学术文献获得的资料	S2
	通过搜索引擎获得的资料	S3
	通过专利数据库获得的资料	S4
	通过内部材料获得的资料	S5
	通过新闻报道获得的资料	S6
	通过浙江大学创新管理团队内部文件获得的资料	S7

表4　　　　　　　　　三级编码结果的混淆矩阵

		编码者A的编码结果				编码者B的编码结果总和
		自主创新能力	内部驱动因素	外部驱动因素	创新绩效	
编码者B的编码结果	自主创新能力	59	3	3	5	70
	内部驱动因素	5	26	1	3	35
	外部驱动因素	1	2	44	4	51
	创新绩效	7	5	8	23	43
编码者A的编码结果总和		72	36	56	35	199

最后，在各个构念条目库中，对其条目按照测度变量完成四级编码。为了保证后续编码的准确性，本文在编码库中删除了两位编码者不一致的编码条目，即在152条有效的三级条目中进行四级编码。其中，自主创新能力条目库中的条目根据核心技术知识源的位置进行编码，内部驱动因素条目库中的条目根据吸收能力的定义（Cohen & Levinthal，1990；Zahra & George，2002）进行编码，外部驱动因素条目库中的条目根据驱动因素的偶发性进行编码，创新绩效条目库中的条目根据产品竞争力进行编码。四级编码前，两位编码者先将测度变量转化为若干关键词。之后，采用背对背编码，两位编码者分别按照自己理解，将关键词与各构念条目库中的条目进行比较归类，对语义相同或相似的，编码为其关键词隶属的测度变量下，并记录编码结果。四级编码结果继续采用Marques和McCall（2005）建议的混淆矩阵以完成评分者间信度检验（如表5所示）。四级编码结果共得到14+15+26+19+16+20+14=134条有效条目，评分者间信度为134÷162=82.7%。同样，在后续案例讨论前，本研究删除了不一致的四级编码结果。本文的后续分析均是基于134条有效的四级编码条目。

另外，表6列举了上述编码过程中涉及的构念、测度变量、关键词及其最终的有效编码数量。

表5 四级编码结果的混淆矩阵

		编码者 A 的编码结果							编码者 B 的编码结果总和
		二次创新能力	集成创新能力	原始创新能力	吸收能力	历史压力	随机事件	产品竞争力	
编码者 B 的编码结果	二次创新能力	14	2	0	4	0	0	0	20
	集成创新能力	0	15	3	1	0	0	1	20
	原始创新能力	0	2	26	1	0	0	1	30
	吸收能力	2	1	0	19	0	0	1	23
	历史压力	0	0	0	0	16	1	0	17
	随机事件	0	0	0	2	3	20	1	26
	产品竞争力	1	0	1	0	0	0	24	26
编码者 A 的编码结果总和		17	20	30	27	19	21	28	162

表6　相关构念、测度变量和关键词的编码条目统计

构念	测度变量	关键词	时期一	时期二	时期三	小计
自主创新能力	二次创新能力	设备引进、技术引进、消化吸收、技术改造、模仿创新等	14	0	0	14
	集成创新能力	联合研发、联合制造、共建专利池、合作申报标准、资源整合等	0	12	3	15
	原始创新能力	突破性的技术发明、颠覆性的技术创新、技术标准制定、自主产权开发、自主设计、自主品牌构建、自主研发等	0	1	25	26
内部驱动因素	吸收能力	参观学习、实验室建设、技术咨询、合作生产、海外设厂等	6	7	6	19
外部驱动因素	历史压力	后发劣势、政府政策支持、经济体制束缚、文化差异、观念束缚、竞争格局等	2	5	9	16
	随机事件	经济泡沫、"零"的突破、市场拐点等	4	7	9	20
创新绩效	产品竞争力	企业首次、国内最早、国内最好、国内最大、国内领先、亚洲最大、国际领先等	7	5	12	24

四、案例分析

（一）为我所用的二次创新阶段（1984—1991年）

改革开放以来，很多家电企业开始引进国外先进的技术或设备，海尔也不例外。1984年，海尔集团的前身青岛电冰箱总厂和德国利勃海尔公司签约引进当时亚洲第一条四星级电冰箱生产线。当时很多家电企业止步于技术或设备引进，陷入了"引进—落后—再引进—再落后"的怪圈（彭新敏等，2011）。然而，海尔集团意识到了上述问题的严重性，于是用了6年时间，通过委派技术人员学习、在实践中摸索等方式，消化并吸收了2000余项国外先进的冰箱生产的技术知识。另外，当时的冰箱质量普遍存在质量隐患，张瑞敏以著名的"砸冰箱"事件为原点，带领青岛电冰箱总厂（海尔集团前身）改进技术管理体系、严抓产品质量。也正源于此，1991年，在全国首次驰名商标评比中，海尔品牌被评为"全国十大驰名商标"。

海尔人自己总结了这一时期的成功经验，主要在于其在引进技术和设备的基础上，通过消化吸收，再植入海尔的创新基因，以差异化的产品质量立足于市场，成为国内家电领域的领先者。因此，从总体上来看，这一时期，海尔主

导的自主创新能力主要表现为二次创新能力,具体的典型引用语举例及其编码结果如表7所示。

表7　海尔自主创新第一时期典型引用语举例及其编码结果

构念	测度变量	典型引用语举例	来源	关键词	编码结果
自主创新能力	二次创新能力	青岛电冰箱总厂和德国利勃海尔公司签约引进当时亚洲第一条四星级电冰箱生产线	S1	设备引进	二次创新能力
		我们向德国引进了成套的(技术)标准,转化为我们自己的(技术)标准,这对提升我们的能力起到很重要的作用	S7	技术改造	
内部驱动因素	吸收能力	海尔通过委派技术人员赴德国利勃海尔公司接受培训、学习模仿四星级电冰箱的产品开发	S7	参观学习	吸收能力
外部驱动因素	历史压力	1984年,青岛电冰箱总厂(海尔集团前身)亏空147万元,也没有先进的生产线,面临倒闭的风险	I1	先天劣势	历史压力
	随机事件	进入1987年,当时海尔在世界卫生组织招标中一举中标,这也是我们后来的实施国际化战略的萌芽	I1	"零"的突破	随机事件
创新绩效	产品竞争力	1988年,海尔冰箱在全国冰箱评比中,以最高分获得中国电冰箱史上的第一枚金牌	S1	国内第一	国内领先

(二)以我为主的集成创新阶段(1992—1997年)

1991年12月20日,在兼并了青岛冰箱总厂和青岛空调器总厂之后,海尔集团成立。随着企业规模扩大,一些"大企业病"也逐渐出现在海尔集团的运营中。在解决这些"大企业病"的摸索过程中,海尔人提出了"斜坡球体定律",也被称为"海尔发展定律"。为了解决"斜坡下滑"的问题,海尔创造性地提出了"日清法"(OEC, Overall Every Control and Clear),即每人每天对每件事进行全方位的控制和清理,目的是"日事日毕,日清日高",这一方法很好地提升了海尔的运营效率。除此之外,海尔集团还在技术创新方面大胆尝试,认为"用户的难题就是我们的开发课题",又一次创造性地提出了技术创新课题市场化的研发指导方针,并通过合作设厂、技术合作等方式完善其研发体系。如1992年与1994年,海尔集团分别与三菱重工、意大利梅格尼建立了合资工厂,在合作中学习对方的技术和管理理念,进而提升其自身技术能力。此外,海尔为开发高清液晶无绳电视机,与多家相关领域技术领先企业开展合作:如,与日本 NEC 合作开发视频编码和解码技术，与美国飞思卡尔合作开发无线传输技术，与美国环球科技公司合作开发软件控制系统。1998 年，美国《家电》周刊高度评价了海尔在世界家电业中的崛起与壮大。

从这段时期整体上看，海尔集团不仅完成了"做大"，同时也实现了"做强"。这一成功归功于它在此时期内主导的自主创新能力，即通过联合研发、联合制造等方式，不断提升其集成创新能力。这一时期的具体的典型引用语举例及其编码结果如表 8 所示。

表8　海尔自主创新第二时期典型引用语举例及其编码结果

构念	测度变量	典型引用语举例	来源	关键词	编码结果
自主创新能力	集成创新能力	海尔为开发高清液晶无绳电视机，与多家相关领域技术领先企业开展合作：与日本 NEC 合作开发视频编码和解码技术；与美国飞思卡尔合作开发无线传输技术；与美国环球科技公司合作开发软件控制系统	S3	联合研发	集成创新能力
		1992 年，海尔集团与三菱重工联合设厂，以生产商用空调	S7	联合制造	
内部驱动因素	吸收能力	我们与三菱重工合资设厂的目的之一就是学习他们生产管理的方式和方法	I1	合作生产	吸收能力
外部驱动因素	历史压力	1992 年，海尔兼并山东省 13 家亏损企业。通过兼并，海尔成长很快，但是并购带来的管理压力也越来越大	I1	文化差异	历史压力
	随机事件	当时，一些标杆企业在产品研发上不仅是满足消费者现实需求，而更注重研究未来 3 年，甚至 10 年的市场需求，这一理念是我们后来成立超前部门（从事破坏性创新研发）的出发点之一	I1	市场拐点	随机事件
创新绩效	产品竞争力	1994 年，海尔超级无氟电冰箱参加世界地球日的展览，成为唯一来自发展中国家的环保产品	S1	国际最好	国内先进

（三）舍我其谁的原始创新阶段（1998年至今）

1998 年 12 月 26 日，海尔中央研究院正式成立，并致力于自主研发。自成立至今，海尔中央研究院累计获得国家科技进步奖 11 项，连续 10 年蝉联国家认定企业技术中心评价排行榜榜首，累计主持和参与国家标准 152 项、国际标准 9 项。2003 年，海尔中央研究院自主研制出中国第一颗自主产权的数字电视解码芯片，并大规模投入生产。2010 年，海尔集团发布送风模块的标准化接口，这是全球白色家电领域内第一个模块标准化接口，海尔也成为全球白色家电领域第一家做模块化的企业。

总体来说，这一时期，海尔集团在自主研发方面创造了一个又一个"第一"，由此可见，海尔集团在这一时期主导的自主创新能力为原始创新能力。这一时期具体的典型引用语举例及其编码结果如表9所示。

表9　海尔自主创新第三时期典型引用语举例及其编码结果

构念	测度变量	典型引用语举例	来源	关键词	编码结果
自主创新能力	原始创新能力	2003年，海尔中央研究院自主研制出中国第一颗自主产权的数字电视解码芯片，并大规模投入生产	S5	自主产权开发	原始创新能力
		2006年，由海尔自主研发的"防电墙"技术成为我国第一个由国内企业参与制定的家电国家强制性标准。它也是我国家电领域第一个自主创新、拥有自主知识产权的国际标准提案	S5	自主研发	
内部驱动因素	吸收能力	每天都会有像苹果、阿里巴巴、凯捷咨询这类的公司来海尔大学开展讲座，海尔的员工可以通过这样的讲座，结合自己的产品线来学习以及与外界互动	I3	技术咨询	吸收能力
外部驱动因素	历史压力	2009年，全球研发网络竞争的趋势加剧，谁能最快、最廉价利用到最合适的资源，谁就是赢家，这也是成立开放式创新中心的原因之一	I1	竞争格局	历史压力
	随机事件	2005年，海尔成为北京奥运会白电赞助商，这是我们国际化战略的重要机遇之一	I1	"零"的突破	随机事件
创新绩效	产品竞争力	2010年，海尔集团发布送风模块的标准化接口，这是全球白色家电领域内第一个模块的标准化接口，海尔也成为全球白色家电领域第一家做模块化的企业	S1	全球第一	国际领先

五、案例讨论

（一）3种自主创新能力的关系及其演化路径

从表面上看，二次创新能力和原始创新能力中均或多或少地涉及技术集成的创新活动，但实际上，正如前文所述，能力的本质是一种高级知识（王翔，2006），为了更深入地理解和辨析二次创新能力、集成创新能力与原始创新能力之间的关系，需要从知识本质的角度出发。

由图2可知，二次创新能力所需的核心技术知识处于组织边界之外，企业要想完成二次创新过程，需要将必需的核心技术知识引入企业内部来，但这种引进是机械的（无大规模改造核心知识的能力），并通过辅助知识（如市场知识）来对核心知识进行渐进式的包装和改进，以实现满足市场需求的二次创新过程。因此，二次创新能力在企业中一般表现为技术引进与设备改造，没有核心技术合作研发的环节。与二次创新能力不同，集成创新能力则表现为拥有部分核心技术知识，但不足以完成基于核心技术的创新过程，需要与外部组织进行技术合作。这种核心技术知识和外部知识源的整合是有机的，甚至产生协同价值，最终帮助企业完成更高级的创新过程。具备原始创新能力的企业拥有原始创新过程所需的全部核心技术知识。这类企业完成原始创新过程，如果需要与外部企业进行合作，更多的是为了节约研发效率、降低研发成本。

由此可见，二次创新能力和原始创新能力是相互独立和对立的两种创新能力。而集成创新能力则处于一种临界状态：相比于二次创新能力，集成创新能力拥有部分核心技术知识，因此更高级；相比于原始创新能力，集成创新能力缺少对大部分核心技术知识的掌握，因此更低级。换句话说，集成创新能力是一种从低阶能力走向高阶能力的过渡状态。3种自主创新能力的关系如表10所示。

表10　　　　　　　　　　3种自主创新能力的关系

能力划分	自主创新能力		
	二次创新能力	集成创新能力	原始创新能力
核心技术知识位置	组织边界外	组织边界内、外	组织边界内
核心技术知识掌握程度	·外来引进，机械式掌握； ·无大规模改造能力，只能渐进式地改进与包装	·部分掌握，需要与外部组织进行互动合作； ·协同作业、互利共赢	全部掌握
能力层次	低阶	过渡	高阶

综上所述，本研究认为自主创新能力有两个层次，即低阶的二次创新能力和高阶的原始创新能力，而集成创新能力是从低阶走向高阶的过渡能力。

（二）内部驱动因素：吸收能力

吸收能力可以帮助企业进行知识创造和配置，进而建立其他方面的创新能力，如市场能力、制造能力等（Zahra & George，2002）。换句话说，吸收能力是企业进行创新活动的基础能力（韵江、刘立，2006）。企业吸收能力的构建主要靠对组织学习的长期投资和关注（韵江、刘立，2006）。从知识源的角度分析，组织学习的方式主要包括"干中学""用中学""互动中学"（Jensen et al.，2007）和"研发中学""在前沿科技中学"（韵江、刘立，2006）。此外，吸收能力具有累积性的特征（Cohen & Levinthal，1990），即吸收能力的类型和强弱决定了其对创新活动的推动作用。

在家电行业，产品质量和性能是影响一个家电企业地位的关键因素。海尔集团在研发过程中，积极寻求能够提升产品质量和性能的技术，并实时了解顾客对产品的使用反馈，并对此组织学习机制投资，以构建吸收能力。

在二次创新阶段，海尔集团从德国引进了当时亚洲最先进的电冰箱生产线并投入使用，并在其后的6年中不断选派技术人员赴德学习，以在生产线使用过程中了解、掌握关键技术，保证了核心技术的复制能力。这种"用中学"的吸收能力构建方式帮助海尔集团成功完成了关键技术引进后的消化吸收工作。在生产过程中，海尔集团的领袖张瑞敏发现国内市场的冰箱普遍存在质量问题，消费者抱怨不断，于是张瑞敏以"砸冰箱"事件为起点，将全面质量管理体系引入海尔冰箱生产线，以高质量的产品和品牌形象迅速占领国内市场，成为冰箱生产商的领跑者。这种在实践中以市场反馈信息改进生产技术的做法，是一种"干中学"的吸收能力构建过程。

由于知识的传递性，在二次创新阶段，海尔集团完成了关键技术和市场知识的原始积累，并在外部知识源搜寻方面进行积极探索，进入了集成创新阶段。在开发高清液晶无绳电视机过程中，为解决这一技术难题，海尔集团与多家相关领域技术领先企业开展合作。这种与"技术专家企业"合作的模式，使得海尔集团实现了"互动中学"，并有效地完成了创新活动。这种"互动中学"主要是建立在前期"用中学"和"干中学"的吸收能力基础上，为其技术创新活动提供必要的支撑，也帮助海尔集团走上国际化道路。

在完成了"用中学""干中学"和"互动中学"后，海尔集团已经积累了很强大的技术实力，并于1998年成立海尔中央研究院，开始进行自主研发，并基于先前积累的技术知识，完成了"研发中学"的过程，这一过程帮助海尔中央研究院于2003年自主研制出中国第一颗自主产权的数字电视解码芯片，并大规模投入生产。另外，海尔集团还在全球范围内构建自身的研发网络，如综合研究中心、全球设计中心和全球信息中心，以跟踪和捕捉前沿科技，这些在"前沿科技中学"的投资使得海尔产品的技术充满前瞻性，确保了其在家电领域的领跑者地位。

综上所述，海尔集团的组织学习模式不断深入、吸收能力不断得到夯实和提升，为企业获取外部知识、整合内外知识提供了一种平台能力，提升了海尔集团创新的效率和效果。这种多元的组织学习和吸收能力构建模式也帮助海尔集团内化外部知识、整合内外知识、完成吸收能力的构建和提升，进而促进创新活动的升级和自主创新能力的跃迁。因此，可以说，吸收能力是海尔集团自主创新能力不断升级的内在驱动力和重要基础。

（三）外部驱动因素：历史压力与随机事件

最近 20 多年，中国一直处于转型经济期，转型的复杂性和动态性会产生一些随机事件或扰动，并影响企业的自主创新实践（韵江、刘立，2006）。这可能会促使海尔集团的自主创新能力演化呈现出一定的中国特色性。因此，有必要对海尔集团自主创新三阶段的历史压力和随机事件进行讨论。

图 3 梳理了一些影响海尔自主创新能力演化的关键性历史压力和随机事件。企业成立初期，面对的是几乎空白的国内白色家电市场，海尔集团前身青岛电冰箱总厂由于缺少先进的核心技术，只能从国外引进以实现生产，走"曲线创业"的道路。倘若没有冰箱普遍存在质量隐患的市场信息反馈，也很难使海尔集团成功走向"先进技术＋空白市场＋全面质量管理"的二次创新实践。进入 1987 年，海尔集团若没有在世界卫生组织招标中一举中标，可能就不会有尝试国际化道路的雄心，或者至少会推迟若干年才会产生此雄心。面对全球化压力，海尔集团凭借全球化研发网络的优势，完成了一个又一个具有自主知识产权的国家和国际标准，这样就会形成一个正反馈，进而促进原始创新能力的提升，在技术瞬息万变的时代，领跑白色家电行业。

因此，可以说，历史压力和随机事件使得海尔集团不断进行惯性突破，是其自主创新能力演化的外在推动力量。

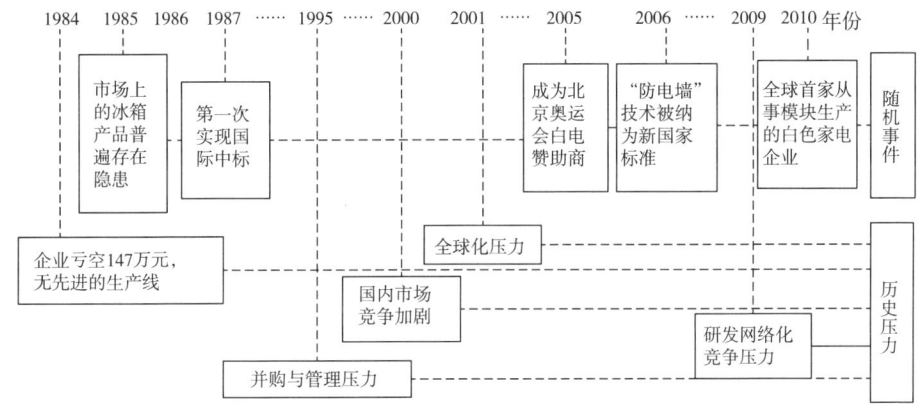

图 3　海尔集团自主创新过程中的历史压力与随机事件影响

六、结论与展望

（一）研究结论

本研究通过对海尔集团自主创新实践的纵向案例研究，梳理了海尔集团自主创新能力的演化过程。为了更清晰地理解这种演化的路径和驱动因素，本文提出了一个整合性的研究框架，如图4所示。

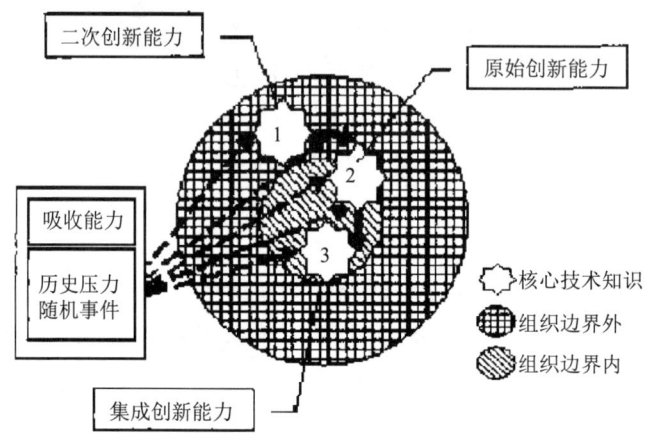

图4 自主创新能力演化的路径与驱动因素

这一框架涵盖了本研究的全部结论和见解。

第一，海尔集团的自主创新过程是一个动态积累的过程，主导能力从二次创新能力过渡到集成创新能力，最终走向原始创新能力。这一过程是企业面对技术引进的"天花板"效应所做出的战略选择的结果，看似是一种随机过程，但实际上是一系列有组织的核心技术源的汲取和内化过程：企业从缺乏核心技术知识时以二次创新起步，逐步积累技术知识；当积累到一定程度，企业开始在创新网络中寻找创新合作方，整合内外技术知识，并不断完成先进技术的内化过程；最后，企业凭借多年的技术积累和大量的技术知识库，开始进行原创性的自主研发。这一发现相比于前人研究，其新意表现为以下两点。一是从动态能力视角切入，辨析了3种自主创新能力。现有研究认为3种自主创新行为是并存的、有重叠的、复合的、不完全独立的（杨帆、石金涛，2007；高旭东，2007），但从核心技术知识所处边界的角度出发，可以厘清3种自主创新能力的关系。二是更加严谨地验证了自主创新能力演进的路径。前人研究虽然提出了能力重构的3种方式，但缺乏从自主创新角度对能力演进路径的研究

(Lavie，2006；杨燕、高山行，2011）。本文通过对比3种自主创新能力对创新绩效的效用，发现在转型经济背景下，自主创新能力沿"二次创新能力→集成创新能力→原始创新能力"的发展路径演进，这是从量变到质变的过程，是能力复制和重构的过程，并导致创新绩效不断提升，随转型环境共进。相比于前人先验式的研究，本文结论具有更高的信度和效度。

第二，上述自主创新能力演化路径是受内因和外因共同作用产生的结果。一方面，吸收能力是海尔集团能够完成各阶段能力积累和跃迁的内在基础和动力，它帮助企业通过多种组织学习的方式，实现内外知识的有效整合，进而推动企业的能力升级。另一方面，历史压力和随机事件是促进海尔集团在转型背景下实现自主创新能力演化的外部推力，并使得这种演化路径呈现出中国特色："零"技术基础的企业，通过技术引进等方式完成技术追赶，不断夯实技术能力，最终实现技术赶超和领先。这一结论与韵江和刘立（2006）的观点是基本一致的。这一发现弥补了大量实证研究只关注不同技术源对特定能力提升的静态作用机制，却无法得知能力如何重构的问题，基于动态的视角发现了促发能力重构升级的影响因素。

（二）理论贡献

案例分析的目的是要从实证数据中得出涌现的理论，并弥补现有理论缺口（毛基业、李晓燕，2010）。通过前文的分析和讨论可知，本研究的理论贡献主要有3点。

第一，针对现有文献存在自主创新概念界定和划分模糊的问题（杨帆、石金涛，2007；高旭东，2007），本研究首先打开了自主创新能力的"黑箱"，从核心技术知识源的角度，将二次创新能力、集成创新能力和原始创新能力进行区分和界定，这为以往学者针对3种自主创新能力区分不明确的争论提供了一种新的视角和切入点。这一切入点有助于解决现有关于自主创新模式的研究过于排他、不符合自主创新行为可并存的客观现象的问题，从而为后续转型经济情境下创新领域的研究提供了基础。

第二，现有文献缺乏严谨的转型经济背景下自主创新能力演进路径研究的问题，其本质上是由于现有的技术追赶理论缺乏和动态能力观及演化理论的对话（杨燕、高山行，2011；黄俊等，2007）。现有技术追赶的研究多侧重于行为和结果的静态关系，对于行为的演变过程关注较少。本文抓住了能力这一引发行为的本质性重要因素，通过剖析能力的重构和演进，识别转型经济情境下技术追赶的机理，从而建立了动态能力观、演化理论和技术追赶理论的联结。本研究初次提出集成创新能力是从二次创新能力走向原始创新能力的过渡能力，并且指出，这一演化过程不是随机完成的，而是一种有组织的中国式创新能力演化的关键路径之一。这种研究视角也打破了以往自主创新能力研究的静态视角，从动态演进的角度剖析了自主创新能力演进的动态规律性，深化了技术追赶理论、动态能力观和演化理论。

第三，现有文献存在关于推进自主创新能力演进的驱动因素研究不足的问题，本研究基于外部权变观和能力基础观等视角，在演化经济学的启发下，揭示了两类影响自主创新能力演化的重要驱动因素：（1）作为内在基础的吸收能力；（2）作为外部推力的历史压力和随机事件。这说明自主创新能力演化不单纯是企业主动选择或被动适应环境的行为，而是一种主动选择与被动适应相互作用的结果。这一发现为企业共演机理的研究提供了一个新的视角。此外，转型经济背景是本研究嵌入的重要情境。当前中国情境下的研究多是采用中国数据来验证西方理论。而实际上，一种更具意义的情境化研究是引入情境特有的构思和变量，构建情境性的理论框架，中西方学界近年来正大力呼吁此种研究（陈晓萍等，2012）。本文响应了这一呼吁。考虑到转型经济情境，本文引入了历史压力和随机事件变量，以解释驱动自主创新能力演进的因素。

（三）实践启示

由于海尔集团以技术引进为起点开创了其白色家电事业，这一"无技术基础"背景，使得其成功经验对于我国很多后发企业都具有普适的借鉴意义。对于技术引进型企业，要想打破技术引进的"天花板"效应，获得持续增长，可以考虑积极推动二次创新，以完成原始的技术积累。在积累到一定程度之后，可以利用自身的技术知识，尝试与外部专家企业进行技术合作，以学习和积累更加先进的技术知识。此后，慢慢开始尝试自主研发，真正实现原始创新。

（四）研究局限与未来展望

尽管本研究尽力去选取自主创新实践领域的代表企业做典型分析，但由于案例研究本身的局限性，故本研究结论的普适性成为不可忽略的局限之一。并且，本研究所展示的自主创新能力路径仅仅是众多演化路径之一，而不是唯一的路径，也有企业从原始创新开始并取得成功（韵江、刘立，2006）。未来研究可以通过多案例研究、动态仿真等方式对研究结论的有效性进行检验和扩展。

参考文献

[1] Barreto I., 2010, "Dynamic Capabilities: A Review of Past Research and an Agenda for the Future", *Journal of Management*, 36. No.1, pp.256~280.

[2] BBC News, 2012, "China Manufacturing Activity Expands for Fifth Month", May, 1st.

[3] Castel P., Friedberg E., 2010, "Institutional Change as an Interactive Process: The Case of the Modernization of the French Cancer Centers", *Organization Science*, 21. No.2, pp.311~330.

[4] Cohen W. M., Levinthal D. A., 1990, "Absorptive Capacity: A New Perspective on Learning and Innovation", *Administrative Science Quarterly*, pp.128~152.

[5] Coombs J. E, Bierly, P. E., 2006, "Measuring Technological Capability and Performance", *R & D Management*, 36.No.4, pp. 421~438.

[6] Crossan M. M., Apaydin M., 2009, "A Multi: Dimensional Framework of Organizational Innovation: A Systematic Review of the Literature", *Journal of Management Studies*, 47. No.6, pp.1154~1191.

[7] Deloitte Touche Tohmatsu Limited's(DTTL): U.S. Council on Competitiveness, 2012, 2013 Global Manufacturing Competitiveness Index.

[8] Dijksterhuis M. S., Van den Bosch F. A. J., Volberda H. W., 1999, "Where do new organizational forms come from? Management logics as a source of coevolution", *Organization Science*, 10. No.5, pp.569~582.

[9] Dutta S., Narasimhan O. M., Rajiv S., 2005, "Conceptualizing and Measuring Capabilities: Methodology and Empirical Application", *Strategic Management Journal*, 26. No.3, pp.277~285.

[10] Economist, 2012, "The End of Cheap China: What Do Soaring Chinese Wages Mean for Global Manufacturing?"March, 10th.

[11] Eisenhardt K. M., 1989, "Building Theories from Case Study Research", *Academy of Management Review*, pp.532~550.

[12] Eisenhardt K. M., 1989, "Making Fast Strategic Decisions in High-Velocity Environments", *Academy of Management Journal*, pp.543~576.

[13] Eisenhardt K. M., Graebner M. E., 2007, "Theory Building from Cases: Opportunities and

Challenges", *Academy of Management Journal*, 50. No.1, pp.25~32.

[14] Hannan M. T., Freeman J., 1984, "Structural Inertia and Organizational Change", *American Sociological Review*, pp.149~164.

[15] Hargadon A., Sutton R. I., 1997, "Technology Brokering and Innovation in a Product Development Firm", *Administrative Science Quarterly*, 42. No.4, pp.716~749.

[16] Helfat C. E., Peteraf M. A., 2003, "The Dynamic Resource-Based View: Capability Lifecycles", *Strategic Management Journal*, 24. No.10, pp.997~1010.

[17] Jensen M. B., Johnson B., Lorenz E., Lundvall B. Å., 2007, "Forms of Knowledge and Modes of Innovation", *Research Policy*, 36. No.5, pp.680~693.

[18] Kim L., 1997, *Imitation to Innovation*, Harvard Business School Press.

[19] Kor, Y. Y., Mesko A., 2013, "Dynamic Managerial Capabilities: Configuration and Orchestration of Top Executives' Capabilities and the Firm's Dominant Logic", *Strategic Management Journal*, 34. No. 2, pp.233~244.

[20] Lavie D., 2006, "Capability Reconfiguration: An Analysis of Incumbent Responses to Technological Change", *Academy of Management Review*, 31. No.1, pp.153~174.

[21] Leonard-Barton D., Leonard D., 1998, *Wellsprings of Knowledge: Building and Sustaining the Sources of Innovation*, Harvard Business Press.

[22] Lu Y., Tsang E. W. K., Peng M. W., 2008, "Knowledge Management and Innovation Strategy in the Asia Pacific: Toward an Institution-Based View", *Asia Pacific Journal of Management*, 25. No.3, pp.361~374.

[23] Marques J. F., McCall C., 2005, "The Application of Interrater Reliability as a Solidification Instrument in a Phenomenological Study", *The Qualitative Report*, 10. No.3, pp. 439~462.

[24] Nelson R. R., Winter S. G., 1982, *An Evolutionary Theory of Economic Change*, Belknap Press.

[25] Pettigrew A. M., 1990, "Longitudinal Field Research on Change: Theory and Practice", *Organization Science*, pp.267~292.

[26] Porter M. E., 1996, "What is Strategy?", *Harvard Business Review*, 6. No.74, pp.61~78.

[27] Tashakkori A., Teddlie C., 1998, *Mixed Methodology: Combining Qualitative and Quantitative Approaches*, Sage Publications, Thousand Oaks.

[28] Teece D. J., Pisano G., Shuen A., 1997, "Dynamic Capabilities and Strategic Management", *Strategic Management Journal*, 18. No.7, pp.509~530.

[29] Tidd J., Bessant J., Pavitt K., 2005, *Managing Innovation: Integrating Technological, Market and Organizational Change*, 3rd edition, John Wiley and Sons.

[30] Van den Bosch F., Volberda H. W., de Boer M., 1999, "Coevolution of Firm Absorptive Capacity and Knowledge Environment: Organizational Forms and Combinative Capabilities", *Organization Science*, 10. No.5, pp.551~568.

[31] Wang C. L., Ahmed P. K., 2007, "Dynamic Capabilities: A Review and Research Agenda", *International Journal of Management Reviews*, 9. No.1, pp.31~51.

[32] Wu X., Ma R., Shi Y., 2010, "How Do Latecomer Firms Capture Value from Disruptive Technologies? A Secondary Business-Model Innovation Perspective", *Engineering Management, IEEE Transactions on*, 57. No.1, pp.51~62.

[33] Wu X., Ma R., Xu G., 2009, "Accelerating Secondary Innovation through Organizational Learning: A Case Study and Theoretical Analysis", *Industry and Innovation*, 16. No.4-5, pp.389~409.

[34] Yin R. K., 1994, *Case Study Research: Design and Methods*, 2nd ed. Sage Publications, Thousand Oaks.

[35] Zahra S. A., George G., 2002, "Absorptive Capacity: A Review, Reconceptualization and Extension", *Academy of Management Review*, pp.185~203.

[36] Zhang Y., Li H. Y., 2010, "Innovation Search of New Ventures in a Technology Cluster: The Role of Ties with Service Intermediaries", *Strategic Management Journal*, Vo.31, No.1, pp. 88~109.

[37] 陈劲. 从技术引进到自主创新的学习模式 [J]. 科研管理, 1994(15).

[38] 陈晓萍, 徐淑英, 樊景立. 组织与管理研究的实证方法(第二版)[M]. 北京: 北京大学出版社, 2012.

[39] 高旭东. 企业自主创新战略与方法 [M]. 北京: 知识产权出版社, 2007.

[40] 黄俊, 李传昭, 张旭梅. 动态能力与自主创新能力关联性研究 [J]. 科学学与科学技术管理, 2007(12).

[41] 汪诗松, 龚丽敏, 魏江. 转型经济背景下后发企业的能力追赶: 一个共演模型——以

吉利集团为例 [J]. 管理世界, 2011(4).

[42] 毛基业, 李晓燕. 理论在案例研究中的作用——中国企业管理案例论坛 (2009) 综述与范文分析 [J]. 管理世界, 2010(2).

[43] 毛基业, 张霞. 案例研究方法的规范性及现状评估 [J]. 管理世界, 2008(4).

[44] 彭新敏, 吴晓波, 吴东. 基于二次创新动态过程的企业网络与组织学习平衡模式演化——海天 1971—2010 年纵向案例研究 [J]. 管理世界, 2011(1).

[45] 王翔. 企业动态能力演化理论和实证研究 [D]. 复旦大学, 2006.

[46] 吴晓波, 马如飞, 毛茜敏. 基于二次创新动态过程的组织学习模式演进——杭氧 1996—2008 纵向案例研究 [J]. 管理世界, 2009(5).

[47] 吴晓波. 二次创新的周期与企业组织学习模式 [J]. 管理世界, 1995.

[48] 杨帆, 石金涛. 中国模仿创新与自主创新历程——追溯儒家伦理动因 [J]. 科学学研究, 2007(6).

[49] 杨燕, 高山行. 创新驱动、自主性与创新绩效的关系实证研究 [J]. 科学学研究, 2011(12).

[50] 韵江, 刘立. 创新变迁与能力演化：企业自主创新战略——以中国路明集团为案例 [J]. 管理世界, 2006(12).

[51] 张米尔, 田丹. 从引进到集成：技术能力成长路径转变研究——"天花板"效应与中国企业的应对策略 [J]. 公共管理学报, 2008(1).

基于资源演化的跨国公司在华合资企业控制权的动态配置*
——科隆公司的案例研究

崔 淼[1] 欧阳桃花[2] 徐 志[2]

（1 大连理工大学工商管理学院；2 北京航空航天大学经管学院）

摘 要：本文旨在以跨国公司在华合资企业控制权的冲突与调整为主线，采用探索性单案例研究方法，以德国科隆公司收回在华合资企业控制权的案例为样本，采用动态视角，探讨合资企业控制权与资源相互演化的过程与模型。研究结论表明：跨国公司在华合资企业控制权的配置是由合资双方资源的动态博弈决定的，跨国公司之所以能够收回合资企业的实际控制权是由其优势的技术资源、快速增长的市场资源和获取的关键性人力资本决定的；关键性人力资本拥有专有性人力资本和强联结资本两个关键属性；跨国公司的资源与合资企业控制权之间的因果模糊性经历了由模糊到清晰再到模糊的转变，促使跨国公司的控制权意识出现从"共生"到"排他"再到"共生"的转变。本研究发展了对控制权的基本认知：与传统观点认为控制权的本质是"排他"的不同，我们提出了"排他性"与"共生性"两种基本属性，并探讨了相应的适用条件，对完善控制权理论体系和指导合资企业实践具有深远意义。

关键词：控制权 跨国合资企业 资源 人力资本 强联结

一、引言

随着现代股份公司股权的分散，公司呈现所有权和控制权相分离。控制权是一组排他性地使用和处置企业稀缺的财务和人力等资源的权利束（Demsetz，

---

* 原载《管理世界》2013年第6期。

1997），是排他性地利用企业资源从事投资和市场营运的决策权（周其仁，2002）。由于控制权与生俱来的重要性使其成为各方争夺的焦点，对企业控制权的研究开始引起业界和理论界的普遍关注（Berle & Means，2009）。近年来，跨国公司对在华投资的合资企业纷纷通过股权收购、增资扩股和产业链投资等方式将其转变为控股型合资企业，甚至是独资企业（李维安、李宝权，2003），以掌握公司的控制权（华民、蒋舒，2002；卢昌崇、李仲广等，2003）。这使得跨国合资企业的控制权再次成为中国学术界与企业家关注的重要课题。

改革开放30多年以来，中国共吸引海外直接投资逾8000亿美元，跨国公司在华创办了近12万家合资企业。然而，20世纪90年代中期以后，随着欧、美、日跨国公司大规模地展开对在华合资企业控制权的争夺，众多的中方股东均以被迫放弃控制权而告终。经典的案例如美国日用消费品巨头宝洁公司先后收回了与广州浪奇实业股份公司合资组建的广州宝洁洗涤用品有限公司和与北京日化二厂合资组建的北京熊猫宝洁公司等在华合资企业的控制权。日本松下公司从2001年开始了"在中国设立的50家松下合资企业都将谋求独资"的行动，先后收回了与上海电气等中国企业组建的合资企业的控制权，目前其合资企业数量仅剩不足10家。德国工业巨头汉高公司分别于1993年、1996年和2001年收购了中方合资者天津合成洗涤剂厂手中70%的股权，并于2001年同时收购了德国发展银行20%的股份，收回了天津汉高的控制权。

在对合资企业控制权问题的研究中，已有文献主要关注了跨国公司对合资、共享控制权模式的选择（Yiu & Makino，2002；Brouthers，2002；Cho & Padmanabhan，2005）和跨国公司与东道国合资方对合资企业控制权的争夺（Makhija & Ganesh，1997；Yan & Gray，2001；Yan & Child，2004）两方面。上述相对静态的研究初步解释了跨国公司为什么选择共享控制权模式进入国外市场以及最终取得合资企业控制权的内在原因。主要观点认为，跨国公司与中方合资者对合资企业控制权争夺的本质是双方追求各自利益最大化（李维安、李宝权，2003），是双方资源博弈的结果（Inkpen & Beamish，1997；Yan & Gray，1994；Young & Olk，1994），资源与控制权之间的互动是控制权向跨国公司一方偏移的关键（Geringer & Hebert，1989；Mjoen & Tallman，1997；Chen & Park et al.，2009）。但是，一方面，已有文献缺乏对跨国公司收回在华合资企业控制权过程的动态关注（卢昌崇、李仲广等，2003；闫立罡、吴贵生，2006；李自杰、陆思宇等，2009）以及合资企业生命周期的不同阶段中资源效应的分析。另一方面，已有文献也没有延伸到对跨国公司如何以及为什么能够在实际上收回合资企业控制权的探讨。尽管跨国公司能够收回合资企业的控制权，但在收回之后却面临着重重困难，包括外部利益相关者的不认同以及内部员工的不配合（Lynton，2001），因此往往只是在名义上收回合资企业的控制权，而并没有收回实际的控制权（Tirole，2001）[①]。综上，基于资源观和动态过程视角深度研究跨国公司是如何收回在华合资企业实际控制权的，不仅具有重要的理论价值，对解释上述中国情境下的合资企业控制权博弈与本质问题，以及中国企业维护自身在合资中的权益和"走出去"、从事海外直接投资等实践活动也具有深远的指导意义。

本文基于资源视角归纳跨国公司在华合资企业控制权的演化过程模型，以打开合资企业控制权配置的"黑箱"。具体包括以下三方面研究问题：第一，跨国公司在华合资企业控制权的演化路径；第二，合资企业控制权配置与跨国公司和东道国企业资源的动态博弈关系[②]；第三，归纳提炼资源与企业控制权演化的过程模型，揭示跨国公司能够收回合资企业实际控制权的根本动因。

二、文献回顾与分析框架构建

（一）相关理论回顾

1. 控制权及其排他性本质

Berle 和 Means（2009）首先提出了所有权和控制权分离的现象，认为随着企业规模的扩大以及资源需求量的增加必然造成股权多元化以及管理专业化，导致两权分离。其中的控制权直接作用于企业的运作能力（Edwards & Weichenrieder, 2009），尤其是当环境的不确定导致契约的不完备性（Grossman & Hart, 1986）时，契约双方在某个问题上出现分歧，拥有控制权就意味着拥有决定解决方案的权利（付雷鸣、万迪昉等，2009）。

控制权的重要性使其不可避免地具有排他性的本质。Demsetz（1997）将企业控制权定义为"一组排他性使用和处置企业稀缺的财务资源和人力资源的权利束"。我国学者周其仁（2002）也提出了类似的定义，认为企业控制权就是

[①] Tirole（2001）提出了两种形式的公司控制权，即名义控制权（Formal Control）和实际控制权（Real Control）。Tirole认为，公司的名义控制权掌握在拥有公司多数投票权的家族所有者、大集团分支机构的总部或者拥有新建企业外显性控制权的风险资本家手中。名义控制权是其所有者能够直接、无涉地决定公司必要变革的权力。而公司实际控制权往往控制在少数持反对意见者手中。所谓实际控制权是指这些持反对意见者能够有效干涉公司的决定。

[②] 尽管在跨国合资企业控制权动态配置过程中，跨国公司与东道国投资者的资源演化也是一个非常重要的课题，但本研究主要关注资源演化与控制权动态配置之间的关系，而非资源演化本身。

排他性利用企业资产，特别是利用企业资产从事投资和市场营运的决策权。

2. 资源与跨国合资企业控制权配置

由于控制权决定了公司的战略方向，同时具有排他性，这就使得控制权成为投资各方争夺的焦点，控制权的配置也因此成为控制权研究中的核心问题（李斌、孙月静，2011）。已有控制权配置的研究主要集中在控制权配置的前因后果，分为两个方向：第一，主要研究控制权的内部配置与企业绩效之间的关系（Aghion & Bolton, 1992; Alvarez & Parker, 2009; Bester, 2009）；第二，关注控制权配置的影响因素，特别是跨国合资企业控制权的配置。其中，对跨国合资企业控制权配置影响因素的研究主要从资源视角展开（Mjoen & Tallman, 1997; Geringer & Hebert, 1989; 苏晓华、张书军，2010）。

跨国合资企业是资源的集合（Inkpen & Beamish, 1997），天生具有资源优势（Deitz & Tokman et al., 2010）。相对于独资企业，跨国合资企业更能有效地整合跨国公司和东道国投资者的资源（Guillen, 2003），包括跨国公司的先进技术资源和资金等以及东道国企业的本土资源，如市场、低成本劳动力和生产设施等资源（Lu, 1998）。这些资源可以概括为资本、技术和市场三大类资源。其中，资本资源主要是指投入合资企业的资金和其他实物资源，如土地、厂房和设备等；技术资源是企业的技术积累和技术研发能力的总和；市场资源主要包含品牌、销售渠道、团队及所在市场消费者文化和心理等方面的知识（苏晓华、张书军，2010）。

跨国合资企业成立初期，由于跨国公司与东道国投资者投入的资源具有互补性（Lu, 1998），使得投资者之间形成资源依赖关系，因此合资企业能够稳定地发展，不会出现投资各方争夺控制权的局面（Deitz & Tokman et al., 2010）。

然而，大量的研究表明，跨国合资企业难以避免不稳定性的产生，跨国公司和东道国投资者往往会陷入争夺合资企业控制权的尴尬境地。Inkpen 和 Beamish（1997）对相关研究进行了总结，提出这种情况发生的概率高达 50%。针对这一问题，Yan 和 Gray（1994）首先建立了以情境和资源为基础的双核模型，用外部情境和内部资源的变化解释跨国公司和东道国投资者讨价还价能力的变化与控制权的争夺行为。在此基础上，Inkpen 和 Beamish（1997）提出，较外部情境而言，由于资源是企业内生性的要素，其在控制权配置上的作用更为重要。许多文献基于资源依赖视角进一步探讨了跨国合资企业控制权不稳的问题（Das & Teng, 2000; Johnson & Cullen et al., 2001; Gill & Butler, 2003），提出跨国公司与东道国投资者的资源都具有动态性，会造成双方资源依赖状态的变化。跨国公司与东道国企业资源依赖性的减弱或消失是造成合资不稳、争夺合资企业控制权的根本原因。经常发生的情况是，跨国公司获得了东道国的本土资源，于是开始寻求对合资企业的控制，最终将跨国合资企业转变为独资企业（Inkpen & Beamish，1997）。

在以跨国公司和东道国投资者资源相对状态解释跨国合资企业控制权配置的观点得到普遍认同的基础上，许多学者进一步分别分析了跨国合资企业生命周期的跨国公司进入和合资不稳两个阶段中跨国公司与东道国投资者资源量与控制权配置的关系。

（1）进入阶段跨国公司和东道国投资者资源与合资企业的控制权配置。在进入东道国市场之前，有合资与独资两种模式可供跨国公司选择（Yiu & Makino，2002；Brouthers，2002；Cho & Padmanabhan，2005），即跨国公司可以与东道国合资方共享控制权或垄断控制权。跨国公司之所以会选择合资模式、与合资者共享控制权主要是出于资源互补性的考虑（Hitt & Dacin et al.，2000）。通过合资模式，跨国公司可以享受到东道国投资者的资源（Kwon，2008），尤其是对方的市场资源（Doherty，2009）。特别是当进入心理（Dikova，2009）和文化（潘镇、殷华方等，2008）与自身有较大距离的市场时，东道国投资者的市场资源对跨国公司了解当地文化和消费者心理具有重要意义。同时，跨国公司拥有的技术资源则是东道国投资者希望获取的关键资源（Park & Park，2004）。双方通过技术和市场等资源的权衡达成合资意向后，再分别投入一定的资本资源即可签订合同、组建合资企业。写入合同的技术、市场和资本等资源构成了合同资源，合同规定了投资双方在合资企业控制权上的初始配置（Yan & Child，2004）。

（2）合资不稳阶段跨国公司与东道国投资者资源与合资企业控制权配置。虽然在成立之初，合同资源决定了跨国公司与东道国投资方在合资企业控制权上的初始配置，但是由于运营环境具有不确定性，使得初始控制权配置契约具有不完备性的特征，除了合同资源外还存在许多非合同资源（Yan & Child，2004）。非合同资源是投资双方在经营过程中逐渐积累起来的资源，是双方真正投入合资企业中的资源（Child & Yan，2001；Yan & Child，2004）。非合同资源的存在会使投资双方掌握的控制权出现与合同约定的控制权配置的偏移，决定了双方对合资企业的实际控制权（Yan & Child，2004）。跨国公司与东道国投资者之所以能够逐渐形成和累积起自己的非合同资源，一方面在于双方在经营过程中会不同程度地投入一些新资源（Hamel，1991）；另一方面，掌握合资企业的控制权能够有效地促进组织学习从而提升组织资源的获取和积累效果（Makhija & Ganesh，1997）。其中，跨国公司依靠掌握的控制权能够有效推动自身对东道国制度、市场和文化环境的了解，熟悉消费者需求，从而实现市场资源的积累和增长（Wu & Zhao，2007）。同时，东道国投资者依靠掌握的控制权能够促进自身对技术资源的获取（Park & Park，2004）。

尽管在跨国合资企业经营过程中，跨国公司和东道国投资者双方均会投入非合同资源，但通常情况下，相对于跨国公司能够快速地获得市场资源，东道国投资者往往难以完成技术获取的目标，技术资源很难实现预期增长（Buckley & Clegg et al.，2004）。此时，跨国公司通过合资企业获得的资源互补效益就会不断减小，摆脱对东道国投资者资源的依赖，而同时由于与东道国投资者在战略和管理等方面的不统一，还会出现控制成本增加的局面，由此引发合资不稳（Inkpen & Beamish，1997；Dhanaraj & Beamish，2004）的情况，导致双方争夺合资企业的控制权（卢昌崇、李仲广等，2003）。在比较资源互补效益和控制成本的基础上（汪浩、宣国良等，2005），为了追求全球经营战略收益最大化（李维安、李宝权，2003），跨国公司就会倾向于收回合资企业的控制权（Puck & Holtbrugge et al.，2009）。由于有了前期的持续投入并实现了市场资源的大幅提升，为跨国公司收回合资企业的控制权谈判积累了重要的讨价还价资本，并最终能够收回合资企业的控制权（李自杰、陆思宇等，2009）。

（二）案例分析框架

从上述理论回顾中可以看出，目前以资源观解释跨国合资企业控制权的配置已得到学者的普遍认同：创业初期，跨国公司和东道国投资者的资源依赖为合资企业控制权的稳定配置奠定了基础；而由于控制权具有排他性的特点，因此当投资各方资本、技术和市场资源量发生变化时，控制权就成为各方争夺的焦点；依赖于自身市场资源量的增长，跨国公司最终能够收回合资企业的控制权。与此同时，控制权还对资源具有反作用，控制权本身决定了投资双方非合同资源的增长情况。

已有文献在跨国公司和东道国投资者资源与合资企业控制权配置的关系上进行的大量深入的探索为在该领域中开展更为深入的研究奠定了坚实的基础，在此基础上能够进行更为深入和系统的研究。一方面，虽然已有文献分别对跨国公司进入和合资不稳阶段中跨国公司和东道国投资者资源量与合资企业控制权配置的关系进行了探讨，但是由于这些研究多采用静态视角、缺乏对跨国公司收回合资企业控制权整体过程的动态关注（卢昌崇、李仲广等，2003；闫立罡、吴贵生，2006；李自杰、陆思宇等，2009），因此没能全面细致地展现出在此过程中合资企业控制权动态配置与双方母公司资源演化之间关系的图景，也缺乏对不同阶段中资源作用变化的关注，没有揭示出在合资企业发展的不同阶段，控制权配置与资源的具体关系形式；另一方面，虽然已有文献初步揭示了跨国公司收回合资企业控制权的机理，但是却没能进一步地解开跨国公司是利用怎样的资源，如何收回实际控制权的以及为什么能够应对收回控制权后可能面临的种种不确定性。此外，控制权的"排他性"假设，使得跨国公司倾向于完全依靠自身的资源收回合资企业的控制权，限制了跨国公司资源获取渠道的拓展。跨国公司如何才能高效率地获取收回合资企业实际控制权所必需的全部资源，这一问题也令人深思。

为了回答上述问题，在已有研究的基础上，本文采用动态过程视角分析跨国公司收回在华合资企业实际控制权这一过程的不同阶段中资源与控制权配置的具体关系，分析框架如图1所示。其中，资源 Mn 表示跨国公司在不同阶段中的资源状况（n=1、2、3、4，分别代表创业阶段、摩擦阶段、冲突阶段和变革阶段）；资源 Lk 表示东道国投资者在不同阶段中的资源状况（k=1、2、3、4，分别代表创业阶段、摩擦阶段、冲突阶段和变革阶段）。

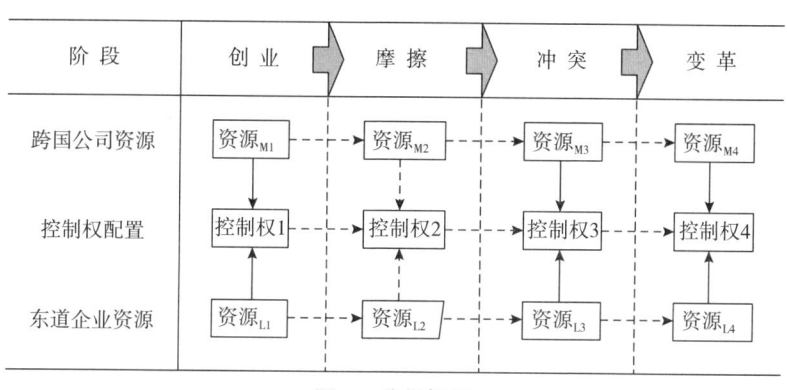

图1 分析框架

跨国公司收回在华合资企业控制权的过程可以分为创业、摩擦、冲突与变革4个阶段。创业阶段是指合资企业的创立初期，该阶段中跨国公司与中方合资者共同致力于合资企业的快速成长，双方在战略和公司管理上表现出高度的一致性和协同性。摩擦阶段是指合资双方在合资企业的经营中出现不一致的意见，双方当时的合同与非合同资源的比较决定了控制权的配置，并且控制权的配置出现了与合同规定的偏差。在该阶段中，双方投资者尚没有开始对控制权争夺的竞赛。冲突阶段是摩擦阶段的升级。由于合资企业的控制权出现了偏移，失去部分控制权的一方会努力夺回失去的控制权，占优的一方则出于维护自身控制权优势的目的也参与到对控制权的争夺中，由此引发合资双方的控制权争夺竞赛。变革阶段始于跨国公司收回合资企业控制权，在该阶段中跨国公司还将对收回的合资企业进行变革，将其整合到自己的全球战略网络中。

三、研究设计

（一）研究方法

本研究采用探索性单案例研究方法。首先，由于旨在回答跨国公司"如何"收回合资企业的实际控制权，属于回答"如何"问题的范畴，并且本研究采取过程视角，展现一个动态的互动历程，因此适宜采用案例研究方法（Gummesson，1991；Yin，2002）。其次，由于本研究需要细化不同阶段中双方母公司资源与合资企业控制权配置之间的关系，并且还要解答关于实际控制权的问题，分别属于已有文献没有深入解答和涉及的内容，因此需要采用探索性案例研究方法（陈晓萍、徐淑英等，2008；苏敬勤、崔淼，2011）。最后，由于本研究系统和深入探索的特性，要求有丰富的案例数据作为支撑，因此以单案例为基础进行分析（Yin，2002）。

（二）研究样本

本研究遵循典型性原则（Patton，1987）选取德国科隆公司（KROHNE GROUP）收回与中国中核上海浦原总公司（以下简称"浦原"）共同投资组建的合资企业——上海光华·爱而美特仪器有限公司（Shanghai Guanghua-Altometer Instruments Co., Ltd., SGAIC）控制权的案例作为案例研究样本。该案例能够代表一类具有相同特征的企业及这类企业收回控制权的实践。

一方面，就企业本身而言，科隆和浦原分别是典型的跨国公司和中国企业的代表。科隆公司成立于1921年，在10个国家设有15家工厂，其中既有法国、英国和德国等发达国家，同时也有中国、印度和俄罗斯等新兴经济体，总共成立了43家独资和合资企业，在全球拥有雇员2758人，是全球工业工程仪表行业的领导者。因此，科隆能够代表一类技术先进的跨国制造企业，同时也是在华凭借技术优势成立合资企业的跨国公司代表。浦原是大型国有企业中核集团的子公司。在改革开放初期，寻求"以市场换技术"的方式组建合资企业，因此是典型的中国情境下组建跨国合资企业的中国企业代表。

另一方面，科隆收回在华合资企业控制权实践的代表性在于：科隆先是于1987年在中国设立了一家合资企业，在经营过程中双方出现了一系列冲突；此后，科隆公司在华投资组建了独资企业，并经过不懈努力实现了在中国市场的迅速成长；经过艰苦谈判，科隆于2006年依靠自身的优势收回了合资企业的控制权。科隆的实践与众多跨国公司收回在华合资企业控制权的起因、历程和实践相一致。同时，浦原却一直难以突破核心技术，与众多的中国企业失去合资企业控制权的原因相同。

（三）数据收集和分析策略

本研究严格遵循案例研究的流程：理论回顾→案例研究草案设计→案例数据收集→案例数据分析，同时在后两个阶段中运用了循环往复的策略（Yin，2002；Pan & Tan，2011）。

（1）在理论回顾阶段，首先收集并研读了控制权和合资企业管理理论的相关文献，确定研究问题和本研究的探索性研究性质。

（2）在案例研究草案设计过程中，明确了数据收集方法和分析策略，并设计了访谈提纲。

（3）在数据收集阶段以访谈和参与者观察为主、以文件档案为辅收集数据。首先，在访谈中，我们采用自上而下的访谈策略，即先访谈中德母公司和合资企业的战略层高管再访谈执行层高管，以须在了解公司战略意图的基础上有针对性地获取相关数据（正式访谈对象和时间如表1所示）。并且为了全面、深入和从不同角度获取数据，我们在正式访谈的基础上还进行了大量的非正式访谈。正式和非正式访谈主要围绕科隆收回合资企业控制权的历程、里程碑事件、资源状况和利益相关者的行为展开。为了防止潜在的受访者信息偏差，案例研究小组采取了对多个受访者围绕同一主题进行访谈，在访谈中将受访者带回到事件发生之时，避免提及研究中可能出现的构念以及采用多重数据来源等被之前的研究证明有效的方式（Ozcan & Eisenhardt，2009）。其次，本文的作者之一在科隆担任高管职务，亲身经历了科隆收回合资企业控制权的全过程，能够基于参与者观察为本研究提供丰富翔实的事实和企业内部资料。最后，案例研究小组还通过科隆公司的网站和各类媒体收集相关数据。

表1 访谈对象列表

中方受访者			德方受访者			合资企业受访者		
对象	人数	时间	对象	人数	时间	对象	人数	时间
浦原总经理	1人	1小时	科隆亚洲区总裁	1人	1小时	中方总经理	1人	1小时
浦原副总经理	3人	1小时/人				德方总经理	1人	1小时
上海光华仪表厂时任厂长	1人	1小时	科隆中国独资销售公司总经理	1人	1小时	技术部长	1人	2小时
浦原投资发展部长	1人	1.5小时				经营管理部长	1人	2小时

续表

中方受访者			德方受访者			合资企业受访者		
对象	人数	时间	对象	人数	时间	对象	人数	时间
浦原经营管理部长	1人	2小时	科隆中国独资销售公司销售总监	3人	1小时/人	人力资源部长	1人	2小时
浦原人力资源部长	1人	1小时				采购部长	1人	2小时
上海光华仪表厂技术部经理	1人	1.5小时				员工	3人	1小时/人

（4）在案例分析过程中，首先，对访谈录音进行誊抄，对数据进行三角验证（Yin，2002），即对不同访谈对象提供的和不同方式获得的数据进行比对并选用其中能够得到多重来源支持的数据进行分析。其次，由各位作者共同使用获得的可信数据进行数据筛选并撰写完成案例描述部分。再次，由各位作者分别独立研读案例描述部分，遵循SPS（Structural，Pragmatic & Situational）案例研究方法①的阶段式建模框架，在构建的案例分析框架的指导下构建模型（Pan & Tan，2011）。最后，通过面对面、电话和电子邮件等方式进行讨论，分析各自建立的模型与数据的吻合性，采纳一致的结论；对不一致的结论，再次由作者独立进行分析，直至达成一致。

四、案例描述

德国科隆公司创建于1921年，是一家致力于流量和液位测量仪表生产和销售的跨国公司。科隆公司以德国为总部，在10个国家拥有15家生产工厂，43家独资和合资企业，55个高级代表处。德国科隆公司投资中国始于1987年。随着中国经济的快速发展，大型工程项目如雨后春笋般纷纷开工建设，但是中国企业生产的自动化仪表、流量仪表在性能、质量、可靠性等方面与国外相比仍有不小差距。国外仪表制造企业谨慎观望中国经济体制变革，并通过在中国香港的代理商或者代表处，关注中国内地市场。而德国科隆公司董事长Dubbick则认为："投资具有巨大潜能的中国，不但能够更好、更快地撬开中国

---

① SPS案例研究方法是由新加坡国立大学潘善琳教授提出的，其核心思想是在案例研究中遵循结构化、实用化和情境化的原则进行案例研究的构思、调研、建模和写作。SPS案例研究方法共提出了6种建模——阶段式、流程式、转型式、分类式、布局式和对比式建模。其中，本研究选用的阶段式建模适用于对研究现象或者企业的发展历程进行建模，模型通常以时间划分，凸显事件发展的阶段性。

市场,并能以此为中心,迅速辐射和带动整个亚洲市场,从而实现公司全球化发展战略。"

德国科隆公司分别于 1987 年、1999 年、2001 年在中国成立了合资企业 SGAIC、独资销售企业——科隆测量仪器(上海)有限公司(KMIC)、独资生产企业——科隆测量技术(上海)有限公司(KMTS)(如图 2 所示)。但是合资企业与独资生产企业的产品线重叠,在中国市场展开白刃相杀。进入 21 世纪后,中德双方为收回合资企业 SGAIC 的控制权展开了多年博弈,本案例重点描述中德双方围绕合资企业 SGAIC 控制权争夺的过程。

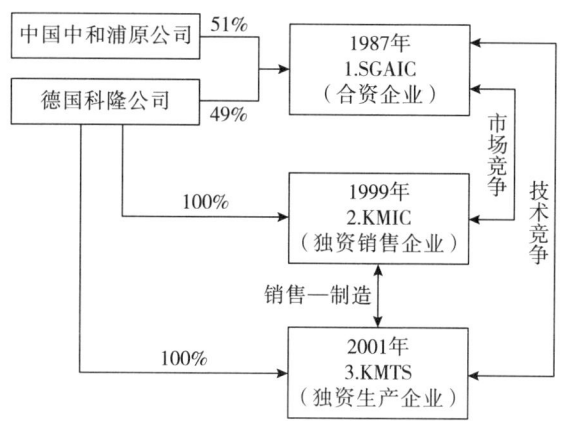

图 2　德国科隆在华子公司关系示意图

(一)创业阶段合资企业的控制权

中国实行改革开放后,全球电磁流量计技术领导者德国科隆公司积极在中国寻找合作者,希望通过组建合资企业的方式,借助中方的市场知识进入中国这个大市场。与此同时,我国传统老牌电磁流量计生产企业浦原也在积极地为其下属的上海光华仪表厂引进外资。

由于光华仪表厂不仅了解中国的市场和客户的需求,而且已经建成了较为完善的销售渠道,这正是科隆公司急于寻找的;而科隆公司一直以来都是工业仪表行业的领导者,拥有先进的电磁流量计设计、开发和制造技术,正是光华仪表厂急需的;于是两家企业一拍即合。1987 年 3 月,科隆公司与浦原签署合资协议,约定由德方提供仪表电子线路板和检测线圈等核心技术,中方提供厂房并从光华仪表厂抽调一批技术和销售人员以及生产工人,共同投资 1400 万马克(中方占有 51% 的股份,德方占有 49% 的股份)成立上海光华·爱而美特仪器有限公司，由双方轮流担任总经理、管理合资企业。

合资企业的设备全套采购自德国科隆公司，主要产品有水、污水和冶金行业用电磁流量计，在中国市场销售。合资企业依靠中方的央企背景及在核工业的特殊关系迅速切入目标市场。20世纪90年代初，我国的水、污水和冶金等行业进入高速发展期，对电磁流量计的需求急剧增长。合资企业依靠优质的产品品质及灵活的销售策略，在目标市场中快速发展，市场占有率一度超过60%，SGAIC一度成为电磁流量计的代名词。这一阶段中，中德双方投入合资企业的初始资源与合资企业初始控制权配置的关系如图3所示。

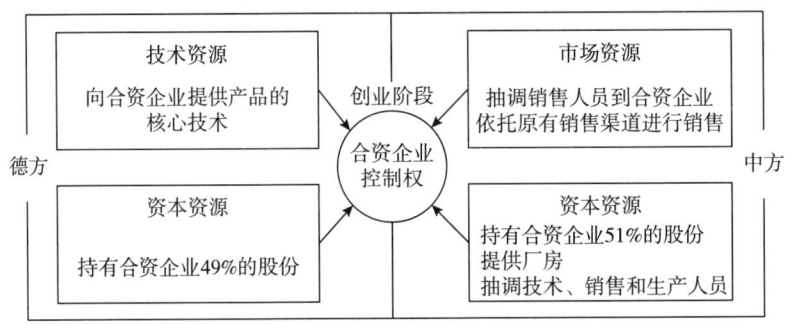

图3　中德双方资源初始投入与创业阶段合资企业控制权配置的关系

（二）摩擦阶段合资企业的控制权

为了获得先进的技术，从合资企业成立伊始，中方试图通过引进全套生产和检测设备，多次分批派遣技术人员到德国科隆总部进行学习、参与生产及部分研发工作，以及每年邀请德国总部产品经理到合资企业指导培训等方式进行技术学习，但却一直难以突破电磁流量计核心技术。尽管在技术上不得意，但在市场上中方却如鱼得水。由于成立初期销售对合资企业的生存和发展至关重要，在原有基础上，合资企业加大了资金和人才投入，实现了销售渠道的拓展和深化，并培养出了许多销售明星和新人。由于销售部门与中方的亲缘关系，销售渠道和团队仍然为中方所控制。

德方也开始逐渐了解中国市场。伴随着企业的快速发展，合资企业从德国总部申请购买的核心部件越来越多。另外，合资企业还源源不断地把石化和电力等一些特殊行业企业对非常规仪表的需求反馈给德方，以进行特殊技术改进。这一系列的举措让德方对中国市场从最初的印象模糊发展到对中国市场的巨大需求和特点有了逐步清晰的认识。为了进一步推动公司在中国市场的发展，科隆于1999年12月将原科隆公司中国联络处升级为独资销售企业，组建科隆测量仪器（上海）有限公司。独资销售企业的定位是科隆在亚洲地区的销售和技术服务中心，在亚洲市场销售科隆在欧洲工厂生产的全线产品，主打石油化工、煤化工和电力行业产品，同时销售一些与合资企业重叠的水、污水和冶金行业产品。依托独资销售企业，科隆逐渐建立了自己的销售渠道和销售团队。在市场资源有所提升的同时，在技术上，德方仍然扮演着合资企业核心技术提供者的角色。

2000年年初，看到独资销售企业在石油化工、煤化工和电力行业市场上披荆斩棘的表现，德方提出在已有产品的基础上，在合资企业中引入这些高端产品，以降低产品成本，提高产品在中国市场上的竞争力，但却遭到中方的断然拒绝。中方认为，应该采取集中化战略，聚焦现有市场，做大做强。

这一典型事件表明，合资企业的控制权发生了向中方的偏移。这一阶段中，中德双方投入的新资源、合资企业的资源状况与控制权配置的关系如图4所示。

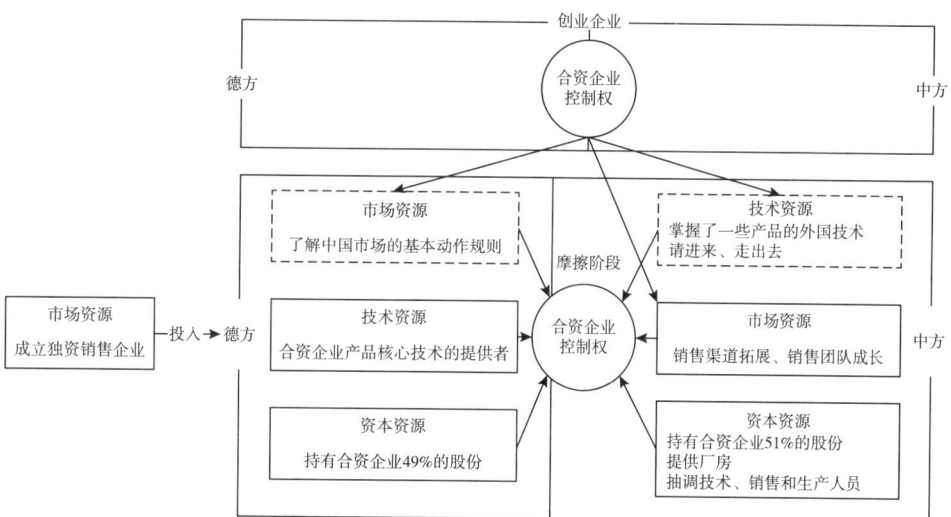

图4 中德双方资源投入和增长与摩擦阶段合资企业控制权配置的关系

注：虚线框表示弱势资源。

（三）冲突阶段合资企业的控制权

由于进入高端产品市场的提议被中方拒绝，出于扩大中国市场范围并进一步降低成本的考虑，2001年12月，科隆公司投资600万美元在中国成立了独资生产企业——科隆测量技术（上海）有限公司。独资生产企业是一家只有生产功能而不具备销售功能的企业，产品由科隆的独资销售企业负责销售。公司的生产线与合资企业相似，但是生产规模超过了合资企业，并且产品均为科隆的最新产品，除水、污水和冶金行业产品外，还包括石油和化工等高端产品。这造成了独资企业与合资企业的竞争。由于在技术上，科隆持续向独资生产企业提供最新的产品技术——尽管中方逐渐掌握了越来越多的外围技术，但在核心技术上却仍然没有实质性的突破——使得独资生产企业的技术远远领先于合资企业，独资企业的产品在与合资企业的竞争中连连取胜。不仅如此，由于当时 SGAIC 的主要技术还是科隆在 1987 年进入中国市场时注入的，很多都没能更新，这使得 SGAIC 不仅在与 KMTS 的竞争中节节败退，而且在与其他跨国公司合资企业的竞争中也渐呈败势。

并且，经过多年在中国市场上的打拼以及独资销售企业的成长，德方对中国市场有了深入的了解，建立起了优质的销售渠道和团队。相比之下，中方虽然依旧掌控合资企业的销售渠道和团队，却发展缓慢。

2004 年 2 月，在科隆总部正式发布代表当时最高技术水准的 IFC300 系列产品后，合资企业向德方递交申请，希望引进该产品在中国生产；但德方并未接受中方的申请，而把该系列产品投放给了同在中国的独资生产企业。这一典型事件表明，合资企业的控制权已经向德方偏移。这一阶段中，中德双方投入的新资源、合资企业的资源状况与控制权配置的关系如图 5 所示。

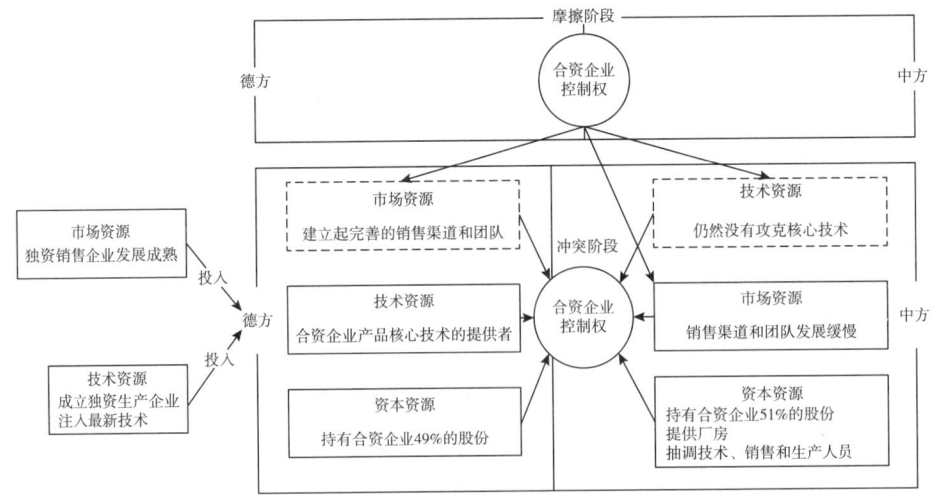

图 5　中德双方资源投入和增长与冲突阶段合资企业控制权配置的关系

注：虚线框表示弱势资源。

（四）变革阶段合资企业的控制权

2005年，合资企业的20年合资期限即将到期，为了解决合资企业的冲突，实现合资企业与独资企业的资源优化配置，德方提出收回合资企业的控制权。

考虑到自身的技术劣势以及逐渐失去的市场优势，中方虽然不情愿也只能退出合资企业的管理，将控制权完全交由德方。尽管如此，中方仍持有合资企业51%的股份。

此后，科隆对在华的合资企业、独资销售企业和独资生产企业进行了重组。将原合资企业的销售部并入独资销售企业，组建新的独资销售企业，合资企业转型为合资生产企业，独资生产企业的性质和职能不变；对合资和独资生产企业进行统一的采购和生产管理，但两家公司分别独立运营，独资销售企业同时销售合资生产企业和独资生产企业的产品。

为了能使重组后的合资企业尽快进入正轨，科隆在原合资企业中方总经理A君和原合资企业德方总经理B君之间进行了审慎的选择，并最终决定选择A君担任重组后的合资生产企业和独资生产企业的总经理。A君与合资企业内外众多的个人和组织均有良好关系。他与合资企业的大批员工一样，都是最初从光华仪表厂抽调的，一直以来都是中方管理层的重要成员。随着企业的发展，A君在行业中逐渐崭露头角，担任中国仪器仪表行业协会的副理事长，与国家计量院和国家技术监督局等与仪器仪表设备监督检测相关的权威单位部门建立了良好的关系。2000年，A君代表中方出任合资企业总经理。在担任总经理期间，他坚持强调技术是企业发展的强有力保障，积极向科隆争取持续性的技术输入，并派出大量技术人员到德国参加培训。同时，还出台了一系列激励政策和措施，提拔和培养了自己的管理团队，全力为员工提供个人发展平台。在他担任总经理期间，合资企业还积极践行企业社会责任，树立了良好的企业形象。此外，他还是独资销售企业总经理的推荐人。而B君虽然拥有德国留学背景，曾被聘任为合资企业德方总经理，但与A君善于团队合作不同，他主要以集权管理为主，也缺乏广泛的人脉关系。

A君在上任后，为保证公司股东、员工的利益，首先与重组后的独资销售企业签订协议，以保证合资企业业绩增长率、产品价格和应收账款的账期等；对合资企业内部进行了新的细化管理，明确了以独资销售企业的销售需求为生产导向，如特殊规格仪表的订单、紧急的交货周期等，并进一步严控产品质量；对零备件供应商、物流公司进行了重新筛选和审核，优化运作流程，使公司迅速步入正轨。

这一阶段中，中德双方投入的新资源、合资企业的资源状况与控制权配置的关系如图 6 所示。

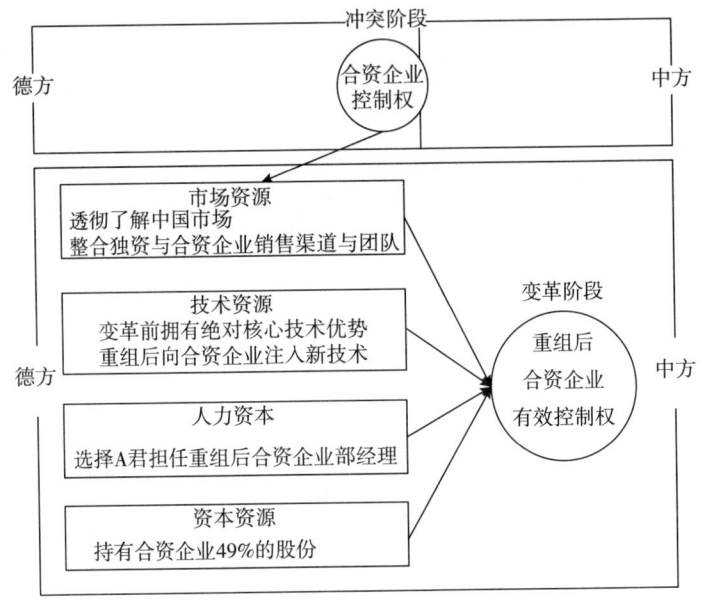

图 6　中德双方资源投入和增长与变革阶段合资企业控制权配置的关系

五、案例讨论

本文通过对创业、摩擦、冲突和变革 4 个阶段中跨国公司和中方合资者资源与合资企业控制权配置相互演化关系的分析，探讨怎样的资源因素使得德方能够成功地收回合资企业的实际控制权，而中方又因怎样的资源因素逐渐失去对合资企业的控制权，其中的机理何在。

（一）技术与市场资源奠定了跨国公司收回合资企业控制权的基础

德方对合资企业的控制权经历了中德双方均等控制—德方弱控制—德方强控制—收回控制权的动态变化过程。

在合资企业成立之初，跨国公司拥有的先进技术资源是其获得在华合资企业均等控制权的关键。进入中国市场之时，与本土企业相比，跨国公司拥有先进的技术，但缺乏对我国市场的基本了解，因此需要寻找本土合作伙伴，通过技术和资本资源入股的方式、组建合资企业以实现资源互补效益（Hitt & Dacin et al., 2000）。并且在公司成立初期，跨国公司与中方合资者能够共同致力于推动合资企业的发展，因此在战略和管理等方面表现出高度的一致性和协同性，保证了双方均等控制权的稳定性。对于这种控制权配置安排，科隆亚洲区总裁 Haag 表示："采用总经理轮流负责制，不仅保证了德方先进的技术顺利转化成产品，也使中方的市场优势得到最大程度的发挥，二者相得益彰，是合资公司快速发展的一双翅膀。"

伴随企业的成长，市场资源在合资企业控制权配置上影响权重的增加以及跨国公司对中国市场的不熟悉致使跨国公司在摩擦阶段失去对合资企业的部分控制权，话语权偏移到中方。销售渠道拓展与客户资源对尚处于初创期的合资企业来说至关重要，这一方面使得市场资源在合资企业控制权配置上的影响权重突增，另一方面还需要合资企业投入大量的资源发展和完善自身的销售渠道和团队。由于合资企业的初始市场资源大多来自中方，因此合资企业的内生性市场资源增长实质上单方面地提升了中方的市场资源，出现了非合同市场资源（Yan & Child, 2004）。跨国公司虽然能够通过合资企业的运营逐渐了解中国市场，但却仅限于市场知识的积累，在销售渠道和团队资源上收获甚少。在合同资本资源和技术资源保持不变，市场资源增长缓慢的情况下，跨国公司并没有投入非合同资源，从而由于与中方相比，投入的资源处于劣势地位而失去合资企业的部分控制权，处于弱控制的状态。回忆起当时的窘境，Haag 颇有感慨地说："企业发展初期，可谓得市场者得天下。为此，当时 SGAIC 在重点的细分市场中投入了大量的人、财、物。但是，这些关键的资源都掌握在原有销售骨干的手中，属于科隆的寥寥无几……慢慢地，中方似乎成为企业的主宰者。"

随着技术资源对合资企业控制权配置影响权重的增加以及跨国公司自身拥有的绝对技术优势和迅速增长的市场资源使得跨国公司逐渐收回合资企业的控制权。由于合资企业成立已经有一段时间，而同时行业技术发展迅速，这就使得跨国公司之前按照合同投入合资企业中的技术在市场竞争中已经不占优势，要求跨国公司向合资企业注入新技术。因此，此时技术资源在合资企业控制权配置影响上的权重就会增加，超过市场资源的权重。跨国公司的技术优势令其在合资企业控制权的争夺上拥有绝对优势。此外，由于在摩擦阶段失去了对合资企业的部分控制权，跨国公司会加大资源投入与获取力度以夺回失去的控制权。一方面，通过合资企业的运营，跨国公司对中国市场已经有了深入的了解和理解，并在合资企业的销售渠道和团队中有所发展；另一方面，跨国公司同时还通过在中国市场上经营的其他独资和合资企业，获取关键的市场资源。由此，在市场资源上形成与中方合资者对等的态势。Haag回忆到那一时期的情况："那时候，我们知道是该输出新技术的时候了，如果不给SGAIC新技术，它很可能被其他跨国合资企业赶超……但是我们把更多的注意放在了市场上，希望能建立起自己的销售渠道……不难发现，我们在企业中的地位似乎一夜之间改变了。"

综上所述，跨国公司之所以能够收回在华合资企业的控制权主要是因为其持续的技术资源优势与学习积累起来的市场资源，并通过成立两家独资的销售与生产企业展现其对技术与市场资源控制的强大实力。而中方在合资企业成立之初、市场资源占有重要地位的阶段，对"市场换技术"产生路径依赖，对技术资源持续积累与提升的重视程度不够，在战略上失去了进一步发展的机遇。所以，在跨国公司的技术资源持续保持领先的前提下，中方越来越难以摆脱对跨国公司的技术依赖；而技术资源权重的增长也提高了跨国公司在合资企业控制权上讨价还价的资本。此外，跨国公司市场资源的持续增长，促使其能够摆脱对中方合资者的依赖。跨国公司市场资源的增长一方面是通过合资企业的运营获得的中国本土市场知识以及建立起的销售渠道和团队，另一方面还有赖于跨国公司通过组建其他合资与独资企业积累起来的市场资源。

（二）关键性人力资本是跨国公司收回合资企业实际控制权的关键因素

跨国公司在依靠技术资源优势和市场资源持续增长收回在华合资企业控制权的基础上，进一步通过获取关键性人力资本收回了合资企业的实际控制权。在冲突阶段，德方处于强控制，在技术和市场资源上的优势使得跨国公司最终能够收回合资企业的控制权。但是，仅仅收回控制权并不能保证公司的正常运营，为了能够有效地应对变革阶段中可能面临的种种内外部环境不确定性，拥有对合资企业的实际控制，跨国公司需要获取关键性人力资本。在案例中，德方经过审慎的考虑最终任命长期以来一直都代表中方的A君为总经理，代表德国科隆公司整合在华的合资企业与独资企业的生产资源，优化资源配置，实现公司全球化战略。在被问及为什么选择A君时，Haag是这样回答的："其实，当时我们也很矛盾。我们当时考虑了很多人选，包括A君、B君和其他的一些人。A君其实是我们的'无奈'选择，虽然他曾经是合作伙伴的代表，为合资企业的发展做出了卓越的贡献，但是毕竟他代表中方从头至尾参加了收回合资企业控制权的谈判，在某种意义上他站在了科隆的对立面上。对于是否能启用这样的人我们也是考虑再三。但是不可否认的是，A君拥有我们所需的一切，他能够应付变革时期企业内外部需要解决的各种问题。"

A君具有专用性人力资本与联结资本优势。一方面，他具有"市场判断和影响力、改善企业运营状况、实现企业员工双赢以及践行企业社会责任"等特质（Gutierrez & Spencer et al., 2012），能够保证处于变革中的合资企业的正常运营；另一方面，A君还拥有的强大的联结资本——与员工和中方基层管理团队的强联结、与跨国公司强联结、与集团内部相关企业的强联结以及与政府和行业协会等其他外部利益相关者的强联结，强联结资本优势有利于A君与各方利益相关者沟通及获得支持，有利于跨国公司在华资源的有效整合。而曾为德方代表的B君等专用性人力资本，尤其是联结资本的不足会影响其整合跨国公司在华的多种资源，难以适应合资企业变革的要求。A君与B君的人力资本比较如表2所示。

表2　A君与B君的人力资本比较

	专用性人力资本				强联结资本			
	市场判断和影响	改善企业运营状况	实现双赢	践行企业社会责任	与管理层和员工的联结	与科隆的联结	与科隆其他在华子公司的联结	与外部利益相关者的联结
A君	√	√	√	√	√	√	√	√
B君	√		√			√	√	

由于关键性人力资本在收回跨国合资企业控制权上的重要作用及其稀缺性使得深入分析"如何才能获取到这种关键性人力资本"具有重要价值。在其他许许多多的跨国公司收回在华合资企业控制权的案例中，我们都看到，虽然这些跨国公司"挤走"了中方合资者，获得了合资企业的控制权，但是很多跨国公司只是收回了合资企业的名义控制权，由于并没有厘清收回名义控制权之后与政府、行业协会、供应商和客户等外部利益相关者之间的关系以及与企业内部员工之间的关系，跨国公司并没有掌握实际的控制权。如2004年，UPS解除与中外运的合资关系，将合资企业转变为独资企业后就引发了员工罢工。与此形成对比，为了能够收回合资企业的实际控制权，科隆启用了A君担任变革中的合资企业与独资生产企业的总经理。A君的中方背景使其深谙在中国的行事原则并与中国国内的利益相关者建立了良好的关系，这是跨国公司成功跨越变革所必需的（Lynton, 2001）。科隆之所以能够获得A君这个必需的资源，其根

源在于科隆公司在当时摒弃了控制权"排他性"的本质,转而赋予了控制权新的内涵——共生性,并建立起了共生性的控制权意识。所谓共生性的控制权意识用来描述为了能够收回合资企业实际的控制权,科隆公司不仅依靠自身的资源,而且还有效地吸收中方投资者的关键人力资本,并将其有机地融入自身的资源体系的控制权的价值观。这种共生性的控制权意识与传统的"排他性"的控制权(Demsetz,1997;周其仁,2002)相悖。控制权的"排他性"假设除了包含"控制权本身是排他的"这一内涵外,同时还意味着要将对方的资源隔离在外,完全依靠自身的资源掌握控制权。而在科隆共生性的控制权意识中,对对方的关键资源采取了包容、共生的心态,最终有效地吸纳了人力资本这一原本属于对方的关键资源,并以此为契机化解收回控制权后合资企业在变革过程中可能面临的重重困难,在名义控制权和实际控制权之间搭起了连接的桥梁。因此,共生性的控制权意识是科隆公司能够获取关键人力资本、取得合资企业实际控制权的最根本原因。

综上,得出跨国公司资源演化与合资企业控制权配置动态变化如图7所示。

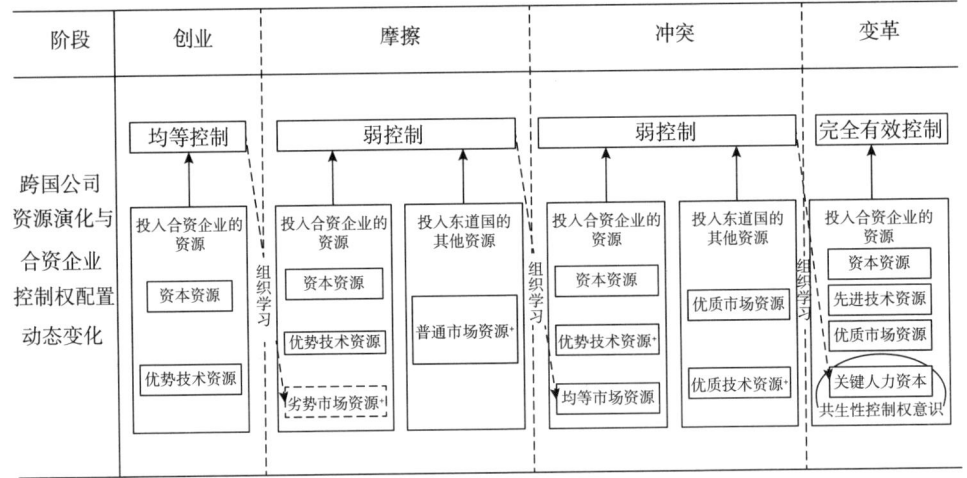

图7 跨国公司资源演化与合资企业控制权配置动态变化

注:+表示资源本身的相对重要性,虚线箭头表示弱影响。

(三)核心技术资源缺失导致中方失去合资企业控制权

中方对合资企业的控制权经历了中德双方均等控制—中方强控制—中方弱控制—失去控制权的动态变化过程,如图8所示。

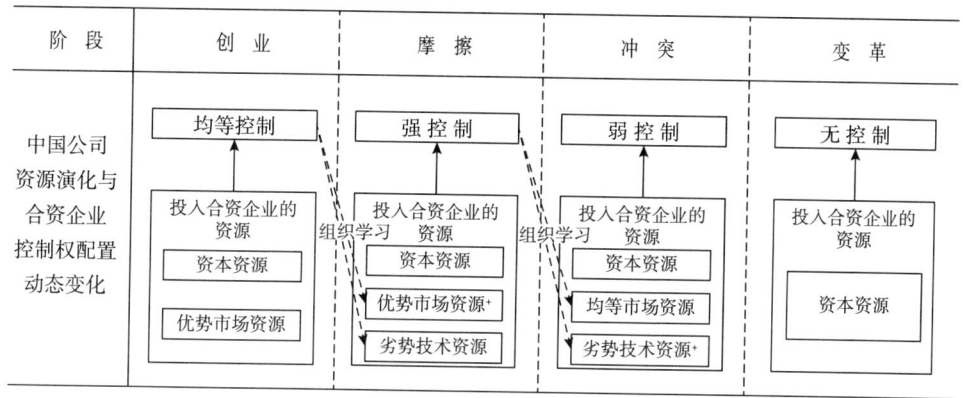

图 8　中国企业资源演化与合资企业控制权配置动态变化

注：+表示资源本身的相对重要性，虚线箭头表示弱影响。

在合资企业成立之初，中国企业的优势市场资源是其获得合资企业均等控制权的关键。在创业阶段，为了获取先进技术，中国企业往往会采取"以市场换技术"的模式，以市场资源和资本资源入股的方式与跨国公司组建合资企业，实现资源互补效益（Hitt & Dancin et al., 2000）。由于与跨国公司投入了对等的合同资源，中国企业能够获得对合资企业的均等控制权。对于当时为什么要进行合资，时任光华仪表厂厂长回忆到："作为当时最早生产电磁流量计产品的企业，我们的技术水平仅停留在分离电子元器件、模拟信号技术上，而国外已进入集成电路、数字信号时代。企业要想上台阶，引进国外先进的技术是唯一快捷有效的途径。"

创业阶段，市场资源在决定合资企业控制权配置上权重的增长以及中国企业原有的市场资源优势使得摩擦阶段合资企业的控制权出现向中方的偏移。在初创期推动销售的过程中，中方掌握的市场资源得以随着合资企业销售渠道和团队的发展实现拓展和深化，获得非合同市场资源（Yan & Child, 2004）。这些非合同市场资源转而立即投入合资企业之中使得中方在合资企业中投入的资源不仅超过了合同资源的规定，而且也超过了跨国公司投入的资源。由此，尽管技术资源增长缓慢，中方在摩擦阶段仍然能够获得合资企业更多的控制权。对于这一阶段中 SGAIC 市场资源的增长情况，当时的中方总经理回忆到："当时，合资公司要想有大的发展，必须抢占市场资源。合资公司整合并调动公司市场部、生产部、技术服务部等，一切以销售为中心。以光华原有销售班底为核心的销售队伍取得了非常不错的成绩，这让我们在老外面前扬眉吐气，我们的腰板似乎更直。"

从摩擦阶段开始，技术资源对合资企业控制权配置影响权重的增长以及中方技术资源的停滞不前和市场资源的"天花板效应"使其在冲突阶段逐渐失去合资企业的控制权。行业技术的迅速发展和激烈的市场竞争使得技术资源在合资企业控制权配置上的权重越来越大，并超过市场资源的权重。尽管中方一直致力于获取核心技术，但却难以有所突破，导致中方在控制权上的劣势越发明显。此外，遭遇的市场资源"天花板效应"也使中方难以阻止控制权向跨国公司偏移的趋势，并最终失去对合资企业的控制。访谈时，时任中方总经理回忆当时的局面感慨万千："合资公司在不断发展的同时，同行业的竞争对手也迅速崛起，市场竞争越发的激烈。这就要求我们上新技术。但是自从我们拒绝了科隆进入新行业市场的提议后，我们很难从科隆那得到什么好技术，好的都给自己留着呢……那个时候他们的销售渠道发展得十分迅速，大有赶超我们之势……不知不觉地，我们发现自己得听他们的了。"

综上所述，中国企业之所以会失去合资企业的控制权主要是由于过于依赖自身掌握的市场资源，对技术资源的投入与积累的重视程度不够，侧重在短期内"做大做强"的战略造成的。首先，在技术上，尽管中国企业以获得先进技术为目的与跨国公司组建合资企业，同时也在经营过程中通过多种方式进行技术学习，但在核心技术持续学习、积累与投入上缺乏足够重视，在技术学习遇到阻碍时，也缺乏自力更生的精神。在合资企业高速发展阶段，德方期待投入更多技术资源开拓电磁流量计高端市场，而中方侧重高速成长，先做大再做强。中德在合资企业发展战略上的分歧，直接导致德方在1999年与2001年相继成立独资销售企业与独资生产企业，以保证自己在中国电磁流量计市场的领先地位以及话语权。中方对合资企业的战略定位——"以市场换技术""先做大再做强"间接地影响了中方员工的技术资源意识，使员工对需要持续投入和持续知识积累的研发与工艺技术重视程度不足。当跨国公司在市场资源迅速积累并实现追赶时，中方只能失去对合资企业的控制权。

跨国公司的全球化战略具有长远性与柔性，着眼企业发展的根本规律，重视技术与市场资源的均衡增长，重视非合同资源的积累与发展。中国企业仅仅依靠合资企业内部获取先进技术的方式值得反思。中国企业在经营跨国合资企业的过程中，单一地依靠合资企业内部的资源投入进行技术资源的学习和获取，而母公司并没有在此基础上投入其他资源以获得先进的技术；再加上跨国公司的技术保护以及中国企业的落后与学习效果不佳，使得中国企业以"市场换技术"的战略难以起效。在合资的基础上，尝试多条腿走路可能是中国企业获取先进技术的重要途径。

六、研究结论与展望

（一）研究的理论价值

本文对跨国公司在华合资企业的控制权配置与资源演化的相互关系的动态研究具有如下理论价值。

第一，跨国合资企业控制权配置与资源之间相互演化。

已有研究多关注跨国合资企业成立和控制权争夺（Brouthers，2002；Yan & Child，2004）两个问题，并且多采用静态视角进行研究，缺乏对跨国公司收回合资企业控制权过程的动态关注（卢昌崇、李仲广等，2003；闫立罡、吴贵生，2006；李自杰、陆思宇等，2009）。本研究在已有研究基础上进行了延伸，重点探讨跨国公司"为什么"和"如何"收回合资企业控制权的动态过程以及资源是如何影响控制权配置的。本文采用动态过程视角，揭示跨国公司收回在华合资企业控制权过程中，合资企业控制权的动态配置及特征、跨国公司与中方合资者资源演化过程以及控制权动态配置与资源演化之间的互动关系，系统地打开了跨国公司收回合资企业控制权过程不同阶段中资源与控制权配置关系的"黑箱"。研究结论表明，跨国公司之所以能够收回在华合资企业的控制权，根本原因在于自身资源不断优化的结果——技术保持领先、市场资源持续增长以及获取关键性人力资本。同时，中国企业失去对合资企业的控制是自身资源增长局限性的结果——难以突破核心技术以及市场资源的"天花板效应"（见图9）。

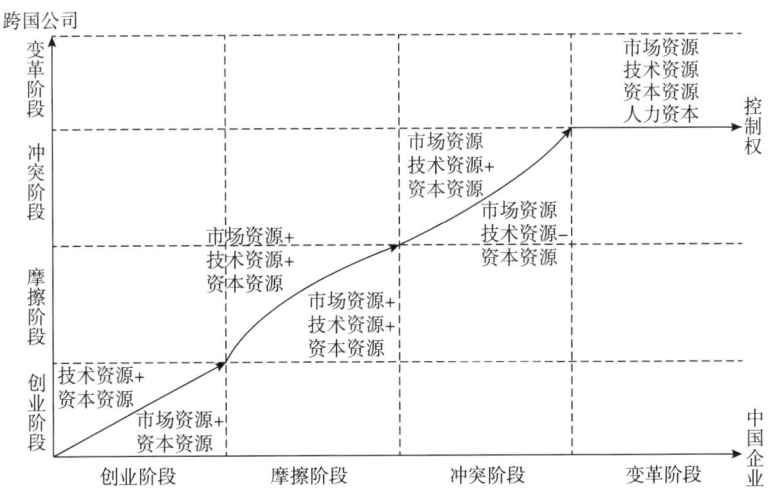

图 9　跨国公司和中国企业的资源演化与合资企业控制权动态配置

注：每阶段中的面积表示控制权的大小；+/−表示跨国公司与东道国投资者资源的相对强弱。

第二，关键性人力资本主要包括专用性人力资本和强联结资本两个维度。

已有研究认为，跨国公司与东道国母公司对合资企业控制权的争夺主要依赖于各自拥有的资本、技术和市场资源的较量（Yan & Child，2004；李自杰、陆思宇等，2009）。本研究在关注这些资源的基础上，同时提出关键性人力资本是跨国公司收回合资企业实际控制权的关键。关键性人力资本拥有的市场判断和影响力、改善企业运营状况、实现企业员工双赢以及践行企业社会责任等专用性人力资本属性（Gutierrez & Spencer et al.，2012）能够为变革中的合资企业的正常运营提供基本保障，同时人力资本建立起的强联结关系有助于促进组织内外部利益相关者对变革中的组织的认同，从而能够在收回名义控制权的基础上掌握实际控制权。通过识别人力资本与控制权配置的关系以及细化出人力资本的关键维度，这一研究结论与"人力资本与其他投入企业生产经营中的资本一样，也应该作为控制权的一种重要来源（巴泽尔，1997；Rajan & Zinglas，1998）"异曲同工。但是巴泽尔等学者并没有深入细致探讨人力资本的构成与基本要素，本文基于案例从人力资本的专用性与联结关系两个维度上深化了对人力资本重要属性的研究。

第三，跨国公司控制权意识出现转变，经历了从共生性到排他性、再到共生性控制权意识的转变。

控制权包括"排他"和"共生"两个维度。所谓"排他性"控制权意识是指投资者完全依靠自身资源达成控制企业的目的。而"共生性"控制权意识是指投资者综合利用自身资源和其他投资者的资源达成控制企业的目的。

究竟是实行"排他性"的控制权意识，还是"共生性"的控制权意识，是由跨国公司资源与控制权之间的因果模糊性（Causal ambiguity）决定的。因果模糊性是由 Lippman 和 Rumelt（1982）以及 Reed 和 Deffillippi（1990）等学者提出的，用于描述竞争对手对于怎样的资源才能建立起竞争优势认识的模糊（Porter，1985），因果模糊性使得企业的优势资源难以被竞争对手所模仿，因此可以保持竞争优势（Lippman & Rumelt，1982）。当资源与控制权之间的因果模糊性高时，通常情况下跨国公司实行"共生性"控制权意识；相反，当资源与控制权之间的因果模糊性低时，跨国公司实行"排他性"控制权意识。而且，从跨国公司进入东道国市场到其收回合资企业实际控制权的过程中，其资源与控制权之间的因果模糊性呈现出由模糊到清晰再到模糊的转变；控制权意识也相应地呈现出从"共生"到"排他"再到"共生"的转变（见图10）；最终能否实行"共生性"控制权意识，决定了跨国公司能否收回合资企业的实际控制权。

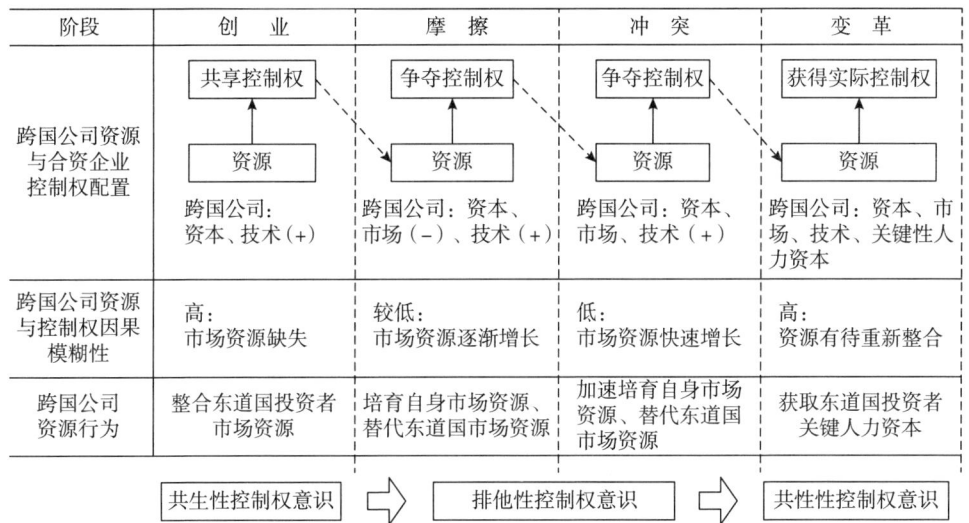

图 10　跨国公司控制权意识与掌握合资企业实际控制权

注：+表示资源本身的相对重要性；（+/-）表示跨国公司与东道国投资者资源的相对强弱。

在进入东道国市场初期，资源与控制权之间呈现出高度的因果模糊性，因此跨国公司实行的是"共生性"的控制权意识。由于缺乏对东道国市场的基本了解，跨国公司并不清楚合资企业究竟需要怎样的市场资源，自己需要提供怎样的市场资源，以及如何获得必需的市场资源。这就使得跨国企业的资源与控制权之间具有高度的因果模糊性。因此，此时跨国公司需要通过建立合资企业、利用东道国投资者的市场资源，以达到快速切入市场的目的。为了加速市场资源的清晰化进程、获取所需资源，跨国公司的解决方案是选择适合的东道国投资者组建合资企业、共享合资企业的控制权，将自身资源与东道国投资者的资源进行整合。因此，这一阶段中，跨国公司实行的是"共生性"的控制权意识。

经过一段时间的运营，从摩擦阶段到冲突阶段，资源与控制权之间的因果模糊性逐渐降低，因此跨国公司出现了从"共生性"控制权意识到"排他性"控制权意识的转变。经历过一段合资期后，跨国公司对东道国市场有了基本的了解，掌握了在东道国经营的一些基本规则和制度，并且初步建立起了自己的销售网络，而且就应该如何进一步地获取和积累市场资源有了明确的规划。这说明跨国公司资源与控制权之间的关系模糊性逐渐降低。当这种模糊性下降到一定程度时，跨国公司就能摆脱对东道国投资者市场资源的依赖，并且出于自身全球化战略和战略资源收益最大化的考虑，跨国公司往往倾向于并执行收回合资企业的控制权，完全依靠自身的资源控制合资企业。因此，这一阶段中跨国公司采用的是"排他性"的控制权意识。

当收回合资企业的名义控制权后，跨国公司资源与控制权之间的因果模糊性再度提高，因此此时又会出现从"排他性"到"共生性"控制权意识的转变。当收回合资企业的名义控制权后，跨国公司将面临合资企业的重组问题，需要对供应、制造、销售以及其他的企业内外部资源进行重组。在这一过程中，将面临来自企业内外部利益相关者的重重阻挠。如何重组这些资源成为摆在跨国公司面前的一个非常棘手的问题。此时，资源与控制权之间的因果模糊性再度提高。为了解决东道国本土资源重组的问题，跨国公司不得不吸纳原本从属于东道国投资者的深谙东道国行事规则、具有总经理专用性人力资本并且与合资企业内外部利益相关者具有强联结的关键性人力资本（Lynton，2001）。这就要求跨国公司摒弃前一阶段的"排他性"控制权意识，转而实行"共生性"的控制权意识。

（二）研究的管理启示

本研究的管理启示体现在跨国公司和中国投资者两方面。

首先，对于跨国公司而言，在保持技术资源优势的基础上，获取和积累足够的市场资源能够帮助其获得合资企业的名义控制权，在此基础之上，摒弃之前的"排他性"控制权意识，建立和执行"共生性"控制权意识，获取原本属于东道国合资者的关键人力资本是其在名义控制权的基础上进一步掌握合资企业实际控制权的关键。

跨国公司在进入东道国时依靠自身的技术和资本资源，利用东道国企业的市场和资本资源组建合资企业能够实现双方资源的互补，促进合资企业的初期成长。考虑到自身的全球化战略和战略利用最大化，在运营过程中，跨国公司通过持续地投入新资源以及在合资企业中的学习能够有效地获得充足的市场资源，从而收回合资企业的名义控制权。但是在合资企业的变革过程中，跨国公司可能会遇到来自东道国政府、行业部门、合资企业供应商和客户的阻碍，以及合资企业员工的不认同，这就要求跨国公司能够吸纳具有东道国背景，深谙东道国行事原则，拥有专用性人力资本和与东道国各个利益相关者拥有强联结资本的关键人力资源，以应对变革中存在的困难和挑战。为了获取这种关键人力资本，跨国公司必须摒弃"排他性"的控制权意识，转而执行"共生性"控制权意识。

其次，对于中国企业而言，在合资期积极地发展自身的市场资源、争取获得核心技术是其保持合资企业控制权的出路。

现实中，许多中国企业都"无奈"地失去了合资企业控制权，原因在于这些企业都消极地对待自身的市场资源，并没有在合资期中进一步加大投入保持自身的相对优势（Inkpen & Beamish，1997）。如果积极地进行投入，保持自身在市场资源上的绝对优势，抑制跨国公司市场资源的发展，就使得跨国公司难以摆脱对自身资源的依赖，从而保持对合资企业的控制。此外，中国企业在核心技术上的难以突破，也是自身失去合资企业控制权的另一个重要原因。倘若中国企业能够通过合资在核心技术上有所突破，跨国公司在进行合资企业的独资化决策时必然会顾忌一个强大的竞争对手。在科隆的案例中，在科隆提出进入冶金和石化等高端市场时遭到中方拒绝。此时，中方在不知不觉中错过了获取先进技术的宝贵机会，这一点值得反思。因此，如何突破核心技术也是中国企业所必须面对的另一个重要课题。

（三）研究局限性与展望

尽管本研究揭示了跨国公司收回在华合资企业控制权过程中资源演化与控制权动态配置之间的关系，得出了一些有价值的结论，但还存在一些不足，主要是案例研究样本的局限。单案例有其自身固有的局限性（Lee & Baskerville，2012），本文仅采用了科隆收回在华合资企业控制权的一个案例，样本企业来自高技术行业和完全竞争市场，那么对于处于其他非技术密集型行业以及垄断性质市场的企业而言，跨国公司是如何收回在华合资企业实际控制权的？在今后的研究中我们将进一步采集和分析其他类型行业和市场中的案例，对本研究得出的结论进行补充和完善，系统地揭示跨国公司收回在华合资企业实际控制权的机理。

参考文献

[1] Aghion, P. and P. Bolton, 1992, "An Incomplete Contract Approach to Financial Contracting", *Review of Economic Studies*, 59, pp. 473~494.

[2] Alvarez, S. A. and S. C. Parker, 2009, "Emerging Firms and the Allocation of Control Rights: A Bayesian Approach", *The Academy of Management Review*, 34, pp. 209~227.

[3] Berle, A. A. and G. C. Means, 2009, The Modern Corporation & Private Property(10th

Edition), New Jersey: Transaction Publishers.

[4] Bester, H., 2009, "Externalities, Communication and the Allocation of Decision Rights", *Economy Theory*, 41, pp. 269~296.

[5] Brouthers, K. D., 2002, "Institutional Culture and Transaction Cost Influences on Entry Mode Choice and Performance", *Journal of International Business Studies*, 33, pp.203~221.

[6] Buckley, P. J., J. Clegg and H. Tan, 2004, "Knowledge Transfer to China: Policy Lessons from Foreign Affiliates", *Transnational Corporations*, 13, pp.31~72.

[7] Chen, D., S. H. Park and W. Newburry, 2009 "Parent Contribution and Organizational Control in International Joint Ventures", *Strategic Management Journal*, 30, pp.1133~1156.

[8] Child, J. and Y. Yan, 2001, "National and Transnational Effects in International Business: Indications from Sino-Foreign Joint Ventures", *Management International Review*, 41, pp. 53~75.

[9] Cho, K. R. and P. Padmanabhan, 2005, "Revisiting the Role of Culture Distance in MNC's Foreign Ownership Mode Choice: The Moderating Effect of Experience Attributes", *International Business Review*, 14, pp. 307~324.

[10] Das, T. K. and B. S. Teng, 2000, "Instabilities of Strategic Alliances: An Internal Tensions Perspective", *Organization Science*, 11, pp. 77~101.

[11] Deitz, G. D., M. Tokman, R. G. Richey and R. M. Morgan, 2010, "Joint Venture Stability and Cooperation: Direct, Indirect and Contingent Effects of Resource Complementarity and Trust", *Industrial Marketing Management*, 39, pp. 862~873.

[12] Demsetz, H., 1997, *The Economics of the Business Firm: Seven Critical Commentaries*, New York: Cambridge University Press.

[13] Dhanaraj, C. and P. W. Beamish, 2004, "Effect of Equity Ownership on the Survival of International Joint Ventures", *Strategic Management Journal*, 25, pp.295~305.

[14] Dikova, D., 2009, "Performance of Foreign Subsidiaries: Does Psychic Distance Matter? ", *International Business Review*, 18, pp. 38~49.

[15] Doherty, A. M., 2009, "Market and Partner Selection Processes in International Retail Franchising", *Journal of Business Research*, 62, pp. 528~534.

[16] Edwards, J. S. S. and A. J. Weichenrieder, 2009, "Control Rights, Pyramids and the

Measurement of Ownership Concentration", *Journal of Economic Behavior & Organization*, 72, pp. 489~508.

[17] Geringer, J. M. and L. Hebert, 1989, "Control and Performance of International Joint Ventures", *Journal of International Business Studies*, 20, pp. 235~254.

[18] Gill, J. and J. Butler, 2003 "Managing Instability in Cross-culture Alliances", *Long Range Planning*, 36, pp. 543~563.

[19] Grossman, S. and O. Hart, 1986, "The Costs and Benefits of Ownership: A Theory of Vertical and Lateral Integration", *Journal of Political Economy*, 94, pp.691~719.

[20] Guillen, M. F., 2003, "Experience, Imitation and the Sequence of Foreign Entry: Wholly Owned and Joint-Venture Manufacturing by South Korean Firms and Business Groups in China", *Journal of International Business Studies*, 34, pp. 185~198.

[21] Gummesson, E., 1991, *Qualitative Methods in Management Research*, London: Sage Publications.

[22] Gutierrez, B., S. M. Spencer and G. Zhu, 2012, "Thinking Globally, Leading Locally: Chinese, Indian and Western Leadership", *Cross Cultural Management: An International Journal*, 19, pp.67~89.

[23] Hamel, G., 1991, "Competition for Competence and Inter-partner Learning within International Strategic Alliances", *Strategic Management Journal*, 12, pp. 83~103.

[24] Hitt, M. A., M. T. Dacin, E. Levitas, J-L. Arregle and A. Borza, 2000, "Partner Selection in Emerging and Developed Market Contexts: Resource-based and Organizational Learning Perspectives", *Academy of Management Journal*, 43, pp.449~467.

[25] Inkpen, A. C. and P. W. Beamish, 1997, "Knowledge, Bargaining Power and the Instability of International Joint Ventures", *The Academy of Management Review*, 22, pp. 177~202.

[26] Johnson, J. L., J. B. Cullen, T. Sakano and J. W. Bronson, 2001, "Drivers and Outcomes of Parent Company Intervention in IJV Management: A Cross-culture Comparison", *Journal of Business Research*, 52, pp. 35~49.

[27] Kwon, Y. C., 2008, "Antecedents and Consequences of International Joint Venture Partnership: A Social Exchange Perspective", *International Business Review*, 17, pp. 559~573.

[28] La Porta, R., F. Lopez-de-Silianes and A. Shleifer, 1999, "Corporate Ownership around the World", *Journal of Finance*, 54, pp.471~517.

[29] Lee, A. and R. Baskerville, 2012 "Conceptualizing Generalizability: New Contributions and a Reply", *MIS Quarterly*, 36, pp.749~761.

[30] Lippman, S. and R. P. Rumelt, 1982, "Uncertain Imitability: An Analysis of Interfirm Differences in Efficiency under Competition", *Bell Journal of Economics*, 13, pp.418~438.

[31] Lu, Y., 1998, "Joint Venture Success in China: How should We Select a Good Partner", *Journal of World Business*, 33, pp. 145~166.

[32] Lynton N., 2001, "Human Resource Management in Restructuring of Chinese Joint Ventures", in *Managing Organizational Change in Transaction Economies*, D. R. Denison (Ed.), Lawrence Erlbaum Associates, Inc., Mahwah NJ.

[33] Makhija, M. V., U. Ganesh, 1997, "The Relationship between Control and Partner Learning in Learning-related Joint Ventures", *Organization Science*, 8, pp. 508~527.

[34] Mjoen, H. and S. Tallman, 1997, "Control and Performance in International Joint Ventures", *Organization Science*, 8, pp. 257~274.

[35] Ozcan, P. and K. M. Eisenhardt, 2009, "Origin of Alliance Portfolios: Entrepreneurs, Network Strategies and Firm Performance", *Academy of Management Journal*, 52, pp.246~279.

[36] Pan, S. L. and B. Tan, 2011, "Demystifying Case Research: A Structured-pragmatic-situational (SPS) Approach to Conducing Case Studies", *Information and Organization*, 21, pp. 161~176.

[37] Park, Y. S. and Y. R. Park, 2004, "A Framework of Knowledge Transfer in Cross-Border Joint Ventures: An Empirical Test of the Korean Context", *Management International Review*, 44, pp. 417~434.

[38] Patton, M. Q., 1987, *How to Use Qualitative Methods in Evaluation*, Newbury Park, CA: Sage Publications.

[39] Porter, M. E., 1985, *Competitive Advantage: Creating and Sustaining Superior Performance*, New York: Free Press.

[40] Puck, J. F., D. Holtbrugge and A. Mohr, 2009, "Beyond Entry Mode Choice: Explaining the

Conversion of Joint Ventures into Wholly Owned Subsidiaries in the People's Republic of China", *Journal of International Business Studies*, 40, pp.388~404.

[41] Rajan, R. G. and L. Zinglas, 1998, "Power in a Theory of the Firm", *The Quarterly Journal of Economics*, 113, pp. 387~432.

[42] Reed, R. and R. J. Deffillippi, 1990, "Causal Ambiguity, Barriers to Imitation and Sustainable Competitive Advantage", *The Academy of Management Review*, 15, pp. 88~102.

[43] Tirole J., 2001, *The Theory of Corporate Finance*, Woodstock, Oxfordshire: Princeton University Press.

[44] Wu, D. L. and F. Zhao, 2007, "Entry Modes for International Markets: Case Study of Huawei, a Chinese Technology Enterprise", *International Review of Business Research Papers*, 3, pp. 183~196.

[45] Yan, Y. and J. Child, 2004, "Investors' Resources and Management Participation in International Joint Ventures: A Control Perspective", *Asia Pacific Journal of Management*, 21, pp.287~304.

[46] Yan, A. and B. Gray, 1994, "Bargaining Power, Management Control and Performance in United States-China Joint Ventures: A Comparative Case Study", *Academy of Management Journal*, 37, pp.1478~1517.

[47] Yan, A. and B. Gray, 2001, "The Antecedents and Effects of Parent Control in International Joint Ventures", *Journal of Management Studies*, 38 393~416.

[48] Young, C. and P. Olk, 1994, "Why Dissatisfied Members Say and Satisfied Members Leave: Options Available and Embeddedness Mitigating the Performance Commitment Relationship in Strategic Alliance", *Academy of Management Best Papers Proceedings*, pp.57~61.

[49] Yin, R. K., 2002, *Case Study Research*: *Design and Method* (*4th*), London: Sage Publications.

[50] Yiu, D. and S. Makino, 2002, "The Choice between Joint Venture and Wholly Owned Subsidiary: An Institutional Perspective", *Organization Science*, 13, pp.667~683.

[51] 巴泽尔. 产权的经济分析 [M]. 上海：上海人民出版社, 1997.

[52] 陈晓萍,徐淑英,樊景立.组织与管理研究的实证方法[M].北京:北京大学出版社,2008.

[53] 付雷鸣,万迪昉,张雅慧.创业企业控制权配置与创业投资退出问题探讨[J].外国经济与管理,2009(2).

[54] 华民,蒋舒.开放资本市场:应对"三资企业""独资化"发展倾向的策略取向[J].管理世界,2002(12).

[55] 李斌,孙月静.中国上市公司控制权特征及其对公司绩效的影响——基于改进的投票概率模型[J].中国软科学,2011(1).

[56] 李维安,李宝权.跨国公司在华独资倾向成因分析:基于股权结构战略的视角[J].管理世界,2003(1).

[57] 李自杰,陆思宇,蔡铭.基于知识属性的合资企业动态演进研究——以华晨宝马为例[J].中国工业经济,2009(2).

[58] 卢昌崇,李仲广,郑文全.从控制权到收益权:合资企业的产权变动路径[J].中国工业经济,2003(11).

[59] 潘镇,殷华方,鲁明泓.制度距离对于外资企业绩效的影响——一项基于生成分析的实证研究[J].管理世界,2008(7).

[60] 苏敬勤,崔淼.工商管理案例研究方法[M].北京:科学出版社,2011.

[61] 苏晓华,张书军.资源投入、学习与中外合资企业控制[J].科研管理,2010(5).

[62] 汪浩,宣国良,朱国玮.轿车产业在华外资增强控制力方式及对策[J].管理评论,2005(10).

[63] 闫立罡,吴贵生.在华跨国公司独资化倾向分析[J].科研管理,2006(4).

[64] 周其仁.产权与制度变迁:中国改革的经验研究[M].北京:社会科学文献出版社,2002.

价值网络视角的复杂产品系统企业竞争优势研究*
——一个双案例的探索性研究

陈占夺[1]　齐丽云[1]　牟莉莉[2]

（1 大连理工大学管理与经济学部；2 辽宁对外经贸学院）

摘　要：复杂产品系统（CoPS）行业是国家的支柱性产业，在复杂多变的经济环境下，如何有效提升大型 CoPS 企业的竞争优势是理论与实践中都迫切需要解决的问题。本文在文献综述基础上，建立了复杂产品系统企业竞争优势来源的价值网络理论框架，以振华重工（国企）和春和集团（民企）作为研究对象，运用规范的案例研究方法，对中国情境下复杂产品系统企业如何成功获取竞争优势进行系统研究。案例企业都是从 20 世纪 90 年代成长起来的成功企业，在经济高速发展的阶段，两者都成为行业内的知名企业，但面对金融危机的冲击，两者却有着不同的表现。本文首先从 CoPS 的特性分析了 CoPS 企业特有的价值网络；其次探寻了两家案例企业各自的核心价值链节，寻找能够迅速发展、成为行业内知名企业的原因；最后也是最重要的，对两家企业的核心价值链节进行了对比分析，试图解释为什么金融危机对两家企业的影响有显著差异。研究发现：（1）CoPS 特性形成了 CoPS 企业特有的价值网络；（2）不同的 CoPS 企业有各自特有的核心价值链节，进而形成超越竞争对手的优势，这解释了案例企业在经济增长阶段取得成功的原因；（3）CoPS 企业的价值网络具有动态性，其核心价值链节的强度和对竞争优势的贡献会随外部环境的变化而变化，这阐释了不同 CoPS 企业在金融危机下表现不同的缘由。

关键词：价值链　价值网络　复杂产品系统（CoPS）　竞争优势　金融危机

---

* 原载《管理世界》2013 年第 10 期。

一、引言

　　金融危机的影响加大了世界经济环境的多变性和不可预测性，在这种复杂多变的经济环境下，研究全球化背景下大型企业未来竞争的优势基础，培养中国企业国际竞争力的研究已经迫在眉睫。

　　复杂产品系统（Complex Product System，CoPS）行业是国家支柱性产业。复杂产品系统由于涉及的技术种类多、技术含量高，可以引起整个相关产业链的技术升级，带来国家竞争力的提升（Heighes，1997）。但是金融危机给许多复杂产品系统企业带来了致命打击，由于滞后效应，金融危机对许多复杂产品系统企业的影响到2011年才开始显现。以造船业为例，造船行业的冬天已经来临，供给远大于需求、价格大幅下降、全球性融资困难等诸多不利因素，导致许多民营企业破产，国有造船企业也出现了种种危机。

　　对复杂产品系统的研究，目前主要集中在技术管理（崔淼等，2012）、创新管理（刘兵等，2011）、风险管理（Yeo and Ren，2009；盛亚、王节祥，2013）、研发组织形式（付永刚、戴大双，2012；Olausson and Berggren，2010）、知识管理（乐承毅等，2012；陈占夺、汪克夷，2007）等几个方面。对复杂产品系统企业的价值链、竞争优势的研究还非常少见。振华重工集团（以下简称"振华重工"）从1992年的一个名不见经传的小企业发展成为重型装备制造行业的知名企业，但是在金融危机的严重冲击下，2012年表现欠佳，亏损达10亿元。另一家民企——春和集团有限公司（以下简称"春和集团"），精心培育自己的价值网络，在短短的10年间跨行业发展，通过3次前瞻性的战略调整，顺利实现了"三级跳"，成为行业内知名企业，面对金融危机依然成功地分散了风险。

　　本文采用案例研究方法，从价值网络视角研究中国CoPS行业中的大型企业的竞争优势基础问题。在文献回顾的基础上，本文首先对CoPS企业特有的价值网络进行了分析，之后从价值网络的视角对两个案例企业的竞争优势进行了分析，识别了两家公司各自的核心价值网络链节，最后对两家企业的价值网络进行了对比，试图解释在成长阶段两者成功的原因，以及在金融危机下不同表现的缘由。

二、文献回顾

（一）价值链与价值网络

1. 价值链

价值链理论认为，企业是传递和创造价值的过程。在过去几十年间，众多学者纷纷致力于开发价值链的分析工具，其中麦肯锡管理咨询公司的价值链框架（见图1）及波特发展的价值链框架是比较有代表性的。麦肯锡公司价值链包括了6种不同的行为：技术开发、产品设计、制造、营销、分销及服务。在波特的价值链中，创造价值的活动被分为两大类，基本活动和辅助活动。

相同产业中的不同企业，对价值链活动的具体链节的侧重不同，会导致它们在不同的资源、能力和优势上有显著差异（杰伊·巴尼等，2012）。

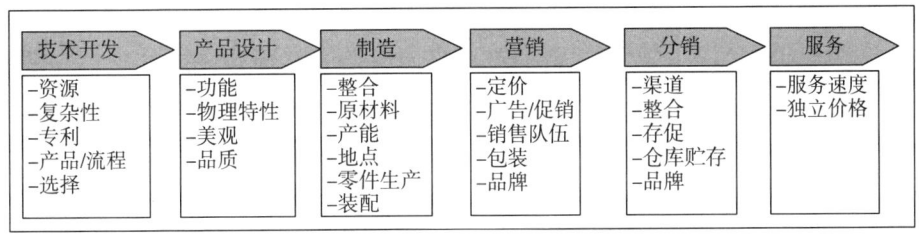

图1 麦肯锡公司价值链分析

2. 价值网络

单独一家企业很少涵盖从全套设计到将最终产品或服务送达最终消费者的全部价值活动。随着企业间合作行为的日益普遍化，许多学者提出了价值网络理论。价值网络的观点认为，合作与竞争是企业成功不可或缺的两个方面，价值网络强调了竞争和合作的双重性，认为竞争仅仅揭示了企业间的价值分配关系，而合作则更强调价值的创造。因此，任何一家企业都是更广的价值网络中的一部分（格里·约翰逊，2013）。

Simmie（1999）提出，在全球化背景下，价值网络是由多条相互作用的价值链节整合而成的系统。Allee（2000，2008）认为，价值网络实质上是一个价值交换系统，网络价值的创造与传递过程就是一个或多个企业、顾客、供应商、战略伙伴之间复杂的动态交易过程。

价值网络观念超出了价值链的线性思维，将关注重心从企业利益转向网络整体，从价值分配转向价值创造，价值分配是赢输的较量，其最终结果是零增值。但在价值网络看来，企业不仅要与顾客、供应商、互补者之间展开竞争以获得价值（价值分配的过程），更要与顾客、供应商及互补者合作以实现双赢并创造出更高的价值（价值创造的过程）。

（二）竞争优势

战略管理的核心是取得并保持企业的竞争优势（Ambrosini，Bowman，2009；弗雷德·R. 戴维，2012），竞争优势是相对于竞争对手而言的。

关于竞争优势的维度，迈克尔·波特（Porter）结合其竞争战略的思想，将竞争优势的维度分为成本优势和差异化优势，并特别强调了技术的重要性（迈克尔·波特，2013）。波特认为，竞争优势来源于企业在设计、生产、营销、交货等过程及辅助过程（企业价值链）所进行的许多相互分离的活动，这些活动中的每一种都对企业的相对成本地位有所贡献，并且奠定了差异化的基础。波特进一步提出成本的驱动因素包括：规模效益、学习曲线、生产能力利用率等方面；差异化优势的主要来源包括人力资源、技术开发、交货、质量等。

Schulte（1999）将竞争优势分为3个维度：效率、功能和持续性。效率主要从成本角度考虑企业的行为；功能主要从资源的角度研究资源对竞争优势的影响；而持续性主要从客户、供应商和企业专有知识（Know-how）角度研究企业竞争优势的持续问题。董保宝等（2011）也支持了Schulte的研究，并从比较优势的角度将竞争优势进一步细分为：以较低的成本为客户提供产品或服务；为客户提供多功能、高性能的产品或服务；以更加快速、有效的方式执行操作流程；能灵活地适应快速变化的市场，并更快地做出反应；重视客户的需求；市场份额增长更快共6个方面（董保宝，2012）。

（三）复杂产品系统

由于CoPS产业与现代工业息息相关，而且都是关系到国计民生的大型产品和系统，整个CoPS产业的总产值占GDP的份额比较高，在现代经济发展中发挥着非常重要的作用。英国学者Miller等（1995）通过调查得出复杂产品系统至少占GDP的11%，他们的研究指出英国之所以能够维持其在世界经济中的地位，复杂产品系统功不可没。

Hobday（1996）、Hobday和Brady（1998）、Hansen和Rush（1998）定义

复杂产品系统（CoPS）为研发成本高、规模大、技术含量高（技术密集）、用户定制、单件或小批生产的大型产品、系统或基础设施，包括大型电信通信系统、大型计算机、航空航天系统、智能大厦、大型船舶、航天工程、海洋工程、电站等。

与大批量产品相比，CoPS 具有如下 6 个特征。

（1）生产类型：属定购型，先与用户签订合同再生产，CoPS 由许多具有复杂界面以及为用户定制的模块和模块子系统等组件组成，组件往往自身就具有用户定义和高成本的特性（Brady，2000）。

（2）生产数量：为单件或小批量生产，没有规模效应。当整个产品系统研发制造出来之后，就直接单个/件交付用户，而不再像大规模制造的产品那样，在新产品研发出来之后，还存在扩大再生产的过程（Hobday and Brady，1998；Hobday，1998）。

（3）产品：是技术密集型的，涉及多领域的知识，具有系统性、复杂的功能和界面，研发成本高（Prencipe，2000）。

（4）组织：具有跨企业性，需要多企业参与，要以项目形式进行管理（Hobday，2000；Olausson and Berggren，2010；付永刚、戴大双，2012；宋砚秋、李美兰，2012；陈占夺，2006）。CoPS 的总供应商通常在整个系统研制过程中充当系统集成商的角色。

（5）产品流程：研发几乎融入整个产品流程之中（Bailetti et al.，1998；Gann et al.，2000）。CoPS 的创新过程需要用户的高度介入（Nightingale，2000），从研发、生产、调试、运行到更新换代和再创新，用户需求能够直接参与到创新过程中，而不是当产品在市场销售、客户使用之后再进行改进。

（6）市场特性。CoPS 所处的行业结构一般多为寡头市场，即几家集成制造商分割市场（Heighes，1997；Tatikonda and Rosenthal，2000；陈劲、景劲松，2005）。

三、本文的研究框架

（一）CoPS 企业的价值网络

CoPS 的复杂特性，使 CoPS 企业的价值链具有明显的网络特征，且与大批量产品企业的价值链完全不同。

1. CoPS 的复杂性对价值链的影响

（1）生产类型特性的影响。与麦肯锡公司价值链相比，CoPS 企业由于生产类型属订购型，即先与用户签订合同再生产，也就是说，营销行为发生在制造行为之前。这种销售方式使得 CoPS 企业没有分销环节，而且营销发生在产品的制造行为，甚至是产品设计的详细设计阶段之前。另外用户对企业价值链的影响也存在本质的区别。CoPS 企业的价值链中用户的作用凸显，因为用户参与到了产品设计、营销、制造、服务等多个重要环节并且有着很强的影响力，因此必须将用户纳入 CoPS 企业的价值链管理之中。

（2）生产数量特征的影响。与大批量生产企业相比，CoPS 为单件或小批量生产，没有规模效应，在营销阶段很难取得竞争优势，但是其学习效应巨大，跨项目的学习性往往会成为 CoPS 供应商获取项目和提高项目运营能力的重要优势，在设计阶段、制造阶段容易取得更大的价值增值。对 CoPS 企业而言，每个成功的 CoPS 项目本身就是最好的广告，为了成功，CoPS 企业必须在研发、设计、制造等环节下足功夫，在保证质量的前提下按期交付给用户性能优良的产品。

（3）产品特性和组织特性的影响。①产品特性。CoPS 产品是技术密集型的，作为单个企业，掌握 CoPS 产品所有相关技术是不现实的，也是不经济的，为了顺利、经济地完成项目，CoPS 企业大量采用外包的形式。②组织特性。具有跨企业性，需要多企业参与，要以项目形式进行管理。Gann 等人（2000）指出项目管理的重点是在项目不同合作供应商、用户之间的协同合作上。如何协调各利益相关者的利益关系，是 CoPS 企业面临的最大问题，用户、技术分包商、设备分包商、制造分包商的行为会对企业的价值链产生极为重要的影响，一些影响甚至是颠覆性的。

与大批量生产企业相比，CoPS 企业内部价值链与外部价值链（如供应商价值链、用户价值链）的界线已经非常模糊，更准确地说，是一个价值网络，而不是一条价值链。

（4）风险和产品流程特征的影响。①风险。复杂产品项目的风险主要表现为工期拖延、质量下降和成本超支。产生这些风险的环节集中在研发、设计和制造 3 个阶段，CoPS 企业在这 3 个阶段控制风险的能力，对整个企业的价值链会产生重大影响，这 3 个阶段是 CoPS 企业的核心价值链节。②产品流程。在大批量生产中，用户仅仅提出产品需求，并不直接参与到研发活动中；而在 CoPS 项目中，用户全程直接参与研发过程，而且用户需求在研发、设计阶段难以确定,更加大了研发的难度和对整个项目的不可控性。

2.CoPS 企业的价值网络

基于以上分析,本文构建了 CoPS 企业的价值网络模型(见图 2)。

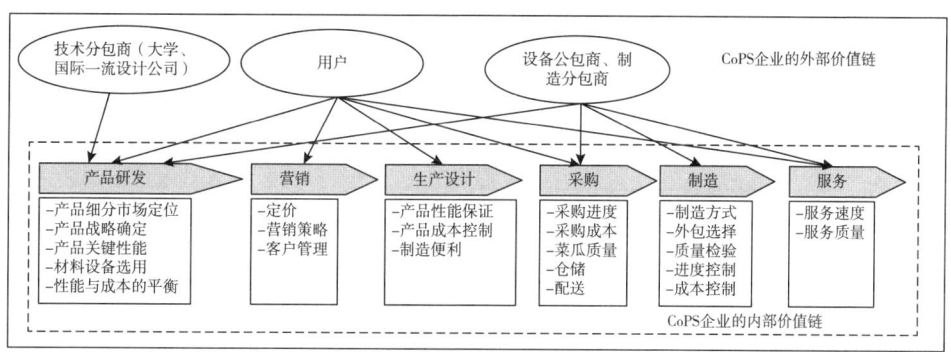

图 2　CoPS 企业的价值网络

在这个价值网络模型中,技术分包商(包括大学)参与到了产品研发阶段;用户的影响贯穿全流程;设备分包商、制造分包商影响到了产品研发阶段、采购阶段、制造阶段和服务阶段。CoPS 企业的价值链是一个开放的网络,用户、技术分包商、设备分包商、制造分包商等 CoPS 企业外部的重要利益相关者都参与到价值网络中来,成为 CoPS 企业价值网络中的一部分。

(二)竞争优势维度的选择

在本文中,主要参考麦克尔·波特(2013)、Schulte(1999)、董保宝等(2011,2012)的分类,将竞争优势的维度细分为产品性能、产品成本、产品质量、生产效率、市场占有率和新产品开发六个方面。优于竞争对手的产品性能、产品质量、新产品开发都能够给客户带来价值,符合波特的差异化优势的"独特性"的定义,是差异化优势的来源;产品成本、生产效率和市场占有率作为成本的驱动因素,能够给企业带来成本优势,是成本优势的来源。其中产品性能、产品质量属于 Schulte 的功能维度;产品成本、生产效率属于 Schulte 的效率维度;市场占有率、新产品开发属于 Schulte 的持续性维度。

(三)本文的研究框架

经过文献回顾,提出了本文的研究框架(见图 3)。

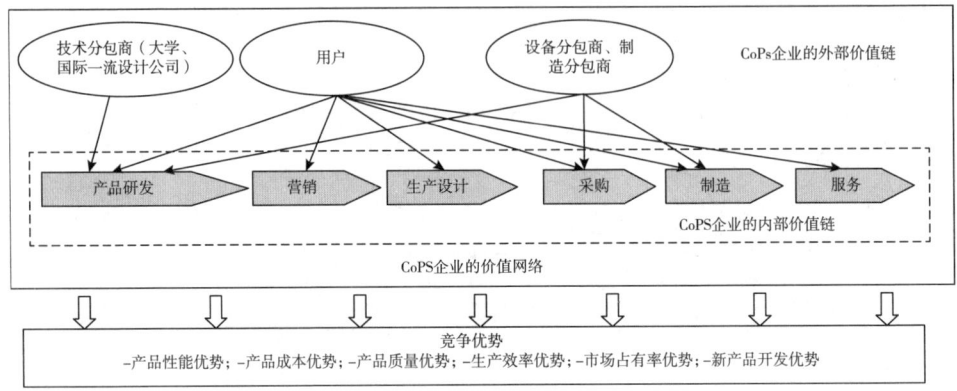

图 3 本文的研究框架

研究框架中涉及：(1) CoPS 企业的价值链，分为产品研发（包括概念开发和详细设计）、营销、生产设计、采购、制造和服务 6 个链节；(2) CoPS 企业的价值网络，包括企业本身及其重要的利益相关者，用户、技术分包商、设备分包商和制造分包商；(3) 竞争优势的维度，包括产品性能、产品成本、产品质量、生产效率、市场占有率和新产品开发 6 个维度；(4) 竞争优势程度的度量，本文将各维度的竞争优势按程度分为"强""中""无"3 个等级。"强"是指该企业在该价值链节上具有超过绝大多数竞争对手的竞争优势，在行业内遥遥领先，并且能够为企业带来超额利润；"中"是指该企业在该价值链节上具有超过多数竞争对手的竞争优势，但无法获得绝对优势，不能为企业带来超额利润；"无"是指该企业在该价值链节上没有形成竞争优势。

针对上海振华重工、春和集团两个案例，本文将对这两家企业从 CoPS 企业价值网络的各个阶段进行深入分析，识别两家企业各自在价值链上的竞争优势，并进行对比分析。

四、案例研究

（一）案例研究方法的选用

本研究目的是探讨 CoPS 复杂性对企业价值网络的影响，对单个成功企业而言哪些价值链节具有竞争优势，以及在金融危机的影响下，哪一种价值网络更为有效，为什么有效？为了回答这些问题，本研究采用了案例研究方法，主要基于以下 3 点原因。(1) 在该领域国内外目前尚缺乏深入的研究，案例研究特别适用于新的或现有研究不充分的领域，适用于解释性和探索性的回答"如何"或"为什么"（Yin，2009，1994；苏敬勤、崔淼，2011）。（2）案例研究的焦点在于理解某种单一情境下的动态过程（Eisenhardt，1989）。CoPS 已经成为一个具有理论体系支撑的"单一情境"，其价值网络是一种动态过程。（3）尽管已有很多文献研究了价值链，但对 CoPS 企业价值链的研究，以及对 CoPS 企业竞争优势的研究还很少见，特别是考虑金融危机影响下，从价值网络的角度对 CoPS 企业的竞争优势进行研究尚属首次。

根据本文的研究问题，采用了双案例研究方法。之所以选择振华重工和春和集团作为研究对象，是因为两者都属于同期成长起来的企业，发展成了国际知名企业，成长轨迹具有同质性，但两者在金融危机下表现却截然不同。这两个案例企业的选择满足了案例研究要求具有较大的典型性和极端情形（Pettigrew，1990），同时又具有独特研究价值的条件（Yin，1994）。

本文作者多年来一直在 CoPS 行业的企业中工作，对于该类企业的发展具有更多的实践了解和深刻的认识。在 2009 年曾到春和集团的大洋造船有限公司（以下简称"大洋造船"）进行了深入的调研，详细咨询了该公司的业务流程，特别是设计和制造两个阶段，掌握了大量的一手资料；2013 年又一次到春和集团的浙江造船公司进行了参观学习，重点了解了公司成长过程、专业化设计和批量化生产的有关情况；另外 2013 年参加船舶行业协会会议时，春和集团董事长梁小雷进行了专题演讲，从企业家的高度、战略管理的角度对春和集团的发展历程进行了深刻的剖析。

为保证资料的准确性和效度，在选择公开资料时，本文采取了两方面的策略来整理资料。第一，对信息来源的选择：（1）选择具有学术价值的信息，包括核心权威期刊的案例文献，如在对振华重工信息的选择上，主要选取了由国务院发展中心、中国企业联合会、清华大学联合研究及出版的《振华重工：成功之道》中的资料；（2）具有法律效力的信息，如上市公司的公告、半年报、专业性的财经媒体；（3）权威性的信息，如对春和集团信息的选择上，选取了春和集团董事长梁小雷在全国船舶行业协会上的讲座（2013 年，宁波）。第二，资料来源的交叉验证：同时对比多个来源，尤其对非主流权威媒体的信息采取了多个来源比对的方法，尽可能保证资料的真实性。

（二）上海振华重工的案例分析

1. 企业概况

振华重工自 1992 年 2 月成立，历经 21 年的发展，已经成长为一家拥有

144亿元净资产、销售规模达183亿元的全球知名的重型装备制造企业。

公司总部设在上海，于上海本地及南通、江阴等地设有8个生产基地，占地总面积1万亩，总岸线10千米，特别是长江口的长兴基地有深水岸线5千米，承重码头3.7千米，是全国也是世界上最大的重型装备制造企业。公司拥有26艘6万~10万吨级整机运输船。

产品范围具有明显的"以钢为纲"特征（陈小洪等，2011），即产品市场主要集中在与"钢"高度相关的五大领域：大型集装箱机械、散货装卸机械、海上重型工程船、大型钢构钢桥、港机备件。

2. 上海振华重工的价值链节分析

（1）产品研发阶段的价值链节分析。研究表明，技术领先可以形成竞争优势，一项技术被采用越多，采用的效果越好，效率也就越高（Lapre et al.，2000）。与合作伙伴的合作，是企业的一种重要的学习来源。与其他企业的密切联系能促进企业间的知识转移，并且能够促进那些单个企业无法开发成功的新技术的产生。

振华重工发展初期的创新路径是引进和借鉴他人技术，然后消化吸收，最后进行再创新。振华重工还加强了产学研的结合，与国内外高校、专业科研机构，如上海交大、同济大学、上海海事大学、中国船舶科学研究中心、武汉理工大学、英国Lifttech公司、Mckay公司等多家单位联合，取得了数十项科技成果。

振华重工的产品研发经历了3个阶段（陈小洪等，2011）。

①个人主导的技术与研发创新阶段。在公司创立初期，由于资金和技术力量的限制，振华重工所承接的温哥华项目、迈阿密项目多数是借用其他企业的设计，走的基本上是技术模仿的路子。

②团队主导的技术和研发创新阶段。振华重工技术研发队伍经过1992—1996年的发展，积累了一定经验，振华才开始了自己真正的设计。

③部门主导的技术与研发创新阶段。自2002年以来，振华重工董事会每年用产值的2%投入R&D作为开发基金，包括研发人员出国考察、学习、技术交流、研发设备、试验设备配置和试验、软件编制、现场调试、奖励基金等一切与研发有关的费用。在这个阶段，研发工作产生了质的飞跃，由过去单纯的设备创新发展成系统的技术与设备创新，创新的技术附加值明显提高。

产品研发阶段振华重工的竞争优势分析见表1。

表1　　　　　　　　振华重工在研发阶段的竞争优势分析

序号	竞争优势	优势程度 强	优势程度 中	优势程度 无	简要分析
1	产品性能		▲		● 例子：通过探索式创新活动，把国际高新技术成果运用到港口机械设备制造业，不断提升产品的技术含量和附加值（朱瑞博等，2011）。技术集成创新，例子有八绳防摇技术，F4GPS 技术应用于 RTG（轮胎式龙门集装箱起重机），绿色 RTG 等；在工艺流程方面创新等。● 分析：引进、消化、吸收、自主创新，产学研合作，与供应商合作，使产品性能具有一定的优势，但是鲜与世界最高水平的研发机构合作，且与国际一流水平的用户的合作方式单一，未能形成绝对的主导地位，未能形成稳定超额利润的来源
2	产品成本	▲			● 例子：1998 年振华又开始设计开发自己的电控系统，其中控制软件占到电控系统总价格的 60% 左右，控制软件的自主设计，使电控系统的总成本下降了 60%；而电控系统的国产化，使得振华产品设计和开发速度大大加快，电控系统的成本降到进口时的 15%（朱瑞博等，2011）。● 分析：自主设计、突破关键技术、国产化都大幅缩减了产品成本，增强了企业的市场竞争力，以致能够以低价扩大市场份额
3	产品质量			▲	研发阶段对产品质量优势不明显
4	生产效率			▲	研发阶段对生产效率优势不明显
5	市场占有率		▲		● 例子：在全世界率先将 GPS 卫星导航和定位系统用于港机是振华自主构建能力形成的重要标志，振华的这项独特技术，不仅获得了中国专利，在世界其他国家也取得了专利，帮助振华获得了大量订单（朱瑞博等，2011）。振华重工开发出了一种全新的双向防摇技术，即八绳双向防摇技术，与常规起重机相比较，虽然其造价高出 5% 左右，但其效率却比常规超重机高出 20%~30%，它的应用为港口带来了巨大的效益，深受用户的欢迎。● 分析：振华能够迅速扩大市场份额，取决于在制造阶段的生产组织形式和研发阶段的技术创新，在研发阶段主要是通过降低成本和技术创新提高市场占有率
6	新产品开发	▲			● 例子：2000 年以后，振华重工的新产品、新技术层出不穷，比如全自动化的空箱堆场项目、常规码头的双小车岸桥、全自动码头的双小车岸桥、双 40 英尺集装箱岸桥、自动化码头的 RMG、各种形式的起重机。● 分析：通过与关键供应商合作，产学研攻关掌握了部分核心技术，对新产品开发有很大的作用

通过分析可以看出，研发阶段有着一定的竞争优势，该价值链节属于核心

链节，但由于创新属局部创新，与竞争对手相比未构成绝对优势。

（2）营销阶段的价值链节分析。复杂产品系统的市场特征，一方面体现在供应商的寡头结构，复杂产品系统项目的主要设备供应商都比较集中；同时用户端同样体现这一特征，能够购买和使用复杂产品系统的最终用户一般是少数的大型专定用户或者政府部门，用户的数量较少，"双头垄断结构"是CoPS最为典型的市场特征（陈劲、景劲松，2005）。

复杂产品系统行业用户数量少、集中度高，任何一个产品都会受到多数用户的关注，一个成功的复杂产品系统项目（如蛟龙号）会引起业界内的广泛关注，而一个失败的复杂产品系统项目同样也会对企业造成恶劣的影响。所以，支持营销能力的，最重要的是产品和服务本身。振华负责经营办的刘起副总这样总结他们的成功："产品好——好产品就是活广告（质量好、交货期准时、信用好）；服务好——用户满意，才能有回头客。"

综上分析，营销阶段不是振华重工的核心价值链节。

（3）生产设计阶段的价值链节分析。针对技术上有难点的项目，振华重工会下发一个开工通知单，对此进行专项研究。除了大的项目外，小的技措技改项目直接计入成本，不必另行申请，在振华，所有的员工都可以参与研发、申报项目，并同时可以申报资金额度要求。职能部门与项目组的生产研发一体化。由于设计、研发和生产紧密结合，在制造中发现问题，在设计研发中解决问题，又通过制造得到信息反馈，使振华重工在极短的时间内积累了丰富的经验。

从以上分析可以看出，振华重工在技措技改等投入了很多资金，但由于多属于针对某一特定项目的解决问题型技术创新，未形成标准化设计，单个项目的成功经验，由于"外包内做"的生产组织形式，未能在项目之间进行"嫁接"，所以该阶段所产生的优势并不明显，特别是CoPS的学习效应，未能充分体现。

综上分析，生产设计阶段不是振华重工的核心价值链节。

（4）采购阶段的价值链节分析。因为钢材价格的波动对公司成本有较大的影响，所以振华以与钢材供应商签订年度合同的方式锁定成本。在供应商管理上，振华公司目前对外有1300多家供应商，与主要供应商一直保持了比较稳定的关系，在采购上不存在对少数供应商的依赖。通过对各供应商进行综合评价，按ABC分级管理，优胜劣汰。

虽然《振华重工：成功之道》一书中专门归纳了振华重工的供应链优势，并将"外包内做"作为供应链核心优势之一，但本文作者认为"外包内做"属生产组织形式，故将其定位为生产阶段的竞争优势。而与钢厂签订年度协议的做法，在行业内属普遍行为，不具有独特的竞争优势；对厂商进行ABC类分级管理，也是行业内运作较好企业的通行做法。

通过以上分析，采购阶段不是振华重工的核心价值链节。

（5）制造阶段的价值链节分析。2000年振华重工的公司战略发生了变化，开始相关多元化发展，企业规模也进一步扩大，在此期间逐渐建立起以项目制为基础的管理模式，组织结构也根据以项目流程为基础的"七事一贯制"进行调整（将经营、设计、制造、安装、调试、整机运输、售后服务7个环节由1个指挥系统指挥），2000年后的组织结构基本没有太大的变化（陈小洪等，2011）。

振华重工产品多为订单式的，每个客户都不一样，因此公司组织了多个跨职能的项目组。

在生产组织上，公司已经形成了以施工队为主体的生产体系。振华重工白领员工约有4900人，蓝领、灰领等生产人员主要是农民工，大约有4万人。老板承包制就是以老板的名义在公司基地承揽生产任务，按项目以承包手段计量付酬。在公司各基地推行以老板施工队为主体的"单独核算承包制"，凡能量化的任务均实行承包，提高了生产效率和经济效益，减少了浪费和其他无效管理。公司对施工队实行ABC类管理，A类施工队的工价上调10%，B类施工队的工价不动，C类下浮10%。

质量控制。振华重工所在行业属高风险的特种行业，公司特别强调质量和安全问题，并为此制定了与国际标准接轨的质检标准。质量安全办公室有100多人在总公司，总规模有700~800人，分4个部门，同时还有质量安全委员会，总体负责质量安全和质量认证工作。若包括现场质量检查（QC）和质量系统项目管理（QA）的人员，质量管理部门共拥有1200余人的质检队伍。

制造阶段振华重工的竞争优势分析见表2。

表2　　　　　　　　振华重工在制造阶段的竞争优势分析

序号	竞争优势	优势程度			简要分析
		强	中	无	
1	产品性能			▲	该阶段对产品性能优势不明显
2	产品成本	▲			● 例子：港机产品领域是一个劳动力密集型的行业，一台重型设备的设计、生产、安装前后要近万名员工参与，发达国家很难用得起这么大量的劳动力。振华重工的老板制施工队管理模式，使4万多蓝领工人成为公司的竞争优势而不是负担（陈小洪等，2011）。长兴基地3.5千米岸线，江阴基地近900米岸线，使振华得以利用浮吊在驳岸边进行大型钢结构件的拼装、翻身作业。大型的承重码头可使振华以整机形态装到运输船上送交客户。● 分析：外包内做的方式充分利用了廉价劳动力优势，优越的厂地资源有效降低了成本

续表

序号	竞争优势	优势程度 强	优势程度 中	优势程度 无	简要分析
3	产品质量		▲		● 例子：在设备配套的质量控制：形成了自主的中华牌（按国际标准高质量生产）的机电配套件体系，通过定期召开主要配套件任务通气会来协调合作伙伴（朱瑞博等，2011）。制造过程的质量控制：共有1200余人的质检队伍。● 分析：从多年来的运行结果看，虽然振华的质量控制较好，但由于该行业属高风险行业，"外包内做"的缺陷之一就是外包老板对质量易于忽视（陈小洪等，2011），所以在该阶段质量控制存在优势但并不显著
4	生产效率	▲			● 例子：有专用的整机运输船，可以将产品以整机形态运往全世界，产品能准时交货，大大增加了国际竞争力。以市场为导向的技术经营单元，以满足经营需求为目标的生产单元，以业务责任为中心的项目组，以生产任务为核心的施工队，这样的组织结构达到了高效的目的。● 分析：外包内做的生产组织形式，充分运用了"多劳多得、质好价高"的激励原则，使学习效应得到发挥，生产效率优势明显，工期得到保证，整机运输、具有先进设施的建造基地也都为提高生产效率做出了贡献
5	市场占有率		▲		良好的交货记录、良好的质量都为提高市场占有率提供了支持
6	新产品开发			▲	该阶段对新产品开发优势不明显

通过分析可以看出，制造阶段有着很强的竞争优势，该价值链节属于核心链节。

（6）服务阶段的价值链节分析。在服务阶段，振华重工有着自己的特色。

其一是运输服务。在世界同行中，拥有10万吨级整机运输船的只有振华一家，运输船队可以保证振华重工的产品以相对低廉的运输费用跨海越洋运往全世界，并准时交货。

其二是终身服务承诺。在世界的集装箱起重机行业，没有一家企业敢保证对客户实行终身承诺，对产品实行终生保修，而振华重工对集装箱机械产品提出了产品终身保用，即在用户正确使用、安全操作、及时保养的情况下，对部分零部件（国产）承诺终身保用。

其三是服务的细节。快速响应保证——顾客至上的理念，振华重工将客户视为一种长期的资源储备，要求对于顾客问题做到24小时内答复，并且对于紧急情况充分授权，无须层层申报，这种高速、高效的做事风格，顾客至上的经营理念，为其赢得了不少忠诚客户。

服务阶段振华重工的竞争优势分析见表3。

表3　　　　　振华重工在服务阶段的竞争优势分析

序号	竞争优势	强	中	无	简要分析
1	产品性能			▲	该阶段对产品性能优势不明显
2	产品成本	▲			● 例子：突破客户"点装"（用户指定零部件）是振华掌握系统设计能力的重要标志，而突破"点装"的方法是采取延长质量保证期。振华许诺如果客户使用自己设计制造的关键模块（国产），振华将会延长产品的免费维护年限。另外振华重工拥有自己的运输船队，并成为企业的主要竞争优势之一。● 分析：采用国产的零配件可以大幅降低采购价格，是成本优势的来源之一，这一优势是通过延长保修期来实现的；拥有运输船队也降低了运输价格，增加了成本优势
3	产品质量			▲	该阶段对产品质量优势不明显
4	生产效率			▲	该阶段对生产效率无影响
5	市场占有率	▲			● 例子：振华对使用国产关键件采取"终身保修"。● 分析："终身保修"免去了顾客的后顾之忧，增加了营销砝码，属特有优势
6	新产品开发			▲	该阶段对新产品开发优势不明显

该阶段形成了两个竞争优势：产品成本优势和市场占有率优势，特别是"终身保修"是支持营销、提高市场占有率的重要武器，所以该阶段是振华重工的核心价值链节。

（三）春和集团的案例分析

1. 企业概况

春和集团，1995年起步于轻工业，8年后"跨界"并购了两家船厂组建了太平洋造船集团；3年后再次发力，开拓了完全独立于造船之外的海工板块；再隔3年，又进军资源投资和远洋物流，目前已经形成了船舶产业、海洋工程、资源投资、远洋物流四大核心板块协同发展的产业布局。集团现有员工25000

余人，2011年总资产203亿元，营业收入126亿元，进入中国企业500强。

2. 春和集团的价值链节分析

（1）产品研发阶段的价值链节分析。"多元化发展、专业化经营，专注于细分市场，做细分市场的领导者"，这就是春和的产品定位。创业之初，在轻工业市场上打拼时，董事长梁小雷就对业务进行初步定位："我们起步晚，起点却必须高；我们的'枪口'始终只对准国外市场，以国外市场为导向，去赚外国人的钱。"在转型进入造船、海工乃至投资国际物流时，仍要求高起点。

在产品研发上，春和集团推行技术国际化，奉行技术领先的理念。合作使企业能够获取必需的技术和资源，并且这样的获取方式比独自开发要快得多。如果自主开发，会延长新产品开发周期，一种取而代之的方案是通过建立战略合作或者签署许可协议。在设计产品初始版本时，用户参与并鼓励用户对产品设计提出建议，可以帮助企业将开发工作集中在能更好地适应用户需求的项目上。刚步入造船领域时，春和就请来多位国内外造船业的精英建立起本集团的船舶设计院，并已完成数种科技含量较高的新船设计。春和集团的海工板块一路高歌猛进，原因在于其从起步开始就嫁接国际资源和技术，在海工产品的研发上，更是取得了非凡的成果（见图4）。

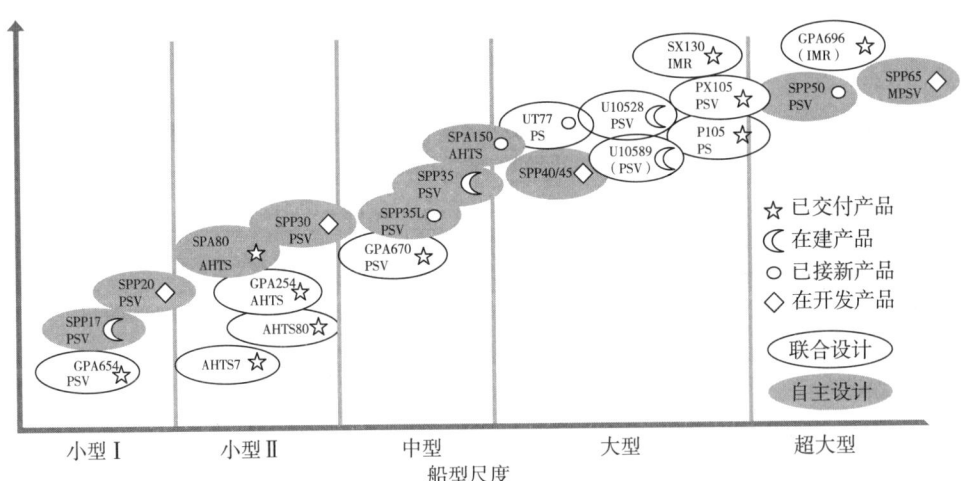

图4 春和集团海工产品研发、生产、订单的技术复杂度与船型尺度对比

资料来源：船舶行业协会会议，宁波，2012年4月。

春和集团在研发链节产生的竞争优势见表4。

表4　　　　　　　　　　春和集团研发阶段的竞争优势分析

序号	竞争优势	强	中	无	简要分析
1	产品性能	▲			●例子：2005年，法国波邦财团（用户兼合资方）专门要求造十艘高科技的GPA-石油海洋平台补给运输船，促进了春和从"入门产品"向高技术含量产品的转变。联合挪威Hamworthy公司在国内首次研制出浮式储油再气化装置的"心脏"——再气化模块。2011年，成立了太平洋挪威公司，进一步拓宽国际视野，开展营销开发、技术和采购协同、国际项目管理咨询工作。2012，成功交付了自主设计的全球首制5000立方米全压式联体双罐液化石油气船，该船型曾获得德国劳氏船级社（位置联系）全球首个液化气船能效设计指数（EEDI）证书。从图4可以看出，春和集团在海工产品细分市场已经开发了22种产品，其中联合开发12种，自主设计10种，已经完全占据了该细分市场的设计主导地位。●分析：从联合设计到自主设计，选择世界顶级的设计公司联合开发、与用户合资等方式的应用，使春和获取了该行业最先进的技术，培育了自己的吸收、消化、再创造的能力，在该阶段形成了独特优势
2	产品成本	▲			●例子：建造的5万吨级散货船达近30艘。海洋工程船也实现了批量建造。在船舶产品成本中，船台费、码头费、设计费、工装费等占到全船成本的15%以上，批量造船可以使此类费用在多艘船舶产品中分摊，从而大幅减少费用。●分析：复杂产品系统的学习效应巨大，春和通过与国际一流设计公司合作，开发出满足市场需求的"通用型"船型，充分利用了学习效应，成本优势明显
3	产品质量			▲	该阶段对产品质量优势不明显
4	生产效率		▲		批量化生产，降低了建造过程的未知性，也降低了设计失误率和生产差错率，从而促进生产效率的提高
5	市场占有率	▲			●例子：在海工产品的研发上，取得了非凡的成果，使公司在一些特种船市场的占有率保持领先水平，比如AHTS和PSV产品的市场份额分别占全球市场的9%和19%，双双位居全球第一。●分析：高水平的定位，不但会满足用户的需求，甚至会引导用户的需求，所以好的产品必然促进市场占有率的提高
6	新产品开发	▲			●例子：在海工产品研发上，采取合作引进国际最先进技术的同时，更注重自己的消化和吸收，国际化团队很好地解决了"消化不良"的问题，已经取得了细分市场产品的设计主导地位（见图4）。●分析：通过建设与国际一流设计公司、用户联合的跨企业研发团队，有效实现了技术的引进、消化、吸收、再创新，达到了在该细分市场的新产品开发领先地位，培养并保持了竞争优势

通过以上分析可以得出，在产品研发阶段，春和集团具有核心竞争优势，该链节是关键价值链节。

（2）营销阶段的价值链节分析。金融危机后，全球船市一片低迷，而春和集团却凭借前瞻性的战略布局稳步发展，更于2010年获得了金融危机后国内最大的10亿美元海工船订单。

但是金融危机后春和在营销上的出色表现，并不是因为其营销能力，而是由于以下3个原因：一是非相关多元化的产品结构，成功地规避了现金流风险；二是其产品满足用户需求；三是其主导了该细分市场的设计水平。

从以上分析可以得出，春和集团在营销阶段没有产生太多的竞争优势，该链节不是春和集团的核心价值链节。

（3）生产设计阶段的价值链节分析。为了培育自己的设计能力，在进入造船领域之初，春和集团就在设计上投入"重兵"。第一步是依托国际一流的设计公司进行联合设计，第二步是自己进行生产设计，第三步是完全的自主设计（包括概念设计、详细设计和生产设计）。2003年，在上海成立的SDA（上海斯迪安船舶设计有限公司），现在与UIstein、UT等国际顶尖船舶设计公司展开全方位合作，已具备概念设计、基础设计、详细设计、生产设计的全面设计能力。

春和集团在生产设计链节产生的竞争优势见表5。

表5　　　　　春和集团生产设计阶段的竞争优势分析

序号	竞争优势	优势程度			简要分析
		强	中	无	
1	产品性能		▲		生产设计是实现产品性能的重要一步，要将研发阶段的技术指标一项一项地落实到施工图纸上
2	产品成本	▲			● 例子：春和精心打造的SDA设计公司已经具备了所有基础设计、详细设计及生产设计的能力。设计差错率是复杂产品系统项目成本难以控制的一个重要因素，一艘大型船舶的设计差错率会高达10%，从而造成材料浪费、人工成本增加以及生产周期延长，春和集团建立了自己的设计公司，并通过高水平设计、批量化生产使设计差错率逐渐降低，远低于行业内的平均水平。● 分析：生产设计是CoPS产品降本的重中之重，因为在这一阶段，将决定材料设计用量和设备的技术规格，这些物量的数据直接决定了CoPS产品的材料成本。通过标准化设计、优化设计等方法，物量成本大幅下降，设计差错率明显降低

续表

序号	竞争优势	优势程度 强	优势程度 中	优势程度 无	简要分析
3	产品质量		▲		• 例子：生产设计是施工图纸质量的确定阶段，在CoPS项目中，施工图纸的修改是一个普遍现象，这也正是造成CoPS项目建造周期不确定、易拖期、成本居高不下的重要原因。• 分析：通过提高生产设计能力、标准化设计等方法，春和对建造的质量、精度、进度都做了很好地掌控
4	生产效率	▲			• 例子：最能感觉到变化的是大洋造船的职工。一位技术主管介绍，过去在老江扬工作时，设计中返工是常有的事，"现在责任更明确，丝毫马虎不得。工作效率是过去的两三倍，质量标准也大大提高"。通过降低设计差错率，使生产返工减少到很低的水平，也使得生产进度完全可控。作者在调研时，与该公司高层领导研讨生产准时制如何实现问题，答复是：责任制明确、生产设计差错率低、批量化生产。• 分析：自己拥有高水平的生产设计队伍，可以极大地提高生产效率，主要因为：设计人员熟悉工厂的建设设施和实际情况，可以根据工厂实际开展和完善生产设计；设计差错率减少，减少了返工和误工的工作量和时间；生产设计人员可以对建造过程中出现的技术问题及时反应，解决问题的效率高
5	市场占有率			▲	在该阶段对市场占有率优势不明显
6	新产品开发			▲	在该阶段对新产品开发优势不明显

从以上分析可以得出，生产设计阶段是春和集团的核心价值链节。

（4）采购阶段的价值链节分析。春和组建了太平洋重工业公司，把原来各船厂分散采购的钢材、机电设备实行统一采购，集中供应，不仅节约了成本，还保证了质量。与此同时，与上海隔江相望的江苏启东海滩上，占地6000余亩的"船舶制造配件城"也将动工。

但是，春和集团对采购采取的以上措施均属于行业内通行的做法，与行业内的竞争对手相比并没有竞争优势。

（5）制造阶段的价值链节分析。公司决策者在轻工业积累的成本控制经验，也可以"嫁接"到造船这个新的领域。"在进入造船以前，我们轻工产品的出口已经处于行业领导地位，"梁小雷透露，"做实业有一定的套路。"他暗示此前多年从事实业经营的经验对造船行业仍然有效。2003年收购了大洋造船后，在短短几年内，通过流程再造、精益管理、敏捷制造，大洋造船的造船效率直接与日本大岛造船对标。资源配置方面，完善国际一流的设施。接手大洋之初，春和就投入了 3 亿多元，对大洋造船的设备进行了技术改造，船台、船坞改造，新厂房建设均按照国际一流标准实施。流程再造方面，进行标杆管理，向世界上最好的造船企业看齐。

春和集团在制造链节产生的竞争优势见表 6。

表6　　　　　　　　春和集团制造阶段的竞争优势分析

序号	竞争优势	优势程度 强	优势程度 中	优势程度 无	简要分析
1	产品性能		▲		制造过程是保证产品性能实现的主要环节，在制造阶段，产品性能得以实现，特别是在高附加值的海工产品上
2	产品成本	▲			● 例子：为了实现大洋造船"将简单产品做到极致"这一升级目标，接手大洋造船后，梁小雷自封为流程再造小组长，开展了对标世界最先进企业的工作。大洋正式运行后不久，企业管理层和技术骨干即远赴欧美及日韩等世界造船大国"取经"。● 分析：流程再造、标杆管理使企业在该阶段充分利用了学习效应，使成本大幅降低，与竞争对手相比，优势明显
3	产品质量	▲			● 例子：基本实现了分段车间的精度生产，确保了分段制造95%无余量下料、加工、装焊的目标，实现了物流顺畅、分道作业和壳舾涂一体化。● 分析：产品质量的控制主要是在制造阶段，流程再造、责任明晰、高质量的施工图纸使企业产品质量得以保证。在复杂产品系统的制造过程中，精度是影响产品质量的重要因素，精度得以保证，意味着制造过程中的产品质量可控
4	生产效率	▲			● 例子：大洋的工艺流程创新，带来的是分段加工效率成倍提高，单位时间钢材加工量迅速攀升。通过造船流程和精度管理，大洋船厂5万吨级散货船的建造正在向60天船台周期、60天码头周期这一新纪录发起冲击，立志在造船速度上做"中国第一"。● 分析：生产流程的最优化和标准化，成功地降低了复杂产品系统的复杂性对生产的影响，使生产效率大幅提升，标杆管理、流程再造、高质量的施工图纸使企业对生产进度完全可控，生产效率远高于行业平均水平
5	市场占有率			▲	在该阶段对市场占有率优势不明显
6	新产品开发			▲	在该阶段对新产品开发优势不明显

从以上分析可以得出，制造阶段是春和集团的核心价值链节。

（四）案例的对比分析

在本节中，将对两个案例的核心价值链节进行对比，并从环境变化的角度，分析环境变化给两个案例的核心价值链节带来的影响，以解释两家公司在金融危机下的不同表现。

1. 两个案例核心价值链节的对比

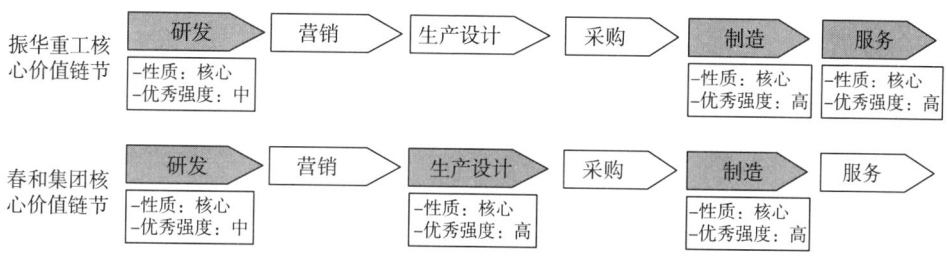

图5 双案例核心价值链节对比图

如图5所示，振华重工在研发链节（强度中）、制造链节（强度高）、服务链节（强度高）具有很大的竞争优势，该3个链节是振华重工的核心价值链节。春和集团在研发链节（强度高）、生产设计链节（强度高）、制造链节（强度高）具有很大的竞争优势，该3个链节是春和集团的核心价值链节。

2. 各价值链节的对比分析

（1）研发链节。振华重工主要是运用了消化吸收、产学研合作、与供应商联合等办法，使企业在该阶段形成了产品性能、产品成本、市场占有率、新产品开发的优势。但是鲜与世界最高水平的研发机构合作，与国际一流水平用户的合作方式单一，局部创新未能与竞争对手形成绝对的竞争优势，未能获得超额利润。春和集团通过与国际一流的设计公司合作、建立自己的研发队伍、与船东成立合资公司等方式，达到了定位高端产品、引领船东消费导向、从联合研发到完全自主设计的目的，在产品性能、产品成本、市场占用率、新产品开发4个方面都产生了核心竞争优势。

（2）制造链节。振华重工通过项目组管理、"外包内做"的老板承包制、质量安全控制体系等办法，在该阶段形成了强大的产品成本优势、产品质量优势和生产效率优势，并促进了市场占有率的提高。春和集团通过标杆管理、流程再造、国际一流设施的资源配置等方法，使产品成本、生产效率、产品质量和产品性能都远高于行业平均水平,培育了自己的核心竞争优势。

(3)生产设计链节。春和集团通过培育自己的设计能力、优化生产设计等方式,使施工图纸质量、产品的性价比大幅提高,在产品性能、产品成本、产品质量、生产效率4个方面都高于行业平均水平,具有一定的竞争优势。

(4)服务链节。振华重工通过打造自己的运输船队、承诺终身保修、注重服务细节等方法,形成了自己特有的服务价值链节,该价值链节对提升营销能力和提高产品成本竞争力作用较大。

3. 金融危机对两案例企业影响不同的解释:价值网络的动态性

振华重工在金融危机下受到了较大的冲击,主要是因为作为其核心优势价值链节的研发链节、制造链节和服务链节,都不同程度地受到了金融危机的影响,价值链节产生的优势变弱。(1)在研发链节,当经济繁荣时,价值增加主要来自"薄利多销",未形成远超对手、能带来超额利润的技术领先优势;而当经济衰退时,产品价格下降幅度大到无利可图的地步,市场占有率的增加已无法弥补价格下降所带来的利润减少。(2)制造链节的价值增加来源于"外包内做"的生产组织形式,在经济繁荣阶段充分利用了低廉的劳动力成本,与国际上的竞争对手相比,竞争优势明显[①];但是随着中国劳动力成本的不断上升,这种优势已经越来越小。(3)服务链节的价值增加主要来源于运输船队和终身保修承诺,其中终身保修产生的最大优势是增加市场占有率并增加订单量,正如前文所述,当价格下降到无利可图时,终身保修就不能再产生原有优势了。

相比之下,春和集团的核心价值链节受到的影响要小于行业内其他企业,所以比竞争对手更成功地分散了风险。(1)在研发链节,价值增加来源于国际领先技术水平的设计以及不相关多元化战略。高水平的设计主导了用户需求,形成了超额利润的来源,使当船舶市场容量极速下滑时,春和集团在船舶产业中依然表现十分抢眼。另外春和集团涉足的4个主要领域存在着很大的差异性,不相关多元化使春和成功地分散了风险,在船舶市场形势严峻时,春和集团的海工板块已经成熟,在几乎所有企业都去分食海工的市场份额时,春和已经转向了资源和物流领域。(2)制造链节的价值增加来源于先进的业务流程。先进的业务流程相对竞争对手来说就是竞争优势,无论市场如何惨淡,总有少数比竞争对手做得好的企业能够生存,甚至发展。相对于自身而言,金融危机使春和集团在制造阶段的价值增加有所减少,但是相对于竞争对手来看,竞争优势

---

① 创业之初振华重工获得的来自加拿大的第一份订单——1台集装箱起重机,价格就比竞争对手低30%(陈小洪等,2011)。

没有变化。（3）在生产设计链节，春和集团通过培育自己的设计能力、优化生产设计等方式，使施工图纸质量、产品的性价比大幅提高，环境变化对该链节的影响不大。

从分析可以得出，价值网络具有动态性，在不同的经济环境下，价值网络中价值链节产生的竞争优势会发生变化，当经济环境发生变化时，不同企业的表现会存在很大差异。

五、结论与展望

（一）研究结论

本文从价值网络的角度，对振华重工和春和集团两家 CoPS 企业进行对比分析。本文的研究说明：（1）CoPS 企业的价值链具有明显的网络特性，且与大批量生产企业的价值链不同；（2）CoPS 企业的核心价值链节是研发与设计、生产设计、制造；（3）价值网络具有的动态性，导致了金融危机对不同的企业影响不同。

第一，CoPS 的复杂特性形成了 CoPS 企业特有的价值网络，该价值网络与大批量产品企业价值链有着本质不同。CoPS 企业价值网络的基本行为包括产品研发、营销、生产设计、采购、制造、服务。CoPS 企业的价值链是一个开放网络，用户等企业外部的重要利益相关者都参与到价值网络中来，成为价值网络的一部分。在这个网络中，用户的影响几乎贯穿了全业务流程，技术分包商、设备分包商、制造分包商也对企业的价值链产生了很大的影响。

第二，每个企业都有着自己特有的价值网络和核心的价值链节。两个案例企业的核心价值链节给企业形成了超越竞争对手的竞争优势，进而支撑了企业的高速发展，使它们成为行业内的成功企业。研究表明：研发链节、生产设计链节和制造链节对复杂产品系统企业的竞争优势影响较大，其中研发链节能够带来优产品性能、低产品成本、强新产品开发和大市场占有率，从而对差异化优势和成本优势均有贡献，特别是对差异化优势的形成贡献很大；生产设计链节的最大影响是成本和效率，会对成本优势和差异化优势造成影响；制造链节主要是通过学习效应和生产流程的先进性影响成本优势。

第三，价值网络具有动态性，核心价值链节的强度和对竞争优势的贡献也会随着外部环境的变化而变化。很多复杂产品系统企业在金融危机下受到了较大的冲击，主要是因为作为其竞争优势来源的价值网络受到了金融危机的影响，一些价值链节产生的优势变弱，甚至一些竞争优势的来源成为竞争劣势的来源。

经济环境变化从根本上改变着复杂产品系统企业的价值网络。在经济繁荣时期，通过扩大市场份额就可以增加利润，企业应该注重培养和改进能够提高市场份额的价值链节，两个案例企业的成长轨迹都说明了这一点；而经济衰退时期，利润空间会被大幅压缩，某一类产品甚至会出现利润为负的情况。与扩大市场份额相比，技术领先、多元化经营（主要体现在产品研发的价值链节）的表现刚好相反，技术领先在经济繁荣时期的作用已经很突出，当经济衰退时，因竞争对手的利润空间被极度压缩，技术领先产生的竞争优势就更加明显；多元化经营在经济繁荣时期并不能在短期内为企业带来明显的优势，但在经济衰退时期成功地分散了风险，成为竞争优势的来源之一。

同样，劳动力成本变化也对企业价值链节的强度造成了重大影响。劳动力成本低廉一直是中国企业的竞争优势来源之一，也是很多外国企业来华投资设厂的原因，案例企业之一的振华重工成长过程中制造链节的"外包内做"生产组织形式，很好地平衡了低劳动力成本和质量控制的关系，形成了企业的核心优势，但是随着中国劳动力成本的不断上升，这种优势已经越来越小。相比之下，先进的生产流程产生优势的持久性更强，比竞争对手效率更高就能产生成本优势和差异性优势，这是一个不变的法则。

（二）实践建议

第一，复杂产品系统企业应该在研发、生产设计、制造3个环节考虑如何培育自己的价值链节，以获取竞争优势。

对于研发阶段，获得价值增加、提高竞争优势的主要手段包括：与用户、供应商合作，以掌握市场需求的动向，开发出有市场前景、满足用户需求的产品；与国际上技术领先的设计公司、大学、研究机构合作联合开发，获取最先进的技术资源；培养自己的研发队伍，通过联合开发、转化设计等方式提高自主设计能力。

在生产设计阶段，获得价值增加、提高竞争优势的主要手段包括：建立和培养高水平的生产设计队伍，生产设计人员要与研发以及制造阶段密切联系，达到无缝连接；提高标准化设计、模块化设计的应用比例，可以大幅减少设计差错率。

在制造阶段，要注重打造先进的生产流程。通过流程再造和标杆管理等方法，打造先进的生产流程，这是降低成本、提高效率，获得优于竞争对手的优势的不二法则。

第二，复杂产品系统企业要特别注意环境变化对自身价值网络的影响。

价值网络的动态性说明了价值网络与环境相适应的重要性。复杂产品系统企业打造自身价值网络时，一方面要对内外部环境进行分析，还要不定期地对外部环境的变化进行监测；另一方面，要对价值链节的优势来源进行梳理，分析外部环境变化可能对优势来源的影响及程度，并及早做出响应。

（三）研究局限与未来研究

本文存在以下局限性，也是未来可能的研究方向。

（1）研究方法和研究对象的局限性。本文采取两个复杂产品系统企业进行了双案例对比研究，虽然案例研究可以深入、透彻地对一个普遍存在的现象或问题等进行研究分析，从而能够对某一普遍存在的现象或问题有深入的了解（Yin，2003）。但是，由于样本企业选择的局限性和特例性，研究结论并不一定具有普适性，通过案例研究得出的结论还需要进一步加以验证，验证的内容不仅包括选取不同的研究对象，也包括不同的研究方法（如实证研究）。

（2）对价值网络的动态性研究，也仅是通过案例的纵向数据分析以及双案例的对比分析，得出了初步框架，其作用机理还需要进一步的研究确认。

参考文献

[1] Allee V., 2000, "Reconfiguring the Value Network", *Journal of Business Strategy*, 21(4), pp. 36~39.

[2] Allee V., 2008, "Value Network Analysis and Value Conversion of Tangible and Intangible Assets", *Journal of Intellectual Capital*, 9(1), pp. 5~24.

[3] Ambrosini V., Bowman C., 2009, "What are Dynamic Capabilities and are They a Useful Construct in Strategic Management?" *International Journal of Management Reviews*, 11(1), pp.29~49.

[4] Bailetti A. J., Callahan J. R., McCluskey S. M., 1998, "Coordination at Different Stages of the Product Design Process", *R&D Management*, 28(4), pp.237~247.

[5] Brady T., 2000, "Organizational Capabilities and Learning in Complex Product Systems:

Towards Repeatable Solutions", *Research Policy*, 29, NO. 7/8, pp.931~953.

[6] Eisenhardt K. M., 1989, "Building Theories from Case Study Research", *Academy of Management Review*, 14, NO. 4, pp.532~550.

[7] Gann D. M., Salter A. J., 2000, "Innovation in Project-based, Service-enhanced Firms: The Construction of Complex Products and Systems", *Research Policy*, 29, NO. 7/8, pp.955~972.

[8] Hansen K. L., Rush H., 1998, "Hotspots in Complex Product Systems: Emerging Issues in Innovation Management", *Technovation*, 18, NO. 8/9, pp.555~561, 589~590.

[9] Heighes T., 1997, "Quantitative Indicators for Complex Product Systems and Their Value to the UK Economy", Conference Paper for 7th International Forum on Technology Management.

[10] Hobday M., 1996, "Complex System vs Mass Production Industries: A New Innovation Research Agenda", Paper Prepared for CENTRIM/SPRU/OU Project on Complex Product Systems, EPSRC Technology Management Initiative, GR/k/31756.

[11] Hobday M., 1998, "Product Complexity, Innovation and Industrial Organization", *Research Policy*, 26, NO. 6, pp.689~710.

[12] Hobday M., 2000, "The Project Based Organization: An Ideal Form for Managing Complex Products and Systems", *Research Policy*, 29, NO. 7/8, pp.871~893.

[13] Hobday M., Brady T., 1998, "Rational vs Soft Management in Complex Software: Lessons from Flight Simulation", *International Journal of Innovation Management*, 2, NO. 1, pp.1~43.

[14] Lapre M. A., Mukherjee S. S., Wassenhove L. N. V., 2000, "Behind the Learning Curve: Linking Learning Activities to Waste Reduction", *Management Science*, 46, pp.597~611.

[15] Miller R., Hobday M., Leroux-Demers T. and Olleros X., 1995, "Innovation in Complex Systems Industries: The Case of Flight Simulation", *Industrial and Corporate Change*, 4, NO. 2, pp.363~400.

[16] Nightingale P., 2000, "The Product-process-organization Relationship in Complex Development Projects", *Research Policy*, 29, NO. 7, pp.913~930.

[17] Olausson D., Berggren C., 2010, "Managing Uncertain, Complex Product Development in High-tech Firms: In Search of Controlled Flexibility", *R&D Management*, 40, NO. 4,

pp.383~400.

[18] Pettigrew A. M., 1990, "Longitudinal Field Research on Change: Theory and Practice", *Organization Science*, 1(3), pp.267~292.

[19] Prencipe A., 2000, "Breadth and Depth of Technological Capabilities in Cops: The Case of the Aircraft Engine Control System", *Research Policy*, 29 (7/8), pp.895~911.

[20] Schulte M., 1999, "The Effect of International Corporate Strategies and Information and Communication Technologies on Competitive Advantage and Firm Performance: An Exploratory Study of the International Engineering, Procurement and Construction Industry", Doctoral Dissertation of George Washington University.

[21] Simmie J., Sennett J., 1999, *Innovative Clusters and Competitive Cities in the UK and Europe*, Oxford Brookes School of Planning Working Paper.

[22] Tatikonda M. V., Rosenthal S. R., 2000, "Technology Novelty, Project Complexity and Product Development Project Execution Success: A Deeper Look at Task Uncertainty in Product Innovation", *IEEE Transaction on Engineering Management*, 47 (1), pp.74~87.

[23] Yeo K. T., Yingtao Ren, 2009, "Risk Management Capability Maturity Model for Complex Product Systems (CoPS) Projects", *Systems Engineering*, 12(4), pp.275~294.

[24] Yin R. K., 1994, *Case Study Research*: *Design and Methods*, 2nd ed., Thousand Oaks: Sage Publications.

[25] Yin K. R., 2003, *Case Study Research*: *Design and Methods*, 3rd ed., Thousand Oaks: Sage Publications.

[26] Yin R. K., 2009, *Case Study Research*: *Design and Methods*, 4th ed., Thousand Oaks: sage Publications.

[27] 陈劲, 景劲松. 驭险创新——企业复杂产品系统创新项目风险管理 [M]. 北京：知识产权出版社, 2005.

[28] 陈小洪, 胡新欣, 杨斌. 振华重工：成功之道 [M]. 北京：机械工业出版社, 2011.

[29] 陈占夺. 北京：基于知识管理的制造业复杂产品研发团队研究 [J]. 科学学研究, 2006(5).

[30] 陈占夺, 汪克夷. 复杂产品系统的复杂性对知识管理的影响探讨 [J]. 科学学与科学技术管理, 2007(5).

[31] 崔淼, 苏敬勤, 王淑娟. 后发复杂产品系统制造企业的技术演化: 一个探索性案例研究 [J]. 南开管理评论, 2012(2).

[32] 董保宝, 葛宝山, 王侃. 资源整合过程、动态能力与竞争优势: 机理与路径 [J]. 管理世界, 2011(3).

[33] 董保宝. 网络结构与竞争优势关系研究——基于动态能力中介效应的视角 [J]. 管理学报, 2012(1).

[34] 弗雷德·R. 戴维. 战略管理: 概念与案例, 第13版·全球版 [M]. 徐飞, 译. 北京: 中国人民大学出版社, 2012.

[35] 付永刚, 戴大双. 面向复杂产品系统的研发团队组织有效性——探索性案例研究 [J]. 管理案例研究与评论, 2012, 5(6).

[36] 格里·约翰逊, 理查德·惠廷顿, 凯万·斯科尔斯. 战略管理基础 [M]. 徐飞, 译. 北京: 电子工业出版社, 2013.

[37] 杰伊·巴尼, 威廉·赫斯特里, 李新春, 张书军. 战略管理(原书第3版)[M]. 北京: 机械工业出版社, 2012.

[38] 乐承毅, 徐福缘, 顾新建, 陈芨熙, 王有远. 复杂产品系统中跨组织知识超网络模型研究 [J]. 科研管理, 2012(2).

[39] 刘兵, 邹树梁, 李玉琼, 曾经莲, 陈甲华. 复杂产品系统创新过程中产品开发与技术能力协同研究——以核电工程为例 [J]. 科研管理, 2011(11).

[40] 迈克尔·波特. 竞争优势 [M]. 陈小悦, 译. 北京: 华夏出版社, 2013.

[41] 盛亚, 王节祥. 利益相关者权利非对称、机会主义行为与 CoPS 创新风险生成 [J]. 科研管理, 2013(3).

[42] 宋砚秋, 李美兰. 基于多案例的复杂产品系统项目组织结构动态调整研究 [J]. 管理案例研究与评论, 2012(2).

[43] 苏敬勤, 崔淼. 工商管理案例研究方法 [M]. 北京: 北京科学出版社, 2011.

[44] 朱瑞博, 刘志阳, 刘芸. 架构创新、生态位优化与后发企业的跨越式赶超——基于比亚迪、联发科、华为、振华重工创新实践的理论探索 [J]. 管理世界, 2011(7).

创业网络混合治理机制选择的案例研究*

韩 炜[1] 杨 俊[2] 张玉利[2]

(1 西南政法大学管理学院；2 南开大学商学院、南开大学创业管理研究中心)

摘 要：在具有高度不确定性和资源不对等关系的创业网络中，选择适宜的网络治理机制能够促进创业网络的高效运行，提升新创企业借助创业网络获取资源的效率。但已有研究大多援引成熟企业网络组织的治理理论，未能对"在何种情境下新创企业适宜采用哪种治理机制"的问题给予合理解释。本文结合我国转型经济体制背景以及独特的创业情境，从交易对象隶属性、资产的关系专用性以及新进入缺陷的互动切入，探索其组合情境下创业网络治理机制的权变选择。利用多案例研究发现：针对与体制内组织的网络，投入较高关系专用性资产的新创企业会采用信任机制、辅以信息导向学习机制的混合治理机制，而在关系专用性投资较低的交易中采用基于契约的信任机制、辅以任务导向学习机制的混合治理机制。而针对体制外组织的网络，投入较高关系专用性资产的新创企业会采用基于信任的契约机制、辅以嵌入导向学习机制的治理机制，而在关系专用性投资较低的交易中采用基于契约的治理机制。

关键词：交易对象隶属性 关系专用性资产 新进入缺陷 创业网络治理

一、引言

新创企业的生存和成长是不断建构、维持和治理外部交易网络的过程。已有大量文献探索了创业网络对于新创企业生存和成长的促进作用及其边界条件，但对于创业网络治理机制选择和绩效作用机制研究不足（Witt，2004）。新创企业建立和拓展交易关系的目的在于资源获取和资源交换（Aldrich & Martinez，

---

* 原载《管理世界》2014年第2期。

2001),作为促进和巩固网络成员之间的资源交换的关键因素,选择恰当治理机制是新创企业管理和维持网络中交易关系来推动企业成长的重要手段(Hoang & Antoncic,2003;Newbert et al.,2013)。

创业企业网络中的治理机制不同于大企业网络的治理。对于组织规范完善、拥有资源与声誉的大企业来说,其更倾向于以契约保障其在交易中的权力。大企业具有资源实力承担寻找交易对象的搜寻成本,导致其在契约交易中拥有选择交易对象的自主权(Jackson & Wolinsky,1996)。大企业的声誉降低了交易对象被违约的风险,使得契约的有效性更高。新创企业缺乏合法性导致其可选择的交易对象范围较小,因为大多数潜在交易对象并不会认为新创企业具备交易资质资源和能力(Shane & Cable,2002),同时,新创企业缺乏资源的事实也进一步降低了其搜寻交易对象的能力(Stuart et al.,1999)。因此,为了扩大交易对象的选择范围,单纯采用契约机制可能不是新创企业创业网络最佳的治理选择。更为重要的是,新创企业网络也不同于大企业以市场化交易关系为主的网络,网络视角下的创业研究表明,大多数快速成长企业的交易关系具有相当强的社会化网络特征,它往往是以创业团队/创业者人际关系为基础迅速构建、拓展和积累而成的一种企业间网络关系(张慧玉、杨俊,2011)。这意味着,新创企业可能需要将基于市场关系的契约机制、基于网络关系的信任机制等结合起来,探寻适宜的"混合治理机制"来巩固、强化甚至扩展网络关系进而推动新企业成长。事实上,Guo 和 Miller(2010)针对中国情境的研究已经发现创业企业网络关系呈现为从核心强关系圈到中间人关系圈和外围关系圈逐步扩散的特征,其中,网络治理机制也呈现为感情、人情和交情为组合的混合治理机制。

针对混合治理机制问题,威廉姆森较早地关注了这一问题,他指出处于企业和市场之间的是混合组织,与之相匹配的治理机制应是混合治理机制(Williamson,1979,1999)。但是其混合治理机制仅仅沿袭了公司治理的模式和思路,并没有基于企业网络的结构性特征深入探讨治理机制的内容。在网络治理研究中,一些学者认为契约与信任之间存在互补性整合的特征。虽然大量的观点主张契约与信任之间是一种替代关系(Lincoln & Gerlach,2004;Nooteboom et al.,1997;Zaheer & Venkatraman,1995),但也有少数研究指出,信任是对契约机制的一种补充,将二者整合在一起才能更好地提升治理绩效(Poppo & Zenger,2002;Gulati & Nickerson,2008)。在创业情境下,少量研究也已经开始描述并关注新创企业网络的混合治理机制问题。例如,Hoang 和 Antoncic(2003)发现,由于资源的缺乏,新创企业会以联盟的形式寻求与其他企业在资源上建立互补性组合，从而借助依托信任的共同治理机制，即联盟中利益相关者的治理消除委托代理问题。Peng（2003）则指出，新创企业与其他企业间的交易与合作更多地取决于创业者的先前社会资本，据此形成沿人格化与非人格化关系链的治理。尽管已有研究得出一些启发性较强的研究结论，但其对新创企业的独特情境，特别是中国情境下的新创企业面临的新进入缺陷的细致构成以及成长特性把握不足，对于新创企业利用创业网络来促成交易还是经由关系的建立获取资源抑或增进学习的目的性缺乏深入分析，因而难以挖掘出在哪些因素的驱动下会丰富创业网络治理机制的"混合性"内涵。

基于上述认识，本文提出并探索如下重要的研究问题：不同交易属性、关系属性如何影响创业网络治理机制选择？进一步地，新进入缺陷又如何影响上述机制？具体而言，本文运用多案例研究方法，从创业企业网络中的交易事件关系入手，建构关于不同交易属性、关系属性，以及新进入缺陷的组合情境下创业网络治理机制选择的理论。其原因在于：创业网络的功能是促进新创企业与外部的资源和信息交换，交易事件关系是创业网络功能得以发挥的重要前提，也恰恰是作为资源交换激励手段的治理机制发挥作用的重要环节（Newbert & Tornikoski，2012）。借助深度案例研究发现，创业网络在契约、信任、学习机制上的选择及其混合机制的构建，取决于创业网络中双边交易关系的对象在体制内与体制外的隶属性，新创企业在特定交易上的关系专用性资产投入以及新创企业所面临的新进入缺陷。具体而言，面对体制内组织，在投入较高关系专用性资产的交易中新创企业会采用信任机制，辅以信息导向的学习机制，而在关系专用性投资较低的交易中采用基于契约的信任机制，辅以任务导向的学习机制。面对体制外组织，在投入较高关系专用性资产的交易中新创企业会采用基于信任的契约机制，辅以嵌入导向的学习机制，而在关系专用性投资较低的交易中采用契约机制。

本文的理论价值与实践价值在于以下三个方面。第一，突破以往单纯从契约与信任的角度探讨网络治理的研究局限，从创业情境出发，探寻具有高度不确定性和资源不对等关系的创业网络"混合治理机制"的独特性，即契约与信任相互依存、互为补充，建构治理成本最优化的"混合治理机制"，丰富了对创业网络运行规律的理解，有助于提炼创业网络治理过程中可管理的理性要素。第二，从新进入缺陷的独特视角探讨其与创业网络交易属性和关系属性的交互作用，基于此在创业网络治理机制中引入学习机制，借助组织学习理论和资源依赖理论丰富对创业网络治理的深层次解释，形成对契约机制与信任机制的有益补允，也提升了交易成本理论与网络理论的解释力度。

第三，本文从理论上阐明了新创企业如何利用治理机制协调与创业网络成员的关系，激励网络交换行为的产生，促进资源与信息在网络中的流动以利于创业，从而更好地从网络角度解释创业成功。研究结论一方面有助于启发新创企业制定适宜的网络战略，另一方面也有助于为正在创业的个体提供如何管理创业网络的建议。

二、文献回顾

（一）创业网络治理机制

近年来，网络理论已成为解释创业成功逻辑的重要基础理论（Larson，1992；Hansen，1995；Brüderl & preisendorfer，1998；Hite & Hesterly，2001；Ritter & Gemünden，2003；Hoang & Antoncic，2003）。最近，少数学者开始认识到网络结构和资源优势要转化为新企业绩效并非易事，关键在于如何运用网络组织的治理逻辑提高新企业与其他主体进行交换的可靠性、关系的有效性以及获取资源的便捷性，因此创业企业网络中的治理机制成为极具前景的研究方向（Hoang & Antoncic，2003；Guo & Miller，2010；Newbert & Tornikoski，2012；Newbert et al.，2013）。

在创业情境下，已有文献关于创业网络治理的研究主要侧重于创业网络治理结构与资源流动的匹配（Hoang & Antoncic，2003），创业网络联结的嵌入特性与治理机制的选择（Hite，2005），以及创业网络的治理特征如何影响新创企业绩效。第一类研究侧重于分析创业网络的治理结构特征如何促进资源配置。从结构层面来看，已有研究多关注创业网络中双边关系的联结属性对于获取资源、赢得合法性的影响。例如，Elfring 和 Hulsink（2003）研究发现创业网络中强弱联结的混合体会影响新创企业的机会发现、资源获取和合法性的确立。第二类研究主要从网络理论与嵌入理论出发，探讨在关系型嵌入的不同类型下，创业网络治理机制的选择。以 Hite 为代表的学者深入探讨了创业网络联结的嵌入性特征，剖析了关系型嵌入的类型以及信任机制的产生（Hite，2003）。研究结果勾画出创业网络联结向关系型嵌入演化的过程，并指出创业网络中社会资本构成要素的持续变革会提升对正式契约治理机制的需求（Hite，2005）。这意味着，相较于创业网络中企业间的关系联结由一种类型向另一种类型的转换，在关系联结内的不断深化更具有现实意义，且有利于关系治理机制的运用。第三类研究侧重于分析创业网络独特、复杂而有趣的治理特征。这主要表现在以下三点。第一，创业企业网络治理是以偶发性交易为主要对象的交易激励机制，往往表现为以信任而非契约为核心的非正式治理机制（Newbert et al., 2013）。其原因在于，由于合法性较低，新创企业往往难以与其他企业特别是成熟的大企业建立周期性交易，在偶发性交易中冲突的解决更多地需要依赖于关系要素（Mark, Galaskiewicz & Larson, 2004）。第二，在新创企业的交易框架中，交易对象的身份很重要，其大企业构成可能较少，而更多的交易对象来自创业者的社会网络，这就强化了信任对契约的补充（Slotte-Kock & Coviello, 2010）。第三，新创企业面临着资源、技术缺乏等新进入缺陷，需要依靠网络中各方来获取资源，因而更倾向于通过蕴含学习的合作来降低交易成本，提高合作效率（Hamel, 2000）。

在创业情境下，创业企业网络的治理机制作为网络治理的重要内容逐渐引起学者们的重视，也已取得了一些有价值的研究结论，丰富了人们对创业网络可以被管理的规律性成分的认识，对未来的研究非常有启发意义。Larson（1992）从经济与社会两个层面来分析创业网络的治理机制。经济层面的治理是指企业间超越一般性的市场交易关系，转而通过密切的沟通、共享的管理系统来协调彼此合作的业务；社会层面的治理是指运用道德义务和信任机制，结合身份识别与声誉树立等手段推进企业间的合作。在此基础上，关于创业网络治理机制的研究呈现出三种路径。一是从经济过程审视创业网络的治理。创业网络蕴含着较强的知识与资源，使得网络组织中权力随知识的不同而分散在不同的节点中，分散式的自我治理是创业网络治理的必然特征（Hoang & Antoncic, 2003），因此治理机制主要表现为具有自我履约性质的隐含契约治理机制。二是从社会背景来看创业网络的治理，信任的发展是一个重要的控制因素，是确保网络成员获取收益的一种重要制度安排（Slotte-Kock & Coviello, 2010）。然而对于信任机制如何随着创业网络的形成而衍生并发展，如何控制创业网络的有效形成过程等方面的研究并没有取得实质性的进展（Smith & Lohrke, 2008）。主要原因在于多数研究认为信任机制以创业网络中的双边关系型嵌入为治理对象，而已有研究认为关系型嵌入是同质的，因此未对信任机制进行深入的细分，也就难以发现其变化特征。三是从知识的分散性与传递性来看，学习可能是一个重要的治理要素（Hamel, 2000）。从组织学习理论来看，企业间通过表面与深层的知识互动，有助于新企业在交易或合作过程中逐步形成对某些信息、知识等的释义、认知与积累（Hatch & Mowery, 1998），从而帮助其借助知识渠道提高自身绩效。但已有研究止步于将其作为补充性的治理要素而没有将其作为一种治理机制进行探讨，也未深入挖掘其治理机制的内涵与机理。

上述证据表明，新创企业创业网络的治理可能是契约、信任、学习的"混合体"，而这与 Williamson 的"混合模式"又有较大的不同。后者只是将混合模式作为市场与科层的中间形式，行中间之道并不具备超越两种治理模式的优势（Williamson，1991）；而创业网络治理机制的"混合体"则可能是创业情境下单纯的契约机制与信任机制所不能企及的最佳选择。由此可见，既有的网络组织治理研究是以成熟的大企业为研究背景，其治理理论更适合成熟大企业的交易情境；而对新创企业创业网络治理的探讨应从独特的创业企业交易情境出发，挖掘情境化的治理机制，以丰富网络治理理论的内涵。

（二）中国转型经济的二元结构

中国处于经济体制转型期，即通过引入市场机制实现由传统的计划经济体制向市场经济体制的转型（Child & Lu，1996）。这是一个渐进的过程，也就是说，市场经济体制的发展要在一定程度的国家调控下逐步完成，这就形成了我国当前体制内格局和体制外格局并存的复杂经济结构（Boisot & Child，1996；Child & Lu，1996；Tan，2005）。所谓体制内格局，是指在自上而下的计划经济体制框架内，国家以条（工作组织的科层体系）、块（地方政府的管辖范围）等形式来控制和支配生产性的要素资源，格局内的构成主要包括政府机关、国有企业、行政事业单位、高校与科研院所等（边燕杰等，2006）。而体制外格局则是指在以自由贸易与竞争为特征的市场经济框架下，外资企业、私营企业等主体在公平交易的原则下，在价格机制的协调下进行交换并配置资源。来自体制内格局和体制外格局的创业网络主体在与新创企业建立关联或进行交易时，可能会表现出不同的行为特征进而导致差异化的治理方式，这种差异来源于两种体制格局所秉承之社会规范差异以及格局内环境差异所致的运作逻辑差异（Child & Tse，2001）。

在体制内格局中，国家行政指令是资源配置的主要手段，国家往往根据体制内组织在国家行政体制中的地位而将资源有差别地实施配置，因此体制内组织更注重并善于与体制内的行政主管部门建立关系来获取更多的资源（Tao & Zhu，2000）。作为资源配置的主导，来自体制内组织的创业者处于社会分层格局中的较高层次，表现为一种权威性和聚焦性的社会权威，凭借这种权威，体制内个体往往可以依赖于行政管理部门及其人格化的关系运作来获取资源，同时赢得外部利益相关者的认同（Blau，1977）。相比较而言，体制外格局是在自由贸易的市场经济框架下，非国有企业通过公平交易与价格机制交换并配置资源（边燕杰、李路路、李煜、郝大海，2006）。从社会权力的角度来看，资源配置权力的不公平分配使得体制外组织处于较低的社会层级，其所拥有的社会权力是一种分散的、广泛的权力，因而其难以获取关键资源且对社会制度的影响力较弱（Blau，1977）。在这种情况下，体制外组织更倾向于依托市场机制，借助竞争行动来获取资源，组织间往往依靠市场交换活动彼此传递非重复性信息，其连接的纽带不再是关系网而是交易链和信息桥（Boisot & Child，1996）。

我国经济结构二元性可能会对创业企业网络治理机制选择带来有趣的影响。在多次探测性调研中我们感受到，未采取适宜的治理手段或治理手段与新创企业交易或关系属性不相匹配，是新创企业难以经由创业网络获取资源的重要原因。不少创业者尽管尝试与其他企业建立关系，但由于缺乏与该企业及其交易、关系特性相匹配的治理手段而使得双方关系具有较高的脆弱性。鉴于此，深入探究创业网络的治理机制，有助于识别创业网络形成过程中可管理的理性成分，回答如何通过治理措施促进创业网络效率的提升等问题，有助于探索促进创业网络良好运行的政策性措施。

（三）理论基础

网络组织的治理问题是交易成本理论和网络理论共同关注的重点话题，尽管两种理论都认同治理机制是促进和巩固资源交换的重要手段，但两种理论对网络治理机制的理解存在着差异。网络理论强调以信任为核心的治理机制，而交易成本理论则注重以市场契约为手段对治理机制予以规范化分析。

网络理论认为，治理机制是维持和强化网络有效性，促进网络整合和资源流动的重要手段（Coleman，1990）。在网络理论看来，网络治理机制是依赖"隐形和开放式合约"的激励机制，他们往往受到社会机制支持而非法律强制（Brass，1984；Larson，1992；Das & Teng，1998）。网络理论强调信任在网络治理机制中的核心作用，认为信任不仅能够促进非常规交易发生，而且能够提升交易关系的效率（Uzzi，1997；Das & Teng，1998），提升交易关系的深度和丰富性，将一次性交易转变为常规性交易（Hite，2000）。更为重要的是，网络理论认为信任机制的效果取决于网络中交易关系的属性（Granovetter，1973）。例如，Uzzi（1997）发现在服装制造商与其关系嵌入性供应商之间的信息交换更具有整合性，具体而言，在交易过程中，供应商能通过整合那些难以言传的设计和制造流程来帮助服装制造商提高产品质量，而这往往难以通过以市场关系为核心的契约关系来实现。

　　交易成本理论则以正式和非正式契约为主要工具，探讨网络组织中节点企业间交易关系的治理机制。从交易成本理论来看，网络治理机制的选择视企业间交易特性和治理机制的效率而定。针对标准化程度高、不确定性小的周期性交易，古典契约是适宜的选择，因为交易双方只需依据以往经验决定是否继续交易。在古典契约下，交易主体的身份并不重要，重要的是契约的形式与法律的支持（Williamson，1979）。针对偶发性非特定交易或高度特殊的交易，适宜采用新古典契约在三边交易框架下进行，即基于第三方对交易双方进行非正式沟通与教育，以化解双方的冲突（Williamson，1991）。针对环境复杂、风险极大的交易，交易双方更愿意舍去投机心理，代之以交易双方订立长期合作契约，以避免交易失败带来的风险或成本，即关系契约（Argyres and Liebeskind，1999）。从古典契约到新古典契约再到关系契约，凸显了交易成本理论对契约的法规性、第三方仲裁以及契约复杂性的关注，而这些都是建立在成熟大企业的交易情境基础上，即完善的组织规范使其拥有模式化的交易对象搜寻程序、合同订立程序以及履约程序，交易行为往往是"依约办事"而不重视交易对象属性等。

　　在网络治理研究中，少数研究开始整合网络理论与交易成本理论，尝试解释契约与信任的关系。一些学者指出在有些交易中，信任可以作为契约的一种替代，从而成为一种可选择的治理机制（Bradach and Eccles，1989；Dyer，1997；Gulati，2007；Lincoln and Gerlach，2004；Nooteboom et al.，1997；Zaheer and Venkatraman，1995）。这一观点主张信任所激发的合作行为能降低治理成本，产生相对于复杂契约更为有效的治理效果（Bradach and Eccles，1989；Dyer，1997；Gulati，2007；Lincoln and Gerlach，2004；Nooteboom et al.，1997；Zaheer and Venkatraman，1995）；而契约意味着非信任，因此会破坏交换关系的产生，滋生机会主义行为（Fehr and Gachter，2000；Ghoshal and Moran，1996；Malhotra and Murnighan，2002；Sitkin and Roth，1993）。但是，也有少数学者指出，契约治理与关系治理（经由信任途径）是互补关系（Poppo and Zenger，2002），二者的整合能够提升治理绩效（Mayer，1999）。正式契约对于信任来说是必需的，单纯依靠信任无法获得较高的交易效果（Lazzarini et al.，2004）。这种互补的观点为契约与信任要素的混合提供了理论基础，但已有研究并没有深入探索两种机制如何混合以及在何种情境下（在哪些交易中）需要采取混合治理机制。

从已有研究来看，尤其是在创业情境下，大多数研究集中于从网络视角下讨论创业企业网络交易关系的构建问题，因为创业企业面临的资源约束、合法性缺失以及高度不确定性等约束条件导致其难以像大企业一样遵循交易成本理论所倡导的以成本与风险估算和控制为核心的治理模式建立交易关系。但在现实层面来看，过分拘泥于人际关系构建交易关系虽然有助于创业企业生存但并不利于创业企业成长。最新研究表明，在创业过程中，创业企业外部交易关系属性中强弱关系的组合比例关系呈现为动态变化过程，增加弱关系交易对象是创业企业生存和成长的关键（Newbert et al., 2013）。这意味着，单纯地依靠信任机制可能并不充分，契约机制仍然可能对于创业企业有价值，因此有必要整合网络理论与交易成本理论来分析创业企业网络混合治理机制问题，这不仅有助于认识创业企业混合治理机制的前置因素进而揭示本质，而且有助于对于创业企业如何激励弱关系交易对象来推动其成长带来富有洞见的理论认识。

三、研究设计

本文的研究问题是"不同交易属性、关系属性如何影响创业网络治理机制选择？进一步地，新进入缺陷又如何影响上述机制？"尽管已有研究对网络治理的探讨已取得一定的研究成果，但对创业网络这种特殊情境下的治理问题研究还较为鲜见，同时也需要从过程角度予以深入剖析，因而这一研究问题适宜援引探索性研究思路，采用理论建构式的案例研究方法。

（一）案例选择

本研究主要采用多案例研究方法，以4家新创企业（以下简称"A""B""C""D"公司）为研究对象。案例的选择标准在于：(1) 案例企业的成立时间均在10年以内；(2) 案例企业在创业过程中大量地利用了创业网络来获取资源、赢得合法性；(3) 根据理论抽样需要，采用相反案例策略（polar cases），选择以不同的方式约束自身与其他企业关系的新创企业；(4) 出于便利性考虑，选择已经跟踪多年、收集大量资料的新创企业。案例简要信息如表1所示，4家企业在所在行业都具有较高的绩效和收益水平，代表着高绩效的典型案例。

表1　　　　　　　　　　　案例企业简况

案例企业	成立时间	从事业务	发展/收益状况
A	2005年	气体调节设备与应用技术的研究与生产，该设备主要用于蔬菜水果保鲜等	现已成为陆军、海军后勤保障设备的重要供应商，且在民用市场上有较好的表现，收益较高
B	2004年	个人家居、办公环境、商业展示空间、展会展业专业设计、工程施工	现已建有十几家连锁店，连年被装饰协会评为"全国住宅装饰装修百强企业"，收益较高
C	2007年	环保类项目的建设与运营，目前主要业务为垃圾处理	现已建成为华北地区规模最大的垃圾焚烧发电厂，但由于成本较高，收益适中
D	2007年	企业互联网应用服务专业解决方案的提供，致力于为客户量身定制全方位网络服务	在分散的网络服务市场上，成为天津市消防局的网络系统服务独家提供商，且为多家高校持续运营课程网站，收益较高

本研究采用嵌入式案例设计，以4家案例企业为分析主单元，以案例企业在创业网络中的交易事件为嵌入式分析单元。原因在于：每一家新创企业会与多个企业、组织甚至个体建立关联并进行交易，而这些交易事件在以不同的治理方式运行着，因此有必要挖掘不同交易事件的治理机制，以形成对创业网络治理机制问题的整体性解释。

（二）资料来源与收集过程

本研究对4家案例企业的资料收集已进行了3年时间，收集到了大量的实地观察与访谈资料，为创业网络治理机制的动态性细节分析与理论化探究提供了丰富的数据。具体而言，本研究采用一手资料和二手资料相结合的资料收集方法，提升研究的信度和效度。一手资料来源于：（1）课题组对4家案例企业的实地观察（包括旁听公司管理例会、独立观察与记录等手段），其中对两家企业的跟踪观察长达3年时间，对另外两家企业的实地观察也达到一年时间；（2）与4家案例企业的创业者、高层管理者进行深度访谈，访谈内容包括案例企业的创业背景、创业历程、面临的困难、网络情况以及业务发展状况等问题。对4家企业的实地观察从2009年开始，访谈则集中在2012年3—5月完成。二手资料来源于：（1）调研过程中案例企业提供的文档资料，包括公司简介、相关产品信息、业务介绍、相关制度规定等；（2）在线访问了案例企业的网站，将相关信息进行了整理;(3)在线收集了案例企业涉及的相关行业信息,对搜集到的信息进行了深入研究,保留了关于创业环境与创业网络的相关内容;(4)在 CNKI 网站上以"创业网络"为主题检索了相关文献,提炼了有关本研究主题的相关内容。

资料收集分三个阶段进行。第一阶段主要采用开放式的、有轻度指导的访谈辅以直接的实地观察,据此获得一手资料。这一阶段应用的访谈与实地观察能够保证经济解释在讨论中得到充分的检验。在访谈中,如果访谈对象只是简单地谈及"关系对资源获取的重要性",我们就会问及新创企业这种关系是如何形成、具体的关系建构过程以及资源交换事件等信息。在使用非指导性访谈问题时,本研究强调准确性,从而探查敏感的事项。如"关于这个你能否告诉我更多的信息?""还有其他的吗?"或者"我对这个细节很感兴趣"等启发式问询。第二阶段主要采用焦点访谈,针对第一阶段重要的、遗漏的问题进行调研,同时配合实地考察补充不完善的数据。在这一阶段,本研究基于现有理论与资料发展出了一个工作框架,通过在资料和工作框架间来回反复地分析、整理,使得证据不断被积累,并不断添加到框架中。第三阶段主要采用三角检定法检视案例资料自身存在的偏差、矛盾等,如一手资料与二手资料的出入,新创企业与其他企业对同一关系的不同观点等,进而对此进行追踪访谈,用以解释疑问。访谈方式主要是电话访谈与电子邮件的补充问题。

(三)研究的信度与效度

为了保证研究的信度和效度,以已有研究为指导(Yin,1989;Eisenhardt,1989),本研究从案例研究程序的设计、资料的收集以及数据的分析各个环节注重信度与效度的提升。本研究首先成立了一个由一名具有较深厚理论基础的教授、一名擅长案例研究的副教授、两名博士生和一名硕士生所组成的五人案例研究小组。在资料收集的信度方面,本研究主要采用发展案例研究资料库和三角检定法来提高信度(Yin,1989)。本研究依据前述的资料收集过程,不断积累、完善案例研究资料,并根据交易事件维度将资料进行表格化、类型化,建立案例资料索引,形成案例研究资料库。本研究不仅以 4 家案例企业为调研对象,还对与其存在关联的其他企业、组织、个体如供应商、客户、合作伙伴等进行调研,从而使用三角检定法检视从案例企业调研情况的真实性与可信性。三角检定法的应用有助于揭示基于研究需要而形成的偏差和失误记录。在资料收集的效度方面,本研究主要使用多重证据来源,并通过发展证据链来提高效度（Eisenhardt，1989）。本研究基于证据来源多重性的考量，采用包括实地观察、开放式访谈和焦点访谈在内的一手资料收集方法以及包括档案纪录、文件等在内的二手资料收集方法，使得多重证据来源收敛于研究结论。同时，在资料收集与资料分析的互动过程中，如果我们遇到不完整的证据链，我们会根据情况进行追问以进行信息的深度挖掘，从而能形成完整的证据链，确保提高研究的效度。

在完成资料收集以及资料库的建设后，研究小组由两位参与访谈的成员对访谈资料（特别是录音资料）进行了文本转换与整理，就信息不清楚的问题向被调研企业进行追踪访谈，就理解不一致的问题进行小组讨论，通过反复听录音、专家咨询或向企业求证等方式对相关问题形成一致解释，从而保证了资料分析过程的信度。在资料编码过程中，首先将研究小组分成两组，每组分别对资料进行编码，然后对编码结果进行比较，就不一致的地方向组外专家请教；同时，本研究还将已进行概念化的资料提供给被调研企业进行求证，以获得研究效度。

（四）关键构念识别与描述

本研究涉及契约、信任、学习、关系资产专用性等多个关键构念，结合理论研究和案例归纳，对于关键构念的界定与描述如下。

契约机制。它是指交易主体通过签订包含交易内容、交易主体的权利义务等细致条款的书面合同来降低交易成本的治理机制。本研究对契约机制的衡量主要遵从3个标准（Williamson，1991）：一是交易主体就特定交易签订正式的书面合同；二是合同的签订先于交易的发生；三是合同中详细规定交易的细节，交易主体的责权利以及违约惩罚等。

信任机制。它是指由于合作各方确信没有一方会利用另一方的弱点去获取利益，因而乐观地估计而不是基于经济利益与风险的计算来看待合作方（Uzzi，1997），往往借助情感、道德义务、声誉以及身份识别等促进合作的进行（Baker et al.，2002）。本研究对信任机制的衡量主要遵从三个标准：一是合作伙伴间的合作进行并未签订正式书面合同，二是合作伙伴确信对方有能力和信念承担合作任务（Johnson et al.，1996），三是相较经济利益与风险，合作伙伴更多地以乐观的态度看待合作关系（Uzzi，1997）。

基于契约的信任与基于信任的契约。基于契约的信任与基于信任的契约是包含契约与信任要素的混合机制，前者是以惩罚性契约（主要包含违约惩罚条款）的签订为前提，在契约保障的基础上逐步形成对新创企业的信任；后者则是以信任作为交易性契约（主要包含交易内容条款）订立与履行的基础。在构念建构过程中，基于契约的信任衡量标准在于：第一，交易主体是否在首次交易进行前即签订了正式合同，且合同主要包含惩罚性条款；第二，双方的再次交易中用内容性条款替代惩罚性条款，用一揽子合同替代多个独立的细节合同；第三，随着交易的重复性提高，交易进行中不严格遵循合同中的时间等内容规定，而是双方协商进行，自然推进。基于信任的契约衡量标准在于：第一，交易主体在首次交易前存在先前的社会关系或信任的投入，因而合同的签订取决于对交易主体身份的识别、声誉的认可；第二，双方在交易进行中补充签订合同，或在交易结束后签订后续的长期合作协议，合同以合作内容而非惩罚条款为主。

学习机制。它是指交易主体通过信息传递与沟通，知识转移与交换处理交易关系，这种建立在协调基础上的学习能够使得新企业撬动网络中蕴含的知识（Stam et al.，2013）。依据学习的目的和内容，本研究将学习机制划分为信息导向的学习、任务导向的学习和嵌入导向的学习3种类型。信息导向的学习是以掌握与交易对象有关的信息为目的，侧重获取关于交易对象需求、偏好等的知识；任务导向的学习是以掌握完成交易任务所需知识为目的，侧重获取任务完成的过程与结果等方面的知识；嵌入导向的学习是以增强新企业的合法性为目的，侧重获取关于如何嵌入其他企业的供应链以至更好地嵌入网络的知识。

体制内与体制外交易对象。本研究将政府机关、国有企业、行政事业单位、大学、科研机构作为体制内交易对象的衡量标准，而将外资企业、私营企业、合资企业作为体制外交易对象的衡量标准。这种类型划分得到了已有研究成果的理论支持，也能在现实中反映我国转型期社会结构复杂性所导致的单位属性差异（边燕杰等，2006；Boisot and Child，1996；Child and Tse，2001）。

资产的关系专用性。Williamson（1985）在对交易成本构成维度的分析中指出，资产专用性即资产可用于其他用途，或被他人使用而并不毁损其价值的程度，是影响交易成本大小的重要因素，其包含物质资产专用性、人力资本专用性等。从网络的角度来看，企业间的资产投入还具有关系专用性（Dyer & Singh，1998）特征，即资产仅能用于特定企业间、特定关系的程度。在具有关系专用性的资产上持续投资，是产生"关系租金"的重要来源（Dyer & Hatch，2006）。对于资产的关系专用性程度，本研究采用在企业间特定关系中的投资数额予以衡量，即新企业在与其他企业的交易中投入用以建立关系的联系资金、用以更好地与其他企业合作的固定资产，以及专门与该企业联系的人力资源等越高，意味着企业间资产投入的关系专用性越高。

新进入缺陷。Stinchcombe（1965）最早对新进入缺陷概念的构成进行剖析，认为其包含四个方面内容：一是新企业的组织角色定位缺失，二是新企业对其内部结构、流程、关系方面定位的不足与低效率，三是新企业外部联系的不确定性，四是新企业与客户关系的不稳定性。在创业网络中，新创企业所面临的新进入缺陷主要表现为一种外部缺陷，即与客户关系的不稳定性、外部关系与任务的学习成本以及小生态环境的嵌入性。从已有研究的解释来看，与客户关系的不稳定性源于对客户需求的不了解、在先前经营中对客户期望的惯性认知与依从等，因而表现为对客户的认知缺陷；外部关系与任务的学习成本则是由于新创企业在与其他企业进行交换时会涉及与交换任务相关的角色扮演、任务承担、知识获取等，而对上述认知的缺乏会造成新创企业在交换任务上的认知缺陷；小生态环境的嵌入性是指新创企业在赢得客户、供应商以及其他利益相关者对其产品、服务或经营模式的理解和认知，从而嵌入并适应小生态环境方面存在能力缺陷，使得整个小生态环境向其流动的资源非常稀少。基于已有研究对新进入缺陷中外部缺陷的阐释，本研究将创业网络中新创企业面临的缺陷划分为对交易任务认知的缺陷、对交易对象认知的缺陷和对网络嵌入合法性的缺陷。

（五）数据分析过程

依据对关键构念理论维度的描述与识别，本研究采用统一的编码原则对数据内容进行编码，意在从大量的定性资料中抽离、提炼理论构念以及构念间的关系，从而建构并论证理论研究部分所提出的概念模型。首先，本文以与新创企业有关的交易事件（exchange）为分析单元，这种交易事件包括单纯的买卖交易、不涉及商品交换的合作以及信息交流等。本文对于交易时间的选择是以交易对象为标准的，即新创企业针对某个交易对象形成了持续性的交易，而非单次的、偶发性交易，因此交易关系具有持续性。其次，研究将案例企业与其创业网络中其他企业的交易事件编码为 E1~E20，编码原则是每一个交易事件采用了一种治理方式协调双方的交易关系，如表 2 所示。最后，针对每一个交易事件的背景资料，以渐进的方式进行编码，逐步抽离交易事件涉及的交易对象属性、关系属性、案例企业在交易中所面临的困难等因素，并据此进行编码。编码过程示例如图 1 所示。

表2　　　　　　　　4家案例企业所涉及交易事件列表

编码	交易事件
E1	为二炮部队提供气调设备的开发与生产
E2	为海军提供船用保鲜设备的开发与生产
E3	标准件、通用件的外购

续表

编码	交易事件
E4	承包商提供结构件的外部加工、各种产品箱体的加工
E5	与天津保鲜中心合作冰温保鲜项目
E6	为大学科研院所提供实验设备
E7	与重大工程设计单位的设计合作
E8	为体育大学提供运动设备
E9	与施工队的合作
E10	承包某投资人的工装工程
E11	承包银行机构的工装工程
E12	监理业务外包
E13	供应商为企业提供设备技术支持
E14	同业伙伴企业提供运营咨询服务
E15	市容环卫部门交付垃圾处理业务
E16	将生产废料飞灰出售给制陶企业作为原料
E17	向小企业购买用于焚烧的秸秆
E18	为消防局建设并维护网站
E19	为消防部队开发练兵系统
E20	为高校院系开发并维护精品课网站

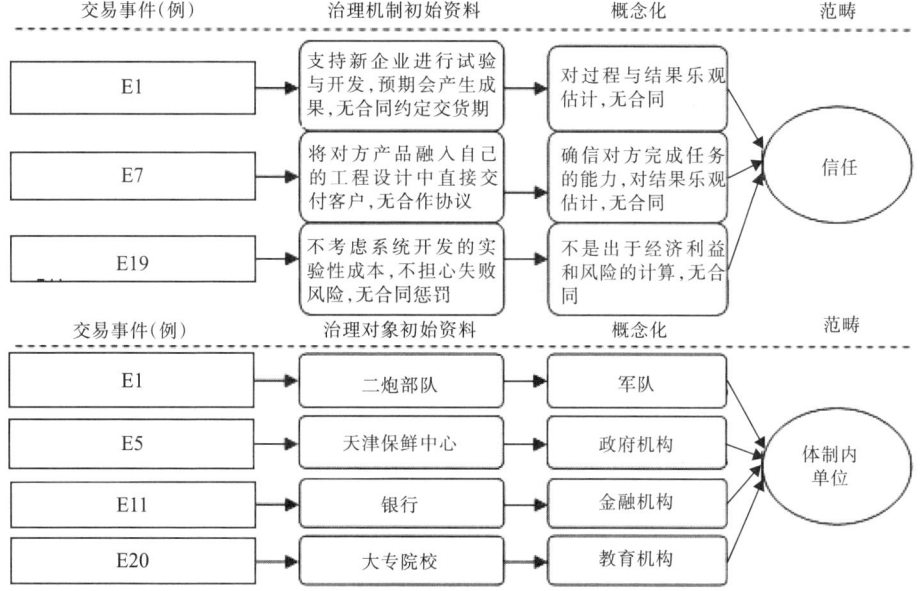

图 1　本文的编码过程示例

四、研究发现——创业网络治理机制的选择

本文通过案例研究发现利用契约机制、信任机制与学习机制能够更好地解读创业网络的治理机制内涵,而这些机制的形成与选择有赖于交易属性、关系属性以及新进入缺陷类型等因素,见图2。

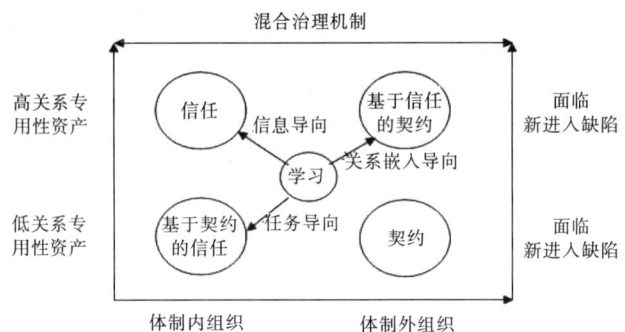

图2 不同交易属性和关系属性条件下的网络治理机制选择

注:在体制外组织与低关系专用性资产情境下,并没有发现面临新进入缺陷时存在学习机制的证据。

(一)体制内交易对象与关系专用性资产的组合情境

在我国情境下,新创企业创业网络中交易主体的体制隶属性会影响到其创业网络治理机制的选择。首先,体制内组织多将"关系"作为一种期望规范,即对群体中的其他人如何行事的认识(Elster,1989)。他们认为"关系"是与外部进行交换或配置资源的前提,"关系"构成了其他组织与之建立关联的结构壁垒。正如Tao和Zhu(2000)所指出的,体制内的社会网络是以关系网来建构群体间的纽带。嵌入于这种网络的个体倾向于积累人际关系与人情经验,以利于自己未来的目的性行为。这在本研究案例中也有较多的体现,如E1,E2,E5~E8,E10,E11,E15,E18~E20的交易事件中,体制内组织往往是由于与新创企业的创业者间存在先前社会关系,或经由第三方接触到创业者,将关系传递至新创企业,因此才有了后续的交易事件(见表3)。其次,在中国的转型经济背景下,国家仍然主要根据体制内组织在国家行政体制中的地位而将资源有差别地实施配置,使得体制内组织能够获取更多的资源。加之体制内外的社会权力存在非均衡配置,其所引发的社会分层格局使得体制内组织拥有一种权威性的、聚焦性的社会权力(Blau,1977)。而社会权力结构预置了社会群体博弈的初始规则并决定了最终均衡的力量分配(Acemoglu et al.,2005)。这预示

着，凭借较高的社会权力，体制内组织能够调动和配置更多的、更为关键的资源。作为资源配置的主导，体制内组织常常不以经济利益或核算风险作为决策交易的主要依据，而代之以关系主导的效益考量，且在关系驱动下交易更表现为愉快的合作。这主要是由于决策者并不享有组织的所有权，因而不像体制外组织决策者那样更从经济利益与风险的角度看待交易，即交易伙伴不会以对方的损失为代价获取私利，并且不是根据风险计算，而是乐观地进行操作（Uzzi，1997）。正如交易事件 E1 所展示的，"二炮部队向我们订购这套设备，但我们的设备并不成形，还需要针对他们的需求进行实验和调试，但他们放心让我们去做，并不担心到时难以交货。因为我们请部队领导多次来参观我们的企业"。

表3　关于体制内交易对象与关系专用性资产组合的案例证据

交易事件	案例证据	交易对象隶属性	资产的关系专用性	治理机制
E1	第一单业务是为二炮部队提供气调设备，经由创业者以前的同事与部队领导接触多次，请部队领导来厂参观，了解企业实力。针对这一大客户，新企业专门成立军品部，在专门的生产车间和生产线上完成生产。新企业通过多次试验最终达到部队的要求，过程中部队没有过多干涉且支持设备开发与研制。在第一批产品交货前未签订正式合同	体制内	高	信任
E2	由于创业者是陆军退伍军人，对海军部队不熟悉，因此在新企业为海军提供船用保鲜设备的业务中没有过多的先前关系。双方签订了正式合同。经由中间人的介绍，海军部队逐步熟悉新企业，且在中间人的非正式担保下，增强了对新企业产品、资源以及诚信的认知	体制内	低	基于契约的信任
E5	新企业成立冰温保鲜项目小组与天津保鲜中心在该项目上展开合作，并投入专门的实验设备。这一合作对双方来说是互惠的，因此彼此在合作过程中自发地完成各自的任务，并努力促进项目的完成。双方未签订合同	体制内	高	信任
E6	新企业为大学科研院所提供实验设备数量少，有时就是单台，且对方要求新企业进行定制化研发与生产，细节难以在合同中详细记录，但仍需签订合同约定交货期、产品基本功能等信息，在此基础上允许新企业进行试制	体制内	低	基于契约的信任
E7	新企业与重大工程设计单位合作为客户设计保鲜库，客户是气调设备的最终使用者，但须经由设计单位将其产品设计在客户的图纸上。因此新企业对设计单位进行了广泛而深入的接触，专人联系、专门流程，虽与设计单位的合作不签订协议，对方都会预先考虑将新企业的产品融入其设计	体制内	高	信任

续表

交易事件	案例证据	交易对象隶属性	资产的关系专用性	治理机制
E8	新企业为体育大学提供运动设备，也需要进行大量的试验，所以难以在合同中规定产品细节，但明示了交货期、试验风险等。对方支持、参与新企业的试验过程，增进了解	体制内	低	基于契约的信任
E10	在承包新企业最大投资人的工装工程中，由于对方对新企业非常熟悉，放心将工程直接交付；但由于工程投资数额较高，企业建立了主要由自己的技术人员组成的项目组完成对方的工程。双方交易前未签订正式合同	体制内	高	信任
E11	在承包某银行的工装工程中，双方签订了正式合同，但经由投资人的牵线，银行相信新企业能较好地完成合同规定的内容，因而没有对装修现场进行过多的监督和检查	体制内	低	基于契约的信任
E15	新企业与市容环卫部门没有熟人，因而在联系垃圾处理来源时，新企业努力找朋友关系与相关部门人员建立联系，最终与市容环卫部门下属的多家垃圾转运站签订垃圾处理协议，通过后续合作、互动增进对新企业的了解与认可	体制内	低	基于契约的信任
E18	新企业的第一单正式业务是承揽消防局的网站建设，但是与另一较大网络公司合作，只承担其中部分模块。作为交易的一方签订了正式合同。消防局出于对大公司的熟悉才相信该新企业的业务能力	体制内	低	基于契约的信任
E19	新企业为消防部队开发三维练兵系统，专门用于消防官兵的日常训练。经由前期的网站建设合作，新企业已与消防部长建立较好的关系，且有专门的人员和流程投入这一大客户。消防局也逐步形成了对该新企业资源与能力的认可，在系统开发上未签订正式合同，系统开发完成才进行款项交付	体制内	高	信任
E20	新企业为高校院系或教研室提供课程网站建设，关系的建立主要经由同学介绍。这是新企业重要业务，因而有专门的流程应对。网站建设中需要对模块进行交流，合同细节无法规定，也就未签订合同。网站完成后交付款项	体制内	高	信任

新创企业在特定关系中所投入资产的关系专用性不同，会影响到其治理机制的选择。所谓关系专用性资产指的是具有专属于特定两家企业之间的关系特性的资产，即在特定两家企业间流动的资产无法传递至或应用于其他企业之间（Dyer & Hatch，2006）。在创业情境下，新企业往往会利用社会关系在有限的特定交易关系中投入专用性较高的资产以保证关系的稳定性（Stam et al.，2013）。即便如此，由于交易主体的有限理性，加之新企业资质和资源不足，可以预测双方合作的事后谈判成本较高。尽管为了推动交换活动或合作关系的建立，需

要签订长期合作契约,但双方更可能因契约内容以及合作过程中的条款修正而产生争议,而在其后的讨价还价过程中因信息不对称而难以达成有效的不完全契约(Williamson,2002)。对这种事后成本的预期会产生事前成本(费方域,1996),这意味着其他企业不愿意与新技术企业建立合作关系,而止步于简单交易。面临这种情形,信任是解决之道。这种信任机制通过感性上的信心投入使得契约条款上的争议减少,而通过理性的信任分析降低信息不对称的水平,有助于弥补合作双方预期事后成本所产生的事前成本。

当面对体制内组织时,新创企业所投入资产的关系专用性较高,意味着两个层面的结果:一是相关资产产生并积累于该双边关系;二是相关资产仅能用于该双边关系所产生的交易事件。这就使得资产在新创企业与体制内组织间不断积累,且具有锁定效应,从而使得新创企业借助关系资产将体制内组织中的资源引导流入新创企业(Szulanski,2000)。在这一过程中,新创企业对关系专用性资产的投入符合体制内组织对"关系"的期望规范,且通过关系资产的不断积累,新创企业与体制内组织能够实现在特定关系链条内进行深入的搜寻,使得双方可以就交换涉及的资源、信息以及利益等进行关系内协商,形成互惠互利的一致性协议,促进资源与信息的双向流动,使问题的联合解决成为可能(Uzzi,1997,1999),从而构成信任机制。正如交易事件E18所描述的,"经过前期的网站建设合作,消防部门知道我们的诚信和实力,我们在关系维系上也有较多投入,他们能够放心让我们开发系统,随时出现问题我们随时共同解决"。可见,信任机制借助情感、互惠、长期合作等的投入,使得参与方的承诺超出了契约的限制,从而对双方关系做出契约外的贡献,以此促进问题的联合解决以及高质量的产生。由此我们得到命题1。

命题1:当新创企业在与体制内组织的交易中投入较高专用性的关系资产时,其更倾向于以信任机制治理双方的关系。

当新创企业在与体制内组织的交易中缺乏关系专用性资产的投入时,双方更倾向于以契约为基础,辅以信任机制的运行。由于后续关系专用性资产投入的缺失,体制内组织缺乏与新创企业交流、互动,在关系链内时刻搜寻潜在问题并关注问题解决的动机,也就缺乏主动信任对方能力与诚信的动机。双方交易关系的建立仍以契约为主,在交易开始前即签订具体的合同,且合同中仍可能包含惩罚性条款。随着交易的进行和深入,新创企业在交易中的行为和表现逐渐赢得体制内组织的认可,强化体制内组织对新创企业身份的认知。而体制内组织在认知规范框架下所采取的信任不是由于关系专用性资产的投入,而是由于新创企业交易行为所产生的可信任（credibility trust），即合作伙伴确信对方有能力和信念承担合作任务。信任的投入激发了重复性交易的产生，也使得后续的签约中减少惩罚性条款，代之以交易性条款以促进资源交换与信息交流。正如交易事件 E6 所描述的，"我们为许多科研院所提供定制化的实验设备，生意是来我们这里工作的毕业生介绍的。尽管他们一开始对我们并不太认可，但由于我们的设备相较同类产品性能更好，而我们更能完成客户的定制化要求，他们渐渐放心让我们做，后来我们的合作都不用签非常详细的合同了，就约定交货期和产品要求就行"。由此，我们得到命题 2。

命题 2：当新创企业在与体制内组织的交易中投入较低专用性的关系资产时，其更倾向于以基于契约的信任机制治理双方的关系。

（二）体制外交易对象与关系资产专用性因素的组合情境

体制外因素可能会影响创业网络治理机制选择。在体制外格局中，企业运行的游戏规则是市场规则，而企业所遵从的社会规范是正式契约（Peng & Heath，1996）。从交易成本理论来看，在以市场为主导的经济体制中，来自体制外的供应商、潜在顾客、合作伙伴等利益相关者判断新创企业是否有潜力、是否合适或恰当的重要基础在于，新创企业基于市场规则的运作表现，尤以价格层面的优势与产品层面的质量为重（Zimmerman & Zeitz，2002）。而利润驱动下对于价格、产品质量等行为的约束，往往靠正式契约来实现。正如公司 A 的创业者所描述的，"在我们的军品市场，多年的合作使得部队都很相信我们能够做好；而在民用市场上，那些企业客户在产品功能细节和交货期上都要求严格，且严格按照合同执行"。更为重要的是，以外资企业、私营企业等为主要构成的体制外组织大都以现代企业制度为运行基础，相较组织规范缺失的新创企业，前者从组织制度到运作流程都更加完善，在利用契约约束交易关系方面更加得心应手（Child & Tse，2001）。这些知识集中体现在对契约手段的运用上，表现为体制外组织更广泛、深入的搜寻过程，细致的尽职调查与交易谈判，以及详尽的合同条款与订立。正如公司 C 的创业者所描述的，"日本的设备厂商为我们提供设备，我们要求对方提供技术支持，在这方面我们进行了非常细致的谈判，合同条款很细，而且后续他们在驻厂提供技术支持期间，每天都要我们填写很多表格，程序很复杂"。

当新创企业在与体制外组织的交易中缺乏关系专用性资产的投入时，双方更倾向于采用契约机制进行治理（见表 4）。新创企业往往要跨越多个关系链条进行广泛的搜寻，而不是针对单一关系链的深入搜寻，这使得新创企业在交易确立前缺乏投入关系专用性资产的动机。而由于关系专用性资产投入的缺乏，即新创企业未能针对与体制外组织的交易"定制"关系，如设计专门的接口流程，配置专门的联系人等，新创企业不得不与对方形成以零和解决方案为目标的分配式协议。这种契约以利润分配为主要内容，而不是以互惠互利为目标。从体制外组织的角度来讲，针对每一项交易或合作订立契约是体制外格局中被公认的正式规范，加之新创企业的关系专用性资产投入不足，体制外组织更加缺乏做出契约规定外的贡献的动机，这将进一步阻碍双方在交易进程中对潜在问题的深入搜寻与解决。正如交易事件 E17 所呈现的，"我们与秸秆供应企业都是依靠签订的合同来供货，不然他们随时可能被其他的企业挖走。我们没有对他们做出什么关系承诺与投入，成本太高也不太有效"。由此，我们得到命题3。

命题3：当新创企业在与体制外组织的交易中投入较低专用性的关系资产时，其更倾向于以契约机制治理双方的关系。

表4 关于体制外交易对象与关系专用性资产组合的案例证据

交易事件	案例证据	交易对象隶属性	资产的关系专用性	治理机制
E3	购买标准件、通用件时，从最好的公司里面选择，与这些公司并没有关联，只是看重其良好的产品质量。双方要签订购买合同	体制外	低	契约
E4	在外包喷漆、包装等的业务中，曾仅与对方签订合同，但交付的喷漆产品不合格。之后专门设立车间检验对方的质量，专人驻厂配合，增进双方的交流与互动，力争共同完成任务	体制外	高	基于信任的契约
E9	新企业最初招揽施工队并不签订合同，后出现质量问题以及施工队携款逃跑，因此每一项业务都与施工队签订合同，并约定项目保证金	体制外	低	契约
E12	新企业创业初没有专人做监理，因而外包找专业监理企业，双方签订合同约定各自的权利义务	体制外	低	契约
E13	新企业选择能够提供技术支持的供应商，与供应商建立了紧密的合作关系。在供应商驻厂指导、每年维修的过程中，有专人跟随学习。在设备购买中签订正式合同，技术支持过程则赢得对方的信任承诺	体制外	高	基于信任的契约
E14	在环保行业中，新企业成为一家大型企业产业链中的一环，因此他们为新企业提供运营咨询服务，以提升新企业的运营能力。双方会签订合作协议，对特定技术保密，但合作过程双方在资源、知识方面的投入都比较大	体制外	高	基于信任的契约

续表

交易事件	案例证据	交易对象隶属性	资产的关系专用性	治理机制
E16	新企业利用垃圾处理后的废料为一家制陶企业提供原料,并为后者定制了生产工艺、配置特定工作人员,双方在多次合作后补充签订了长期合作协议	体制外	高	基于信任的契约
E17	新企业选择一些小企业甚至个体户作为秸秆的提供者,这部分群体比较分散,新企业没有与他们建立紧密的联系,只是单纯的买卖行为	体制外	低	契约

面对体制外组织,当新创企业投入较高关系专用性的资产时,其双边关系的治理将在契约机制中融入更多的信任要素,从而采用基于信任的契约机制。投入关系专用性资产的双边关系往往表现为一种强联系,这会增进双边关系方对彼此互惠期望的理解,提高信任被采用的程度(Gulati & Sytch, 2007)。强联系会增强参与创业者网络沟通与互动的意愿与能力以获取其所需的资源(Batjargal, 2003),而频繁、紧密的互动会引发可信的资源交换与知识转移(Stam et al., 2013)。尽管体制外组织在以利润最大化为目标的分配式协议中并不包含利他情感,特别是在面对拥有新进入缺陷的新创企业时,但关系专用性资产的投入在一定程度上弥补了合法性缺陷带来的劣势,使得体制外组织得以在信任基础上履行契约。正如案例所呈现的,交易事件E16中,新创企业利用垃圾处理后的残留物为一家制陶企业提供原料。为了更好地使残留物飞灰能够用于顾客企业制陶,新创企业进行了大量的试验,为顾客企业定制生产工艺、配置特定联系人,从而使制陶企业最终选择与其合作。而双方的交易是以新创企业的试制为起点,长时间合作后补充签订了长期合作协议。可见,尽管体制外组织仍然以契约的签订为规范,但由于关系专用性资产的投入而以信任作为契约订立和履约的基础。也就是说,一方面,强联系使得交易对象形成对新创企业身份与声誉的认可,这构成双方契约订立的依据;另一方面,关系专用性资产的投入引发频繁的互动,使得交易对象确信新创企业具有完成交易任务的能力,从而激发了长期合作的产生。

较高的关系资产专用性会促使双边关系向关系型嵌入演化,所谓关系型嵌入是指单个主体的经济行为嵌入与他们直接互动的社会关系中(McEvily & Marcus, 2005)。以Gulati、Uzzi等为代表的学者们认为,关系专用性资产是关系型嵌入形成的一个诱因,而嵌入作用的发挥要靠信任来实现(Uzzi, 1996; Gulati, 1999; Gulati & Sytch, 2007)。出于对关系专用性资产的关注与投入,体制外组织往往以准一体化、供应链的无缝连接等作为企业发展的重要战略,这就使能够投入较高关系专用性资产的新创企业得以嵌入体制外组织的价值链体系中。这一方面有助于新创企业获取更多的资源，另一方面也有助于新创企业获得体制外组织契约以外的信任承诺（Gulati & Sytch，2007）。正如交易事件E14所展示的，"我们努力成为大型环保企业产业价值链中重要的一环，为此他们为我们提供运营技术的咨询服务，尽管我们仍要签订合同并付费，但对方在技术方面基本能做到毫无保留"。可见，关系专用性资产的推动使得新创企业与体制外组织之间能够建立以信任为基础的契约治理机制，表现为双方以强联系带来的身份识别作为契约订立的基础，且以行动互动与资源、信息的交流带来的可置信承诺作为契约履行以及长期合作的基础。契约的签订已经不以惩罚性条款为主要内容，而着重体现交易内容与交易任务，发挥促进合作延续、激发交换产生的推动作用。由此，我们得到命题4。

命题4：当新创企业在与体制外组织的交易中投入较高专用性的关系资产时，其更倾向于以基于信任的契约机制治理双方的关系。

（三）新进入缺陷的影响

新进入缺陷是挖掘"新企业失败率偏高"问题深层次原因的重要构念。与已经取得一定资源和再发展能力的成熟企业不同，新企业要受到新进入缺陷的制约，即在学习机制、合法性、资源以及外部关系等方面存在不足，从而导致其难以生存（Stinchcombe，1965）。特别是面对具有不同体制隶属性的交易主体，当交易主体在关系专用性资产上的投入不同时，新进入缺陷则会对创业网络治理机制的选择产生重要影响。当新进入缺陷较为显著时，其会使得新创企业与其他企业的交易难以推进，从而成为交易进程的障碍（Fichman & Levinthal，1991）。为了克服新进入缺陷，需要引入学习机制作为交易关系的动力机制，而契约和信任则以约束机制呈现。关于新进入缺陷影响的案例证据见表5。

表5　　　　　　　　关于新进入缺陷影响的案例证据

交易事件	案例证据	新进入缺陷类型	治理机制
E1	新企业不清楚自己生产的气调设备能否用于部队，后者有独特的需求特征，如人员流动性使得产品应提高简单化操作水平。因此，新企业不断与部队人员交流—试验—试错，以掌握关于顾客的知识	对交易方的认知缺陷	信息导向的学习
E11	新企业在家装方面较为熟悉，而工装与家装有很大的不同，所以新企业很小心谨慎地和银行就任务完成的目标、过程进行交流，了解其在工装上的要求以及工装流程等，发现问题随时解决	对任务的认知缺陷	任务导向的学习

续表

交易事件	案例证据	新进入缺陷类型	治理机制
E16	新企业将自己的废料作为原料用于顾客的生产，力争嵌入顾客供应链，但顾客企业对新企业的无害化处理能力、更好地服务于顾客企业的能力认知不足，这激励着新企业努力了解、学习对方的制陶工艺乃至价值链，建立自身与顾客企业价值链的联系	嵌入的合法性缺陷	关系导向的学习
E4	在单纯采用契约机制时，双方并不了解在外协任务上如何衔接，导致问题频发。为了促进外协任务的更好完成，新企业与外协厂商时时共享任务信息，随时交流工作中的困难与改进措施	对任务的认知缺陷	任务导向的学习
E19	为消防部队开发练兵系统时，对消防官兵的练兵需求了解不深入，这在后续的联合研发过程中，通过与相关人员的交流才逐步获得	对交易方的认知缺陷	信息导向的学习
E14	在大型环保企业为新企业提供运营咨询服务时，新企业想借此机会嵌入大型企业的供应链，成为其长期交易对象或合作伙伴，但大企业质疑其能力，为此新企业努力借助运营咨询学习对方的技术、流程等	嵌入的合法性缺陷	关系导向的学习
E13	在供应商提供技术支持时，努力学习对方的技术，使得设备效率更好地发挥，并与供应商之间形成紧密的关系嵌入	嵌入的合法性缺陷	关系导向的学习
E20	由于不了解各高校院系在课程建设上的具体需求，因此在相关业务上需要先期与客户讨论网站模块，再追踪内容，在不断的交流互动中了解顾客偏好	对交易方的认知缺陷	信息导向的学习
E2	对海军所需之船用保鲜设备的适应性认知不足，即不了解传统设备能否运用于海上环境，因此与海军研发部分合作开发，大量进行防潮、防水试验，借助各自的知识优势促进新产品的开发	对任务的认知缺陷	任务导向的学习

在与体制内组织进行交易，且投入较高关系专用性资产的情境下，新创企业所遭遇的新进入缺陷主要表现为对顾客知识的缺乏（Xin & Pearce，1996），因而其适宜的学习机制侧重于对顾客偏好、需求的学习，是一种信息导向的学习。这种以信息为导向的学习机制本质上是一种沟通交流机制，通过企业间的频繁、紧密的沟通与交流，降低信息流动的黏滞性（Jensen & Szulanski，2004），促进信息向新企业的流动。当新企业对交易方的需求与行动信息掌握更充分时，一方面通过将信息投入交易中能够提高新企业对交易方与交易过程的认知程度，降低其有限理性的负面影响（Williamson，2002），使交易更满足对方的需求；另一方面，信息的获取也进一步增强了新企业投入关系专用性资产的能力，体现出新企业在交易承诺上的善意与态度，有助于促进信任的产生（Smith & Lohrke，2008）。具体而言，良好的学习机制在提高新创企业知识存量

的同时,还会促进其与体制内组织间协同效应的产生和信任关系的加深,从而使得学习机制成为信任机制的有益补充(Jones et al., 1997)。正如交易事件E1所描述的:"在我们与二炮部队的交易中,我们确实做了很多维系关系的努力,但对于我们的设备能否用于部队客户,我们并没有把握。因此,我们多次与部队联系,进行各种试验,以了解我们的产品如何进行应用开发与调试。"由此,我们得到命题5a。

命题5a:在与体制内组织进行具有较高关系专用性资产投入的交易中,当新创企业遭遇新进入缺陷时,其更倾向于以信息导向的学习机制形成对信任机制的补充。

在与体制内组织进行交易,且投入较低关系专用性资产的情境下,新创企业所遭遇的新进入缺陷主要表现为特定任务所需的知识缺陷,因而其更适宜采用以获取任务所需知识为目的任务导向型学习机制。新创企业在创业初期所开展的复杂性任务上往往具有知识缺陷(Park et al., 2008),加之缺乏关系专用性资产的投入,新创企业在与体制内组织的交易中难以依靠定制的关系资产推动交易的顺利进行,仅能靠新创企业自身资源与知识的投入。而新创企业恰好缺乏如何完成交易任务,如何使任务完成的过程与结果符合体制内组织预期的相关知识资源(Thornhill & Amit, 2003),这就需要新创企业利用任务导向的学习机制。这种学习机制更多地表现为一种协调机制(Stam et al., 2013),以定期交流、关系内问题搜寻、联合问题解决等形式使得与任务相关的知识在关系链内流动,加速了知识在交易双方间的交换,并帮助新创企业正确理解体制内组织在交易任务上的工作方式与决策思想(Uzzi, 1997),使任务在契约框架下更好地完成。对此,组织学习理论强调,企业间不断的互动学习能够使得信息被更充分、更详细地解释,那么企业可采取的潜在行动范围将会扩大,因为协同方在丰富的信息域中能够感知企业的行动意涵;同时,一方对另一方行动本质的理解也会更加深刻与透彻,这将有利于协同任务的完成(Powell et al., 1996)。正如交易事件E11所展现的,"我们承包某银行的工装工程,这是我们第一次做工装,这与家装有很大的不同,所以我们很小心谨慎地和银行交流,随时发现问题随时解决,更好地把工程做好,这也有利于我们完成最初签订的合同"。由此,我们得出命题5b。

命题5b:在与体制内组织进行具有较低关系专用性资产投入的交易中,当新创企业遭遇新进入缺陷时,其更倾向于以任务导向的学习机制形成对基于契约的信任机制的补充。

在与体制外组织进行交易,且投入较高关系专用性资产的情境下,新创企业所遭遇的新进入缺陷表现为嵌入体制外组织供应链的合法性缺陷，适宜采用以嵌入体制外组织供应链体系的嵌入驱动的学习机制。针对新创企业组织行为的观察我们发现，新创企业会利用嵌入机会学习提升自身的知识结构与技术能力，作为摆脱体制外组织外部限制与外部依赖的基础。在关系嵌入动机的驱动下，学习更多地表现为一种知识共享与保护机制（Li，2013），且以联合研发、合作生产等形式促进知识的双向转移与共享（Dyer & Hatch，2006）。一方面，新企业利用关系嵌入机会积极主动地学习其他企业的关键知识，但囿于合法性缺陷，学习的实现主要是依靠契约约定的显性流程与任务（Yli-Renko et al.，2001）。另一方面，嵌入程度的加深会提高其关键技术与知识暴露、被模仿的风险（Li et al.，2008），因此新企业还要在知识共享过程中注重对自身知识的保护，这更多地要依赖于信任框架下双方对彼此的融合态度（Alvarez & Barney，2001；Arino et al.，2008）。而学习的目的在于提升自己在体制外组织供应链中的位置，提高议价能力从而改变自己在产业链中价值分配与获取的地位。正如交易事件 E16 所展示的，通过与对方在制陶工艺上的联合研发与生产，我们努力成为他们业务流程中的一环，在这一过程中争取掌握制陶工艺，将来我们就可以自己开展这项业务。由此，我们得出命题 5c。

命题 5c：在与体制外组织进行具有较高关系专用性资产投入的交易中，当新创企业遭遇新进入缺陷时，其更倾向于以关系嵌入导向的学习机制形成对基于信任的契约机制的补充。

值得注意的是，在与体制外组织进行交易，且投入较低关系专用性资产的情境下，新创企业所面临的新进入缺陷并不显著，对交易进行的影响较小。如新创企业购买其他企业的产品，其合法性缺陷、资源缺陷都不影响购买交易，因为交易对方不会考虑其合法性而只考虑其购买力。因此，在这一情境下，从跨案例中难以得出适宜的学习机制用以治理双边关系，学习机制对契约机制的补充作用并不明显。

五、结论与讨论

创业企业建立和拓展交易关系的目的在于资源获取和资源交换，选择恰当治理机制是新创企业管理和维持网络中交易关系来推动企业成长的重要手段（Hoang & Antoncic，2003；Newbert et al.，2013）。基于对 4 个案例嵌入式单元的深入分析，本文发现了创业企业网络混合治理机制及其前置因素，尤其是挖掘了在我国情境下的独特性因素及其理论启示。

（一）对研究发现的讨论

首先，中国转型经济背景下体制内外并存的制度格局，使得新创企业创业网络的构成主体在体质属性上更加多元化，而体制内和体制外组织在社会规范、资源含量、组织流程等方面的差异促使新创企业在与之进行交易时投入不同的关系专用性资产，且表现为形式各异的学习，从而构成包含契约、信任、学习的"混合"治理机制。这与已有研究关于从经济与社会两个层面建构相互补充的创业网络治理机制的观点相吻合，但更为详细地解释了治理机制的"混合"内涵，且在网络治理理论强调隐含契约与关系治理机制的基础上，突出创业情境下学习机制的重要作用以及3种机制的交互影响。对"混合治理机制"的探讨一方面契合了网络治理研究中关于契约与信任呈互补关系的观点（Gulati & Nickerson，2008），另一方面也更加符合创业网络的治理特征。这个结果反映出在资源高度约束条件下创业企业在网络治理机制选择的成本最小化战略。具体而言，混合治理机制中有关契约和信任互补的理论观点有助于降低创业企业对网络中合作伙伴的激励成本，而学习机制更有助于将治理成本因素转变为治理收益机制。事实上，Cafaggi（2008，2011）曾以意大利的小企业网络为研究对象，探讨了契约型网络对提升小企业绩效的作用。其将契约型网络界定为介于市场与科层组织之间的一种治理形式，其中的契约不同于非个人化的市场契约（impersonal contract），而是一种基于身份识别的契约（identical contract），创业企业网络的治理通过在契约机制中融入信任要素，进而有助于利用身份识别提高新创企业合法性，建构治理成本最优的治理机制以提高交易的有效性。这意味着对于面临着新进入缺陷和小企业缺陷的新创企业、中小企业而言，在契约机制中要融入经由社会资本渠道获取的信任，以强化交易对象对新创企业身份的识别，降低治理成本，提高交易的有效性。在未来的研究中，从治理成本的角度深入探讨创业网络不同治理方式的选择与整合，将形成对已有创业网络效果论的有益补充。

其次，新创企业经由与体制内组织的交易关系不仅仅是为了促成直接的利益交换，而是一方面更注重借助交易关系获取蕴含于体制内组织的充裕资源，另一方面更注重利用交易机会赢得体制内组织的信任，从而提升新创企业在体制内格局中的合法性，并经由体制外组织向体制内组织的渗透，将合法性传递至整个市场。而在与体制外组织的交易中，新创企业则在获取交易利益的同时，更多地利用交易关系获取契约框架下的市场运作知识，使自身快速成为市场竞争中的独立主体而减少对外部的依赖。由此可见，新创企业将交易关系作为获取资源的途径，而不以利益交换作为交易的最终目的。这更加丰富了人们对于新创企业资源获取行动特征与本质的认识，揭示出新创企业会因交易对象属性以及关系专用性资产投入的不同而以不同的方式获取资源。更为重要的是，关于创业网络的研究并未深入探究网络构成主体的体制属性，包括创业企业的体制属性以及其他网络主体的体制属性，而从这一角度切入有助于探索不同体制主体的资源需求、行动特征、网络战略等，从而深入挖掘中国转型经济背景下创业网络的独特性。同时，这也与当前创业领域中关注制度多元性，特别是中国转型经济制度背景的前沿研究相契合。国外最新的研究成果显示，探究多种制度逻辑共存的制度多元性是塑造企业行为、解释企业行为差异和制度变革动力的重要制度因素（Dunn & Jones，2010）。在制度转型过程中，新创企业既要培养与供应商、客户、竞争者之间的专业化网络（Peng，2003），也要培养与政府官员的政治网络（Peng & Luo，2000；Dunn & Jones，2010）。从国内研究来看，一些研究开始关注中国转型经济制度特征对创业过程的影响，如当创业者先前经验表现出体制内外的属性特征时，这种经验的体制属性特征会对创业者的行动效率产生重要影响（杨俊等，2013）。

最后，由于面临着新进入缺陷，新创企业在经由交易关系获取资源的同时，还以交易关系为载体形成与交易对象的互动学习，促进知识在交易关系内的流动。更进一步，这种学习在面对不同的交易对象与关系专用性资产投入不同时也表现为不同的形式。由于体制内组织将关系作为期望规范，新创企业要在利用信任展开关系治理的基础上通过蕴含学习的合作提高资源获取效率，并在学习过程中增强信息释义与任务解析，从而掌握关于体制内组织的交易信息与任务知识。而体制外组织掌握更多关于市场运作方面的知识，新创企业则要通过嵌入性行动吸收市场知识，更好地嵌入与体制外组织的关系链，提升市场运作能力。由此，新创企业通过学习机制更好地利用交易关系获取资源，使学习成为网络治理的有益补充，丰富网络治理理论的内涵。未来研究有必要采用大样本调查研究的手段，在科学测量创业企业多维度新进入缺陷的条件下，挖掘在面临不同新进入缺陷时，创业企业采用不同学习方式补充治理机制进而收获绩效的内在机理，这是未来研究的重要方向。研究这样的问题，非常有助于我们深刻认识创业者如何利用网络来推动企业创新和成长的基础性理论问题。

（二）理论贡献与启示

本研究的理论贡献主要体现在以下三个方面。第一，本文着重探讨了具有高度不确定性和资源不对等关系的创业网络的治理机制，提出融合契约与信任的"混合治理机制"以呈现创业情境下创业网络治理的独特性。混合治理机制的本质是针对不同治理成本的治理方式的整合。在与其他网络主体间的关系存在高度的不确定性、双方在资源上处于较高的不对等地位的情境下，新创企业难以像成熟企业那样承受完全契约机制下较高的搜寻与谈判成本、缔约成本以及合同监督成本，也不能为了寻求治理成本的降低而单纯依靠信任机制，将所有的交易都建立在创业者个人关系基础上。因此，新创企业需要建构治理成本结构最优的"混合治理机制"，在契约与信任之间寻求平衡，即二者的相互依存、相互补充，以利用两种机制的有利因素，这有助于丰富对创业网络运行规律的深入理解。第二，本文基于新进入缺陷概念，援引组织学习理论和资源依赖理论引入学习机制作为"混合治理机制"中契约与信任之外的重要构成，形成对创业网络治理机制的深层次解析，也丰富了交易成本理论和网络理论的解释力度。在创业网络情境下，治理机制的含义不仅在于约束交易双方的行为，更在于激励网络交换的产生。在面临新进入缺陷的条件下，依靠契约与信任的混合并不能确保资源与权力不对等的新创企业与网络成员间形成交换，而学习的互惠性恰好起到了缓解与补充的作用。第三，本文对交易属性、关系属性以及新进入缺陷属性互动情境的挖掘，有助于分析中国转型经济背景的制度环境、网络组织环境的关系特性以及创业情境的新企业特征对创业网络治理机制的影响，揭示了"在关系相当的条件下，为什么新企业面对具有不同体制属性的交易对象会采用不同的治理机制？""面对相同的交易对象，新企业如何针对关系专用性资产投入的不同来选择治理机制？"等有趣而重要的研究问题。

（三）局限性与未来方向

由于本研究是根植于少数个案的观察，因而研究存在一定的局限。首先，本研究所选择的4个案例均属于科技型创业，所处产业范围有限，而且案例与体制内组织的交易所占比重更大，因此案例所处之高科技产业环境对技术演进、产品创新的敏感性特质，加之对体制内组织的依赖性，可能使得交易属性、关系属性、新进入缺陷类型在这些产业内比在其他产业中具有更多的普遍性。因此，研究在技术创业范畴、体制内格局的理论效度更大，而在一般性创业领域中普适性较低。未来的研究应选择多行业的创业样本进行验证，并采用大样本调查方法检验本文的研究结论。其次，本研究所涉及的企业规模都较小，这可能使得个人的社会网络嵌套在创业网络之中，从而使个人间的熟识关系与合作成为治理的一种来源，而这与当创业网络发展至成熟阶段，网络联结以非人格化的市场关系为主时可能有所不同。未来研究应考虑创业网络的形成过程，基于时间维度挖掘创业网络治理机制的演化。此外，本研究从最优治理成本的角度探寻创业网络的混合治理机制，但并未深入治理成本层面挖掘创业网络治理的深层次问题，如创业网络治理成本的构成、治理成本导向下治理机制与治理形式的选择等，也缺乏实证层面的验证性研究。在未来的研究中，从治理成本的角度深入探讨创业网络不同治理方式的选择与整合，将形成对已有创业网络效果论的有益补充。同时，已有关于创业网络的研究并未深入探究网络构成主体的体制属性，包括创业企业的体制属性以及其他网络主体的体制属性，而从这一角度切入有助于探索不同体制主体的资源需求、行动特征、网络战略等，从而深入挖掘中国转型经济背景下创业网络的独特性。

参考文献

[1] Acemoglu, D., Johnson, S. and Robinson, J. A., 2005, "Institutions as a Fundamental Cause of Long-run Growth", In *Handbook of Economic Growth*, 1, pp.385~472.

[2] Aldrich, H. E. and Martinez, M., 2001, "Many are Called, but Few are Chosen: An Evolutionary Perspective for the Study of Entrepreneurship", *Entrepreneurship Theory and Practice*, 25, No. 4, pp.41~56.

[3] Alvarez, S. A. and Barney, J. B., 2001, "How Entrepreneurial Firms Can Benefit from Alliances with Large Partners", *The Academy of Management Executive*, 15, No. 1, pp.139~148.

[4] Argyres, N. S. and Liebeskind, J. P., 1999, "Contractual Commitments, Bargaining Power and Governance Inseparability: Incorporating History into Transaction Cost Theory", *Academy of Management Review*, 24, No.1, pp. 49~63.

[5] Arino, A. M., Ragozzino, R., Reuber, J. J. and Pearson, A., 2008, "Alliance Dynamics for Entrepreneurial Firms", *Journal of Management Studies*, 45, No. 1, pp. 147~168.

[6] Baker, G. P., Gibbons, R.and Murphy, K. J., 2002, "Relational Contracts and the Theory of

the Firm", *Quarterly Journal of Economics*, 117, pp. 39~84.

[7] Batjargal, B., 2003, "Social Capital and Entrepreneurial Performance in Russia: A Longitudinal Study", *Organizatin Studies*, 24, pp. 535~556.

[8] Bradach, J. and Eccles, R., 1989, "Rice, Authority and Trust: From Ideal Types to Plural Forms", *Annual Review of Sociology*, 15, pp. 97~118.

[9] Blau, P. M., 1977, "A Macrosociological Theory of Social Structure", *The American Journal of Sociology*, 83, No.1, pp.26~54.

[10] Boisot, M. and Child, J., 1996, "From Fiefs to Clans and Network Capitalism: Explaining China's Emerging Economic Order", *Administrative Science Quarterly*, 41, No. 4, pp. 600~628.

[11] Brass, D. J., 1984, "Being in the Right Place: A Structural Analysis of Individual Influence in an Organization", *Administrative Science Quarterly*, 29, No. 4, pp, 518~539.

[12] Brüderl, J. and Preisendorfer, P., 1998, "Network Support and the Success of Newly Founded Businesses", *Small Business Economics*, 10, Issue 3, pp. 213~225.

[13] Cafaggi, F., 2008, "Contractual Networks and the Small Business Act: Towards European Principles?", *European Review of Contract Law*, 4, Issue 4, pp. 493~539.

[14] Cafaggi, F., 2011, *Contractual Networks, Inter-firm Cooperation and Economic Growth*, Cheltenham: Edward Elgar Publishing.

[15] Child, J. and Lu, Y., 1996, "Institutional Constraints on Economic Reform: The Case of Investment Decisions in China", *Organization Science*, 7, No.1, pp. 60~77.

[16] Child, J. and Tse, D. K., 2001, "China's Transition and its Implications for International Business", *Journal of International Business Studies*, 32, No.1, pp. 5~21.

[17] Coleman, J., 1990, *Foundations of Social Theory*, Cambridge, MA: Harvard University Press.

[18] Das, T. and Teng, B., 1998, "Between Trust and Control: Developing Confidence in Partner Cooperation in Alliances", *Academy of Management Review*, 23, No.3, pp. 491~512.

[19] Dunn, M. B. and Jones, C., 2010, "Institutional Logics and Institutional Pluralism: The Contestation of Care and Science Logics In Medical Education, 1967~2005", *Administrative Science Quarterly*, 55, No.1, pp. 114~149.

[20] Dyer, J. H. and Hatch, N. W., 2006, "Relation-specific Capabilities and Barriers to

Knowledge Transfers: Creating Advantage through Network Relationships", *Strategic Management Journal*, 27, Issue 8, pp. 701~719.

[21] Dyer, J. H. and Singh, H., 1998, "The Relational View: Cooperative Strategy and Sources of Interorganizational Competitive Advantage", *Academy of Management Review*, 23, No.4, pp. 660~679.

[22] Dyer, J. H., 1997, "Effective Interfirm Collaboration: How Firms Minimize Transaction Costs and Maximize Transaction Value", *Strategic Management Journal*, 18, No. 7, pp. 535~556.

[23] Eisenhardt, K. M., 1989, "Building Theories from Case Study Research", *Academic Management Review*, 14, No. 4, pp. 532~550.

[24] Elster, J., 1989, "Social Norms and Economic Theory", *The Journal of Economic Perspectives*, 3, No. 4, pp. 99~117.

[25] Elfring, T., Hulsink, W., 2003, "Networks in Entrepreneurship: The Case of High-technology Firms", *Small Business Economics*, 21, pp. 409~422.

[26] Fehr, E., Gachter, S., 2000, "Do Incentive Contracts Crowd out Voluntary Cooperation?", Working Paper, Institute for Empirical Research in Economics, University of Zurich, Switzerland.

[27] Fichman, M. and Levinthal, D. A., 1991, "Honeymoons and the Liability of Adolescence: A New Perspective on Duration Dependence in Social and Organizational Relationships", *The Academy of Management Review*, 16, No. 2, pp. 442~468.

[28] Granovetter, M., 1973, "The strength of Weak Ties", *American Journal of Sociology*, 78, No. 6, pp.1360~1380.

[29] Gulati, R. and Nickerson, J. A., 2008, "Interorganizational Trust, Governance Choice and Exchange Performance", *Organization Science*, 19, No. 5, pp. 1~21.

[30] Gulati, R. and Sytch, M., 2007, "Does Familiarity Breed Trust? The Implications of Repeated Ties for Contractual Choice in Alliances", *Academy of Management Journal*, 38, No. 1, pp. 85~112.

[31] Gulati, R., 1999, "Network Location and Leaning: The Influence of Network Resources and Firm Capabilities on Alliance Formation", *Strategic Management Journal*, 20, No. 5, pp.397~420.

[32] Guo, C. and Miller, J. K., 2010, "Guanxi Dynamics and Entrepreneurial Firm Creation and Development in China", *Management and Organization Review*, 6, No. 2, pp. 267~291.

[33] Ghoshal, S., Moran, P., 1996, "Bad for Practice: A Critique of the Transaction Cost Theory", *Academy of Management Journal*, 21, No. 1, pp. 13~47.

[34] Gulati, R., 2007, *Managing Network Resourses: Alliances, Affiliations and other Relational Assets*, Oxford University Press, New York.

[35] Hamel, G., 2000, "Competition for Competence and Inter-partner Learning within International Strategic Alliance", *Strategic Management Journal*, 3, Issue s1, pp. 295~315.

[36] Hansen, E. L., 1995, "Entrepreneurial Networks and New Organization Growth", *Entrepreneurship Theory and Practice*, 19, No. 4, pp. 7~19.

[37] Hatch, N. W. and Mowery, D. C., 1998, "Learning by Doing and Process Innovation in Semiconductor Manufacturing", *Management Science*, 44, No. 11, pp. 1461~1477.

[38] Hite, J. M., 2000, "Patterns of Multidimensionality in Embedded Network Ties of Emerging Entrepreneurial Firms", Paper Presented at the Annual Meeting of the Academy of Management, Toronto, Canada.

[39] Hite J., Hesterly, W., 2001, "The Evolution of Firm Networks: From Emergence to Early Growth of the Firm", *Strategic Management Journal*, 22, pp. 275~286.

[40] Hite, J., 2003, "Patterns of Multidimensionality Among Embedded Network Ties: A Typology of Relational Embeddedness in Emerging Entrepreneurial Firm", *Strategic Organization*, 1, No. 1, pp. 9~49.

[41] Hite, J., 2005, "Evolutionary Processes and Paths of Relationally Embedded Network Ties in Emerging Entrepreneurial Firm", *Entrepreneurship Theory and Practice*, 29, No. 1, pp. 113~144.

[42] Hoang, H. and Antoncic, B., 2003, "Network-based Research in Entrepreneurship: A Critical Review", *Journal of Business Venturing*, 18, Issue 2, pp. 165~187.

[43] Jackson, M. O. and Wolinsky, A., 1996, "A Strategic Model of Social and Economic Networks", *Journal of Economic Theory*, 71, Issue 1, pp. 44~74.

[44] Jensen, R. and Szulanski, G., 2004, "Stickiness and the Adaptation of Organizational Practices in Cross-border Knowledge Transfer", *Journal of International Business Studies*, 35, pp. 508~523.

[45] Jones, C., Hesterly, S. W. and Borgatti, P. S., 1997, "A General Theory of Network Governance: Exchange Conditions and Social Mechanisms", *Academy of Management Review*, 22, No. 4, pp. 911~945.

[46] Johnson, J. L., Daily, C. M. & Ellstrand, A. E., 1996, "Board of Directors: A Review and Research Agenda", *Journal of Management*, 22, pp.409~438.

[47] Larson, A. and Starr, J., 1993, "A Network Model of Organization Formation", *Entrepreneurship: Theory and Practice*, 17, No. 2, pp. 5~15.

[48] Larson, A., 1992, "Network Dyads in Entrepreneurial Settings: A Study of the Governance of Exchange Relationships", *Administrative Science Quarterly*, 37, No. 1, pp. 76~104.

[49] Lazzarini, S. G., Miller, G. J., Zenger, T. R., 2004, "Order with Some Law: Complementarity Vs. Substitution of Formal and Informal Arrangement", *Journal of Law, Economic and Organization*, 20, No. 2, pp. 261~298.

[50] Lincoln, J. R. and Gerlach, M. L., *Japan's Network Economy: A Structure, Persistence and Change*, Cambridge University Press, 2004.

[51] Li, D., 2013, "Multilateral R&D Alliances by New Ventures", *Journal of Business Venture*, 28, Issue 2, pp.241~260.

[52] Li, D., Eden, L., Hitt, M. A. and Ireland, R.D., 2008, "Friends, Acquaintancesor Strangers? Partner Selection in R&D Alliances", *Academy of Management Journal*, 51, No. 2, pp. 315~334.

[53] Mark, A. H., Galaskiewicz, J. and Larson, J. A., 2004, "Structural Embeddedness and the Liability of Newness Among Nonprofit Organizations", *Public Management Review*, 6, Issue 2, pp. 159~188.

[54] Mayer, K. J., 1999, "Buyer-supplier Relationships in High Technology Industries", Ph.D. Dissertation, University of California at Berkeley, Berkeley.

[55] Malhotra, D., Murnighan, J. K., 2002, "The Effects Contracts on Interpersonal Trust", *Administrative Science Quarterly*, 47, No. 3/4, pp. 534~559.

[56] McEvily, B. and Marcus, A., 2005, "Embedded Ties and the Acquisition of Competitive Capabilities", *Strategic Management Journal*, 26, Issue 11, pp. 1033~1055.

[57] Newbert, S. and Tornikoski, E. T., 2012, "Supporter Networks and Network Growth: A Contingency Model of Organizational Emergence", *Small Business Economics*, 39, No. 1, pp. 141~159.

[58] Newbert, S. L., Tornikoski, E. T. and Quigley, N. R., 2013, "Exploring the Evolution of Supporter Networks in the Creation of New Organizations", *Journal of Business Venturing*, 28, No.2, pp.281~298.

[59] Nooteboom, B., Berger, J., Noorderhaven, N. G., 1997, "Effects of Trust and Governance on Relational Risk", *Academy of Management Journal*, 40, No. 2, pp. 308~338.

[60] Peng, M. W., 2003, "Institutional Transitions and Strategic Choices", *Academy of Management Review*, 28, No. 2, pp. 275~296.

[61] Peng, M. W. and Heath, P. S., 1996, "The Growth of the Firm in Planned Economies in Transition: Institutions, Organizations and Strategic Choice", *Academy of Management Review*, 21, No. 2, pp. 492~528.

[62] Peng, M. W., Luo, Y., 2000, "Managerial Ties and Firm Performance in a Transition Economy: The Nature of a Micro-Macro Link", *Academy of Management Journal*, 43, pp. 486~501.

[63] Poppo, L., Zenger, T., 2002, "Do Formal Contracts and Relational Governance Function as Substitute or Complements?", *Strategic Management Journal*, 23, pp. 707~725.

[64] Powell, W. W., Koput, K. W. and Smith-Doerr, L., 1996, "Interorganizational Collaboration and the Locus of Innovation: Networks of Learning in Biotechnology", *Administrative Science Quarterly*, 41, No. 1, pp. 116~145.

[65] Ritter, T., Gemunden, H. G., 2003, "Network Competence: Its Impact on Innovation Success and its Antecedents", *Journal of Business Research*, 56, pp. 745~755.

[66] Sitkin, S. B., Roth, N. L., 1993, "Explaining the Limited Effectiveness of Legalistic Remedies for Trust/distrust", *Organization Science*, 4, No. 3, pp. 367~394.

[67] Shane, S. and Cable, D., 2002, "Network Ties, Reputation and the Financing of New Ventures", *Management Science*, 48, No. 3, pp, 364~381.

[68] Slotte-Kock, S. and Coviello, N., 2010, "Entrepreneurship Research on Network Processes: A Review and Ways Forward", *Entrepreneurship Theory and Practice*, 34, Issue 1, pp. 31~57.

[69] Smith, D. A. and Lohrke, F. T., 2008, "Entrepreneurial Network Development: Trusting in the Process", *Journal of Business Research*, 61, No. 4, pp. 315~322.

[70] Stam, W., Arzlanian, S. and Elfring, T., 2013, "Social Capital of Entrepreneurs and Small

Firm Performance: A Meta-analysis of Contextual and Methodological Moderators", *Journal of Business Venture*, forthcoming.

[71] Stinchcombe, A. L., 1965, "Social Structure and Organization", in. March J. G. (eds.), *Handbook of Organization*, Chicago: Rand McNally, pp. 142~193.

[72] Stuart, T. E., Hoang, H. and Hybels, R., 1999, "Interorganizational Endorsement and the Performance of Entrepreneurial Ventures", *Administrative Science Quarterly*, 44, No. 2, pp, 315~349.

[73] Szulanski, G., 2000, "The Process of Knowledge Transfer: A Diachronic Analysis of Stickiness", *Organizational Behavior and Human Decision Processes*, 82, Issue 1, pp. 9~27.

[74] Tan, J., 2005, "Venturing in Turbulent Water: A Historical Perspective of Economic Reform and Entrepreneurial Transformation", *Journal of Business Venturing*, 20, Issue 5, pp.689~704.

[75] Tao, Zhigang and Tian Zhu., 2000, "Agency and Self-enforcing Contacts", *Journal of Comparative Economics*, 28, Issue 1, pp.80~94.

[76] Thornhill, S. and Amit, R., 2003, "Learning from Failure: Organizational Mortality and the Resource-based View", Analytical Studies Branch Research Paper Series, Catalogue no. 11F0019MIE -No. 202.

[77] Uzzi, B., 1996, "The Sources and Consequences of Embeddedness for the Economic Performance of Organizations: The Network Effect", *American Sociological Review*, 61, No. 4, pp. 674~698.

[78] Uzzi, B., 1997, "Social Structure and Competition in Interfirm Networks: The Paradox of Embeddedness", *Administrative Science Quarterly*, 42, No. 1, pp. 35~67.

[79] Uzzi, B., 1999, "Embeddedness in the Making of Financial Capital: How Social Relations and Networks Benefit Firms Seeking Financing", *American Sociological Review*, 64, No. 4, pp. 81~505.

[80] Williamson, O. E., 1979, "Transaction-cost Economics: The Governance of Contractual Relations", *Journal of Law and Economics*, 22, No. 2, pp. 233~261.

[81] Williamson, O. E., 1985, *The Economic Insitutions of Capitalism*, New York, Free Press.

[82] Williamson, O. E., 1991, "Comparative Economic Organization: The Analysis of Discrete

Structural Alternatives", *Administrative Science Quarterly*, 36, pp. 269~296.

[83] Williamson, O. E., 1999, "Strategy Research: Governance and Competence Perspective", *Strategic Management Journal*, 20, No. 12, pp.1087~1108.

[84] Williamson, O. E., 2002, "The Theory of the Firm as Governance Structure: From Choice to Contract", *The Journal of Economic Perspectives*, 16, No. 3, pp.171~195.

[85] Witt, P., 2004, "Entrepreneurs' Networks and the Success of Start-ups", *Entrepreneurship & Regional Development*, 16, Issue 5, pp. 391~412.

[86] Xin, K. R. and Pearce, J. L., 1996, "Guanxi: Connections as Substitutes for Formal Institutional Support", *Academy of Management Journal*, 39, No. 6, pp. 1641~1658.

[87] Yin, R. K., 1989, *Case Study Research*: *Design and Methods*, Newbury Park, CA : Sage.

[88] Yli-Renko, H., Autio, E. and Sapienza, H. J., 2001, "Social Capital, Knowledge Acquisition and Knowledge Exploitation in Young Technology-based Firms", *Strategic Management Journal*, 22, Issue 6~7, pp. 587~613.

[89] Zaheer, A., Venkatraman, N., 1995, "Relational Governance as an Interorganizational Strategy: An Empirical Test of the Role of Trust in Economic Change", *Strategic Management Journal*, 16, No. 2, pp. 373~392.

[90] Zimmerman, M. A. and Zeitz, G. J., 2002, "Beyond Survival: Achieving New Venture Growth by Building Legitimacy", *Academy of Management Review*, 27, No. 3, pp. 414~431.

[91] 边燕杰,李路路,李煜,郝大海. 结构壁垒、体制转型与地位资源含量[J]. 中国社会科学,2006(5).

[92] 费方域. 契约人假定和交易成本的决定因素——威廉姆森交易成本经济学评述之一[J]. 外国经济与管理, 1996(5).

[93] 杨俊, 韩炜, 张玉利. 工作经历隶属性、市场化程度与创业行为速度——基于CPSED调查数据的实证研究[J]. 管理科学学报, 2014(8).

[94] 张慧玉, 杨俊. 新企业社会网络特征界定与测度问题探讨——基于效率和效果视角[J]. 外国经济与管理, 2011(11).

组织—员工目标融合的策略[*]
——基于海尔自主经营体管理的案例研究

章 凯[1] 李朋波[1] 罗文豪[1] 张庆红[1] 曹仰锋[2]
（1 中国人民大学商学院；2 丹麦哥本哈根商学院）

摘　要：如何实现组织目标和员工目标的融合是组织管理的一项核心议题，但目前相关文献对其认识还很有限和零散。本文以海尔自主经营体管理为案例研究对象，深入探讨了组织—员工目标系统性融合的策略。基于对案例材料的多层分析和过程剖析，通过证据收集、融合措施归纳和融合策略提取，本研究归纳出由统一价值来源、控制目标方向、公平获取机会、建立承诺型契约关系、授权与支持、自我管理以及竞争与成长七类目标融合策略组成的策略体系，分析了该策略体系促进目标融合的实现过程，并构建出组织—员工目标系统性融合的策略运作模型。研究结果及其讨论显示，本研究对理解目标融合、员工自主与组织秩序的关系以及工作激励具有重要的理论启示。文章最后讨论了研究结果的实践蕴涵、存在的不足和未来研究方向。

关键词：组织目标　员工目标　目标融合　策略　自主经营体

一、引言

一直以来，处理好员工与组织的关系都是企业管理面临的一项挑战。传统管理所隐含的假设是，员工需要调整自身来适应组织的需要，员工一旦追求个人目标就会使组织陷入混乱（McGregor，1960）。遵循这一假设的管理实践必然会忽视甚至漠视员工个人目标，通过正式的组织控制手段"自上而下"地强调组织目标的合法性和重要性。在信息化与网络化时代，人力资源成为企业发展的核心资源，人力资源管理也成为企业核心能力的重要成分（Becker &

---

[*] 原文载于《管理世界》2014年第4期

Huselid，2006）。人的行为是动机驱动的，个人目标作为学习和工作动机形成的基础，近些年来引起越来越多的重视（Elliott & Dweck，1988；Shah & Garder，2008）。随着"80后""90后"人员逐渐成为企业员工主体，这些新生代员工在工作价值观和动机方面的变化（Smola & Sutton，2002；Twenge et al.，2010）已成为企业亟须应对的管理挑战。如何协调好组织目标与员工目标之间的关系，充分激励员工积极主动地为实现组织目标而努力？这成为组织管理研究与实践的一个核心议题。系统地探索组织—员工目标融合的实现策略，既是目标融合研究理论发展的题中之义，也是新时代背景下组织管理实践的现实呼唤和迫切需要。

McGregor（1960）曾经指出，组织管理应兼顾组织和员工的需要，找到它们的契合点，并提出了"目标融合"的管理原则，即创造条件使组织成员达成自身的目标，同时努力追求组织成功。虽然目标融合的理念提出已逾半个世纪，但真正能够在组织目标和员工目标之间达成系统性融合的企业却并不多见（Scott & Davis，2007）。同时，传统正式组织的管理模式在本质上阻碍了员工的个性发展和自我实现（Argyris,1964），长远来看也会导致组织竞争优势的消退，使得组织目标难以实现。

近年来的研究发现，组织目标和员工目标的融合可以减少冲突，提升员工的工作动机和工作绩效，进而有助于增强组织有效性（Edwards，1991；Kristof-Brown & Stevens，2001；Paolillo, Jackson & Lorenzi，1986；Witt，1998）。但现有文献零散地分布在不同的研究领域，而且侧重于探讨组织—员工目标融合带来的积极成果，对实现组织—员工目标融合的策略这一核心问题尚未进行过系统的实证研究。作为一家在家电行业具有全球性影响力的企业，海尔自2010年起开始全面推行"自主经营体"管理模式，为深入理解和探索组织—员工目标融合问题提供了典型的实践案例。本文旨在以海尔集团的"自主经营体"管理作为研究对象，本文采用单案例研究方法，选取海尔集团的自主经营体管理作为案例研究对象，努力探索和回答"如何促进组织目标与员工目标之间的融合"这一重要的理论与实践问题。

本文余下部分安排如下：第二部分将梳理评述相关的研究文献；第三部分将介绍本研究的研究方法、案例选择依据、资料收集方式等内容；第四部分将简要介绍案例背景；第五部分对研究案例进行深入地探析，并提出相应的理论命题；第六部分将讨论与分析研究结果及其理论和实践意义，指出研究存在的不足和未来研究方向。

二、文献述评

从"目标"一词的语义起源来看，既可以从字面用法理解为"清晰的边界和终点"，也可以从比喻义理解为"人们努力追求并能指导行为的事物"（Elliot & Fryer，2008）。在心理学和组织管理研究中，目标既用来指清晰的、具体的对象，例如任务目标、行动目标，也可以指某种预期的未来状态，例如个人生活目标、理想、组织愿景等。本研究旨在探索组织目标和员工目标的系统性融合策略，所用组织目标和个人目标是指主体渴望实现的、有价值的、相对稳定的未来状态，其中，组织目标是指企业作为运营主体在未来一段时间内渴望达到的发展状态；员工目标是指个体渴望实现的、有价值的、比较稳定的未来状态（章凯，2003a）。

早期经典管理理论主要强调通过外部控制的方式使员工完成组织目标，对个人目标的重要性认识不足，甚至完全忽略。这些经典管理理论隐含的假设是：共同努力意味着员工要调节自身适应组织的需要，如果员工自主追求个人目标则会阻碍甚至破坏组织目标的实现。这一假设与关于人性的"X理论"相一致（McGregor，1960）。然而，外部控制的方式不能使员工自发地、主动地发挥自己的全部能力，也很难调动员工的积极性和创造性。尽管管理者在作出单方面决策时，也是为了"组织的利益"，但对员工的激励程度越低，员工的自我指导及控制的程度也就越低，反而不利于企业目标的实现。

随着员工在组织中的重要作用日益凸显，员工目标也逐渐成为企业关注的重点。Locke、Latham和Erez（1988）在目标设置理论基础上，提出"目标承诺"的概念。研究发现，目标承诺可以提升员工工作动机，并促使员工克服困难、实现目标（Klein et al.，1999）。在Burgess和Turner（2000）看来，目标承诺程度高的人力资源队伍是组织的一项核心竞争优势。在对目标承诺的前因变量进行研究时，Locke等人（1988）指出，除了奖励、惩罚和权威影响等外部因素之外，员工的内在需要、期望水平、自我效能感等也会对目标承诺水平产生影响。目标承诺概念的提出及相关研究显示，企业在促使员工承诺组织目标时，也需要考虑员工的个人目标，即组织目标要和个人目标实现某种程度的融合。

员工及团队的自我管理作为一种管理方式也被广泛应用于实践当中。自我管理是指个体通过必要的自我指导和激励以取得行为绩效的自我影响过程（Manz，1986）。自我管理团队的典型特征是团队成员共同负责一个团队目标，这个目标把团队成员紧紧地凝聚在一起，个人目标被融入团队目标之中。员工的自我管理和自我管理团队都强调了员工个人和团队自身在完成既定组织目标过程中的自主性，在一定程度上兼顾到了员工的个人目标。

上述两种处理组织目标和员工目标关系的思想虽然考虑了员工的个人目标，但仅仅将其作为激励员工的途径，即通过在一定程度上考虑员工的个体目标，提升员工完成组织目标的动力。在核心假设上，它们仍旧认为员工目标从属于组织目标，而并未把员工视作组织成功的关键，真正为员工的发展着想，实现企业和员工的共同发展。因此，如何正确认识组织目标与员工目标之间的关系，并寻求处理二者关系的更好方式成为理论和实践研究的重要课题。

麦格雷戈提出的"Y理论"认为，要想促使人朝着组织目标奋斗，外在的控制及惩罚的威胁并非唯一的方法。人为了达到自己承诺的目标，自然会坚持"自我指导"与"自我控制"。基于Y理论衍生出的融合原则要求同时兼顾组织和个人的需要，这样更有利于组织目标的达成（McGregor, 1960）。在当代组织行为学的研究中，融合原则虽没有过多的直接研究，但在多个理论的研究中均涉及或蕴含了组织目标与员工目标融合的理念。典型的例子是人—组织匹配理论和期望理论。

人—组织匹配理论是探讨人与组织兼容性的经典理论，认为组织特性可以和员工特性相融合，人—组织匹配会影响多种不同的行为结果（Hoffman & Woehr, 2006）。其中，价值融合是评估人和组织匹配程度的最常用概念，它是指组织价值观和员工价值观的相似性。在此基础上，Schneider、Goldstein和Smith（1995）提出，目标融合也是人—组织匹配的一个重要维度，如果组织目标能够成为实现个人目标的工具，那么这个企业对个体来说将会更具吸引力。

在考察员工工作动机的研究中，也涉及处理员工目标与组织目标之间的关系。根据Vroom（1964）的期望理论，个体面对给定任务增加努力程度的动机来自两种类型的期望：（1）他们的努力会获得预期的绩效；（2）绩效能够产生期望的报酬。这里绩效与组织目标相关联，而预期的报酬则属于员工个人目标的范畴。期望理论认为，企业在设定目标时，要考虑组织目标和员工目标的一致性。把员工的个人目标与组织目标结合起来，使组织目标能够包含员工更多的共同需求，使更多的员工能在组织目标中看到自己的切身利益，从而把组织目标的完成看成是与自己休戚相关的事（Zhang et al., 2006）。可见，期望理论已经明显包含了组织目标和员工目标融合的思想。

在组织目标和员工目标融合思想的影响和指导下，催生出一系列关于目标融合策略的研究和实践探索。在以往的研究和实践中，有助于实现目标融合的管理策略主要有授权、建立共同愿景和促进自我领导等。随着组织日益扁平化，组织越来越少依赖于直接即时的监控，而更多聚焦于通过授权和自我管理的方式管理个体和团队（Powell, 2001）。授权的实践和研究不仅关注组织高层如何将权力下放给基层员工的措施或行为，也关注被授权者的心理体验。授权带给个体的内心体验，即心理授权，能够提升个体的内部动机，并能产生一系列积极的工作产出，包括工作满意度、组织承诺、任务和创新绩效等（Seibert, Wang & Courtright, 2011; Zhang & Bartol, 2010），进而促进组织目标的实现。

愿景是对企业长期目标和未来理想状态的清晰阐述（Conger & Kanungo, 1998），形成共同愿景有助于领导者和员工在制定决策时保持一致。研究发现，共同愿景可以增强员工的组织认同感（Shamir, House & Arthur, 1993），促进任务参与，并为组织提供应对危机的共享框架。彼得·圣吉也强调了共享愿景在构建学习型组织中的重要作用，认为共享愿景会改变员工与企业的关系，企业不再是"他们的企业"，而是"我们的企业"。同时，员工之间的信任关系也可以得到加强，促进相互合作（彼得·圣吉，2009）。

自我领导是员工自我指导与自我激励的自我影响过程。研究表明，自我领导可以提高基于团队的知识工作效率（Pearce & Manz, 2005），可以帮助领导者处理高工作压力，增加长期工作控制，创造积极工作环境（Lovelace, Manz & Alves, 2007），也可以影响个体目标设置过程，进而提高其目标绩效（Neck, Nouri & Godwin, 2003）。但自我领导并非适用于所有情境，它的有效性在很大程度上受领导者类型和员工能力的影响。

回顾现有研究可以发现，把企业视为组织和员工的利益共同体，重视员工目标与组织目标的融合，创造条件与环境，让员工在实现组织目标的同时也实现其个人目标，成为广被认可的处理组织目标和员工目标关系的正确途径。基于本文的研究问题，我们认为，组织目标和员工目标融合是指企业对组织要素和管理模式做出合适的安排，在追求组织战略目标实现的同时，保证组织目标和员工目标的一致性，使员工能够在实现组织目标的过程中实现个人目标。然而，从理论发展来看，以往的研究多聚焦于基于某一特定的融合方式探讨目标融合的重要性和结果，研究成果零散、不成系统，缺乏对系统性的融合策略及机制的研究。从管理实践来看，鲜有企业能够真正实现组织目标和员工目标的系统性融合。因此，对组织目标和员工目标的融合策略问题进行进一步的探索研究，对丰富管理理论和指导现实实践都具有重要的意义。

三、研究方法

（一）研究方法及案例选择

本文采用案例研究的方法。一方面是因为本文的研究问题聚焦于"策略"，即探讨"如何"的问题（Yin，2009），需要深入企业内部，探究如何实现组织目标和员工目标的融合。另一方面，目前对于实现组织—员工目标融合的策略和机制尚缺乏深入的研究，而案例研究特别适用于新研究领域或现有研究不充分的问题，有助于捕捉和追踪管理实践中涌现出来的新现象，是构建理论的有效方法（Eisenhardt，1989；Yin，2009）。

我们选择海尔集团进行单案例研究，是遵循理论抽样的准则（Eisenhardt & Graebner，2007），兼顾了案例的典型性及研究数据的可获得性。从案例企业的典型性来看，海尔是本文研究问题的一个很好的样本，其理由是：（1）海尔集团是中国改革开放 30 多年来本土企业发展的一个典型，多年来始终走在中国企业管理创新实践的前列，为管理研究提供了丰富生动的实践素材，引起了国内学者们持续而广泛的关注（戴天婧、汤谷良、彭家钧，2012；欧阳桃花、丁玲、郭瑞杰，2012；王凤彬、陈公海、李东红，2008），然而在推行自主经营体管理之前，海尔和国内其他企业一样，仍然面临着管理控制倾向明显、员工激励方式效果不佳等问题；（2）自主经营体管理的全面推行较好地实现了组织目标和员工目标的融合，员工工作积极性和主动性大幅提高，组织有效性多年来持续提升，且该创新成果获得 2012 年国家级企业管理创新成果一等奖（全国企业管理现代化创新成果审定委员会、中国企业联合会管理现代化工作委员会，2012）。从研究数据的可获得性来看，我们长期关注海尔的组织创新和管理变革，并从 2012 年开始对海尔自主经营体管理进行跟踪研究，多次赴海尔开展深度访谈和参观考察，收集了大量资料，为本研究奠定了可靠而扎实的数据基础。

（二）数据来源

本研究的数据来源主要包含两类，即访谈和二手资料。研究团队在 2012 年 5 月、10 月及 2013 年 10 月，3 次赴海尔进行调研，结合研究问题，访谈了海尔集团十多位成员，包括集团中高层管理者、经营体长及普通员工。访谈采用半结构化的形式进行，与每位访谈对象交流的时间通常持续 30 分钟至 2 个小时。访谈过程主要以录音的方式进行记录，同时研究成员以书面方式记录要点。访谈结束后研究成员对录音资料进行了总结整理，形成文本材料。另外，研究团队收集了大量关于海尔自主经营体管理的内部资料及其他二手资料，对这些资料进行了整理和归纳。具体的访谈对象及二手资料来源见表 1。

表1　　　　　　　　　访谈对象及二手资料来源

资料类型	主要来源
访谈资料	第一次访谈（时间：2012 年 5 月 12 日） —海尔大学主要负责人（1 人），时间长度为 1 小时 10 分钟； —海尔集团战略规划部战略总监（1 人），时间长度为 30 分钟； —某一级产品型号经营体体长和某二级研发经营体体长（2 人同时接受访谈），时间长度为 2 小时。 第二次访谈（时间：2012 年 10 月 9—10 日） —某一级产品型号经营体体长（1 人），时间长度为 1 小时 20 分钟； —海尔集团战略部品牌总监（1 人），时间长度为 1 小时； —某二级企划研发平台负责人（1 人），时间长度为 1 小时 50 分钟； —某一级市场经营体体长和某海尔产品代理经销商（2 人同时接受访谈），时间长度为 1 小时 50 分钟； —海尔集团人力资源总监（1 人），时间长度为 1 小时 50 分钟。 第三次访谈（时间：2013 年 10 月 28 日） —海尔集团上市公司人力资源总监，时间长度为 1 小时 20 分钟； —集团战略部普通员工（2 人分别接受访谈），时间长度为 1 小时； —柜式空调经营体体长，时间长度为 30 分钟； —空调经营体员工，时间长度为 1 小时 15 分钟
二手资料	海尔内部资料 —《以自主经营体为基础的人单合一模式》，海尔集团 2011 年申报国家级管理奖材料； —公司其他文件。 外部公开发表或出版的资料 —图书资料——《海尔的高度》《张瑞敏海尔管理日记》《海尔中国造》等； —海尔集团网站的相关介绍； —其他关于海尔管理模式的评论（其他网站及公开出版物）； —海尔主要领导人在公开场合的演讲内容

(三)数据分析方法及研究步骤

本研究采用案例研究中的归纳法进行数据分析(Eisenhardt,1989;Glaser & Strauss,1967;Yin,2009)。我们首先将海尔实施的自主经营体管理模式分为观念重塑、组织构建和动态运转3个阶段,然后采用多层分析(multilevel analysis)的分析框架(Klein & Kozlowski,2000),研究各阶段促进组织—员工目标融合的管理措施和策略类型。每个阶段数据分析的主要程序基本相同,包括下面3个步骤:(1)通过对原始数据资料的编码和分析,提取出海尔促进组织目标与员工目标融合的不同类型的证据;(2)对相关证据进行内容分析,归纳出促进目标融合的管理措施;(3)从原始数据中分析不同管理措施对目标融合产生的积极影响,并结合相关理论和研究提出相应的理论命题。最后对有效的管理措施再进行内容分析和编码,构建出海尔实现组织—员工目标系统性融合的策略系统,并在归纳和演绎推理的基础上形成研究结论。

(四)信度和效度保证

案例研究与其他实证研究一样,也需要进行信度和效度的检验,我们按照Yin(2004)及郑伯埙、黄敏萍(2008)提出的建构效度、内在效度、外在效度和信度四项案例研究质量的评价标准对本研究进行控制和检验(见表2)。

表2 保证信度和效度的研究策略

检验	策略	策略使用阶段	具体做法
建构效度	多元的证据来源	数据收集	两种数据来源:访谈和二手资料(见表1)
	形成研究报告,并送证据提供者进行核实和检验	数据收集	将成文的《海尔自主经营体管理模式》交海尔集团进行核实和验证,保证对案例企业管理模式理解的正确性
	证据链	数据收集	获取原始资料—提取相关构念—初步构建理论—再收集资料对理论进行进一步验证和修正—形成理论
内在效度	解释的建立	数据分析	陈述某种可能的命题,再检验命题与数据是否符合
	分析与之对立的竞争性解释	数据分析	由多名研究者提出解释,找到与之对立的解释,多次重新审视并修正最初的解释
外在效度	用理论指导案例研究	研究设计	回顾相关理论,实现本案例研究与现有理论的对话
	形成命题	数据分析	结合数据分析及相关理论,形成待验证的命题,为从其他案例中得到验证提供基础

续表

检验	策略	策略使用阶段	具体做法
信度	周详的研究计划书	研究设计	研究者提出研究计划书,并对此进行多次讨论,达成一致意见
	案例研究数据库	数据收集	建立资料和数据库,并对其进行分类
	重复实施	数据分析	由不同的研究者分别进行分析,再进行比对,最终形成统一意见
	多种类型证据呈现	数据分析	呈现事例型、文本型和言语型三类证据。 ——事例型证据:案例企业内部的事件及过程; ——文本型证据:主要从内部资料、权威机构研究成果及其他二手资料中提取的证据; ——言语型证据:从访谈对象的陈述中提取的证据

四、案例简介

（一）海尔设计并推行自主经营体管理的背景

海尔基于对互联网时代的敏锐认知，认为在互联网时代企业生存和发展的权利不取决于企业自身，而取决于用户，因此员工必须转型，从听命于上级转向听命于用户。同时，企业内部员工构成以"80后""90后"为主[①]，这些员工学历普遍较高，视野宽广，接受新鲜事物快，对自我价值实现的要求更加迫切，希望通过自己的努力得到认可和尊重的愿望也很强烈。因此，传统的管理模式日益受到挑战，尤其是传统激励方式失效的情况愈加严重。面对内外部环境的变化和挑战，海尔改变了传统的经营管理模式，搭建起一个能够将用户需求、员工自我价值实现和企业发展有效融合的崭新管理模式，即以自主经营体为基础的人单合一管理模式（本文称之为"自主经营体管理模式"）。人单合一管理中的"人"指的是员工，"单"不是指狭隘的订单，而是指市场用户需求。

（二）自主经营体的基本特征

从2010年起，海尔开始全面推行自主经营体管理，将之前庞大的组织体系分解为2000多个自主经营体（下文也简称为"经营体"），并形成了三级三类

---

① 根据海尔2009—2011年的统计，"80后""90后"员工数量已占到全体员工总数的2/3以上。

网状结构①（见图1）。

自主经营体是海尔人单合一管理的基础和组织载体，也是实施人单合一管理的基本创新单元。具体而言，自主经营体是以创造并满足用户需求为目标，以相互承诺的契约关系为纽带，以共创价值并共享价值为导向的自组织。海尔将自主经营体分为三级，其中一级经营体又具体包括三类，即用户经营体、型号经营体和线体经营体。用户经营体（又称市场经营体）提供差异化的用户解决方案，创造用户需求；型号经营体创造差异化的产品和服务满足用户需求；线体经营体提供即需即供的供应链服务，将差异化、零缺陷的产品快速送达用户。三类一级经营体之间是通过"包销定制"契约实现连接的。

一级经营体直接面对市场，为所负责的用户群创造价值（图1中与"用户群"间的连接关系）。二级经营体则为一级经营体提供资源和专业化的服务支持，并与一级三类经营体构成了利益共同体（在海尔简称"利共体"，如图1中六边形所示）。三级经营体为所有经营体配置资源（图1中利益共同体与三级经营体间的连接关系），但与传统组织结构不同的是，一级经营体拥有"倒逼"二、三级经营体获取资源的权力。

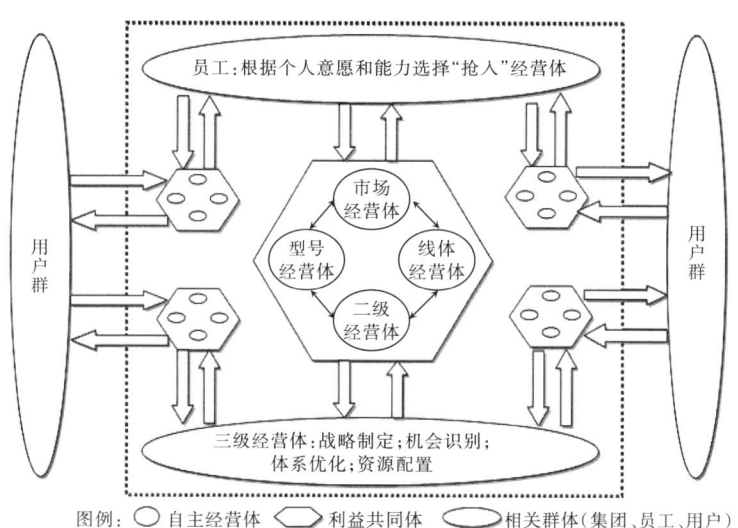

图1　自主经营体的基本特征示意（根据海尔内部资料绘制）

自主经营体的"自主"来源于其被赋予的权力，即用人权、分配权、决策权，同时拥有"倒逼"平台经营体获取资源的权力。就用人权而言，自主经营

---

① 在海尔2013年最新的管理变革中已无"三级三类经营体"的提法，但为了更方便地分析和理解海尔自主经营体管理的主要做法，本文仍延续这一提法。

体有权决定是否吸纳某个员工进入团队,有权对包括体长在内的团队成员的工作进行评价,并根据目标完成情况决定成员的去留。就分配权而言,自主经营体有权按照员工与团队之间的契约及员工目标实现情况来进行利益分配,它拥有独立的核算报表。决策权是指自主经营体在日常运行中的决策不再由其他部门来制定,而是由自主经营体根据运行情况自行制定。所谓"倒逼"获取资源的权力,是指自主经营体有权根据业务发展的需要,向二级和三级经营体要求获取相应的人、财、物等资源。

自主经营体的运行模式是自创新、自驱动、自运转。自创新是指自主经营体要根据用户需求的改变不断进行创新,不断满足用户的需求,同时能够不断挑战更高的目标。自驱动是指建立日清预算体系,将工作目标和预案分解到每一天,能够自主地按照每天的预算驱动完成目标。自运转是指流程和机制不断优化升级,即流程化和制度化,形成一个良性的螺旋式上升的闭环优化体系。

(三)自主经营体的核算体系和支持体系

为了实现自主经营体核算的动态性,海尔设计并运行了战略损益表、日清表、人单酬表,这3张表构成了自主经营体核算体系的核心部分。

传统财务报表的损益表就是收入减成本、减费用等于利润,而海尔的战略损益表则是全新的理念(见图2)。战略损益表中的收入项与传统财务报表的收入项不同,是指为用户创造价值而获得的收入。有些收入因为不能与用户需求挂钩,不能持续创造用户资源,因此不能计算在收入项中。

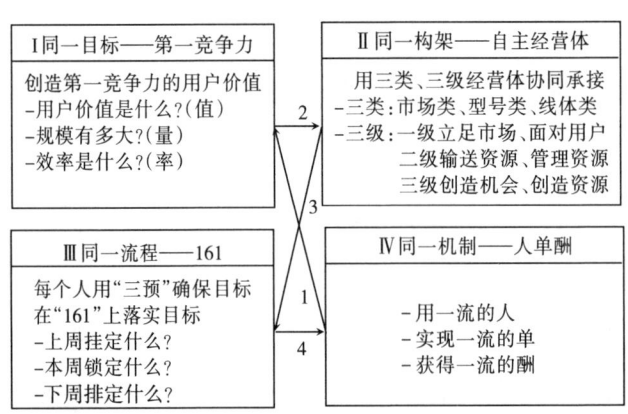

图2 海尔战略损益表框架

资料来源:海尔内部资料。

海尔的战略损益表是实现战略绩效的信息平台，由四象限组成，也被称作"宙斯模型"：第一象限，目标；第二象限，构架（团队）；第三象限，流程；第四象限，机制（见图 2）。战略损益表是海尔战略转型的主要框架与管理模型，全员都有战略损益表。一级经营体主要依据为用户创造了多少价值来确定损益。二、三级经营体的损益不仅体现在为用户创造的价值，还要看其为一级经营体提供资源和服务的有效性，以及在战略、机制、团队建设方面的贡献。三级经营体损益体现在创造了多少增值机会，搭建了多少创新机制。

日清表上接战略损益表，下接人单酬表。日清表的作用是帮助员工关闭业务执行中的差距，形成每天的工作预算，并不断促进创新。海尔通过建立信息化日清平台帮助员工形成每天的预算，并进行日清总结提升；每天产生的收益和差距以短信形式通知员工，并提供产生差距的原因分析与关差建议，帮助员工关闭差距，保证员工顺利完成目标。

自主经营体及其成员自主决定收益是通过人单酬表来实现的，人单酬表体现了"合一"的理念，根据业绩完成情况与集团整体目标的达成效果确定经营体的总体薪酬，把员工的报酬和他为用户创造的价值紧密结合，员工自我经营的最终结果体现了员工自主运营、自负盈亏、超利分享的原则。

基于以上 3 张表，海尔构建并运行了经营体及其成员的动态竞争机制。为确保自主经营体及其网络的良好运转，海尔建立了包括战略、文化、财务、人力资源、信息系统在内的支撑体系。例如，自主经营体管理是与海尔集团全球化战略相配套的。为了确保战略目标的实现，海尔也将这个模式的建立和推广作为集团的战略目标之一，为该管理模式的设计、实施、推行、贯彻提供了强大的战略支持。海尔的信息系统也为该管理模式提供了强大的技术支撑。海尔信息化的焦点已从关注系统功能实现转变为关注用户价值增值，利用信息化的工具给每个员工、每个终端用户提供"人""单""酬"合一的信息平台，帮助每个人快速聚焦差距，支持企业又好又快地发展。

（四）实施后的效果

海尔全面推行自主经营体管理后，员工工作主动性和积极性大幅提升，组织内也形成了挑战自我、树立更高目标的氛围。海尔在行业内的竞争力和市场地位得到显著提高：2010 年，海尔全球营业额实现 1357 亿元，品牌价值 907 亿元；2011 年，海尔全球营业额达到 1509 亿元，增长了 11%，利润总额达到 75 亿元，增长了 21%，海尔利润增幅是行业的 3.5 倍；2012 年，海尔全球营业额增至 1631 亿元，实现利润 90 亿元，利润增幅达到 20%。据消费市场权威调查机构欧睿国际（Euromonitor）数据，海尔连续 4 年（2009—2012 年）蝉联全球白色家电第一品牌。

五、案例与数据分析

（一）自主经营体管理促进组织—员工目标系统性融合的策略分析

本节主要运用归纳方法，探析海尔自主经营体管理促进组织—员工目标系统性融合的策略体系。为了更加清晰地揭示这一分析过程，本文将自主经营体管理划分为观念重塑、组织构建和动态运转 3 个阶段。在每一阶段的分析过程中，我们借鉴多层分析的研究思想（Klein & Kozlowski，2000），分别从组织、团队和个体 3 个分析层次来归纳相应的融合策略，并由此提炼出理论命题。在分析过程中，我们呈现的证据材料包含三类形式：事例型证据，即自主经营体管理实践中具体发生的事件及其过程；文本型证据，即从内部资料、权威机构研究成果及其他二手资料中提取的证据；言语型证据，即从访谈对象的陈述中提取的证据。

1. 自主经营体观念重塑阶段：以创造顾客价值作为同一价值来源

海尔实行自主经营体管理，不仅是组织结构上的变化，更重要的是在战略导向和文化观念上的变革。在组建和运行自主经营体之前，海尔集团首先在企业内部重塑并共享一致的价值观念，即企业价值的来源是用户需求的满足和用户价值的创造。如表 3 所示，该阶段的主要策略可以归纳为两个方面。一是确立同一价值来源。海尔集团基于对当今市场竞争形势的认识，将"人单合一"管理模式的基本理念概括为"以快速满足用户需求和创造用户价值为目标"，引导全体员工和自主经营体共同听从用户的指挥、创造用户价值。这一价值来源的确立，实质上是回归企业的本源目的，即企业作为社会的一分子，创造顾客才是企业唯一的目的（德鲁克，2006）。二是保障同一价值来源，即通过一系列举措保障员工、自主经营体和企业共享同样的价值来源。具体来说，经营体的组建需要从市场的需求出发；经营体的报酬取决于有没有为用户创造价值；经营体中每位成员的目标也是围绕用户需求形成的，并且为客户创造价值越多，自己的价值也越大。由此，企业、各自主经营体以及所有员工在价值观和方向上得以保持较高程度的一致。

研究发现，员工所秉持的价值观通常会影响他们的行为模式（Meglino & Ravlin，1998），组织的价值观同样也是组织文化的一项重要内容（Schein，

组织—员工目标融合的策略 | 387

表3 以创造顾客价值作为同一价值来源的证据示例及措施归纳

主要过程	证据示例	措施归类
以创造顾客价值作为组织和员工的同一价值来源	事例型证据（A）： A1: 2009年，海尔根据四川省三、四级冰箱市场的情况，以满足农村用户需求为出发点组建了第一个自主经营体。 A2: 在海尔自主经营体同一目标的形成过程中，第一步就是发现用户需求和市场新的增长点。 文本型证据（B）： B1: 海尔意识到企业的研发、供应、制造、销售各环节均直面顾客、创造用户价值为目标。 B2: 人单合一的基本理念，以快速满足用户需求和创造用户价值。 B3: 海尔价值观中的"是非观"——以用户为是，以自己为非。 B4: 自主经营体的基本特点之一：端到端，从发现用户需求到满足用户需求。 B5: 自主经营体的组建并不是由哪个领导或者部门主导的，而是从市场需求出发的。 B6: 一级经营体直接面对用户需求形成目标，二级经营体为一级经营体提供资源和专业的服务支持，三级经营体承接集团战略并分为一、二级经营体创造机会，它们的目标直接或间接地统一于用户目标。 B7: 经营体能不能拿到薪酬，要看最终有没有为用户创造价值。 B8: 一切从用户出发，用最快的时间满足用户，如果不能给用户创造价值，不能让用户从不满意到满意，那么自主经营体就没有价值。 言语型证据（C）： C1: 某品牌总监在介绍某三门冰箱经营体组建的出发点时表示："综合考虑市场容量、区域GDP、家电更换率以及经济发展和竞争对手的情况，高端三门冰箱将成为用户需求新的增长点。" C2: 某战略总监表示："经营体组建的前提是同一目标，即调整整个经营体团队只有一个共同目标，就是为所负责的用户群创造价值。" C3: 某战略总监表示："我们每位成员的目标都来自实现用户需求后的利益分享，其实说到底也是围绕用户需求形成的。" C4: 某经营体长在接受访谈时说："我们的收益都来自实现用户需求后的利益分享，其实说到底也是围绕自上级领导分配的目标，我个人的目标、经营体的目标和企业的目标是一致的，而不再是来自上级领导分配的目标，我个人的目标、经营体的目标和企业的目标是一致的，为客户创造价值越多，就是为客户创造价值，自己的价值也越大。"	组织层次： （1）确立同一价值来源（A1、A2、B1、B2、B3、B4、C1）。 （2）保障同一价值来源形成各自目标（B5、B6、C2、C3）；b. 从同一价值实现中获取收益的机制（B7、B8、C4）。

2010）。然而，员工价值观和组织价值观之间也会存在不一致，甚至冲突的情形。Schneider 等（1995）提出的"吸引—选择—耗损"框架表明，组织与员工之间会根据各自的价值观进行相互选择。员工会因为与组织在价值观上的相似而被组织所吸引和选拔，也会因为与组织价值观的不匹配而离开组织。由此，研究者将组织与员工在价值观上的契合视作影响员工工作态度和行为并提升组织有效性的重要因素（Hoffman et al., 2011；Kristof-Brown, Zimmerman & Johnson, 2005）。例如，Hoffman 和 Woehr（2006）的元分析表明，组织与员工在价值观上的契合可以显著地影响员工的任务绩效水平和组织公民行为。

在海尔自主经营体模式下，企业和员工在观念上认可顾客作为共同的价值来源，并且通过制度设计来引导和保障价值来源的统一。由此，员工与组织的目标都一致地指向顾客：企业以创造顾客价值为目的，不再仅仅是利润追求者，而更多是扮演价值创造者的社会性主体；员工也将满足客户需求、为客户创造价值作为实现目标的途径，由此员工个人目标在方向上与企业的目标保持一致。表 3 中的证据 C2 和 C4 分别反映出企业和员工目标指向上的变化。并且，以顾客为价值来源的自主经营体模式也使得企业能够具备更高的灵活性和适应能力，从而在复杂动荡的商业环境中更有可能获得持续的竞争优势，这进一步为员工和企业在目标上保持一致提供了必要的条件。

综合上述分析，可以提出如下命题。

命题 1：以创造顾客价值作为组织与员工的同一价值来源，有助于组织目标与员工目标在方向上保持长久一致。

2. 自主经营体组织构建阶段：为组织—员工目标融合提供实现平台

（1）自主权衡与承诺目标。自主经营体管理不仅是对之前庞大组织体系的分解，也是对传统组织层级关系的改变。处于组织层次的三级经营体不再是高高矗立在"金字塔"顶端的领导者，而是致力于为一、二级经营体识别机会和配置资源。由表 4 呈现的证据来看，三级经营体的主要职责是制定战略方向、发现并识别出用户需求和用户价值新的增长点，并向全员提供平台和机会。因此，自主经营体和员工的工作目标不再是由高层领导者直接分配或设定，而是根据用户需求和第一竞争力要求进行自主承诺。自主经营体的组建，首先要承接集团战略，形成同一目标，并依此进行职责划分和定岗定编，面向所有员工选择与吸纳经营体成员。对于员工来说，他们可以根据自己的能力和意愿，通过"抢进"经营体和双向选择的形式加入自主经营体中。在此过程中，员工通过双向选择进入自主经营体，表明员工认可自主经营体的目标，并愿意对此目标做出承诺。

组织—员工目标融合的策略 | 389

表4 自主承诺目标的证据示例及措施归纳

主要过程	证据示例	措施归纳
自主权衡与承诺目标	事例型证据（A）： A1：某三门冰箱型号经营体采取公开竞聘的方式招聘体长和成员（详见附录）。 A2：在海尔自主经营体组建过程中，员工必须通过自主承诺目标抢人经营体 文本型证据（B）： B1：三级战略经营体，即原来的领导者，他们负责制定战略方向和发现新的市场机会，同时为经营体配置资源，帮助一级和二级经营体达成目标。 B2：经营体承接集团战略，即战略制定的过程。 B3：员工进入哪个经营体，承担并完成哪项任务并不是由其他人来指派的，而是员工根据自己意愿和能力确定的。 B4：员工可以竞争经营体的领导者，经营体长也可以通过进一步竞聘来担任更为重要的多个经营体的体长，经营体长不仅可以是一个经营体的领导者，也可以是多个经营体的岗位 言语型证据（C）： C1：某战略部门主要负责人介绍说："以前员工的岗位和工作内容是由上级领导安排，但现在他们有了自主选择的权利，则是由员工根据自己的能力和兴趣自己决定。" C2：某研发经营体体长表示："我工作很忙，因为我同时是两个经营体的体长；我手下有几个员工也同时是其他经营体的成员，如果我们愿意，也可以竞聘其他经营体的领导。" C3：另一位战略部门的干部介绍："以前，员工虽然技术水平很高，工作能力很强，但因为上级领导不重视，始终受不到重用，但在2年前成功竞聘某研发经营体体长，地位和收入得到了极大提高。" C4：某一级市场经营体长（青岛某区域市场负责人）表示："我们这个区域的销售目标都是我们自己承诺的，我们销售部门所有员工的销售目标也是他们自己承诺的。"	组织层次： （1）制定战略方向，发现和识别机会（A1，B1）。 （2）提供机会（A1，B1，B4）。 （3）赋予员工自主选择的权力（A1，B3，C1）。 团队层次： （1）承接组织战略（B2）。 （2）利用机会，自主承诺目标（C4）。 （3）职责划分，定岗定编，向员公布（A1）。 员工层次： （1）自我权衡（A2，B3，C1，C2）。 （2）自主竞聘选择工作任务与岗位（A2，B3，B4，C1，C2）。 （3）自主承诺目标（A2，C4）

人们对任务目标做出承诺是任务目标发挥动力性作用的关键一步（Locke et al., 1988）。Locke 等（1988）提出的目标承诺前因模型指出，相比较于被动地接受任务目标，个体参与目标制定过程会有更高的目标承诺。当人们可以自主设定任务目标时，他们可以感受到自己是行动的主导者，因而自主这一基本需要得以满足（Ryan & Deci, 2000）。研究发现，个体目标承诺水平的高低取决于被激发的动机强度（Klein et al., 1999）。当自主需要得以满足时，个体的工作动机也得以提升，从而更可能对任务目标做出高水平的承诺。目标承诺水平高的个体会持续地努力工作以实现目标，并会对最终的绩效产生积极影响（Piccolo & Colquitt, 2006）。

在海尔自主经营体的组建过程中，无论是自主经营体还是员工，他们的目标都是自主设定和承诺的。具体来说，自主经营体会根据对市场机会的判断来设定目标，而员工也会基于自身的能力选择对适合的目标做出承诺。因此，自主经营体和员工自主承诺目标既满足了他们自主的需要，同时也在一定程度上满足了他们对于胜任的需要。通过自主承诺任务目标这一过程，自主经营体和员工实现目标的动力和胜任力都得到了提升。员工工作动力的这种变化体现如下。

证据1：整个过程（即员工进行目标承诺并进入经营体的过程）都是员工根据自己意愿和能力确定的，是员工与自己能力的博弈，而非企业定了目标要求员工，员工与企业的博弈。其效果就是"员工积极主动挑战自我，挑战大目标，纷纷'抢入'经营体"（海尔内部资料：《以自主经营体为基础的人单合一模式》）。

此外，允许员工自主选择工作内容和岗位，还有助于改善员工与组织之间的关系。传统的工作职位安排方式往往只从组织的角度考察员工与工作之间的匹配关系，而对员工的个人意愿与特点则考虑不足，从而导致个人与组织间的关系冲突。当员工有权力自主选择工作内容与岗位时，他们可以通过竞聘"抢入"与自身特点更为匹配的自主经营体。自主经营体和员工之间的双向选择，既确保吸纳符合组织需要的人力资源，又能够让员工更好地施展自己的才华，并实现个人目标（表4中证据C3）。因此，组织和员工之间也更容易构建起互相合作与彼此促进的良性关系。

综合上述分析，提出如下命题。

命题2-1：团队和员工自主承诺目标，有助于提升他们实现目标的动力和胜任力。

命题2-2：员工自主选择工作内容和岗位，有助于形成员工与组织间的合作关系。

组织—员工目标融合的策略 | 391

表5 公平竞聘与官兵互选机制的证据示例与措施归纳

主要过程	证据示例	措施归纳
公平竞聘和官兵互选机制	**事例型证据（A）：** A1：某三门冰箱型号经营体描述的员工抢进、官兵互选、相互承诺的过程（详见附录）。 A2：EPG/模具/GO经营体长抢单竞聘的案例，四位参加竞聘3个经营体的体长，最终三位竞聘成功并成为实习体长。 **文本型证据（B）：** B1：合格自主经营体的六条标准中的第二条"单定"，经营体的目标必须具备第一竞争力；第四条"人定"，即通过筛选动态优化措施，保证经营体成员的最优组成；第六条"线定"，即确保经营体能够与其他经营体的紧密联系，使其在整个系统中发挥第一竞争力的作用。 B2：员工在机制驱动下为了体现效率、实现增值、获取更高的薪酬，积极主动挑战自我，挑战大目标。 B3：人单合一双赢模式为员工提供机会公平，结果公平的机制平台 **言语型证据（C）：** C1：战略部门某负责人表示："经营体的竞聘都是公开的，海尔所有的员工都可以参加竞聘。" C2：某一线研发经营体体长表示："只有符合相应标准的经营体成员才能成为合格经营体，经营体的组建有严格的流程和评定标准。" C3：战略部总监介绍了自主经营体成员的产生过程"三预"抢单竞聘进入经营体。 C4：战略部某品牌总监介绍："经营体的体长和成员是大家共同选出来的，这样就形成了成员间相互承诺、共担责任的合作关系，成员信任体长、体长信任成员，成员间相互信任。"	**组织层次：** （1）第一竞争力标准（B1, B2）。 （2）制定并执行公平竞聘机制（B3, C1）。 （3）制定并执行员工进入经营体的流程和评定标准（A2, C2, C3）。 **团队层次：** （1）官兵互选、公平竞聘（A1, A2, B2, B1, C3）。 （2）相互承诺和信任（A1, B2, C4）。 **员工层次：** 积极承诺有竞争力的目标和方案，抢单竞聘（A2, B2, C3）

（2）公平竞聘与官兵互选机制。组织—员工目标方向的一致性、员工自主承诺目标从而提升动力对同一价值的实现并不充分，还需要有合适的方案、团队和员工加以保证。正如某二级企划平台经营体体长谈到道："员工自主形成目标并不意味着就一定可以进入自主经营体并担任相应职务，员工需要参加竞聘并胜出才能得到实现个人价值的机会。因为员工自己的目标可能是符合自己利益的，是出于个人意愿的，但却不一定符合我们团队和企业的要求。在海尔，团队和企业的要求就是'第一竞争力'。"从表5中可以看出，在组织层次上，海尔制定了"第一竞争力"标准，并通过自主经营体和员工的公平竞聘严格执行，从而确保合格的自主经营体和员工能够具备"第一竞争力"。如证据B1所示，合格自主经营体的六条标准中，有三条都在强调"第一竞争力"。

在自主经营体的组建过程中，为了保证"第一竞争力"，体长和每一位成员都需要经过公开竞聘和官兵互选才能担任相应的职位。竞聘体长的员工需要拿出高于"第一竞争力"目标的预算方案参加竞聘，通过专家评定和民主评议之后，成为见习体长。在一段时间的见习期后，再经由官兵互选过程和对预算执行效果的考核，确定正式的体长。员工竞聘抢进某一经营体，同样需要拿出自己有竞争力的预算方案，并通过官兵互选过程决定是否能进入该经营体（表5中证据B2及C3）。

海尔在自主经营体的组建及成员的选择过程中，将组织目标明确并落实为"第一竞争力"的要求，并通过公开竞聘和官兵互选选择最能够实现这一要求的团队和员工。这一机制设计首先确保了人员和岗位之间的有效匹配。人与工作岗位之间的匹配（P-J fit）关注个人特征与工作特征之间的匹配关系，并包含以下两个方面：一是个人是否具备完成工作的知识、能力和技能，二是工作内容与报酬是否满足了个体的心理需要或偏好（Edwards，1991；Resick，Baltes & Shantz，2007）。研究表明，个人—工作匹配可以很好地预测个人的工作绩效及态度（Kristof-Brown et al.，2005；Lauver & Kristof-Brown，2001）。从组织的角度来说，员工与工作之间较高水平的匹配，可以为组织目标的实现提供有力的人员保障。

其次，公开竞聘机制营造了组织内公平竞争的氛围。在组织管理研究中，组织公平被视作实现组织可持续健康发展的一个重要条件（Colquitt et al.，2001）。海尔的公平竞聘机制较好地保证了自主经营体和人员选拔过程中的公平性，有利于在团队和组织中营造出公平的组织氛围，这有助于增强员工对于组织的承诺、满意度以及组织公民行为（Liao & Rupp，2005）。公平的组织内部关系能够为组织目标的实现提供组织保障。

最后，官兵互选机制有利于形成相互承诺和信任合作的组织关系。官兵互选机制实质上是在"第一竞争力"的要求下，以相似吸引和相互认同为准则来组建团队及其内部结构。社会心理学的研究表明，在性格、能力或价值观上具备相似性的人们容易相互吸引，而互相吸引所构建起的人际关系更容易促进合作（Singh & Tan，1992）。与此同时，官兵互选的实行意味着自主经营体的成员之间不仅认可彼此的性格和能力，而且认同自主经营体的目标以及成员自身的目标方案。这种相互认同可以增进自主经营体内部信任关系的形成，也能增强每位成员与自主经营体之间的匹配关系（Kristof-Brown et al.，2005；Lewick & Bunker，1996）。相互信任和承诺的组织内关系同样为实现组织目标提供了组织保障。证据 C4 印证了信任关系的形成。

综合上述分析，我们提出如下命题。

命题 3-1：围绕"第一竞争力"目标对团队成员进行公平选拔，有助于为实现组织目标提供队伍和人才保障。

命题 3-2：通过公平竞聘和官兵互选产生团队领导者和成员，有助于强化成员间的相互承诺、信任和合作关系。

（3）建立基于目标承诺的契约关系。海尔内部的契约关系主要有两类。第一类，员工通过公平竞聘和官兵互选进入经营体后，经营体与员工之间将通过签订契约进一步强化员工自主承诺的目标。该契约的具体形式是人单酬合同，合同明确了员工所要完成的目标（即"单"是什么）和完成目标后的收益（即"酬"是什么），规定了当事人责、权、利的关系及内容。第二类，各个自主经营体之间通过契约关系形成利益共同体，在企业内部实现相互信任、互惠互利的工作环境和运作机制。不同层级、不同类别自主经营体之间通过契约关系实现相互承诺和资源提供。具体来说，如表 6 所示，建立契约关系先要在组织层次上"制定并执行契约建立的规则"（证据 A1）。然后，自主经营体依据此规则与内部员工、外部其他自主经营体之间建立起基于承诺的契约关系，从而实现各方责、权、利的明确与统一。

自 1970 年以来，以 Alchian 和 Demsetz（1972）以及 Grossman 和 Hart（1983）等人的经典文献为代表，经济学家们发展了专门的"契约理论"来分析完全竞争市场之外的契约，尤其是长期契约。经济学中的契约理论较好地回答了企业为节约交易费用而存在的本质属性及其与市场的边界问题（Hart，1995），但却在企业的内部治理是否也能反映契约本质方面留下了广阔的研究空间。王国成（2004）提出治理效率是由企业要素之间的契约关系内在决定的基本观点。本研究中海尔的自主经营体间和经营体内的契约关系也是提高组织效率的重要因素。更重要的是，这种契约关系是以相互承诺为基础的，既减少了契约双方信息不对称的可能性，也增大了激励和诚信的程度，比一般意义上的契约关系更加有效。

表6 建立基于目标承诺的契约关系的证据示例及策略归纳

主要过程	证据示例	措施归纳
建立基于目标承诺的契约关系	事例型证据（A）： A1：某三门冰箱型号经营体在组建过程中员工和经营体签订契约的过程（详见附录）。 A2：海尔自主经营体管理中的契约体系及其签订要求 文本型证据（B）： B1：自主经营体以相互承诺的契约关系为纽带，以共创价值并共享价值为导向。 B2：就分配权而言，自员工进人自主经营体内，自主经营体就有权按照员工与团队之间的契约及员工目标实现情况来进行利益分配。 B3：每位员工进入自主经营体，都必须签订与用户之间的契约 言语型证据（C）： C1：战略部门某负责人表示："所有员工都与他们所在的经营体签订了契约合同，明确了员工的责任和完成目标的薪酬，所有的经营体之间同样也签订契约合同。" C2：某一级研发经营体长表示："我们与成员之间签订了契约合同，明确成员实现怎样的目标就获得怎样的薪酬，这实际上是我们对成员的一个承诺，就是他们实现了目标，我们就必须兑现我们的薪酬。" C3：某二级企划经营体长表示："我们会定期对成员（当然也包括我在内）的目标完成情况进行评定，评定的依据就是最初我们和成员签订的契约合同，对集团高管层也是如此。" C4：某经营体长谈道："与以往完成契约后的收益不同，我们能够完成更高的收益，我们有自己的人单酬合同。很清楚自己完成目标和能够完成更高的目标，肯定就能得到更大的收益，因此在这种机制下，v我们的成员都想方设法地去挑战并完成更高的目标，从而获得更大的收益。"	组织层次： 制定并执行契约建立的规则（A1、A2、B1、C3）。 团队层次： （1）将成员的承诺契约化（A1、A2、B2、C1、C2）。 （2）明确成员的权力、责任和收益（A1、B2、C1、C2、C3）。 员工层次： （1）明确收益预期，激发工作动力（A2、B2、C1、C2、C4）。 （2）明确权责及其与经营体目标的关系（A1、A2、B2、C1、C2、C3）。

在海尔自主经营体管理模式下，自主经营体在经营体内与成员签订契约，在组织中与其他自主经营体建立契约关系，并且通过制定和严格执行规则来保障契约关系的有效性。员工与经营体都按照契约规定提供服务与资源，完成自己的责任，并获得相应的收益，从而保障了组织目标的实现。我们所搜集的一些证据（例如表6中证据C4）也可以反映出这种契约关系。建立这种基于自主承诺的契约关系对员工和自主经营体而言，既是动力，也是压力。

基于以上分析，我们得出命题4-1。

命题4-1：在团队内部与团队之间建立基于目标承诺的契约关系，有助于增强团队及其成员完成目标的动力和压力，并将压力转化为动力。

与此同时，在组织内建立契约关系，也是对团队之间以及团队内成员之间相互承诺、信任和合作关系的强化。如证据2所示。

证据2："建立契约关系改变了传统的上下级关系，形成了以相互承诺的契约式合作关系，这种合作关系包括企业和员工之间、经营体和员工之间、经营体与经营体之间、员工与员工之间，它强化了经营体之间和成员间的合作和信任关系。"（战略部某品牌总监语）

根据该过程所产生的效果，我们得出命题4-2。

命题4-2：基于目标承诺建立的契约关系，有助于增强团队之间和团队成员间的相互承诺及信任和合作关系。

3. 自主经营体动态运转阶段：在目标实现中促进组织—员工目标融合

（1）授权与自我管理。海尔自主经营体管理的运行模式可以概括为自创新、自驱动和自运转。在自主经营体的运转过程中，发挥经营体和员工的工作自主性是一个关键的环节。表7中呈现的证据可以分别从组织、团队和员工3个层面加以归纳。在组织层面，传统意义上的企业管理层将用人权、分配权和决策权下放到各自主经营体中，并且赋予一级自主经营体通过"倒逼"机制向二、三级经营体获得必要资源的权力。在团队层面，自主经营体有权力决定员工的进入和退出、分配经营体实现的成果，并且根据运行情况自主进行决策。在员工层面，员工以自身的"三大表"作为工具，可以自主安排工作时间和进度，自行调整工作计划，其终极目标是让每一位员工都能够"成为自己的CEO"。总结来看，企业对自主经营体和员工充分授权，激励自主经营体和员工在人员安排、成果分配和日常活动决策中承担自主责任、进行自我管理。

Birdi等人（2008）指出，组织中的授权意味着将运营管理的责任传递给一线的团队或员工，而不是由高层管理者作出所有决策。研究表明，具备授权特征的管理系统，一方面通过降低决策层级提升了组织对外部市场的反应和适应能力（Bowen & Lawler，1992），另一方面为员工更大程度地参与组织发展提供了机会，从而能够显著地影响组织的绩效水平（Combs et al.，2006）。在个体水平上，学者们将个体能够控制自己工作的感受界定为心理授权，这一概念由意义、胜任、自我决定和影响力4个维度构成（Spreitzer，1995）。从这4个维度来看，高水平的心理授权有助于强调工作目标与员工价值观之间的关联，提升员工完成工作任务的自我效能感，满足员工对于自主性的需要，从而更可能激发员工的工作动机和积极的工作态度。实证研究发现，员工感受到的心理授权可以正向影响工作绩效、工作满意度、组织承诺等结果变量（Maynard，Gilson & Mathieu，2012；Seibert et al.，2011）。

在海尔自主经营体管理模式下，伴随着企业向自主经营体和成员的授权，自主经营体及其成员逐渐成为自我管理、自主驱动的行为主体。尤其是"倒逼"机制的运行，使得自主经营体不再是相对"被动"地接受管理层的授权，而是可以主动地根据工作需要，要求"上级领导"帮助解决问题或提供资源（表7中证据C2）。在完成组织目标的过程中，自主经营体及其成员由于可以自我决定、自我管理，因而自主的需要得以满足；自主经营体可以自主分配目标实现后的成果，这有助于提高成员完成工作目标的动机和主动性；此外，感受到授权的自主经营体和员工更能够认识到当前目标对企业和个人的价值和重要性，从而更积极地致力于实现目标的过程。以下两项证据可以显示出员工在工作积极性上的变化。

证据3：自主决策、自主分配的自主经营体使员工获得了积极性，不再是被动等待上级安排工作，而是主动来抢大目标，以实现自身的价值。在企业快速发展的同时，员工自身收入也实现了快速增长（海尔内部资料：《以自主经营体为基础的人单合一模式》）。

证据4："现在我手下的员工工作更有积极性和主动性了，比如每周六大家都会主动来参加项目推进进度会议；而我会在每周六参加集团高管组织的讨论会，讨论工作中存在的问题。我们的员工更积极了，加班加点工作，这不是我们强制要求的，而是大家主动来的。"（某一线研发经营体体长语）

综合如上分析，我们得出命题5。

命题5：在统一价值来源和有效构建组织之后，向团队和员工授权，并保障他们进行自我管理，有助于提高团队和员工完成目标的积极性和主动性。

组织—员工目标融合的策略 | 397

表7 授权与自我管理的证据示例及措施归纳

主要过程	证据示例	措施归纳
授权与自我管理	事例型证据（A）： A1：自主经营体及其成员的工作不再由领导来安排，而是根据需要自行决定。 A2：经营体及其成员根据3张表（战略损益表、日清表和人单酬表）自行调整工作计划 文本型证据（B）： B1：自主经营体的"自主"来源于其被赋予的权力，即用人权、分配权、决策权（合称为"三权"）和"倒逼"获取资源的权力。 B2：海尔在试点基础上总结出了自主经营体要具备3个典型特征：自创新、自驱动、自运转、员工工作具有和经营体类似的特征。 B3：员工不会浪费时间等待领导审批自己的损益表按照什么样的宾馆，任什么样的交通工具，员工自己都会按照自己的损益情况乘坐什么样的交通工具和解决 言语型证据（C）： C1：某一线研发经营体长表示："我们能够自主，来源于企业赋予我们的权力，简单地说就是三权，就是用人权、分配权和决策权，外加一个'倒逼'获取资源的权力。" C2：某一线市场经营体表示："如果产品在销售中出了什么我们解决不了的问题，我可以直接找上级领导寻求帮助解决，如果他不帮我解决，我可以直接找集团的高层管理者。" C3：战略部某品牌负责人表示："我们面对的市场是迅速变化的，因此我们的目标也需要不断优化，自主决策的好处就是保证我们在第一时间做出反应。" C4：某一线研发平台经营体长表示："现在，我手下员工的工作都是自己来安排，比如上次有一位员工外出考察，即使一周不回来也不会有人来过问，而在以前这是不可能的事。"	组织层次： 授予经营体和成员相应权力（A1、A2、B1）。 团队层次： （1）拥有自主权，实现自我驱动（A1、A2、B1、B2、C1、C2、C3）。 （2）根据契约授予员工相应权力（A1、B3、C4）。 员工层次： 拥有自主权，实现自我管理（A1、A2、B2、B3、C1、C4）

（2）全方位、专业化的组织支持体系。在创造顾客价值这一目标的实现过程中，常常需要依赖多个经营体或多位员工之间的通力协作。因此，在企业内构建行之有效的组织支持体系成为实现目标的重要条件。如表8所示，海尔自主经营体管理模式中的支持体系呈现出全方位和专业化两大特点。一方面，海尔在不同类型的经营体之间建立支持体系，即三级经营体为一、二级经营体配置资源，二级经营体为一级经营体提供资源和服务支持。与此同时，在每一个经营体内部，体长的角色是支持员工、为员工提供资源、帮助员工实现目标，同一经营体内部的员工之间也在同一组织目标的驱使下，共担责任、相互支持。另一方面，海尔的组织支持体系具备较高的专业性。对一级经营体来说，他们所需要的各类资源可以通过"倒逼"机制要求二、三级经营体予以提供。能否及时有效地为一级经营体提供支持，也成为评价二、三级经营体绩效的重要标准。也就是说，一级经营体实际上成为二、三级经营体的"单"（即用户）。全方位、专业化的支持体系使得海尔的自主经营体和员工在实现目标的过程中能够按照实现目标的需要获取相应的支持。

组织支持除了为完成目标提供必要资源之外，也会对员工的心理过程以及团队内部动力产生影响。根据 Rhoades 和 Eisenberger（2002）的研究，组织的支持活动可以使员工产生这样一种信念，即组织看重他们的贡献、关心他们的福祉。一方面，这种信念（即感知到的组织支持）会使员工有更高的工作满意度和更多的积极情绪；另一方面，遵循社会交换理论中的互惠规范，受到组织支持的团队和个体会感到自己有责任关心组织的利益，并帮助组织实现目标（Eisenberger et al., 2001）。因此，他们表现出更高水平的组织承诺、工作投入、工作积极性和产出绩效。支持行为同样会影响组织或团队中成员之间的相互关系。当团队领导表现出更多的支持和辅导行为时，团队成员与领导者之间会有更高质量的领导—成员交换关系（Wayne, Shore & Liden, 1997）和更高水平的信任关系（Burke et al., 2007）。而当团队成员之间表现出相互支持的行为时，根据社会交往中的互惠原则，信任和协作的相互关系也更容易形成（Lewick & Bunker, 1996）。

在海尔自主经营体管理模式下，自主经营体之间、各个自主经营体内部的成员之间围绕着实现组织目标互相给予支持。在企业内部，自主经营体和员工虽然有较强的自主性，但能够更多地从相互关联的角度考虑问题和采取行为。由此，企业内形成了较为明显的支持性氛围。这种支持性氛围既可以帮助各个自主经营体和员工更好地完成自身的目标，也能够在一定程度上规避不同自主经营体和员工之间可能存在的冲突与不一致。

表8　全方位、专业化的组织支持体系证据示例与措施归纳

主要过程	证据示例	措施归纳
全方位、专业化的组织支持体系	事例型证据（A）： A1：海尔自主经营体实际运行中的支持体系（集团人力资源总监）。 A2：一线经营体通过"倒逼"机制获得资源和支持的实际过程（某一线经营体体长）。 文本型证据（B）： B1：所谓"倒逼"获取资源的权力，是指自主经营体有权根据业务发展的需要，向二级经营体或直接向三级经营体要求获取人、财、物等资源，二级经营体和三级经营体必须做出响应。 B2：二级平台经营体为一线经营体提供资源和专业的服务支持。而三级战略经营体即原来的领导者，他们负责制定战略方向和发现新的市场机会，同时为经营体配置资源，帮助一、二级经营体达成目标。 B3：在经营体内部，其组织构架也是典型的"倒三角"形式，成员具有向体长"倒逼"获取资源的权力，作为团队领导的体长，其主要职责就是为成员目标的实现提供必要的资源，帮助他们"关差"。 B4：经营体在目标实现过程遇到困难时，体长会充分考虑成员的意见来制定策略，并努力为问题的解决提供资源。 言语型证据（C）： C1：集团战略部某品牌总监表示："二级经营体的单就是为一级经营体提供资源和服务支持，它们能否获得收益，就看是否为一级经营体解决了问题。三级经营研发经营体则负责为二级、一级经营体配置资源，这是他们的单。"（O-A） C2：某一线经营体体长表示："当员工工作中存在难题要求我帮助时，我必须予以回应，帮助他们解决问题，这是我主要的工作内容之一。"	组织层次： （1）构建支持机制（A1、B2、B3、C1）。 （2）提供资源和服务支持（A1、B1、B2）。 团队层次： （1）倒逼获得资源（A2、B1、B2）。 （2）成员间共担责任，相互支持（A1、B4）。 （3）体长支持员工（A1、B3、C2）。 员工层次： （1）倒逼获取资源和支持（A1、B3、C2）。 （2）支持经营体和其他成员（A1）。

综合上述分析，本文提出如下命题。

命题6-1：组织为团队和员工提供支持，有助于提升团队与员工完成目标的工作动机。

命题6-2：团队内成员之间为完成目标而相互支持，有助于在团队内部塑造信任、协作关系。

（3）基于战略损益表的动态考核和竞争机制。在海尔自主经营体管理中，"第一竞争力"的标准不仅体现在自主经营体组建阶段，而且也贯穿于经营体运转的整个过程。如表9所示，为了激发自主经营体及其成员的"第一竞争力"，海尔制定并运行了基于战略损益表的动态考核和竞争机制。这一机制的实现工具是反映目标完成状况的战略损益表。根据完成既定目标的情况不同，海尔将自主经营体划分为"红黄蓝绿"4个区，并进行分类管理（证据B1、B2）。如果某经营体不再满足"第一竞争力"的标准，则可能会被其他经营体兼并（证据A2）。类似地，自主经营体对包括体长在内的所有成员的工作进行评价，并根据评价结果运行"上"和"出"的机制。员工挑战完成有"第一竞争力"的目标就会获得超额收益，并得到升迁和发展的机会；而达不到既定目标则会被经营体淘汰（证据B2、B3等）。

海尔通过将企业划分成若干个自主经营体并促使它们自主经营、自负盈亏，从而在企业内部形成了若干个独立的行为主体。不同行为主体之间相互作用产生的协同和竞争，将会影响到企业整体的竞争优势和持续发展能力（Hill, Hitt & Hoskisson, 1992）。组织内不同团队之间的竞争意味着各团队在互相支持与合作的同时，也试图使各自的利益与成果得以最大化（Tsai, 2002）。已有研究将组织内部的竞争区分为对内部资源的竞争和对外部市场的竞争两种基本形态（Tsai, 2002），并认为过度竞争或竞争不足都会降低组织的效率。组织的内部竞争要发挥其积极作用，需要为不同的主体设定共享的竞争目标，即以促进组织目标的实现作为竞争的目标。组织通过将竞争的结果与相应的内部考核和奖励机制结合起来，为竞争中占有优势的团队提供更多的资源和机会，可以激发各团队进一步优化竞争能力，更好地落实甚至超越组织目标的要求（Bartlett & Ghoshal, 1993）。

海尔集团通过运行基于战略损益表的动态考核和竞争机制，使得"第一竞争力"的标准得以延续，并激励自主经营体和员工不断优化自身目标，提升完成目标的能力。从组织角度来说，通过自主经营体之间的有序竞争，动态地确保只有那些具备"第一竞争力"的经营体才能存续下去。同时，存活的经营体也需要不断挑战自我、发展能力，并设定更高的目标，才能在动态的考核中持续占据优势。由此，组织

表9 基于战略损益表的动态考核和竞争机制证据示例与措施归纳

主要过程	证据示例	措施归类
基于战略损益表的动态考核和竞争机制	**事例型证据（A）：** A1：海尔对于成立的经营体，不是任其发展，而是根据经营体运营的整体情况动态地显示为"红黄蓝绿"四区，根据自主经营体的经营情况进行分类管理。 A2：某区域市场A经营体因完成的业绩不佳，无法满足用户需要，不再满足合格经营体的"第一竞争力"的标准，被临近的B经营体兼并。 A3：包括集团高管在内的一些员工因达不到既定目标而被淘汰 **文本型证据（B）：** B1：海尔把经营体的整体情况动态地显示为"红黄蓝绿"四区："红区"，资源配置错误区，市场表现低于同期水平；"黄区"，买单区，加倍分享区；"蓝区"，分享区，市场表现高于目标线；"绿区"，加倍分享区，市场表现高于预测线。 B2：对于处在"绿区"的经营体，加速培育优势，保持现有优势，对"蓝区"，要对资源配置错误和用错人买单；FU（平台经营体）就要买单错误资源提供的差，对"红区"错误机制执行的差。 B3：在业务推进过程中，自主经营体有权对包括团队成员在内的团队长在内的团队成员的工作进行评价，并根据目标完成情况采取相应措施。"上"的机制，让员工能够自觉挑战有竞争力的市场目标，达不到既定目标，要有退出的机制 应升迁和发展平台；"出"的机制 **言语型证据（C）：** C1：某一级市场经营体长（青岛某区域城市市场负责人）表示："我们有权力对代理商，也就是我们这个经营体的成员进行评定，根据销售评定结果有相应的奖惩措施。" C2：某二级企划经营体长表示："我们会定期对成员的目标完成情况进行评定，评定的依据就是员工们的损益表，根据评定结果，我们会有相应的措施。" C3：某一线研发经营体长表示："如果我的合同完成得不好，或者重新进入，我们有鲶鱼（就是后备体长）将会接替我的位置，而我则会成为普通成员或被重新竟聘；针对体长，我们有鲶鱼机制和罢免机制，以罢免机制为例，一是想干体长，二是想干不合手的体长，则会考虑启用后备体长。" C4：战略部某□品牌负责人表示："针对员工态度及工作态度分为三种情况：一是想干体长、好的体长，他们将降级重新竟聘进入其他经营体；三是想干不合于不好的体长，他们将被邀请退出企业。"	**组织层次：** (1) 动态考核机制（A1, B1, B2）。 (2) 成长与淘汰机制（A2, A3, B2, C4）。 **团队层次：** (1) 市场化竞争、自负盈亏（A2）。 (2) 评价员工工作（B3, C1, C2）。 (3) 运行"上""出"机制（B3, C3, C4）。 **员工层次：** (1) 淘汰不能兑现承诺的员工（A3, B3, C2）。 (2) 提升竞争力、挑战大目标（B3, C1, C2）

能力将会持续不断地得以优化。从员工角度来看，具备较强竞争力的员工可以通过"上"的机制得到升迁和更好的发展平台，而那些达不到组织要求的员工则要按照"出"的机制退出所在经营体。这对员工既是动力也是压力，二者结合将会促使员工不断提升个人竞争力，更好地完成承诺的目标，并积极挑战更高的目标。

综合以上分析，本文提出如下命题。

命题7-1：在组织内部引入动态竞争与成长机制，有利于提升团队和员工完成目标的动力和积极性。

命题7-2：在组织内部引入动态竞争与成长机制，有助于激励团队和员工动态地提升自身能力，并最终促进组织能力的提升。

（二）分析总结：组织—员工目标融合的管理过程及其策略体系

1. 目标融合的管理过程

在上一节，我们分析和归纳出海尔自主经营体管理实现组织—员工目标融合的过程，共包括以下3个阶段（如表10所示）。

（1）自主经营体观念重塑阶段。海尔将满足用户需求和创造用户价值确立为组织与员工的同一价值来源，并通过必要措施保障组织、经营体和员工围绕同一价值来源形成各自目标，保证了组织目标、经营体目标和员工目标的方向一致性，这是组织和员工目标融合的理念基础。

（2）自主经营体组织构建阶段。主要包括以下三个方面。一是自主经营体和员工自主权衡并承诺目标。自主经营体承接组织战略和挖掘市场机会、确立并承诺目标，选择有助于完成目标的员工；员工根据个人意愿和能力自主选择"抢进"自主经营体，同时对经营体的目标做出承诺。二是通过公开竞聘、官兵互选产生"第一竞争力"的方案、经营体及其成员，确保"目标—方案—团队—成员"的有效匹配，营造组织内公平竞争的氛围，并在团队成员间形成相互承诺、信任与合作的关系。三是自主经营体一方面与其他经营体建立基于目标承诺的契约关系，明确了各自的责、权、利；另一方面与员工签订契约合同，将员工的目标承诺契约化。上述这些举措的实施，为组织和员工目标的实现提供了平台保障、能力保障和关系动力，从而有利于形成组织—员工目标融合的组织基础和体系保障。

表10 海尔自主经营体管理组织—员工目标融合策略归纳

	自主经营体观念重塑阶段	自主经营体组织构建阶段	自主经营体动态运转阶段	策略汇总
组织层次(O)	①确立同一价值来源(OS-1);②保障同一价值来源(OS-2)	①把握战略方向,发现和识别机会(OS-2);②提供机会(OS-5);③赋予员工自主选择的权力(OS-5)	①"第一竞争力"标准(OS-2);②制定并执行公平竞聘机制(OS-3);③制定并执行进入经营体的流程和评定标准(OS-2、OS-3)	制定并执行契约建立的规则(OS-4)	赋予经营体和成员相应权力(OS-5)	①构建支持机制(OS-5);②提供资源和服务支持(OS-5)	①动态考核机制(OS-6);②成长与淘汰机制(OS-7)	OS-1.价值来源引导策略;OS-2.目标方向控制策略;OS-3.公平获取机会策略;OS-4.建立契约关系策略;OS-5.授权与支持策略;OS-6.动态竞争策略;OS-7.成长与淘汰策略
团队层次(T)	①承接组织战略(TS-1);②利用机会,自主承诺目标(TS-6);③职责划分,定岗定编,向全员公布(TS-2、TS-5)	①官兵互选,公平竞聘(TS-2);②相互承诺和信任(TS-3)	①拥有自主权,实现自驱动(TS-6);②根据契约合同授予员工相应动力(TS-5)	①"倒逼"获得资源和支持(TS-5);②成员共担责任、相互支持(TS-3);③体长支持员工(TS-5)	①市场化竞争,自负盈亏(TS-7、TS-8);②评价员工工作(TS-6);③"运行""出"机制(TS-7、TS-8)	TS-1.目标方向控制策略;TS-2.公平获取机会策略;TS-3.相互承诺策略;TS-4.建立契约关系策略;TS-5.授权与支持策略;TS-6.自我管理策略;TS-7.动态竞争策略;TS-8.成长与淘汰策略
个体层次(I)	①自我权衡(IS-3);②自主竞聘选择工作任务与岗位(IS-3);③自主承诺目标(IS-1)	①积极承诺有竞争力的目标和方案,抢单竞聘(IS-1)	明确收益预期,激发工作动力(IS-2、IS-3);②明确授权及其与经营体目标的关系(IS-2、IS-4)	拥有自主权,实现自我管理(IS-3)	①"倒逼"获得资源和支持(IS-4);②支持经营体和其他成员(IS-4)	①淘汰不能兑现承诺的员工(IS-6、IS-7);②提升竞争力,挑战大目标(IS-6、IS-7)	IS-1.自主目标承诺策略;IS-2.建立契约关系策略;IS-3.自我管理策略;IS-4.支持信任策略;IS-6.动态竞争策略;IS-7.成长与淘汰策略

（3）自主经营体动态运转阶段。该阶段包括以下三个方面。一是企业向自主经营体充分授权。自主经营体可以通过"倒逼"机制获取必要的资源和服务支持；自主经营体向员工授权，激励并形成员工的自我管理。二是企业内部建立起全方位、专业化的组织支持体系，即企业支持自主经营体、自主经营体支持员工、员工之间互相支持。这一支持体系的建立为自主经营体和员工完成目标提供了动力，并在组织内构建起信任与合作主导的关系。三是通过战略损益表的动态考核，企业建立并运行了淘汰和成长机制，激励自主经营体及其成员持续提升"创造用户价值"的能力，并在经营体之间、员工之间形成良好的竞争氛围。在经营体动态运转的过程中，上述三方面的策略使组织与员工之间的目标融合得以真正实现，并持续优化。

在上述的3个阶段完成后，自主经营体践行了使命，承接了战略目标，员工则完成了承诺的目标，并获得相应的收益，组织目标也得以阶段性完成。在此之后，员工会"打倒自己"，树立更高的目标，继续与组织目标的融合过程。因此，在自主经营体管理模式下，组织目标和员工目标的融合过程是一个完整的、不断循环和优化提升的闭环体系。

2. 组织—员工目标融合的策略归纳

本节第一部分初步归纳出了海尔自主经营体实现组织—员工目标融合所采取的具体措施。在此基础上，我们按照这些措施所处的层次对其进行进一步归纳，各层次的主要目标融合策略归纳请见表10。

综合上述不同层次的目标融合策略，我们进一步总结出实现组织—员工目标融合的七类一般性策略。

（1）统一价值来源策略。组织层次中的"价值来源引导"策略是实现组织—员工目标融合的出发点和基础，是其他策略能够发挥作用的前提。在自主经营体管理模式中，企业确立"创造用户价值"为组织、团队和员工的共同价值来源，并从目标形成和收益机制等方面保障价值来源的统一。因此，我们将组织中的这类实践统称为"统一价值来源策略"。

（2）控制目标方向策略。在经营体组建阶段，自主经营体通过承接组织战略形成并承诺目标，从而实现经营体目标、员工目标与组织战略方向的一致性。

（3）公平获取机会策略。公开、公平竞聘的规则在组织内营造了公平的气氛，保证了由"第一竞争力"的方案、团队和员工来完成目标，官兵互选能够产生大家公认的领导者和成员，促进了团队内相互承诺、信任和合作的关系，实现了"目标—方案—团队—员工"的匹配性。这类策略可以归纳为"公平获取机会策略"。

（4）建立承诺型契约关系策略。在海尔自主经营体管理中，自主经营体之间建立以目标承诺为基础的契约关系；在经营体内部，将员工承诺的目标契约化，从而明确各自的权、责、利的内容及关系。

（5）授权与支持策略。组织赋予经营体和员工相应权力、经营体根据契约合同赋予员工相应权力以及组织提供资源支持和成员间的相互支持这两类措施的目的是一致的，即提升经营体和员工的工作动力，并帮助他们实现目标。因此我们将这些措施统称为"授权与支持策略"。

（6）自我管理策略。在自主经营体管理模式下，经营体团队及其成员工作最显著的特征就是自驱动。经营体实现自创新、自驱动、自运转，员工自主形成、承诺并完成目标，这些均可归纳为"自我管理策略"。

（7）竞争与成长策略。通过基于战略损益表的动态考核机制，实现了企业对自主经营体和员工完成目标情况的实时掌握；根据考核结果对经营体进行分类管理，在员工中运行"上""出"的机制，其目的是通过竞争帮助经营体和员工持续提高竞争力，并进而保证目标的完成。动态竞争是手段，持续成长是目的，因此我们将这类实践合并为"竞争与成长策略"。

六、讨论与结论

（一）结果讨论

本研究旨在探索企业实现组织目标与员工目标相互融合的策略，通过上述分析，我们识别出自主经营体管理发展的3个关键阶段：观念重塑、组织构建和动态运转，并揭示出各个阶段在不同层次上目标融合的主要策略及其效果。研究发现，在自主经营体管理中存在一套有助于促进组织—员工目标融合的策略体系。这一策略体系具体包含了如下七类策略：统一价值来源、控制目标方向、公平获取机会、建立承诺型契约关系、授权与支持、自我管理以及竞争与成长。基于本文的分析，自主经营体管理模式下的组织—员工目标融合具有如下特征。

（1）全过程融合。组织目标与员工目标的融合显然不是一蹴而就的，而是一个循序渐进的过程（McGregor，1960）。在本文识别出的3个主要阶段里，每个阶段都有相应的融合策略。通过综合运用本文提出的融合策略体系，自主经营体管理模式为组织目标实现创造了以下条件。一是明晰了组织与员工互动的基本模式，即员工通过目标承诺认同组织目标，组织则通过授权支持、自我管理策略重视员工的成长与发展。二是为目标实现提供动力保障。企业通过授权支持、建立承诺型契约关系、促进自我管理等策略，使自主经营体和员工真正成为具备主动性和积极性的行为主体，完成目标的动力和意愿得以增强（Maynard et al.，2012）。三是通过构建组织内部关系凝聚各方力量。良好有序的组织内部关系是实现组织目标的一个重要助因（Liao & Rupp，2005）。自主经营体管理模式下形成的组织内关系（包括自主经营体之间以及经营体内部成员之间的关系）具有公平、竞争、信任、合作、支持等特征，从而有效提升了组织内部的凝聚力，并较好地弱化了不同主体之间的潜在冲突。综上，本文归纳出的七项融合策略在自主经营体形成与运转的不同阶段相互作用，逐步地促进了组织目标与员工目标的系统性融合。

（2）全方位融合。自主经营体管理模式下的组织—员工目标融合，包含了对员工目标的全方位融合。首先是经济报酬的获取。自主经营体向企业承诺目标，员工向自主经营体承诺个人业绩目标。在承诺目标的同时，期望的报酬已经包含在"第一竞争力"的目标及其方案之中。在组织目标和员工目标相互融合并最终完成业绩目标之后，自主经营体和员工就可以得到期望的经济报酬。对于超出期望利润水平的部分，还可以在自主经营体内实行"超利分享"。其次是基本心理需要的满足。Ryan 和 Deci（2000）提出并发展的自我决定理论认为，个体有自主、胜任和关系 3 种基本心理需要。对自主经营体及其员工的授权和支持策略允许经营体和员工在目标一致的前提下拥有用人权、分配权、决策权和倒逼获取资源的权力，满足了员工追求自主性的需要。员工根据自身的意愿和能力选择进入不同的经营体，使得员工可以在有利于发挥自身能力的自主经营体内工作，从而满足了员工对于胜任的需要。在关系需要方面，官兵互选机制和以目标承诺为基础的契约关系使得员工之间形成相互承诺的信任合作关系，从而满足了员工在组织中的关系需要。最后是自我发展的实现。在自主经营体管理模式下，员工自主选择和抢进经营体不仅满足了胜任的需要，而且为员工的自我发展创造了机会。同时，"倒逼"机制为员工才能的发挥创造了条件。以自创新、自驱动、自运转为基本特征的自我管理实践对每一位员工而言都是必不可少的。随着员工不断地自主设定目标、自主评估并加入合适的自主经营体以及自我驱动完成目标，员工的自我领导能力也得以提升，从而有利于员工人力资本的提升和职业生涯的发展（Neck & Manz，2010）。

（3）持续性融合。如前文所述，组织—员工目标的融合是一个动态的过程，而非静止的状态。按照系统动力学的基本思想（霍兰，2011），组织目标和员工目标在交互中不断地走向融合;然而,当融合得以相对地实现以后,又会出现种种力量将相对融合推向新的不融合状态。企业要长期持续地维持竞争优势、不断实现目标,就不能被动地陷入"分离—融合—分离"的循环模式之中,而是要主动地推动组织目标与员工目标之间的持续性融合。在自主经营体管理模式中,以下三种力量可以有助于组织—员工目标的持续性融合。一是员工动力的持续性。自主经营体管理模式一方面为员工创造了可观的经济报酬,提供了激励员工的保健因素,进而强化了员工努力工作的外在动机;另一方面,通过满足员工的基本心理需要并创造员工发展与成长的机会,提供了激励员工的激励因素,从而强化了员工工作的内在动机(Herzberg, Mausner & Snyderman, 1993)。在这一管理模式下,员工既感到满意又受到有效激励,因而更容易产生强烈而持续的工作动力(章凯,2003b)。二是管理系统闭环优化的持续性。自主经营体管理模式作为一套管理系统,本身也处于持续优化、不断改善的过程中。通过竞争与成长策略的运行,那些持续优化竞争力的自主经营体和员工会得到更好的发展机会,而竞争力不足的经营体和员工则按照淘汰机制退出这一管理系统。因此,自主经营体及其员工总是不满足于已有的业绩,不断挑战自我、不断订立和努力实现更具挑战性的目标,从而确保了这一管理系统具有不断优化的持续性。三是组织健康发展带来的积极预期的持续性。自主经营体模式推行以来,海尔的各项经营指标呈现持续增长的态势。这表明自主经营体管理模式有能力带动企业的持续与健康发展,并蕴涵着组织进一步成长发展的积极预期。对组织未来发展图景的美好期待强化了组织与员工双方坚持和优化当前管理模式的信念(Conger & Kanungo, 1998),从而为组织—员工目标的持续性融合提供了动力。

(4)使命性融合。组织与员工在基本价值观念上达成一致的程度,会影响员工的态度与行为反应(Hoffman et al., 2011)。组织价值观中一个基本的问题就是企业的使命和存在价值,即企业为谁而存在(Schein, 2010)。在海尔自主经营体管理模式下,公司将"满足顾客需要、创造用户价值"作为组织的价值来源,并以此为基准对自主经营体和员工进行观念重塑。海尔将创造顾客视为自身价值来源的实践,一方面契合了当代企业逐步走向"市场驱动"的转型趋势,为企业在竞争日益激烈的市场条件下赢得了战略优势(Hult, Ketchen & Slater, 2005);另一方面,在当代社会愈加强调企业社会责任的整体背景下(Campbell, 2007),强调企业与顾客的一体性关系是对企业使命的真正回归。自主经营体管理模式反映了海尔价值观念的这一转变,并由此开启了企业新的发展进程。在此过程中,员工也通过认同与接纳组织的价值观实现了自身价值观念的重塑。

因此，海尔自主经营体管理模式下的组织—员工目标融合，反映出组织与员工双方在价值观念和使命层次上的融合。

（二）组织—员工目标系统性融合的策略运作模型

从上文分析中可以看出，我们归纳出的七类融合策略并非彼此孤立的，而是相互联系形成一个有机的策略体系。本文对海尔自主经营体案例的分析揭示了这一策略体系的内容及其实施效果，并表明该策略体系的综合运用有效地促进了组织目标与员工目标的系统性融合。这一过程是如何演进的？结合提出的理论命题，深入分析研究结果，我们发现，这一过程包含如下5个方面。

（1）统一价值前提。如前文所述，组织与员工在价值观念上保持一致是组织—员工目标融合的价值前提。在海尔自主经营体管理模式下，"统一价值来源"和"控制目标方向"两项策略的实施可以确保组织与员工认同相同的价值来源，是其余各项策略能够落实的基础。这既保证了二者价值观念的一致，同时也使双方在价值追求上自我超越。组织与员工双方在价值来源上的统一为组织—员工目标融合奠定了必不可少的价值前提。

（2）构建互动基础。员工认同组织目标、组织重视员工目标，这是组织—员工目标融合的互动基础。如前文所述，组织—员工目标融合所涉及的本质问题是组织与员工双方如何看待和处理彼此之间的关系。在海尔自主经营体管理中，经营体和员工自主承诺目标确保了员工与组织在目标方向上的一致性；与此同时，组织通过授权支持以及推动员工自我管理等策略，促进了员工的成长与发展。组织与员工之间构建出相互重视、相互成就的关系模式，为组织—员工目标融合提供了必要的互动基础。

（3）激发工作动力。激发团队与员工的工作动力和努力是组织—员工目标融合的动力保障。共同的价值来源和相互成就的互动关系尚不足以促进组织—员工目标融合的达成，组织与员工的目标融合更加有赖于双方共同目标的不断实现。如前所述，在海尔自主经营体管理模式中，多种策略的综合运用有效激发了团队与员工完成目标的动力和努力。

（4）发展信任合作。组织成员之间的信任与合作关系是组织—员工目标融合的关系力量。在成员之间建立和发展相互信任、相互合作的关系，有助于凝聚不同行为主体的力量。在海尔自主经营体管理模式中，自主经营体的领导者和成员都是经由公平竞聘和官兵互选产生，这使成员之间更容易相互认可与合作。同时，团队内形成的以目标承诺为基础的契约式合作关系也强化了成员间的合作与信任关系。进一步地，经营体成员为完成目标而相互支持，信任和支持协作随之成为团队内的主导行为模式。在上述策略的综合作用下，组织内的员工之间形成了以信任和合作为基础的关系，这成为促进组织—员工目标融合实现的关系力量。

（5）创造持续融合。组织内部的竞争性成长机制是组织—员工目标融合的延续条件。在海尔自主经营体管理模式下，企业建立了基于战略损益表的竞争与成长机制，通过动态考核和竞争向各自主经营体施加一定的压力，适时淘汰不合格的经营体；与此同时，在考核中表现优异的经营体将有机会获得额外的支持和超利分享的权益，这种在竞争中蕴含的成长机会则会激励自主经营体不断提升完成目标的能力，并积极地承诺和挑战更高的目标。因此，组织内部的竞争与成长机制既能够提供完成目标的压力，又能够提供动力，激励团队和员工持续优化，不断创新，从而为组织—员工目标融合的动态延续创造条件。

因此，七类目标融合策略所构成的策略体系通过上述过程促进了组织—员工目标系统性融合的实现与优化。可以推断，组织与员工目标系统性融合所带来的组织状态是：组织与员工之间的关系不再仅仅是雇主和雇员之间的雇佣关系，而是形成了目标一致、荣辱与共的利害关系，即成为利益共同体，甚至事业共同体；员工的工作既具有激励因素效果，也具有保健因素效果，内部动机和外部动机都受到激发，从而形成全方位激励；公平获取机会、建立承诺型契约关系、授权与支持以及自我管理等策略的实施在激发动力的同时，组织的生存与发展能力以及员工的工作能力都得以提升；竞争与成长策略的持续实施使组织得以实现闭环优化和持续发展。

综合上文分析，我们提出如图3所示的组织—员工目标系统性融合的策略运作模型。该模型直观地揭示了策略体系的组成、策略体系发挥作用的实现过程以及达成的组织状态，为我们理解组织—员工目标融合的内涵及其过程提供了一个初步的理论模型。

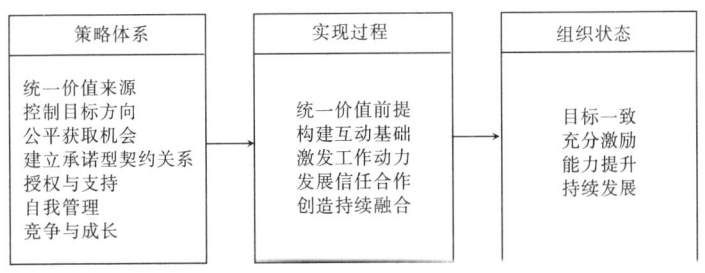

图3 组织—员工目标系统性融合的策略运作模型

(三) 理论贡献与实践启示

本文的研究结论和理论命题深入地揭示了海尔自主经营体管理中蕴含的管理新思维，对已有研究的理论贡献主要体现在以下三个方面。

第一，本文通过案例研究挖掘出了促进组织—员工目标融合的策略体系和作用机制，拓展了对目标融合的理论认识。尽管目标融合的理念早已提出，目前相关文献对其认识还很有限和零散，并且主要聚焦于探讨领导与员工之间在任务目标上达成一致所带来的影响（Vancouver et al., 1994; Witt, 1998），对目标融合的策略缺乏系统的考察。本文通过研究海尔自主经营体管理案例，系统地揭示出组织与员工目标融合的策略体系和动态过程，并且分析了目标融合策略的作用机制。借助这一策略体系，组织目标与员工目标之间的关系不再是对立或者无关的，而是有着同样的价值来源和方向，并通过相互关联的举措保障二者之间紧密交融的关系，使得员工可以在实现组织目标的过程中同时达成个人目标，其最终结果是实现组织、员工以及二者所共同服务的顾客之间的三方共赢。

第二，本研究拓展了现有理论对发挥员工自主性和保持组织秩序之间关系的认识。近年来兴起的强调利用员工自主性的自我管理团队、自我领导等研究（Neck & Manz, 2010; Stewart et al., 2011）存在着片面强调员工自我管理、自我决策、自我行动的倾向，而对组织如何保障员工自主性以及如何处理好员工自主与组织秩序的关系则探讨不足。事实上，员工的自主和组织的有序是相互关联的两个方面，既不能因为过于强调秩序而抹杀了员工的自主需求，也不能因为完全强调自主而使得组织陷入混乱的无序状态。本研究探讨的海尔自主经营体管理为处理自主与有序之间的关系提供了一种新的思路。一方面，这一管理模式以"自创新、自驱动、自运转"为特征，通过授权支持、自主承诺和自我驱动等策略体系，较好地满足了员工的自主需要，并发挥了自主需要在目标融合中的积极作用。另一方面，海尔通过"统一价值来源"和"控制目标方向"这两类策略保证员工目标与组织目标在方向上的一致性。在自主经营体的组建过程中，海尔又通过设定公平竞聘机制、明确自主经营体设定标准和明晰契约订立规则等方式，为自主经营体实现组织目标的过程提供了秩序规则和保障体系。这一类的控制策略，不再如传统的控制措施那样限制员工的自主权，而是重点把控经营体发展的未来方向和有效运行的基本规则，是一种基于自主承诺目标的控制方式。由此看来，自主经营体管理虽然十分强调激发员工的自主性，但并不是一味地放任自流，而是通过在目标方向和保障体系上建立明确的运行规则，引导自主经营体之间、员工之间维系合理的秩序，从而得以在自主与秩序之间保持动态的平衡。

第三，本研究对于发展工作激励理论也具有重要启示。作为组织行为学研究中最为基础的一个研究主题，工作激励理论的研究多年来呈现出"新瓶装旧酒"的发展状态，缺少有影响力的理论创新（Ambrose & Kulik，1999）。结合海尔自主经营体管理案例，我们认为组织中个体工作动机的形成主要包括以下5种力量。（1）压力，形成工作动机的压力主要来自组织中的各种纪律和绩效标准要求。在海尔自主经营体管理模式下，第一竞争力的目标要求、建立承诺型的契约关系和基于动态目标考核的竞争与成长机制便形成一种压力机制，促使员工努力工作，兑现承诺。（2）吸引力，形成工作动机的吸引力主要来自预期工作结果所带来的外部奖赏。在本案例研究中，"第一竞争力"目标所包含的预酬和制度化的契约体系保证了员工对报酬的稳定预期，同时超利分享会大大增强设立挑战性工作目标的吸引力。（3）内驱力，形成工作动机的内驱力主要来自工作中的激励因素，这类因素更能调动个体的内在工作动机。海尔自主经营体管理模式中所包含的自主承诺目标、自我管理以及竞争与成长等策略能较好地满足个体对工作兴趣、工作挑战性、成就感、工作中的成长与发展等激励因素的需求，从而增强员工的内驱力。（4）支持力，形成工作动机的支持力主要来自领导者以及同事对个体的信任与支持。自主经营体管理中涉及的授权与支持策略便是支持力的典型表现。（5）场力，即个体所在的组织场域所带来的动机力量，例如企业文化与组织氛围的影响等。在海尔自主经营体管理中，组织与员工价值观念的统一和竞争与成长策略营造的组织氛围可以形成强大的场力，促使员工投入企业创业与创新的大潮中，实现海尔领导层倡导的"我的价值我创造，我的增值我分享"。上述5种力量对个体工作动机的影响概括如图4所示，即组织中个体工作动机的综合动力模型，简称"工作动机的五力模型"。在该模型中，压力和场力是激发和维持个体工作动机的推动力量，而吸引力、内驱力和支持力则是激发和维持个体动机的牵引力量。上述五种力量的综合作用所产生的合力为理解个体如何提升工作动机并促进组织目标实现提供了一个新的系统性理论框架。

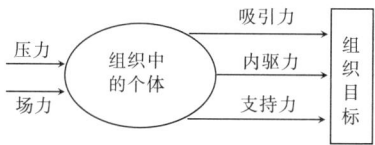

图 4 组织中个体工作动机的五力模型

本文的研究结论对于管理实践也有一定的启示。首先，本研究为认识和处理组织与员工之间的关系提供了新的思路。在当代社会经济背景下，传统的"重组织、轻员工"的管理理念已经难以适应时代的变化。本文的研究结果和海尔自主经营体管理实践均表明，以融合观点看待组织与员工之间的关系，将有助于企业实现持续健康的发展。其次，本研究所识别的目标融合策略体系及融合过程为当今企业合理解决组织—员工目标的融合问题提供了基本思路和可资借鉴的方法。随着新生代员工逐渐成为企业员工队伍的主体力量，组织与员工之间的相互关系变得更加复杂。在现实情境下，单一的管理举措往往无法充分应对复杂的问题。这就要求企业及其管理者具备整体思维，系统合理地运用相关的策略。最后，本研究为国内外企业学习借鉴海尔的管理模式提供了理论基础。海尔的实践表明，自主经营体管理在促进企业发展上具有明显作用。然而，由于这一管理模式包含了内容丰富的管理举措和制度设计，令学习者感到过于复杂。本研究通过解构分析，试图呈现这一管理模式的基本面貌，并揭示其背后的基本逻辑。实践证明，简单机械地照搬一种管理模式往往会出现"水土不服"的症状。只有深入理解现象背后的逻辑和假设，并结合实际情境进行创造性转化，才是学习和借鉴这一管理模式的正确方式。

（四）局限性与未来研究方向

在得出研究结论时，我们也需要注意本研究的一些不足之处。第一，本文作为一项探索性研究，主要目的在于归纳海尔自主经营体管理模式促进组织—员工目标融合的管理策略，并通过理论命题考察这些策略在实现目标融合中的可能作用。然而，对于各融合策略具体发挥的作用，以及不同融合策略之间的相互关系，本文尚未展开探讨，将作为进一步的研究问题予以考虑。第二，作为一项单案例研究，本文提出的理论命题和模型的外部效度有待进一步考察。第三，在获取访谈资料过程中，本研究采用的是理论抽样方法。理论抽样虽然有助于发展理论，但也有可能忽略掉相关信息（Eisenhardt & Graebner, 2007）。例如，本研究的访谈对象大多是业务经营和目标完成情况较好的自主经营体，研究样本的代表性有待增强。

结合上述分析，未来研究可以从以下三方面对本研究加以深化和拓展。第一，继续对海尔进行追踪研究，获取多时点的纵贯数据。这可以进一步帮助我们更为清晰地揭示目标融合策略的长期效果和目标融合的动态实现过程以及目标融合与组织绩效之间的关系等研究问题。第二，进行多案例的比较。多案例比较的方法有助于在不同的情境条件下检验本研究提出的理论命题和模型，从而增强本研究的外部效度。第三，引入新的研究视角。海尔自主经营体管理模式是海尔落实网络化战略背景下的管理创新，其中蕴含了丰富的理论研究机会。未来我们还可以从其他理论视角出发，进一步挖掘这一实践素材。

参考文献

[1] Alchian, A. A. and Demsetz, H., 1972, "Production, Information Costs and Economic Organization", *The American Economic Review*, 62, pp.777~795.

[2] Ambrose, M. L. and Kulik, C. T., 1999, "Old Friends, New Faces: Motivation Research in the 1990s", *Journal of Management*, 25, pp.231~292.

[3] Argyris, C., 1964, *Integrating the Individual and the Organization*, New York, N.Y.: Wiley.

[4] Bartlett, C. A. and Ghoshal, S., 1993, "Beyond the M-Form: Toward a Managerial Theory of the Firm", *Strategic Management Journal*, 14, pp.23~46.

[5] Becker, B. E. and Huselid, M. A., 2006, "Strategic Human Resources Management: Where do We Go from Here?", *Journal of Management*, 32, pp.898~925.

[6] Birdi, K., Clegg, C., Patterson, M., Robinson, A., Stride, C. B., Wall, T. D. and Wood, S. J., 2008, "The Impact of Human Resource and Operational Management Practices on Company Productivity: A Longitudinal Study", *Personnel Psychology*, 61, pp.467~501.

[7] Bowen, D. and Lawler, E., 1992, "The Empowerment of Service Workers: What, Why, How and When", *Sloan Management Review*, 33, pp.31~39.

[8] Burgess, R. and Turner, S., 2000, "Seven Key Features for Creating and Sustaining Commitment", *International Journal of Project Management*, 18, pp.225~233.

[9] Burke, C. S., Sims, D. E., Lazzara, E. H. and Salas, E., 2007, "Trust in Leadership: A Multi-level Review and Integration", *The Leadership Quarterly*, 18, pp. 606~632.

[10] Campbell, J. L., 2007, "Why would Corporations Behave in Socially Responsible Ways? An Institutional Theory of Corporate Social Responsibility", *Academy of Management Review*, 32, pp.946~967.

[11] Colquitt, J. A., Conlon, D. E., Wesson, M. J., Porter, C. O. and Ng, K. Y., 2001, "Justice at the Millennium: A Meta-analytic Review of 25 Years of Organizational Justice Research",

Journal of Applied Psychology, 86, pp.425~445.

[12] Combs, J., Liu, Y. M., Hall, A. and Ketchen, D., 2006, "How Much do High-performance Work Practices Matter? A Meta-analysis of Their Effects on Organizational Performance", *Personnel Psychology*, 59, pp.501~528.

[13] Conger, J. A. and Kanungo, R. N., 1998, *Charismatic Leadership in Organizations*, Sage.

[14] Edwards, J. R., 1991, "Person-Job Fit: A Conceptual Integration, Literature Review and Methodological Critique", in Cooper, C. L. and Robertson, I. T. (Eds.), *International Review of Industrial and Organizational Psychology*, 6, pp.283~357, Chichester, West Sussex, England: Wiley.

[15] Eisenberger, R., Armeli, S., Rexwinkel, B., Lynch, P. D. and Rhoades, L., 2001, "Reciprocation of Perceived Organizational Support", *Journal of Applied Psychology*, 86, pp.42~51.

[16] Eisenhardt, K. M. and Graebner, M. E., 2007, "Theory Building from Cases: Opportunities and Challenges", *Academy of Management Journal*, 50, pp.25~32.

[17] Eisenhardt, K. M., 1989, "Building Theories from Case Study Research", *Academy of Management Review*, 14, pp.532~550.

[18] Elliott, E. S. and Dweck, C. S., 1988, "Goals: An Approach to Motivation and Achievement", *Journal of Personality and Social Psychology*, 54, pp.5~12.

[19] Elliot, A. J. and Fryer, J. M., 2008, "The Goal Construct in Psychology", in J. Y. Shah and W. L. Garder (Eds), *Handbook of Motivation Science*, pp. 235~250, New York: The Guilford Press.

[20] Glaser, B. and Strauss, A., 1967, *The Discovery of Grounded Theory*, London: Weidenfeld and Nicholson.

[21] Grossman, S. J. and Hart, O. D., 1983, "Implicit Contracts under Asymmetric Information", *The Quarterly Journal of Economics*, 98, pp.123~156.

[22] Hart, O. D., 1995, *Firms, Contracts and Financial Structure*, Oxford: Clarendon Press.

[23] Herzberg, F., Mausner, B. and Snyderman, B. B., 1993, *The Motivation to Work*, New Brunswick, N.J.: Transaction Publishers.

[24] Hill, C. W., Hitt, M. A. and Hoskisson, R. E., 1992, "Cooperative versus Competitive Structures in Related and Unrelated Diversified Firms", *Organization Science*, 3, pp.501~521.

[25] Hoffman, B. J. and Woehr, D. J., 2006, "A Quantitative Review of the Relationship Between Person—Organization Fit and Behavioral Outcomes", *Journal of Vocational Behavior*, 68, pp.389~399.

[26] Hoffman, B. J., Bynum, B. H., Piccolo, R. F. and Sutton, A. W., 2011, "Person-Organization Value Congruence: How Transformational Leaders Influence Work Group Effectiveness", *Academy of Management Journal*, 54, pp.779~796.

[27] Hult, G. T. M., Ketchen, D. J. and Slater, S. F., 2005, "Market Orientation and Performance: An Integration of Disparate Approaches", *Strategic Management Journal*, 26, pp.1173~1181.

[28] Klein, H. J., Wesson, M. J., Hollenbeck, J. R. and Alge, B. J., 1999, "Goal Commitment and the Goal-setting Process: Conceptual Clarification and Empirical Synthesis", *Journal of Applied Psychology*, 84, pp.885~896.

[29] Klein, K. J. and Kozlowski, S. W., 2000, *Multilevel Theory, Research and Methods in Organizations*: *Foundations, Extensions and New Directions*, Jossey-Bass.

[30] Kristof-Brown, A. L. and Stevens, C. K., 2001, "Goal Congruence in Project Teams: Does the Fit between Members' Personal Mastery and Performance Goals Matter?", *Journal of Applied Psychology*, 86, pp.1083~1095.

[31] Kristof-Brown, A. L., Zimmerman, R. D. and Johnson, E. C., 2005, "Consequences of Individuals' Fit at Work: A Meta-Analysis of Person-Job, Person-Organization, Person-Group and Person-Supervisor Fit", *Personnel Psychology*, 58, pp.281~342.

[32] Lauver, K. J. and Kristof-Brown, A., 2001, "Distinguishing between Employees' Perceptions of Person-Job and Person-Organization Fit", *Journal of Vocational Behavior*, 59, pp.454~470.

[33] Lewick, R. J. and Bunker, B. B., 1996, "Developing and Maintaining Trust in Work Relationships", in Kramer, R. M. and Tyler, T. R. (Eds.), *Trust in Organizations*: *Frontiers of Theory and Reach*, pp.114~39, Sage Publications.

[34] Liao, H. and Rupp, D. E., 2005, "The Impact of Justice Climate and Justice Orientation on Work Outcomes: A Cross-level Multifoci Framework", *Journal of Applied Psychology*, 90, pp.242~256.

[35] Locke, E. A., Latham, G. P. and Erez, M., 1988, "The Determinants of Goal Commitment", *Academy of Management Review*, 13, pp.23~39.

[36] Lovelace, K. J., Manz, C. C. and Alves, J. C., 2007, "Work Stress and Leadership Development: The Role of Self-leadership, Shared Leadership, Physical Fitness and Flow in Managing Demands and Increasing Job Control", *Human Resource Management Review*, 17, pp.374~387.

[37] Manz, C. C., 1986, "Self-leadership: Toward an Expanded Theory of Self-influence Processes in Organizations", *Academy of Management Review*, 11, pp.585~600.

[38] Maynard, M. T., Gilson, L. L. and Mathieu, J. E., 2012, "Empowerment-Fad or Fab? A Multilevel Review of the Past Two Decades of Research", *Journal of Management*, 38, pp.1231~1281.

[39] McGregor, D., 1960, *The Human Side of Enterprise*, New York, N.Y.: McGraw-Hill Companies.

[40] Meglino, B. M. and Ravlin, E. C., 1998, "Individual Values in Organizations: Concepts, Controversies and Research", *Journal of Management*, 24, pp.351~389.

[41] Neck, C. P. and Manz, C. C., 2010, *Mastering Self-leadership: Empowering Yourself for Personal Excellence*(5th ed.), Upper Saddle River, NJ: Prentice Hall.

[42] Neck, C., Nouri, H. and Godwin, J., 2003, "How Self-leadership Affects the Goal-setting Process", *Human Resource Management Review*, 13, pp.691~707.

[43] Paolillo, J. G., Jackson, J. H. and Lorenzi, P., 1986, "Fusing Goal Integration", *Human Relations*, 39, pp.385~397.

[44] Pearce, C. L. and Manz, C. C., 2005, "The New Silver Bullets of Leadership: The Importance of Self and Shared Leadership in Knowledge Work", *Organizational Dynamics*, 34, pp.130~140.

[45] Piccolo, R. F. and Colquitt, J. A., 2006, "Transformational Leadership and Job Behaviors: The Mediating Role of Core Job Characteristics", *Academy of Management Journal*, 49, pp.327~340.

[46] Resick, C. J., Baltes, B. B. and Shantz, C. W., 2007, "Person-Organization Fit and Work-related Attitudes and Decisions: Examining Interactive Effects with Job Fit and Conscientiousness", *Journal of Applied Psychology*, 92, pp.1446~1455.

[47] Rhoades, L. and Eisenberger, R., 2002, "Perceived Organizational Support: A Review of the Literature", *Journal of Applied Psychology*, 87, pp.698~714.

[48] Ryan, R. M. and Deci, E. L., 2000, "Self-determination Theory and the Facilitation of

Intrinsic Motivation, Social Development and Well-being", *American Psychologist*, 55, pp.68~78.

[49] Schein, E. H., 2010, *Organizational Culture and Leadership*, New York, N.Y.: Wiley.

[50] Schneider, B., Goldstein, H. W. and Smith, D. B., 1995, "The ASA Framework: An Update", *Personnel Psychology*, 48, pp.747~773.

[51] Scott, W. R. and Davis, G. F., 2007, *Organizations and Organizing: Rational, Natural and Open System Perspectives*, Pearson Prentice Hall.

[52] Seibert, S. E., Wang, G. and Courtright, S. H., 2011, "Antecedents and Consequences of Psychological and Team Empowerment in Organizations: A Meta-analysis Review", *Journal of Applied Psychology*, 96, pp.981~1003.

[53] Shah, J. Y. and Garder, W. L., 2008, *Handbook of Motivation Science*, New York: The Guilford Press.

[54] Shamir, B., House, R. J. and Arthur, M. B., 1993, "The Motivational Effects of Charismatic Leadership: A Self-concept based Theory", *Organization Science*, 44, pp.577~594.

[55] Singh, R. and Tan, L., 1992, "Attitudes and Attraction: A Test of the Similarity-attraction and Dissimilarity-Repulsion Hypotheses", *British Journal of Social Psychology*, 31, pp.227~238.

[56] Smola, K.W. and Sutton, C.D., 2002, "Generational Differences: Revisiting Generational Work Values for the New Millennium", *Journal of Organizational Behavior*, 23, pp.363~82.

[57] Spreitzer, G. M., 1995, "Psychological Empowerment in the Workplace: Dimensions, Measurement and Validation", *Academy of Management Journal*, 38, pp.1442~1465.

[58] Stewart, G. L., Courtright, S. H. and Manz, C. C., 2011, "Self-leadership: A multilevel Review", *Journal of Management*, 37, pp.185~222.

[59] Tsai, W., 2002, "Social Structure of 'Coopetition' within a Multiunit Organization: Coordination, Competition and Intraorganizational Knowledge Sharing", *Organization Science*, 13, pp.179~190.

[60] Twenge, J. M., Campbell, S. M., Hoffman, B. J. and Lance, C. E., 2010, "Generational Differences in Work Values. Leisure and Extrinsic Values Increasing, Social and Intrinsic Values Decreasing", *Journal of Management*, 36, pp.1117~1142.

[61] Vancouver, J. B., Millsap, R. E. and Peters, P. A., 1994, "Multilevel Analysis of Organizational Goal Congruence", *Journal of Applied Psychology*, 79, pp.666~679.

[62] Vroom, V. H., 1964, *Work and Motivation*, New York: Wiley.

[63] Wayne, S. J., Shore, L. M. and Liden, R. C., 1997, "Perceived Organizational Support and Leader-member Exchange: A Social Exchange Perspective", *Academy of Management Journal*, 40, pp.82~111.

[64] Witt, L. A., 1998, "Enhancing Organizational Goal Congruence: A Solution to Organizational Politics", *Journal of Applied Psychology*, 83, pp.666~674.

[65] Yin, R. K., 2004, *The Case Study Anthology*, Sage.

[66] Yin, R. K., 2009, *Case Study Research: Design and Methods*, 5, Sage.

[67] Zhang, K., Song, L. J., Hackett, R. D. and Bycio, P., 2006, "Cultural Boundary of Expectancy Theory-based Performance Management: A Commentary on DeNisi and Pritchard's Performance Improvement Model", *Management and Organization Review*, 2, pp.279~294.

[68] Zhang, X. and Bartol, K. M., 2010, "Linking Empowering Leadership and Employee Creativity: The Influence of Psychological Empowerment, Intrinsic Motivation and Creative Process Engagement", *Academy of Management Journal*, 53, pp.107~128.

[69] 彼得·德鲁克. 管理的实践 [M]. 齐若兰, 译. 北京：机械工业出版社, 2006.

[70] 彼得·圣吉. 第五项修炼：学习型组织的艺术与实践 [M]. 张成林, 译. 北京：中信出版社, 2009.

[71] 戴天婧, 汤谷良, 彭家钧. 企业动态能力提升, 组织结构倒置与新型管理控制系统嵌入——基于海尔集团自主经营体探索型案例研究 [J]. 中国工业经济, 2012(2).

[72] 欧阳桃花, 丁玲, 郭瑞杰. 组织边界跨越与 IT 能力的协同演化：海尔信息系统案例 [J]. 中国工业经济, 2012(12).

[73] 全国企业管理现代化创新成果评定委员会, 中国企业联合会管理现代化工作委员会. 国家级企业管理创新成果 (第 18 届)[M]. 北京：企业管理出版社, 2012.

[74] 王凤彬, 陈公海, 李东红. 模块化组织模式的构建与运作——基于海尔"市场链"再造案例的研究 [J]. 管理世界, 2008(4).

[75] 王国成. 企业治理效率的契约关系研究——博弈论视角的考察 [J]. 天津社会科学,

2004(4).

[76] 约翰·霍兰. 隐秩序：适应性造就复杂性 [M]. 上海：上海科技教育出版社, 2011.

[77] 章凯. 组织行为战略——管理变革的方向与动力 [M]. 北京：经济管理出版社, 2003.

[78] 章凯. 激励理论新解 [J]. 科学管理研究, 2003(2).

[79] 郑伯埙, 黄敏萍. 实地研究中的案例研究 [A]. 陈晓萍, 徐淑英, 樊景立. 组织与管理研究的实证方法 [C]. 北京：北京大学出版社, 2008.

附录：三门冰箱型号经营体的建立过程（来源：海尔内部资料）

1. 三门冰箱经营体目标的确定

按照以往的规则和历史同比，三门冰箱经营体每年复合增幅10%即可。然而根据经营体目标体系的标准，按照人区客的原则，综合考虑市场容量、区域GDP、家电更换率以及经济发展和竞争对手的情况，在经营体自主经营机制下三门冰箱经营体自发地确定了2010年的增长幅度应为30%的有竞争力的目标，是原先的3倍。在这个目标下不仅企业可以获得更多的利润，三门冰箱经营体也可达到超利分成的目标，整个团队可以分享更多的价值，团队更有动力完成目标。围绕这个目标，三门冰箱经营体整合日本的团队开发出了深受市场欢迎的高端的三门冰箱系列产品，不仅完成了目标，而且带动海尔冰箱在市场上继续引领潮流，不断提升海尔品牌的美誉。

2. 三门冰箱经营体的构成

职责划分：根据战略定位，型号经营体的核心职责专注于企划和研发。三门冰箱经营体围绕核心职责进一步规范了业务流程，以核心业务流程对应的职责作为专有职责，纳入经营体；以非核心业务流程作为共享职责，纳入二级平台经营体。

定岗定编：经过划分核心流程的职责边界，依据幅度合理、权责兼顾、职责覆盖、管理闭环等岗位设计的原则，三门冰箱经营体的岗位划分为九类。依据本年项目规划、项目运作模式，在经营体可用的资源包（人工成本）范围内，确定经营体总定编为19人，具体定岗定编情况如下。

（1）经营体长：对三门冰箱产品规划销量、利润、份额以及经营体团队成员达标负责。

（2）型号/市场企划经理：定编1人，对产品型号/市场的竞争力负责，承接A类产品收入占比、单型号销量、份额等指标。

（3）外观企划：定编2人，对产品外观模块负责。

（4）内饰企划：定编1人，对产品内饰模块负责。

（5）功能性能企划：定编1人，对产品功能性能模块负责。

（6）架构经理：定编1人，对三门冰箱产品平台负责，承接三门冰箱经营体利润率、项目的开发完成率、新品上市3个月不良率等指标。

（7）项目经理：定编5人，对三门冰箱产品的竞争力负责，承接新品成本达标率、项目的开发完成率、新品上市3个月不良率等指标。

（8）模块经理：细化为5个模块，共定编7人，分别对各自模块的竞争力负责，承接模块的立项成本达标率、项目的开发完成率、新品上市3个月不良率等指标。

（9）开发模块：设为兼职，对前沿技术的开发、转化负责。

需要指出的是三门冰箱经营体的构成并非一成不变，三门冰箱经营体长在运营过程中可根据市场变化决定内部结构的变化，人力部门在此过程中作用不再是简单的审核，而是融入提供专业支持。

3. 三门冰箱经营体体长和成员的竞聘

在海尔，所有的员工都要竞聘进入三类三级经营体，在经营体中找到自己的价值，进入经营体的人签订合同承诺，实现第一竞争力的目标拿到行业领先的薪酬。在这种机制驱动下，员工们纷纷主动抢入经营体。

三门冰箱经营体公开竞聘，符合条件的员工通过竞聘抢入经营体。参与竞聘的员工需要针对所竞聘的岗位说清楚目标和保证目标完成的预算和预案。多人竞聘同一岗位的，择优录用。竞聘的过程实质上是方案竞争的过程。

首先，通过竞聘选出经营体长。参加竞聘的员工可以是来自原先的冰箱市场部或者研发部、企划部等。通过第一轮竞聘初步选定两个候选人入围。再经过组织第二轮竞聘，综合对两人专业技能、管理与领导能力的评价以及两人提出的目标完成的预算和预案对比，最终确认竞聘胜出的人选。

其次，经营体成员竞聘。三门冰箱经营体的组件共有32人参与抢单竞聘。按照员工抢入的漏斗机制，结合行业专家评价，经营体长的意见，最终13人竞聘成功。

企业社区参与过程中的合法性形成与演化：百步亭与万科案例[*]

田志龙[1]　程鹏璠[1]　杨　文[2]　柳　娟[1]

（1 华中科技大学管理学院；2 武汉科技大学管理学院）

摘　要："合法性"是企业竞争优势的重要基础，企业社区参与（CCI）能使企业获得合法性。然而，CCI如何使企业获得合法性及究竟使企业获得了什么样的合法性却鲜有探究。为此，本文通过对百步亭与万科十余年社区参与过程的纵向双案例研究，探讨了CCI各阶段合法性的形成与演化。研究后有2个发现。（1）CCI战略随阶段发展对CCI活动起动态引导作用；CCI过程中企业—居委会—志愿者的互动模式随行动者行为角色、行为动机和行为方式的转变而演化；社区能力的不同要素在不同互动模式的转换中向更高层面提升；CCI过程中的互动直接形成企业内部合法性，同时，这些互动通过促进社区能力成长来形成企业外部合法性。（2）企业合法性是一个连续变量，随着CCI阶段的发展，其内部合法性有在程度上积累增加、外部合法性有在范围上逐渐扩大的趋势。本文的主要贡献在于解析了企业合法性形成与演化的微观机制，揭示了企业合法性作为一个连续变量的演化特征，对企业通过社区参与来获取合法性具有重要的指导和借鉴意义。

关键词：企业社区参与　企业合法性　社区能力

一、引言

"合法性（Legitimacy）"是一种"能够帮助组织获得其他资源的重要战略资源"，它有助于增强企业竞争优势（员工承诺、顾客忠诚、投资者吸引力、

---

[*] 原载《管理世界》2014年第12期。

公共关系等）(Williamson, 1999; Zimmerman and Zeitz, 2002)。在合法性研究领域中，制度学派强调"合法性机制"（用于解释组织趋同）所体现出的制度力量对企业的影响，认为合法性的获取是对制度环境压力的回应（Meyer and Rowan, 1977; DiMaggio and Powell, 1983），他们主张通过组织模仿和趋同来获取合法性，如进行行业内部的合法性模仿，利用标杆效应、社会公关等达到组织趋同（Deephouse, 1996; Deephouse and Suchman, 2008；宋铁波、曾萍，2011）。而战略学派则侧重企业自身能动性的发挥，认为合法性的获取是企业适应和改变制度环境的过程，他们主张通过战略性行为来获取合法性（Suchman, 1995; Zimmerman and Zeitz, 2002），如采取跨国经营行为（Gifford et al., 2010；田志龙、高海涛，2005）、创业行为（Tornikoski and Newbert, 2007）、战略联盟（Dacin et al., 2007）和企业社会责任（CSR）行为（Bowen, Newenham-Kahindi and Herremans, 2010）等来获取合法性。这些研究虽然指明了合法性获取的方式和战略途径，但并没有在特定领域中阐释合法性形成与演化的微观机制（Aguinis and Glavas, 2012），如企业及其利益相关者的互动行为过程以及各类行动者的能动性如何产生影响等（George and Bennett, 2005）。这一空缺的填补（即微观机制的研究）将为企业在实践中获取和提升目标合法性提供可操作性的指导。

近年来，CSR领域研究CSR实施过程的战略—行为—结果的传统研究范式为企业合法性的形成与演化提供了整体性研究框架（Panapanaan et al., 2003; Maignan et al., 2005; Maon et al., 2009），而社会心理学对个体或群体在社会互动中的互动行为分析为其提供了微观基础（Postmes et al., 2005; Van Zomeren et al., 2008; Thomas et al., 2014），它们共同给出了一个具有互动特点的整体性分析思路。特别是在新近的研究中，企业社区参与（Corporate Community Involvement, CCI）作为企业履行对顾客和社区社会责任（CSR）的方式之一，是指企业与社区内政府延伸组织、居民组织及居民共同解决社区社会问题的行为及过程（Bowen et al., 2010; Liu, Eng and Ko, 2013）。在中国鼓励企业参与和谐社区建设的基层治理体系下，CCI作为一种天然具有企业嵌入性、多方互动性和参与持续性等特点的实践行为，易于使企业获得合法性（博得社会认同和获得社会影响）(Hess, Rogovsky and Dunfee, 2002; Idemudia, 2009; Bowen et al., 2010)。这为企业合法性的形成与演化提供了合适的分析情境。

本文借鉴CSR研究范式和社会心理学微观过程分析的理论思想，通过对百步亭与万科CCI的纵向案例研究来回答：（1）CCI过程中企业形成了哪些合法性？（2）这些合法性在不同的CCI阶段发生了哪些变化？（3）这些合法性是如何在企业与环境的互动中形成的以及为什么会产生这些变化？本研究的理论价值与实践价值在于以下几个方面。一是打开了企业合法性形成与演化的过程"黑箱"。从 CCI 情境出发，借鉴 CSR 实施的战略—行为—结果的过程分析框架，整合了企业改变自己适应环境和改变其所处的环境两条合法性获取途径，构筑了合法性形成与演化的过程机制，对特定领域合法性形成与演化过程研究进行了有益补充。二是突破了以往单纯从企业角度探讨企业合法性获取的研究局限。将与企业相关的其他社区参与主体纳入研究框架，引入了社会心理学研究社会互动的行为角色、行为动机和行为方式维度来分析 CCI 战略下的企业—居委会—志愿者互动行为，深化了对合法性形成与演化微观过程的理解，并由此发现了合法性的演化特征，界定了其变量属性。三是丰富了 CSR 过程的相关研究。通过解析不同 CCI 阶段中不同 CCI 战略的实施过程，发现了社区能力对合法性形成的促进作用，即 CSR 能启动、发展和丰富社区能力从而提升企业合法性，这是对 CSR 与合法性关系纽带节点的有力补充。研究结论不仅为社区参与实践提供借鉴，有助于启发进行社区参与的企业制定战略、采取行动、控制过程及修正结果；也为企业获取合法性提供指导，有助于引导企业采取合适可行的路径机制来获取目标合法性。

二、文献回顾与研究框架

企业合法性已经得到国内外研究和实践领域的广泛关注，而 CCI 正是西方理论界的热门话题，但在国内它作为企业履行社会责任的一种方式还处于实践探索的过程中。本部分将对相关文献进行回顾和总结，根据已有的洞见找到特定思路来指导本研究解答已提出的问题。

（一）企业合法性及其分析路径和微观基础

企业合法性分类为我们提供了可能获得的合法性类型。企业合法性是指在一个由社会构建的规范、价值、信念和定义的体系中，企业行为被承认、认可和接受的程度（Scott，1995；Suchman，1995；赵孟营，2005）。作为一种能帮助企业获取其他资源的重要无形资源，学界往往根据所研究的合法性来源进行分类（Zimmerman and Zeitz，2002；杜运周、张玉利、任兵，2012）。合法性按其来源可分为内部合法性和外部合法性。Singh 等（1986）认为，合法性来源是那些对企业进行观察并做出合法性评价的内部和外部受众,其中外部来源包括政府、许可证颁发机构、资助机构、知识分子、专业组织、工会、商界、公众舆论及媒体(Deephouse, 1996);内部来源包括员工、经理、人事专家、董事会成员等(陈扬、许晓明、谭凌,2012)。国内学者通过学理论证(赵孟营,2005)和实证分析(乐琦、蓝海林,2012)确认了这一分法。虽然 Scott(1995)把合法性分为规制合法性、规范合法性和认知合法性的分法颇受学界认同,但该分法主要关注的是企业的外部利益相关群体(政府、上下游企业、社会公众)对企业行为的认知和评价。而 CCI 过程涉及企业与内外部群体互动,除外部的利益群体因素作用外,内部利益群体也可能产生有力的影响,因此本文倾向于内部合法性和外部合法性的二分法,这为合法性形成与演化过程分析奠定了有益的基础。

CSR 是企业获取合法性的重要途径。持制度观者认为,CSR 是企业对制度环境所形成的合法性压力的回应,企业可以通过发布 CSR 报告、披露公司信息、进行捐赠、参与慈善活动等改善自身行为的方式来获取合法性(Aguinis and Glavas, 2012)。而持战略观者认为,CSR 是企业战略的一部分,企业通过履行社会责任产生有益于社会的结果,其利益相关者认知、评估 CSR 结果做出对企业行为的评价,从而实现合法性目标(Bridoux and Stoelhorst, 2014)。在新近的研究中,Zhao(2012)强调企业的能动性及其追求合法性的战略性,通过中国、俄罗斯及跨国公司的研究识别了 4 种基于 CSR 的合法性战略,并揭示了不同的公司如何选择基于 CSR 的合法性战略来获取合法性。Yang 和 Rivers(2009)通过对跨国公司子公司的 CSR 实践分析表明,企业运营的制度环境及其利益相关者需求所形成的内外部合法性压力影响 CSR 实践,从而产生合法性。Johansen 和 Nielsen(2012)认为,CSR 作为一种同质过程能产生符合社会规范和期望的价值从而影响合法性,进而衍生独特的组织机会。可见,已有的 CSR 研究虽然暗含了企业改变自己适应环境和改变其所处的环境两条合法性获取途径,但尚未在战略—行为—结果的主流 CSR 研究范式下打开其行为过程黑箱,探索合法性形成与演化的微观机制(Aguinis and Glavas, 2012)。而正是微观机制对企业与利益相关者的互动行为过程以及各类行动者的角色、动机、方式演变关系的探讨为 CSR 实践和合法性的获取提供了可操作性的指导。

社会心理学对微观社会过程的研究为合法性的形成和演化提供了借鉴。社会心理学在社会互动情境下从角色、动机、方式等维度来探讨个体与群体行为,由此理解微观社会过程(Maignan et al., 2005; Maon et al., 2009)。行为角色是理解社会互动行为的基础,角色理论试图从人的社会角色属性解释其行为的产生、发展和变化（Blumer，1980）。处在一定社会地位上的角色受自身角色期望、社会或他人对该角色期望的影响，角色主体在行动中总是不断通过与其他角色互动来调整和完善自身行为，从而逐渐形成其特有的行为方式（Thomas and Mcgarty，2009）。社会关系系统中的主体因其角色不同，社会对其的期望不同，其行为方式一般不同。即使不同行为主体扮演同一种角色，由于每个行为主体自身的个性心理特点不同，它对社会期望的知觉、对角色性质的理解、对角色失调时采取的解决办法都各不相同，其行为方式也就各有特色（Thomas and Mcgarty，2014）。由此，行为方式也是考察互动行为的重要维度。而行为动机则是推动主体行为活动的内在原因，是引起、维持主体活动，并使活动朝某一目标进行的内在动力（Ginges and Atran，2009）。现有的社会心理学研究发现，40%~60%的个体是亲社会的，他们在社会互动活动中，更倾向于提升自身与他人的共同利益（De Cremer and Van Lange，2001）。亲社会行为动机理论主要有两种取向：一是利他取向，包括基因决定论、移情—利他主义、消极状态缓解模型等；二是利己取向，如社会交换理论（甘琳琳、佐斌，2006）。由于不同社会群体参与同一事件的动机可能是异质的；而同一行为也可能有多种动机（Stefan et al.，2005），因此主导群体行为的动机是考察行为过程的关键维度。一个领域的微观基础是基于其微观主体的行动与互动的（Foss，2011），那么在CCI情景中由企业行动和社区内组织参与互动而构成的整个行为过程就是合法性形成与演化的微观基础。本文将借鉴社会心理学对微观社会过程的考察维度（行为角色、行为动机和行为方式）来理解CCI中合法性的形成与演化过程。

（二）社区参与及其与合法性的关系

"社区参与连续体"为CCI阶段划分和CCI战略识别提供可能。社区参与（Community Involvement）是社区内外部群体以及居民参与解决社区社会问题的行为及过程（Bowen et al.，2010；肖林，2011）。Bowen等（2010）分析近10年社区参与的相关文献时发现了"社区参与连续体（Continuum of Community Engagement）"，认为这些文献随时间的发展数量递增，地理分布扩散，研究方法有所演化，且随着研究的发展发现社区参与水平也逐渐提高，并基于该连续体归纳了3种CCI战略：（1）交易性参与战略（Transactional Engagement），指企业通过对社区单向分享信息、进行慈善捐赠、构建社区能力和开展员工志愿活动等行为来进行社区参与的指引；（2）桥梁性参与战略（Transitional Engagement），是企业采取与社区内利益相关者对话、公共咨询、合作或建立合作伙伴关系等行为来实施活动的指引；(3) 转型参与战略（Transformational Engagement），指企业通过与社区内群体进行合作项目管理、共同问题解决和联合决策等行为进行参与的指引。由此可见，随着社区参与的深入企业会调整或改变 CCI 战略，因此本文也期望识别出中国情境下的 CCI 阶段及其相应的战略。

社区参与过程涉及企业、政府、NGO 和志愿者等行动者的行为。其中，企业的行为方式有引导交流、教育、游说、督导、合作等，其行为动机有社区投资、社会责任和改变社会等（Morsing and Schultz, 2006）；而政府部门则有信息提供、单方咨询、过程合作、社区决策参与等行为（Bowen et al., 2010）；志愿者的行为方式包括提供信息和咨询、联合决策、联合行动、给予支持等，而其行为动机主要有利他动机、工作有意义、组织公民、角色多样化、构建关系网络等（Pajo and Lee, 2011）。Hashagan 等（2002）认为社区组织的行为角色包括被动接受者、积极反应者、参与者、授权者和领导者等。但目前的研究都只较为详尽地考察一类行动者的行为，本文希望通过行为角色、行为动机和行为方式来考察企业、居委会（政府延伸组织）、志愿者 3 种在 CCI 过程中较为活跃的行动者之间的互动，以此来探究合法性产生的关键互动过程。

CCI 战略能使社区能力发展和企业获得合法性（Bowen et al., 2010）。其中，社区能力是存在于社区之内、能够被用来解决社区社会问题、维持或提高社区福利的社区资源、组织能力和社会资本的互动（Chaskin, 2001）。CCI 有助于社区能力发展，如 Brammer 和 Millington（2003）认为 CCI 能使社区获得金钱、慈善物质和员工志愿者时间等资源；而 Loza（2004）认为，企业可以从维持社区经济的可持续性，为人员提供知识和技能培训，增进组织信息的获取、使用和传播，以及支持建立社区工作网络和与其构建合作或联盟等几个方面来构建社区能力。同时，CCI 也能使企业获得合法性（Morsing, 2006; Heugens et al., 2002; Selsky and Parker, 2005）。例如，Backhaus 等（2002）表明 CCI 能增加雇员吸引力；进而，Veleva（2010）认为，CCI 能使企业获得公司声誉、顾客忠诚、经营许可和投资者信心等外部关系，并能使员工忠诚、有道德、工作满意度高且多产。已有研究虽然发现 CCI 战略与社区能力和企业合法性之间的联系，但并未对其过程以及社区能力和企业合法性之间的关系做进一步探讨。

（三）对已有研究的评述及本文研究框架

企业合法性和 CCI 的相关文献为 CCI 过程中合法性的形成和演化提供了研

究基础:(1)存在不同种类的合法性,包括外部合法性和内部合法性;(2)CSR研究包含了企业改变自己适应环境和改变其所处的环境两条合法性获取途径;(3)借鉴社会心理学的行为角色、行为动机和行为方式来分析行动者互动行为;(4)CCI 过程可能涉及企业、政府(延伸组织)和志愿者等行动者的行为互动;(5)CCI 战略能促进社区能力发展和企业获得合法性。

基于此,本文构建了一个整合的理论分析框架(见图1)。拟通过纵向双案例研究,首先用 CSR 实施过程研究范式作为一个整体性的研究框架来分析各 CCI 阶段中案例企业合法性的横向形成过程,即 CCI 战略、互动行为和结果及其相互关系;其次用社会心理学行为变量的角色、动机、方式等维度来研究 CCI 中行动者互动行为及其演变,解析案例企业内外部合法性形成的微观过程机制及其随 CCI 阶段发展的演化过程,并揭示其演化特征。

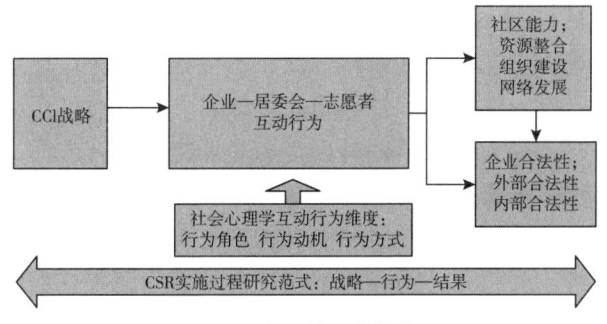

图1 本文的研究框架

三、研究方法

(一)方法定位

本文对 CCI 过程中的合法性形成与演化进行研究,涉及 CCI 战略实施过程中企业究竟获得了哪些合法性(What),它们在如何演化(How),为什么会形成这些合法性和发生演化(Why)等问题,适合使用案例研究方法(Eisenhardt,1989)。CCI 是新时期新情境下具有中国特色的案例背景,为使本文以一个较为全面和整体的观点去呈现其过程中企业合法性的形成,清晰地挖掘和深入地理解各阶段的合法性演化,揭示隐藏在现象之后的更深层原因(Yin,2003),本文拟选择纵向案例研究法。

单案例研究能对现象进行深入的挖掘，增强理论的说服力（Siggelkow，2007）；而多案例研究则可实现单个案例之间的复制和拓展，刻画出更为完整的理论图画（Eisenhardt，1989）。本文基于理论完整性和说服力的考虑，既对现象深入挖掘又遵循多案例的复制和拓展逻辑，采用集两法之长的双案例——这一特殊多案例研究方法来进行纵向研究（Yin，2003），即选取两个不同特色企业来深度挖掘其社区参与过程中企业合法性的形成与演化，采取差别复制的方法，通过研究其共性和特性来得出结论，共性相互印证，特性互为补充，从而提高研究设计的周延性和外在效度，并提高结论的说服力（Yin，1981）。

（二）案例选择

我们选择房地产企业作为案例对象。从1998年我国开展"社区建设试验"到"全国和谐社区建设示范创建活动"至今，有近10%社区被民政部评选为"全国文明社区示范点""全国和谐社区建设示范社区"等。在这些社区的建设过程中，由于政府投入的限制和社区组织的缺乏，进行社区房屋建设的房地产企业便在政府号召下成为最主要的社区参与企业之一。一方面，房企及其下属公司的业务涉及社区建设、管理、服务整个过程，与居民生活持续且密切相关，可通过社区参与来持续履行对社区和顾客的责任；另一方面，房企一般通过其总公司、开发和物业等相关公司参与解决社区社会问题来获取顾客认可和社会认同，从而产生较好的企业绩效。

根据本研究的目的，我们在选择案例房企时考虑如下几点：（1）选择有10年以上CCI经验，且由此获得政府、行业和社会好评最多的房企，从而保证案例的典型性；（2）选择一个具有区域代表性的地方性企业和一个具有多区域复制性的全国性企业，由此增强案例的代表性；（3）所选房企参与的社区与研究组成员同在一个地理区域（武汉市），且双方关系良好，有利于经常性地开展实地调研。由此，我们最终选择了百步亭集团有限公司（简称"百步亭"）及其参与的核心地产项目——百步亭花园社区（简称"百步亭社区"）与万科企业股份有限公司（简称"万科"）及其参与的典型品牌项目——武汉万科四季花城（简称"四季花城"）作为案例对象（见表1）。

表1	案例描述	
企业	百步亭集团有限公司：1995年	万科企业股份有限公司：1984年
性质	民营企业集团	上市公司
经营范围	房地产开发、社区建设、物业管理、文化产业、酒店和医药经营	房地产开发、物业服务

续表

企业	百步亭集团有限公司：1995年	万科企业股份有限公司：1984年
社区产品分布	集中于武汉市	分布于全国53个大中型城市
公司愿景	把百步亭建设成"中国第一，世界一流"的社区品牌（"中国和谐社区"的样本）	成为中国房地产行业持续领跑者
CCI（子/分）公司（时间，简称）	百步亭集团（2003，集团公司）负责百步亭房地产业和其他行业业务运营；武汉安居工程发展有限公司（1995年，开发公司）负责百步亭社区及配套开发；百步亭物业管理有限公司（1998，物业公司）负责百步亭社区的物业服务；百步亭资产经营公司（2003年）负责社区商业配套管理	万科企业股份有限公司（1993，万科总部）负责全国万科地产、物业等的运营；武汉万科房地产有限公司（2001，万科地产）负责武汉万科房地产开发；武汉万科物业服务有限公司（2002，万科物业）负责武汉所有万科社区物业服务；武汉万科四季花城物业服务中心（2005年，花城物业）负责武汉万科四季花城物业服务
CCI对象	百步亭花园社区（1995—2013年）	武汉万科四季花城（2001—2013年）等
CCI规模	社区占地4平方千米，入住13万人。规划将建成一个占地7平方千米，入住30万人的百步亭新城	社区是秉承深圳四季花城"欧洲小镇"设计风格，结合武汉人居特点，入住约3万人，占地1.3平方千米的低层低密度生态社区
CCI效果	从"位置偏僻、地势低洼、水电路等设施空白、蚊子多、小偷多的住宅小区"到"科教、文体、卫生、普法事业齐全，路不拾遗、夜不闭户的邻里相亲相爱、可持续发展的现代文明社区"	从"面对白领新锐、邻里关系淡漠、周边环境无序的小区"到"老有所依、幼有所教、睦邻友好、紧扣时代主题和注重居民需求的文化娱乐活动丰富的低密度生态社区"
CCI影响	达到"不管市场冷暖都不愁销售"的境界；湖北省房地产综合实力第一名；国家一级房地产开发企业；连续6年住宅质量零投诉；物业管理与社区管理结合的行业领跑者，物业管理标准制定者之一；湖北省市场行业十佳等	销售规模10年来一直保持第一；物业服务通过全国首批ISO9002质量体系认证；连续七次获"中国房地产百强企业综合实力top10"称号；连续八次获"中国最受尊敬企业"称号；连续七次获"中国最佳企业公民"称号等

注：文中的"企业"指在企业成立、发展和转变过程中所有进行CCI的总公司、分公司、子公司或由分公司转变成的子公司等的统称，当涉及某一（子/分）公司独立行为时称其公司名。

（三）数据收集

鉴于多源数据的三角验证能提供更精确的信息和更稳健的理论结果（Eisenhardt，2007），我们将访谈和实地观察作为核心的数据收集方式，辅以文件调阅、数据库历史文献、公开网络资料进行验证。（1）访谈和实地观察（见表2）。访谈包括开放式访谈和半结构化访谈。研究初期采用开放式访谈，让受访者畅所欲言，用备忘录检查访谈进行；正式研究中主要依据访谈提纲采用半结构化访谈。访谈对象主要为案例企业人员、居委会成员、志愿者和居民。为保证访谈效度，所有被访者均满足三个条件之一：一是案例企业或社区组织内的主要成员；二是经历了长期CCI的资深居民；三是曾深度参与CCI某一过程的居民。伴随着访谈的进行我们也参加社区开展的相关活动，并进行实地观察。整个访谈与观察始于2011年8月，并随着信息挖掘的深入一直持续到2013年3月。每一次访谈持续45~120分钟不等，所有的访谈和观察都在24小时内进行转录和记录成文字资料。（2）文件调阅，主要指在案例企业或社区阅读与研究主题相关的各类历史文件，包括会议记录、公文、档案资料、内部杂志和报纸、活动纪录片、社区工作者日志、居民感谢信、志愿者故事锦集等，并在对方许可的情况下复印、拍摄或拿取其中部分资料。（3）数据库检索的历史文献，包括历年来与案例企业和社区相关的研究及与主要领导者讲话相关的文献和报纸。（4）公开网络资源资料，包括由案例企业或社区主办、承办或参与的网站（如社区文明网、中国社区志愿服务网、武汉社区在线、百步亭花园网、武汉万科会等）以及各种涉及CCI活动报道的网站（腾讯大楚网）资料。

表2　　　　　　　深度访谈与实地观察一览表

访谈对象	百步亭——百步亭社区	万科——四季花城	访谈核心问题概要
企业	总人数：9 ● 董事会成员1； ● 企业高管2； ● 中层管理者2； ● 开发/物业员工4	总人数：8 ● 企业高管2； ● 工程技术专家1； ● 社区活动专员1； ● 地产/物业员工4	CCI历程、重大事件（纵向CCI阶段）；不同CCI阶段企业采取的战略、企业与其他社区参与者的互动行为（行为动机、行为角色和行为方式）及其产生的结果（合法性形成）；企业在不同CCI阶段的感受和获益（合法性演化）
居委会	总人数：8 ● 主任3； ● 副主任2； ● 成员3	总人数：4 ● 主任1； ● 成员3	居委会的发展过程、社区参与历程和重大事件；各CCI阶段居委会与其他社区参与者的互动行为及其产生的结果；各CCI阶段居委会对CCI的评价

续表

访谈对象	百步亭——百步亭社区	万科——四季花城	访谈核心问题概要
志愿者	总人数：15 ● 员工志愿者 5 ● 居民服务／活动志愿者 10	总人数：8 ● 员工志愿者 3； ● 居民服务／活动志愿者 5	志愿者组织发展过程（形成、管理、激励和维持），社区参与历程和重大事件；各 CCI 阶段志愿者与其他社区参与者的互动行为及其产生的结果；各 CCI 阶段志愿者对 CCI 的评价
居民	总人数：9 ● 空巢老人 6； ● 残疾人 3	总人数：10 ● 空巢老人 2； ● 残疾人 2； ● 其他 6	企业、居委会和志愿者的社区参与历程、重大事件；各 CCI 阶段居民对企业、居委会、志愿者社区参与互动行为及其结果的描述和对 CCI 的评价
实地观察项目	百步亭—百步亭社区：旁听百步亭集团例会；旁听第一居委会"元旦晚会策划"会议；参与社区居民晨练活动；参与第三居委会"饺子节"和"文艺晚会"；参与武汉中粮和湖北红十字太阳献爱心活动；参观社区老年大学并参加其摄影活动；参观社区服务中心、活动室、文化栏	万科—四季花城：旁观居委会换届选举活动；参与端午节"包粽子"活动；参与新年筹备活动（为居民磨刀、写对联等）；参观旧物交易活动；参观长者服务中心（阅览室、文化室、活动厅）；参观社区文化长廊（社区活动史）；参观成人教育学校	

（四）数据分析

数据分析是案例研究构建理论的核心（Eisenhardt，1989），而真实可信的经验事实则是理论构建的基础（Van Maanen，1988）。为最大限度再现经验事实，本研究通过主题分析与变量界定、阶段识别、内容分析和编码等三轮逐步深入的分析，力图客观把握 CCI 过程，在此基础上挖掘事实背后的理论含义。

1. 主题分析与变量界定

根据多来源的初始案例数据，研究者多次在研究团队内部会议和研究所会议上报告和讨论调研情况，并凝缩形成初步的研究主题——"企业合法性研究"，主要探讨 CCI 过程中企业—居委会—志愿者的协同互动和社区能力成长所形成的企业合法性及其演化现象。进而，研究者在此基础上将一手数据和二手数据分别交给本文后两个作者确认，并通过文献阅读、专家指导和团队讨论识别出"CCI 战略""企业—居委会—志愿者互动行为""社区能力""企业合法性"4 个与研究主题相关的核心变量。

基于文献与数据的初步匹配，我们对变量做了如下界定：CCI 战略指企业与社区内不同群体共同解决社区社会问题的行为模式的指引；企业—居委会—志愿者互动行为包括企业、居委会和志愿者三大行动者互动的行为角色、行为动机和行为方式；社区能力指社区所获得或形成的能够被用来解决社区社会问题的社区资源、组织和网络；企业合法性指在中国"构建和谐社会"大背景下，CCI行为被承认、认可和接受的程度；其中，内部合法性指CCI被企业内的员工、专家、管理者、董事会成员等内部人员承认、认可和接受的程度；外部合法性指CCI被政府、行业机构、相关企业、公众、顾客等外部群体承认、认可和接受的程度。

2. CCI阶段识别

本研究主要根据案例企业和社区组织的主要领导对CCI阶段的经验性判断，结合数据资料中对CCI变化的描述进行阶段划分。如果领导们认为该时间是一个转折点，且数据显示该时间前后企业、居委会、志愿者组织中至少有两类组织行为发生了转折性变化或组织内部进行了大的调整，即认定该时间点为CCI的阶段性拐点。据此，我们将两企业的CCI过程进行划分，并根据其每一阶段凸显出的关键行动者分别将其概括为"企业主导的CCI阶段""居委会主导的CCI阶段"和"志愿者能动的CCI阶段"（如表3所示）。

表3　　　　　　　　　百步亭与万科CCI关键事件

	百步亭CCI关键事件	万科CCI关键事件
第一阶段：企业主导阶段	1995年武汉安居工程发展有限公司成立，进驻百步亭社区。 1997年经过两年考察、学习和专家研究，企业将百步亭花园社区定位为可持续发展的现代文明社区，进而开工建设社区及其配套设施。 1998年居民入住，百步亭花园物业管理有限公司成立，与安居公司一起引导居民成立业主委员会、社区党委和各种社团组织，号召居民志愿者社区参与，还设立信访中心，听取多方意见。 1999年开发公司提供资金、物业公司提供岗位，联合社区组织和志愿者安置社区下岗职工再就业。 2000年开发公司拿出20万元成立"慈善援助会""教育援助会"，专门接济没有工作能力的老弱病残和他们的子女；成立第一居委会	2001年武汉万科房地产有限公司成立，万科正式进驻武汉（区域化管理），定位于欧洲小镇风格白领住宅的四季花城开始建设。 2002年交付入住；武汉市万科物业服务有限公司成立，服务并引导居民社区参与，主要号召居民响应总部策划的全国万科同期同主题活动。 2003年在企业支持下，第一个社区合唱团成立，四季花城与周边社区成立共同的居委会。 2004年物业对住户进行问卷调查，了解居民结构（老年人居多）和需求；设物业管家，与居民进行半年一次的恳谈沟通会并及时更新居民需求；地产出资30万元，将提供给白领新锐的娱乐休闲场所改造成老年人文化活动场所；企业有针对性地主导居民参与同期同主题活动

续表

	百步亭 CCI 关键事件	万科 CCI 关键事件
第二阶段：居委会主导阶段	2001年在居委会与企业努力下，志愿者组织、管委会等社区组织相继成立，并提出以居委会为中心的居民自治，倡导全民社区参与。 2003年随着居民增加，第二居委会成立；居委会逐渐成为社区参与的主导力量，它们创设楼栋长制，以楼栋为单位宣传引导、大力发展志愿者队伍，并鼓励其进行社区参与；百步亭集团成立，退居幕后指导，留物业公司（物业新总经理上任）进行社区参与。 2005年居民增加，第三居委会成立，并设相应物业服务处；志愿者队伍也随之迅速扩张	2005年居委会迁入四季花城，与物业毗邻，逐渐主导社区活动；万科物业转址，原址设四季花城物业服务中心；志愿者前身"社区活动积极分子"和各种"居民兴趣小组"逐渐增加，社区特色活动全面开展。 2006年居委会换届，广泛发动热心居民和老党员成立社团组织，并大力发展社区志愿者，与社区的老弱病残结对关爱，与物业服务互为补充；居委会还整合各方资源开展社区活动。 2007年万科下属的"物业管理有限公司"统一更名为"物业服务有限公司"
第三阶段：志愿者能动阶段	2007年百步亭社区特色志愿队伍已超过100支，他们在逐渐完善的居民志愿者（居委会）和员工志愿者（物业）管理体系下具有较强的社区参与能动性，并提出"有时间做志愿者，有困难找志愿者"；百步亭集团将下属的物业管理、资产经营等几个公司移交社区管理，将5%作为社区发展费用；居委会拓展工作范围，人员经费由企业资助转为政府补贴。 2008年由志愿者组成的百步亭社区文联成立（湖北省成立的第一个社区文联）。 2009年各居委会相继成立，并设相应物业服务处；各居委会副主任和物业服务处经理开始交叉任职，方便合作，共同解决问题。 2010年"社区志愿服务全国联络总站"在百步亭社区成立，（百步亭承办）中国社区志愿服务网开通；志愿者成为社区参与的中坚力量	2008年社区"居民志愿者组织"正式成立，其中以老年群体为特色的志愿者队伍尤为活跃（物业倡导支持，居委会管理，如爱心传递志愿者、图书管理志愿者、兴趣小组、社团志愿者等各种类别），以老年人为中心的社区活动逐渐丰富；物业调整成万科集团一个独立的事业单元（跨地域管理），花城物业再次开展问卷调查，进一步关注老年人问题及其需求。 2009年居委会换届，以市场资源为基础，以居民需求为导向，结合社区特点开展工作。 2010年成立长者学堂；开设长者服务中心；推出为老年人提供服务的"橡树卡"。 2011年社区已有老年志愿者300多人，与老年群体相关的社团组织18个。 2012年社区倡导家庭自助式养老，物业志愿者和居民志愿者服务互为补充

企业主导的 CCI 阶段。社区在企业主导下经历了一个从无到有的过程。在该阶段，百步亭开发公司成立，开始建设社区及其配套设施；居民入住后，又成立百步亭物业公司服务社区。由于该地区地理环境差，市政设施空白，公司便以直接介入的方式帮助成立社区党组织、居委会、志愿者组织等，其中，公司董事长、总裁和物业经理此阶段一直兼任社区党委主要成员，总裁办（后来的集团办）则就社区活动及需要的资金、物质、场地、岗位等进行协调。而该阶段万科采取区域化管理模式，开始在武汉成立万科地产进行社区及其配套设施建设，进而，武汉万科地产又成立武汉万科物业公司来提供物业服务。但新建的四季花城社区还需要寻求设立在周边社区居委会的服务。为了克服这种不便利性，万科不仅通过其物业公司在居委会和居民之间构建起一座沟通桥梁，还通过万科总部提供方案，万科地产提供资金，万科物业实施，来引导居民做志愿者、开展社区活动、改建活动场所、满足居民需求。两企业在该阶段整个过程中体现出极强的企业主导性。

居委会主导的 CCI 阶段。社区组织日益完善，居委会作为社区准政府性的自治组织主导社区参与事务，企业逐渐退居幕后，志愿者在该阶段社区参与中得到迅速的发展。其中，随着社区的迅速扩大，百步亭成立由区委区政府直辖、社区党委领导的社区管委会（公司总裁兼任主任）来协调全社区的工作（包括各类服务、活动、事项以及社会各界的参观），并下设 3 个居委会来提供社区服务（计生、老龄、青少年、就业等）、完善社区组织（发展各类志愿队伍、成立各种社区合作组织、安置政府驻派人员等）、开展社区活动（腰鼓、合唱、书法等文艺活动，万家宴、元宵灯会、中秋汇演等节日活动）；志愿者组织在活动中得到很好的发展，集团、开发和物业员工加入社区居民组成的志愿服务队伍和居民活动队伍等；百步亭集团成立，开发、物业、资产经营等公司设为其子公司，主要在资金、人员和策划上支持居委会和志愿者组织的活动。而万科由于居委会迁入社区，万科地产和万科物业迁出社区，社区设花城物业服务中心，整个社区参与的重心由企业向居委会转移，居委会在企业支持下（万科总部策划一年的系列活动，万科地产或万科物业提供物资，花城物业协助实施）提供服务、发展居民志愿者并开展社区活动。两社区该阶段参与体现出极强的居委会主导性。

志愿者能动的 CCI 阶段。志愿者能动性逐渐凸显出来，社区在志愿者—居委会—企业共同努力下走向有机和谐。在该阶段，百步亭志愿者组织得到极大发展，社区在册志愿者有 2 万多人，分属 160 多支特色志愿者队伍，他们能在居委会和企业支持下参与解决各种社区问题（贫困、辍学、失业、事故纠纷、邻里关系、家庭矛盾等）、提供形形色色的社区服务（敬老、爱幼、环保、家政、体检、科普等）、开展丰富多彩的社区活动（如百家宴—千家宴—万家宴，太极—残疾人太极—公开表演，元宵灯会—元宵灯赛等），具有较强的主动性和创造性；居委会发展为7个，它们主要为各区域的志愿者组织提供指导和帮助；百步亭集团将物业和资产经营公司交给社区管委会共同管理，为社区提供人力和资金支持。该阶段万科居民志愿者组织正式成立，包括提供公共服务（图书室管理、活动室维护、环境监督等）、参与惯例活动服务（办二手交易会、端午节包粽子、母亲节送花、春节前写对联磨刀维修等）、开展兴趣活动（剪纸、摄影、合唱、葫芦丝等）、进行关爱活动（对老弱病残定期做清洁、理发、送书，结对关爱等）等的各种志愿者队伍；居委会发展壮大志愿者队伍，并制定章程指导它们活动；此时万科改用跨区域管理模式，将万科地产和物业相分离，万科总部仍为社区提供年度系列活动的策划，但社区的资金和物质支持只来源于万科物业，而花城物业的员工志愿者为社区各种活动、服务提供人力和智力支持，也有社区外部的志愿者组织主动或被邀请到社区来开展活动。两社区该阶段参与体现出志愿者能动性。

3. 内容分析与编码

有用的定性数据与案例研究的主题和核心变量有关，它以一定意思表达的一段文字的形式分布在所收集的案例资料中。一段一定意思表达的文字就是一个条目，把条目按所表达的意思进行归类就是编码。基于上面已界定的CCI战略、企业—居委会—志愿者互动行为、社区能力和企业合法性变量及其主要考察维度，本文运用内容分析法对数据进行编码（Strauss, 1987），由研究小组中的3名成员分别通读全部案例资料，进行渐进式编码。编码的规则：一是条目必须有明确的含义，并与研究主题和核心变量相关；二是对于二手资料，同一文档相同或相似的意思表达只计1个条目；三是对于访谈资料与观察，同一人（观察项目）相同或相似的意思表达只计1个条目；四是3人编码一致的条目方可进入条目库，对于意见不一致的条目经研究小组全体成员讨论后确定进入条目库或删除；五是统计条目数时不同来源的条目合并计算；六是在编码过程中，如果发现前期编码有不够确切之处，或者有新发现，经研究小组全体成员讨论后，对前期已完成的编码进行修正。本文的双案例研究先按上述规则分别对每个案例独立编码，再将2个案例的编码结果比较叠加（差别复制）得到最终的编码结果，定性数据编码过程示例如表4所示。

表4 定性数据编码过程示例

编码范畴		概念归纳	典型条目的核心观点
CCI 战略		引导性战略 帮助性战略 合作性战略	企业引导、发动、支持居民成立社区组织，进行社区参与； 企业帮助、支持社区组织发展，指导它们进行社区参与； 企业与社区组织建立合作伙伴关系，进行社区参与、互利共赢
企业—居委会—志愿者互动行为	企业行为角色	主导者 指导者 合作者	企业策划、管理并引导执行各项社区参与活动； 企业指导并帮助执行社区组织的各项社区参与活动； 企业对社区组织的各项活动进行监督、指导和提供咨询
	企业行为动机	公益投资 社会责任 理性利润	企业把对社区的各种投入看作企业的一种公益性投资 企业觉得 CCI 是履行对顾客和社区利益相关者社会责任的方式之一； 企业坚持人本利可持续，来实现长远效益和多赢效应、追求理性利润
	企业行为方式	决策性参与 指导性参与 合作性参与	企业根据社区情况投入自有资源策划活动、管理并引导居民参与活动； 企业利用自有资源指导社区组织策划社区活动，并帮助执行； 企业依据规章制度来监督社区活动，并给予适当的指导和建议
	居委会行为角色	协作者 主导者 合作者	协助企业策划（了解社区情况），管理和执行社区参与活动； 在企业指导和志愿者协作下策划、管理和执行各项社区参与活动； 结合企业需求和志愿者需求建议策划、管理和执行各项社区参与活动
	居委会行为动机	工作需求 成就需求 奉献精神	退休或待业人员再就业，觉得自己有时间、精力和能力来为社区工作； 感到自己工作被大家需要、有价值，把工作做好很有成就感； 把居民事情向困难处理好，把社区的老弱病残幼照顾好就很开心
	居委会行为方式	学习性参与 决策性参与 合作性参与	协助企业进行社区参与，并模仿和学习企业的社区参与方式和细节； 依托企业资源，发挥自有优势，带领志愿者开展社区参与活动； 兼顾各方需求整合各方资源，与企业和志愿者合作开展社区参与活动

续表

编码范畴		概念归纳	典型条目的核心观点
企业—居委会—志愿者互动行为	志愿者行为角色	参与者 协作者 合作者	响应企业和社区号召参与自身相关的或感兴趣的活动； 协助地居委会开展社区参与活动； 能动地协助居委会参与其策划、管理和执行各项社区参与活动
	志愿者行为动机	社交需求 尊重需求 自我实现	为了认识新邻居，了解社区，交朋友，出来玩，搞好关系而参加活动； 从居民热情礼貌，写感谢信，送锦旗，社区公开表扬，奖励等方面感受尊重； 因为想做而做，因为想做到最好，不为名利
	志愿者行为方式	尝试性参与 组织性参与 能动性参与	各人尝试性地与大家交流，学习，互动，进行社区参与； 有计划的集体参与，轮流参与，一对一参与，按需不定时参与； 运用自有资源充分发挥能动性，开展特色或专题活动
社区能力	社区资源	经济资源引入 人力资源发展 多资源整合	企业提供资金，办公场所，文化和娱乐设施，活动场地和物资等资源； 企业帮助社区组织招聘人才，支持社区选举，鼓励培育社区志愿队伍； 整合企业，社区的各种经济，人力，人际资源进行再分配
	社区组织	组织成立 组织发展 组织复制/创新	社区物业公司，业委会，居委会，居民志愿团体等基础组织相继成立； 学习和复制优秀社区组织，扩大规模拓展功能，通过活动增强团队能力； 以企业为中心移植到社区，包括改进，创新已有组织和建立新组织
	社区网络	网络初现 网络调整 网络丰富	以企业为中心的开发，管理，服务三位一体多组织的社区网络初现； 网络随社区组织增加而有所调整，其中志愿者组织节点显著增多； 社区居民，社区组织和其他社区参与CCI成为重要的社区节点
企业合法性	外部合法性	社区性承认 区域性认可 广泛接受	社区居民，企业，居民及传媒等社区群体对CCI的认可和支持； 当地的政府，各级政府，行业机构，顾客群体及社会各界对CCI的认可和支持
	内部合法性	情感认同 行为改善 行为制度化	企业人员在实践的过程中对CCI的逐渐了解和认同； 企业人员对CCI分工明确，技能改进，操作熟练，并经常分享交流； 企业将CCI行为潜在的准则规范编入公司规章制度

四、跨案例研究结果

基于上述的主题分析、阶段识别、内容分析和编码，我们得到如下研究结果。

（一）企业主导阶段的企业合法性形成

在企业主导的CCI阶段，企业合法性是如何形成的？参与伊始，企业率先成立开发（地产）公司和物业公司，定位并建设社区，居民入住后引导他们成立社区组织，发动和带领他们进行社区参与。基于被访者的往事重述和企业与社区组织的历史文档、资料，我们通过内容分析得到该阶段百步亭有效编码共148条，万科有效编码共102条（见表5），并有如下发现。

表5　　CCI过程中的企业合法性研究编码结果表

编码范畴		相关概念	CCI第一阶段		CCI第二阶段		CCI第三阶段	
			百步亭	万科	百步亭	万科	百步亭	万科
CCI战略		引导性战略	14 100%	11 100%	0 0%	0 0%	0 0%	0 0%
		帮助性战略	0 0%	0 100%	13 100%	12 100%	0 0%	0 0%
		合作性战略	0 0%	0 0%	0 0%	0 0%	21 100%	19 100%
		小计	14 100%	11 100%	13 100%	12 100%	21 100%	19 100%
企业居委会志愿者互动行为	企业行为角色	主导者	11 100%	8 100%	2 22%	4 44%	0 0%	0 0%
		指导者	0 0%	0 0%	7 78%	5 56%	0 0%	0 0%
		合作者	0 0%	0 0%	0 0%	0 0%	9 100%	9 100%
		小计	11 100%	8 100%	9 100%	9 100%	9 100%	9 100%
	企业行为动机	公益投资	7 64%	7 58%	1 9%	4 40%	0 0%	0 0%
		社会责任	4 36%	3 25%	7 64%	4 40%	2 18%	1 13%
		理性利润	0 0%	2 17%	3 27%	2 20%	9 82%	7 87%
		小计	11 100%	12 100%	11 100%	10 100%	11 100%	8 100%
	企业行为方式	决策性参与	9 75%	7 87%	2 20%	4 44%	1 11%	2 22%
		指导性参与	3 25%	1 13%	7 70%	5 56%	2 22%	2 22%
		合作性参与	0 0%	0 0%	1 10%	0 0%	6 67%	5 56%
		小计	12 100%	8 100%	10 100%	9 100%	9 100%	9 100%
	居委会行为角色	协作者	3 100%	3 100%	1 13%	1 25%	0 0%	0 0%
		主导者	0 0%	0 0%	7 87%	2 50%	0 0%	0 0%
		合作者	0 0%	0 0%	0 0%	1 25%	20 100%	7 100%
		小计	3 100%	3 100%	8 100%	4 100%	20 100%	7 100%

续表

编码范畴		相关概念	CCI 第一阶段		CCI 第二阶段		CCI 第三阶段	
			百步亭	万科	百步亭	万科	百步亭	万科
企业居委会志愿者互动行为	居委会行为动机	工作需求	3 75%	2 100%	0 0%	1 25%	0 0%	0 0%
		成就需求	0 0%	0 0%	8 89%	3 75%	8 40%	2 33%
		奉献精神	1 25%	0 0%	1 11%	0 0%	12 60%	4 67%
		小计	4 100%	2 100%	9 100%	4 100%	20 100%	6 100%
	居委会行为方式	学习性参与	3 75%	2 100%	1 11%	1 25%	0 0%	0 0%
		决策性参与	1 25%	0 0%	7 78%	2 50%	3 15%	2 29%
		合作性参与	0 0%	0 0%	1 11%	1 25%	17 85%	5 71%
		小计	4 100%	2 100%	9 100%	4 100%	20 100%	7 100%
	志愿者行为角色	参与者	12 100%	4 100%	3 12%	2 29%	1 2%	0 0%
		协作者	0 0%	0 0%	15 60%	5 71%	15 31%	0 0%
		合作者	0 0%	0 0%	7 28%	0 0%	32 67%	9 100%
		小计	12 100%	4 100%	25 100%	7 100%	48 100%	9 100%
	志愿者行为动机	社交需求	12 100%	4 100%	2 8%	2 29%	3 6%	1 11%
		尊重需求	0 0%	0 0%	13 57%	5 71%	10 22%	2 22%
		自我实现	0 0%	0 0%	8 35%	0 0%	33 72%	6 67%
		小计	12 100%	4 100%	23 100%	7 100%	46 100%	9 100%
	志愿者行为方式	尝试性参与	12 100%	4 100%	0 0%	2 29%	0 0%	0 0%
		组织性参与	0 0%	0 0%	19 76%	5 71%	11 23%	4 44%
		能动性参与	0 0%	0 0%	6 24%	0 0%	37 77%	5 56%
		小计	12 100%	4 100%	25 100%	7 100%	48 100%	9 100%
社区能力	社区资源	经济资源引入	7 78%	7 88%	2 18%	3 38%	1 9%	1 13%
		人力资源发展	1 11%	1 12%	7 64%	4 50%	2 18%	1 12%
		多资源整合	1 11%	0 0%	2 18%	1 12%	8 73%	6 75%
		小计	9 100%	8 100%	11 100%	8 100%	11 100%	8 100%
	社区组织	组织成立	6 75%	4 80%	5 36%	2 33%	2 17%	2 29%
		组织发展	2 25%	1 20%	7 50%	3 50%	3 25%	2 29%
		组织复制和创新	0 0%	0 0%	2 14%	1 17%	7 58%	3 42%
		小计	8 100%	5 100%	14 100%	6 100%	12 100%	7 100%
	社区网络	网络初现	4 100%	2 100%	0 0%	0 0%	0 0%	0 0%
		网络调整	0 0%	0 0%	11 79%	2 67%	3 14%	1 17%
		网络丰富	0 0%	0 0%	3 21%	1 33%	18 86%	5 83%
		小计	4 100%	2 100%	14 100%	3 100%	21 100%	6 100%

续表

编码范畴		相关概念	CCI 第一阶段		CCI 第二阶段		CCI 第三阶段	
			百步亭	万科	百步亭	万科	百步亭	万科
企业合法性	外部合法性	社区性承认	19 100%	14 82%	6 19%	3 8%	5 9%	3 6%
		区域性认可	0 0%	2 12%	23 74%	21 54%	13 24%	12 23%
		广泛接受	0 0%	1 6%	27%	15 38%	37 67%	36 71%
		小计	19 100%	17 100%	31 100%	39 100%	55 100%	51 100%
	内部合法性	情感认同	11 85%	9 75%	6 30%	7 35%	3 13%	1 3%
		行为改善	21 5%	3 25%	13 65%	11 55%	8 33%	2 7%
		行为制度化	0 0%	0 0%	1 5%	2 10%	13 54%	26 90%
		小计	13 100%	12 100%	20 100%	20 100%	24 100%	29 100%
总条目		1199	148	102	232	149	375	193

注：*%表示该阶段该变量下受访者持这种观点的人的百分比。

（1）企业一致采用引导性战略来指引社区参与行为。如访谈中，百步亭集团办公室主任回忆道："我们在国外考察了之后，把它确定为建社区，可建了社区，谁来管理社区呢？政府最初抓经济建设，对社区建设投入有限，所以建设、管理、服务，三位一体我们最初都把它承担下来了，再逐步发动居民成立党委、居委会、业委会、各种协会和志愿组织承担起一些工作。"而万科高管也说："我们希望用企业的行为来引导改变一些习惯的思想和理念，让居民积极主动地参与进来。"在引导的过程中，虽然百步亭引导战略具有较强的目的性和活动针对性，而万科则更多是遵循万科总部策划的战略活动来引导居民，但两者殊途同归。

（2）企业在引导性战略指引下形成了企业主导—居委会协作—志愿者参与的互动模式。其中，企业作为社区的主导者，主要持公益投资的动机（百步亭：64%；万科：58%）来进行决策性参与（百步亭：75%；万科：87%），但也有历史文献和受访者表明当时企业认为社区参与是企业的责任（百步亭：36%；万科：25%）；该阶段中居委会作为企业的协作者，其成员多因工作需求（百步亭：75%；万科：100%）而加入，他们对企业行为表现出较强的学习性（百步亭：75%；万科：100%），并尝试参与某些事务的决策（百步亭：25%）；此时的志愿者还只是社区活动的参与者，他们因社交需求在企业引导下进行尝试性参与。

（3）企业在互动中其内部人员对 CCI 产生了情感认同（百步亭：85%；万科：75%）。据百步亭该阶段文献记载和受访者回忆，当时社区下岗居民生活艰难，企业号召居委会着手了解居民困难，志愿者奔走相告，物业公司供岗供资金，大家共同努力帮助解决下岗居民再就业问题。其中，企业中层管理者回忆说："企业当时是想推动解决下岗居民再就业问题，但在大家的共同努力下，我们不仅寻求各种途径帮助他们就业，还成立了慈善援助会和教育援助会来接济没有工作能力的老弱病残和他们的子女。与社区组织和居民的互动不仅能让我们感受到CCI行为的价值，而且能使我们对问题了解得更深和解决得更好。"而万科资深工程技术专家也认为："在参与过程中多与社区组织和热心居民交流互动，不仅能更好地为广大住户提供舒适的生活环境，而且能在实践中持续改进员工的客户意识和工作技能，这个问题我们在早期就意识到了。"可见，企业人员对CCI行为的情感认同实质上是他们在CCI实践初期的情感体验和心理改善的过程。

（4）企业在互动中通过推动社区能力逐渐形成来获取社区成员的承认。在企业主导的互动中，社区能力得以萌芽，主要体现在经济资源的大量引入（百步亭：78%；万科：88%）、社区组织的相继成立（百步亭：75%；万科：80%）和社区网络的初步出现。

这些增进社区能力的事实证据则使企业在社区范围内获得了大家的承认（百步亭：100%；万科：82%）。如百步亭社区组织的退休人员回忆："社区刚成立的时候，企业就提供办公场所、补贴资金支持成立业委会和居委会；为了让居民出来活动，企业买腰鼓、服装，挨家挨户动员大家成立腰鼓队；社区居民有困难，企业号召社区组织和志愿者一起帮助解决居民困难，企业开始一切都是亲力亲为的，社区组织成立起来后，企业带着大家做就好多了，很多事情现在都还历历在目。"万科受访的老居民说："刚住进来的时候，这里生活交通都不太方便，人也少，企业就和一些大超市、购物中心商量，用班车每天定时接送大家出去买菜购物；逢年过节怕大家冷清了，企业把社区组织集中到一起搞活动，同样的节日活动每年都不一样，总会有新鲜的东西，有时候还送小礼品呢，我们都去参加；平常物业巡查也特别关心我们这些空巢老人，让人感觉很贴心，住着也安逸。"可见，在企业主导的互动模式中，社区能力得到弥补和培育，这赢来了社区组织、居民和其他社区参与群体对企业的承认和支持。

对此，本研究得到启示1A：在企业主导的CCI阶段，企业采用引导性战略指引社区参与行为，从而形成企业主导—居委会协作—志愿者参与的互动模式；在互动中CCI获得了内部人员的情感认同；同时，企业又在互动中通过促进社区能力萌芽得到了社区性承认（见图2）。

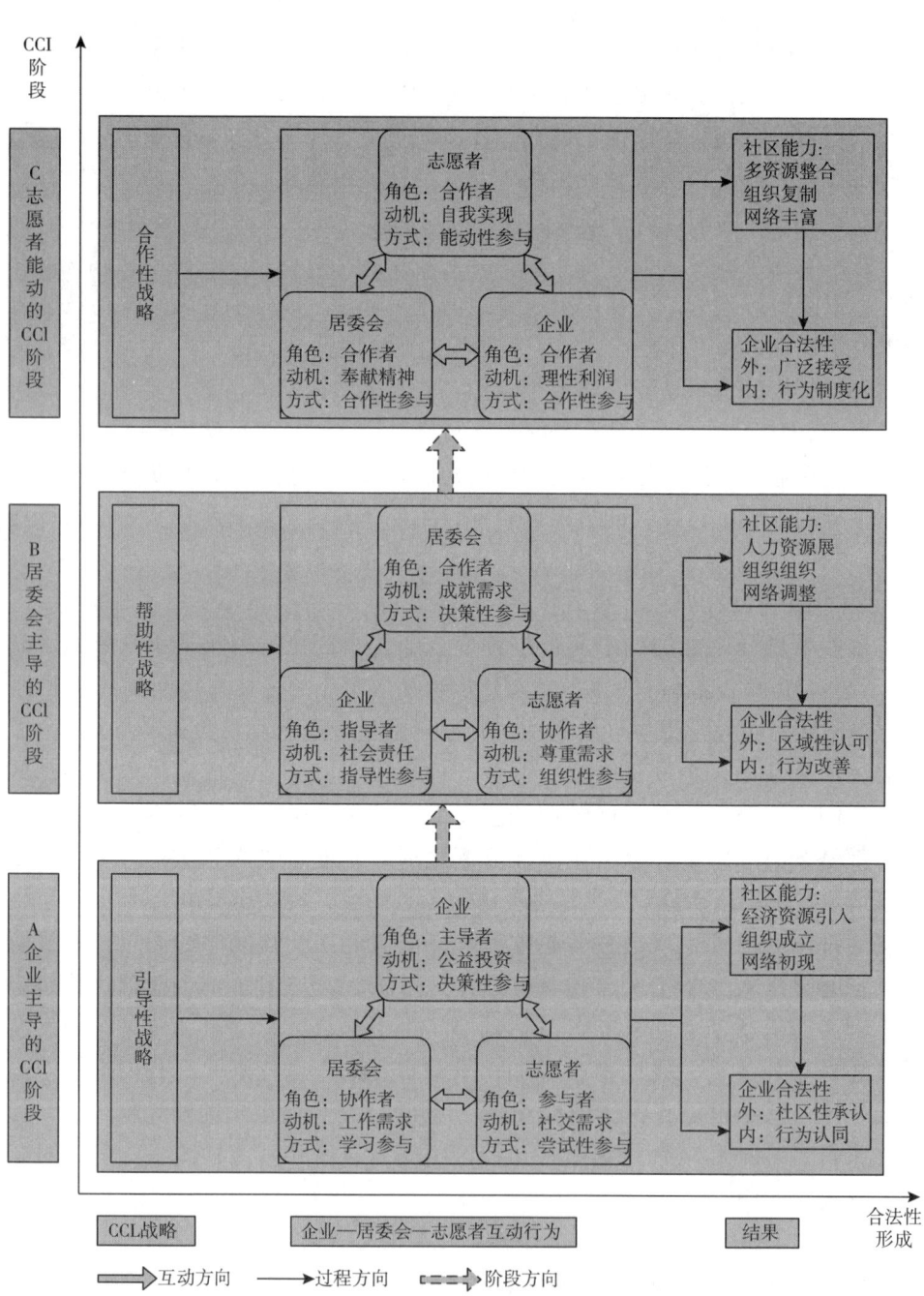

图 2　企业合法性的形成与演化过程

（二）居委会主导阶段的企业合法性形成

在居委会主导的 CCI 阶段，企业合法性是如何形成的？随着社区组织的日益丰富和完善，企业不再事事亲为，居委会则成为社区行动的主导者，它大力发展志愿者并带领他们进行社区参与。该阶段两企业的有效编码条目均有增加，其中百步亭增幅较大共 232 条，万科共 149 条。这些条目的增加主要体现在居委会和志愿者行为以及合法性条目上，其中百步亭增幅显著主要是由社区组织快速增加及活动数量激增引起的；而万科则是因其社区参与的逐步深入而自然增加。同时，企业合法性的形成过程也发生了几点变化。

（1）企业均改用帮助性战略来指引社区。参与行为。据百步亭集团高管回忆，"这些社区组织逐步建起来，我们就慢慢把事情交给社区来做，只在社区需要的时候进行指导或进行全社区大型活动或事件时参与，而具体的事情大都是居委会在做，他们一般会叫志愿者来帮忙；如果居委会碰到不好解决的问题，涉及哪个社区组织就找哪个组织来共同解决；要是遇到社区难以解决的困难，我们集团就帮忙解决"。而万科社区活动专员认为，"随着社区的扩大和组织的完善，社区活动逐渐规律，我们更多是提供想法、信息和资源来帮助他们进行社区参与，而总部也持续加大在武汉的投资力度，完善在武汉战略布局"。可见，帮助性战略较引导性战略更适应社区该阶段的情况。

（2）企业在帮助性战略指引下形成了企业指导—居委会主导—志愿者协作的互动模式。企业不再事事亲力亲为，而是由主导者逐渐转换为社区参与的指导者（百步亭：78%；万科：56%），本着履行对社区和居民责任的态度（百步亭：64%；万科：40%）对居委会和志愿者组织进行指导（百步亭：70%；万科：56%）。而居委会成为社区参与的主导者（百步亭：87%；万科：50%），其成员历经了学习性参与的积累，在成就需求下（百步亭：89%；万科：75%）已开始进行决策性参与（百步亭：78%；万科：50%）；一般情况下他们通过志愿者的协作来实施活动，当遇到困难时便寻求企业的帮助。志愿者则主要作为协作者（百步亭：60%；万科：71%）进行组织性参与（百步亭：76%；万科：71%），他们很享受参与带来的尊重（百步亭：57%；万科：71%），其中百步亭的志愿者有自我实现的动机（35%）并已体现出一定的能动性（24%），而万科新加入的志愿者则有相当部分处于参与者（29%）状态中，仍然体现出社交需求动机并采用尝试性参与方式。

（3）企业在互动中其内部人员的 CCI 行为逐渐改善（百步亭：65%；万科：55%）。如百步亭一位由普通员工晋升上来的中层管理者回忆道："这时候茅总、王总渐渐来得少了，事情主要是居委会和志愿者做，除了居民志愿者，我们在物业内也发展了不少志愿者，有保洁、保安、维修等，他们中的很多人专业技术好，但做志愿者没经验，就让居委会把大家组织起来进行志愿者技能培训、组织他们进行经验交流，这样来改善他们的行为；年末的时候会将优秀志愿者的感人事迹进行公开表扬和奖励，有时候也通过报告会、制作展板、画册和编写故事集锦等方式进行浓墨重彩的宣传，增强他们的荣誉感和成就感，积极在社区居民中营造尊重志愿者、学习志愿者、争做志愿者的良好氛围，这样到后来物业的人大多数都是志愿者了。"万科主要从事社区事务协调的老员工回忆那时的情况说："随着社区参与的深入，我们人员的社区参与分工也精细化了，善于策划的人指导居委会策划社区的特色活动；居民信息管理者为居委会发动和管理志愿者提供意见；社区事务协调者为居委会解决问题、开展活动给予帮助；所有的人在需要的时候各司其职就好。"可见，企业人员CCI行为改善是在与社区组织的互动中相互适应而形成的。

（4）企业在互动中通过促进社区能力发展来获取区域性认可。在企业指导—居委会主导—志愿者协作的互动模式中，社区能力得到发展，主要体现在人力资源发展（百步亭：64%；万科：50%）和社区组织的发展（百步亭和万科均50%）以及社区网络的调整（百步亭：79%；万科：67%）。这些社区能力发展使企业获得了社区所在区域的认可（百步亭：74%；万科：54%）。如百步亭社区被评为湖北省文明社区典型、湖北省优秀物业管理小区、武汉市安全文明小区、武汉市十大明星楼盘和最佳工薪楼盘等，当地报纸新闻也多有报道；而万科不仅陆续获得了来自房地产开发协会、武汉市建委、湖北省建设厅等多个部门颁发的奖项，还获得了本地人的青睐和相关企业的认可。据万科某居民描述："我以前住的小区办个事求这个找那个跑起来麻烦得很，刚来这边的时候我老人证丢了，和居委会打了个电话，他们了解情况后就帮我去办，比我自己办快多了；像雨雪天气时，居委会组织物业和一些社区居民给我们孤寡老人统一买菜并挨家送，那菜比我们自己买还便宜、新鲜，听居委会说人家蔬菜公司一听说是万科为我们孤寡老人义务买菜活动，又打折又派人帮忙非常支持；我儿子和女儿看我觉得万科住得好，分别也买了万科不同的小区，他们同事朋友也很多都觉得万科好，有的还买在一起呢。"可见，社区能力的发展使企业获得了来自当地政府、企业、居民和媒体的认可和支持。

对此，本研究得到启示1B：在居委会主导的CCI阶段，企业采用帮助性战略指引社区参与行为，从而形成企业指导—居委会主导—志愿者协作的互动模式；在互动中企业内部人员的CCI行为逐渐改善；同时，企业又在互动中通过促进社区能力发展取得了区域性认可（见图2）。

（三）志愿者能动阶段的企业合法性形成

在志愿者能动的CCI阶段，企业合法性是如何形成的？随着CCI的发展，社区走向有机和谐，其中志愿者成为社区参与的中坚力量，其能动性得到极大发挥，企业和居委会仍然发挥了重要作用。该阶段百步亭的有效编码条目仍有较大幅度的增加共375条，主要体现在因其社区快速扩张，居委会、物业服务处等组织的迅速复制增加和志愿者的大规模发展而导致的协同行为条目的递增上；相对而言万科增幅则趋于平稳，有效编码共193条（见表5）。而企业合法性的形成则主要发生如下几方面的变化。

（1）企业皆通过合作性战略来指引社区参与行为。如百步亭董事会成员谈道："目前，社区的第一要务就是把老百姓的事情办好，社区管理是居委会和其他居民组织（志愿者组织）自我管理相结合的产物，这种居民自治管理与物业服务互为补充；而社区的市场运作就交给企业（集团移交给社区来进行管理的企业，统属物业公司）来做，经过市场运作之后，就把一部分资金拿出来作为社区管理费用，这就需要企业与其他社区组织进行合作。"据万科高管所言："我们未来几年的重心是客户满意度，主要通过物业公司（企业代表）、居委会（政府代言人）和志愿者（居民代表）合作来实现，如果有合理的新需求或大量需求空缺，企业再开发市场项目来弥补。"可见，合作性战略适合社区现阶段的情况。

（2）企业在合作性战略指引下形成了企业—居委会—志愿者协同互动模式。企业作为社区参与的合作者之一，通过合作性参与（百步亭：67%；万科：56%）来追逐理性利润（百步亭：82%；万科：87%），该阶段企业主要提供智力支持和一定的资源支持，而社区物业员工作为员工志愿者参与的社区参与模式在两个案例公司基本形成，企业与其他的社区组织共担责任，共享成果；此时，居委会也是社区参与的合作者之一，它们本着奉献精神（百步亭：60%；万科：67%）进行合作性参与（百步亭：85%；万科：71%）；而志愿者作为社区参与的合作者之一（百步亭：67%；万科：100%）在该阶段因追求自我实现（百步亭：72%；万科：67%）而表现出极强的能动性（百步亭：77%；万科：56%）。

（3）企业在互动中其内部人员的CCI行为内化为企业规章制度（百步亭：54%；万科：90%）。如百步亭集团会议发言人指出："把'社区地产'作为我们的核心竞争力，不仅要将一些企业行为融入社区，还要将一些优秀的社区行为纳入企业，目前志愿者的'首问责任制'（第一个接受居民求助的人对该事件全过程负责任，该过程中可寻求任何社区组织和个人的帮助）就可引入企业，还可创设'24小时工作制'（每天8小时是我们的工作时间，其余是志愿时间），且做员工志愿者的服务时间和次数与年终工作绩效挂钩。"而万科总部也将社区活动的策划、指导和宣传形成惯例，并在旗下的《万科·生活》中用"万科社区活动历"刊出当季各万科社区即将举办的同期同主题不同形式的活动，用"城市文艺活动历"刊出近2个月同城演出、展览和讲座，用"万科记事"刊出近期万科的成就、荣誉、公益大事件、与政府部门的接洽等；还根据员工的志愿行为制定了拓展服务的章程，以便企业人员能为居民和其他社区组织提供最大的便利。可见，CCI互动逐渐形成了企业的部分规章制度。

（4）企业在互动中通过促进社区能力成熟来获取社会各界的广泛接受。企业和居委会、志愿者的协同互动促使社区能力逐渐成熟，主要体现在社区对各种来源的经济、人力和人际资源整合（百步亭：73%；万科：75%），社区组织复制（百步亭：58%；万科：42%）和社区网络丰富（百步亭：86%；万科：83%）上。这使企业得到了社会各界的广泛接受（百步亭：67%；万科：71%）。其中，百步亭集团通过十余年的努力和有效参与，使社区成为全国文明社区示范点、全国城市物业管理优秀示范小区及荣获首届中国人居环境范例奖的唯一社区。同时，百步亭集团发展成为全国百强房地产企业、湖北省房地产综合实力第一名、湖北省最佳成长型十大民营企业，并成为进入全国民营企业500强的湖北10家企业之一。进而，党和国家领导人及中央20多个部委办局的领导，社会各界、港澳台人士，以及19个国家的友好团队，共39万多人次到百步亭社区视察参观，并给予充分肯定。且据相关内部人士吐露，百步亭的"社区地产"已成为企业的核心竞争力，在近年国家政策强力调控、房地产总体形势不容乐观的情况下，百步亭社区的房子仍然广受大家青睐，每次开盘总是排队抢购，几乎都是当日开盘，当日售完。而万科四季花城已成为万科旗下著名产品品牌之一，更是因企业积极有效的社区参与，为客户营造了美好体验和为社区创造最大价值而广受称赞。可见，企业在促进社区能力成熟的过程中为自己赢得了各级政府、行业机构、顾客群体及社会各界的广泛接受和支持。

对此，本研究得到启示1C：在志愿者能动的CCI阶段，企业采用合作性战略指引社区参与行为，从而形成企业—居委会—志愿者协同互动模式；在互动中企业内部人员的CCI行为内化为制度化，同时，企业又在互动中通过促进社区能力成熟得到了社会各界的广泛接受（见图2）。

从前述的纵向跨案例分析可以清晰地看到，企业合法性是CCI的结果（Selsky and Parker，2005；Morsing，2006；Idemudia，2009），它实质上是在CCI战略指引下通过企业—居委会—志愿者的互动形成的。从具体的CCI战略来看，在CCI的不同阶段，我们可以看到引导性战略、帮助性战略和合作性战略等不同的CCI战略；它们指引企业—居委会—志愿者先后经历了企业主导—居委会协作—志愿者参与的互动模式、企业指导—居委会主导—志愿者协作的互动模式和企业—居委会—志愿者协同互动模式，这些不同的互动行为推动了企业合法性形成。

进一步来看，不同CCI阶段的企业合法性形成具有一定的共性。在每一阶段，CCI战略指引的企业—居委会—志愿者的行为互动，一方面形成了企业内部合法性，另一方面通过促进社区能力的成长，形成了企业外部合法性。如引导性战略指引了企业主导—居委会协作—志愿者参与的互动模式，一方面形成了企业人员的情感认同，另一方面通过促进社区能力萌芽而形成了社区性认可；帮助性战略指引了企业指导—居委会主导—志愿者协作的互动模式，一方面形成了企业人员行为改善，另一方面通过促进社区能力发展而形成了区域性认可；合作性战略指引了企业—居委会—志愿者协同互动模式，一方面形成了企业人员行为制度化，另一方面通过促进社区能力成熟而得到了广泛接受。

由此，本研究得到启示1：不同CCI战略指引形成不同的企业—居委会—志愿者互动行为模式，从而形成了企业内部合法性的积累，同时，这些互动通过促进社区能力成长，进而形成了企业外部合法性的增加。

（四）企业合法性的演化过程

研究发现，随着CCI阶段的变化，不仅企业合法性的形成过程在进行调整，企业合法性也随之演化。在企业主导的CCI阶段，企业合法性开始形成，其中内部合法性主要表现为企业员工对CCI的情感认同（百步亭：85%；万科：75%），随着情感认同的增加也伴随着部分行为的改善（百步亭：15%；万科：25%）；而外部合法性表现为企业被所在社区的承认，如获得社区居民、社区组织和其他社区参与群体的好评、认可与支持等。在居委会主导的CCI阶段，企业合法性快速提高，内部合法性主要表现为CCI行为的改善（百步亭：65%；万科：55%），虽然该阶段仍有部分企业人员对CCI的情感认同还没有体现在行为改善上（百步亭：30%；万科：35%），但一些优秀的 CCI 行为已被大家相互学习和模仿，并体现出制度化的趋势；而外部合法性主要表现为企业获得了区域性认可（百步亭：74%；万科：54%），如企业获得本地政府、企业、顾客和传媒的认可和支持，且逐渐获得了各级政府、行业机构、广大顾客群体及社会各界的认可和支持（百步亭：7%；万科：38%）。在志愿者能动的 CCI 阶段，企业合法性得到巩固，内部合法性主要表现为 CCI 行为的制度化（百步亭：54%；万科：90%）；而外部合法性主要表现为企业被社会各界的广泛接受（百步亭：67%；万科：71%），但前面阶段形成的合法性在该阶段仍然得到累积。

纵观企业各阶段的合法性，企业人员随 CCI 阶段的发展对 CCI 的情感认同慢慢增加，随着这种情感认同的增加 CCI 行为逐渐改善，进而这些改善过的行为又渐渐被企业制度化，该过程说明企业内部合法性有程度上积累加深的演化趋势；而企业外部的政府、同行竞争者和合作者、上下游企业、顾客、社会各界等利益相关者则对 CCI 表现出从社区性承认、区域性认可到广泛接受的过程，说明企业外部合法性有在范围上逐渐扩大的趋势，这两种过程都体现出了连续变量的特征（区间内的任意取值性），具体见图 2。

由此，本研究得到启示 2：企业合法性是一个连续变量。随着 CCI 阶段的发展，其内部合法性体现出从"情感认同"到"行为改善"再到"行为制度化"等要素演变和积累增加的趋势；外部合法性表现出从"社区性承认"到"区域性认可"再到"广泛接受"等范围上逐渐扩大的趋势。

五、讨论与展望

（一）案例讨论

本文的主要贡献是发现了 CCI 过程中企业合法性形成与演化的微观机制（见图 3），回答了企业合法性是如何在企业与环境的互动中形成的及企业合法性为什么会发生演化的问题；并根据各 CCI 阶段企业所获得的内外部合法性的演化特征明确了其变量属性（连续变量），回答了 CCI 过程中企业形成了哪些内部和外部合法性以及这些合法性在各 CCI 阶段如何变化的问题。

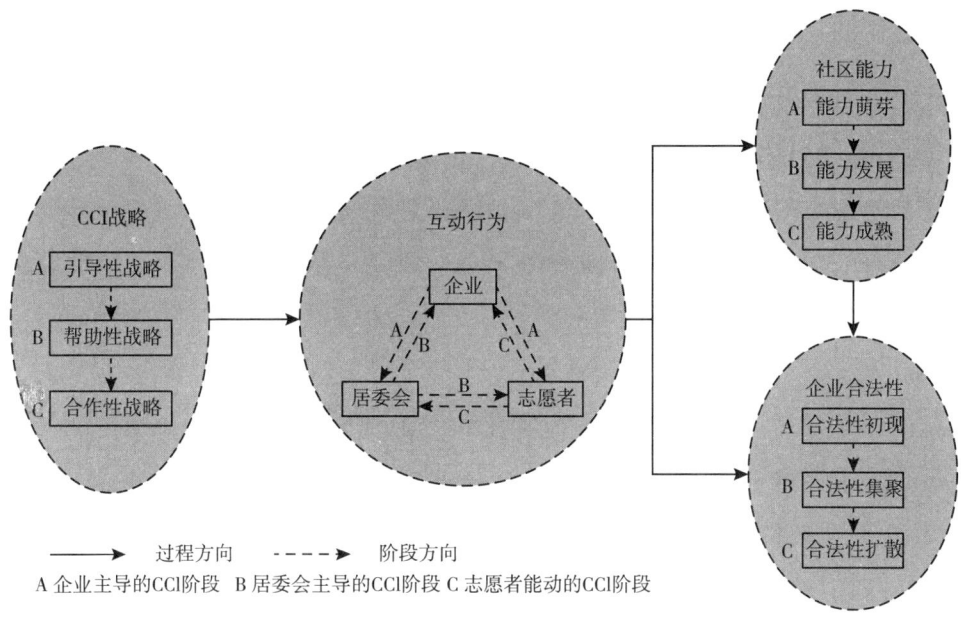

图3 CCI过程中企业合法性形成与演化机制

第一，CCI战略对CCI活动有动态引导作用。CCI源于企业有一个兼顾经济目标与社会目标的企业战略。在此基础上，企业制定CCI战略来指导CCI活动。在中国情境下，本文辨别出CCI战略的3种选择：引导性战略、帮助性战略和合作性战略；这3种选择又体现为，随CCI阶段发展（即从住宅小区向和谐社区转化），从企业对社区的单向引导逐渐过渡到企业与社区的合作互动的战略演化。因此，作为合法性获取战略，CCI战略对企业与环境的互动起着动态引导作用，这与Bowen（2010）根据历年CCI研究总结的3种战略有异曲同工之处。但这些CCI战略又是不同于以往的跨国企业经营战略、新创企业战略、战略联盟以及企业非市场战略等合法性战略的新形式（Gifford et al., 2010; Tornikoski and Newbert, 2007; Dacin et al., 2007; 田志龙、高海涛, 2005），它们兼具市场性与非市场性，将企业的经济目标和社会目标统一起来指引行动者互动，构成了合法性形成的重要前提。

第二，社区参与中行动者互动模式随行动者行为角色、动机和方式转变而演化。社区参与中各行动者之间的互动行为是企业合法性形成的关键。本文发现，社区建设本质上是由社区组织（准政府性质的居委会、居民志愿者组织等）主导的，因此CCI是企业与社区组织互动的行为过程。然而，在中国的社区从住宅小区向和谐社区发展的初期，由于居委会能力缺乏以及居民组织功能不全，企业在社区参与中扮演了主导角色。随着社区发展过程中社区能力（资源、组织和网络）的提升，社区组织扮演的角色、参与的动机以及行动的方式发生了变化，企业在社区参与中的角色也相应变化。因此，在 CCI 战略的指引下，不同的 CCI 阶段体现出不同的互动模式，主要包括"企业主导—居委会协作—志愿者参与的互动""企业指导—居委会主导—志愿者协作的互动"和"企业—居委会—志愿者协同互动"3 种特色的互动行为模式；这些互动模式将以往单一视角的行动者行为联系起来（Hashagan，2002；Morsing and Schultz，2006；Pajo and Lee，2011），为社区能力成长和合法性形成构建了平台，是合法性形成的关键过程。

第三，社区能力的不同要素在不同互动模式的转换中向更高层面提升。社区能力在各行动者的互动中得到成长，主要体现在社区的资源整合、组织建设和网络发展 3 个方面。社区能力的这 3 个不同要素在 3 种特色的互动行为模式转换过程中不断向更高层面提升。不同于以往研究对知识学习、信息获取、志愿时间和捐赠金钱的考察，本文更注重社区能力体现的硬性指标（Chaskin，2001），因为它作为 CCI 战略和行为的结果易于被人们了解和观察到，从而促进人们承认、认可和接受企业行为形成外部合法性。因此，社区能力成长是外部合法性形成的催化剂。

第四，CCI 过程中，内部与外部合法性分别在两条不同路径上初现、集聚和扩散。其中，企业内部合法性在 CCI 的互动过程中直接产生并在一定程度上呈积累增加的趋势。随着 CCI 阶段的发展，企业人员对 CCI 依次表现出"情感认同""行为改善"和"行为制度化"等内部合法性。虽然每一阶段主要形成的合法性不同，但是每一阶段新形成的合法性都是已有合法性累加质变而成。如"情感认同"主要发生于企业主导的阶段，但在居委会主导阶段和志愿者能动阶段仍然存在着"情感认同"的过程，只是并不显著，而"行为改善"则是"情感认同"由量变到质变的结果，同样"行为制度化"也是"行为改善"到一定程度后自然产生的。这一发现超越了企业行为"合法"与"不合法"的简单测量，与 Deeds 等（1997）认为合法性作为一个连续变量是从低到高累积增加的论断具有一致性，并进一步辨别出合法性要素变化的过程。

企业外部合法性随社区能力的成长在范围上呈逐渐扩大的趋势。CCI 过程中，企业通过与居委会和志愿者的互动来发展社区能力，从而形成外部合法性（Tornikoski and Newbert，2007；Gifford et al.，2010）。这表现为，随着 CCI 阶段的发展，社会因 CCI 逐渐表现出对企业的"社区性承认""区域性认可"和"广泛接受"等外部合法性。因此，企业的各外部利益相关群体对企业的认可存在范围上的扩散，如在政府方面是从"市政府试点""省政府颁发荣誉"到"中央肯定"逐渐得到更大范围接受的过程；在顾客方面是从"当地居民好评""新顾客购买"到"良好的社会形象"递进的过程等。

以上讨论表明，内部合法性和外部合法性的演化过程是企业行为逐渐深入人心，得到更多人接受的过程。这验证了 Zimmerman 和 Zeitz（2002）企业合法性的来源也许需要以特定的顺序来增加的猜测。

总的来说，CCI 过程中合法性形成理论解释了特定领域企业合法性的形成机制和合法性演化的原因。（1）CCI 战略对 CCI 活动起动态引导作用；（2）社区参与中行动者互动模式随行动者行为角色、动机和方式转变而演化；（3）社区能力的不同要素在不同互动模式的转换中向更高层面提升；（4）这些战略、行动者互动和社区能力共同构成了合法性形成的微观机制，这种机制内部要素的调整和变化决定了合法性的演化。同时，企业所形成的合法性及其演化特征则确认了合法性是一个连续变量。（1）企业在 CCI 过程中得到了企业人员的"情感认同""行为改善""行为制度化"等内部合法性；（2）并通过促进社区能力发展形成了"社区性承认""区域性认可"和"广泛接受"等外部合法性；（3）内部与外部合法性分别在两条不同路径上初现、集聚和扩散，体现了连续变量的属性特征。

（二）理论贡献

以往的文献在企业合法性、CCI 等理论上做了很多有价值的探讨。在这些研究的基础上，本文的进展和价值主要体现在如下两个方面。

一方面是对企业合法性理论的深化。（1）填补了特定领域合法性形成与演化的微观机制研究这一空白。以往研究只是阐明了合法性的战略和来源（Suchman，1995；Zimmerman and Zeitz，2002；田志龙、高海涛，2005；杜运周、张玉利、任兵，2012；陈扬、许晓明、谭凌，2012），并未对其形成与演化过程进行解析。本文则通过多阶段案例分析得出了 CCI 战略指引企业—居委会—志愿者互动行为，企业在互动过程中直接形成其内部合法性，同时，企业在互动中通过促进社区能力成长而形成外部合法性这一结论，并由此解释其演化过程。（2）通过合法性的演化特征确认了合法性作为一个连续变量的属性界定。现有大量研究为了测量方便将合法性视为一个属性变量，即在某一特定情境下组织的合法性只存在"合法"与"不合法"，这种界定制约了合法性及其相关理论的发展以及对企业实践的指导作用；虽然也有学者认为合法性是一连续变量（Tost，2011；陈扬、许晓明、谭凌波，2012），但他们并未对此做出证明。本文通过纵向多案例研究探讨了 CCI 不同阶段合法性在范围上逐渐扩大、在程度上累积增加的特征，从而证明了这一理论判断。

另一方面是对 CCI 理论的拓展。（1）描述了中国情境下不同 CCI 阶段的 CCI 战略实施过程。以往对 CCI 战略的研究只是提出了不同种类的 CCI 战略（Idemudia，2009；Bowen，2010），并未分析实施过程。本文引入了社会心理学行为变量维度通过企业—居委会—志愿者的行为互动和演变刻画了这一实施过程。发现了 CCI 过程中行动者的行为动机、角色和互动方式随着社区能力（资源获取、组织建设和网络扩展）逐步提升而发生演变。并在此基础上提出了企业主导—居委会协作—志愿者参与的互动模式、企业指导—居委会主导—志愿者协作的互动模式和企业—居委会—志愿者协同互动模式 3 种互动模式。这将单一角度的行动者 CCI 行为描述动态化（Hashagan，2002）。（2）指明了社区能力对合法性形成的促进作用。以往研究只是认为社区能力和企业合法性是 CCI 战略的结果（Heugens et al.，2002；Brammer and Millington，2003；Selsky and Parker，2005；Morsing，2006；Lane et al.，2007），尚未对两者之间关系做进一步探讨，本文通过多阶段的分析发现了这种促进关系。

（三）实践启示

本文对企业获取合法性和 CCI 实施过程具有一定的现实指导价值。第一，从战略上看，对于企业合法性的获取来说，不同企业可以根据所处的社区参与阶段来选择适当的引导性、帮助性或合作性 CCI 战略指引 CCI 行动。第二，从 CCI 实施过程而言，中国情境下 CCI 是企业—居委会—志愿者等多方行动者协同互动的过程。企业要认识到行动者的行为动机、角色和方式会随着社区能力的成长而调整改变。由此，企业可以根据社区能力发展的需要来扮演合适的角色如主导者、指导者或合作者，并促进社区组织扮演恰当的角色，如参与者、协作者、主导者、合作者等，从而发挥其能动性来推进社区能力（资源整合、组织发展和网络拓展）成长，进而促进企业合法性的形成。第三，从结果管理上看，企业可以在 CCI 过程中通过对 CCI 活动进行战略性安排，来管理内部人员在情感认同、行为改善和行为制度化上的积累与转化，从而促进内部合法性的形成；来管理社区在资源整合、组织建立、网络拓展能力上的提升，以及获得的社区性承认、区域性认可和广泛接受等结果，从而促进外部合法性的形成。

（四）研究展望

作为探索式的案例研究，本文构建的理论框架还有待未来展开更为充分的实证研究，以证实论文结论更为普遍的意义，特别是不同 CCI 战略对企业合法性的形成和演化——初现、集聚、扩散——的实证研究将有助于检验和完善本文所提出来的理论观点。另外本文的研究框架在一些方面还可以做进一步的拓展和深化，如 CCI 战略选择的前因分析，企业—社区合作伙伴关系的互动机制，基于 CCI 的企业合法性对企业绩效的作用机制，基于 CCI 的合法性对企业社会绩效与经济绩效的中介作用分析等。这些相关研究将有助于进一步加深理论界对于企业合法性现有研究的认识，并有助于拓展企业合法性未来研究的视野。

参考文献

[1] Aguinis, H. and Glavas, A., 2012, "What we Know and don't Know about Corporate Social Responsibility: A Review and Research Agenda", *Journal of Management*, 38(4), pp.932~968.

[2] Backhaus, K. B., Stone, B. A. and Heiner, K., 2002, "Exploring the Relationship between Corporate Social Performance and Employer Attractiveness", *Business and Society*, 41(3), pp.292~318.

[3] Blumer, H., 1980, "Mead and Blumer: The Convergent Methodological Perspectives of Social Behaviorism and Symbolic Interactionism", *American Sociological Review*, 45, pp.409~419.

[4] Bowen, F., Newenham-Kahindi, A. and Herremans, I., 2010, "When Suits Meet Roots: The Antecedents and Consequences of Community Engagement Strategy", *Journal of Business Ethics*, 95, pp.297~318.

[5] Brammer, S. and Millington, A., 2003, "The Effect of Stakeholder Preferences, Organizational Structure and Industry Type on Corporate Community Involvement", *Journal of Business Ethics*, 45(3), pp. 213~226.

[6] Bridoux, F. and Stoelhorst, J. W., 2014, "Microfoundations for Stakeholder Theory: Managing Stakeholders with Heterogeneous Motives", *Strategic Management Journal*, 35, pp.107~125.

[7] Chaskin, R. J., 2001, "Building Community Capacity: A Definitional Framework and

Case Studies from a Comprehensive Community Initiative", *Urban Affairs Review*, 36, pp.291~323.

[8] Dacin, M. T., Oliver, C. and Roy, J., 2007, "The Legitimacy of Strategic Alliances: An Institutional Perspective", *Strategic Management Journal*, 28, pp.169~187.

[9] De Cremer, D. and Van Lange, P. A. M., 2001, "Why Prosocials Exhibit Greater Cooperation than Proselfs: The Roles of Social Responsibility and Reciprocity", *European Journal of Personality*, 15(S1), pp.S5~S18.

[10] Deeds, D. L., Mang, P. Y. and Frandsen, M., 1997, "The Quest for Legitimacy: A Study of Biotechnology IPO's", Paper Presented at the Annual Meeting of the Academy of Management, Boston.

[11] Deephouse, D. L., 1996, "Does Isomorphism Legitimate?", *Academy of Management Journal*, 39(4), pp.1024~1039.

[12] Deephouse, D. L. and Suchman, M., 2008, *Legitimacy in Organizational Institutionalism*, Los Angeles, London: Sage Publications.

[13] DiMaggio, P. J., Powell, W. W., 1983, "The Iron Cage Revisited: Institutional Isomorphism and Collective Rationality in Organizational Fields", *American Sociological Review*, 48(2), pp.147~160.

[14] Eisenhardt, K. M., 1989, "Building Theories from Case Study Research", *Academy of Management Review*, 14, pp.532~550.

[15] Eisenhardt, K. M., 2007, "Theory Building from Case Studies: Opportunities and Challenges", *Academy of Management Journal*, 50(1), pp.25~32.

[16] Foss, N. J., 2011, "Why Micro-foundations for Resource-based Theory are Needed and What they May Look Like", *Journal of Management*, 37, pp.1413~1428.

[17] George, A. L. and Bennett, A., 2005, *Case Studies and Theory Development in the Social Sciences*, Pressed by the Belfer Center for Science and International Affairs in Harvard University, pp.205~232.

[18] Gifford, B., Kestler, A. and Anand, S., 2010, "Building Local Legitimacy into Corporate Social Responsibility: Goldmining Frms in Developing Nations", *Journal of World Business*, 45, pp.304~311.

[19] Ginges, J. and Atran, S., 2009, "What Motivates Participation in Violent Political Action: Selective Incentives or Parochial Altruism?" *Annals of the New York Academy of Sciences*, 1167, pp.115~123.

[20] Hashagan, S., 2002, "Models of Community Engagement", Scottish Community Development Centre, Scotland.

[21] Hess, D., Rogovsky, N. and Dunfee, T. W., 2002, "The Next Wave of Corporate Community Involvement: Corporate Social Initiatives", *California Management Review*, 44(2), pp.110~125.

[22] Heugens, P., Van Den Bosch, F. A. J. and Van Riel, C. B. M., 2002, "Stakeholder Integration", *Business and Society*, 41(1), pp.36~60.

[23] Idemudia, U., 2009, "Assessing Corporate-community Involvement Strategies in the Nigerian Oil Industry: An Empirical Analysis", *Resources Policy*, 34, pp.133~141.

[24] Johansen, T. S. and Nielsen, A. E., 2012, "CSR in Corporate Self-storying Legitimacy as a Question of Differentiation and Conformity", *Corporate Communications: An International Journal*, 17(4), pp.434~448.

[25] Loza, J., 2004, "Business-community Partnerships: The Case for Community Organization Capacity Building", *Journal of Business Ethics*, 53, pp.297~311.

[26] Lane, R., Vanclay, F., Wills, J. and Damian, L., 2007, "Museum Outreach Programs to Promote Community Engagement in Local Environmental Issues", *Australian Journal of Public Administration*, 66(2), pp.159~174.

[27] Liu, G., Eng, T. Y. and Ko, W. W., 2013, "Strategic Direction of Corporate Community Involvement", *Journal of Business Ethics*, 115(3), pp.469~487.

[28] Maignan, I., Ferrell, O. C. and Ferrell, L., 2005, "A Stakeholder Model for Implementing Social Responsibility in Marketing", *European Journal of Marketing*, 39(9-10), pp.956~977.

[29] Maon, F., Lindgreen, A. and Swaen, V., 2009, "Designing and Implementing Corporate Social Responsibility: An Integrative Framework Grounded in Theory and Practice", *Journal of Business Ethics*, 87(1), pp.71~89.

[30] Meyer, J. W. and Rowan, B., 1977, "Institutionalized Organizations: Formal Structure

as Myth and Ceremony", *American Journal of Sociology*, 83, pp.340~363.

[31] Morsing, M., 2006, "Corporate Social Responsibility as Strategic Auto-communication: On the Role of External Stakeholders for Member Identification", *Business Ethics: A European Review*, 15(2), pp.171~182.

[32] Morsing, M. and Schultz, M., 2006, "Corporate Social Responsibility Communication: Stakeholder Information, Response and Involvement Strategies", *Business Ethics: A European Review*, 15(4), pp.323~338.

[33] Pajo, K. and Lee, L., 2011, "Corporate-sponsored Volunteering: A Work Design Perspective ", *Journal of Business Ethics*, 99, pp.467~482.

[34] Panapanaan, V. M., Linnanen, L., Karvonen, M. M. and Phan V. T., 2003, "Roadmapping Corporate Social Responsibility in Finnish Companies", *Journal of Business Ethics*, 44(2~3), pp.133~148.

[35] Postmes, T., Haslam, S. A. and Swaab, R., 2005, "Social Influence in Small Groups: An Interactive Model of Social Identity Formation", *European Review of Social Psychology*, 16, pp.1~42.

[36] Scott, W. R., 1995, *Institutions and Organizations*, Thousand Oaks, Calif: Sage Publications.

[37] Selsky, J. W. and Parker, B., 2005, "Cross-sector Partnerships to Address Social Issues: Challenges to Theory and Practice", *Journal of Management*, 31(6), pp.849~873.

[38] Siggelkow, N., 2007, "Persuasion with Case Studies", *Academy of Management Journal*, 50, pp.20~24.

[39] Singh, J. V., Tucker, D. J. and House, R. J., 1986, "Organizational Legitimacy and the Liability of Newness", *Administrative Science Quarterly*, 31, pp.171~193.

[40] Stefan, S., Mark, S., Allen, M., 2005, "Prosocial Emotions and Helping: The Moderating Role of Group Membership", *Journal of Personality and Social Psychology*, 88(3), pp.532~546.

[41] Strauss, A., 1987, *Qualitative Analysis for Social Scientists*, Cambridge University Press.

[42] Suchman, M. C., 1995, "Managing Legitimacy: Strategic and Institutional Approaches", *Academy of Management Review*, 20, pp.571~610.

[43] Thomas, E. F., Mcgarty, C., 2009, "The Role of Efficacy and Moral Outragenorms in Creating the Potential for International Development Activism through Group-based Interaction", *British Journal of Social Psychology*, 48, pp.115~134.

[44] Thomas, E. F., Mcgarty, C. and Louis, W., 2014, "Social Interaction and Psychological Pathways to Political Engagement Andextremism", *European Journal of Social Psychology*, 44, pp.15~22.

[45] Tornikoski, E. T. and Newbert, S. L., 2007, "Exploring the Determinants of Organizational Emergence: A Legitimacy Perspective", *Journal of Business Venturing*, 22, pp.311~335.

[46] Tost, L. P., 2011, "An Integrative Model of Legitimacy Judgments", *Academy of Management Review*, 36(4), pp.686~710.

[47] Van Maanen, J., 1988, *Tales of the Field*, Chicago: University of Chicago Press.

[48] Van Zomeren, M., Postmes, T. and Spears, R., 2008, "Toward an Integrative Social Identity Model of Collective Action: A Quantitative Research Synthesis of three Socio-Psychological Perspectives", *Psychological Bulletin*, 134, pp.504~535.

[49] Veleva, V., 2010, "Toward Developing a Framework for Measuring the Business Value of Corporate Community Involvement", *Applied Research Quality Life*, 5, pp.309~324.

[50] Williamson, O. E., 1999, "Strategy Research: Governance and Competence Perspectives", *Strategic Management Journal*, 20 (12), pp.87~108.

[51] Yang, X. H. and Rivers, C., 2009, "Antecedents of CSR Practices in MNCs' Subsidiaries: A Stakeholder and Institutional Perspective", *Journal of Business Ethics*, 86, pp.155~169.

[52] Yin, R. K., 1981, "The Case Study Crisis: Some Answers", *Administrative Science Quarterly*, 26, pp.58~65.

[53] Yin, R. K., 2003, *Case Study Research: Design and Methods* (3rd ed.), Newbury Park, CA: Sage.

[54] Zhao, M., 2012, "CSR-Based Political Legitimacy Strategy: Managing the State by doing Good in China and Russia", *Journal of Business Ethics*, 111, pp.439~460.

[55] Zimmerman, M. A. and Zeitz, G. J., 2002, "Beyond Survival: Achieving New Venture Growth by Building Legitimacy", *Academy of Management Review*, 27, pp.414~431.

[56] 陈扬, 许晓明, 谭凌波. 组织制度理论中的"合法性"研究述评 [J]. 华东经济管理, 2012(10).

[57] 杜运周, 张玉利, 任兵. 展现还是隐藏竞争优势：新企业竞争者导向与绩效 U 型关系及组织合法性的中介作用 [J]. 管理世界, 2012(7).

[58] 甘琳琳, 佐斌. 亲社会行为的动机理论 [J]. 哈尔滨学院学报, 2006(12).

[59] 乐琦, 蓝海林. 中国企业并购中的区域因素与并购绩效：基于合法性的中介效应 [J]. 华中师范大学学报, 2012(1).

[60] 宋铁波, 曾萍. 多重制度压力与企业合法性倾向选择：一个理论模型 [J]. 软科学, 2011(4).

[61] 田志龙, 高海涛. 中国企业的非市场战略：追求合法性 [J]. 软科学, 2005(6).

[62] 肖林. "社区"研究与"社区研究"——近年来我国城市社区研究述评 [J]. 社会学研究, 2011(4).

[63] 赵孟营. 组织合法性：在组织理性与事实的社会组织之间 [J]. 北京师范大学学报(社会科学版), 2005(2).